Altvater — Die Zukunft des Marktes

Elmar Altvater, geb. 1938, Professor am Fachbereich Politische Wissenschaften der FU Berlin und Redaktionsmitglied der Zeitschrift Prokla. Zahlreiche Buch- und Zeitschriftenveröffentlichungen zu Fragen der kapitalistischen Entwicklung, zur Staatstheorie, Entwicklungspolitik, Schuldenkrise und zum Zusammenhang von Ökonomie und Ökologie: *Vom Wirtschaftswunder zur Wirtschaftskrise* 1979; *Alternative Wirtschaftspolitik jenseits des Keynesianismus* 1983; *Sachzwang Weltmarkt* 1987; *Die Armut der Nationen* 1987.

Elmar Altvater

Die Zukunft des Marktes

Ein Essay über die Regulation von Geld und Natur nach dem Scheitern des „real existierenden" Sozialismus.

Verlag Westfälisches Dampfboot

Die Deutsche Bibliothek – CIP-Einheitsaufnahme

Altvater, Elmar:
Die Zukunft des Marktes : ein Essay über die Regulation von Geld und Natur nach dem Scheitern des „real existierenden" Sozialismus / Elmar Altvater. - 2., durchges. Aufl. - Münster : Verl. Westfäl. Dampfboot, 1992
ISBN 3-924550-68-9

2. Auflage Münster 1992
©Verlag Westfälisches Dampfboot
Dorotheenstr. 26a – 4400 Münster
Alle Rechte vorbehalten
Umschlag: Egbert Lütke-Fahle
Druck: Druckwerkstatt Hafen GmbH, Münster
ISBN 3-924550-68-9

Inhalt

Vorwort

Die Auflösung der real-sozialistischen Regime in Osteuropa, beschleunigt durch den Katalysatoreffekt der Perestroika Gorbatschows, dann der Fall der Mauer, das atemberaubend schnelle Ende der DDR haben die Blickrichtung des Beobachters verändert. Obwohl die Krisentendenzen des Weltmarkts, insbesondere die Schuldenkrise der Dritten Welt und die ökologischen Zerstörungen mit der Funktionsweise von Marktwirtschaften zu tun haben, werden eben diese marktwirtschaftlichen Formen der Regulation in den ehemals real- sozialistischen Ländern Osteuropas als befreiend und fortschrittlich begrüßt. Über die Defizienzen des Marktes, gerade auch des Weltmarktes, zu räsonnieren oder gar zu lamentieren, während die Defekte der planwirtschaftlichen Regulation des realen Sozialismus so deutlich zu Tage getreten sind, macht wenig Sinn. Die Frage nach den Mängeln der „Kommandowirtschaften“ und nach den Leistungen des „Ordnungsprinzips Markt“ muß aufgeworfen werden.

So ist dieser Versuch entstanden, die Gründe des Scheiterns der „realsozialistischen“ Gesellschaften und der Überlegenheit des Marktes, aber auch der Grenzen seiner „Rationalität“ herauszufinden und darzulegen. Während der reale Sozialismus seine letzten Seufzer tut, ist das Ozonloch, wie Günther Grass in Erinnerung ruft, einige tausend Quadratkilometer größer geworden, sind einige Millionen Hektar Regenwald abgebrannt und tausend Arten von Lebewesen unwiederbringlich liquidiert worden. Und die Schuldenkrise blockiert wie schon im vergangenen Jahrzehnt immer noch die Entwicklung ganzer Kontinente. Es ist einen Versuch wert, die Debatten um den Zusammenbruch des realen Sozialismus und um die Zukunft und die Rationalitätsschranken des Marktes zusammenzudenken. Diese Schrift ist also ein „Essay“, ein Versuch der Orientierung in den Entwicklungen und Verwicklungen der Weltgesellschaft am Ende des 20. Jahrhunderts.

Die Grundideen habe ich im Sommersemester 1990 in einer Vorlesung StudentInnen des Fachbereichs Politische Wissenschaft der Freien Universität Berlin präsentiert. In Forschungsgruppen wurden Ideen geboren, die sich zum Teil in diesem Manuskript wiederfinden. Dann haben mit mir über das Manuskript insgesamt oder einzelne darin aufgeworfene Probleme Michael Heinrich, Kurt Hübner, Ruwen Klump, Willi Semmler und Birgit Mahnkopf diskutiert. Von ihnen habe ich viele Anregungen und Hinweise erhalten. Für das hier vorgelegte Resultat freilich bin ich individuell verantwortlich.

Berlin, November 1990

Einleitung
Okzidentale Rationalität und Ordnungsprinzip Markt

Der Zusammenbruch der Gesellschaften des realen Sozialismus in Osteuropa, der „Übergangsgesellschaften", wie sie lange Zeit in Ermangelung besserer Begriffe bezeichnet worden sind, ist nicht nur vom amerikanischen Präsidenten George Bush selbstbewußt zum Sieg des „freien Westens" im Kalten Krieg erklärt worden. Nach dem 40jährigen Dauerversuch, eine sozialistische Alternative zur kapitalistischen Gesellschaft zu errichten (wenn man nur die Jahrzehnte der Existenz des sozialistischen Lagers seit dem Zweiten Weltkrieg zählt), steht das sozialistische „institution building", die Errichtung einer *sozialistischen* zivilen Gesellschaft, zweifellos vor einem Desaster: ökonomische Krise, politische Delegitimierung, soziale Desintegration, ökologische Zerstörung, individuelle Enttäuschung und Verlust der Perspektive - alles kommt zusammen und häuft jene Mischung an, die durch geringe Anlässe, durch die unerwartete Courage von Biedermännern oder durch einen Staatsmann, der den Streß der Spannung lockert, gezündet wird. Das Scheitern des Versuchs, eine sozialistische Alternative praktisch umzusetzen, ist so deutlich, daß mit der Offensichtlichkeit erstens auch die Ursachen auf der Hand zu liegen und zweitens die jahrzehntelangen theoretischen und ideologischen Anstrengungen, die Überlegenheit kapitalistischer Marktwirtschaften und westlicher Demokratien zu belegen, nun eindrucksvoll durch die Geschichte nicht-marktwirtschaftlicher Gestaltung der gesellschaftlichen Organisation bestätigt zu sein scheinen.

In einer kritischen Würdigung von F.A. Hayeks „The Fatal Conceit" resümiert David Miller (1989, S. 314): „Sofern Hayeks Vorstellung richtig ist, dürften jene Gruppen und Gesellschaften, die dem Markt entsprechende Regeln übernehmen, in Wohlstand leben und wachsen, während jene Gruppen, die ihr Zusammenleben ihren ureigenen Instinkten überlassen, absterben und untergehen werden. Sozialistische Gesellschaften werden zusammenbrechen, weil der Konsens verlorengeht, die überlebenden Gesellschaftsmitglieder werden in die erfolgreichen kapitalistischen Ordnungen übersiedeln..." Wer dächte heute nicht an die beiden real nicht mehr existierenden Deutschländer, gerade weil die Zeilen längst vor dem Fall der Mauer von 1989 geschrieben wurden. Alle diejenigen, die an der Überlegenheit von Formen der kapitalistischen Vergesellschaftung Zweifel angemeldet und theoretische und praktische Kritik geübt haben oder in der einen oder anderen Weise theoretisch und politisch an einem sozialistischen Projekt antikapitalistischer Alternativen gearbeitet haben, sind nicht nur zum Umdenken sondern zur zerknirschten Kehrtwendung aufgefordert, um nicht hoffnungslos hinter der am Ende des 20 Jahrhunderts beschleunigten Bewegung der Geschichte – nachdem die wechselseitigen Blockaden der Blockkonfrontation mit der Berliner Mauer symbolträchtig zusammengefallen sind – zurückzubleiben. Die große Krise des realen Sozialismus im Osten ebenso wie diejenige antikapitalistischer, sozialistischer Ideen und Projekte im Westen und Süden ist offen ausgebrochen.

Die Möglichkeiten der „stalinistischen Kommandowirtschaft" sind bis zur Neige ausgeschöpft. Nur Ungenießbares bleibt übrig: der hinterlassene, nicht ordentlich entsorgte krenzig strahlende Müll gescheiterter Industrialisierungsstrategien, die frustrierten Hoffnungen von Individuen, für die der Glamour und Glimmer der westlichen Konsumwelt das Streben erneut zu lohnen scheint, die verrotteten Reste von einst mächtigen Institutionen, Symbole der gründlich mißlungenen Herstellung von Gesellschaftlichkeit, und last not least die ökonomischen Investruinen, wegen der ungeheuren Vergeudung von Ressourcen Gegenstände traurig bissiger Witze. Eine Gesellschaft, ein Staat, eine Partei sacken in sich zusammen; wann hat es dies jemals zuvor in der Geschichte gegeben? Stabilisierende Stützelemente brachen einfach auf der Rüttelrutsche des ökonomischen Abstiegs, unter den politischen Beanspruchungen in Zeiten der Entspannung, unter dem sozialen Druck in die Richtung von Reformen wie kristalline Strukturen in Stücke. Von heute auf morgen haben die gesellschaftlichen Stabilisatoren, Repressionsapparate und Konsens produzierende Verfahren die Anpassungsfähigkeit an neue Herausforderungen verloren. Da muß wohl von Anfang an bei der Gestaltung der gesellschaftlichen Regulationsweise ein Konstruktionsfehler gemacht worden sein.

Nach der Demontage von roten Sternen und ehrwürdigen Denkmälern, nach der Umbenennung von Straßen, Plätzen und Städten, nach der angewiderten Abkehr von der Doktrin, zu der die Marxsche und marxistische Theorie versaubeutelt wurde, ist die praktische und die theoretische Kritik der kapitalistischen Gesellschaften unglaubwürdig geworden, selbst wenn sie auch in der Vergangenheit, als die real sozialistischen Gesellschaften vor Realitätstüchtigkeit geradezu strotzten, ebenso deutlich und schonungslos die Verhältnisse in den real-sozialistischen Ländern aufs Korn genommen hat. Das ist mehr als die „Krise des Marxismus", die zuletzt Mitte der 70er Jahre breit diskutiert worden ist, nachdem Louis Althusser sie 1976 als Konsequenz der nagenden theoretischen und politischen Zweifel in die strategische

Angemessenheit sozialistischer oder eurokommunistischer Projekte „proklamiert“ hatte. Alle Kritiker der gegenwärtigen gesellschaftlichen Verhältnisse sind in Sippenhaft genommen, wegen „Kontaktschuld“, wie Habermas den inkriminierten Tatbestand definierte, auch wenn er tröstend hinzufügt, daß die „nicht- kommunistische Linke hierzulande ... keinen Grund (hat), in Sack und Asche zu gehen“, da ja die „Herausforderungen des 21. Jahrhunderts ... nach Typus und Größenordnung von den westlichen Gesellschaften Antworten verlangen (werden), die ohne eine interessenverallgemeinernde radikaldemokratische Meinungs- und Willensbildung wohl kaum gefunden und implementiert werden können. In dieser Arena findet die sozialistische Linke ihren Platz und ihre politische Rolle“ (Habermas 1990, S. 188, 202). Der Trost ist gut gemeint, stellt aber nicht in Rechnung, daß nach dem Zerfließen des real-sozialistischen Projekts nicht der Rekurs auf den noch vorhandenen gewaltigen Speicher sozialistischer Ideen und Projekte die naheliegende Reaktion ist, sondern Hinwendung der „haves“ zu marktradikalen, ihnen ja in klingender Münze nützlichen Betätigungsangeboten und die Orientierung der „not haves“ an curranten fundamentalistischen Projekten der einen oder anderen Prägung.

Sozialismus bedeutete ja immer emphatisch eine Redistribution von Eigentum und Einkommen; die Betonung, manchmal auch das Pathos lag auf sozialer Gleichheit und weniger auf der Freiheit, noch dazu des Individuums. Die Desavouierung dieses Projekts ist in Mittel- und Osteuropa fast komplett, und der erste fall-out dieser Sozialimplosion sind marktradikale, individualistisch-freiheitliche, sozial sich nicht binden lassende Hemdsärmeligkeiten einerseits und Suchvorgänge nach der verlustig gegangenen Gemeinschaftlichkeit, die nur auf Solidarität und Reziprozität fußen kann, andererseits und die, wenn der Sozialismus mit dem realen Sozialismus gestorben ist, in fundamentalistischen Surrogaten frustrierende Erfüllung finden kann.

1. Markteuphorie

Die Folge der historischen Verabschiedung des real-sozialistischen Gesellschaftsmodells: Im Westen ist trotz des Elends der Schuldenkrise in der Dritten Welt, drohender Klimakatastrophe, Massenarbeitslosigkeit oder westeuropäischem Protektionismus eine Markteuphorie ausgebrochen, so als ob der erklärte Sieg im Kalten Krieg noch neoliberal abgefeiert werden müßte. Das Scheitern der Systeme des realen Sozialismus wirkt entlastend; die Alternative zum kapitalistischen Westen, in den von ihr selbst so definierten

Systemwettbewerb getreten, hat das Handtuch geworfen. Da „der Kapitalismus gewonnen..., der Sozialismus verloren (hat)" (Fischer 1989, S. 58), ist ersterem „auch die ganze und alleinige Verantwortung für die Erhaltung des Ökosystems Erde und der Gattung Mensch zugefallen" (Fischer 1989, S. 60). In das gleiche Horn stößt der „Economist" (5. Mai 1990) in einem Plädoyer für einen erneuerten „Eigentümer-Kapitalismus". Zwar bereiten ihm die Instabilitäten eines „Spekulantenkapitalismus" (Punters Capitalism) durchaus Sorgen. Aber da heute keiner mehr ernsthaft die Alternative Sozialismus ins Auge zu fassen wagt, ist für den Eigentümer-Kapitalismus der kleinen und mittleren und auf jeden Fall innovativen Unternehmer eine neue Ära angebrochen.

Aber kann das Zeichen des Scheiterns der osteuropäischen Sozialismen so gedeutet werden, als ob nun im Westen alles zum (Zweit)besten bestellt, als ob das „Ende der Geschichte" erreicht sei, als ob es nichts Besseres an gesellschaftlicher Organisation jenseits von Marktwirtschaft und parlamentarischer Demokratie auf der Grundlage von Privateigentum und privater Inititative an der Wende zum 21. Jahrhundert noch geben könnte? So klingt es jedenfalls nicht nur aus dem Lager der Konservativen und Liberalen, wo paradoxerweise die Beschleunigung der Geschichte als deren Ende, als ein Kreisen in sich selbst, das in absehbarer historischer Zeit zur Ruhe gelangen dürfte, interpretiert wird. Das Plansystem zur Beschleunigung von ökonomischer Entwicklung und zur Verwirklichung einer humanen Gesellschaft ist gescheitert, dem Markt hingegen wird eine außerordentliche Kompetenz der Lösung von Problemen einer optimalen Allokation von Produktionsfaktoren und der Zuweisung von Einkommen zugesprochen. Im Wettstreit der Konzeptionen dürfte ihm die Siegespalme zugefallen sein. Die geschichtliche Bewegung folgt nun seinen prozeduralen Sachzwängen, für substanzielle Alternativen und moralisch begründete Prinzipien des Handelns scheint in der „technisch-wissenschaftlichen Zivilisation" kein Platz mehr zu sein. Mit dem auf Null verengten Raum für Alternativentwürfe erübrigt sich die Kritik des Bestehenden, und mit der Kritik wird die Theorie der Gesellschaft überflüssig, ganz abgesehen vom Ausdenken realer Utopien. Hat das „Post-Histoire" durch das grandiose Scheitern der planwirtschaftlich-sozialistischen Alternative eine Bestätigung gefunden?

Die Ironie der Geschichte freilich besteht darin, daß nun die von Marx immer kritisierten bürgerlichen Denker das Ende der Geschichte proklamieren, das Marx in seiner von eben den gleichen bürgerlichen Denkern kritisierten „Geschichtsteleologie" für den „Kommunismus" konstruiert haben soll. Der Kommunismus wird niemals kommen, wenn die These vom Post-

Histoire stimmt. Und diese ist armseliger als der Marxsche Entwurf, gibt sie sich doch mit dem gegenwärtig Bestehenden zufrieden, während letzterer immerhin eine andere Zukunft dachte. Doch keine Krise, auch keine große Krise, dauert ewig, und ohne Alternativen ist der Ausweg nicht möglich. Eine Geschichte hat ein Ende, und danach beginnt eine neue. Das Bürgertum ist dabei geschäftig und findig: Das bürgerliche Zeitalter ist immer schon als Höhepunkt und Endpunkt der Geschichte gedacht worden, doch gerade infolge der Selbstgewißheit von der historischen Vollendung wird das vollendete Projekte vorwärtsgetrieben - vorwärts, das heißt nicht unbedingt Fortschritt, das kann auch Niedergang bedeuten. Kulturpessimisten werten den vom frühen Bürgertum geerbten Fortschrittsoptimismus elitär um (Niethammer 1990, S. 164), Lenin und die Theoretiker der Dritten Internationalen (vor allem Eugen Varga) haben mit der „Fäulnis" des Kapitalismus die strategische Notwendigkeit und historische Möglichkeit der sozialistischen Umwälzung begründet. Im Dunkel der Staubwolken des realsozialistischen Zusammenbruchs kann in der Lenin'schen Perspektive nur schwarz gesehen werden, also gewinnt die erstere, die kulturpessimistische des „Posthistoire" Oberhand, derweil die bürgerliche Klasse weltweit konkurrierend und weltweit vernetzt *business as usual* praktiziert.

2. 1789 - 1917 - 1989

Wer hätte 1789 schon an 1917 denken können? Aber 1917 war es notwendig, sich der Jahre nach 1789 zu erinnern, so wie es Trotzkij in seiner Reflexion der „Geschichte der russischen Revolution" tat. Heute kann in langer historischer Perspektive die Revolution von 1989 in Osteuropa, durch die das Projekt von 1917 zurückgenommen wird, als letzte Etappe des 200 Jahre zuvor mit dem Sturm auf die Bastille eingeleiteten Prozesses der Anpassung von Systemen der politischen Regulation und Partizipation an die Bedingungen kapitalistischer Vergesellschaftung, die ja in Europa im „langen 16. Jahrhundert" ihren Ursprung haben, interpretiert werden. Die dramatis personae im Projekt der Moderne sind der *Citoyen* ebenso wie der *Bourgeois*, der nette Dr. Jekyll ebenso wie der schreckliche Mr. Hyde. Dieses Projekt gründet somit auf selbständige Funktionsräume von Ökonomie und Politik, auf die Getrenntheit beider Sphären und auf deren abgestimmte Interferenzen und geordnete Regularien. Diese sind wohl strukturiert und folgen, wie im folgenden Kapitel ausgeführt wird, dem „Primat der Ökonomie". Ein beiden Sphären gemeinsames Ordnungsprinzip ist in der Lage, die gesellschaftlichen und individuellen Energien, die in vor-bürgerlichen, vor-kapitalistischen Gesellschaften nur diffus wirkten und folglich gesellschaftliche Stagnation über Jahrhunderte hervorbrachten, synergetisch so zu bündeln, daß eine in der bisherigen Geschichte beispiellose Dynamik erzeugt wird - gemessen anhand von Wachstumsraten und erfahrbar an den tiefgreifenden Veränderungen der Lebensumstände, die jede Generation durchmacht und ihr als Generation erst Identität vermittelt und sie dadurch kennzeichnet. Es scheint also, als ob die Weise des Produzierens und Konsumierens und deren marktförmige Regulation mit der nach den Regeln bürgerlicher Demokratie organisierten politischen Sphäre kombiniert synergetische Effekte hervorbringe, die andere gesellschaftliche Kombinationsformen von Ökonomie und Politik nicht aufweisen. Synergetische Effekte, das sind Bündelungen von Energie (wie im Laserstrahl), Selektionen der bestmöglichen und unter den gegebenen Umständen effizientesten Varianten von Entwicklungswegen, und mithin Kräfte, die die Evolution sozialer Systeme erleichtern und nicht hemmen. Mit ökonomischer Planung werden zwar einzelne Bereiche der Gesellschaft, insbesondere prioritäre Branchen der Ökonomie, dynamisiert, aber diese können offenbar die anderen Bereiche nicht so zum Schwingen bringen wie die Photonen die Moleküle einer Laserquelle. Daher ist trotz der Dynamisierung bestimmter Abteilungen der Ökonomie letztlich Stagnation der Gesellschaft als ganze die Folge; es gibt kein überlegenes Ordnungsprinzip, das sich in allen Teilen, Bereichen, Ebenen der Gesellschaft durchsetzen könnte, um aus „dekonzentriertem“ Chaos die konzentrierte Entwicklungsdynamik zu destillieren.

Dieser Mangel wächst sich zu einem Dauer-Rückstand gegenüber der bürgerlich-kapitalistischen Welt aus, der schließlich als Modernisierungsdefizit wahrgenommen wird. Solange Märkte räumlich gebunden waren und zuallererst lokalen und regionalen Charakter hatten, konnten sich Ökonomien und Gesellschaften nicht vergleichen, es fehlte der gemeinsame Maßstab. Doch das kapitalistische System hat schon, bevor die moderne bürgerliche Gesellschaft entstanden ist, die lokalen, regionalen und nationalen Märkte zu einem Weltmarkt vernetzt. Heute ist Markt daher in erster Linie Weltmarkt und vom Markt zu sprechen, ohne seine Globalität zu berücksichtigen, ist Rede am Thema vorbei. Daraus ergeben sich gravierende Folgerungen. Denn auch nicht- marktwirtschaftliche Systeme müssen sich nun dem Vergleich aussetzen oder sie müssen die Arena des Weltmarkts durch eine Strategie der Abkopplung verlassen. Letzteres ist viele Jahrzehnte Programm gewesen und vergeblich in die Realität umzusetzen versucht worden. Dies hätte erfolgreich nur dann geschehen können, wenn unter Bedingungen der Dissoziation vom Weltmarkt im abgegrenzten Raum ein anderer, neuer Weg der Entwicklung eingeschlagen, ein überlegenes Ordnungsprinzip zur Wirkung gebracht worden wäre, das die dissoziierte, sozialistische Gesellschaft hätte dynamisieren können. Ein Projekt dieser Art ist jedoch bislang nirgendwo gelungen; Abkoppelungsversuche waren in den realsozialistischen Gesellschaften immer und notwendigerweise unvollkommen und halbherzig und der verfolgte Evolutionspfad war der bereits von den entwickelteren kapitalistisch-bürgerlichen Gesellschaften vorgezeichnete.

Der Grund für diese historische Blamage ist weniger darin zu suchen, daß das Außenhandelsmonopol externe Weltmarktschocks (z.B. heftige Preisbewegungen von Import- und Exportwaren) nur teilweise auffangen kann, daß die Integration in den Weltmarkt auch bei Aufnahme externer Kredite, sofern diese in fremder Währung denominiert sind, stattfindet (also durch Auslandsverschuldung), oder daß moderne Kommunikationsmedien sowieso grenzüberschreitend ihre Botschaften transportieren und „nationale Selbstgenügsamkeit" (Autarkie) heute (anders als Keynes dies 1933 glaubte) ein illusionäres Projekt werden lassen. Wichtiger für das Mißlingen der Strategie, in der Abkopplung vom Weltmarkt wichtiges Element war, dürfte der Versuch gewesen sein, den vergleichenden Wettbewerb mit der bürgerlich-kapitalistischen Welt auf dem Feld der Entwicklung der Produktivkräfte auszutragen. Von Anfang an wird ein unlösbarer und die gesellschaftliche Evolution letztlich blockierender Widerspruch aufgeworfen: Die sozialistische Planwirtschaft strebt mit ihren Mitteln des konzentrierten Einsatzes von Ressourcen nach beschleunigter Realisierung der modernen Gesellschaft, deren Bild aber nichts als das Modell der bürgerlich-, kapitalistischen Manifestationen von Fortschritt, Rationalisierung und Emanzipation spiegelt. Gleichzeitig klinkt sie sich aus dem Medium Weltmarkt aus, in dem sich gerade und einzigartig die ökonomische Dynamik entfaltet, die die Maßstäbe der angestrebten Modernisierung erzeugt.

Die auf Marx zurückgehende Unterscheidung zwischen gesellschaftlichen Produktionsverhältnissen und technischen Produktivkräften und die Interpretation der kapitalistischen Produktionsverhältnisse als eine Fessel der Entfaltung von Produktivkräften nährte die Erwartung, nach Überwindung der bürgerlich-kapitalistischen Formen der Vergesellschaftung die Produktivkräfte schneller und „höher" entwickeln zu können. „Einholen" (dognat') und „überholen" (peregnat') waren jahrzehntelang programmatische Maxime, deren Realitätsgehalt nach Erstem Weltkrieg, Weltwirtschaftskrise, Faschismus und Zweitem Weltkrieg nicht gering war. Immerhin gelang es in den ersten Jahrzehnten nach 1917, nicht nur moderne Standards wie es Peter der Große seinerzeit auch tat, zu kopieren, sondern selbst den Motor der sozialen Dynamisierung auf Hochtouren zu bringen. Im Vergleich zur „Fäulnis" des Imperialismus, die Lenin oder Varga konstatierten, bedeutete das sozialistische Projekt in jedem Fall einen historischen Fortschritt. Ein schwacher Indikator ist das durchschnittliche Wachstum des Bruttoinlandsprodukts. Es war in der Sowjetunion im Zeitraum 1900-1950 mit durchschnittlich 2,9% pro Jahr signifikant höher als in den europäischen (heutigen) OECD-Ländern mit durchschnittlich 2,0% pro Jahr. Pro Kopf erhöhte sich das BIP in der Sowjetunion im genannten Zeitraum jahresdurchschnittlich um 2,1%, in den OECD-Ländern um 1,3% (Zahlen nach Maddison 1989). Es schien also nur eine Frage der Zeit zu sein, wann das kapitalistische Vorbild einzuholen war und im nächsten Sprung überholt werden konnte.

3. Die halbe Revolution

Doch gerade infolge dieses Versuchs blieb die „sozialistische Revolution", die 1917 ihren Siegeszug begann, bis in ihre alten Tage ein Dreivierteljahrhundert später eine halbe Revolution: die gesellschaftliche Regulierung, das politische System, die ökonomische Planung wurden grundlegend umgestaltet, doch die „Technostruktur", die Arbeitsorganisation, die Produktionsmethoden, die Konsumstandards und mit ihnen das Bewußtsein der Menschen waren vom entwickelteren Vorbild im Westen abgekupfert, ganz nach dem Motto: die entwickelteren Produktivkräfte können auch in den sozialistischen Aufbau integriert werden. Der Taylorismus, also die „wissenschaftliche Organisation der Arbeit", wurde von Lenin als „wunderbares Beispiel für einen technischen Fortschritt begrüßt, der vom Kapitalismus zum Sozialismus führe" und „der Sozialismus sei nicht zu konzipieren ohne die Technik des Kapitalismus der großen Unternehmen, der bereits entsprechend dem letzten Wort der modernen Wissenschaft errichtet sei" (Finzi 1980, S. 638ff). Für den vorsichtigen Lenin sollte dies freilich nur für die Phase des „Aufbaus des Sozialismus" Gültigkeit haben, um diese mit Hilfe der wissenschaftlichen Arbeitsorganisation und Wirtschaftsplanung abzukürzen. Danach sollte „die erste Phase der kommunistischen Gesellschaft" beginnen können.

Aber abgesehen von der grundsätzlichen Problematik einer Phaseneinteilung der Geschichte, wurde sehr bald die von Lenin so gedachte Übergangsperiode als „Sozialismus", zunächst in einem Lande, später in einem Lager, verstanden. Auch im realen Sozialismus blieb daher die gleiche produktivistische, und daher auch instrumentelle Rationalität wie in der bürgerlich-kapitalistischen Gesellschaft strukturierendes Prinzip und wegen fehlender (auch eingeschränkter und manipulierter) bürgerlicher Öffentlichkeit wurde sie noch nicht einmal durch (wenn auch marginalisierte) kritische Geister immer wieder herausgefordert. Im Gegenteil, diese wurden im besten Fall mundtot gehalten, im schlechteren Fall mundtot gemacht und unter dem Regime Stalins und seiner osteuropäischen Statt- und Staathalter - im schlechtesten Fall - eingekerkert und physisch liquidiert. Das scientific management Taylors und die wissenschaftliche Organisation der Fabrik des Henry Ford bleiben in den kapitalistischen Ländern nicht ohne Kritik; sie provozieren auch sozialen Widerstand, nämlich heftige Streikbewegungen und gesellschaftliche Alternativentwürfe, die für die institutionelle Evolution und die produktivistische Rationalisierung der Arbeit unverzichtbar sind. In den sozialistischen Gesellschaften wird zwar Technik implementiert, aber es werden die sozialen Akteure eines Selbstorganisationsprozesses in Passeure verwandelt. Spiegelbildlich dazu agiert die Partei mit dem Heft in der Hand, kann aber, so wie die Gesellschaft strukturiert ist, nichts als die Entwicklung der Stagnation hervorbringen.

Das sozialistische Projekt mit seinen Vorgaben von 1917 war von Anfang an durch das vergebliche Bemühen gekennzeichnet, auf dem von den modernen kapitalistischen Gesellschaften gebahnten Wegen diese zu überholen. In der Substanz des Fortschrittsmodells, der individuellen Aspirationen und gesellschaftlichen Projektionen gab es also keinen prinzipiellen Unterschied, lediglich die vorgeschlagenen und praktizierten Methoden seiner Realisierung waren neu. Aber so neu auch wieder nicht, denn selbst liberale Kapitalisten wie der Praktiker Rathenau oder der Theoretiker Schumpeter standen zentraler Planung nicht prinzipiell abneigend gegenüber.

Mit Planung sollten die Rationalitätsdefizite einer kapitalistischen Konkurrenzwirtschaft beseitigt werden, in jener Epoche des entstehenden „organisierten“ (Rudolf Hilferding 1927) und „durchstaatlichten“ (Karl Renner 1917) Kapitalismus – in den ersten Jahrzehnten dieses Jahrhunderts eine weit verbreitete und keineswegs auf die Bolschewiki beschränkte Idee der „gesellschaftlichen Rationalisierung“ (Otto Bauer 1931). Ökonomische Planung ist jedoch nur praktikabel, wenn das Privateigentum aufgehoben und in eine Form des gesellschaftlichen Eigentums, am einfachsten ins Staatseigentum, überführt wird. Planung sollte nicht nur die Entwicklung beschleunigen, sondern auch den Spielraum für eine sozial gerechte Verteilung des Sozialprodukts, bei der individuellen Verteilung ebenso wie bei der Versorgung mit öffentlichen Gütern, erweitern. Nicht dem Markt sollten Allokation von Faktoren und Distribution der Einkommen überlassen bleiben, sondern dem politischen Prinzip von geplanter Entwicklung und von Verteilungsgerechtigkeit unterworfen werden. Die Realisierbarkeit hing allerdings von zweierlei ab: von der Fähigkeit des sozialistischen Regulationstypus, die Wachstumsdynamik wie in den ersten Jahrzehnten nach der Oktoberrevolution aufrechtzuerhalten und - wegen des deklarierten „Wettbewerbs der Systeme“ und der Strategie des Einholens und Überholens - von der ökonomischen „performance“ der kapitalistischen Referenzgesellschaften.

Ein Blick in die vergleichende Wirtschaftsstatistik zeigt, daß im Zeitraum von 1950 bis 1987 das jahresdurchschnittliche Wachstum des BIP in der Sowjetunion 3,9% und das Pro-Kopf-Wachstum des BIP 2,6% betrugen, während in den europäischen OECD-Ländern die entsprechenden Wachstumsraten bei 3,6% bzw. 3,1% lagen (Maddison 1989). Gegenüber der Zeit vor 1950 haben sich also die Bedingungen für einen Erfolg im „Systemwettbewerb“ verschlechtert. In den Daten kommt zum Ausdruck, daß der Motor der sozialistischen Planwirtschaft offensichtlich das hohe Tempo nicht halten konnte. Die Rede vom Einholen und Überholen verstummte denn auch in den 60er Jahren. Die zaghaften Ansätze von Diskussionen und Realisierungsversuchen einer Reform des Regulationsmechanismus in den Ländern des realen Sozialismus hätten möglicherweise eine Beschleunigung der Entwicklung am Ende der „extensiven“ Phase des Wachstums herbeiführen können, doch wurden sie repressiv zunichtegemacht. Jedes osteuropäische Land hat Reformer und Reformbewegungen hervorgebracht, die DDR zum Beispiel Fritz Behrens und Arne Benary oder Robert Havemann und Rudolf Bahro (um nur einige ohne Wertungen zu nennen), die CSSR die nach 1968 bekannt gewordenen Philosophen, Juristen, Ökonomen wie Kosik, Goldstücker, Mlynar, Sik, Kosta, Brus, Horvath und die vielen anderen. Selbst in der Sowjetunion ist 1962 die „Liberman-Debatte“ geführt worden, in der von Dezentralisierung und größerer Unabhängigkeit der Betriebe, von einem neuen auf dem Gewinnprinzip und materiellen Anreizen beruhenden Wirtschaftsmechanismus die Rede war (Vgl. Conert 1990). Doch der infame Einmarsch in Prag im August 1968 war ein halbes Jahrhundert nach dem heroisch-emphatischen 1917 die endgültige Niederlage des Projekts der russischen Revolution. Freilich kam sie nicht aus heiterem Himmel; der Stalinismus in der Sowjetunion und in den anderen real-sozialistischen Ländern hatte die Niederlage vorbereitet und historisch vielleicht notwendig gemacht. Die Verbrechen des Stalinismus wären schon ein Grund, doch obendrein sind zu viele soziale Blockaden der Entwicklung errichtet worden, als daß soziale und technische Innovationen sich hätten durchsetzen und einen Evolutionsprozeß in Gang halten können.

Die kapitalistischen Länder hingegen hatten es in der langen Krisenperiode in der ersten Hälfte dieses Jahrhunderts geschafft, die Systeme der gesellschaftlichen Regulation zu modernisieren; sie antworteten so auf die mehrfachen Herausforderungen von reformistisch sozialistischer und sozialistisch-revolutionärer Arbeiterbewegung, von neuen Techniken und großindustriellen Produktionsformen. Die korporative Einbindung der Arbeiterorganisationen (Parteien und Gewerkschaften) in den sich entfaltenden Sozialstaat, die Herausbildung des (keynesianischen) Interventionsstaats und der fordistischen Regulation von Produktion und Konsumweise (Massenproduktion und Massenkonsumtion) waren keineswegs, wie von der liberalen Kritik behauptet, „kapital- und vermögensaufzehrend" und daher „destruktionistisch" (von Mises 1976, S. 85), sondern sie ermöglichten eine gelungene Kombination von gesellschaftlichem Verhältnis und Produktivkräften, sie schufen die über alle Maßen erfolgreiche „fordistische" Regulationsweise: die ökonomischen Wachstumsraten werden in beinahe allen kapitalistischen Ländern auf ein Niveau angehoben, das in der Geschichte einmalig ist, und der Welthandel nimmt noch weit stärker zu, so daß die weltwirtschaftliche Verflechtung intensiver wird. Dadurch wiederum werden - zunächst jedenfalls - globale Synergieeffekte ausgelöst, die die Dynamik der Gesellschaften aufrechterhalten.

Wenn sich das Wachstum in den sozialistischen Ländern abschwächt, dann wird die Norm der Verteilungsgerechtigkeit unterminiert, da der Zuwachs des zu Verteilenden zu gering für die Befriedigung der steigenden Ansprüche der Menschen ist. Dadurch entsteht eine prekäre Situation, wenn gleichzeitig die Ungerechtigkeit der Verteilung in den kapitalistischen Industrieländern einigermaßen erträglich wird, weil mit der hohen Dynamik und Innovationsfähigkeit die Befriedigung individueller und kollektiver Bedarfe tendenziell verbessert wird. Der steigende private Reichtum (in den entwickelten kapitalistischen Ländern) kompensiert die öffentliche Armut, zumindest teilweise. Da für die sozialistischen Planwirtschaften trotz Abkoppelung vom Weltmarkt die kapitalistischen Marktwirtschaften „Referenzgesellschaften" im „Systemwettbewerb" bleiben, streben sie letztlich ein vergleichbares, vielleicht sogar identisches Produktions- und Konsummuster an. Sie bleiben daher als sozialistische Planwirtschaften einer *materialen* Rationalität verpflichtet, die sie aber mit einer anderen als der marktwirtschaftlich-kapitalistischen *prozeduralen* Rationalität anzielen. Die materiale Rationalität bestimmt die Art des Lebenszuschnitts von Individuen, die Weise des Produzierens und Konsumierens in einer Gesellschaft. Die prozedurale Rationalität hingegen liefert die Instrumente, die Prozeduren, die Kalkulationen, mit denen der Einsatz von Mitteln zur Erreichung eines material gegebenen Ziels optimiert werden kann.

Das „Einholen“ bedeutete ja immer: Einholen der Standards des entwickelten Westens, freilich ohne die Mängel des Systems übernehmen zu wollen. Letztere wurden wesentlich dem institutionellen Arrangement von prozeduraler Rationalität angelastet: der anarchischen und gesellschaftliche Disproportionen erzeugenden Funktionsweise des Marktes. Die materiale Rationalität von Produktionstechnik, Arbeitsorganiation und Konsummodell jedoch wurde grundsätzlich nicht in Frage gestellt. Die Divergenz von materialer und prozeduraler Rationalität hatte schließlich Inkonsistenzen zur Folge, die möglicherweise die mangelnde Resistenz der real-sozialistischen Systeme gegenüber den Versprechungen des Marktes erklären können. Die trotz der vielen Schwierigkeiten schließlich doch atemberaubende Leichtigkeit der „Wende“ von der Planung zum Markt, vom staatlichen Eigentum zur Privatisierung, vom Rechengeld zur harten Währung, von der sozialistischen zur bürgerlichen Demokratie läßt vermuten, daß sich auch nach 40 Jahren realem Sozialismus wenig alternative Substanz als soziales, als sozialistisches Sediment hat absetzen können. Wenn die gesellschaftlichen Rationalitäten so wenig verschieden sind, ist die Rückkehr zur kapitalistischen Marktwirtschaft schnell zu bewältigen und der Anschluß an die Modernisierungsvorgaben des Weltmarkts fast übergangslos einzuleiten. Damit ist natürlich noch nicht entschieden, ob die Absicht gelingt, denn in der Konkurrenz auf dem Weltmarkt können - wie die verschuldeten Länder der Dritten Welt belegen - das vorherrschende Akkumulationsmodell imitierende Modernisierungsversuche fehlschlagen.

4. Der Plan des vorliegenden Buches

Das Projekt der russischen Revolution ist gescheitert. Der Versuch, den Kapitalismus mit einer anderen, nicht-marktwirtschaftlichen prozeduralen Rationalität zu schlagen, indem die Vorgaben von Produktions- und Lebensweise einschließlich der materialen Rationalitätsstandards als Erfolgsmaßstab übernommen werden, hat sich als untauglich herausgestellt. Das Projekt hätte nur gelingen können, wenn die Gesellschaften des „real existierenden Sozialismus“ [1] bei ihrer halben Loslösung aus dem Weltmarkt ein

[1] Der Begriff ist in der Sowjetunion während der Breschnew-Ära entstanden und wird hier verwendet, um terminologische Schwierigkeiten zu minimieren. Diese wären sicherlich größer, würden einst gebräuchliche Begriff verwendet, wie „Übergangsgesellschaften“ (Übergang woher und wohin, und worin besteht die gesellschaftliche Spezifik des Übergangs?), osteuropäische Länder (nicht nur in Osteuropa hat es sozialistische Versuche gegeben), „nachrevolutionäre Gesellschaften“ (kann man mit Fug und Recht von einer Revolution in

Ordnungsprinzip hätten zur Geltung bringen können, das vergleichbare oder sogar stärkere synergetische Effekte als im Kapitalismus zur Dynamisierung der Gesellschaft ausgelöst hätte. Warum dies trotz beachtlicher Planerfolge, zunächst hoher Wachstumsraten und einem hohen Maß von Verteilungsgerechtigkeit nicht gelungen ist, soll im folgenden *ersten Kapitel* diskutiert werden.

Danach wird (*im zweiten Kapitel*) die Frage nach der Funktionsweise von Märkten aufgeworfen, um das dynamisierende Ordnungsprinzip marktwirtschaftlicher, kapitalistischer Ökonomien identifizieren zu können. Dabei stellt sich heraus, daß Märkte *erstens* Weltmärkte sind und entgegen der tradierten Vorstellung von der Volkswirtschaft oder Nationalökonomie mithin die Globalität ökonomischer Prozesse die Untersuchung leiten muß. Dies kann nicht dadurch geschehen, daß das in der Volkswirtschaftslehre so beliebte Modell der geschlossenen Wirtschaft, dem in der Regel der Lehrbücher im zweiten Durchgang dann Außenbeziehungen zu einer anderen zunächst ebenso geschlossenen Wirtschaft angefügt werden, auf die Weltwirtschaft ausgedehnt wird. Denn die Weltwirtschaft hat eine gegenüber nationalen Wirtschaften andere Qualität; in ihr artikulieren sich verschiedene Funktionsräume von Politik, Ökonomie, Kultur, Ökologie ganz anders als in den je nationalen Grenzen (vgl. dazu meine Ausführungen in Altvater 1987).

Zweitens ist der dreifachen Dimensioniertheit von ökonomischen Prozessen Rechnung zu tragen. Zunächst können sie (a) von den individuellen Akteuren aus gesehen werden und dann ist die Rationalität von individuellen Entscheidungen, Wahlakten der Wirtschaftssubjekte Gegenstand der Analyse. Ökonomische Prozesse können als die informationelle Aussendung von (Preis)signalen interpretiert werden, die zur Grundlage der Entscheidungen von ökonomischen Akteuren (Wirtschaftssubjekten) werden. Die Akteure (Unternehmen und Haushalte) reagieren verläßlich, weil sie bei ihren Entscheidungen dem Prinzip instrumenteller Rationalität folgen und nicht irgendwelchen rational nicht deutbaren Vorlieben. In diesem Sinne sind die Akteure „Charaktermasken“, die sich den in der gesellschaftlichen Struktur generierten Regeln entsprechend verhalten. Dies heißt nicht, daß kontingente Entscheidungen ausgeschlossen werden müssen, wohl aber, daß deren Folgen anhand der strukturellen Vorgaben antizipiert werden.

Ökonomische Prozesse können (b) vom Resultat der Interaktion der Wirtschaftssubjekte her betrachtet werden. Sie sind die Abstimmung der vielen

---

vielen der real-sozialistischen Länder sprechen?), Zentralverwaltungswirtschaften (der Begriff ist eindeutig im neoliberalen Theoriediskurs verortet), Planwirtschaften (darin geht die Spezifik des Gesellschaftsmodells verloren) etc...

individuellen Entscheidungen auf dem und durch den Markt und sie resultieren in der Zuweisung von Einkommen, also von Ansprüchen der Individuen auf Teile des Sozialprodukts. Diese entscheiden wiederum über die Verwendung für den (individuellen und in vermittelter Weise den kollektiven) Konsum und das Sparen und daher über ökonomische Akkumulation und gesellschaftliche Evolution. Damit werden zugleich die Produktionsfaktoren alloziiert, und zwar optimal, sofern sich alle an das Regelwerk halten und dieses nicht in seiner Wirksamkeit durch marktfremde Einflüsse gehemmt wird. Signale werden in Geldgrößen (Preisen) ausgesendet und empfangen, und individuelle Entscheidungen orientieren sich an in Geld ausgedrückten Werten, auf die mit „Mengenanpassung" reagiert wird. Die tatsächlichen Transfers erfolgen als Zahlungen, also als Geld gegen Ware und Ware gegen Geld. Das Geld kann die Leistungen in einer Marktwirtschaft nur erbringen, wenn es knapp gehalten wird. Es stellt die „Budgetrestriktion" des ökonomischen Kalküls dar. Wenn also Marktprozesse untersucht werden, muß *das Geld des Marktes* Leitmotiv der Analyse werden. Da Märkte nur als Weltmärkte angemessen verstanden werden können, müssen globale Geldfunktionen und monetäre Institutionen diskutiert werden. Dies ist Gegenstand des 2. Teils (*drittes und viertes Kapitel*) dieser Schrift.

Es gibt eine in der Regel vernachlässigte dritte Dimension ökonomischer Prozesse und das sind (c) die *Transformationen von Stoffen und Energien* bei der Produktion, Konsumtion und Distribution. Ja, selbst im Prozeß des (rationalen) Entscheidens, bei der Transmission von Preissignalen und bei tatsächlichen Zahlungen zwischen ökonomischen Subjekten finden Transformationen von Stoffen und Energie statt. Jede Information bedarf des materiellen Trägers und sei dieser noch so verschwindend gering. Entscheidungen können nur lebendige Menschen treffen und vollziehen und selbst das Rationalkonstrukt des „homo oeconomicus" existiert auf dem materiellen Papier oder im Kopf eines lebendigen Menschen, und dieser ist nur so lange lebendig, wie er für seinen Stoffwechsel sorgt. Die Wirtschaftstheorie hat sich traditionell immer mit den beiden ersten Dimensionen ökonomischer Prozesse beschäftigt. Hier geht es darum, der dritten Dimension von Ökonomie, ihrer materialen und energetischen Seite, also der *Natur des Marktes* Aufmerksamkeit zu widmen. Dies wird im dritten Teil (*fünftes und sechstes Kapitel*) geschehen. Gesellschaftswissenschaftliche Diskurse müssen der „sphärischen Gebundenheit" des Handelns, der Tatsache, daß die Folgen des Tuns in der Soziosphäre immer auch Auswirkungen auf Biosphäre, Atmosphäre, Lithosphäre und Hydrosphäre haben, Aufmerksamkeit schenken. Eine ökonomische Theorie, die nicht in der Lage ist, die Schnittstellen zum ökologischen Diskurs zu bezeichnen, ist ungeeignet zur Lösung der Probleme, die durch den „Stoffwechsel“ des Menschen mit der Natur, mit der biotischen ebenso wie den abiotischen Sphären, aufgeworfen werden. Die nachfolgenden Ausführungen sind ein Versuch, Kategorien zu „kompatibilisieren“, um eben die Schnittstelle zwischen Sozialwissenschaften und ökologischer Wissenschaft für Koppelungsmanöver geeignet zu machen.

Gebrauchswerte, die als Resultate aus Stoff- und Energietransformationen hervorgehen, sind dadurch gekennzeichnet, daß sie menschliche Bedürfnisse zu befriedigen vermögen. Diese Leistung hängt aber nicht nur von dem einzelnen Ding ab, sondern von allen anderen Gebrauchswerten auch, vom Umfeld, in dem es produziert und konsumiert wird. Das ökonomische Rationalprinzip verlangt zwar die Isolierung des einzelnen Dings als Ware, die mit einem Preis versehen auf dem Markt gegen Geld getauscht wird. Als Gebrauchswert aber gibt es die einzelne Ware nicht; sie befindet sich im natürlichen Umfeld, aus dem sie entnommen wurde, und in das ihre nicht mehr konsumierbaren Reste als Abfall abgegeben werden. Viele Gebrauchswerte lassen sich nur konsumieren, wenn die Natur als Artefakt hergerichtet wird; ohne Straßen ist der Gebrauchswert des Autos stark reduziert oder gar nichtig. Die Analyse der Ware als Gebrauchswert erfordert folglich nicht nur die Berücksichtigung der ökologischen Wirkungen ökonomischer Handlungen, sondern auch die Reflexion der Rückwirkungen auf die ökonomische Rationalität von individuellen Entscheidungen und von marktmäßigen Koordinierungsprozessen. Dies dämmert den Repräsentanten der Autogesellschaft, die Horrorvision des täglichen Staus vor Augen: „Aufgabe der Automobilindustrie muß es daher sein, über den Tellerrand ihrer Produkte hinauszusehen und das gesamte Umfeld des Autofahrens mit in ihre Unternehmenspolitik einzubeziehen. Es geht nicht mehr nur um Fahrzeuge, sondern um alle damit verknüpften Bereiche“ (Goeudevert, Vorstandsmitglied von VW). Bezieht man explizit die, wie ich sie nennen möchte, „*sphärische Gebundenheit*“ von Produktion und Konsumtion in die Betrachtung ein, gibt es fast nur die von Fred Hirsch so bezeichneten „positionellen Güter“, „die entweder 1. absolut oder gesellschaftlich bedingt knapp sind oder 2. bei extensiverem Gebrauch zu Engpässen führen“ (Hirsch 1980, S. 52). Weil Güter knapp sind, werden sie dem ökonomischen Rationalkalkül ausgesetzt. Ohne Knappheit greift die rationalisierende Potenz der Budgetrestriktion des Geldes nicht. Aber zur Knappheit von Gütern (angesichts der überschießenden menschlichen Bedürfnisse) kommt im Verlauf der ökonomischen Entwicklung hinzu, daß sie nicht mehr reichhaltig zur Verfügung stehen; zur *Knappheit* gesellt sich also *Mangel*. Die Paradoxie lautet dann: die Knappheit der Ressourcen macht das ökonomische Rationalkalkül möglich und notwendig. Der mit seinen Erfolgen (Wachstum und Expansion) produzierte Mangel an lebenswichtiger Qualität der Natur untergräbt das Prinzip der Knappheit.

Die Dynamisierungs- und Modernisierungsleistung des Ordnungsprinzips Markt hat einen Preis: die ökologische Degradation und zwar nicht mehr regional vereinzelt sondern im globalen Raum. Nachdem sich herausgestellt hat, daß im Rahmen des Rationalentwurfs der europäisch-okzidentalen Moderne, die ihren Höhepunkt in der bürgerlich-kapitalistischen (Welt)gesellschaft gefunden hat, eine Alternative keineswegs das Einfache ist, das lediglich schwer zu machen ist, müssen neue Herangehensweisen, Erkundungswege in unbekanntes Gefilde gefunden werden. Neue Wege, die nicht in die Sackgasse und die allenthalben lauernden Fallen eines der vielen Fundamentalismen führen, gilt es zu projizieren. Erste Überlegungen dazu finden sich im letzten, *siebenten Kapitel* dieses Buches, das damit zwar endet aber nicht abschließt; es eröffnet einen neuen Diskurs, und diesen produktiv zu führen, ist kollektive Aufgabe in den kommenden Jahren.

1. Teil

Der Markt

1. Kapitel
West-östliche Große Krisen

Der Begriff der „großen Krise" ist im Westen innerhalb der „Regulationstheorie" (Boyer 1979, Lipietz 1986; Lutz 1984; Lutz 1989; Hübner 1989; die Beiträge in Mahnkopf 1988) entwickelt worden, um die radikalen ökonomischen und sozialen Umbrüche der vergangenen zwei Jahrzehnte erfassen zu können. Zunächst wird von empirischen Sachverhalten ausgegangen, die einen historischen Bruch indizieren: Dabei handelt es sich um die weitreichenden Veränderungen im Arbeitsprozeß durch neue Technologien und Technosysteme; um die Verschiebungen der Klassenverhältnisse im Zusammenhang mit der strukturellen Massenarbeitslosigkeit sowie den „Wandel der Werte" im Zuge der Entstehung neuer sozialer Bewegungen; um die Strukturverschiebungen im globalen Produktionsprozeß und in der internationalen Arbeitsteilung. Über den Entwicklungsbruch, der durch die Instabilitäten globaler Kreditbeziehungen eingetreten ist und sich auf ganze Kontinente auswirkt, über den radikalen Wandel in der globalen Hegemonialordnung infolge der Verschuldung und der Hegemoniekrise der USA wird im folgenden noch eingehend zu diskutieren sein. Die „große Krise" zeigt sich aber auch im Zuge der Veränderung der Interventionsformen der Politik in die Ökonomie, bei den Anforderungen, die durch die ökologischen Zerstörungen für das System der gesellschaftlichen Regulation aufgeworfen sind.

1. „Transformismus" in Markt- und Planwirtschaften

Die angedeuteten Krisenerscheinungen im kapitalistischen Westen sind durch die Auflösung der real-sozialistischen Gesellschaften in den Hintergrund getreten; was bedeuten schon Dauerarbeitslosigkeit, Schuldenkrise der Dritten Welt, Börsenkrach und Verfall hegemonialer Macht gegenüber dem Kollaps einer Gesellschaftsordnung? Tatsächlich dürfte diese Konsequenz den entwickelten kapitalistischen Gesellschaften des Westens in der „großen", oder wie Gramsci vorzieht zu sagen: in der „organischen" Krise erspart bleiben. Dies wirft aber sofort die Frage auf, warum in einer großen gesellschaftlichen Krise die eine Gesellschaftsformation zusammenbricht, während die andere transformiert wird. Der bislang empirische Phänomene lediglich zusammenfassend bezeichnende Begriff der „Krise", des „Umbruchs" und des

„Zusammenbruchs" muß nun in einem theoretischen Bezugsrahmen aufgeschlüsselt, entfaltet werden. Nicht daß die Marktwirtschaften der kapitalistischen Länder in jeder Hinsicht rationaler, effizienter, humaner gewesen wären als die sozialistischen Planwirtschaften. Es wird derzeit, den realsozialistischen Bankrott vor Augen, vergessen, daß *erstens* tatsächlich geschichtliche Errungenschaften der real- sozialistischen Planung trotz der sie begleitenden politischen Repression vorhanden sind und daß *zweitens* Märkte auf sich gestellt keineswegs eine Garantie für gesellschaftliche Rationalität, Freiheit und individuellen Wohlstand sind. Das Hayek'sche Diktum, daß „die Vernichtung eines großen Teils der Menschheit und die mehrheitliche Verarmung des noch verbleibenden Restes das Ergebnis sei, wenn der sozialistischen Moral gefolgt würde" (Hayek 1989, S. 7), oder von Mises Schlußfolgerung, „die Erde (könne) jene Menge von Menschen, die sie heute trägt, nur dann so ernähren, wie sie sie in den letzten Jahrzehnten ernährt hat, wenn die Menschen kapitalistisch wirtschaften" (von Mises 1929/1976, S. 85) sind ja selbst durch den radikalen Bruch in Osteuropa nicht bestätigt.

Im Gegenteil, wenn der empirische Gehalt der Aussage ernst genommen wird, muß er sich, dem Wissenschaftsverständnis des kritischen Rationalismus zufolge, der Überprüfung aussetzen lassen. Die kapitalistischen Marktwirtschaften in der Dritten Welt sind ein klarer Beleg für die Unhaltbarkleit der impliziten These, daß in Marktwirtschaften Wachstum, Wohlstand und Entfaltung der menschlichen Potenzen gewährleistet wären. Je mehr Markt – und das bedeutet immer: je mehr Öffnung in Richtung Weltmarkt durch „outward looking strategies" – den nationalen Gesellschaften durch politische Instanzen wie den Internationaen Währungsfonds verordnet wurde und wird, desto weniger soziale Sicherung der Lebenschancen ist einer „Menge von Menschen" geblieben. Die Weltbank jedenfalls kommt in ihren Recherchen (Weltbank 1990) zum niederschmetternden Resultat, daß am Ende der 80er Jahre mehr als eine Milliarde Menschen unter der Armutsgrenze, also mit weniger als 370 $/Jahr leben. Die Folge: Märkte vergesellschaften die Individuen nur unvollkommen und die Individuen übernehmen die gesellschaftlichen Normen nur zum Teil; die „interne" und die „externe" Vergesellschaftung kommen nur bruchstückhaft zustande.

Doch haben Marktwirtschaften zwei entscheidende Vorzüge gegenüber jedwedem Plansystem, zumindest in ihrem Selbstverständnis und in ihrer idealtypischen Anordnung: Sie sind *erstens* Ensembles von Institutionen, in denen sich der Primat der Ökonomie realisiert. Die gesellschaftlichen Beziehungen verwirklichen sich als Befolgung von zunächst prozeduralen Sachzwängen, von Regeln eines Spiels, auf das sich die Marktteilnehmer freiwillig einlassen. Die ökonomischen Gesetze scheinen unbestechlich und wer ihnen zu gehorchen sich weigert, wird mit dem ökonomischen Scheitern bestraft. Er trägt dafür aber selbst individuelle Verantwortung, denn jeder ist seines Glückes Schmied. Der Markt bietet dafür die Realisierungschancen; ob sie wahrgenommen werden, gehört in den Bereich der freien Wahl eines jeden einzelnen. In einer Welt, in der Knappheit herrscht (dazu im 2. und im 5. Kapitel mehr), muß jedes Individuum so handeln, daß es unter der objektiven Restriktion knapper Ressourcen (deren Reflex die „monetäre Budgetrestriktion" ist) ein Optimum der Befriedigung von Bedürfnissen erreicht. Gelingt ihm dies nicht, dann nicht wegen der objektiven Knappheit – denn diese ist in diesem Diskurs nicht nur die nicht aufhebbare zivilisatorische Kehrseite des Reichtums sondern auch gleichartiges Definitionsmerkmal der Ausgangslage aller Individuen, also etwas, worüber ein einzelner sich nicht beklagen darf – aus welchen subjektiv berechtigten Gründen auch immer jemand dazu Anlaß haben mag.

Die Drohung des individuellen Scheiterns in einem System, das für Erfolg positive materielle Gratifikationen verteilt, ist ein enormer Leistungsanreiz. In einer demokratischen Marktwirtschaft sind alle Marktteilnehmer, letztlich also alle Bürger, diesem Anreizsystem ausgesetzt, ob es ihnen gefällt oder nicht. Aus dieser Bündelung zu einem gesellschaftlichen Ordnungsprinzip wird eine Triebkraft von Evolution. Denn gesellschaftliche Ordnung kommt durch individuelle Akte zustande, durch Selbstorganisation „hinter dem Rücken der Individuen" und spontan, wie Marx sagte, oder „katallaktisch", wie F.A. Hayek die Erzeugung von gesellschaftlicher Ordnung („Kosmos") durch das konkurrierende Handeln der Menschen bezeichnet, die gar keine vorgeprägte Vorstellung von der finalen, vermittelten Wirkung ihrer kleinen Entscheidungen und Handlungen haben können. So betrachtet, wirkt die Herstellung gesellschaftlicher Synthesis entlastend für den einzelnen, da der Raum seiner Verantwortlichkeit gerade durch die kleine Entscheidung, zu der jeder einzelne allein befähigt ist, beschränkt wird. Es wäre also von Vorteil für die gesellschaftliche Evolution, wenn die Menschen nicht veranlaßt sind, den Gesamtkomplex gesellschaftlicher Prozesse zu „durchschauen" und „lenken" zu wollen.

Bei der Analyse der Wertform identifiziert Marx den „Fetischcharakter der Ware": die Formen der Gesellschaftlichkeit erscheinen als Eigenschaften der Dinge, die „gesellschaftlichen Charaktere ihrer eignen Arbeit (werden) als gegenständliche Natureigenschaften dieser Dinge zurückgespiegelt, daher auch das gesellschaftliche Verhältnis der Produzenten zur Gesamtarbeit als ein außer ihnen existierendes gesellschaftliches Verhältnis von Gegenständen"

(Das Kapital, Band 1, MEW Bd. 23, S. 80). Marx deutet dieser bewußtlosen und mittels der Dinge stattfindenden Vergesellschaftung gegenüber die Alternative des „Vereins freier Menschen“ an, wo die „gesellschaftlich planmäßige Verteilung...die richtige Proportion der verschiednen Arbeitsfunktionen zu den verschiednen Bedürfnissen (regelt)“ (Das Kapital, Band 1, MEW Bd. 23, S. 87). Möglicherweise ist gerade die Verdinglichung, der Fetischcharakter der Waren ein gesellschaftliches Prinzip, das evolutionäre Potentiale enthemmt, weil nicht antizipativ „abgewogen“ werden muß, sondern erst „ex post“ die Resultate des Tuns gewichtet werden, weil die Gesellschaft unpersönlich in den Dingen steckt und nicht in einer Planinstanz personifiziert existiert. Freilich gibt es in der marktförmigen Vergesellschaftung kein Kriterium, nach dem der Evolution eine wünschenswerte Richtung gegeben werden könnte; wird andererseits eine Richtung zu weisen versucht, hält möglicherweise die Bewegung inne.

Wenn alle in einer demokratischen Ordnung gleich sind, ist niemand für die ökonomischen und gesellschaftlichen Globalresultate verantwortlich und folglich auch nicht verantwortlich zu machen, bis auf diejenigen, die einen explizit erteilten politischen Auftrag für die Erledigung bestimmter allgemeiner Aufgaben erhalten haben. Doch diese können nur Repräsentanten sein und als solche in einem demokratischen System ihr Mandat jederzeit entzogen bekommen. Das Marktsystem ist also ein ingeniöser Mechanismus der Verstreuung von Verantwortung in der Gesellschaft, so daß sie nicht mehr an einem – geographischen, sozialen oder politischen – Locus identifiziert werden kann. In der Spieltheorie wird dieser Tatbestand als Gelegenheit zu „free rider“ (Trittbrettfahrer)-Verhalten interpretiert.

Zweitens haben Marktsysteme die Fähigkeit, höchst elastisch auf historische Herausforderungen zu reagieren, wenn sie mit demokratischen Institutionen, die die Partizipation an politischen Entscheidungen regulieren, kombiniert werden und wenn eine (wenn auch begrenzte) Öffentlichkeit die Artikulation kritischer Diskurse zuläßt und gleichzeitig kanalisiert. Sie sind reformfähig und dadurch ist ihnen die Anpassung an historisch wechselnde Verhältnisse möglich. Natürlich gelingt dies nicht ohne Kosten und Konflikte. Gesellschaftliche Reformen werden nicht auf dem politischen Tablett serviert, sie müssen der Gesellschaft „aufgeherrscht“ werden. Dabei müssen diejenigen, die Reformen einfordern, gar nicht die gesellschaftliche Makro-Rationalität sondern nur die Realisierung ihrer eigenen Interessen im Auge haben. Der liberale Diskurs verspricht auch heute noch wie vor mehr als 200 Jahren als Resultat die „public benefits“, die aus den „private vices“ (so Mandeville 1714 in der „Bienenfabel“) hervorgehen und so die vielen einzelnen Individuen zur Gesellschaft integrieren. Dieses Versprechen ist entlastend, denn die Menschen müssen gar nicht gut sein, damit die Gesellschaft „gut“ und effizient ist. Im realen Sozialismus hingegen haben die Menschen, selbst agierend nach den Imperativen der „sozialistischen Moral“, keine „gute“ und effiziente Gesellschaft bauen können.

Die Arbeiterbewegung, die für die Befreiung von kapitalistischer Ausbeutung kämpfte, hat mit den von ihr immanent durchgesetzten Reformen die Errichtung des modernen Sozialstaats, der wichtigsten Garantieinstanz moderner kapitalistischer Vergesellschaftung, erzwungen. Sie erkämpfte das institutionelle System, in das ihre Repräsentanten als die Verwalter der Sozialstaatlichkeit, als die Wahrer der Arbeiterinteressen innerhalb des Staates und nicht mehr gegen den Staat „eintreten“ (Vgl. Maier 1988) konnten. Das kapitalistische System wurde durch Institutionalisierung des Klassenkompromisses stabilisiert. Teile der Arbeiterbewegung sind in den Staatsapparat „negativ“ integriert worden. „Transformismus“ hat Gramsci diesen Prozeß genannt: „Trasformismo schloß die Bildung von Bündnissen zwischen den Führungen von sich bekämpfenden politischen Gruppen ein, die darin übereinstimmten, daß ihre jeweiligen Interessen einem gemeinsamen Wunsch nach Stabilität unterzuordnen seien; die herrschenden Gruppen machten normalerweise Zugeständnisse im Austausch gegen Unterstützung...“ (Boggs 1984, S. 52). Dadurch ist es den „herrschenden Gruppen“ nicht nur möglich geworden, soziale Regulationsformen an die Herausforderungen der Technik, der Ökonomie und Klassenentwicklung *anzupassen*; darüber hinaus werden die gesellschaftlichen Institutionen durch die Mitwirkung der Repräsentanten subalterner Klassen *legitimiert*. Die Hegemonie der bürgerlichen Klasse bleibt dadurch erhalten, daß sie soziale Transformationen zuläßt. Gramsci untersucht den „Trasformismo“ nicht nur anhand der Modernisierungspolitik Giolittis vor dem Ersten Weltkrieg, sondern auch an den Versuchen der Staaten Europas, „Amerikanismus“ und „Fordismus“ in einem Projekt der nachholenden Modernisierung (Buci-Glucksmann 1975, S. 364f; Rafalski 1984, S. 348ff.) zu übertragen.

Der Reformismus der Arbeiterbewegung ist daher „funktionell ambivalent“ (Blanke 1978, S. 380ff), und daraus resultieren die Stabilität und Dynamik kapitalistischer Marktwirtschaften: Die reformistische Arbeiterbewegung setzt einerseits Verbesserungen ihrer Lebensverhältnisse durch und sorgt andererseits für eine Adaptation gesellschaftlicher Regulation an die neuen sozialen, technischen, ökonomischen Bedingungen. Marx hat bereits im 8. Kapitel des „Kapital“ (MEW, Bd 23) diesen Prozeß eingehend beschrieben: Die Verkürzung des Arbeitstages wurde in sozialen Kämpfen gegen die Interessen des Kapitals an möglichst langer Arbeitszeit durchgesetzt. Dies gelang nicht ohne staatliche Regulation, denn die kürzere Arbeitszeit mußte als allgemeiner Rahmen, als gemeinsame Bedingung der Konkurrenz den im Wettbewerb um niedrige Kosten befindlichen Einzelkapitalen vorgegeben werden. Der verkürzte Arbeitstag aber wurde sogleich zum Anlaß, die Methoden der „relativen Mehrwertproduktion“ einzuführen. Dabei handelte es sich um technische Neuerungen und um Veränderungen der Organisation des einzelkapitalistischen Arbeits- und Produktionsprozesses zur Steigerung der Produktivkraft der Arbeit. Durch die Konkurrenz werden die effizientesten, die Produktivität am meisten steigernden Neuerungen verallgemeinert und so verändert sich der gesellschaftliche Reproduktionsprozeß insgesamt. Es entsteht nicht nur die einzelne Fabrik, sondern die „Technostruktur“ (die auch eine entsprechende Sozialorganisation umschließt), das System der „großen Industrie“, das die Bewegung der Akkumulation verändert, nämlich periodische Konjunkturschwankungen und daher konjunkturelle Arbeitslosigkeit erzeugt, an das Kreditsystem neue Anforderungen, z.B. bei der Finanzierung der entstehenden Aktiengesellschaften stellt, der staatlichen Regulierung bis dahin unbekannte Leistungen abverlangt: Auf die Herausforderung der sozialen Frage des 19. Jahrhunderts folgte die Einrichtung der modernen Sozialsysteme. Es entsteht also als Resultat der Transformationen eine neue Regulationsweise.

Während Marktwirtschaften dem „Primat der Ökonomie“ folgen, sind Plansysteme Ausdruck eines „Primats der Politik“. Darunter ist der Versuch zu verstehen, gesellschaftliche Beziehungen, ökonomische Prozesse und den „Stoffwechsel“ zwischen Natur und arbeitsteilig organisierter Gesellschaft bewußt und „von oben“ mit der Projektion eines zentralen Planes zu regulieren[1)]. Wenn dieser fehlgeht und wenn dies über längere Zeit zu Fehlentwicklungen und daher zu ökonomischer Ineffizienz, zu Mangel und Einkommensverlusten oder unerträglich werdenden ökologischen Belastungen führt, dann gibt es anders als in Marktwirtschaften keinen transformistischen Mechanismus, der es zulassen würde, der auf diese Weise provozierten Legitimationskrise zu entgehen und die Hegemonie auf transformistisch veränderter Grundlage zu erhalten. Die Verantwortlichkeiten im geplanten System sind durchsichtig organisiert und im Staatsapparat konzentriert und

[1)] Der Begriff wird also anders als von Mason besetzt, der damit die relative Autonomie des nationalsozialistischen Staates gegenüber den Kapitalgruppen zu verdeutlichen versuchte, die von Historikern wie Gossweiler abgestritten wurde. Letzterer sah im Nazi-Staat eher das Werkzeug bestimmter Kapitalgruppen, denen und deren ökonomischen Interessen gegenüber der politische Spielraum des Staates gering war.

nicht in der Gesellschaft zerstreut. Letztlich trägt sie immer die allenthalben sichtbare Planbürokratie von Staat und Partei. Innerhalb der Gesellschaft ist folglich Verantwortungslosigkeit das durchgängige Prinzip (Bahro 1977; Henrich 1989; für moderne kapitalistische Gesellschaften konstatiert Beck 1988 freilich ähnliche Strukturen). Eine ökonomische Krise verkehrt sich im Plansystem anders als in kapitalistischen Marktwirtschaften sehr leicht und sehr schnell in eine politische Krise des Systems. Die in bürgerlichen Klassengesellschaften mit Markt, politischer Demokratie und Öffentlichkeit möglichen „transformistischen" Strategien sind im realen Sozialismus weitgehend ausgeklammert: sie sind ja Strategien im innergesellschaftlichen Klassenkampf, der im realen Sozialismus stillgestellt bzw. in den „Systemwettbewerb" verwandelt worden ist. Institutionelle Reformen des Systems müßten ebenfalls „von oben" wie die Planung in Gang gesetzt werden. Dies ist ein Unding: denn die gleiche Instanz kann nicht Reformen organisieren, die den Anlaß dazu durch ihre Praxis gegeben hat. Der Mechanismus der „funktionellen Ambivalenz von Reformen", der so stabilisierend in (demokratischen) bürgerlichen Gesellschaften wirkt, ist ausgeschaltet. Die Systeme sind reformunfähig; dies drückt sich bereits in der Vergreisung der politischen Führerschaft aus. Die Gesellschaften altern mit den Gerontokraten. Die Führungskohorte kommt in die Jahre, die produktiven Altersjahrgänge sind von der Gestaltung der Geschicke der Gesellschaft ausgeschlossen. Sie können ihre Rechte nur in der Form von „exit", also durch die Abwanderung zur Geltung bringen – oder ihre Stimme erheben und eine Rebellion („voice") anzetteln.

Die große Krise im realen Sozialismus tendiert also dahin, sich zur Systemkrise zu verschärfen. Es fehlen die gesellschaftlichen Transformationsmechanismen, die der Krise und „Destrukturierung" von gesellschaftlichen Formen eine „Restrukturierung", d.h. im Sinne der Selbstorganisation von Systemen eine reformistische Anpassung an jeweils neue historische Gegebenheiten folgen lassen. Real-sozialistische Systeme sind nicht wegen des Mangels an materiellem Wohlstand gescheitert, sondern an der mangelnden Flexibilität der Anpassung von gesellschaftlichen Institutionen an Krisentendenzen, die zu lange verdeckt worden sind. Letztlich können auch die Statistiken nichts mehr verbergen. Der Verlust von Evolutionsfähigkeit, die verpaßte Modernisierung provozieren individuelle Frustration und soziale Lethargie. Diese werden in Privatisierungsstrategien umgesetzt, die den Anschein sozialer Stabilität erzeugen, weil sich mangels Realisierungschancen und wegen der zu befürchtenden Repression niemand mehr um die Belange des Gemeinwesens zu kümmern scheint. Gesellschaftliche Institutionen „sind die

Verkörperungen koordinierter Erzeugnisse des verallgemeinerten Anderen" (Dobuzinskis 1989, S. 257), d.h. sie sind reflexive Konstruktionen, durch die und in denen sich Individuen aufeinander beziehen. Erst dadurch verwandeln sich einzelne, monadische Individuen in gesellschaftliche Individuen. Wenn Institutionen die reflexiven und rekursiven Potenzen verlieren, dann verlieren sie auch die Bindungskraft, die allein Individuen vergesellschaften kann: Die einzelnen verlassen die Gesellschaft, oder sie reorganisieren sich außerhalb der formellen Gesellschaft informell – dies gilt für die Wirtschaft ebenso wie für das politische und gesellschaftliche Leben – oder die Gesellschaft verfällt in einen Zustand von Anomie und löst sich in ein Chaos ohne selbstorganisierende Tendenzen auf. Dieses kann lange Zeit verborgen bleiben; die einzelnen und die Gesellschaft insgesamt führen ein Doppelleben der Täuschung und Selbsttäuschung, bis es für eine Restrukturierung, eine „Perestroika" an Haupt und Gliedern, zu spät ist.

2. Die Mängel zentraler Planung im realen Sozialismus

Nicht an der Planung als solcher sind die osteuropäischen Gesellschaften gescheitert, denn Planung gibt es allenthalben in der Welt. Kein Einzelkapital, erst recht kein Großkonzern kommt ohne Planung aus, die manchmal ein Jahrzehnt und mehrere Länder in ihren Horizont einbezieht und über Ressourcen gebietet, die die der kleineren Planwirtschaften Osteuropas bei weitem übersteigen. Planung im einzelnen Unternehmen organisiert die Arbeit und steigert deren Produktivität. Aber auch makroökonomische Planung ist zur Beschleunigung der technischen Entwicklung und zur Auslastung von Kapazitäten im modernen Kapitalismus nichts Ungewöhnliches. Ohne das planende MITI hätte die japanische Exportmaschine kein Steuerungszentrum und würde wohl nicht so zielgerichtet funktionieren. Die internationalen Banken planen den cash flow, sonst wären sie in kurzer Zeit illiquide; das Pentagon plant die Militärtechnologien für morgen zusammen mit den Rüstungskonzernen. In Frankreich gab es die Planification, in Italien die Programmazione. Ludwig Erhard, das hat Shonfield (1965) gezeigt, war nicht nur der Ideologe der freien Marktwirtschaft, sondern auch ein harter Verfechter staatlicher Interventionen. In EG-Europa werden die Stahlkapazitäten zugeteilt und auf dem Agrarmarkt ist die freie Preisbildung durch regulierende Eingriffe außer Kraft gesetzt. Kaum ein Land kommt ohne Planung aus. Und umgekehrt gab es in der Sowjetunion, in Polen, in China viel Markt: den Arbeitsmarkt, den Konsumgütermarkt, den Bauernmarkt hier, den schwarzen Markt dort. Markt und Plan gehören zusammen, nur in der orthodox-liberalen Theorie werden auch am Ende des 20. Jahrhunderts Markt und Plan so diskutiert, wie es Marx für seine Zeit ironisierte: „Dasselbe bürgerliche Bewußtsein, das die manufakturmäßige Teilung der Arbeit, die lebenslängliche Annexation des Arbeiters an eine Detailverrichtung und die unbedingte Unterordnung der Teilarbeiter unter das Kapital als eine Organisation der Arbeit feiert, welche ihre Produktivkraft steigre, denunziert daher ebenso laut jede bewußte gesellschaftliche Kontrolle und Regelung des gesellschaftlichen Produktionsprozesses als einen Eingriff in die unverletzlichen Eigentumsrechte, Freiheit und sich selbst bestimmende 'Genialität'des individuellen Kapitalisten“ (Marx, MEW 23, S. 376).

Das eigentliche Problem ist das der – so könnte man es nennen – Selbstorganisation komplexer Gesellschaften. Zwei Ordnungsprinzipien stehen sich – wie bereits ausgeführt wurde – gegenüber, das eine fußt auf der liberalen Einschätzung, daß – mikrorationale Verfolgung von Interessen vorausgesetzt – der Markt durch seine Selektionsmechanismen einen makrorationalen Evolutionsprozeß in Gang halten könne. Jeder Eingriff in die Umsetzungsprozesse mikroökonomischer Entscheidungen in makroökonomische Effekte sei letztlich von Übel, und die bestehenden Probleme – von der Arbeitslosigkeit und der Schuldenkrise bis zur ökologischen Degradation von Landschaften – seien eher das Resultat von äußeren Störungen des marktwirtschaftlichen Selektions- und Findungsmechanismus als Indiz für dessen Fehlfunktion. Das andere Ordnungsprinzip („taxis“ im Unterschied zu „kosmos“) überläßt die Herstellung von gesellschaftlicher Makrorationalität nicht dem Zusammenwirken der mikroökonomischen Einheiten mittels des Marktmechanismus, sondern es erfordert die Ausbildung von Institutionen und Regeln der direkten Makrogestaltung: durch zentrale Planung, durch politische Intervention in ökonomische Mechanismen.

Weder das Ordnungsprinzip Markt noch dasjenige der Makroplanung sind eindeutig an kapitalistische oder sozialistische Formen der Vergesellschaftung gebunden, und daher gibt es sowohl Vorstellungen von der Makrorationalisierung kapitalistischer als auch solche der Vermarktwirtschaftlichung sozialistischer Gesellschaften (Vgl. Robinson 1980, S. 150ff). Auch die krisengeschüttelte kapitalistische Ökonomie läßt sich rationalisieren, indem ein zentrales Steuerungszentrum mit den modernen Techniken der Kommunikation und Kalkulation die Konturen der Entwicklung plant. Der Sozialdemokrat Hilferding hatte den „organisierten Kapitalismus“ vor Augen, ebenso wie der liberale Rathenau oder wie Lenin, der die rationelle Funktionsweise der deutschen Post und die Effizienz der deutschen Kriegwirtschaftslenkung im Ersten Weltkrieg bewunderte. Planung vom Zentrum aus war im ersten Drittel dieses Jahrhunderts eine weit verbreitete, und keineswegs auf die kommunistische Bewegung beschränkte Idee (Vgl. Maier 1985, S. 198ff), ganz in der „Kultur der Rationalisierung“ in der Frühzeit der tayloristischen und fordistischen Phase kapitalistischer Entwicklung befangen und vom Fortschrittsoptimismus beseelt. Auch die Fordismus- und Amerikanismus-Anlayse von Gramsci setzt bei der Beobachtung ein, daß die modernen Gesellschaften (nach dem Ersten Weltkrieg) eine Tendenz zur „umfassenden Organisierung und Planung der Gesellschaft noch über die Produktionssphäre hinaus“ (Rafalski 1984, S. 345) aufweisen. Die Planung in der Fabrik, die Rationalisierung der Arbeit als eine – wie Taylor dies nannte – „Dressur des Gorillas“ wird komplettiert mit der entsprechenden Ideologie der Rationalisierung der gesamten Gesellschaft.

Die Geschichte der Kritik der sozialistischen zentralen Planung reicht bis in die Zeit zurück, als zuerst in der Sowjetunion und später in anderen Ländern nach der Bildung des sozialistischen Lagers Versuche der ökonomischen Planung unternommen wurden. Die Kritiker melden sich mit dem Hinweis auf die negativen Folgen für Wohlstand, Entwicklung und Freiheit zu Wort, die eine Verletzung der Logik des Marktes nach sich ziehe. Eines ihrer stärksten und unerbittlich wiederholten Argumente ist das von der ökonomischen Rationalität und Effizienz, die nur durch die Wirkung des Marktmechanismus gewährleistet werden könnten. Zunächst werden theoretische Einwände formuliert, und als diese abgewiesen werden können, werden Bedenken hinsichtlich der praktischen Realisierbarkeit von Plänen geäußert. Georg Halm beispielsweise äußert selbstbewußt im Vorwort seiner Schrift „Die Konkurrenz“: „Es soll nachgewiesen werden, daß die sozialistische Wirtschaft auf die Dauer praktisch unmöglich ist“ (Halm 1929, S. 1). Planerische, staatliche Eingriffe in die Signale, die das feine Wirken der Konkurrenz orientieren und als Resultat des Zusammenspiels der vielen rational handelnden *homines oeconomici* Wohlstand und Wachstum hervorbringen, können nur die Fehlallokation von Ressourcen, die Vergeudung volkswirtschaftlichen Reichtums, die Verweigerung von Leistungen, Ineffizienz und Irrationalität zum Ergebnis haben und nur zum Scheitern einer so organisierten Ökonomie führen, selbst wenn im Prinzip auch Planwirtschaften funktionstüchtig sein können. Aber: ein punktueller Eingriff erfordert den nächsten, und dieser einen weiteren – bis schließlich der alle gesellschaftliche Initiative und individuelle Verantwortungsbereitschaft abtötende bürokratische Interventionsstaat entstanden ist. So diskutieren z.B. Ludwig von Mises (1929) oder Friedrich A. von Hayek (1944; 1989) oder Milton Friedman (1962) und versorgen bis heute ökonomische Interessen und politische Parteien und soziale Bewegungen mit starken Argumenten gegen planwirtschaftliche Tendenzen im realen Sozialismus (eine „maximale Defition von Sozialismus", Miller 1989, 312) und gegen keynesianischen Staatsinterventionismus in modernen kapitalistischen Gesellschaften (eine „minimale Definition von Sozialismus" - Miller 1989, S. 312). Und in den Analysen der miserablen ökonomischen Lage vieler Länder Afrikas und Lateinamerikas seit Ausbruch der Schuldenkrise werden der Zusammenbruch von ökonomischer Rationalität und Effizienz, das soziale Elend, die ökologische Zerstörung und die Tendenz der politischen Destabilisierung wieder der stetigen Verletzung von Regeln der marktwirtschaftlichen Rationalität (der Bildung „richtiger" relativer Preise) in diesen Ländern angelastet (Vgl. die Beilage von The Economist „The Third World", 23. Sept. 1989).

Andererseits haben Kantorovitch, Oskar Lange, Branko Horvath, Wlodzimierz Brus, Janos Kornai u.a. elaborierte Modelle sozialistischer Marktwirtschaften vorgestellt, deren Grundidee die institutionelle Absicherung von Prozessen des „trial and error" sind, durch die iterativ mikrorationale Entscheidungen in makrorationale Resultate überführt werden können. Die Regeln und die Schrittfolge der Iteration werden von zentralen Instanzen aufgestellt, die Iteration selbst aber den mikroökonomischen Einheiten, den Individuen überlassen. Das Ergebnis sind ein gleichgewichtiges System von Schattenpreisen der Waren und Proportionen der Branchen ohne Angebots- und Nachfrageüberhang.

Wer stattet das gesellschaftliche Steuerungszentrum in einer zentralen Planwirtschaft mit der Intelligenz aus, die es benötigt, um seiner Ordnungsaufgabe gerecht zu werden? Eine einleuchtende Antwort ist die neoliberale: es sei prinzipiell unmöglich, die Informationen über Preise und Mengen zu beschaffen, die der Markt in der kapitalistischen Produktionsweise liefert. Eine andere Antwort lautet, dies müsse der Staat tun. Aber der Staat selbst ist ein bewußtloses Organ; auch der Staat bzw. die Staatsbürokratie brauchen Anleitung. Im planenden Kapitalismus folgt sie - natürlich höchst vermittelt und unter Wahrung ihrer verselbständigten Eigeninteressen als Bürokratie - den wirtschaftlichen und sozialen Notwendigkeiten der Kapitalakkumulation und Regulierung der Gesellschaft. Der eine (nationale) Staat schafft dies besser und bürokratisch rationeller als der andere. Dies gilt auch für die Erhaltung einer Balance zwischen Erfordernissen der Kapitalverwertung und Erzeugung des Konsenses der Bevölkerung, indem für Beschäftigung und Wohlstand gesorgt wird. Auf die Balance von Akkumulation und Legitimation kann in demokratischen Gesellschaft nicht verzichtet werden. Daher sind substanzielle Kontrollen und Korrekturen von Marktprozessen unabdingbar;

denn diese können zwar die Akkumulation beschleunigen, dabei aber soziale Ziele, die für die Aufrechterhaltung von gesellschaftlichem Konsens erreicht werden müssen, verletzen. Der Markt legitimiert sich und seine Ergebnisse zwar selbst durch seine Prozeduren, aber eben nur in Grenzen, die durch die substanziellen Wirkungen der Prozeduren auf das Befinden der Menschen gezogen werden.

Welchem Projekt soll der Staat im realen Sozialismus folgen, woher kommen die Ziele, die mit der Planung angestrebt werden? Kapitalverwertung gibt es seit der Verstaatlichung der wichtigsten Produktionsmittel und der Ausschaltung des an Rentabilitätskriterien orientierten mikroökonomischen Entscheidungskalküls nicht mehr und auch der Sachverstand ist verloren, der ihr wissenschaftlich-theoretischen Ausdruck gibt und politische Vorschläge für eine Planungsinstanz erarbeiten könnte. Der Staat der sozialistischen Gesellschaft bedarf aber wie jeder moderne Staat der antizipativen Rückkoppelung zur Gesellschaft, also nicht erst nach Planvollzug, wenn die Beschwerden über Versorgungsmängel hageln. Die Brücke zwischen Staat, Gesellschaft und Wirtschaft wird durch die Partei und die Gewerkschaft geschlagen; im Betrieb sind die Gewerkschaften die Transmissionsriemen, in Wirtschaft und Gesellschaft besitzt die Partei eine funktional äquivalente Aufgabe. Diese soziale Konstruktion ist eine Folge der Entdemokratisierung der Gesellschaft. Wäre Partizipation auf allen Stufen der Entscheidungsfindung möglich und wäre der Spielraum nicht schon durch die zentralen Vorgaben auf einen schmalen Korridor von Alternativen eingeengt, könnten soziale Formen der direkten Demokratie praktiziert werden. Dies wäre eine Bedingung dafür, daß Plansysteme überhaupt effizient sein können.

Im Mangel an demokratischen Partizipationsmöglichkeiten drückt sich auch der Tatbestand aus, daß der real-sozialistische Staat als Nationalstaat in Konkurrenz zu anderen Nationalstaaten bestehen bleibt und als über die Planungsressourcen verfügender Machtapparat keine anderen dezentralisierten Entscheidungszentren zulassen will und konsequenterweise nach innen der demokratischen Auflösung und Zerstreuung des Machtmonopols Widerstand entgegensetzt. Entdemokratisierung und etatistischer, autoritärer Sozialismus ein Kind der Not also? Der Stalinismus jedenfalls hat aus dieser Not eine Tugend gemacht und die Entdemokratisierung zum Prinzip erhoben, dem alle real-sozialistischen Gesellschaften bis in die jüngste Vergangenheit folgten. Die Planungskompetenz ist also Attribut der Staatlichkeit, und diese organisiert sich zumindest teilweise gegen gesellschaftliche Ansprüche der demokratischen Partizipation. Dabei aber ergibt sich das Problem, daß die intern-gesellschaftlichen Legitimationsressourcen nicht gepflegt, und diejenigen, die traditionell vorhanden sind, überbeansprucht und aufgebraucht werden. Die real-sozialistische staatliche *raison d'etre* muß sich unter diesem Mangel geradezu zwanghaft im Systemwettbewerb mit anderen (National)staaten beweisen, sie kann sich nicht mehr aus sich selbst begründen.

Aus der parteilichen Vermittlung von Gesellschaft und Staat im Innern resultiert die Verdoppelung der politischen Herrschaft in real sozialistischen Gesellschaften in Staat und Partei. Die Partei, ursprünglich gesellschaftliches Organ, wird als lenkender, informierter und informierender Staatsapparat adoptiert (dazu vgl. Jaroslawski 1978). Die Partei verkörpert so etwas wie die *volonté générale*, aber notwendigerweise unter Ausschaltung der *volonté des tous*, denn sonst würde sie sich in der „demokratisch-zentralistischen" Form überflüssig machen. Die Verdoppelung personifiziert sich in den Figuren, die die Funktionen des Parteichefs, des Staatsratsvorsitzenden usw. in sich zur Personifizierung der *volonté générale* vereinigen. Es ist nicht nur Personenkult und Persönlichkeitswahn, wenn die Spitzenämter von Partei und Staat gehäuft werden. Die rationelle, einheitliche Lenkung von Wirtschaft und Gesellschaft von oben versucht, Partikularismen auszuschalten, die im Wettbewerb mit anderen Nationalstaaten schädlich sein könnten. Da dadurch aber der produktive Wettbewerb im Innern der Gesellschaft abgetötet wird, verwandelt sich die Einheit von Partei und Staat aus einem systemtragenden Element in eine Ursache für das Zurückbleiben realsozialistischer Gesellschaften hinter den entwickelten kapitalistischen Ländern, mit denen sie sich als Nationalstaaten vergleichen. Es ist jedenfalls Ausdruck der mangelnden Einflußmöglichkeiten auf die zentralen Entscheidungen, wenn nur die „Einheit der Person" Einheitlichkeit, gesellschaftliche Kohärenz, Verhinderung von partikularen Einflüssen verspricht. Der verdoppelte Staat muß sich gegenüber den Bürgern wie der Vormund zum Mündel verhalten, als „vormundschaftlicher Staat" (Henrich 1989); der Staat hatte das „Sorgerecht für die unmündig erklärten Bürger auf sich genommen" (Böhme 1981).

Ist diese Verdoppelung vielleicht zunächst ein Kind der Not, ein Mechanismus zur Dynamisierung der Gesellschaft mit beschleunigten wirtschaftlichen Wachstumsraten, birgt sie in sich die Tendenz der Blockierung von gesellschaftlicher Entwicklung, insbesondere von notwendigen Reformen. Sie wird ein engmaschiger Filter, in dem alle Ansätze der Demokratisierung, also von Versuchen der gesellschaftlichen Selbststeuerung durch Initiativen „von unten", hängen bleiben. Und die, die hängen bleiben, werden als schädliche Elemente durch Mauern abgeschottet: durch die inneren Mauern der Gefängnisse und die Sperren auf den Zugängen zur sowieso beschränkten Öffentlichkeit und durch die äußere Mauer, die das Land gegen „westliche Zersetzung" seitens der (system)konkurrierenden Nationalstaaten abschirmen soll. Jede Mauer hat zwei Seiten; die Kehrseite der Aussperrung ist die Einsperrung. „Geschlossene Gesellschaften“ sind pathologisch agressiv. Aber die politische Repression bedarf der Legitimation, d.h. sie bedarf der Begründung als eines notwendigen Mittels zur Erreichung eines Ziels, über das weitgehend Konsens erzielbar ist. Da die Repression nicht als selbstgerechtfertigt geltend vorausgesetzt werden kann, muß immer wieder das sozialistische Ziel der humanen Gesellschaft und zugleich die Gefährleichkeit der Gegner beschworen werden, gegen die der Einsatz des Mittels politischer Repression gerechtfertigt ist. Daraus folgt das widersprüchlich erscheinende und so ambivalente Festhalten am sozialistischen Ziel einerseits und an der infamen Existenz der Gegner, die dessen Erreichen so sehr erschweren, andererseits. Als in Prag 1968 der „Sozialismus mit menschlichem Antlitz“ versucht wurde, war es offensichtlich, daß mit dessen Realisierung die Begründung für die politische Repression verschwinden würde, nicht nur in der CSSR. Die Intervention, die selbst mit dem unterminierenden Wirken des Klassengegners gerechtfertigt worden ist, stellte die alte Spannung zwischen sozialistischem Zukunftsziel und gegenwärtiger Repression her. In dem Maße wie sie zur lange dauernden Normalität erklärt wurde und alltagspraktisch damit umgegangen werden mußte, entstand tatsächlich ein auf wackliger legitimatorischer Grundlage gebautes gesellschaftliches System: der dann so bezeichnete reale Sozialismus. Auf den Konsens der Massen kann kein staatlich organisiertes gesellschaftliches System dauerhaft verzichten. Der Konsens von unten ist die Legitimation von oben, die beiden Seiten eines immer wieder zu erneuernden „Gesellschaftsvertrags“. Daher müssen sich der Staat, und vor allem die Partei, immer wieder vor dem Volk legitimieren und es zum Konsens hin organisieren. Die Vielfalt der gesellschaftlichen Organisationen im Vorfeld der herrschenden Partei ist dazu probates Mittel, dem sich viele andienen und in ihnen Mitglieder werden.

3. Das mißlungene Einholen des „Fordismus“

Es kommt das historische Faktum hinzu, daß die kommunistischen Parteien ja ursprünglich durch einen emanzipativen Akt an die Macht gekommen sind. Sie haben den Staat mit der Emphase der Befreiung der Menschen von der kapitalistischen Ausbeutung und vom Faschismus umgebaut und das ökonomische System mit der deklarierten Absicht der beschleunigten Entwicklung der Produktivkräfte umgewälzt und sie haben obendrein Versprechungen der Demokratisierung der Gesellschaft gegeben. Sie sind einer aufklärerischen, libertären, egalitären Theorie, Philosophie, Ideologie verpflichtet, dem Marxismus. Selbst in der verbalhornten Fassung als „Marxismus-Leninismus" ist er die eigenartige Mischung einer durch und durch affirmativen, und daher langweilig verknöcherten Lehre der Rechtfertigung der Partei- und Staatsherrschaft („Sowjetmarxismus" im Sinne von Marcuse 1964) und einer wenn auch häufig kruden kritischen Theorie der Befreiung geblieben. Der Staat mag zwar de facto Privateigentum von Funktionären, eine Quelle ihrer Privilegien nach den für Außenstehende geheimnisvollen Prinzipien der Nomenklatura sein, der konsensualen Idee nach ist er „Volksdemokratie" und schließlich zum Absterben verurteilt.

Eine entdemokratisierte Kommandowirtschaft, der reale Sozialismus, kann sich nur rechtfertigen mit ökonomischen Erfolgen, also mit hohen Wachstumsraten und ständig verbessertem Versorgungsniveau und größeren Konsummöglichkeiten. So wird der „sich realisierende Sozialismus" (Kuczynski) der Vorstellung von der sozialistischen Gesellschaft immer ähnlicher. Das Bild des ökonomischen Erfolgs, der Konsumstandards und des individuellen Wohlstands wird aber von der entwickelten westlichen, „fordistischen" Gesellschaft (Vgl. dazu Hirsch/Roth 1986) geliefert. Dies bereits ist die erste Niederlage im Systemwettbewerb, wenn die Erfolgskriterien vom jeweils anderen System vorgegeben werden und akzeptiert werden müssen. Allerdings ist dieser Tatbestand der Sachzwänge des Weltmarkts nie kritisch reflektiert worden, da ja die real-sozialistischen Gesellschaften den gleichen Rationalitätsstandards verpflichtet sind wie die kapitalistischen Gesellschaften auch. Taylorismus und Fordismus wurden nicht nur im „Westen", sondern auch im „Osten" zu Prinzipien der mikroökonomischen und makrosozialen Gestaltung erhoben. Allerdings erfolgte dies im Osten nur halb. Die rationalisierende Potenz des Taylorismus wurde geradezu begeistert übernommen (Vgl. Finzi 1980); die sozialistischen Helden Stachanow (UdSSR) oder Hennecke (DDR) sind tayloristische Marmorbilder wie in Vajdas Film. Aber die Rationalisierung des Produktionsprozesses resultiert nicht in einer Massenproduktion von Konsumgütern, sondern hatte infolge des „Plangesetzes" von der „vorrangigen Entwicklung der Abteilung I" (Produktionsmittel) deren Vernachlässigung zur Folge. Dagegen haben die tschechoslowakischen Reformer um Ota Sik schon lange vor dem Prager Frühling polemisiert und auf die Notwendigkeit des Übergangs zu intensiver Akkumulation einschließlich der Förderung der Industrien der Massenkonsumgüter hingewiesen (z.B. Sik 1967). Tayloristisch durchrationalisierte Dauerleistungen sind den Arbeitern nicht abzuverlangen, wenn das Konsumgüterangebot keine persönlichen Gratifikationen, selbst in der entfremdenden Form von Warenfetisch und Konsumterror bereithält. Es fehlt ein weiteres Element des funktionierenden Fordismus: die Massennachfrage nach Konsumgütern. Dies ist eine Folge der Anwendung des Gesetzes von der vorrangigen Entwicklung der Abteilung I. Die Konsumgüter produzierende Abteilung II wurde eher als ein Wachstumsressourcen absorbierender Sektor der Ökonomie begriffen, als daß ihre Bedeutung für das Akkumulationsregime erkannt worden wäre. „Wachstum bedeutet...: Industrialisierung, Entwicklung der Schwerindustrie und des Maschinenbaus sowie Elektrifizierung" heißt es lapidar bei Feldman (1969, S. 52), dem großen Wachstumstheoretiker der Sowjetunion in der Frühzeit der Planung der 20er Jahre. Daß ökonomisches Wachstum eines sozialen Umfeldes der Konsenserhaltung bedarf, und daß daher nicht nur die wertmäßigen Proportionen der Produktion sondern auch die Möglichkeiten der Befriedigung konsumtiver Nachfrage durch die Arbeiter in ihrer Eigenschaft als Konsumenten bedeutsam sein könnten, ging in dieser Überlegung unter.

Nachdem die Arbeiterklasse gesiegt hatte, konnte sie als selbständiger Faktor der Entwicklung schlicht vernachlässigt werden. Gratifikationen sind in der „shortage economy" (Kornai) nur für Auserwählte und daher Privilegierte möglich; ein permanenter Anlaß für Verbitterung und Undiszipliniertheit bei der Arbeit. Die fehlende Hälfte einer fordistischen Regulationsweise – Massenproduktion von Konsumgütern und Massennachfrage danach – unterminiert daher auch die realisierte Hälfte: die Rationalisierung und Planung der Arbeit in der Industrie. Der televisionäre Systemvergleich bringt dies tagtäglich zu Bewußtsein, der halbe Fordismus strukturiert das Alltagsleben. Auf der einen Seite die Appelle an die sozialistische Moral und die belehrenden Hinweise auf die Verdorbenheit westlicher Kultur und auf deren Verfall, auf der anderen Seite der Dauerminderwertigkeitskomplex, weil Erfolg nach den Kriterien fordistischer Vergesellschaftung nicht wirklich erreicht werden kann. Hohe Wachstumsraten ja, neue Eisenhütten und Kraftwerke auch, immer mehr Chemiekombinate und Tierproduktionsgenossenschaften – aber in den Läden können sich die Arbeiter für ihren Lohn nicht das in Quantität und Qualität kaufen, was ihnen im Westfernsehen ins Wohnzimmer flimmert. Ernest Mandel hat schon früh auf die ökonomische und soziale Fehlerhaftigkeit des „Gesetzes von der vorrangigen Entwicklung der Abteilung I", d.h. der Produktionsmittel produzierenden Branchen hingewiesen. Ökonomie ist ein sozialer Prozeß, und mit Versprechungen allein sind die Arbeiter auf die Dauer nicht zu motivieren. Es müssen Konsumgüter in ausreichender Quantität und Qualität produziert werden, um die Motivation zum „sozialistischen Aufbau“, auch in den frühen Phasen der „ursprünglichen sozialistischen Akkumulation“, nicht zu gefährden.

Wenn die Erfolgskriterien nicht erfüllt werden, werden die dauerhaft schwelenden Legitimationsprobleme von Partei und Staat akut. Immer wenn diese sich zuzuspitzen drohten, wurde kampagnenhaft der Plan umgeworfen, um die festgestellten Versorgungslücken zu füllen und die identifizierten Kennziffern der Fehlsteuerung zu korrigieren. Allerdings geschah dies jeweils von oben, nicht als Korrektur, erzwungen durch Bewegungen von unten, durch gesellschaftliche Selbstorganisation. Die Folge: Es fehlte nach der Korrektur woanders, denn der Plan durfte keine Reserven und daher auch keine Alternativen kennen. Diese wären ja nicht nur Bedingung sondern Anreiz für demokratische Beteiligung geworden. Man hätte sich auf den verschiedenen gesellschaftlichen Ebenen – in den Betrieben, in den Branchen, in den Kommunen und Regionen – über alternative Verwendungsmöglichkeiten von Ressourcen und Befriedigungsmöglichkeiten des Bedarfs pluralistisch streiten können und müssen. Der geplante Mangel war also ebenso die notwendige Folge der Entdemokratisierung wie die Bedingung ihrer Aufrechterhaltung. Der Mangel wirkt aber zugleich als permanente Bedrohung der Legitimation. Die Organisierung von Kampagnen war die autoritäre Antwort auf die Zuspitzung des Legitimationsproblems. Die Gesellschaft wurde auf Trab gebracht, kreiste dabei aber immer um sich selbst.

Wenn die Kampagnen nicht zum gewünschten Ergebnis führten, nämlich der Füllung von Versorgungslücken einerseits, der völligen Erschöpfung und Lethargie der Bevölkerung andererseits, wurden auch tiefgreifendere Wirtschaftsreformen – Veränderungen des „Wirtschaftsmechanismus“ (dazu: Conert 1990) – durchgeführt: Ein wenig mehr Dezentralisierung, ein größeres Gewicht von mikroökonomischen Erfolgskennziffern der Betriebe, mehr Leistungsanreize für Kollektive und Einzelne, mehr materielle Interessiertheit durch Prämiensysteme, auch mehr Spielräume in den Poren der Gesellschaft, z.B. für Kulturschaffende. Alle real sozialistischen Länder kennen den Zyklus von Zentralisierung und Dezentralisierung. Doch sobald sich in den größeren Spielräumen demokratische Pflänzchen entfalteten, oder sobald die Wachstumsdynamik wieder in Gang gebracht war, wurden die Reformen zugunsten von Zentralisierung, mehr Kommando und weniger Spielräume der Menschen in der Gesellschaft rückgängig gemacht. Die CSSR des Jahres 1968 ist dafür das tristeste Beispiel: Nach der Liberté des Prager Frühlings rollten die Panzer der vereinigten Stalinisten.

Freilich war es in diesem Mechanismus nicht vorgesehen, alle Kosten des Wachstums zu kalkulieren. Es zählt die Gegenwart, der Plan ist entgegen seiner formalen Struktur der Planung nächster Jahre nichts anderes als die Diskontierung der Zukunft auf die Gegenwart. In erster Linie wird extrapoliert und die extrapolierten Daten werden als Projektionen zum Plangesetz erhöht. Zukünftige Generationen sind für die Legitimation der heutigen Staats- und Parteibürokratie uninteressant und daher gut genug, um ihnen die Folgekosten der Beschleunigung von Entwicklung, die der Staat im Systemwettbewerb benötigt, aufzuhalsen. Allerdings wird jede Zukunft einmal die Gegenwart und dann stellt sich die Planung, erklärtermaßen der Versuch der Projizierung einer humanen Zukunft, als eine Perfidie heraus: Die Zukunft wurde zu Gunsten der Gegenwart ebenso kurzsichtig verspielt wie in den kritisierten kapitalistischen Gesellschaften, die jedoch, weil – in den hochentwickelten OECD-Ländern – demokratisch organisiert und mit wirksamer Parteienkonkurrenz, immerhin den Spielraum für die korrigierenden Einflüsse von Bürgerinitiativen und von unabhängigen Parteien aufweisen, die in den autoritär organisierten real-sozialistischen Gesellschaften fehlten.

Zweierlei passiert nun. Erstens verwandeln sich die Pläne, wissenschaftlich von einer gewaltigen Bürokratenarmee erarbeitet und kontrolliert, in eine lächerliche Schimäre. Im Plan ist die gesamte Ökonomie transparent, und gleichzeitig kennt niemand deren tatsächlichen Zustand. Die Notwendigkeit, bei zentraler Verfügung auch das gesellschaftliche Wissen zu zentralisieren, zu monopolisieren, stellt sich als doppelt konterproduktiv heraus. Denn erstens werden dadurch die Individuen zu Lethargie und Unverantwortlichkeit erzogen und zweitens ist das Vorhaben von Anfang an ein absurdes Unterfangen, da gesellschaftliches Wissen dann, wenn es zentralisiert wird, fast unter der Hand veraltet. Die nicht demokratische, zentralisierte Planung mußte sich auf Daten stützen, die von unteren Einheiten übermittelt wurden, die wiederum bei der Erstellung des Plans nicht oder nur marginal mitzureden vermochten. Ein mikroökonomisch bequem zu erfüllender Plan konnte so durch Manipulation der Daten erreicht werden. Die im zentralen Plan abgebildete Realität war dabei die eines Potemkin'schen Dorfes und die mit dem Plan vorgesehene Entwicklung vergrößerte es noch, bis es den Menschen in den nicht-illusionären, wirklichen Dörfern und Städten, für die nichts getan wurde, zu bunt wurde. Der Planerfolg war umso größer, je weniger Kosten zu berücksichtigen waren, die ökologischen Kosten zumal. Auch im realen Sozialismus wurden wie in Marktwirtschaften negative externe Effekte, also Umweltzerstörungen gigantischen Ausmaßes produziert. Sie schlagen schlimmer zu Buche als in modernen westlichen Gesellschaften. Denn es fehlt der Spielraum für soziale Bewegungen, die sich zur Wehr setzen, es gibt keine Anwälte der Umwelt, die sich mit lauter Stimme zu Wort melden können, die Ausgestaltung der personalen Rechte ist unzureichend für das Einklagen von Unterlassungen, beispielweise bei unzuträglichen Belastungen der Umwelt.

Es wurde auch nicht in Rechnung gestellt, daß eine Kommandowirtschaft nur einen geringen sozialen Komplexitätsgrad aufweist und daher gegen Schocks von außen kaum abfedernde Reserven aufbringen kann. Innovationen sind in diesem System eher ein Fremdwort, auch wenn dieses zum geflügelten Wort der Partei- und Staatsbürokratie wird. Innovationen sind ja nicht nur technische Verbesserungen, sondern bedürfen der individuellen Fantasie und der gesellschaftlichen Veränderung. Nur aktivierte Menschen können die sozialen Bedingungen des technischen Fortschritts schaffen. Die mangelnden Reserven der Planung konnten gesellschaftlich nur durch „informelle" Aktivitäten aufgefangen werden, durch Schwarzarbeit, Unterschlagung, das Beiseiteschaffen von Materialien, durch Korruption. In diesen informellen Kreislauf waren alle eingebunden, nicht nur die Führung war, wie sich nach deren Sturz in vielen Ländern herausgestellt hat, korrupt. Aber es war die Funktionsweise des Systems, die dies erzwang, und für seine Aufrechthaltung war die Führung verantwortlich, und deshalb zählt deren Korruption doppelt.

Eine „große Krise" ist also vorprogrammiert, es bedarf nur des Anstoßes, damit sie ausbricht. Ein weiteres Problem kommt nun zutage. Die „zukünftigen Generationen" verwandeln sich im „Lauf der Zeit" in gegenwärtige Generationen und machen die Planbürokraten der Vergangenheit verantwortlich für die Desaster in der Ökonomie und in der Umwelt, zumal wenn es ihnen nicht möglich ist, auf den avisierten stolzen Sieg im Systemwettbewerb zu verweisen. Nun kommt alles zu Tage: Daß die ökologischen Kosten des Wachstums der Vergangenheit die Zukunftsaussichten in bedrückendem Ausmaß belasten; daß der externe Schuldendienst auf die Außenkredite, mit denen die alte Führung die selbst verantworteten Lücken auf Kosten der zukünftigen Generationen geschlossen hat, kaum von der Ökonomie erbracht werden kann und Anpassungen an die Prozeduren des Weltmarkts erzwungen werden, an denen gesellschaftliche Reformen vielleicht scheitern; daß der Rückstand in Technologien und Arbeitsproduktivität uneinholbar groß ist; daß die Menschen systematisch passiviert worden sind und es erst lernen müssen, als aktive Bürger ihre Geschicke und die ihrer Wirtschaft zu lenken. Ein erfolgloses Regime, das seine Legitimationsgrundlage verspielt hat, kann seine Tage zählen.

Die real-sozialistischen Länder Osteuropas einschließlich der Sowjetunion haben es nicht geschafft, den Übergang von der extensiven Phase der Entwicklung in die intensive zu vollziehen, in der nicht nur die Anwendung neuer Technologien gefordert war, sondern eine Umstrukturierung der Gesellschaft in Richtung eines „modernen Sozialismus“. Die intensiven Diskussionen der 60er Jahre in der CSSR im Umkreis der Gruppen von Ota Sik, Zdenek Mlynar, Radovan Richta haben dazu wichtige Überlegungen beigesteuert, die mit den Panzern der Invasionstruppen 1968 aus dem theoretischen und perspektivischen Horizont des realen Sozialismus ausgetrieben, unterdrückt oder in die Emigration getrieben wurden. Zwanzig Jahre später werden auch in der DDR aus theoretischen Reflexionen über moderne sozialistische Systeme Konsequenzen für die real-sozialistische Praxis gezogen, die den modernen Bedingungen Rechnung zu tragen versuchen (Brie u.a. 1989; Bluhm u.a. 1990). Der in der Einleitung zitierte und mit Daten von Angus Maddison belegte Bruch der Entwicklung, indiziert von im internationalen Vergleich deutlich abfallenden Wachstumsraten des Sozialprodukts, hätte möglicherweise vermieden werden können, wenn der Übergang zu intensiver Entwicklung ernsthaft angegangen worden wäre. Allerdings wäre dies nur möglich gewesen, wenn die Gesellschaften radikal reformiert worden wären: in Richtung demokratischer Partizipation und Öffentlichkeit. Die Realität der Machtverhältnisse im realen Sozialismus allerdings blockierten einen sozialen Transformationsprozeß, in dessen Verlauf die Gesellschaft hätte dynamisiert und reformiert werden können. So blieb offenbar nur der Bruch, der realsozialistische Staat zerbröckelte, die Partei zerrieselte. Mit den beiden Säulen des Systems brach es Ende der 80er Jahre zusammen.

4. Entschwundene Legitimation

Allerdings trat die Stagnation der real-sozialistischen Gesellschaften spätestens seit den 60er Jahren, nachdem die Wirtschaftsreformen im Sande des bürokratischen Getriebes verlaufen waren, nicht sofort zu Tage. Eine Strategie des Hinhaltens nämlich ist der Rückgriff auf äußere Finanzmittel, um Importe finanzieren zu können. Spätestens damit aber wird die Abschottung vom Weltmarkt zu einem unhaltbaren Unterfangen, da ja die Schulden in Devisen bedient werden müssen. Wenn die Deviseneinnahmen aus Exportüberschüssen aus welchen Gründen auch immer ausbleiben, provoziert die äußere Verschuldung ökonomische Schwierigkeiten, die in einigen Ländern Osteuropas denen der Länder der Dritten Welt vergleichbar sind. Die Schulden sind in den 70er und 80er Jahren auch in diesem Teil der Welt enorm gewachsen, und zwar in Osteuropa und der UdSSR insgesamt von (netto) 68,8 Mrd US$ im Jahre 1983 auf 99,2 Mrd US$ 1989 (brutto 133,8

Mrd US$). Polens Schulden betragen Ende 1989 (netto) 35,2 Mrd US$ und (brutto) 38,9 Mrd US$. Die DDR hat bei ihrer Auflösung brutto 21,7 Mrd US$ Schulden, netto 11,0 Mrd US$. Die Nettowerte sind insofern eher illusorisch, weil ein Teil der Forderungen, die gegen Schulden aufgerechnet werden, sowieso uneinbringlich sind, da die Schuldner der osteuropäischen Schuldner noch weniger zahlungsfähig sind (Daten nach Economic Commission for Europe 1989, S. 52). Auch in Osteuropa hat der Schuldendienst zu einer Überforderung der ökonomischen Leistungsfähigkeit geführt. Rumänien hat sich in den 80er Jahren mit brutalen Einschränkungen des Lebensstandards entschulden können, mit einem der Bevölkerung auferlegten Austerity-Programm, das selbst mit IWF-Unterstützung in den verschuldeten Ländern Lateinamerikas oder Afrikas nicht durchsetzbar war. Die Brotrevolten und Hunger-riots in vielen Teilen der Welt haben in Rumänien die Qualität eines blutigen Umsturzes erreicht.

Zu einfach wäre es, in Osteuropa den Bankrott des Systems auf die Außenschulden zu schieben. Vielmehr wurden von den Verantwortlichen die Außenkredite benutzt, um die Lücken, die durch die Planung entstanden sind, auffüllen zu können. Die Art und Weise der gesellschaftlichen Organisation, von der die Planung der Ökonomie nur ein Element ist, war für das Desaster verantworlich. Die Außenkredite haben es nur hinausgeschoben und waren schließlich selbst Faktoren der Beschleunigung des Zusammenbruchs. Denn mit ihnen wurden nun zwei höchst divergente Prinzipien der gesellschaftlichen Organisation ineinander verschränkt: das der zentralen Planung einer nationalen Ökonomie und das der dezentralen, transnationalen Geldwirtschaft, gesteuert durch den monetären Weltmarkt. Die Planung reicht nur bis an die Grenzen, Außenkredite erzwangen Anpassungen an den Weltmarkt, die in der Planung bislang durch Außenhandelsmonopol und Inkonvertibilität der Währung vermieden werden konnten. Die geplanten Ökonomien mußten sich gegenüber dem Markt verhalten wie große Unternehmen, ohne aber die inneren Strukturen der geplanten Ökonomien diesem Gebot unterwerfen zu können; denn eine Orientierung auf Effizienz im Sinne strikt instrumentaler Rationalität (wie sie in der Zinsrate, dem Ertrag auf eine Kapital-Hauptsumme bezogen, höchst abstrakt und gleichzeitig ganz real zum Ausdruck kommt) war ausgeschlossen. Mit den im Ausland aufgenommenen Krediten war es jedenfalls unmöglich geworden, Planung auch nur ansatzweise konsistent durchzuführen; doch zur marktwirtschaftlichen Öffnung, um Potenzen der gesellschaftlichen „autopoietischen" Selbstorganisation zu mobilisieren, reichten die systemischen Ressourcen nicht.

Mit den offensichtlich werdenden ökonomischen Problemen schwinden die vielleicht verbliebenen Reste von politischer Legitimation des verdoppelten Staates dahin. In kapitalistischen Gesellschaften kann sich der Staat den „Legitimationszwängen entwinden“ (Habermas). Denn es gibt ja eine zusätzliche Ressource von Legitimation bürgerlicher Herrschaft: den „objektiven“ Markt als Ort der Wirkung der unbestechlichen ökonomischen Logik. Die über den Markt zugeteilten Chancen sind zwar höchst ungleich, aber gerecht. Jeder ist seines Glückes Schmied und wer sich anstrengt, wird es zu etwas bringen. Der Staat oder Forderungen an den Staat kommen in diesem Räsonnement kaum vor, jedenfalls so lange nicht, wie die Existenz auf hohem kulturellen Niveau nicht gefährdet ist. In real sozialistischen Gesellschaften hingegen gibt es diesen staatstragenden Trick der Entwindung aus den Legitimationszwängen nicht. Das System ist durch und durch politisiert, auch wenn – oder gerade weil – die Menschen entpolitisiert worden sind. Staat und Partei können sich den Legitimationszwängen nicht entwinden, es fehlt ihnen das Rückzugsgebiet des Marktes; sie können die verlustig gehende Legitimation nicht durch Konsens bildende Maßnahmen zurückhalten. Die notwendige Bestätigung des impliziten Gesellschaftsvertrags bleibt aus. Die Repression wird verstärkt und kann nicht mehr mit den besseren sozialistischen Aussichten zu rechtfertigen versucht werden. Die finstere Breschnew-Ära war eine letzte repressive Antwort auf die zaghaften Reformen unter Chrustschow (Wallerstein 1990) und auf die Reformbestrebungen anderswo. Ohne eine überzeugende Perspektive mündeten selbst die ökonomischen Dynamisierungsversuche in eine Situation der gesellschaftlichen Stagnation. Transformationsleistungen hätten erbracht werden müssen, so wie sie zuletzt massenhaft im Prager Frühling anvisiert worden sind. Doch dazu waren die politischen Klassen, die Staats- und Parteibürokratie gleicherweise, völlig unfähig. Das realsozialistische System brach zusammen; es ist an der mangelnden Fähigkeit zu transformistischen Anpassungen und Umwälzungen, also an eingebauten Blockaden der gesellschaftlichen Evolutionsfähigkeit, untergegangen.

5. Destrukturierung – Restrukturierung

Zu Beginn wurden empirische Sachverhalte aufgelistet, die einen Umbruch nahelegen. Daran anschließend wurden die unterschiedlichen Reaktionsweisen von modernen kapitalistischen Marktwirtschaften und realsozialistischen Gesellschaften auf die Krisenphänomen dargelegt. Nun muß es um die theoretische Verortung des Krisenbegriffs gehen.

Krisen sind immer ein doppelter Prozeß der Destrukturierung, also von Zerstörung und Überflüssigwerden produktiver Kapazitäten, von Qualifikationen, aber auch von gesellschaftlichen Institutionen der Regulation einerseits, und der Restrukturierung, also von Umbau und Innovation andererseits. Also sind Krisen gesellschaftliche Transformationsprozesse und umgekehrt verlaufen Transformationen krisenhaft: In ihrem Verlauf erweisen sich gesellschaftliche Verhältnisse, z.B. eine bestimmte Verteilung der Einkommen zwischen den Klassen oder ein sozial genormter Umgang mit der natürlichen Umwelt oder ein gesellschaftlicher „Basiskonsensens" über Normen und Werte, als nicht mehr tragfähig für die (ökonomische) Entwicklung und die gesellschaftliche und politische Stabilität. Sie werden daher in der Krise „destrukturiert", zurückgebildet, ihrer gesellschaftlichen Funktion enthoben. Institutionen sterben (für viele zur Erleichterung) ab und sie bleiben für andere wie überlebte Normen und Werte allenfalls lebendig als rituell genutztes Inventar von Traditionsvereinen. Es ist insbesondere diese erste Phase der Krise, die als schmerzhafter Bruch, als Katastrophe gar, wahrgenommen wird, zumal gar nicht prognostizierbar ist, welches Ende der Prozeß der Restrukturierung nehmen wird. Die Einleitung der Transformation ist überschaubar, als Konsequenz von Überkapazitäten, von Überschuldung und von nicht mehr tragfähigen institutionellen Arrangements, die demontiert werden. Der Fortgang und der Ausgang hingegen sind offen und ungewiß.

Die Krise dauert so lange wie der Prozeß der Restrukturierung unabgeschlossen ist: „Die Krise besteht gerade darin, daß das Alte stirbt und das Neue nicht entstehen kann" (Gramsci 1954, S. 38). Irgendwann ist das Neue entstanden, aber wann der Evolutionssprung abgeschlossen sein wird, ist konkret-historisch grundsätzlich nicht zu sagen. Gesellschaften sind komplexe Systeme und bewegen sich daher in dem von notwendigen Tendenzen umschriebenen Rahmen. Jedoch werden diese durch kontingente Entscheidungen vieler einzelner hervorgerufen, sogar zufällig angestoßen und umgestoßen, so daß einer bestimmten, erwarteten, prognostizierten Tendenz zu folgen die Reise in den Irrtum bedeuten kann. Auf allgemein-abstrakter Ebene freilich kann davon ausgegangen werden, daß sich „tendenziell" so etwas wie „Normalität" herausbildet. Auch hier gibt es Schwierigkeiten der ex ante-Bestimmbarkeit dessen, was als „normal" gelten kann. Subjektivistisch, d.h. vom Standpunkt des Beobachters und Entscheidungsträgers her, könnte eine Entwicklungsphase normal genannt werden, deren Bahn weitgehend stabil ist und durch zufällige, „exogene" Einflüsse nur schwach geändert wird. Nicht normal wäre dann eine Entwicklung, die schon durch kleine Ereignisse aus der Bahn geworfen werden kann. Normal in diesem

Sinne wären gesellschaftliche Verhältnisse, in denen der Steinwurf eines Kindes in eine Fensterscheibe zu einklagbaren Regreßforderungen gegenüber den Eltern führt und diese Schadensersatz leisten. Der Schock des Steinwurfs wird im System leicht absorbiert, es setzt seine Entwicklung unbeeindruckt fort. Nicht-normal ist eine Situation, in der der Steinwurf eines Kindes in Jerusalem einen Weltkrieg mit ABC-Waffen auslösen kann. In der Chaotik des globalen Wettergeschehens – der (das Beispiel ist inzwischen vielzitiert) Flügelschlag eines Schmetterlings am Yangtsekiang löst vier Wochen später einen Orkan in Europa aus – haben gesellschaftliche Systeme die Fähigkeit, durch entsprechende Institutionen „Schockabsorber" auszubilden, und in ihnen exogene Einflüsse so zu bearbeiten, daß der Kurs der Entwicklung auf „normal" gehalten werden kann.

Normalität heißt also auch Verläßlichkeit und diese bedeutet für die gesellschaftlichen Akteure, daß sie den Aufwand zur Informationsbeschaffung, zur Ab- und Versicherung gegen Unsicherheit etc. minimieren können. Daher werden sie einen Zustand dieser Art allen anderen Zuständen der Nicht-Normalität in der Regel vorziehen. Doch nützt ihnen diese rational begründete Absicht wenig, da „Normalität" nicht durch in einen Vertrag mündende Absprache zwischen Individuen zustandekommt. Wäre es so, gäbe es die Restrukturierungskrise nicht; man brauchte sich lediglich auszutauschen und – Gefangenendilemma hin, free rider-Verhalten her – institutionelle Regeln des Spiels festzulegen, die eine von allen Beteiligten akzeptierte Normalität, weil verpflichtende Norm, definieren. Deren Akzeptanz würde sich wegen der höheren Kosten ergeben, die die Nicht-Akzeptanz verursacht. Doch es sind nicht nur die Individuen, die eine Gesellschaft ausmachen, sondern Klassen und die institutionalisierten Kompromisse, die stabilisierenden Schockabsorber kommen daher erst im Zuge von sozialen Konflikten und nicht als Resultat interindividuellen Interessenausgleichs zustande. Daraus ergibt sich auch, daß im Prozeß der Restrukturierung die konkret-institutionelle Ausgestaltung von Normalität offen ist. Es kann zwar unbedingt davon ausgegangen werden, daß ein „Normalarbeitsverhältnis" oder eine Verteilungsnorm der Einkommen, daß konsistente Weisen der Regulation von Arbeit, Geld, Natur, daß ein „Verteilungsgleichgewicht" (zu den „Gleichgewichten" vgl. auch Zinn 1978) aus dem Prozeß der Restrukturierung hervorgehen; es ist aber nicht zu prognostizieren, welchen Gehalt diese „Normen" und „Normalitäten" haben.

Krisen, nicht die kleinen Konjunkturkrisen sondern die „großen" gesellschaftlichen Krisen, sind demnach soziale Transformationsphasen, in denen die Evolution einen „Sprung" macht. Daher sprach Schumpeter von der „produktiven Zerstörung" infolge technischer und sozialer Innovationen, die sich gerade in den großen Krisen häufen und in der Ökonomie für einen erneuten Aufschwung verantwortlich sind. Ähnliches gilt für Hegemoniekrisen, in denen das Regelsystem von Hegemonialsystemen ausgetauscht wird, in denen also ein „Regimewechsel" stattfindet. Wenn aber die innovativen Potenzen zu einer stabilisierenden und normalisierenden Restrukturierung nicht ausreichen, kann die große Krise nur in den Kollaps einer gesellschaftlichen Formation einmünden.

Es ist nicht unumstritten, wie Stabilität zu definieren ist. Obendrein ist Stabilität nicht mit Gleichgewicht und auch nicht mit Abwesenheit von Instabilitäten ineinszusetzen. Eine Geld-Gesellschaft ohne „financial instabilities" ist so wenig vorstellbar wie die Atmosphäre ohne Windbewegungen, die sich zu vernichtenden Orkanen steigern können. Instabilitäten sind also normal, und daher sind die Übergänge von Krise zur „Normalität" (und umgekehrt) fließend, unscharf oder unerwartet plötzlich. Es kommt immer darauf an, inwieweit Instabilitäten durch institutionelle Schockabsorber aufgefangen werden können. Die Krise ist in gewissem Sinne normal und die Normalität einer kapitalistischen ebenso wie einer sozialistischen Gesellschaft schließt Krisen ein. Die Krise selbst ist eine Gemengelage, in deren Chaos sich so etwas wie stabile Strukturen abzeichnen – jedenfalls für eine geraume Zeit, die länger dauert als eine „kleine" konjunkturelle Krise, die „Talsohle" im ökonomischen Zyklus. Daher ist die Krise nicht nur als Übergangsphase von einem „Normalzustand" in einen anderen, von einer Gleichgewichtssituation zur anderen angemessen zu begreifen, sondern als ein langwieriger, historisch offener Prozeß. Obendrein sind die „kleinen" konjunkturellen Krisen der Ökonomie durchaus Phasen der Anpassung, der „Bereinigung": Elemente werden entschärft, die innerhalb des gegebenen institutionellen Arrangements den Entwicklungsprozeß blockieren. Die „großen Krisen" demgegenüber affizieren die Institutionen selbst; sie dauern so lange und sie sind so umfassend, weil neue Institutionen ausgebildet werden müssen, die in der Lage sind, als Schockabsorber die Entwicklung zu stabilisieren und eine akzeptable Norm des Lebens und Arbeitens zu gewährleisten.

Krisen sind zunächst die „bloße Steigerung der Quantität und Intensität des Alltagslebens der bürgerlichen Gesellschaft" , in denen „die zufällige Bezogenheit" der gesellschaftlichen „Teilsysteme" aufeinander „plötzlich ins Bewußtsein aller Menschen gedrängt wird" (Lukacs 1922, S. 112). Krisen sind also in diesem Sinne Steigerungen des Normalen einer Gesellschaft und zugleich sind sie die Phasen gesellschaftlicher Entwicklung, in denen im Verlauf mehr oder weniger umfassender und längere oder kürzere Zeit dauernder

Konvulsionen eine neue „Normalität" entsteht, also neue verläßliche Normen des gesellschaftlichen Zusammenlebens institutionell abgesichert werden, die die gesellschaftlich relevanten Handlungen der Individuen und die ökonomische Prozesse regulieren.

6. Normalität und Gleichgewicht

Wie ist „Normalität" zu definieren? Durch die Dauer der Zeit, die ein bestimmter Zustand herrscht, durch eine Norm von Gleichgewichtsbedingungen oder durch die Defintiton von Stabilität einer Ökonomie bzw. Gesellschaft? Dauerhafte Instabilität oder Ungleichgewichte sind als empirische Tatbestände ebenso unhaltbar wie permanentes Gleichgewicht und Stabilität. Aber theoretisch wird die Normalität kapitalistischer Gesellschaften höchst unterschiedlich bestimmt: In allen „großen" theoretischen Schulen der Ökonomie gibt es eine explizite Vorstellung von Gleichgewicht/ Ungleichgewicht und Stabilität/ Instabilität im ökonomischen System, und ganz unterschiedlich werden deren mögliche Kombinationen als Normalität/ Anormalität kapitalistischer Regulation interpretiert. Sehr stark akzentuiert und daher übertrieben läßt sich der Unterschied mit folgendem Schema zeigen (Vgl. zum Konzept des Gleichgewichts Stanger 1988):

	Gleichgewicht	Ungleichgewicht
Stabilität	Neoklassik	Institutioneller Keynesianismus
Instabilität	(Geldkeynesianismus)	Marxismus Regulationstheorie

Die Neoklassik geht prinzipiell von der Möglichkeit eines stabilen Gleichgewichts ökonomischer Prozeßabläufe aus. Störungen dieses Normalzustandes können nur von außen kommen („erratische" Schocks) oder zufälligen Charakters sein. Das System tendiert nach der Anormalität der Störung durch seine Marktprozesse wieder zur Herstellung der Normalität eines stabilen Gleichgewichts. Denn der „private Sektor" wird als prinzipiell stabil angenommen, er ist mit den notwendigen Schockabsorbern ausgestattet. Allerdings ist zu erwähnen, daß in der „neuen" Neoklassik (Hahn; Malinvaud) Gleichgewicht lediglich ein „analytisches Referenzmaß" (Kalmbach/Kurz 1983, S. 82) darstellt und nicht mehr als tatsächlicher Gravitationspunkt gedacht wird.

In der Marxschen und marxistischen Theorie definieren die Gleichgewichtsbedingungen ebenso viele Möglichkeiten für Ungleichgewichte; Gleichgewicht ist daher alles andere als die Regel oder Referenzmaß. Die Entwicklung des Reproduktionsprozesses ist nicht stabil und folglich oszillierend: Wenn dauerhafte Instabilität als Voraussetzung unzulässig ist, dauerhafte Stabilität aber ebenfalls keine Begründung in den Strukturparametern einer kapitalistischen Gesellschaft findet, dann kann ökonomische und gesellschaftliche Entwicklung nur zyklisch konzipiert werden, periodisch schwankend zwischen Konjunkturen und Krisen. Die Periodizität bedeutet keineswegs die sinusförmige Wiederholung des immer gleichen Ablaufs. Die historischen Unterschiede, die im Verlauf des ökonomischen Prozesses selbst produziert werden (dies ist die Aussage des zweiten Hauptsatzes der Thermodynamik), haben zur Folge, daß kein Zyklus, keine Krise und keine Konjunktur einer anderen gleicht. Sie sind sich in der grundlegenden Struktur selbstähnlich, aber in den Randbedingungen voneinander verschieden. Die gesellschaftliche Dynamik treibt daher immer wieder auf Phasen zu, in denen unter den Bedingungen von Instabilität und Ungleichgewicht dennoch neue „Normalverhältnisse" institutionalisiert werden, wie die Regulationstheorie hervorhebt.

Den anderen beiden Feldern der Matrix sind weniger eindeutig Theorien zuzuordnen. Im Geldkeynesianismus kann es ein stabiles Gleichgewicht nicht geben, da das Geld marktvermittelt notwendigerweise Instabilitäten und mit ihnen Ungleichgewichte erzeugt. Im Gegensatz zur neoliberal-neoklassischen Annahme von der autopoietischen Selbstorganisation marktwirtschaftlicher Systeme ist eine dauerhafte Tendenz zur Destabilisierung wirksam. Wenn dem so ist, können die notwendigen Stabilisierungsleistungen nur noch vom politischen System durch die Ausbildung geeigneter Institutionen („big government" zur Stabilisierung der Nachfrageströme und die Zentralbank als „lender of last resort") erbracht werden. Folglich bedarf es zur Kompensation ökonomischer Instabilitäten politischer Stabilisierungsleistungen durch – so argumentieren traditionelle Keynesianer – eine Vollbeschäftigungspolitik des Staates verbunden mit korporativen Strukturen des Systems der Lohnbildung, oder – dies die Rezeptur der Geldkeynesianer – durch die Politik der Zentralbank, die das Geld knapp hält und so den Akkumulationsprozeß auf einem zwar prinzipiell instabilen Pfad in wenn auch prekärem Gleichgewicht steuert.

Es sind in den verschiedenen Herangehensweisen demzufolge auch jeweils unterschiedliche Konzeptionen des Verhältnisses von Ökonomie und Politik impliziert: Die Neoklassik kann den ökonomischen Prozeß sich selbst überlassen, denn der „private Sektor" ist grundsätzlich stabil mit einer starken Neigung zum Gleichgewicht. Die Aufgaben der Politik sind auf die Ausgestaltung und Gewährleistung des ordnungspolitischen Rahmens begrenzt. Im Marxismus wird davon ausgegangen, daß in der realen Ökonomie Gleichgewichtsbedingungen niemals, auch durch politische Regulation nicht, hergestellt werden können; es gibt nicht die Gravitationszentren, wo die ökonomischen Instabilitäten bedeutungslos werden. Instabilitäten und Ungleichgewichte gehören zur Normalität des Verhältnisses von Politik und Ökonomie, zum Alltagsleben einer kapitalistischen Gesellschaft wie Lukács hervorhebt. In den verschiedenen Varianten des Keynesianismus hingegen wird prinzipiell davon ausgegangen, daß ökonomische Instabilitäten politisch eingedämmt und daher eine begrenzte Stabilität ökonomischer und gesellschaftlicher Verhältnisse erreicht werden könnte. Beide Positionen konvergieren jedoch bei der Konstatierung der Möglichkeit von gesellschaftlicher Evolution gerade in ungleichgewichtigen und instabilen Phasen. Krisen gehören daher zur Normalität des kapitalistischen Systems; aber gerade deshalb sind sie paradoxerweise – mit ihren Instabilitäten – die Stabilisatoren, wenn die Wirkung von Institutionen als Schockabsorber unzureichend wird.

7. Kleine Krisen – große Formkrise

Um der Unterscheidung zwischen kleiner bzw. großer Krise (Boyer 1979; Boyer 1986; Lutz 1984) Sinn zu verschaffen, ist es notwendig, den Begriff der „Formkrise", der Krise der Gesellschaftsformation, einzuführen (vgl. Altvater 1983). Jede Gesellschaft ist durch die Formen charakterisiert, in denen sich die Entwicklung vollzieht. Im Rahmen der sich entfaltenden Formen der gesellschaftlichen Reproduktion sind Funktionen zu erfüllen, deren Gesamtheit die gesellschaftliche Struktur näher bestimmt. Die gesellschaftliche (Selbst)organisation ist nur möglich, wenn das Ensemble der Institutionen über die Medien verfügt, um die notwendigen Funktionen in einem gesellschaftlichen Totalitätszusammenhang erfüllen zu können. Dieses Konzept darf nicht funktionalistisch mißdeutet werden, so als ob sich gesellschaftliche Strukturen so reorganisieren, wie die funktionalen Beziehungen ihrer Elemente es erfordern; „forms do not follow function". Gesellschaften können sich geraume Zeit entwickeln, ohne daß alle definierbaren Funktionen erfüllt sind. Und es ist ausgeschlossen, daß die Menschen in ihrem Handeln die Erfüllung von Funktionen antizipieren; sie verfolgen ihre Interessen und in der Auseinandersetzung darum bilden sich Institutionen, sie werden umgebildet, „umfunktioniert", und sie gehen unter. Die gesellschaftliche Ordnung ist immer nur das spontane Resultat der vielen Entscheidungen und Handlungen.

Die Formen der bürgerlich-kapitalistischen Vergesellschaftung, basierend auf privatem Eigentum und Aneignung von Produkten der Arbeit, lassen sich – an dieser Stelle eher stichwortartig – ausdifferenzieren: Die Form der Marktvermittlung ökonomischer Prozesse, die Form des Geldes als Medium des Austausches auf dem Markt, als abstrakter Ausdruck gesellschaftlichen und individualisierten Reichtums, und mehr noch, als eine spezifische Form der Vergesellschaftung. „Geld (ist) das Gemeinwesen, das kein anderes über ihm stehendes duldet" (Marx, Grundrisse, S. 124). Dann die Form der Trennung von Ökonomie und Politik und die Ausdifferenzierung beider Bereiche als spezielle Systeme; die Form des Staates (Singular), und dabei die Formen (Plural) der liberalen Demokratie oder des autoritären Maßnahmestaates, des metropolitanen oder peripheren Staates; die Formen und Normen von Konflikt und Konfliktlösung und die Form der Erzeugung von Konsens und der Legitimität von Herrschaft in einer Klassengesellschaft. Die Form, in der der Umgang, der „Stoffwechsel" mit der Natur reguliert wird... Es wird mit dieser Aufzählung klar, daß die Form des sozioökonomischen Systems nicht durch den Markt als die angemessene Form der Abstimmung mikrorationaler Entscheidungen hinreichend definiert ist, sondern durch Regelungen, die den Produktionsprozeß und die gesellschaftlichen und individuellen Reproduktionsbedingungen der Menschen ebenso umfassen wie die Gestaltung des politischen Systems. Die Gesamtheit der gesellschaftlichen Formen macht eine Gesellschaftsformation aus, eine Regulationsweise.

Die Unterscheidung zwischen kleiner Krise und großer Krise läßt sich nun präzisieren: Kleine Krisen sind die Zuspitzung und Lösung von Widersprüchen innerhalb der gesellschaftlichen Struktur und ihrer Formen, ohne sie grundsätzlich in Frage zu stellen. Die konjunkturellen Krisen des ökonomischen Akkumulationsprozesses sind in diesem Sinne kleine Krisen, die innerhalb der gegebenen tradierten Formen überwunden werden können. Wenn die Krise eine Begleiterscheinung von Überakkumulation und Fall der Profitrate ist (Vgl. dazu Stanger 1989), dann wird eine neue Blütephase von Wachstum und Wohlstand durch Prozesse vorbereitet, in deren Verlauf die Profitrate wieder steigen kann, weil überakkumuliertes Kapital vernichtet worden ist. All dies kann sich innerhalb der institutionellen Formen der jeweiligen historischen Gesellschaft abspielen. Kleine Krisen werden überwunden, indem innerhalb der gegebenen gesellschaftlichen Formen Anpassungsprozesse in Gang gesetzt werden, um die Widersprüchlichkeit (beispielsweise zwischen Produktionskraft und Konsumtionskraft) zu reduzieren. So werden die Weichen für eine neue Entwicklungsphase, d.h. im ökonomischen System für einen erneuten Aufschwung gestellt.

Kleine Krisen führen dazu, das immer prekäre „Gleichgewicht" der gesellschaftlichen Widersprüche innerhalb der gegebenen Formen wiederherzustellen, wenn es gestört worden ist. Ein stabiles Gleichgewicht ist als ein dynamischer Zustand zu bezeichnen, bei dem keine endogenen ökonomischen Tendenzen und sozialen Kräfte auf eine Formveränderung dieses Zustands hinwirken und exogene Schocks absorbiert werden können, ohne die Entwicklungsbahn relevant zu verändern.

Gleichgewicht ist also nicht an die Existenz geräumter Märkte („Gleichgewicht von Angebot und Nachfrage") oder an ein „Überschußangebot" gebunden, „bei dem die Preise die Kosten so übersteigen, daß der Profit erwirtschaftet wird, der dem Knappheitspreis des Geldes entspricht" (Riese 1987, S. 199), sondern an eine Situation, in der Interessen innerhalb eines Kompromißkorridors sich artikulieren und austarieren können, ohne bestandsgefährdende Konflikte zu provozieren: Das „Gleichgewicht" bei der Verteilung der Einkommen zwischen Lohnarbeit und Kapital, das die Befriedigung der Konsumbedürfnisse der Massen ebenso ermöglicht wie die Erzielung einer angemessenen (d.h. die Zinsrate bzw. den „Knappheitspreis des Geldes" abdeckenden) Profitrate. Diese ist ja für ein weiteres Element des „Gleichgewichts" notwendig: für dasjenige zwischen gesellschaftlichem Akkumulationsfonds des Kapitals, der privaten Konsumtion der Massen und dem Staatsverbrauch. Gleichzeitig kommt es aber auch auf das „Gleichgewicht" zwischen Lohnsteigerungen und Produktivitätsentwicklung an. Da in einer Geldgesellschaft die Akkumulation durch Kredite finanziert wird, muß auch das „Gleichgewicht" zwischen Profit des industriellen und Zinsen des Bankkapitals gewährleistet sein. In der gesellschaftlichen Regulation geht es um das Macht„gleichgewicht" zwischen den unterschiedlichen gesellschaftlichen Gruppen, um das „Gleichgewicht" zwischen den gesellschaftlichen Anforderungen an das politische System und seiner Kapazität, diese Anforderungen zu befriedigen, also dauerhafte Überlastungen (overload) zu vermeiden, die die „Unregierbarkeit" zur Folge hätten. Auch geht es um das „Gleichgewicht" zwischen der in kapitalistischen Gesellschaften nicht vermeidbaren ökonomischen Ungleichheit und dem gesellschaftlichen Basiskonsens, der trotz Ungleichverteilung der Einkommen und Vermögen zwischen den Klassen und trotz der ungleichen Chancen, an gesellschaftlich relevanten Entscheidungen partizipieren zu können, eine unverzichtbare Randbedingung der Evolution ist. Schließlich muß der natürlichen Grundlage von Leben und Arbeit durch ein Gleichgewicht zwischen Entropiezufuhr und – abfuhr beim Stoffwechsel der Menschen mit der Natur („Fließgleichgewicht“) im globalen Rahmen (Vgl. dazu 3. Teil) Rechnung getragen werden.

„Kleine Krisen“ haben eine „Bereinigungsfunktion“ und sind für die dynamische Stabilität des Systems von größter Bedeutung, sie geben der Tendenz zum Gleichgewicht, das niemals als ruhendes in den je gegebenen historischen Formen existiert, die dynamischen Impulse. Auch die kleinen Krisen dürfen nicht funktionalistisch gedeutet werden; denn die „Bereinigungsfunktion“ können sie nur wahrnehmen, wenn gesellschaftliche Bewegungen ihre Interessen zu artikulieren vermögen und diese sozusagen in die institutionellen Strukturen der gesellschaftlichen Entwicklung „einschreiben“ können. Die Formen einer demokratischen Öffentlichkeit sind demnach eine Vorbedingung dafür, daß Krisen in einem sozialen Lernprozeß „kleingearbeitet“ und „transformistisch“ in die Entwicklungsdynamik der Gesellschaft integriert werden können. Mit anderen Worten: daß Krisen „klein“ bleiben, hat wenig mit der Funktionsweise der Ökonomie zu tun, aber viel mit der Ausgestaltung der jeweiligen Gesellschaftsformation.

Doch ist jedes der Elemente des Gleichgewichts ein Anlaß für Ungleichgewichte und deren Zuspitzung zu Krisen. Es gibt Krisen, die sich nicht in „kleinen“ Dimensionen halten lassen. Die Krisen der kapitalistischen Entwicklung sind von unterschiedlicher Tiefe, Zeitdauer und Ausbreitung. Dies sind nicht nur quantitative sondern qualitative Unterschiede. Die „großen Krisen von klassischer Dimension“ können als struktureller Bruch von Formen der gesellschaftlichen Akkumulation und Regulation interpretiert werden: Gestörte Gleichgewichte können nicht mehr ohne Veränderung der regulierenden Institutionen überwunden werden. Die Zeitdauer der Formkrisen oder der „organischen Krise“ im Sinne Gramscis ist daher lang und sie haben globale Ausmaße, so wie der kapitalistische Reproduktionsraum globale Reichweite hat. Die gesellschaftlichen Kompromiß-Strukturen, die in jeder dynamischen Entfaltung von Widersprüchen angelegt sind, geraten an Grenzen. Zum Beispiel stehen in „großen Krisen“ nicht allein die Höhe der Ausgaben des Sozialstaats zur Disposition, sondern die Form des Sozialstaats selbst. Nicht mehr ein „Gleichgewicht“ zwischen Ökonomie und Politik, zwischen Markt und Plan oder Plan und Markt, zwischen privatem Sektor und Staatsanteil, zwischen Kapitalakkumulation und sozialstaatlicher Redistribution ist gefährdet und infolgedessen auf einem neuen Niveau wieder zu stabilisieren, sondern die Form dieser Strukturen selbst stößt an Grenzen. Der Strukturbruch und die gesellschaftlichen Transformationen werden unvermeidlich. Es wird in den folgenden Kapiteln zu zeigen sein, daß in den Formen der fordistischen Regulationsweise kein „Gleichgewicht“ von Profit und Zins gefunden werden kann, das eine so hohe Akkumulationsrate gestattet, daß in der globalen Ökonomie die Massennachfrage so steigen kann wie die Massenproduktion.

Im Rahmen des Schemas ökonomischer Zyklen entspricht die Unterscheidung zwischen kleinen Krisen und großen Krisen derjenigen zwischen „normalen“ ökonomischen Zyklen von 7- bis 10jähriger Dauer, die den verschiedenen Konjunkturtheorien Material und Folie geben (Haberler 1948; Altvater/ Hoffmann/ Semmler 1979), und den sogenannten langen Zyklen mit einer Zeitdauer von 40 bis 60 Jahren. Die kleinen Krisen sind Phasen der kurzen Zyklen (Konjunkturkrisen), die großen Krisen markieren die Brüche innerhalb der langen Zyklen der Kapitalakkumulation (Strukturkrisen). Nicht jede Krise der Kapitalakkumulation ist also Formkrise bzw. Strukturbruch, aber jede Krise kann „überborden“ und dann innerhalb der gegebenen Institutionen und mit den zur Verfügung stehenden Interventionsmedien unbearbeitbar werden. Die sozialen, politischen und ökonomischen Transformationen im Verlauf einer großen Krise sind langwieriger und tiefgreifender als die Reaktionen auf kleine Krisen. Sie münden in ein verändertes Akkumulationsregime, also in veränderte Formen der Organisation der Arbeit in den Betrieben, der gesellschaftlichen Arbeitsteilung zwischen Branchen oder der Regulation von Ökonomie und Politik und der Regulation der weltwirtschaftlichen (und weltgesellschaftlichen) Beziehungen. Infolgedessen wäre es fragwürdig, große Krisen als periodisch wiederkehrende zyklische Ereignisse zu interpretieren. Sie markieren eher die Brüche zwischen Phasen der gesellschaftlichen Regulation und sind nicht selbst eine Phase im Rahmen eines langen Zyklus (Vgl. Altvater 1983b). Diese Überlegung enthält einige Elemente, die von der Regulationstheorie (dazu: Hübner/Mahnkopf 1988; Hübner 1989) hervorgehoben werden: Krisen der Akkumulation sind so lange „kleine“ Krisen, wie sie das institutionelle Netz der gesellschaftlichen Regulation von Akkumulation, also das Lohnverhältnis, die Organisation der Arbeit, das Geldverhältnis oder das Verhältnis von ökonomischem Prozeß und politischer Steuerung nicht tangieren. Erst wenn das historische Akkumulationsregime in Frage gestellt wird, ist die Krise „groß“, Formkrise, Krise überhaupt.

Die krisentheoretische Schlußfolgerung: Die ökonomische Krise des Akkumulationsprozesses ist für die gesellschaftliche Entwicklung unbedeutend, solange ihre Dynamik nicht auf eine Krise des Akkumulationsregimes, der Regulationsweise und des hegemonialen „Blocks an der Macht“ zutreibt. Häufig werden kleine Krisen als „nur“ ökonomische Krisen interpretiert, während große Krisen zugleich gesellschaftliche und politische Krisen seien. Die Position ist vielen kritischen Sozialwissenschaftlern eigen, von Krisen erst dann zu sprechen, wenn das Sozialgefüge aus den Angeln gerät und die Krise subjektiv in jeder Hinsicht den Menschen bewußt werde (Ganssmann/ Weggler/ Wolf 1987). Die Dramaturgie des gesellschaftlichen Entwicklungsprozesses lebt in diesen Konzeptionen von den großen Höhepunkten, nicht von den kleinen Zuspitzungen, ohne die jedoch ein Fortgang bis zu den Knotenpunkten der Entwicklung gar nicht möglich wäre. Ganz zweifellos ist es richtig, daß die „nur ökonomische" Krise für eine gegebene Gesellschaft von minderer Bedeutung sein kann. Sie erscheint, auch wenn dadurch große individuelle Not und soziale Konflikte entstehen können, im Sinne der gesellschaftlichen Reproduktion von Herrschaft als banal und den Zynikern gar produktiv, weil in ihrer Destruktivität innovativ. Nur ökonomische Krisen bleiben in einer Gesellschaft, deren Ordnungsprinzip auf dem Primat der Ökonomie gründet, in der von ihm regulierten Sphäre, ohne der Legitimation Abbruch zu tun. Jedoch darf auch in bürgerlichen Gesellschaften nicht übersehen werden, daß der Bereich, aus dem sich gesellschaftlicher Konsens und politische Macht (Hegemonie) konstituieren und regenerieren, der ökonomische ist, und dessen krisenhafte Betroffenheit immer die Tendenz in sich birgt, gesellschaftliche Herrschafts- und Legitimationsstrukturen zu tangieren. Es reicht also ein prozedurales Verständnis von den Evolutionsprozessen überhaupt nicht aus, um die Folgen substanzieller Destrukturierung/Restrukturierung für die gesellschaftliche Selbstorganisation und Ordnung zu erfassen.

Gesellschaftliche Tendenzen der Transformation von Regulationsweisen sind nicht prädeterminiert und daher festgelegt. Die bereinigende Wirkung der „kleinen Krise" nach „produktiver Destruktion" und sozialen Konflikten kann dazu beitragen, das Akkumulationsregime letztlich zu festigen, es finden nur „Mutationen" der gesellschaftlichen Formen und keine „Transition" zu einem neuen Ensemble von gesellschaftlichen Formen – um eine Unterscheidung von Carlo Donolo (1977) zu verwenden – statt.

Prinzipiell bietet die offene Situation der Krise, sei sie klein oder groß, strategische Optionen. Denn die Entwicklung der Gesellschaft befindet sich objektiv an einer Verzweigung, an der es nicht von vornherein ausgemacht ist, welcher Weg eingeschlagen wird. Moderne bürgerliche Gesellschaften zeichnen sich dadurch aus, daß sie – wie bereits dargelegt worden ist – in „großen Krisen" transformistische Wege verfolgen und daß sie auf diese Weise revolutionäre Umbrüche vermeiden, zumindest hinausschieben können. Die Bedingungen dafür, daß überhaupt nach ökonomischen Krisen und gesellschaftlichen Umbrüchen wieder ein stabiles Akkumulationsregime mit entsprechender Regulationsweise entstehen kann, sind paradoxerweise die Wirkungen der kleinen und großen Krise; ohne deren Destruktivität würden ökonomische Defizienzen fortgeschleppt und es würde sich gesellschaftliches Konfliktpotential anhäufen.

So jedenfalls scheint es in einer real-sozialistischen Gesellschaft zu sein, die auf dem Ordnungsprinzip des Primats der Politik basiert und daher kleine Krisen hat vermeiden und große Krisen hat kaschieren können. Wenn sich aber ökonomische Krisen nicht mehr vermeiden oder kaschieren lassen, dann sind sie sogleich politische Krisen, und sie ufern in eine subjektiv als solche wahrgenommene Krise der Legtimation der gesellschaftlichen Formen und Formation aus. Also können kleine Krisen sich eher in real-sozialistischen Gesellschaften in große Krisen transformieren als in kapitalistischen Gesellschaften. Unter dem Primat der Ökonomie müssen Krisen schon politisch werden, um den Charakter der großen Krise anzunehmen, während im System des realen Sozialismus unter dem Primat der Politik, institutionell sichtbar in der Partei- und Staatsbürokratie, ökonomische Krisen unmittelbar politisch sind. Die politische Verantwortung liegt offen da und kann sich nicht hinter „ökonomischen Sachzwängen“ verschanzen. Obendrein reichen die Verarbeitungsressourcen innerhalb des gesellschaftlichen Systems nicht aus, um die Krise „klein“ zu halten. Mit anderen Worten: Ob eine Krise „groß“ wird, hängt in entscheidendem Umfang davon ab, ob das System über Legitimationsressourcen verfügt, die den „Rückstau“ in die tradierten Formen der gesellschaftlichen Reproduktion ermöglichen. Dabei kann es geschehen, daß, gerade weil in den Krisen die Widersprüche nicht kollektiv zum Eklat kommen können (MEW 26.2, S. 510, 514, 535), ein gesellschaftlicher Problemlösungsbedarf über die Jahre angehäuft wird, der nicht mehr innerhalb der gesellschaftlichen Formen bearbeitbar ist. Ohne kleine Krisen gibt es die „große Krise“ gesellschaftlicher Transformationen innerhalb der jeweiligen Produktionsweise nicht und umgekehrt tendiert jeder kleine Konflikt in Richtung großer Krise, wenn er sich nicht „klein“ ausleben kann.

In Gesellschaften, die der Rationalität des Wertgesetzes gehorchen und dem Primat der Ökonomie folgen, sind kleine und große Krisen also so etwas wie negative Rückkopplungsmechanismen, durch die dynamische politische Stabilität trotz der ökonomischen Instabilitäten erzeugt werden kann. In Gesellschaften, die der Rationalität des „Plangesetzes“ folgen, gibt es diese ökonomische „Rückkopplungsschleife“ der Krise nicht. Wie könnte sie unter dem „Primat der Politik“ ersetzt werden? Mit der Institutionalisierung von Plansystemen ist ja die Naturwüchsigkeit der Entwicklung ausgeschaltet und mit ihr auch die Naturwüchsigkeit der krisenhaften Selbtskorrektur von Fehlentwicklungen. Die Selbstkorrektur könnte nur politisch erfolgen, aber keinesfalls durch diejenigen Instanzen, die für die Fehlentwicklungen und Fortschrittsblockaden verantworlich sind. Eine lebendige Öffentlichkeit, breite demokratische Partizipationsmöglichkeiten sind in einer Gesellschaft, die auf dem Primat der Politik beruht, folglich unverzichtbare Institutionen, die die immer im Verlauf von Evolutionsprozessen notwendige Selbstkorrektur ermöglichen könnten. Daß in realsozialistischen Planwirtschaften Krisenfreiheit herrschte, war also ein Selbstbetrug, da ja ohne kleine und große Krisen die Evolution blockiert wird. Demokratische Institutionen und eine lebendige Öffentlichkeit hätten die Evolutionsimpulse vermitteln können, die in kapitalistischen Gesellschaften durch die Prozesse der produktiven Zerstörung aufgeherrscht werden.

Gerade wegen der Krisenfreiheit des gesellschaftlichen Systems kann deshalb so viel Material des Eklats angehäuft worden sein, daß mit dem Eklat das System zusammenbricht. Die destruktive Kraft von Krisen ist also für die Entwicklung kapitalistischer Gesellschaften eine Produktivkraft; sie ist die materiale Basis für die heilsame Ingangsetzung der schon angedeuteten transformistischen Prozesse. In dem trägen Fluß krisenfreier Entwicklung in real-sozialistischen, aber dennoch widersprüchlichen Gesellschaften sinken soviele destruktive Potenzen als Sedimente ab, daß der Fluß zum Stehen kommt. Die gesellschaftliche Stagnation wird zur sozialen Explosivkraft und treibt die Destrukturierung weit über die innersystemischen Transformationen im Verlauf einer „großen Krise" hinaus. Nicht Mutation, nicht Transition und Transformation finden statt, sondern eine Revolution. Was danach kommt ist ungewiß. Revolutionen aber sind nicht per se progressiv; in der Geschichte gibt es die regressive Involution. Die Versprechungen der russischen Revolution werden zurückgenommen und dem Projekt der Moderne in seiner hochentwickelten kapitalistischen Form wird zunächst Tribut gezollt.

8. Die Zivilisationskrise

Die sozialwissenschaftlichen Überlegungen über die Typen von Krisen haben eines in der Regel nicht thematisiert: die Veränderungen der natürlichen Grundlagen gesellschaftlichen Handelns und die ökologischen Auswirkungen, die selbst scheinbar immaterielle, manchmal lediglich informationelle Prozesse haben. Die „sphärische Gebundenheit" der materiellen und immateriellen Gebrauchswertproduktion ist aus dem Blickfeld geraten. Das Signal steigender Zinsen wird von den ökonomischen Akteuren mit Strategien zur

Senkung der Kapitalkosten befolgt, beispielsweise mit Maßnahmen zur Verringerung der Lagerhaltung. Dies erfordert aber exakt kalkulierte und eingehaltene Lieferzeiten von Vorprodukten, da sonst die Kontinuität des Produktionsflusses gestört würde. Die Lagerhaltung wird also auf die Straße verlegt, das Verkehrsaufkommen steigt und mit ihm die Schadstoff- und Lärmbelastung der Umwelt. Die unabhängig voneinander rational entscheidenden und handelnden Individuen des neoliberalen Diskurses sind „ökologisch interdependent“ (Dobuzinskis 1989, S. 262), und daher können sich rationale Entscheidungen und Handlungen zu ökologischen Schäden aggregieren. Über die Herausforderung für jede Theorie der Prozeduren marktwirtschaftlicher Selbstorganisation und Evolution hinaus, die die Naturgebundenheit und zeitlich-räumliche Verortung von zugleich unabhängig und interdependent agierenden Individuen darstellt, sind die gesellschaftliche Entwicklung und ihre Regulationsformen substanziell in Frage gestellt, wenn die ökologischen Bedingungen der menschlichen Existenz gefährdet werden. Jenseits der kleinen Krisen des konjunkturellen Zyklus, in deren Verlauf die Widersprüche bereinigt werden, die sich während des Akkumulationsprozesses zuspitzen, und der großen Krisen, die ja Katalysatoren der Transformation gesellschaftlicher Institutionen sind, gibt es offensichtlich eine Krise der natürlichen Grundlagen des menschlichen Lebens; eine Krise, die man als „Zivilisationskrise“ bezeichnen könnte, da die Zivilisation auf der – um einen in anderem Kontext gebräuchlichen Begriff zu benutzen – „Menschenverträglichkeit“ der Natur beruht. In der Zivilisationskrise sind mit dem ökologischen System auch die zivilisatorischen Kernbestandteile menschlicher Vergesellschaftung gefährdet, die sich lange, über viele kleine und große Krisen hinaus und in vielen Systemen der gesellschaftlichen Regulation erhalten.

So lange die natürlichen Ressourcen reichlich vorhanden sind und das globale Fließgleichgewicht der Erde innerhalb des Energiestroms der Sonne nicht gestört wird, müssen die natürlichen Reichtümer ins Kalkül der Marktteilnehmer ebensowenig einbezogen werden wie in die Prozeduren der politischen Entscheidungsfindung. Paradoxerweise impliziert der in Markttheorien zentrale Begriff der „Knappheit“ – Ökonomie ist eine Lehre des rationalen Umgangs mit knappen Gütern, lautet die Lehrbuchdefinition – gerade das reichliche, also nicht knappe Vorhandensein natürlicher Ressourcen. Nur unter der Bedingung ökonomischer Unerheblichkeit ökologischer Restriktionen kann die Wahrnehmung individueller Eigentumsrechte ohne die Erzeugung von Externalitäten (also ohne volkswirtschaftliche Kosten der Privatwirtschaft – Kapp 1958) erfolgen. Eigentumsrechte sind bei Existenz von Externalitäten notwendigerweise „relational“ und daher ist – selbst im neoklassischen Diskurs ist dies akzeptiert – schon deshalb „eine weniger individualistische Herangehensweise an Marktmechanismen" (Dozubinskis 1989, S. 263) erforderlich. Darauf wird noch zurückzukommen sein.

Die desaströsen Auswirkungen menschlichen Tuns auf die natürlichen Grundlagen der Zivilisation am Ende des 20. Jahrhunderts könnten der Geschichte durchaus ein Ende bereiten – anders freilich, als manche Theoretiker des Post-Histoire es denken (dazu vgl. Niethammer 1990). Wir sind beim Thema, das Günther Anders aufgeworfen hat. Er beginnt den zweiten Band der „Antiquiertheit des Menschen" mit der Ausgangsfeststellung, daß „die Technik nun zum Subjekt der Geschichte geworden" sei. „Das Stadium, das ich schildere: eben das der Technokratie (ist) endgültig und irrevokabel...dieses Stadium nämlich, sofern es nicht (wofür vieles spricht) eines Tages zum '*Zeitenende*' führen wird, nicht mehr durch ein anderes abgelöst werden kann, sondern stets '*Endzeit*' sein und bleiben wird...(Wir) leben...in einem Zeitalter, in dem wir (was wir nicht kennen, ist allein der Zeitpunkt) die Produktion unseres eigenen Unterganges pausenlos betreiben...*Die Epoche der Epochenwechsel ist seit 1945 vorüber*" (Anders 1980, S. 10f, 20).

Die fordistische Expansion im Westen (die der gesellschaftlichen Entwicklung im Osten und im Süden Schablone und Tempo vorgibt) hat die Reichweite des menschlichen Zugriffs auf die natürlichen Grundlagen der Existenz allen Lebens enorm ausgedehnt. Massenproduktion, Massenkonsumtion und massenhafter Verbrauch von Ressourcen bei der Produktion und Konsumtion, aber auch bei der Beseitigung der Produkte als Abluft, Abwassser, Abfall haben die Erde tatsächlich im biblischen Sinne „untertan" gemacht – so sehr, daß das Fließgleichgewicht von Energiezufuhr und -abfuhr des Planeten insgesamt inzwischen gestört sein dürfte. Dies ist keineswegs zufälliger Effekt der fordistischen Zivilisation, sondern eine Folge des in ihrer Form eingeschriebenen Mechanismus der Entwicklung. Denn Expansion von Produktion und Konsumtion müssen sich ihrer Entwicklungslogik entsprechend notgedrungen vom begrenzten menschlichen Maß emanzipieren und eine (chrestomathische) Spirale von Akkumulation und Expansion im Raum und in der Zeit in Gang setzen und in Gang halten. Die „Antiquiertheit des Menschen" resultiert gerade daraus, daß seine Bedürfnisse und Bedürftigkeit nicht das Maß des Tuns sind, sondern der Imperativ von Akkumulation und Expansion grenzenlos darüber hinausstrebt und den Menschen objektiviert, also als Subjekt der Geschichte verabschiedet und die Naturschranken ignoriert.

Die Verdinglichung ist erst im fordistischen Zeitalter auf die Spitze getrieben: Die Menschen werden das Objekt der Werbungsstrategien, die mit dem

Zweck der Verkürzung der Produktzyklen immer mehr zur Herstellung des leistunsgorientierten Konsumenten verfeinert werden; Arbeiter werden mit dem technischen Fortschritt im Produktionsprozeß tendenziell überflüssig gemacht; die Konsumenten werden das Gestaltungsobjekt von Freizeitstrategen, so daß es „anstelle des berühmten Fluchsatzes (Gen. 3. Kap. 14)...dann (wird) heißen müssen: '*Auf Deinem Hintern sollst Du sitzen und TV anglotzen dein Leben lang!*" (Anders 1980, S. 28); und der Mensch wird selbst zum Rohstoff des Tuns in der Medizin und in der modernen Gentechnologie: „Rohstoffsein ist criterium existendi, Sein ist Rohstoffsein – dies ist die metaphysische Grundthese des Industrialismus..." (Anders 1980, S. 33). Jenseits von Auschwitz, diesem Höhepunkt hochzivilisierter Barbarei, ist das Dasein des Menschen als Rohstoff nicht beendet. Der Mensch wird in der Medizin als ein Sammelsurium von Organen gesehen, die nicht nur verpflanzt, sondern – wie Ersatzteile für ein Auto – produziert werden können: Menschen, die gezüchtet werden, um Ersatzteile für andere, für eine zahlungskräftige Kundschaft, zu liefern. Das Rohstoffsein gilt auch für die Ressourcen der Erde, die in grandiosem Ausmaß grenzen- und besinnungslos geplündert werden. Doch sind sie begrenzt und daher durch das keine Grenzen der Belastbarkeit respektierende Tun überbeansprucht. Die Lebensgrundlage der Menschen wird also unterminiert dadurch, daß die Erde als „ausbeutbare Mine" betrachtet und im Prozeß der Inwertsetzung des noch nicht In- Wert- gesetzten behandelt wird.

Der Mensch wird eben zu einem antiquierten Wesen in einer selbstgeschaffenen Umwelt, die mit der Gefährdung der Lebensgrundlagen auch die Zivilisation zerstört, die ja wie selbstverständlich auf den jeweiligen Naturbedingungen – auf den klimatischen Bedingungen zumal (Vgl. Lamb 1989) – des Lebens beruht. Georgescu-Roegen betont, daß ohne Agrikultur die Menschen eine Kultur nicht hätten entwickeln können und Marx setzt sich mit den „Naturbedingungen der Arbeit" auseinander: Kapitalistische Produktionsweise „unterstellt Herrschaft des Menschen über die Natur. Eine zu verschwenderische Natur 'hält ihn an ihrer Hand wie ein Kind am Gängelband'. Sie macht seine eigne Entwicklung nicht zu einer Naturnotwendigkeit. Nicht das tropische Klima mit seiner überwuchernden Vegetation, sondern die gemäßigte Zone ist das Mutterland des Kapitals. Es ist nicht die absolute Fruchtbarkeit des Bodens, sondern seine Differenzierung, die Mannigfaltigkeit seiner natürlichen Produkte, welche die Naturgrundlage der gesellschaftlichen Teilung der Arbeit bildet und den Menschen durch den Wechsel der Naturumstände, innerhalb deren er haust, zur Vermannigfachung seiner eignen Bedürfnisse, Fähigkeiten, Arbeitsmittel und Arbeitsweisen spornt..." (MEW 23, S. 536f). Wenn die Naturbedingungen der gemäßigten Breiten die Möglichkeit der kapitalistischen Produktionsweise eröffneten, welche Möglichkeit von Zivilisation ergibt sich im Umkreis des verseuchten Tchernobyl, in den durch Abholzung und Übernutzung der Böden verwüsteten Landstrichen des Sahel oder auf den erodierten Flächen der in Rinderweiden verwandelten Regenwaldgebiete? Die Zivilisation des ökologischen Desasters muß erst noch entwickelt werden; jedenfalls dürfte die Fortsetzung der bürgerlich-kapitalistischen Zivilisation auf zerstörter Naturgrundlage ausgeschlossen sein. Denn das Knappheitsprinzip, das Ordnungsprinzip von Marktwirtschaften, kann sich nur entfalten, sofern natürliche Ressourcen reichlich zur Verfügung stehen. Nur unter dieser Bedingung ist die Reichweite des Handelns eines jeden einzelnen unerheblich und ohne Externalitäten, da andere vom Handeln des einen nicht betroffen sind.

Die ökologischen Grenzen sind zwar weit gesteckt, jedoch nicht weit genug, um sie ignorieren zu können, und sie machen sich als soziale Grenzen (Hirsch 1980) bemerkbar. Zwar expandiert das fordistische Modell, aber es ist doch nur für einen Teil der Menschheit realisier- und daher genießbar. Es ist inzwischen ein Allgemeinplatz, daß nicht alle 6,2 Milliarden Menschen am Ende dieses Jahrhunderts die Automobildichte Westeuropas oder den Energieverbrauch der USA nachahmen können. Das fordistische Industriemodell ist also ein „positionelles Gut", dessen Gebrauchswert nicht für alle zur Verfügung stehen kann. Die „Tragik der Allmende" findet auf globaler Bühne statt: solange nur einige wenige das gemeinsame Erbe individuell nutzen, ist der Effekt gering; folgen alle dem Beispiel, dann wird dieses übernutzt und mit der Übernutzung zerstört. Solange nur ein Teil der Menschheit den Gütersegen der fordistischen Massenproduktion produziert und konsumiert, sind dessen Grenzen jenseits des Horizonts der Wahrnehmung und folglich für das aktuelle Handeln irrelevant. Viele Menschen in vielen Ländern und Kulturen aber wollen es haben, denn es preist sich grenzenlos an. Die TV-Werbung für nordamerikanischen/ westeuropäischen Konsumstandard erzeugt ein Bild, in dem sich nicht nur die Menschen spiegeln, sondern das sie auch für sich realisieren wollen. Schlimm und frustrierend ist es, wenn aus Mangel an monetärer Kaufkraft die Mehrzahl der Menschen die Gratifikationen des Konsummodells nicht realisieren kann. Schlimmer ist obendrein, wenn zwar die Gratifikationen des Produktions- und Konsummodells ausbleiben, aber dessen Negativeffekte voll ertragen werden müssen: die finanziellen Auswirkungen ebenso wie die ökologischen Degradationen. Die Migrationswellen in die Zentren des Reichtums sind daher normale Reaktionen, weil jenseits der Zentren die positionellen Güter gar nicht verfügbar sind und dennoch die Folgen ihrer Produktion und Konsumtion voll spürbar sind: als die sich selbst darstellende überlegene Zivilisation, als sozialer und ökonomischer Zwang der Anpassung an Gegebenheiten des Weltmarkts und als Beeinträchtigung der Umwelt. Die Migration ist der Ausdruck der eklatanten Ungleichverteilung von Zugangsmöglichkeiten zu den Waren, die aus der ausbeutbaren Mine unserer Erde geholt werden. Keine marktmäßige Prozedur kann dem abhelfen, da knappe positionelle Güter nicht nach den Regeln individualistischer Rationalität verteilt werden können. Darüber hinaus spielt mehr und mehr eine Rolle, daß auch die Ausweichmöglichkeiten vor dem Müll, der in fordistischer Produktion und Konsumtion massenhaft und hochtoxisch abfällt, ungleichverteilt sind und daher neben den „Wirtschaftsflüchtlingen" auch die „Öko-Flüchtlinge" in die Zentren des Wohlstands strömen werden.

Wenn es um Fragen der Verteilung „positioneller Güter" geht, ist der Markt als Allokationsmechanismus ungeeignet. Die Versprechen, Markt und demokratisches System würden als gesellschaftliche Ordnungsprinzipien Selbstorganisation und damit die Evolution moderner, post- realsozialistischer Gesellschaften befördern, sind nicht einzuhalten. Auf die Herausforderungen der kleinen und der großen Krise kann die marktwirtschaftliche Restrukturierung Osteuropas eine Antwort sein, nicht aber auf die von der Zivilisationskrise aufgeworfenen Probleme. Im Gegenteil, wenn infolge des Scheiterns der planwirtschaftlichen „Kommandosysteme" dem Markt die Lösungskompetenz der Steuerungsprobleme einer modernen Wirtschaft zuerkannt wird, ist es abzusehen, daß die Zivilisationskrise fortgeschleppt wird. Das kann noch eine geraume Zeit trotz drohender Klimakatastrophe so weitergehen, aber die Annahme, daß mit der Einführung von Marktmechanismen die notwendige Transformation zu einem anderen Regulationsmodell bereits eingeleitet sei, dürfte sich noch – im Westen ebenso wie im Osten – als eine frustrierende und gefährliche Illusion herausstellen. Der Zivilisationskrise ist nicht mit den tradierten ökonomischen Mechanismen der Allokation und Distribution der Ressourcen durch Marktprozeduren beizukommen. Märkte erbringen ihre Leistungen in normalen Zeiten, nicht am Rande einer globalen Zivilisationskrise.

2. Kapitel
Die Leistungen des Marktes

Kann der Marktmechanismus die Erwartungen von prozeduraler Rationalität, Effizienz und substanziellen Gratifikationen der Wohlstandssteigerung der Menschen erfüllen; hat er sie jemals erfüllt oder kommen nicht die Elogen auf seine demiurgischen Fähigkeiten nur durch grandiose Abstraktion von den marktwirtschaftlichen Fehlleistungen und Krisen, also durch einen sozialen Mechanismus der Verdrängung, zustande; ist die Wirkung seiner „Logik" dem Problemlösungsbedarf am Ende des 20. Jahrhunderts in kapitalistischen Ländern – im Norden wie im Süden des Globus – ebenso wie im ehemals „realen Sozialismus" angemessen?

1. Der Markt – eine historische Fundsache

Der Markt im modernen Sinne – also ein soziales System des arbeitsteiligen Wirtschaftens – ist eine relativ junge Einrichtung, eine fantastische Institution der Erzwingung einer ganz spezifischen ökonomischen Rationalität in den Gesellschaften, die sich seinem Regime unterwerfen. Sicherlich, Märkte gibt es schon sehr lange und in vielen Gesellschaften: überall dort, wo Waren getauscht werden. Aber solange sie beschränkt auf den Warenhandel (häufig auf den Warenhandel an den Grenzen des Gemeinwesens mit fremden Völkern) und keine sozialen Orte sind, auf denen mittels des Wechselspiels von Angebot und Nachfrage Preise gebildet werden und mit den Preisen Einkommen und Klassenpositionen zugeteilt werden, sind Märkte in einen anderen gesellschaftlichen Funktionsmodus eingebettet („embedded"), nicht davon autonom und erst recht nicht eine Instanz, die ihre Logik, ihr Ordnungsprinzip der Gesellschaft auferlegt. Der Warenhandel war, wie Polanyi (1986, S. 13) schreibt, viele Jahrhunderte eher „wie ein Wasserglas von Waren in einem weiten und trägen Meer von Nachbarschaftsleben, entweder innerhalb des Herrenhauses oder in der Hauswirtschaft...". Die Märkte waren auch nicht die Orte, auf denen durch die Preisschwankungen Lebenschancen verteilt (und zerstört) wurden, sondern Orte des verläßlichen Tausches: „Es stimmt, daß die städtischen Märkte Geld und Preis kannten, doch das Ziel der Preiskontrollen bestand darin, sie stabil zu halten. Dabei ging es weniger um die gelegentlichen Schwankungen als um die vorherrschende Stabilität, die ein immer bedeutsamerer Faktor der Bestimmung von Handelsprofiten wurde. Schließlich kamen die Profite aus den Differenzen zwischen Preisen auf zwei entfernten Orten oder sie wurden aus anormalen Preisschwankungen auf lokalen Märkten gewonnen (ebenda)." Diese Beobachtung wird auch von Braudel bestätigt; die Obrigkeit wacht auf den Märkten über die Ordnung, vor allem aber überwacht sie genauestens die Preise (Braudel 1986, S. 21) und das Gewicht der Waren (Der große Fischmarkt in Belém-Pará heißt daher „Ver-o-Peso": Überprüfe das Gewicht). Von freier Preisbildung also keine Rede und die Hand der Obrigkeit auf vorkapitalistischen Märkten war keineswegs „invisible", sondern strafend fühlbar, wenn Preise gegen ihre Einsicht und gegen ihren Willen erhöht wurden. Der Markt mit seinen Regelmechanismen der Preisbildung durch Angebot und Nachfrage muß die gesellschaftlichen Arbeits- und Lebensprozesse weitgehend durchdringen, die der Tauschform folgenden Lebens- und Denkformen herausgebildet haben und zugleich seine Logik von tradierten Formen der Herstellung gesellschaftlicher Synthesis entkoppeln, um der ökonomischen Rationalität zum historischen Siegeszug zu verhelfen.

Dazu gehört die Herstellung formaler ökonomischer, sozialer und rechtlicher Gleichheit der Menschen als Grundlage für die Durchsetzung des Äquivalententausches und die Herausbildung der Form des Geldes. Das Geld ist der bedeutendste „leveller" (Marx), mehr als die Bewegung gleichen Namens im England Cromwells in der ersten Hälfte des 17. Jahrhunderts; es „zerstört...die alten Werte und das seit alters eingespielte Gleichgewicht" (Braudel 1986, S. 54). Erst mit dem Geld können sich die Märkte von eher isolierten Orten zu einem System verdichten: Geld wird zum Maß der Werte und drückt die Warenwerte in Preisen aus, und in der Preisform sind die Werte nun ortsunabhängig und über die Zeit vergleichbar. Kein Wunder, daß – zunehmende Kommunikation zwischen Marktorten vorausgesetzt – die Preise seit dem 13. Jahrhundert in ganz Europa gemeinsame Fluktuationen aufweisen (Braudel 1986, S. 243); die Märkte vernetzen sich. Und umgekehrt stimulieren die Preisunterschiede auf Marktorten die Kommunikation mit der Absicht, einen Arbitrage-Gewinn zu erzielen. Das Polanyi'sche Marktsystem, wie es in obigem Zitat charakterisiert wird, ist das Kabinett, wo die Bande des kapitalistischen Weltsystems geknüpft werden.

Die räumliche Ausweitung und Vernetzung verwandelt Märkte noch lange nicht in die Marktwirtschaft als ökonomisches System, wenn nicht die Form der Ware zum durchgängigen und ordnenden Prinzip gesellschaftlicher Regulation gemacht und das Institut des Privateigentums an Produktionsmitteln hergestellt wird. Dies bedeutet: Der Grund und Boden muß als Ware mobilisiert werden können, das Geld und das Kapital und – vor allem – die Arbeitskraft müssen zur Ware werden. Erst wenn die dieser Logik zum

Durchbruch verhelfende gewaltige gesellschaftliche Transformation geschehen ist, hat die Marktwirtschaft *als System* gesiegt: die kapitalistische Gesellschaftsformation ist entstanden. Marktwirtschaft und Kapitalismus sind zwar nicht identisch, doch wenn Arbeitskraft, Geld, Grund und Boden in Sondereigentum verwandelt und kommodifiziert worden sind, wenn also Märkte nicht nur dem Austausch der Produkte der Arbeit dienen, sondern die Produktbildnerin Arbeitskraft gegen Lohn vermitteln, werden die gesellschaftlichen Beziehungen und die Produktionsbedingungen umgestaltet, in kapitalistische transformiert. Es ist der Fehler des „Zirkulationismus" der Weltsystemtheorie, den Weltmarkt vor allem als Verbindung von „Produktionspunkten" durch „Warenketten" (Wallerstein 1984, S. 11ff) zu konzipieren, ohne die substanziellen Veränderungen der „Produktionspunkte" durch deren (welt)marktwirtschaftliche Verkettung zureichend zu thematisieren. Schon Marx hat mit der Unterscheidung zwischen „formeller" und „reeller" Subsumtion der Arbeit unter das Kapital (MEW Bd. 23, S. 354, 533, 609) den historischen Umschlag des „Gesetzes der Aneignung" auf den Begriff gebracht: Der Äquivalententausch der Arbeitskraft auf dem Markt wird „ein dem Zirkulationsprozeß angehöriger Schein, bloße Form...Der Inhalt ist, daß der Kapitalist einen Teil der bereits vergegenständlichten fremden Arbeit, die er sich unaufhörlich ohne Äquivalent aneignet, stets wieder gegen größeres Quantum lebendiger fremder Arbeit umsetzt" (MEW Bd. 23, S. 609). Märkte sind Institutionen der Zirkulation, aber deren förmliche Seite ist nicht gegenüber den Inhalten des Produktions- und Reproduktionsprozesses neutral. Die Versuche, die Arbeitskraft vor der „Kommodifizierung" zu bewahren – im von Polanyi so ausführlich beschriebenen System von Speenhamland nach 1795 –, waren daher zum Scheitern verurteilt (Polanyi 1979, S. 113ff); die gute Absicht, das Recht auf Lebensunterhalt gegen den Markt zu gewährleisten, führte zu dem „grotesken Ergebnis, daß das finanziell subventionierte 'Recht auf Lebensunterhalt' schließlich jene Menschen zugrunde richtete, die es eigentlich hätte schützen sollen" (Polanyi 1979, S. 119).

Die Marktrationalität setzt sich also als ein gesellschaftlicher Prozeß durch, der nicht nur den „ordinären Warenpöbel" (Marx) sondern den Grund und Boden, das Geld und die Arbeitskraft erfaßt. Sie ist eine „historische Fundsache", also nichts zum Zwecke des besseren Funktionierens von Gesellschaft genial Ausgedachtes; ebenso wenig wie das Geld, das nicht als „Rechengeld" zur Tauschvereinfachung bewußt eingeführt wird, sondern bereits in der Form der Ware enthalten ist. Die Rationalität des Tausches und der ihn vermittelnden Institution Markt ist anderen gesellschaftlichen Rationalitäten so sehr überlegen, weil sie sich an einem einfachen und allgemeingültigen Maß bemißt, dem Geld. Dieses aber hat die qualitative Eigenschaft, sich von sich selbst nur noch quantitativ unterscheiden zu können; aus weniger Geld muß mehr Geld werden. Die Marktrationalität stellt also, seit den Physiokraten thematisiert, von Marx kapitalismuskritisch gewendet, und von Max Weber und nach ihm von allen liberalen Theoretikern betont, den Überschuß ins Zentrum: Das Ergebnis ökonomischer, marktgesteuerter Prozesse muß immer im quantitativen Sinne größer sein als die Mittel, die zu seiner Erzielung aufgewendet worden sind. Aus Geld muß mehr Geld werden, sonst macht Wirtschaften keinen Sinn. Das Prinzip ist ganz formal und seine Befolgung setzt das rationale, Nutzen maximierende, atomische, leistungsbewußte, zivilisierte, d.h. zu differenziertem Verhalten in verschiedenen Lebenssphären fähige Individuum voraus, das über Privateigentum verfügt und daher prinzipiell das Recht hat, dieses durch Aneignung fremder Arbeit zu mehren. „Die Geldform (stellt) das Maximum dieser formalen Rechenhaftigkeit (dar)“ (Weber 1976, S. 45) Die Zweckrationalität setzt sich gegenüber der „Wertrationalität“ durch; letztere ist vom Standpunkt instrumenteller Rationalität aus betrachtet irrational.

Der Gelderwerb, also die Aneignung eines Überschusses über die zu seiner Erzielung aufgewendeten Mittel, wird, sofern mit „Mäßigung“ betrieben, in der bürgerlichen Gesellschaft „zur 'natürlichen Neigung' erhoben, die sowohl dem öffentlichen wie dem privaten Wohl dient... Der rational betriebene Erwerb von Reichtum konnte als ruhige Leidenschaft kategorisiert und implizit gebilligt werden“ (Hirschman 1984, S. 74f). Was Fundsache im Verlauf der gesellschaftlichen, historischen Entwicklung war und ist, wird nun zur natürlichen und „angeborenen Leidenschaft“ (Smith), zur Angelegenheit der ewigen Natur des Menschen umgedeutet. Folgerung: „Es ist eine unvermeidliche Folge aller gewerblichen Tätigkeiten...daß sie den Erwerbstrieb über die Genußsucht siegen lassen“ (Hume, nach Hirschman 1984, S. 75). In der Frühphase des Liberalismus und seiner Theorie war dieses Individuum allerdings mehr als bloßer Nutzenmaximierer: ein freier Mensch gegenüber der Obrigkeit, ausgestattet mit den natürlichen Rechten auf Leben, persönliche Freiheiten und Eigentum und daher befähigt, in Freiheit Verträge mit anderen abzuschließen. "...All die Theoretiker der Bürgerkriegszeit und des Commonwealth haben das Indivuum nicht unbedingt als Aneigner oder Maximierer von materiellem Reichtum gesehen, sondern als ein Wesen, das mit höherer Natur ausgestattet ist: es war die höhere Natur, die gewisse Rechte erforderte...“ (Macpherson 1987, S. 46f). Der Wertschätzung formaler Rationalität entspricht die Betonung der formalen Gleichheit, Vertragsfreiheit und individuellen Selbstverantwortung. Auch die französische Revolution ist

Ausdruck dieser Emphase. Doch dabei bleibt es nicht. Denn von Anfang des bürgerlichen Zeitalters an gibt es den keineswegs „feinen Unterschied“ zwischen haves and have-nots, die Grundlage der Akkumulation von Wohlstand und Reichtum und der gesellschaftlichen Verbreiterung der sozialen Unterschiede in gegensätzliche Klassenlagen. Macpherson (1987, S. 47) spricht davon, daß im 19. Jahrhundert der „Benthamismus“ die Naturrechtstheorien überwucherte, und daß in der gesellschaftlichen Wirklichkeit Gesetzgeber und Gerichte die Menschenrechte dem Nutz und Frommen der kapitalistischen Marktwirtschaft unterordneten. Die „ruhigen Leidenschaften“ (A.O. Hirschman) werden dabei überzogen und „die Menschenrechte wurden dem ökonomischen Wachstum geopfert. Das war der Liberalismus des laissez-faire“ (Macpherson 1987, S. 47). Die Feststellung deckt sich mit der bissigen Kritik von Marx an der Menschenrechtsemphase der französischen Revolution (in der Schrift „Zur Judenfrage“, MEW Bd 2); Gleichheit, Freiheit und erst Recht Brüderlichkeit rangieren hinter dem Eigentum und der Aneignung in der Form der Kapitalverwertung.

Auf diese Weise werden die bürgerlichen Individuen konstituiert; in ihrer Interaktion erzeugen sie marktwirtschaftlich konstruierte Gesellschaftlichkeit und in diesem Prozeß sich selbst. Eine Vorstellung von Gesellschaft, die dem Individuum vorausgeht, muß dann ebenso verworfen werden wie die Annahme vom Individuum, das die Gesellschaft erst interagierend hervorbringt. In der ökonomischen Theorie wird, wie Xenos darlegt, „der Begriff des Bedürfnisses... in entgesellschaftlichter Weise erschaffen..., ohne jede Spur von sozialer Bestimmtheit“ (Xenos 1989, S. 70). Dabei geht auch verloren, daß Individuen nicht nur über Märkte, sondern durch soziale und kulturelle Referenzbeziehungen vergesellschaftet sind; es ist schlechthin keine Gesellschaft (wohlgemerkt, es geht nicht um die Entgegensetzung von Gemeinschaft und Gesellschaft) vorstellbar, die sich auf die marktvermittelten Beziehungen von Menschen reduzieren ließe. Die Ausdifferenzierung der Gesellschaft erzeugt ja neben der besonderen – und besonders wichtigen Sphäre – Ökonomie auch die getrennten Sphären von Politik, Kultur etc. und die verschiedenen Weisen ihrer Artikulation, die historische Produktionsweisen und Gesellschaftsformationen charakterisieren.

Die Qualität ökonomischer Prozesse wird in Marktwirtschaften auf eine gemeinsame Dimension gebracht, auf das Geld: „Geld spielt die Rolle des großen Gleichmachers in Marktgesellschaften; Geld ist ein linguistisches System, innerhalb dessen qualitativ verschiedene Dinge in quantitativen Größenordnungen ausgedrückt und so in einen gemeinsamen gesellschaftlichen Diskurs eingebracht werden können“ (Xenos 1989, S. 74). Also wird der quantitative Vergleich ermöglicht; das Geld ist die Grundlage der Rechenhaftigkeit ökonomischer Prozesse, es ist das Medium der chresthomathischen Spirale [1], da nur noch quantitative Größenunterschiede zählen, nicht qualitative Verschiedenheiten. Für die aristotelische *justitia distributiva* ist hier kein Raum mehr. So kalkulieren die Marktteilnehmer, die Unternehmen ebenso wie die Konsumenten. Letztere bemessen, wie die Grenznutzenlehre erklärt, den Preis, den sie zu zahlen bereit sind, an der Nützlichkeit eines Dinges angesichts der möglichen Alternativen bei begrenzten Ressourcen und Einkommen; erstere vergleichen die Kosten von Faktoren und ihre „Grenzproduktivität“, um mittels der dadurch definierten Kombination der Produktionsfaktoren deren Beschäftigung zu bestimmen.

2. Der Markt, ein Ensemble sozialer Formen

Der Markt wird zur gesellschaftlichen Instanz der Erzwingung eines Überschusses, der Profiterzielung. Der quantitative, an qualitative Grenzen nicht mehr orientierte Prozeß ist außerordentlich expansiv, strebt über die Reichweiten des bedürftigen Individuums hinaus und stellt, wie Aristoteles betont, eine Bedrohung für das Zusammenleben in der Polis dar: Der Zwang, einen Überschuß zu produzieren, also die Dynamik des Wachstums einerseits und die soziale Stagnation traditioneller Gesellschaften andererseits vertragen sich nicht. Erst historisch viel später werden Profite als Folge eines durchgängigen und determinierenden gesellschaftlichen Ordnungsprinzips akkumuliert. Dies kann ja erst gelingen, wenn die Arbeitskraft unter das Kapital „reell“ subsumiert worden ist, wenn also nicht nur Waren auf dem Markt gehandelt sondern wenn sie auch nach kapitalistischen Methoden produziert werden. Der Markt ist wirksames Stimulans des ökonomischen Wachstums. „Akkumuliert, Akkumuliert! Das ist Moses und die Propheten!“, heißt es bei Marx (MEW 23, S. 621). Wachstum kommt in erster Linie durch Produktivitätssteigerungen zustande, also durch eine historisch bislang einmalige Mobilisierung des technischen Fortschritts. Dieser freilich ist die Resultante von Netzwerken der durch Konkurrenz stimulierten Forschung, Entwicklung und Implementation. Die Konzentration der mensch-

[1] Die Unterscheidung zwischen „Ökonomie“ und „Chresthomathie“ geht auf Aristoteles zurück. Ökonomie umschreibt die sich selbst genügsame Hauswirtschaft, während Chresthomathie das Streben bezeichnet, über die qualitativ an der Befriedigung von Bedürfnissen sich selbst genügende Hauswirtschaft quantitativ unbegrenzt hinauszugehen. Es zählt nur der Zuwachs, dessen Ausdruck der Zins ist. Das quantitative Überschiessen aber hat qualitative Konsequenzen: es zersetzt die „in sich selbst ruhende“ Hauswirtschaft.

lichen Ingenuität auf ökonomisch verwertbare Leistungen ist zweifellos und zuvörderst der durch den Markt erzwungenen Konkurrenz geschuldet. Ohne diesen Zwang geht die menschliche Schöpferkraft sicherlich nicht verloren und geniale Künstler, Philosophen, Wissenschaftler, Politiker und sogar innovationsfreudige Unternehmer kann es auch in anderem als dem marktwirtschaftlichen Umfeld geben; nur orientieren sie sich eher auf Gebiete, die ökonomisch uninteressant sind und nichts Verwertbares hervorbringen – und deshalb in einer vom kapitalistischen Markt dominierten Welt nichts gelten. „Nichts gelten", das heißt aber nichts anderes als ökonomisches Scheitern, Krise und Zwang zur Anpassung oder Zusammenbruch. Mit Wachstum in der Zeit und Expansion im Raum wird auch der Bereich der Geltung der formalen Marktrationalität ausgedehnt; die „europäische Rationalität" strebt nach Weltherrschaft (zum Eurozentrismus vgl. Amin 1989) und nach Suprematie über alle Äußerungen der menschlichen Existenz.

Eine Marktwirtschaft ist also ein fantastisches Ensemble von Formen und Methoden der effizienten Vergesellschaftung: Der Markt ist ein sozialer Ort, auf dem *Tauschpartner* aufeinandertreffen, um *Waren* in der Regel gegen *Geld* zu tauschen. Diese einfache Relation impliziert aber, daß die Tauschpartner erstens voneinander unabhängig sind und zweitens *Interessen* haben, um in eine Austauschbeziehung einzutreten. *Unabhängig* voneinander können sie nur als *Individuen* sein, befreit von tradierten sozialen Bindungen, und (ökonomische) Interessen entwickeln sie nur als Verfüger über *Privateigentum.* Im übrigen können Produkte nur als Waren getauscht, also dinglich übereignet werden, wenn die Tauschpartner an den Sachen Eigentum haben. Um den Tausch durchführen zu können, müssen die Individuen nicht nur unabhängig sondern auch *frei* und mit *gleichen* Rechten ausgestattet sein. Äquivalententausch, also nicht bloß Beziehungen der Reziprozität (Polanyi 1979), ist nur möglich, wenn die Tauschpartner negativ und positiv gleich sind: sie müssen in der Welt des Tausches von anderen Bindungen und Qualifikationen abstrahieren und sich wechselseitig als gleich anerkennen, auch wenn sie in anderer Hinsicht höchst ungleich sind. Als *freie und gleiche Individuen* müssen sie vor Übereignung der Sache den Kauf- bzw. Verkaufs*vertrag* schließen, sie werden also Vertragspartner.

Privates Eigentumsrecht ist ein *Ausschlußrecht*, also müssen andere von der Nutzung des und Verfügung über das Privateigentum wirksam ausgeschlossen werden können. Privates Eigentum auf der einen Seite impliziert also notwendigerweise Nicht-Eigentum. Auch stehen Individualinteressen dem Tausch von Äquivalenten durchaus entgegen, so daß Vertragsbeziehungen *normiert* und deren Einhaltung *garantiert* werden. Dies kann nur durch eine *politische Gewalt* geschehen, die das Privateigentum schützt und die Vertragsbeziehungen reguliert, also für „Recht und Ordnung" sorgt. Nun ist privates Eigentum nur eine „juristische Illusion" (Marx) und keine sinnvolle ökonomische Kategorie, solange aus dem Privateigentum nicht *private Aneignung* folgt. Beim einfachen Warentausch besteht die Aneignung im Gewinn eines Gebrauchswertes durch die Hergabe eines Nicht-Gebrauchswertes durch den Warenbesitzer: er hat Schnaps und will die Bibel – oder umgekehrt. Jedoch sorgt bereits das Geld, das im einfachen Warentausch als allgemeines Äquivalent verborgen ist, für die bloß quantitative Sicht auf das private Eigentum; die qualitative Vertauschung der Gebrauchswerte reicht dafür nicht aus. Aneignung heißt Mehrung des Privateigentums, und dies ist gleichbedeutend mit Verwertung von Kapital. Dieses Prinzip ist für die *Dynamik*, für das Wachstum, für Akkumulation und Expansion von Marktwirtschaften verantwortlich, freilich auch dafür, daß Diskontinuitäten der Akkumulation, also ökonomische Krisen provoziert werden.

Auch wenn das Prinzip quantitative Mehrung des Privateigentums ist, kann dieses Ziel nur erreicht werden, indem qualitativ die sozialen, technischen und natürlichen Bedingungen umgewälzt werden: denn die Mehrung findet nicht auf dem Markte, sondern in der *Produktion* statt. Wertvermehrung ist gleichbedeutend mit Veränderungen der natürlichen Produktionsbedingungen ebenso wie mit Umwälzungen der sozialen Verhältnisse und der technischen Kompetenzen. Marktwirtschaften sind also in hohem Grade *innovations*freudig; aber jede Innovation ist das Resultat produktiver Zerstörung oder destruktiver Produktion. Denn wie das Lernen als Kehrseite das Vergessen kennt, können innovative materiale, immaterielle und institutionelle Strukturen nicht einfach den alten hinzugefügt werden; diese werden verdrängt, vernichtet oder zumindest im Innovationsprozeß modifiziert.

Die Logik der Vermarktwirtschaftlichung geht weiter: Wenn Privateigentum ein Ausschlußrecht konstituiert, wird eine Klasse von *Nicht-Privateigentümern* erzeugt, deren Mitglieder freilich ebenfalls frei und gleich und interessegeleitet sind und daher trotz der Deprivation vom privaten Eigentum als Tauschpartner auf dem Markt erscheinen: Sie schaffen den *Arbeitsmarkt*, einen Surrogatmarkt für die Unmöglichkeit, auf den normalen Warenmärkten Sachen anbieten zu können, da sie vom Privateigentum ausgeschlossen sind. Der Arbeitsmarkt entsteht also, weil eine Klasse von Menschen, ohne Produktions- und Lebensmittel „nicht warten kann" (Oppenheimer, Preiser). Der Arbeitsmarkt hat wie jeder Markt eine Nachfrage- und eine Angebotsseite. Die Nachfrage nach Arbeitskraft entsteht gerade aus dem Drang des privaten Eigentums zur Aneignung, d.h. zu seiner quantitativen Mehrung durch qualitative Veränderung von Stoffen und Energien. Zu dieser Leistung ist aber nur die Arbeitskraft in Aktion – die Arbeit – befähigt – warum sollte also Arbeitskraft nicht nachgefragt werden?

Freilich gibt es ein Hindernis: die Arbeitskraft muß mit Geld bezahlt werden. Nur der Tausch gewöhnlicher Waren läßt sich auch als Produktentausch (Barter) vorstellen, nicht aber der Kauf der Arbeitskraft. Kein einzelner Kapitalist wäre in der Lage, dem freien Arbeiter, der daher ja auch freier *Konsument* sein muß, alle die Lebensmittel (im weitesten Sinne) als Barter-Äquivalent für die Überlassung der Arbeitskraft zu bieten – es sei denn, der Arbeiter gäbe seine Freiheit auf, der Arbeitsmarkt würde verschwinden, feudale Knechtschafts- oder Sklavenverhältnisse würden hergestellt. Wie also kommt der Kapitalist, der Nachfrager nach Arbeitskraft an Geld? Er muß es sich besorgen, um es vorschießen zu können. Dies kann er auf zwei Weisen: Er stellt die Arbeitskräfte ein, läßt von ihnen Produkte herstellen, die er als seine Waren verkauft, um aus dem Verkaufserlös auch die Arbeiter nach getaner Arbeit zu bezahlen. Die Arbeiter schießen dem Kapitalisten sozusagen ihre Arbeit vor, die Löhne werden nach getaner Arbeit entrichtet. Der Kapitalist kann aber auch auf den *Geldmarkt* ausweichen, um Löhne bezahlen zu können. Der Geldmarkt entsteht, weil sich das Geld vom Warentausch verselbständigen kann, es braucht nicht nur als bloßes *Zirkulationsmittel* zu fungieren, sondern es kann selbst zur handelbaren Ware werden. Geld hat keinen Gebrauchswert, man kann es nicht essen, wie die weisen Hopi-Indianer schon lange wissen. Aber es kann sich vermehren, wenn auch nur im *intertemporalen* Vergleich zwischen dem Heute, wenn ich es hergebe und dem Morgen, wenn ich es – vermehrt – zurückbekomme. Ist also erst der Geldmarkt entstanden, dann auch entfalten sich neue Kategorien im Ensemble marktwirtschaftlicher Formen: die freien und gleichen Tauschpartner werden nun zu *Gläubigern* und *Schuldnern* und der Preis der zwischen ihnen gehandelten Ware ist der *Zins*. Gläubiger und Schuldner sind Vertragspartner auf dem Geld- oder Kreditmarkt, und der Zins ist daher ein Preis, der wie andere Preise auch durch Angebot und Nachfrage gebildet wird. Die Quelle des Zinses können in der Regel nur Einkommensflüsse sein: Wenn von Konsumentenkrediten abgesehen wird, die aus den laufenden Haushaltseinkommen bedient werden müssen, können Zinsen nur aus dem Wertprodukt, aus dem Mehrwert stammen. Die Existenz von Geld- und Kreditmärkten und daher von Zinsen übt demzufolge einen wirksamen Druck auf die Unternehmen aus, die Verwertung von Kapital der Höhe der Zinsen anzupassen. Da der Zins nicht auf den *Zeitpunkt* des Kaufvertrags und der Übereignung der Sache bezogen ist (jeder Kaufvertrag besitzt ein Datum), sondern während des *Zeitraums* der Ausleihe einer Kapitalhauptsumme zu zahlen ist (jeder Kreditvertrag enthält einen Tilgungsplan und Zinstermine), da also die Gegenwart mit der Zukunft verknüpft wird, ist im Zins notwendigerweise wegen der *Unsicherheit* der Zukunft eine *Risikokomponente* enthalten. Schließlich hängt die Fähigkeit des Schuldners zur Zahlung des Zinses vom Erfolg der Aneignung aus dem Privateigentums durch Einsatz der Arbeitskraft und vom erfolgreichen Verkauf der produzierten Waren auf den Warenmärkten ab.

Das marktwirtschaftliche System ist also hochgradig interdependent; es *differenziert* seine Formen und *selektiert* die Entscheidungen und Aktionen der Marktteilnehmer auf allen drei Markttypen – normaler Warenmarkt, Arbeitsmarkt, Geldmarkt – entsprechend der Fähigkeit zur Appropriation, zum Wachstum, zur Innovation. Der Markt also ein Hebel für Wachstum, Wohlstand, Effizienz? Mit Polanyi (1978, S. 19) ist die Annahme eine „krasse Utopie", daß ein selbstregulierender Markt die destruktiven Kräfte einer (kapitalistischen) Gesellschaft – denn der individuelle Überschuß kann durch Auflastung von Kosten auf die Gesellschaft gesteigert werden – zu bändigen und konstruktiv, ohne selbst-generierte Krisen zu kanalisieren vermöge. Damit die Regulation der Gesellschaft von der „invisible hand" des Marktes übernommen werden kann, müssen – wie bereits gezeigt worden ist – die Arbeitskraft, das Geld und der Boden zur Ware werden. Ware werden sie, wenn sie für den Austausch produziert werden, wenn jemand an ihnen privates Eigentum geltend machen kann und andere Individuen Bedürfnisse in Form von Geldnachfrage nach der Sache anmelden. Privates Eigentum impliziert den Ausschluß aller derjenigen von der Nutzung der Ware, die ihr Bedürfnis nicht in Geldnachfrage umzusetzen vermögen; Eigentum ist Ausschlußrecht und dieses Recht wird mit privater und politischer Macht gesichert. Die Warenförmigkeit der Produkte ist folglich gleichbedeutend mit deren Knappheit und Ökonomie wird daher auch als die Wissenschaft vom Umgang mit Knappheit definiert. Nur in diesem Umfeld formaler Rationalität haben „rational choice" und die Theorie darüber einen Platz. Bei Elster heißt es in Weberianischer Tradition: „Rationale Wahlhandlung ist instrumentell: sie wird vom Ergebnis des Handelns angeleitet. Handlungen werden nicht als solche eingeschätzt und gewählt, sondern als mehr oder weniger effiziente Mittel zu weitergehenden Zwecken...Rational choice hat es mit dem Herausfinden der besten Mittel in bezug auf gegebene Zwecke zu tun..." (Elster 1989, S. 22, 24). Der Unterschied zwischen Webers und Elsters (oder anderer rational choice Theoretiker) Argumentation ist in erster Linie darstellerischer Art: letztere bedienen sich spieltheoretischer Argumentation und Präsentation, ohne damit aber den Diskurs von Knappheit und formaler Rationalität zu verlassen.

3. Paradoxien des Marktes

Gerade die volle „Vermarktwirtschaftlichung" aber erzeugt Widersprüche, die aus der Natur der Waren resultieren, die auf Märkten gehandelt werden.

Erstens. Auf Gütermärkten werden Waren von Unternehme(r)n, auf Arbeitsmärkten aber Waren von Nicht-Unternehme(r)n getauscht. Es gibt Versuche (am elaboriertesten von der Chicagoer Schule), diesen Widerspruch zu lösen, und die Arbeiter in Unternehmer, in Humankapitalisten umzudefinieren, die ihr „Humankapital" ebenso optimal zu verwerten trachten wie andere Vermögensbesitzer ihr Portefeuille auch. Doch müssen diese Versuche scheitern, da ja immer noch der systemdeterminierende Unterschied zwischen denjenigen bleibt, die außer über ihr „Humankapital", und somit jenseits ihrer leiblichen Person über Produktionsmittel (oder Finanzanlagen) verfügen können und den anderen, denen eben diese Möglichkeit nicht gegeben ist.

Welche Absurditäten der neoliberale Diskurs in dieser Frage hervorzubringen vermag, verdeutlicht Milton Friedman. Er sieht durchaus, daß die selbstverständliche Kreditaufnahme zur Finanzierung der „Investition in den Menschen" den Humankapitalbesitzer in eine Situation bringt, die „teilweiser Sklaverei gleichkomm(t)" (Friedman 1976, S. 138): Denn der Kreditgeber erwirbt einen Anspruch auf die „Erwerbskraft eines Individuums", und damit Verfügungsmacht über einen integren Menschen. Die marktlogische Auflösung des Systemunterschieds zwischen Unternehmern und Nicht-Unternehmern resultiert in sozialer Involution; das Institut der Freiheit des Lohnarbeiters wird unterminiert. Also müssen die Unterschiede zwischen Unternehmern und Nicht-Unternehmern doch entgegen der neoliberal bis zur Absurdität expandierten Marktlogik hervorgehoben werden: Die einen, die „haves", können „warten", gestützt auf Produktionsmittel und Waren; die anderen, die „not-haves", können dies nicht oder nur unter Inkaufnahme von Entbehrungen – das Thema von Franz Oppenheimer, Erich Preiser und anderen. Die gleichen *homines oeconomici* sind als Marktteilnehmer also höchst unterschiedlich mit Produktionsfaktoren ausgestattet.

Wenn man die relative Verfügung über Produktionsmittel von Marktteilnehmern als Dispositiv relationaler Macht (Macht gegenüber anderen) interpretiert, ergibt sich aus dieser Marktstruktur bereits im Grundsatz die ökonomische Machtverteilung in der Gesellschaft. Macht ist demzufolge auch keine der Marktlogik exogene Kategorie, sie setzt sich in ihrem Wirken durch. Märkte sind notwendig eine Quelle der Ungleichheit. Dies muß die liberale Theorie nicht bekümmern, solange es sich um Resultate der Prozeduren selbst handelt, denen sich ja alle Marktteilnehmer freiwillig unterworfen haben. Wenn allerdings die Marktakteure ungleich mit physischer und ökonomischer oder politischer Macht ausgestattet sind oder über einen Informationsvorsprung gegenüber anderen verfügen (z.B. Insiderwissen besitzen) sind die Marktprozeduren geeignet, nicht-neutral das Machtgefälle zu verstärken. Ungleichheit kann sich zu subjektiv empfundener Ungerechtigkeit der Verteilung von Vermögen und Einkommen und damit auch der Lebens- und Partizipationschancen von Gruppen in der Gesellschaft verdichten, wenn intersubjektiv geltende minimale Normen einer Gesellschaft nicht eingehalten werden. Die „soziale Frage" wird aufgeworfen, wenn der normativ bestimmte Toleranzrahmen, innerhalb dessen die Individuen sich dem Wirken und den Ergebnissen der prozeduralen Marktrationalität unterwerfen, überschritten wird. Es ist mithin selbstverständlich, daß parallel zum marktlogischen Diskurs, in dem Knappheit die zentrale Kategorie bildet, die Frage der Verteilung auch theoretische Relevanz erhält: in den Schriften von J. St. Mill, aber vor allem in der „Kritik der politischen Ökonomie" von Marx.

Zweitens. Medium der marktförmigen Regulation ist das Geld. Die in Geld denominierten Preise von Waren bilden das System der relativen Preise, das – mittels der „invisible hand" bei der Abstimmung von Angebot und Nachfrage – die optimale Allokation der Ressourcen und Faktoren, die ökonomisch rationale Distribution von Einkommen besorgen und zugleich helfen soll, den bestmöglichen Pfad der gesellschaftlichen Innovationen und damit der Evolution zu finden. Die formale Rationalität des Marktes ist expansiv; sie vereinnahmt die ganze, die systemweltliche Gesellschaft und die Lebenswelten der Menschen und sie durchdringt so alle Bereiche und verwandelt sie zu marktgängigen Dingen: die Produkte menschlicher Arbeit, aber auch die natürlichen Ressourcen und selbst die Arbeitskraft und das Medium der Regulation, das Geld, werden zu Waren und somit handelbar gemacht. Immobilien und Ressourcen werden mobilisiert und zukünftige erwartete Erträge werden bereits in der Gegenwart mit einem Preis versehen. Alles erhält die Form der Ware, wird käuflich und verkäuflich.

Ist erst Geld zur Ware geworden, kümmert die Zeit nicht mehr. Vergangenheit, Gegenwart und Zukunft werden durch den Diskont auf die Dimension der Gegenwart und des Gegenwartswertes zusammengebracht. Insofern kennt der Markt die Zeit, er nimmt von ihr jedoch nur insofern Kenntnis, als Zeitunterschiede durch den Diskont auf einen Gegenwartswert gebracht werden. Im Marktverständnis ist Zeit nicht gerichtet, sondern reversibel. Je höher der gegenwärtige Marktzinssatz (der Diskont), mit dem die erwarteten zukünftigen Erträge in den Gegenwartswert umgerechnet werden, desto weniger sind Ressourcenbestände heute „wert“, desto kürzer die zukünftige Frist, in der ein heute investierter Kapitalwert wieder „hereinkommt“. Eine Marktwirtschaft ist daher von ihrer Natur aus mit Kurzsichtigkeit geschlagen (Dryzek 1987, S. 74f). Entscheidende und handelnde Wirtschaftssubjekte stehen „auf dem Standpunkt“ der Gegenwart und können gerade so weit blicken, wie es der Diskont erlaubt. Je höher der Zins, desto kurzsichtiger die Marktteilnehmer. Doch in der wirklichen Welt ist die Zeit gerichtet, sie ist ein Strom, dessen Ende nicht gedacht werden kann. Die Zukunft ist nur über Erwartungen, die auch enttäuscht werden können, in den Gegenwartsentscheidungen einzubeziehen. Die Orientierungsmarke des Zinses ist also bestens geeignet, die kurzsichtigen Marktagenten in die Irre zu leiten. Zukunftsträchtige Entscheidungen (vor allem über Investitionen) sind daher durch Unsicherheit geprägt. Folglich sind Instabilitäten der marktgesteuerten Wirtschaftsprozesse unvermeidlich.

Drittens. Ware sein, heißt isoliert zu werden und daher vereinzelt, individualisiert zu sein. Dies verlangt das „exclusion principle“ (Musgrave). So müssen natürliche Ressourcen aus ihrem Ambiente herausgelöst werden, um als Waren verwertet werden zu können. Isolation oder artifizielles Zusammenfügen der Ressource bedeuten aber häufig genug nichts anderes als die Zerstörung der ökologischen Vernetzungen, die ein Ökosystem bilden: die Verwandlung der Wasserkraft in die Ware Elektroenergie ist nur möglich durch die Flutung großer Landareale mit radikalen Änderungen eines Flußsystems; Edelhölzer werden gewonnen, indem Schneisen in den „nutzlosen“ Wald ringsum geschlagen werden. Märkte basieren auf der Warenförmigkeit, diese auf privatem Eigentum, welches Isolation voraussetzt und daher Trennung (durch den Zaun beispielsweise) erfordert. So wird von sozialen oder ökologischen Systemzusammenhängen abstrahiert; die ökonomische Folie, an der Ressourcenbestände ausgemessen werden, ist grundsätzlich anders als die ökologischen Vernetzungen eines natürlichen Ambiente. Nur der ökonomische Wert zählt, nicht das „wertlose“ Umfeld; um 2% der Biomasse eines Waldes zu nutzen, werden häufig genug 98% und damit das Ökosystem insgesamt zerstört. „Inwertsetzung“ (Vgl. dazu Altvater 1987), also die Ausdehnung der formalen Rationalität des Marktes mit seinem Knappheitsprinzip auf bislang freie Ressourcen, impliziert also immer eine zumeist verschwiegene Definition des Nicht-in-Wert-zu-setzenden, das als „Wertloses" auch destruiert werden kann. Bei der Inwertsetzung der kinetischen Energie des Wassers zum Zwecke des Verkaufs von Elektroenergie werden „wertlose" Landschaften unter Wasser gesetzt. Der Preis der „Inwertsetzung" ist die Destruktion des – ökonomisch – Wertlosen. Die „Exclusion" einer einzelnen Ware, die mit Preis versehen auf dem Markt angeboten wird, gelingt in der Regel nur durch Isolation des Wertlosen. Die Marktrationalität ist demzufolge individualistisch und borniert, da im Zuge der Exclusion ja Grenzen errichtet werden, die das ökonomisch nicht relevante Geschehen aus dem zeitlichen und räumlichen Kalkulationshorizont halten. Das für die Warenförmigkeit von Produkten entscheidende „exclusion principle" abstrahiert von der oben bezeichneten „sphärischen Gebundenheit" der Gebrauchswerte: Diese sind ja nur als Elemente eines durch die biotische und die abiotischen Sphären umschriebenen Umfeldes; als Waren freilich müssen sie gerade davon „exkludiert" werden.

Viertens. Die Warenform impliziert die Notwendigkeit des Tausches, aber zugleich auch die Möglichkeit seines Nichtgelingens: Warenbesitzer können auf ihren Waren sitzen bleiben oder sie nur zu Preisen unter den Kosten loswerden; Käufer hingegen können Pech haben und Waren nur zu höheren Preisen als zuvor beziehen. Mit anderen Worten: Waren und die Institution, auf der sie getauscht werden, der Markt, sind Formen, in denen die ökonomische Krise möglich wird und sich ausbreiten kann. Die Märkte für Waren, Geld und Arbeitskraft sind, anders als die neoklassische Theorie dies wahrhaben will, verknüpft. Sowohl in der Marxschen wie in der Keynesianischen Theorie wird in der „Hierarchie" der Märkte der „Gang der Geschäfte" vor allem durch das Geschehen auf Geld- und Kreditmärkten bestimmt. Wenn Geld und Kredit zur Ware geworden sind, sind es die in dieser Ware enthaltenen Instabilitäten (da ja Vergangenheit, Gegenwart und unsichere Zukunft im Kredit verknüpft werden), die alle anderen Märkte beeinflussen. Marktwirtschaften sind Geldwirtschaften und diese sind prinzipiell instabil (Minsky 1986) bis zu dem Punkt, an dem sie veritable Krisen, auch auf anderen Märkten, generieren.

4. Knappheit und Mangel

Märkte sind folglich paradoxe Einrichtungen. Die Prinzipien des Handelns, das Rationalkalkül oder „Wirtschaftlichkeitsprinzip" im Weberschen Sinne, verdanken sich ausschließlich der Knappheit von Ressourcen angesichts der Weitschweifigkeit menschlicher Bedürfnisse. Ja, die Ökonomie als Wissenschaft definiert sich als elaborierte Entscheidungslehre über den Umgang mit Knappheit, als eine Logik von individuellen und kollektiven Entscheidungen zwischen alternativen Verwendungsmöglichkeiten von – eben knappen – Ressourcen, als eine Logik von „trade offs" (von Alternativwahlen), deren Resultat ein ökonomisches Gleichgewicht ist, das durch das Wirken des Marktmechanismus garantiert wird. In den Worten von Lionel Robbins: „Wir sind aus dem Paradies vertrieben worden. Wir besitzen weder das ewige Leben noch verfügen wir über unbegrenzte Mittel, um das Wohlergehen zu gewährleisten. Jedes Mal, wenn wir etwas auswählen, müssen wir auf etwas anderes verzichten, auf das wir unter anderen Umständen nicht gern verzichtet hätten. Knappheit der Mittel, mit denen wir gegebene Zwecke zufriedenstellend erreichen können, ist eine allgegenwärtige Grundbedingung des menschlichen Verhaltens. Dadurch wird schließlich auch die Einheitlichkeit des Gegenstandes der ökonomischen Wissenschaft hergestellt: durch die Formen nämlich, die menschliches Verhalten annimmt, wenn über knappe Mittel verfügt werden muß." (Robbins 1932, S. 15, zit. nach Xenos 1989, S. 2 und 68).

Knappheit ist keineswegs mit Armut und Mangel gleichzusetzen, im Gegenteil. Märkte und die auf ihnen wirkenden Mechanismen können die ihnen zugesprochene Leistung nur erbringen, wenn die Gesellschaften reich sind, also nicht mit knappen – natürlichen und ökonomischen – Ressourcen zu knausern haben: Wenn wirtschaftliche Krisen nicht sogleich individuelle und soziale Not bedeuten; wenn milliardenschwere Fehlinvestitionen (z.B. in Kernkraftwerke) nicht sogleich andere für den Reproduktionsprozeß notwendige Investitionen mangels finanzieller Ressourcen verhindern; wenn die Kaufkraft der Konsumenten z.B. infolge „fordistischer" Arbeits- und Lohnverhältnisse hoch ist und ein elastisches Kreditsystem Fluktuationen antizyklisch konterkarieren kann; wenn ökologische Schäden als Folge wirtschaftlichen Handelns monetär kompensiert werden können, die Defensivkosten des Wachstums mithin ohne fühlbare Wohlstandsminderung aufgewendet werden können; oder wenn das natürliche Ambiente robust genug ist, um durch Menschen herbeigeführte Schädigungen zu ertragen und den Urzustand immer wieder zu regenerieren; wenn elastisch auf ein Überangebot hoch qualifizierter und disponibler Arbeitskraft zurückgegriffen werden kann; wenn auch das politische System Legitimitätsreserven bereithält, um „Marktversagen" politisch kompensieren zu können, ohne dies sogleich als „Staatsversagen" zu reproduzieren – wenn all dies gegeben ist, dann können Märkte die Feinabstimmung von Konsumentenwünschen und Produzentenplänen besorgen und ökonomische Effizienz beanspruchen. Märkte funktionieren also nur, wenn die Knappheiten der Güter relativ sind, wenn von allen knappen Gütern also genügend vorhanden ist, und nicht, wenn die Knappheiten absolut sind, das heißt, wenn infolge von Mangel nichts oder zu wenig da ist.

5. Markt, Moral, Regulation

Märkte können also nicht als Regulationsinstanzen *sans phrase* außerhalb von historischer Zeit und territorialem Raum und gesellschaftlichen Institutionen betrachtet werden wie von der Neoklassik, die ein historisch spezifisches System von Institutionen schlicht universalisiert; Märkte bedürfen für die Erbringung der ihnen zugesprochenen Leistungen eines ökonomischen, sozialen, politisch- institutionellen und ökologischen Umfeldes, ohne das ihre Wirkungsweise ganze Gesellschaften in den Ruin treiben kann. Märkte brauchen mithin die politische Regulation, ohne die sie destruktiv und katastrophisch wirken würden. Ihre zivilisatorische Leistung kann sich nur im Umfeld der gesellschaftlichen Lebensverhältnisse entfalten, die mehr sind als Marktbeziehungen. Märkte sind also Modi der Vergesellschaftung nur in Verbindung mit einem komplexen Netz von sozialen Institutionen, die ex ante oder ex post die Zuweisungen durch den Markt korrigieren (Sozialversicherung; Arbeitsverwaltung; Umweltschutz; Sozialstaat für die Nicht-Arbeitenden etc.). Die marktförmige Regulation bedarf mithin nichtmarktförmiger Stabilisatoren, um nicht zu versagen. Sie bedürfen moralischer „inputs", da eine Gesellschaft auch mit entwickelten Marktbeziehungen ohne moralische Kodices nicht zustandekommen könnte, der Markt aber durch eine „miserable morality" (Dryzek 1987, S. 75) charakterisiert ist.

Nicht-marktförmige Instanzen der Regulation entstehen nicht von selbst oder als bewußter Vollzug funktionaler Erfordernisse. Sie werden vielmehr Marktgesellschaften in sozialen Konflikten „aufgeherrscht": Soziale Unzuträglichkeiten provozieren Gegenwehr und in deren Verlauf entstehen nicht nur ad hoc-Korrekturen von Marktergebnissen, sondern auch Institutionen, die ihnen vorbeugen und vorbauen. Im ersten Kapitel ist dieser soziale Mechanismus als transformistisch bezeichnet worden: Die Kämpfe gegen die zerstörerischen Wirkungen des (kapitalistischen) Marktmechanismus zielen auf Überwindung der Basisinstitutionen des Marktes, erreichen aber in der Regel eine Institutionalisierung von neuen Regeln der Verteilung und der Partizipation. Nur im Rahmen dieser institutionellen Dynamik sind Märkte Starkformen der gesellschaftlichen (nicht nur wirtschaftlichen) Regulation.

Die jeweils historisch spezifische Kombination von Markt, institutionellem System und moralischen Standards umschreibt das System, das als „formelle Ökonomie" bezeichnet wird. Die den marktwirtschaftlichen Systemen gegebenen Attribute: „soziale“ Marktwirtschaft oder „ökologische“ Marktwirtschaft deuten den unauflöslichen Zusammenhang von Markt, politisch-institutioneller Regulation und moralischen Imperativen an. Aber wohlgemerkt: nur in reichen Gesellschaften lassen sich die Attribute material realisieren, und umgekehrt ist der Grad der politisch-institutionellen Einbettung der durch den Markt vermittelten Verteilung von Einkommen und der Öffnung von Lebensperspektiven jenseits der marktmäßigen Zuteilungen selbst ein Ausdruck von Wohlstand und Kompetenz (bei der Beherrschung spontaner Prozesse) sowie von zivilisatorischer Durchdringung differenzierter gesellschaftlicher Bereiche.

Der Markt ohne die politischen und daher korrigierenden Regulationsinstanzen erzeugt *informelle Ökonomie*; in vielen Ländern ist diese in hohem Grade bedeutsam, zumindest wenn quantitative Maßstäbe angelegt werden. Doch es würde schwerfallen, die Erscheinung als ein Indiz für Fortschritt und Wohlstand zu interpretieren. Es ist Ausdruck dafür, daß eine historische Form der Verbindung von Markt und politischer Regulation (zum Beispiel der keynesianische Welfare State) nicht mehr greift, und außerhalb dieser Form eben „informelle“ Aktivitäten und Prozesse stattfinden, weil und so lange keine andere historische „förmliche Form“ von Arbeit und Regulation gefunden worden ist. Informelle Aktivitäten sind die Antworten der von den Prozeduren des Marktsystems Benachteiligten, sie sind „Methoden, 'das System' übers Ohr zu hauen“ (Dobuzinskis 1989, S. 249). Sie nutzen Marktbeziehungen, aber bringen zugleich das ihnen angemessene andere System von Regulation, von Normen und moralischen Regeln hervor.

Immer in der Geschichte der kapitalistischen Produktionsweise mußten die Verarmungs- und Entwurzelungstendenzen großer Teile der Bevölkerung sozialstaatlich konterkariert werden. Dem Expansionismus der Kapitalakkumulation mußte nach innen und außen eine Richtung gegeben werden, um die Defizite der Marktregulation zu kompensieren. Der Kompromiß zwischen Markt und Politik ist daher älter als der Keynesianismus – nachdem das Fabriksystem die traditionelle Familie zerstört hatte, mußte der Staat bislang familiare Funktionen der sozialen Sicherung übernehmen –, doch dieser hat ihm im 20. Jahrhundert eine historische Form gegeben, in der sich die ökonomische und soziale Entwicklung der vergangenen Jahrzehnte dynamisch bewegen konnte: Produktionsverhältnis und Zirkulationsprozeß werden politisch aneinandergekoppelt: Lohnsteigerungen sollen das Problem der Überproduktion/Unterkonsumtion bei ständig steigender Produktivität bewältigen. Zur Lösung der Aufgabe werden korporative Regulationsformen von Arbeit und Entlohnung und keynesianische Wirtschaftspolitik antizyklischer

Interventionen auf Gütermärkten und Finanzmärkten entwickelt. Deren positive Auswirkungen auf die Arbeitsmärkte sollten zugleich das Beschäftigungsproblem bewältigen helfen. Wenn diese Regulationsweise den Mechanismus des Marktes politisch moderiert, ist darin immer eine moralische Entscheidung impliziert, da hier nicht mehr nur prozedurale, sondern substanzielle Legitimation auf der Tagesordnung steht. Es geht um Normen und Werte, die der politischen Intervention die Richtung weisen und der Herrschaft zur Legitimation verhelfen. Nur auf diesem weichen Grund kann der Markt sich entfalten, ohne zerstörerisch zu wirken. Anders ausgedrückt: Nur wenn eine Gesellschaft nicht unter Mangel leidet und sich über die Wertrationalität verständigt, kann der instrumentellen Rationalität im Regelwerk des Marktes Raum geschaffen werden. Die Denunziation aller (staatlicher und nicht-staatlicher) Interventionen in die Prozeduren des Marktes als „sozialistisch“ verkennt die Bedeutung der Einbettung des Marktes in soziale Institutionen, die die Individuen als Marktteilnehmer vergesellschaften und seine Prozeduren und deren Wirkungen sozial abfedern.

Die Systeme politischer Regulation des 20. Jahrhunderts waren, wie auch immer unvollkommen, bewußte und gezielte Organisierung von politischer Hegemonie der bürgerlichen Klasse in der Nation ebenso wie im inzwischen entstandenen globalen System. Dem lag die Erkenntnis zugrunde, daß der ingeniöse Marktmechanismus zwar Kräfte des „Fortschritts“ in nie dagewesenem Umfang freisetzt, aber auch selbstdestruktiv, ja katastrophisch wirkt (Polanyi 1978, S. 54f), daß er auf sich allein gestellt ungeeignet ist, die im Verlauf der Akkumulation geschürzten Krisen zu bewältigen. Auf der anderen Seite sind die destruktiven Effekte des Marktes produktiv, also Elemente des Fortschritts, der Evolution. Die beiden Seiten gehören folglich zusammen, und sie bedürfen der Regulation mit den ihnen jeweils eigenen Medien: Der Marktmechanismus mit seinen Preissignalen, der Innovationen begünstigt und rücksichtslos gegenüber der tradierten Moralität ist, wie sie in sozialen und ökologischen Normen zum Ausdruck kommt.

Es bedarf also der politischen Regulation des Akkumulations- und Entwicklungsprozesses zur Korrektur oder Eingrenzung des Marktmechanismus. Die Richtung von Innovationen wird durch den Markt nur unvollkommen angegeben. Damit moralische Standards berücksichtigt werden, muß der „disembedded“ Marktmechanismus in soziale Regulationsmodi eingebunden werden. Ohne Moral kann der Markt nicht funktionieren. Damit Regulation erfolgreich institutionell verankert werden kann, müssen alle Klassen und Schichten einer Gesellschaft in ihren Mechanismus „eingebunden“ werden, indem deren Bedürfnisse den historischen Umständen entsprechend weitgehend befriedigt werden. Wenn die Art und Weise der Integration noch unter besonderen historischen Umständen in eine Ressource der Kapitalakkumulation transformiert (oder pervertiert) werden kann, umso besser: das System der Massenproduktion bedarf ja der Massenkonsumtion. Diese ermöglicht die Befriedigung eines Bedarfs, der zum Teil erst durch die Produktion erzeugt wird, zum Teil aber ureigene menschliche Bedürfnisse trifft. Entfremdung des „eindimensionalen Menschen" wird so perpetuiert, aber zugleich werden auch die sozialen Bedingungen geschaffen, die sie – in Teilen der Welt – erträglich machen. Diese wiederum werden zu Exempeln, an denen die Überlegenheit des Marktmechanismus gegenüber theoretischer und praktischer Kritik an kapitalistischen Marktwirtschaften statuiert wird. Doch klar ist: Marktwirtschaften sind nur dann „überlegen", wenn sie politisch- institutionell reguliert werden, d.h. wenn sie einer – so bezeichneten – „minimalen" Definition von Sozialismus (Miller 1989, S. 312) entsprechen.

6. Marktgleichgewicht und Chaos

Die Debatte der Ökonomen konzentriert sich, nachdem Märkte kapitalistischer Gesellschaften dominant geworden sind, auf die Fragen nach Preisbildungsprozessen und Gleichgewichtspreissystemen, nach der Diskontierung von Zukunftswerten und dem Zusammenhang von Investieren und Sparen. Dort wo Preise mangels vorhandener Märkte nicht gebildet werden, tun die Ökonomen so als ob und setzen Schattenpreise. Die Preissignale des Marktes sollen die Richtung bestimmen, in der ökonomischer Erfolg und gesellschaftliche Rationalisierung liegen. Die Objektivität und Verläßlichkeit der Signale wird prinzipiell nicht infragegestellt. Ihnen haben die Individuen mit ihren Entscheidungen (als Mengenanpasser) zu folgen und paradoxerweise erzeugen sie erst mit ihren Entscheidungen das Preissystem. Der Beobachter von Marktprozessen weiß immer schon, wo der Gleichgewichtspreis liegt, die Marktagenten müssen diesen erst herausfinden und in einem Prozeß realiter bilden. Der Wettbewerb auf dem Markt stimuliert also nicht die Bewegung in Richtung eines ruhenden Gleichgewichts, sondern ist ein Prozeß der Suche nach unbekannten Lösungen für bekannte Probleme (von Hayek 1968), und da immer Resultate herauskommen, ist die Suche immer erfolgreich. Existente Lösungen lassen sich mit nicht existenten schlecht vergleichen, der Marktmechanismus bringt daher optimale Lösungen für je individuelle Probleme hervor.

Die Individuen wenden das Kalkül der Nutzenmaximierung und Kostenminimierung an, und damit das Marginalprinzip. Im Gegensatz zur Durchschnittsrechnung, die nur vom gesellschaftlichen Standpunkt möglich ist, setzt das Marginalkalkül das atomische Individuum voraus und verewigt seine Existenz zugleich; die ökonomischen Lehrbücher folgen auch heute den Prinzipien, die im 19. Jahrhundert von Jevons, Marshall, Cournot, Walras, von Menger und von Wieser entwickelt und die von Schumpeter (1908) als methodologischer Individualismus bezeichnet worden sind. Das Kalkül selbst ist gesellschaftlich ausgeübter Zwang, der, wenn Individuen ihm nicht folgen, die unerbittliche Sanktion des ökonomischen Scheiterns (Bankrott) mit sich bringt. Rationalität der individuellen Entscheidungen und formal-prozeduraler Mechanismus des Marktes ergänzen sich zu einem überlegenen evolutionären Prinzip.

An dieser Stelle des Diskurses setzt die Debatte um die Rationalität des Marktes ein. Zwei Fragen bestimmen ihren Gang: *erstens* die nach der Angemessenheit der marktlogischen Überzeugung von der Brauchbarkeit der Preissignale und *zweitens* die Frage nach der Möglichkeit der Einführung anderer Richtgrößen für ökonomisches Handeln als es die auf dem Markt gebildeten Preisindikatoren sind. Letztere Frage ist mit der Errichtung sozialistischer Planwirtschaften beantwortet worden, und auf damit aufgeworfene Probleme ist bereits im vorangegangenen Kapitel hingewiesen worden.

Die erste Frage beschäftigt nicht nur die Kritiker der (bürgerlichen) Politischen Ökonomie – spätestens seit Marx –, sondern auch den „mainstream" der ökonomischen Theorie seit Alfred Marshall am Ende des vergangenen Jahrhunderts (Marshall 1964). Inzwischen können vier Haupt-Argumentationslinien unterschieden werden, mit denen die Rationalität der Marktpreisbildung und daher deren informationeller Wert für rationale ökonomische Entscheidungen in Zweifel gezogen werden: (1) Monopolbildung und „administered pricing" (Oligopolpreisbildung), (2) externe Effekte und die Divergenz von privatem und sozialem Nettoprodukt, (3) finanzielle Instabilitäten und inflationäre Tendenzen und (4) die marktlogische Abstraktion von Zeit und Raum, wo doch ökonomische Prozesse Transformationen von Stoffen und Energie in einem historischen institutionellen Umfeld, also raum- und zeitgebunden sind. Ohne an dieser Stelle in Einzelheiten einzutreten: Die geforderte und versprochene Rationalität und Effizienz des Marktsystems kann sich bei Existenz von Monopolen, externen Effekten und wegen der prinzipiellen Unsicherheiten auf Finanzmärkten, die ja Vergangenheit, Gegenwart und Zukunft verknüpfen, in Irrationalität und Ineffizienz verkehren. Im Falle der Inflation bricht das System relativer Preise zusammen und muß zu Fehlallokationen führen. Und Irrationalität heißt zugleich Ineffizienz, und in gesteigerter Form: Krise. Marktwirtschaften sind entgegen vielen Hoffnungen und entgegen der neoklassisch/neoliberalen Annahme von der „grundsätzlichen Stabilität des privaten Sektors“ dagegen keineswegs gefeit. Wenn also die überlegene Effizienz marktwirtschaftlicher Systeme gelobt wird, müßte immer eine Definition der einschränkenden Bedingungen verlangt werden, unter denen die Aussage getätigt wird.

Das vierte Argument ist grundsätzlicher, zieht es doch prinzipiell die irdische Möglichkeit marktwirtschaftlicher Rationalität in Zweifel, da ihr „Ort“ außerhalb der Koordinaten von Zeit und Raum gelegen sei. Historische ökonomische Gesetze werden durch „ewig-menschliche“ und historisch nicht mehr innerhalb der Menschheitsgeschichte eingrenzbare „Ordnungsprinzipien“ ersetzt, z. T. durch die Annahme biologischer Grundkonstanten der menschlichen Existenz: Alle dauerhaften Strukturen sind Ergebnis selektiver Evolutionsprozesse, und die Selektion wiederum wird ermöglicht durch „Findungsmechanismen“ (von Hayek) wie den Markt, den Ort der Konkurrenz, auf dem die „fittest“ überleben. Die Schlußfolgerung ist eindeutig: Die Individuen stellen erst in der Konkurrenz Interdependenz untereinander her und in dieser, wenn die Regeln des Spiels und die Motive der Individuen zusammenpassen, gesellschaftliche Ordnung. Die Ordnung ist also keineswegs automatisches Resultat der interaktiven Handlungen, sondern sie entsteht nur dann, wenn die Konkurrenz auch die Motive einschließt, die aus einer anderen Sphäre menschlicher Existenz stammen können. Die Abstimmung von Regeln und Motiven erfolgt – durch den Markt, den ingeniösen Selektionsmechanismus mittels der Preissignale. Diese versetzen die Menschen in die Lage, sich an Umstände anzupassen, von denen sie nichts wissen und nichts zu wissen brauchen. Die nationale wie die Weltwirtschaft beruhen eben darauf, daß (Preis)signale ausgesendet und empfangen werden, die jedem Marktteilnehmer die Orientierung ermöglichen. Jeder gesellschaftliche Entwurf, erst recht zentrale Planung der ökonomischen Entwicklung, muß so betrachtet als unvernünftiges und zum Scheitern verurteiltes Unterfangen erscheinen. Sie stören das mögliche Gleichgewicht oder mindern den Druck auf das Handeln der Individuen, sich entsprechend der vordefinierten Regelgröße zu verhalten.

Die marktmäßige Regulation der gesellschaftlichen Arbeitsteilung wird als Wirkungsmechanismus ganz ähnlich der klassischen (Newton'schen) Mechanik verstanden, nämlich als ungebunden in Raum und Zeit. Die Vertreter neoklassischer Ökonomie entwickeln ihre Modelle in einer nicht-historischen Modellzeit, in deren Koordinaten die tatsächlichen Wirtschaftsprozesse trotz formaler Präzision grundsätzlich nicht abgebildet werden können (Georgescu-Roegen 1971). Joan Robinson präzisiert unmißverständlich:

„Wenn wir einmal zugestehen, daß eine Wirtschaft in der Zeit existiert, und daß die Zeitläufte von der Vergangenheit, die nicht wiederkehrt, in die Zukunft, die unbekannt ist, gerichtet sind, wird ein Gleichgewichtskonzept unhaltbar, das auf der mechanischen Analogie vom im Raum hin- und herschwingenden Pendel gründet. Die traditionelle Ökonomie muß insgesamt neu überdacht werden.“ (Robinson 1973, S. 5).

Allenfalls sind Übergangsprozesse von einem Gleichgewichtszustand zu einem anderen von Interesse (Beenstock 1984, S. 59), wobei aber das zu erreichende (neue) Gleichgewicht nicht als Resultat von sozialer Interaktion gedacht sondern als bereits latent und potentiell vorgegebener Zustand vorausgesetzt wird, auf den die individuellen Akteure spontan mit ihren dezentralen, nicht verknüpften Aktionen hinwirken. Die Ausklammerung der Zeit im „Tatonnement“ der Walrasianischen Ökonomie (im Herumtasten der Akteure auf dem Markt) setzt sich fort als die theoretische Rekonstruktion von ökonomischen Prozessen ohne subjektives Agieren, es sei denn dieses vollzieht nichts als den schnellsten Weg zum bereits vorgegebenen Gleichgewichts-Sollwert des Systems (Vgl. Stanger 1988, S. 185ff). Zeit ist also nur für den Ausnahmefall des Ungleichgewichts von Belang, im Gleichgewicht kann Zeit vernachlässigt werden. Dasselbe gilt für den Raum: Entfernungen spielen keine Rolle oder sie werden im Arbitrage-Handeln eingeebnet. Und da die Ökonomie zum Gleichgewicht hinstrebt, hat sie eine immanente Affinität zu einem zeit- und raumlosen Zustand. In einer so projizierten Ökonomie kann es allenfalls Übergangsprobleme geben, die erstens normal (weil der Herstellung von Normalität zuträglich) und zweitens mit dem Erreichen des Gleichgewichts überwunden sind. Nehmen wir an, es gäbe eine Gleichgewichtssituation. Dann wäre es durchaus denkbar, daß geringe Schocks Abweichungen vom Gleichgewicht provozieren mit der Tendenz einer zeitverzögerten Rückkehr zu einem erneuten Gleichgewicht. Aus der Chaos-Theorie freilich ist bekannt, daß selbst geringfügige Veränderungen der Ausgangsbedingungen eines Systems große Wirkungen haben können, die weder vorauszuberechnen sind noch zu einem Gleichgewicht hinführen. Der Begriff des mechanischen Gleichgewichts ist ad acta zu legen: Das in sich ruhende Gewicht des Gleichen gibt es nicht, nur (selbst)ähnliche Konstellationen von Kräften und der von ihnen ausgehenden Wirkungen.

So werden auf den Märkten durch den Preis Angebot und Nachfrage reguliert, und vice versa entsteht durch Angebot und Nachfrage der den Markt räumende Preis. Die Beziehungen zwischen Zinssatz (Preis für Geld und Kredit, also für Finanzaktiva) und Lohnsatz werden durch einen Vergleich der jeweiligen Märkte hergestellt, auf denen die Wirtschaftssubjekte alternativ die ihnen verfügbaren Vermögen anbieten, um das jeweilige individuelle Portfolio zu optimieren. Das allgemeine Gleichgewicht zwischen den verschiedenen Verwendungsmöglichkeiten von Vermögen wird letztlich durch die langfristige Entwicklung der (marginalen) Kapitalproduktivität bestimmt, auf deren Größe sich die Preise für Vermögensaktiva (von Finanzaktiva bis zum „Humankapital") „einpendeln". Doch gerade dies kann in der wirklichen Welt nicht geschehen, da die Prozesse „rekursiv" sind und somit zwar Bewegungen der Preise einzelner Vermögensaktiva – unter Absehung der Bewegung anderer Preise – modelliert werden können, nicht aber die Gesamtheit des Prozesses. Dies ist ganz ähnlich wie im Falle des Dreikörperproblems (Vgl. Krohn/Küppers 1989): Die Bahnkurven von drei sich gravitativ anziehenden Massen sind bekannt. Aber infolge der Wechselwirkung zwischen den drei Massen gibt es keine allgemeine Lösung für deren Bewegungsbahnen, diese verlaufen „chaotisch" und nicht vorhersehbar und sie tendieren zu keinem angebbaren Gleichgewicht.

Die Annahme von der immanenten Tendenz zum Gleichgewicht wird ökonomietheoretisch dadurch zu verfeinern versucht, daß den infrastrukturellen, institutionellen Voraussetzungen, also den „Randbedingungen" für das Ablaufen der Prozesse Aufmerksamkeit geschenkt wird. Prinzipiell ist der ökonomische Prozeß zwar zeit- und raumlos, doch müssen ihn in der Realität Menschen interessengeleitet steuern. Sie bedürfen dazu der Informationen und der Transaktionsvehikel – Marktforschung, Verträge, die von Anwälten ausgearbeitet werden; Versicherungen; Werbung etc. –, die natürlich Kosten verursachen. Diese müssen zwar bei der Bestimmung des Gleichgewichts und bei der Suche danach berücksichtigt werden, doch bleibt es dabei: Instabilitäten setzen nur Tendenzen in Gang, die nach einer Übergangszeit zu einem neuen Gleichgewichtszustand der Märkte hinführen. Die Randbedingungen des Geschehens werden ökonomietheoretisch in den Geschehensablauf (als Kosten) integriert und so ihrer irritierenden Wirkung beraubt.

7. Der Markt, eine zeitlose Antwort auf die Herausforderungen der Zeit?

Außerhalb der Raum- und Zeitkoordinaten ist Wirtschaften so allgemein, als ob ökonomische Aktivitäten nicht historisch ein höchst unterschiedliches Element des individuellen und gesellschaftlichen Lebens gewesen seien, wie Polanyi oder Le Goff (1988, S. 17) in ihren historischen Studien über die Herausbildung moderner Marktwirtschaften darlegen: Was am Ende des 20. Jahrhundert im westlichen Europa mit Wirtschaften gemeint wird, hat mit der Wirtschaft des europäischen Mittelalters, des viktorianischen England, des vorrevolutionären Rußland, des kolumbianischen Amazonien der Coca-Ökonomie oder des kalifornischen „Post-Fordismus" heute wenig zu tun. Die Konnotationen „des Wirtschaftens" sind also keineswegs abstrakt-identisch in allen Weltregionen oder auch nur in verschiedenen Schichten einer jeden Gesellschaft. Und dennoch: die liberalen Marktmodelle der Regulation scheinen gerade wegen ihrer Zeit- und Raumlosigkeit den Modellen der je historisch definierten politisch-sozialen Regulation überlegen zu sein, und zwar insbesondere dann, wenn die letzteren an den Herausforderungen der Zeit scheitern und neue Formen – Institutionen und Medien der Regulation – erst noch (im Suchprozeß der Restrukturierungskrise) gefunden werden müssen. Und sie haben den Vorteil, konsistent zu sein, d.h. Lösungen für alle gesellschaftlichen und individuellen Lebensbereiche und Existenzprobleme bereitzuhalten – gerade weil sie sich eines Kalküls auf der Grundlage zeitloser und raumloser Formelrationalität bedienen. Dies ist der bereits betonte Vorzug des Marktes: Mit dem Primat der Ökonomie können Legitimationsprobleme vermieden werden.

Die produktive, aber auch zerstörerische Kraft von Tausch und Geld und der Institution, durch die beide zur Geltung kommen, war schon Aristoteles bekannt und veranlaßte ihn zur theoretischen (und ethischen) Trennung von Ökonomie und Chresthomathie. Das „gute Leben" kann es nur in der qualitativ ans Haus und dessen Bedürfnisse gebundenen *Oikonomie* geben, die *chresthomatischen* Prozesse hingegen sind von quantitativem Interesse, sie sprengen die Lebenskreise. Sie treiben deswegen zu demiurgischen Leistungen an, aber auch zur sozial zersetzenden und ökologisch zerstörerischen Schrankenlosigkeit, der das „gute Leben" zum Opfer fällt – und mit „ökologischer Ethik" nicht wieder zurückgeholt werden kann. Der Fortschritt ist das Produkt der Zerstörung, und umgekehrt: Fortschritt geht über Leichen und durch zerstörte Natur. Wenn im Zuge der „ursprünglichen kapitalistischen Akkumulation" die Arbeit in Lohnarbeit verwandelt worden ist und die Lohnarbeiter die Ware Arbeitskraft zu Markte tragen müssen, um nur auf diesem Wege – da inzwischen alle anderen gesellschaftlichen Möglichkeiten ausgeschlossen sind – den Lebensunterhalt zu gewinnen, dann ist die Vernichtung von gesellschaftlichen Formen zugleich die Ruinenlandschaft, auf der die neue kapitalistische Zivilisation errichtet wird. Profitstreben und Akkumulation von Kapital erzeugen eine Dynamik, die vorkapitalistische – und nach-kapitalistische – Waren produzierende Gesellschaften nicht aufweisen. Im 20. Jahrhundert ist nach der weitgehenden Ausschöpfung der natürlichen Ressourcen die kapitalistische Dynamik nur noch als Prozeß der ökologischen Degradation in einem Ausmaß fortzuführen, das für die Lebensbedingungen der Menschheit bedrohlich wird (oder bereits ist).

Dem Problem kann man sich systematisch wie folgt nähern. Wirtschaftliches Handeln, also die Extraktion von Ressourcen, deren Prozessierung in der Produktion und Konsumtion, der Tausch und die Distribution von Waren und Dienstleistungen und Geld, kann ohne die Transformation von Energie und Materie, also ohne Veränderung der inneren und äußeren Natur des Menschen, noch nicht einmal gedacht werden; wir haben also der oben so bezeichneten dritten Dimension der Ökonomie Rechnung zu tragen. Also gelten auch in der Ökonomie die Gesetze der thermodynamischen Physik. Danach steigt in jedem Fall bei der Stoff- und Energietransformation aus einer Form, über die wir verfügen (z.B. Erz), in eine andere, die wir brauchen (z.B. Eisen, Stahl, Blech), die Entropie; d.h. die transformierten Stoffe und Energien stehen nicht ein zweites Mal zur Verfügung, es sei denn es wird erneut Energie aufgewendet, um sie in den Zustand hochwertiger, nutzbarer Stoffe und Energien zurückzubefördern - ein undurchführbares Unterfangen. Wenn aber bei stofflicher und energetischer Transformation die Entropie steigt, dann kann von Zeit und Raum des Wirtschaftens schon aus systematisch-methodologischen Gründen nicht abstrahiert werden, es sei denn Produktion, Konsumtion, Distribution werden nicht als materielle und energetische Prozeße verstanden, sondern als bloße entscheidungslogische, „informationelle" Zustände von möglichen Alternativen ohne materielles Substrat. Doch selbst wenn (im Extremfall) Wirtschaften als Fluß von Informationen durch Preissignale gedacht wird, ist auch im Modell die Zeit nicht auf Null und die Materie nicht auf ein Nichts zu reduzieren; denn auch die flüchtigsten Informationen bedürfen des materiellen Trägers und daher des Raums und auch der Zeit. Obendrein bleibt der rational entscheidende Mensch an die Notwendigkeit des Stoffwechsels gebunden.

Die Konsequenzen dieser Überlegung können anhand eines Schaubildes verdeutlicht werden. Ein Beobachter der „Zeitläufte" unterscheidet zwischen Vergangenheit, Gegenwart und Zukunft (und „verortet" sich so in Raum und Zeit, die die Koordinaten seiner Entscheidungen sind). Die durch sein Handeln bewirkten Transformationsprozesse sind irreversibel. Mit der dabei produzierten Entropie entstehen dissipative Strukturen. Eine symmetrische (oder zirkuläre) Vorstellung von Zeit ist ausgeschlossen, die Zeit ist gerichtet und Prozesse in der Zeit sind irreversibel. Vergangenheit, Gegenwart und Zukunft werden für den menschlichen Beobachter erkennbar und unterscheidbar; die Verknüpfung ist eine Überbrückung der drei Aggregatzustände von Zeit und diese ist prinzipiell mit Unsicherheit behaftet. Der Strom seines

Bewußtseins („stream of consciousness“, Georgescu-Roegen 1971) fließt in nur eine Richtung, auch wenn wir zurückblicken. Vergessen und Lernen sind die gegenwärtigen Dimensionen von Vergangenheit bzw. Zukunft.

DIE RICHTUNG HISTORISCHER ZEIT

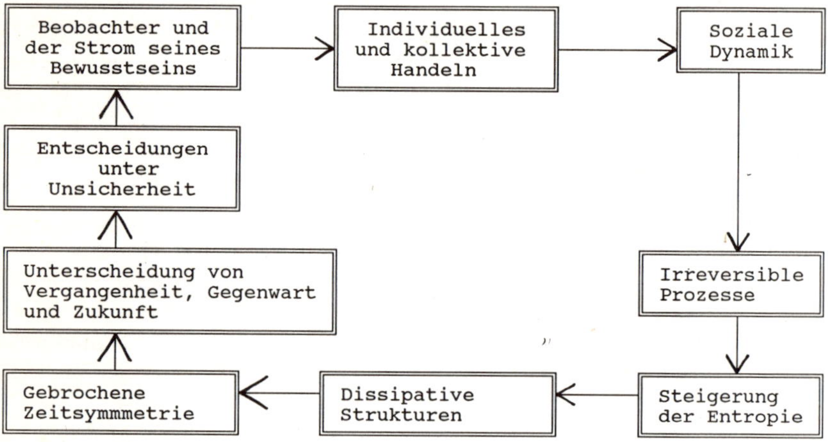

Interessanterweise liegt diese Struktur der historisch gerichteten Zeit dem ökonomischen Begriff der Knappheit zugrunde. Güter sind ja knapp, weil sie nur einmal verwendet werden können und daher in Produktion und Konsumtion die Entropie ansteigt. Würde die Entropie sinken, dann wäre dies gleichbedeutend mit der Reversibilität historischer Transformationsprozesse: durch ihre Konsumtion könnten verfügbare Ressourcen vermehrt werden; eine Art Schlaraffenland erschiene am Horizont der „Ökonomien des Mangels“, die Lösung für sämtliche Ungemach im Westen wie im Osten. Nun kann Entropie tatsächlich im Einzelfall durchaus sinken. Beispielsweise haben lebendige (und „autopoietische“) Systeme die Fähigkeit, sich so zu regulieren, daß entweder die Entropiebilanz ausgeglichen (Entropiesteigerung gleich Entropieabfuhr) oder gar negativ (Negentropie) ist. Der tropische Regenwald ist solch ein lebendiges expandierendes System, solange dieses nicht nachhaltig gestört wird. Die Vorstellungen von diesem „El Dorado“, wie man sie Reiseberichten entnehmen kann, sind entsprechend anti-ökonomistisch: das Füllhorn der Natur und die „faulen“ Menschen, die sich wegen des Überflusses, also wegen des Mangels an Knappheit nicht ökonomisch-rational verhalten und nicht dem Leistungsprinzip gehorchen müssen; das ist halb neidvoll, halb kritisch gemeinter Tenor vieler dieser Schriften, die natürlich von Europäern verfaßt worden sind. Herrscht aber Knappheit, dann muß diese verwaltet werden – möglichst effizient, und sofort haben die Ökonomen jedweder Richtung das Wort; die Neoklassiker mit ihren rationalen Entscheidungsregeln von Subjekten über eine knappe Objektwelt und die modernen Keynesianer mit ihrer zentralen These vom knappen Geld als entscheidender Budgetrestriktion marktwirtschaftlicher Systeme.

Märkte sind Regulatoren komplexer Ökonomien; deshalb verglich Oskar Lange (1969) die Marktmechanismen mit kybernetischen Systemen, perfect competition mit perfect computation. Seit dieser Feststellung sind mehr als zwei Jahrzehnte vergangen und die technologischen Voraussetzungen für perfect computation enorm verbessert; wieso trotzdem der Rekurs auf die hilfreiche Rolle der perfect competition?

Die Formen der politischen und sozialen Regulation sind nicht für die Ewigkeit gemacht, sie überleben sich und scheitern – in der Regel an ihren Erfolgen (dies die zentrale These von Schumpeter 1950). Sie berauben sich im Prozeß der Kapitalakkumulation ihrer eigenen ökonomischen, sozialen und ökologischen Basis und erzeugen dabei möglicherweise auch (wie Schumpeter hinzufügte) ein dem Kapitalismus feindliches kulturelles Milieu. Und wenn – so könnte man ergänzen – dieser Prozeß im „realen Sozialismus“ abläuft, ist dies prinzipiell nicht anders, auch wenn er gerade nicht dem Funktionieren eines Marktmechanismus angelastet werden kann. Das dabei erzeugte kulturelle Milieu ist dem (realen) Sozialismus feindlich. Wenn aber die sozialen Formen der ökonomischen Akkumulation, der gesellschaftlichen Regulation und politischen Hegemonie unterminiert werden und obendrein die natürlichen Grundlagen des Lebens gefährdet sind, dann müßten neue Formen gefunden werden – in kapitalistischen wie in real sozialistischen Gesellschaften. Doch ist der gesellschaftliche Suchprozeß offensichtlich höchst kompliziert und konfliktiv, da es ja nicht um neutrale Spielregeln geht, sondern um die Gestaltung von Formen, in denen sich Interessen artikulieren und durch die Interessen durchgesetzt werden. Utopien werden dabei freigesetzt, aber durchaus nicht immer emanzipatorische. Die Organisation der Arbeit, die Regelung des Geldverhältnisses und der Kreditbeziehungen, die Errichtung hegemonialer Strukturen, Ausmaß und Art der Nutzung und des Schutzes der natürlichen Umwelt sind in jeder Hinsicht interessierte Veranstaltungen und in keiner Hinsicht gegenüber gesellschaftlichen Interessen neutral.

Die Stabilität einer Form von Akkumulation und Regulation ist in erster Linie davon abhängig, inwieweit es gelingt, einen Ausgleich von Interessen herzustellen und „Entsprechungsverhältnisse" zwischen ökonomischen, sozialen, politischen Prozessen, kulturell gesteuerten Verhaltensmustern und ökologischen Transformationen zu finden. Doch wenn dieser Ausgleich nicht zustandekommt und die verschiedenen Prozesse inkompatibel werden, wenn also eine historisch konfliktreich (im Verlauf von zwei Weltkriegen und einer Weltwirtschaftskrise) modellierte Form in der „großen Krise", über die im ersten Kapitel diskutiert wurde, zerbricht, dann folgt der Rekurs auf das scheinbar interesselose, weil zeitlose und raumungebundene Regelwerk des Marktsystems. Von der höheren, erzwungenen Flexibilität individueller und mikröokonomischer Reaktionen auf vorgegebene Daten wird verbesserte Anpassung an eine veränderte ökonomische Situation erwartet. Bei der Rückeroberung gesellschaftlicher Ressourcen zu Gunsten von Profitstreben und Kapitalakkumulation wird der zeit- und raumungebundenen Rationalität des Marktes gegenüber den historischen Bindungen der bislang regulierenden Institutionen zur Geltung verholfen. Das Stichwort heißt: Deregulierung. Die neoklassisch-neokonservative „Konterrevolution" (Friedman) ist also nicht der Versuch, das „Rad der Geschichte" aufzuhalten, sondern sich aus den Unvermeidlichkeiten der Geschichte zu lösen, von den historischen und natürlichen, und daher gesellschaftlichen Restriktionen der Akkumulation zu abstrahieren. Die „förmliche" Ökonomie des Marktes kann saniert werden, aber um den gesellschaftlichen Preis der Verlagerung der Überlebensstrategien der Menschen in den „informellen Sektor", durch die Schaffung der „Zwei-Drittel-Gesellschaft".

8. Marktwirtschaft heute ist Weltmarktwirtschaft

Die „informelle Ökonomie" zeichnet sich negativ aus durch die weitgehende Abwesenheit politischer Regulation und mehr noch: durch den Verlust der Steuerungskompetenz von verbindlichen Normen und Verhaltensregeln bei ökonomischen Aktivitäten. Dies fängt an bei der Schwarzarbeit des Handwerkers, umschließt die marktvermittelten Teile des Subsistenzsektors in armen Ländern der Dritten Welt, umfaßt die „economia sommersa" kleiner Betriebe mit hoch flexiblen Beschäftigungsverhältnissen außerhalb des formellen, sozialstaatlichen Systems der Absicherung der Risiken abhängiger

Arbeit, findet ihren Ausdruck bei der Abzweigung von Material in volkseigenen Betriebe, um die Reparatur der eigenen Datscha zu ermöglichen, endet aber bei nicht nur halb legalen und illegalen sondern hochgradig kriminellen und im Zusammenleben der Völker illegitimen Aktivitäten von Waffenschiebern, Menschenhändlern und Drogenmafia. Wenn und da es in Marktwirtschaften um die Quantität und nicht um die Qualität des Überschusses geht, spielt der Gebrauchswert eines handelbaren Gutes nur insofern eine Rolle, als seine Veräußerung bei entsprechender Nachfrage möglich ist und daher den marktnotwendigen Überschuß einträgt. Dieses kann Gesellschaften und politischen Instanzen im Unterschied zu einzelnen Händlern freilich nicht gleichgültig sein, wenn diese Seite der informellen Ökonomie – z.B. die Versorgung mit Drogen oder die Verbreitung von Waffen – höchstgradig für das gesellschaftliche Zusammenleben desintegrativ und gar zerstörerisch wirkt, anomische Verhältnisse herbeiführt. Sie wird von den gleichen Politikern (z.B. Thatcher oder Bush) verurteilt und bekämpft, die die förmliche Ökonomie deregulieren und daher informalisieren, indem die „alten Rigiditäten“ durch „neue Flexibilitäten“ ersetzt werden.

Wo auf dem Globus gibt es Marktwirtschaften, die die klassischen liberalen Versprechen von Rationalität, Effizienz, Wohlstand, Freiheit einhalten? Eine Antwort auf diese Frage sollte nicht mit dem Verweis auf einzelne Länder gegeben werden, so wie es die vergleichende Politkforschung nahelegen würde. Wenn fast 50 Jahre nach der Errichtung der Nachkriegsordnung von „Markt“ die Rede ist, muß zuallererst auf den Weltmarkt verwiesen werden: auf den Weltmarkt für Güter und Dienste, für Kapital (oder für „Produktionsstandorte“), für Geld und Kredit. Der Weltmarkt ist der *Ort ökonomischer Reproduktion* des globalen Kapitalverhältnisses und gleichzeitig Ort der *politischen Organisation* von Hegemonie. Öffnung zum Weltmarkt ist daher gleichbedeutend mit der Integration in den globalen ökonomischen Reproduktionsprozeß und ein historisch bestimmtes hegemoniales System. Auf den Weltmärkten werden die Preise fast aller Waren bestimmt; sie sind Daten für Entscheidungen von Unternehmen oder wirtschaftspolitischen Instanzen in den einzelnen Nationen. Die erfolgreiche Anpassung an die exogen gesetzten Bedingungen hat nun relativ wenig mit dem Funktionieren von Märkten zu tun; im Gegenteil, sie ist davon abhängig, in welchem Ausmaß es Nationen gelingt, mit politischer Macht das Wirken der Weltmarktzwänge zu kontrollieren. Der Erfolg der Industrieländer und der Mißerfolg von Ländern der Dritten Welt oder Osteuropas beruhen eben auf dem (ökonomischen) Machtgefälle zwischen ihnen, und nicht auf der mehr oder weniger gelungenen Anwendung marktwirtschaftlicher Prinzipien.

Auch in Entwicklungsgesellschaften läßt sich nach mehreren Jahrzehnten der international gestützten und auf Anpassung an die Bedingungen des Weltmarkts gerichteten Entwicklungspolitik ein Resumée ziehen, das für eingefleischte Marktwirtschaftler theoretisch blamabel und praktisch verheerend ist. Nur die Gesellschaften, die sich nicht dem Diktat des Weltmarkts, die nicht den modernisierungstheoretisch begründeten Maßnahmen der Weltbank, des IWF oder bilateralen Hilfe-Gebern zur Stützung der „freien Wirtschaft" und zur Institutionalisierung der Regeln des freien Marktes gefolgt sind, sondern auf staatliche Regulation ökonomischer Prozesse setzten, haben gewisse Entwicklungserfolge (entsprechend den Kriterien der modernen westlichen Ökonomien) aufzuweisen. Die Musterländer der freien Marktwirtschaft in Lateinamerika, Südostasien oder in Afrika befinden sich trotz oder gerade wegen des Marktes am Rande des Bankrotts, in miserabler ökonomischer Situation, sozial polarisiert, ökologisch depraviert. Marktwirtschaft heißt ja, harten (Budget)restriktionen unterworfen zu werden und diesen im Produktionsprozeß Rechnung zu tragen. Diese können so rigide sein – z.B. Primat von Leistungen des Schuldendienstes –, daß es keine marktmäßige Option innerhalb der historischen Rahmenbedingungen gibt, mit der die Kriterien von Effizienz der Ökonomie und Wohlstand der Bevölkerung erfüllt werden können. Die Möglichkeiten, mit marktwirtschaftlich gesteuerten Prozessen Wohlstand, Industrialisierung und Modernisierung zu erreichen, sind nur im zeit- und raumlosen Modell gegeben, nicht aber in der Chaotik der wirklichen Welt. Dort, wo Mangel herrscht, versagt das Knappheitsprinzip; ihm in einer so definierbaren Situation den Vorzug vor politischer Regulation zu geben, bedeutet den Wegweisern in die Irre zu folgen.

Immer wenn der IWF verschuldeten Ländern mit Zahlungsbilanzproblemen ein Anpassungsprogramm verordnet, wird ein Beweis für die These erbracht. Denn erstens ist es eine *politische* Instanz der Regulation, die Anpassung an Weltmarktdaten zu erzwingen versucht und zweitens sind die Anpassungen an Marktdaten bislang in keinem Fall erfolgreich, gemessen an den Standards von Wohlstand, Modernisierung, Industrialisierung, Wachstum, gesellschaftlicher und kultureller Integration, ökologischer Behutsamkeit und Nachhaltigkeit. Über zweifellos wichtige sozialstrukturelle Hemmnisse, die Uninterressiertheit herrschender Klassen an Modernisierung, die armselige Ressourcenausstattung einzelner Länder ist hier nicht zu reden. Der wichtigste Grund für die Defizienzen marktwirtschaftlicher Steuerung und das Scheitern von Anpassungsprogrammen ist im Charakter der Güter zu finden, die in ihrer Gesamtheit das Wohlstandsniveau definieren, Modernität bestimmen und das Industrialisierungsmodell auf dem Weltmarkt umschreiben.

Fast alle erzeugten und konsumierten Güter haben „positionelle" Eigenschaften (Hirsch 1980): Bei begrenzten Ressourcen kann eben nur eine begrenzte Anzahl der die Ressourcen beanspruchenden Güter produziert und das auf ihren Gebrauchswert zielende Bedürfnis ebenfalls nur in diesen Grenzen befriedigt werden. Werden diese Grenzen überschritten, verliert die Ware ihre Gebrauchswerteigenschaft und wird unverzüglich wertlos; eine genauere Begründung folgt im 5. Kapitel. Dies ist offensichtlich bei Modeprodukten, die dem Individuum eine bestimmte Einzigartigkeit verleihen. Wenn Hinz und Kunz sie nutzen, geht der *dernier cri* im allgemeinen Geräusch unter. Der Mantel, das Kleid, der Anzug sind dieselben wie zuvor, aber sie haben ihren modischen Gebrauchswert „moralisch" verloren. Das Auto, ein positionelles Gut par excellence, beansprucht schon bei seiner Produktion gewaltige Ressourcen- und Energiemengen und bei seiner Konsumtion als Gebrauchswert Straßen- und Parkfläche, also Raum, und viel Luft, um die Schadstoffe der Verbrennung von Kohlenstoffen emittieren zu können. Eine Automobildichte wie in Westeuropa oder in den USA in allen Ländern der Erde würde den Treibhauseffekt verstärken und das Leben auf diesem Planeten definitiv bedrohen. Ein Industrialisierungsniveau und ein davon bestimmter Energieverbrauch wie in den kapitalistischen Industrieländern überall auf der Erde würde an der Energieversorgung und der Belastbarkeit von Atmosphäre, Lithosphäre und Hydrosphäre scheitern müssen. Wenn alle Menschen den Gebrauchswert Automobil ihr eigen nennen wollten, ginge der Gebrauchswert für alle, auch für diejenigen, die ihn jetzt nutzen, verloren. Dieses Beispiel steht für viele andere; es zeigt, daß der industrialisierten Konsumgesellschaft, in der alle Produkte der Arbeit und Erzeugnisse der Natur tendenziell in Waren verwandelt werden, Grenzen gesetzt sind, jenseits derer sie ihre Legitimation nicht mehr aus der überlegenen Befriedigung von individuellen Bedürfnissen ziehen kann. Der Markt ist ein ungeeigneter Mechanismus zur effizienten Allokation positioneller Güter. Die Prinzipien ihrer Zuteilung können nur mit ethischen Normen begründet werden und politischen Vorgaben als Resultat komplexer Abstimmungsprozesse folgen.

Das Problem ist der Markttheorie geläufig. Die angebotene Lösung besteht in den „public choices", die als Marktalternativen simuliert werden. Doch ist diese Methode für positionelle Güter prinzipiell ungeeignet: erstens handelt es sich beim „public good" des Industrialisierungsmodells nicht um ein Bündel einzelner Güter, für die das exclusion principle durch institutionelle Vorkehrungen hergestellt werden könnte, sondern um ein durch eine Produktpallette definiertes Konsum- und Akkumulationsmodell. Für dieses das „exclusion principle“ in Anspruch zu nehmen, würde ja ironischerweise bedeuten, daß viele Nationen von der Industrialisierung ausgeschlossen werden müßten, da sie die in Preisen irgendwie bewertete Ressourcenbeanspruchung anders als bereits industrialisierte und daher reiche Länder nicht bezahlen könnten. Die herrschende Verteilung des menschheitlichen Wohlstands würde zementiert. Der gegenwärtige Zustand hätte so seine marktwirtschaftlich-prozedurale Legitimation gefunden; aber seine substanzielle Unhaltbarkeit wäre ebenso offensichtlich. Zweitens beschränken sich die Alternativen nicht auf zwei Optionen allein, zwischen denen die Beziehung des trade off besteht, sondern um eine ganze Reihe realisierbarer Optionen.

Die Durchsetzung der Grenzen von Wachstum und Wohlstand, die Tatsache, daß Industrialisierung ein positionelles Gut ist, wird auf dem Weltmarkt heute von den Geld- und Kreditbeziehungen garantiert. Schließlich sind in entfalteter Marktwirtschaft Geld und Kapital ebenfalls Waren, als Waren durch das exclusion principle definiert und daher grundsätzlich knapp: Ist das Geld eine Ware, dann müssen alle diejenigen von seiner Nutzung ausgeschlossen werden, die nicht in der Lage oder bereit sind, seinen Preis (den Zins) zu zahlen oder die nicht durch die Vermarktung anderer Waren, in erster Linie ihrer Arbeitskraft, zu Geld kommen können. Geld übt also Zwang aus und der Gebrauchswert der Ware Geld kann wie beim Danaergeschenk destruktiv sein. Die Verschuldung von Ländern der Dritten Welt und des realen Sozialismus vermittelt Anschauungsunterricht über die mit Krediten angelegten Fesseln, die tatsächlich dafür sorgen, daß Industrialisierung, Modernisierung, das „postfordistische“ Konsummodell positionelle Güter bleiben, d.h. eben nur privilegierten Nationen zur Verfügung stehen und andere von „den Fleischtöpfen“ fernhalten. Dabei sind die Geld- und Kreditmärkte außerordentlich effizient. Die Internationalisierung des Kredits seit den 60er Jahren hat den monetären Weltmarkt erzeugt und eine Fülle von „Finanzinnovationen“ hervorgebracht, mit denen den durch den Markt signalisierten Erfordernissen der „globalisation, diversification, securitisation of financial instruments“ Rechnung getragen wird.

Eine Gesellschaft kann nicht ökonomische Unabhängigkeit erwerben, ohne die monetären Beziehungen zu den Handelspartnern zu beherrschen. Dazu bedarf es einer starken Währung. Jedoch setzt dies die (komparative) Schwäche der Währung anderer Länder voraus. Wie im Nullsummenspiel gewinnen die einen nur, wenn andere verlieren und umgekehrt. Während die Währungskonkurrenz in den ersten Jahrzehnten nach dem Zweiten Weltkrieg vor allem mit den Posten der Handelsbilanz, mit Exporten und Importen von Waren, ausgetragen wurde, sind seit etwa 20 Jahren die Ströme der Kapitalbilanz immer wichtiger geworden. Dieser radikale Tendenzwechsel im System der internationalen Arbeitsteilung ist als Bedeutungszuwachs monetären Wachstums gegenüber realer Akkumulation bezeichnet worden (Vgl. Altvater 1987; Hübner 1988). Das heißt: Nicht das Land hat eine starke Währung, das besonders produktiv ist und daher hohe Überschüsse in der Handelsbilanz erwirtschaftet, sondern dasjenige, das seine Währung für Kapitalanleger besonders attraktiv macht. Dann wird die Währung nachgefragt, dann steigt der Kurs. Ein herausragendes Beispiel für diese Regel ist der amerikanische Dollar in den 80er Jahren. Trotz Defiziten in der Handelsbilanz, die sich seit Beginn der 80er Jahre zur gigantischen Summe von einer Billion Dollar summieren, blieb der Dollar als Anlagewährung hochgeschätzt. Denn die Zinsen in den USA übersteigen das Zinsniveau vergleichbarer Länder und die Sicherheit für Vermögensbesitzer scheint im Kernland des Kapitalismus immer noch unangefochten. Auf der anderen Seite ein Land wie Brasilien mit – viele Jahre lang – dem dritthöchsten Exportüberschuß der Welt, sofort hinter Japan und der BRD auf der Rangliste der Exportweltmeister plaziert. Trotz dieser enormen Leistung meiden Kapitalbesitzer das Land, die Flucht aus der Währung ist chronisch, der Wechselkurs verfällt, mit der Abwertung galoppiert die Inflation jedweder wirtschaftspolitischen Kontrolle davon und die Zinsen auf die Außenschuld gehen in brasilianischer Währung ausgedrückt sprunghaft nach oben. Ein Teufelskreis: Das Wachstum der Wirtschaft wird beschnitten, wenn seit Jahren an die fünf Prozent des Sozialprodukts für Zinszahlungen an internationale Banken aufgewendet werden müssen und folglich für Investitionen zur Ankurbelung des Wachstums zu wenig übrigbleibt. Die Inflation läßt sich nicht eindämmen, wenn die Importe reduziert und die Exporte ausgedehnt werden müssen, um mit dem Handelsbilanzüberschuß den Schuldendienst finanzieren zu können. Mit anderen Worten: es ist heute vor allem die Art und Weise der monetären Steuerung der internationalen Arbeitsteilung, mit der der globale Gegensatz zwischen reichen und armen Ländern in Spannung gehalten wird. Wir müssen uns also dem Geld des Weltmarktes zuwenden.

2. Teil

Das Geld des Marktes

3. Kapitel
Monetäre Unsicherheit

1. Geld und Schulden

„Money makes the world go round", doch nicht jedes Geld hat diese magische Kraft. Nur Geld, das auf den Reichtum der Nationen unbezweifelbare Ansprüche anmelden kann, zählt – entweder weil es selbst wertvoll ist, einen „intrinsischen" Wert besitzt wie das Gold, oder weil es knapp und wertbeständig ist und vom Publikum selbstverständlich als Tausch- und Zahlungsmittel akzeptiert wird. Auf dem Weltmarkt ist dies nicht anders: Schwache Währungen gelten allenfalls in den nationalen Grenzen, und außerhalb derselben will niemand sie haben. Bislang ist über den Markt diskutiert worden, vor allem über Waren und Preise. Die Entstehung von Märkten ist gleichbedeutend mit der Herausbildung von Geldbeziehungen. Das Geld ist ein Geheimniskrämer ohnegleichen und auf die Schliche kann man ihm nur schwer kommen, zumal wenn es sich um das Geld im globalen Wirtschaftssystem handelt, das ja ebenso Resultat wie Promotor der kapitalistischen Expansion ist; daher werden im folgenden in erster Linie die Verhältnisse des Geldes im globalen Wirtschaftssystem behandelt.

Geldtheoretiker beschreiben entweder die Historie des Geldes oder listen dessen Funktionen auf, ohne dabei lange über die Form des Geldes nachzudenken. Zumal die Monetaristen sind dabei ganz brutal; sie kümmern sich um Form und Inhalt der Kategorie, die für ihre wirtschaftspolitischen Steuerungsvorschläge entscheidend ist, gar nicht; das Geld wird als prinzipiell gegenüber den real-ökonomischen Prozessen neutral unterstellt; es kommt im wesentlichen darauf an, die reale Ökonomie mit der benötigten Quantität des Geldes auszustatten, um für den reibungslosen, d.h. krisenfreien Lauf zu sorgen. Diese Auffassung von einer Dichotomie realer und monetärer Verhältnisse trifft jedoch die Funktionsbedingungen einer kapitalistischen Gesellschaft nicht. Denn Kapital existiert „nacheinander" und „nebeneinander" in der „realen" Form des produktiven und des Warenkapitals und in der „monetären" Form des Geldkapitals. Es vollzieht also einen Kreislauf durch die beiden „Sphären" und es befindet sich zugleich in beiden Sphären. Unternehmen verfügen gleichzeitig über Warenbestände, produktives Kapital und liquide Beträge; letztere werden in produktives Kapital investiert und dessen Bewegung resultiert in Gütern, die als Waren gegen

Geld verkauft werden. Schon beim einfachen Austausch von Waren gegen Geld findet ein Formwechsel von Wert statt: die Ware verwandelt sich in Geld und das Geld in Ware. Es stehen sich also nicht schlicht in Preisen denominierte Quantitäten von Geld und Waren gegenüber – das Geld als Geldnachfrage und die Waren als Warenangebot auf den Gütermärkten –, sondern es findet ein Formwandel des Wertes im Zuge des Austausches statt.

Die Form des Geldes, hervorgegangen aus der Form des Wertes, die die Produkte der menschlichen Arbeit annehmen, wird durch seine Funktionen näher bestimmt. Abgesehen davon, daß das Geld Maß der Werte und Maßstab der Preise ist (Wertaufbewahrungsmittel und allgemeines Rechengeld nennt die Geldtheorie in der Regel diese Funktionen), fungiert es als Zirkulations- und als Zahlungsmittel. Als Zirkulationsmittel besorgt das Geld den Austausch der Waren, im nationalen Bereich als nationales Geld und auf den Weltmärkten als Weltgeld. In dieser Form ist es unmittelbar an die realen Bedingungen der Ökonomie gebunden: an die Steigerung des Produktionspotentials und an die Veränderungen der Warenumsätze. Im internationalen oder Weltgeld werden die Werte der gehandelten Waren gemessen und ausgedrückt und die Handelsbilanzen zwischen den Nationen saldiert. Jedoch bleibt es dabei nicht. Denn die Verkäufe von Waren müssen nicht unbedingt Käufe nach sich ziehen und Käufe nicht unbedingt Verkäufe. Betrachten wir das Verhältnis der Nationen auf dem Weltmarkt: Die Geldeinnahmen für den Export von Waren können wie im Merkantilsystem zumindest zeitweise aufgeschatzt werden und die Devisenreserven erhöhen. Andererseits können Importe auch bezahlt werden, indem Schulden gemacht werden. Fallen Kauf und Verkauf „nach Zeit und Ort" vorübergehend auseinander, dann kann es zu Stockungen des Zirkulationsprozesses kommen; im internationalen Handel stellen sie sich als zeitweise Überschüsse bzw. Defizite der Handelsbilanzen der Nationen dar. Dies ist normal und so lange nicht belangvoll, wie – orts- und zeitversetzt – der Zirkulationsakt doch vervollständigt wird und die Handelsbilanzen sich ausgleichen: Nationen mit defizitärer Handelsbilanz exportieren mehr und importieren weniger und Nationen mit überschüssiger Handelsbilanz kaufen mehr und verkaufen weniger. Es gibt auch ökonomische Mechanismen, die in Richtung des Ausgleichs wirken: die Bewegungen des Preisniveaus und des Wechselkurses. Freilich zeigen die Erfahrungen, daß man sich nicht auf deren automatische Wirkung zum Ausgleich hin verlassen kann. Aus diesem Grunde wurde ja nach dem 2. Weltkrieg ein Währungsregime geschaffen, das institutionell gesicherte Regeln des Ausgleichs von Defiziten der Zahlungsbilanzen der beteiligten Nationen enthielt.

Als Zahlungsmittel verwandelt sich das Geld in den Kredit und damit in eine Form des Geldes, die nur noch vermittelt mit den Prozessen der realen Ökonomie zu tun hat. Zahlungen werden geleistet, bevor (ein Kredit wird aufgenommen) und nachdem (der Kredit wird getilgt) Warengeschäfte abgewickelt werden. Zu unterscheiden ist dabei noch zwischen Bestimmungsgründen des Kredits: dieser kann als kommerzieller Kredit in der Zirkulationssphäre zur Finanzierung von Handelsgeschäften dienen, als Investitionskredit mikroökonomisch das Geschäft ausweiten helfen und makroökonomisch das Produktionspotential erweitern oder als Bank- bzw. Finanzkredit ein reines Geldgeschäft abwickeln helfen. Immer jedoch muß vom Schuldner für den Kredit ein Preis gezahlt werden. Dessen Begründung ist in den ökonomischen Theorien unterschiedlich: der Zins ist der Preis für die Nutzung von Kapital bei Marx, er ist das Äquivalent für den Verzicht auf die Liquiditätsprämie bei Keynes, auf die „nicht-pekuniäre" Ertragsrate, die das Geld dem Geldbesitzer einträgt, wenn er es nicht ausleiht (Vgl. Riese 1989).

In seiner Funktion als Zirkulationsmittel ist das Geld – das nationale ebenso wie das Weltgeld – an die Prozesse der realen Ökonomie gebunden; es vermittelt ja in erster Linie den (Welt)handel mit Waren. Die monetäre und die reale Akkumulation sind aneinander gekoppelt, reales Wachstum zieht monetäres nach sich und keineswegs umgekehrt, so wie es von der Quantitätstheorie behauptet wird. Anders wird dies, wenn dauerhaft – d.h. über einen Zeitraum, der länger dauert als der ökonomische Konjunkturzyklus, der ja „Zeitgeber" ökonomischer Prozesse ist – die einen immer mehr verkaufen als sie kaufen und die anderen immer mehr kaufen als sie verkaufen. Die einen schatzen Geld auf und die anderen müssen sich dementsprechend verschulden. Im internationalen Bereich haben dann die einen Länder strukturelle Überschüsse, die anderen ebenso strukturelle Defizite der Handelsbilanz. Wenn die Defizitländer die Importe nicht aus den Exporteinnahmen bezahlen können, müssen sie entweder auf Gold- und Devisenreserven zurückgreifen, oder – wenn sie darüber nicht in ausreichender Menge verfügen – Schulden machen.

Die Kehrseite ihrer Schulden sind die Devisenschätze der Überschußländer und die Geldforderungen von Gläubigern. Diese stellen für letztere liquide, geldähnliche Vermögenswerte dar. Das Geld fungiert nun als Zahlungsmittel [1] und als solches ist es losgelöst von realen Transaktionen von Waren.

[1] Zur Vermeidung von Konfusionen sei darauf hingewiesen, daß der Marx'sche und der Keynesianische Begriff des Zahlungsmittels nicht identisch sind. Bei Marx wird die Zah-

Mehr noch, in dieser Funktion kann das Geld reale Prozesse, z.B. Investitionen in Gang setzen. Dies ist die starke These der Postkeynesianer: „Die Funktion des Geldes in einer Geldwirtschaft besteht in erster Linie darin, Finanzmittel für Investitionen bereitzustellen" (Kregel 1988, S. 153). Allerdings wird dabei nicht die Widersprüchlichkeit von Geldfunktionen in Rechnung gestellt, die uns im folgenden noch beschäftigen wird. Auch die Tatsache, daß Kredite nicht nur produktive Investitionen (Investitionskredite) finanzieren, sondern Geldanlagen (Bankkredite) und Zirkulationsprozesse (Handelskredite), findet keinen angemessenen theoretischen Reflex, der die Kreditformen im Verlauf des Konjunkturzyklus beleuchten müßte.

Als Zahlungsmittel gewinnt das Geld ein Eigenleben, es wird selbst zur Ware, die gegen einen Preis veräußert wird: Auf den Devisenmärkten wird das je nationale Geld zum Wechselkurs gegen andere Währungen („intermonetärer" Preis des Geldes) getauscht und auf den Kreditmärkten gegen den „intertemporalen" Preis des Geldes, gegen Zinsen also (und Gebühren, wobei letztere häufig nichts als verkappte Zinsen sind; dies ist unter dem Zinsverbot bei Banken in islamischen Ländern sogar die Regel). Der intermonetäre ebenso wie der intertemporäre Preis des Geldes (bzw. einer nationalen Währung) ist, sofern es sich nicht um metallisches Geld handelt, das Produktionskosten verursacht, von der Qualität und daher davon beeinflußt, daß das Geld *knappgehalten* wird. Erneut eine Paradoxie des marktwirtschaftlichen Systems: dort wo Knappheit nicht existiert, muß diese in einer von der Logik der Knappheit gesteuerten Ökonomie hergestellt werden: beim Geld. Erst die künstliche Knappheit des Geldes (da ja die Herstellung von Papiergeld fast nichts kostet und die Druckerpresse ein Instrument der Knappheitsüberwindung wäre) ermöglicht die Ausbildung eines Preissystems, das die relativen Knappheiten der Ressourcen spiegelt. Das Geld ist der Feind der Ware und umgekehrt. Denn Geld entfernt sie aus der Zirkulation und nimmt die geräumte Stellung ein und die Ware attrahiert das Geld, um es aus der Zirkulation zu ziehen. Der wechselseitige Reiz existiert freilich nur so lange, wie sich beide knapp halten: Warum sollte Geld für Dinge im Überfluß gezahlt werden, die auch ohne Geld zu haben sind – die Luft zum

lungsmittelfunktion aus der Bewegung des Geldes als Geld bestimmt: es vermittelt nicht mehr nur die Warenzirkulation, und es mißt nicht mehr nur die Werte, sondern emanzipiert sich von den Warenbeziehungen und vollführt eine eigene Bewegung. Es wird in dieser Funktion zur Grundlage des Kreditsystems. In der Keynesianischen Tradition hingegen ist das Zentralbankgeld das Zahlungsmittel, weil sich nur in diesem Geld Schuldner entschulden können und Kontrakte eingelöst werden. Das Geld als Tauschmittel (Depositengeld) hat diese Qualifikation nicht. Wenn nicht anders vermerkt, wird im folgenden die Marxsche Begriffsbestimmung verwendet.

Atmen beispielsweise? Und warum sollten Waren gegen überschüssiges Geld hergegeben werden, mit dem nichts zu holen ist? Im Fall der Ware hat deren Besitzer wenigstens einen konkreten Gebrauchswert, im Fall des Geldes nur einen monetären Anspruch, dessen Einlösbarkeit unsicher ist. So läßt sich denn auch die Aufgabe der Zentralbank definieren als eine Institution, die dafür sorgen muß, „daß Geld seine Funktion als Stempel der Erfüllung von Verpflichtungen ausüben kann" (Riese 1983, S. 111). Geld erfüllt diese Funktion aber nur, wenn es im intertemporalen und intermonetären Vergleich „wertbeständig" bleibt, also weder inflationiert noch abgewertet wird.

Es gibt noch eine andere Unsicherheit des Geldes: Es kann sich von sich selbst nur quantitativ unterscheiden. Der Vergleich zweier Geldsummen aber impliziert immer einen zeitlichen Unterschied; die qualitative Verschiedenheit von Waren heute wird transformiert in eine intertemporale quantitative Verschiedenheit zwischen heute und morgen. Den Rückflüssen auf eine bestimmte Geldsumme müssen in der Zukunft Zinsen „hinzuwachsen", quantitative Zuwächse zur Hauptsumme also. Unter der Annahme, daß eine gegebene Summe Geldes heute in meiner Hand bleibt, die gleiche Summe aber, wenn ich sie verleihe, evtl. verlorengeht, werde ich sie nur ausleihen, wenn mir die Liquiditätsprämie in Form des Zinses ersetzt wird. In keynesianischer Tradition drückt der Zins den nicht-pekuniären Vorteil der Geldhaltung bei Unsicherheit aus. Letztlich wird er psychologisch (wie die Konsumneigung, die Investitionsneigung) mit der Liquiditätspräferenz von Geldvermögensbesitzern (also präferenztheoretisch) begründet, also nicht mit dem Wirken von Angebot und Nachfrage auf den Geld- und Kapitalmärkten.

2. Der intertemporale und intermonetäre Preis des Geldes

Mit dieser Bestimmung des Ausgangspunktes der Analyse halst sich die geldkeynesianische Analyse freilich ein nicht lösbares Problem auf: Angenommen wird eine kapitalistische Geldwirtschaft, aber die dramatis personae sind Individuen, die über Vermögen verfügen und bei dessen Verwendung zunächst über die Alternative zwischen der Haltung desselben aus Gründen der Zahlungsfähigkeit und der Weggabe gegen den Bezug eines Zinssatzes entscheiden. Damit werden erstens Gegenwart und Zukunft verbunden und zweitens ein Zwang für den Schuldner begründet, das geliehene Geldvermögen zu verwerten. „Verwertung bedeutet dabei, daß die Güterpreise eine Höhe aufweisen, durch die der Unternehmer neben dem Rückfluß des vorgeschossenen Geldes den Gewinn des Gleichgewichts erzielt..." (Riese 1983, S. 113). Dieser

Gewinn ist die Profitrate, die aber von Riese genau wie der Zins als Prämie für die Aufgabe von Liquidität interpretiert wird. Warum Unternehmer, die sich gerade bei den Vermögensbesitzern mit Liquidität versorgt haben, diese wieder aufgeben sollten, ist freilich unklar. Sie würden ja in diesem Fall sogleich zu Geldhandlungskapitalisten, zu Banken und verlören ihre Funktion als industrielle Unternehmer, die sich mit Kredit versorgen müssen, um produzieren lassen zu können. Die Idee scheint die folgende zu sein: Weil die Unternehmer die Liquidität, die sie sich gerade beschafft haben, nicht sogleich wieder aufgeben, sondern die Arbeiter produzieren lassen, erzielen sie eine Profitrate.

Die Vermögensbesitzer eignen sich mit dem Zins etwas Fremdes an, dessen Produktion in geeigneter *Form* (Produktion und Realisierung des Überschusses in Geldform) vorausgesetzt wird. Nachdem der Zins als Äquivalent für den Verzicht auf die Liquiditätsprämie bestimmt worden ist, kann vom Zins her das, was der Form nach als vorhanden vorausgesetzt ist, zumindest in den quantitativen Dimensionen noch abgeleitet werden: Die Höhe der Zinsen bestimmt die notwendige Höhe der Profitrate; nur wenn diese mindestens so hoch wie die Zinsen ist, wird in Realkapital investiert. Die geforderte Höhe der Profitrate ist nur durch die Realisierung von bestimmten Produktionstechnologien zu erzielen, und damit werden zugleich das Niveau der Beschäftigung der Arbeit und die technologisch bedingten ökologischen Manipulationen beeinflußt. Da die Profite auch von der Höhe der Löhne abhängig sind und da die Gewerkschaften auf die Höhe der Nominallöhne Einfluß ausüben, können die Unternehmer immer noch durch entsprechende Preisgestaltung (Mark up-pricing) dafür sorgen, daß die Profitrate nicht unter die Zinsrate fällt, indem sie letztlich das Reallohnniveau bestimmen. Unter den drei Verteilungskategorien: Zins, Profitrate, Löhne haben die Zinsen das Sagen und ihre Höhe definiert die Margen, in denen sich Profitrate und Löhne bewegen. Bei monetärer Betrachtung gerät freilich regelmäßig aus dem Blick, daß dieser Effekt auch erzielt werden kann, indem Kosten der Produktion räumlich und zeitlich externalisiert werden: Die Kosten fallen in anderen Regionen, bei anderen Produzenten an, oder sie werden erst in der Zukunft aktuell, die kommenden Generationen haben sie also zu tragen.

Unbestritten ist diese Kausalkette. Jedoch wird *erstens* das Medium der kapitalistischen Gesellschaftsformation vorausgesetzt, in dem sich die Abhängigkeiten vom Zins durchzusetzen vermögen. Nun könnte dem entgegengehalten werden, daß man sich nicht immer von Neuem des Selbstverständlichen vergewissern müsse, wenn nicht *zweitens* durch die „Gewalt des Geldes“ reale Prozesse erzwungen würden (Technikwahl, Beschäftigunggrad etc.), die die soziale und natürliche Grundlage ökonomischer Prozesse verändern. Diese Veränderungen aber haben Rückwirkungen auf die Individuen, auch auf die Vermögensbesitzer und deren Liquiditätspräferenz. In der von der Theorie begrifflich reproduzierten Realität ist also eine Rückkopplungsschleife eingebaut, die mangels eines angemessenen Kapitalbegriffs (Kapital als ein gesellschaftliches Verhältnis) nicht reflektiert werden kann. So kommt es, daß in der geldkeynesianischen Theorie Kapital und Profitrate ebenfalls als Formen bzw. Prämien für die Aufgabe von Liquidität verstanden werden und eine Geldökonomie konstruiert wird, der Erträge aus dem Geld zuwachsen. Die mystifizierteste Form des Kapitalverhältnisses – aus Geld wird mehr Geld, Geldvermögen trägt Zinsen ein – wird nicht mehr nach den realen Vermittlungen in Produktion und Zirkulation hinterfragt, die gewährleistet sein müssen, damit tatsächlich aus Geld mehr Geld werden kann.

In der Vorstellung monetärer Keynesianer ist der rational kalkulierende (Geld)vermögensbesitzer die Hauptperson, die zwischen Verleihen und Halten einer Geldsumme entscheidet, nicht aber – wie in der Marxschen Theorietradition – das Geldhandlungskapital, das aus der Aufnahme von Geld (Einlagen) und dem Verleih von Geld (Kreditausleihungen) einen Gewinn zieht und deshalb die präferenztheoretisch begründete Alternativwahl, die Geldkeynesianer unterstellen, gar nicht hat. Das Halten von Liquidität bringt nämlich keinen Ertrag, sondern verursacht Kosten (gegenüber den Einlegern) und opportunity costs (weil auf Zinserträge auf Ausleihungen verzichtet wird). Geldkapital ist somit eine Ware, die als solche gegen den intertemporalen (Zins) und intermonetären Preis (Wechselkurs) veräußert wird. Der Zins ist nicht dem Risiko als Folge der Unsicherheit zwischen Gegenwart und Zukunft geschuldet, sondern der funktionellen Differenzierung des Kapitals in profittragendes (industrielles) und zinstragendes Kapital, und er bildet sich durch das Wirken von Angebot und Nachfrage auf den Geld- und Kapitalmärkten. Wohl aber ist die Höhe des Zinses vom kalkulierten Risiko (das im risikobedingten Aufschlag, dem „spread", zum Ausdruck kommt) abhängig. Ist die (kollaterale) Sicherheit hoch, kann der Zins komparativ niedrig sein und umgekehrt muß ein hoher Zins mangelnde Sicherheiten kompensieren. Daher sind die Zinsen bei „junk bonds", also bei unsicheren, mit hohem Wagnis behafteten Anlagen, höher als bei im Grundbuch gesicherten Hypothekenanleihen und in Ländern mit schwacher, abwertungsverdächtiger, unsicherer Währung (hinsichtlich ihres intermonetären Preises, des Wechselkurses) höher als in Ländern mit starker, aufwertungsverdächtiger Währung. Die Zinsdifferentiale zwischen Nationen bringen die Unterschiede der Einschätzung des jeweiligen Risikos sehr klar zum Ausdruck.

Zur (intertemporalen) Unsicherheit des einzelnen Kredits kommt noch die (intermonetäre) des Wechselkurses: Der Fremdwährungsschuldner mag ja seinen Verpflichtungen nachkommen (Bonitätseinschätzung), doch kann sich der Wechselkurs zu Ungunsten des Kreditgebers verschoben haben (Länderrisiko). Die Höhe der Zinsen schwankt also mit den Risikoerwartungen der Kredite. Daß Zinsen nicht dem Risiko von Kapitalausleihungen geschuldet sind, zeigt sich schon an der Weise der Bildung von Zinsen: dem internationalen Basiszins LIBOR werden die nach Risiko differierenden „spreads" aufgeschlagen.

Geld erlaubt das Eingehen intertemporaler Verpflichtungen und verknüpft daher Vergangenheit, Gegenwart und Zukunft. Tauschpartner sind Individuen zum jeweiligen Zeitpunkt, heute: mit der Übereignung der Sache wird der Kaufvertrag erfüllt. Gläubiger bzw. Schuldner sind sie in der Zeitperiode von heute bis zum Ende der Laufzeit des Kredits. Kredite werden heute gewährt, damit sie im Intervall bis zur zukünftigen Fälligkeit der Hauptsumme Zinsen bringen. Die Zukunft ist ungewiß und daher birgt jeder Kredit ein Risiko für den Verleiher in sich. Auch für den Schuldner, selbst für produktive Unternehmen, sind Kreditbeziehungen mit Risiken behaftet. Denn Gläubiger verlangen Zinsen, auch wenn sich das kreditfinanzierte Projekt als unrentabel herausstellen sollte. Zinsen müssen aus laufenden Erträgen und die Tilgungen aus den Amortisationen von Investitionsprojekten bezahlt werden. Beim Übergang zu einem „Punter's capitalism" (The Economist, 5. Mai 1990: A Survey of Capitalism. Punters or Proprietors?) beteiligen sich Kapitalgeber immer weniger mit Risikokapital und ziehen die Vergabe von Krediten vor, für deren Bedienung der Schuldner das ausschließliche Risiko übernimmt. Das mit jeder Kreditvergabe verbundene Risiko kann geteilt werden, es kann auch vor allem dem Schuldner aufgelastet werden. Dies ist eine Tendenz der globalen Finanzmärkte in den vergangenen eineinhalb Jahrzehnten. Nun kann es sich herausstellen, daß die Entwicklung der Zinsen (im Intervall von der Gegenwart in die Zukunft) falsch kalkuliert worden ist. Wenn die Zinsen bedeutsam steigen, ist ein „Zinsschock" wie zu Beginn der 80er Jahre die Folge. Dadurch wurde die internationale Schuldenkrise ausgelöst (Vgl. Schubert 1985).

Es wird noch zu zeigen sein, daß die Zinsen im zyklischen Verlauf der Akkumulation eine ganz dezidierte Bewegung vollziehen, also keineswegs zufällig oder aus Gründen der in den Liquiditätspräferenzen sich ausdrückenden psychologischen Verfaßtheit von Vermögensbesitzern hoch oder niedrig sind. Auch die zum Zeitpunkt der Kreditaufnahme noch realistische Annahme über die zukünftig laufenden Erträge (Profitrate) kann sich während der Kreditlaufzeit als illusorisch herausstellen. Die Zahlungsfähigkeit von Zinsen ist an die Erträge der Unternehmen (Profite) gebunden, und letztere unterliegen der Zyklizität der Kapitalakkumulation: den Tendenzen zu kleinen und großen Krisen. Wenn sich die terms of trade der Rohstoffproduzenten verschlechtern, stimmen die Annahmen über die Rendite von kreditfinanzierten Projekten der Extraktion von Rohstoffen nicht mehr. Der notwendige Preisaufschlag ist nicht durchsetzbar.

Das Risiko der Kreditaufnahme für Schuldner und der Ausleihe für Gläubiger ist so lange gering, wie die Exporteinnahmen schneller wachsen als die Höhe der Zinsen vorgibt. Dann können Zinsen aus den Zuwächsen der Deviseneinnahmen abgezweigt werden, selbst wenn die Handelsbilanz defizitär sein sollte. Aber die Exporteinnahmen können geringer als die Zinsen wachsen oder gar zurückgehen, und schon reichen die monetären Einnahmen nicht aus, um die Zinsen aus ihnen zu finanzieren und es muß auf die Substanz zurückgegriffen werden: es findet dann tatsächlich ein realer Ressourcentransfer von Schuldnern zu Gläubigern statt. Die auf die Gegenwart diskontierten zukünftigen Erträge waren höher als die tatsächlich anfallenden Erträge während der Laufzeit eines Investitionsprojekts. In dieser Situation entstehen Zwänge zur Übernutzung von natürlichen Ressourcen, um kurzfristig unter Absehung des Prinzips der Nachhaltigkeit (sustainability) monetäre Erträge zu erwirtschaften, die die Rentabilität von Investitionsprojekten heben.

Solange die Fehlkalkulation unter Bedingungen der Unsicherheit vereinzelt erfolgt, ist sie volks- und weltwirtschaftlich undramatisch. Doch kann es geschehen, daß das Scheitern von Krediten Rückwirkungen auf andere Kreditbeziehungen zeitigt, insbesondere dann, wenn keine institutionellen Vorkehrungen getroffen werden, um die Ausbreitung einer Kreditkrise zu verhindern, wenn also eine Zentralbank als „lender of last resort" nicht zur Verfügung steht – dies ist die starke These von Minsky (1982; 1986) und von Kindleberger (1973).

3. Finanzielle Instabilitäten

Die Unsicherheit des Geldes macht finanzielle Beziehungen prinzipiell instabil. Die „fundamentalkeynesianische" (auf die Spitze getriebene) Position erhebt die ökonomischen Instabilitäten zum Regelfall und konzipiert die Theorie als „Ungleichgewichts- bzw. Instabilitätstheorie". Daher unterstreichen Keynesianer die Notwendigkeit institutioneller Vorkehrungen (vor allem der

Zentralbank und von „big government“), von Konventionen zwischen den privaten „Vermögensbesitzern“ und politischer Interventionen des Staates, um die immanenten Instabilitäten des Systems zu moderieren. Eine ökonomische Instabilitätshypothese wird also mit einer politischen Stabilitätshypothese kombiniert, ein Vorgehen, das im übrigen nicht nur Keynesianer auszeichnet sondern auch die Ansätze innerhalb der „Stamokap-Theorie“: die durch die Monopolisierung entstandenen Regulierungsdefizite (zum Unterschied von Regulation und Regulierung vgl. Hübner 1989) können nur durch Staatsinterventionen überwunden werden, die freilich eine neue historische Stufe der Krise des Kapitalismus provozieren (z.B. Varga 1962). Keynesianer werden also auch die Existenz prekärer Beziehungen zwischen Geld und Arbeit bejahen, die die Neoklassiker mit der Kategorie der partiellen Marktgleichgewichte eskamotiert haben. Die Zinsen (d.h. die Preise für Finanzaktiva), die für Investitionen und damit für die Beschäftigung bedeutsam sind, werden schließlich auf den Geldmärkten (bei Neuemissionen ebenso wie auf „Wiederverkaufsmärkten“) gebildet. Vermögensdispositionen bestimmen die ökonomischen Prozesse, die Technikwahl, die relativen Preise und das Preisniveau und somit auch Angebot und Nachfrage auf den Güter- und Arbeitsmärkten. Die „financial instabilities“ aufgrund von Erwartungen, die sich Erfahrungen aus der Vergangenheit verdanken und in der Gegenwart über die zukünftige Entwicklung auf dem Hintergrund von „Konventionen“ zustandekommen, haben Wirkungen auch auf die nicht-monetären Prozesse der Ökonomie, also auch für Investitionen in Sachanlagen (unter liquiditätstheoretischen Aspekten: alle Anlagen, deren Liquidität begrenzt oder gleich Null ist). Das Geld verknüpft zwar Vergangenheit, Gegenwart und Zukunft, aber unter Bedingungen der Unsicherheit und auf eine Weise, die Instabilitäten erzeugt: „Instabilität ist eine beobachtbare Eigenschaft unserer Wirtschaft. Damit eine Theorie, die beansprucht der Politik Richtlinien zu geben, nützlich ist, muß sie zeigen können, wie Instabilität erzeugt wird“ (Minsky 1982, S. 6).

Im 21. Kapitel der „Allgemeinen Theorie“ schreibt Keynes: „...wir können ...auf die Probleme der wirklichen Welt übergehen, in der unsere vorhergehenden Erwartungen Enttäuschungen unterworfen sind, und in der die Erwartungen über die Zukunft das, was wir heute tun, beeinflussen. Erst wenn wir diesen Übergang gemacht haben, müssen die eigentümlichen Eigenschaften des Geldes als eines Verbindungsgliedes zwischen der Gegenwart und Zukunft in unsere Berechnungen einbezogen werden“ (Keynes 1936, S. 248). Ökonomische Prozesse werden hier als zeitlich gerichtete und einmalige verstanden, die – weil sie sich niemals wiederholen lassen (im Unterschied zu einem Newton-physikalischen Experiment) – gerade deshalb mit Unsicherheit behaftet sind, spekulative Aktivitäten mit entsprechenden Risiken provozieren und folglich Instabilitäten des Wirtschaftsprozesses insgesamt hervorbringen. Dies betont und zur Grundlage ihres Ansatzes gemacht zu haben, ist ein großes Verdienst der Keynesianer – in Sonderheit angesichts der neoklassischen Formalismen und Simplizismen – auch wenn sie Unsicherheit und Instabilitäten im wesentlichen wegen der Funktionsweise der Finanzmärkte (Minsky) oder der Verwendung von Geldvermögen (Riese) identifizieren und nicht als Charakteristik aller ökonomischen Prozesse begreifen. Die Theorie trifft also einen neuralgischen Bereich kapitalistischer Ökonomien, ist aber weit entfernt davon, „allgemeine Theorie" zu sein.

Hyman P. Minsky begründet seine „financial instability hypothesis" (Minsky 1982; 1986) mit der speziellen zyklischen Verlaufsform von realer (Profitrate) und monetärer Rendite (Zinsen). Der Entwicklung der Profite widmet er nur wenig Aufmerksamkeit, da sich diese kreislaufanalytisch als die Summe von Investitionen, Unternehmerkonsum und Saldo der Handelsbilanz abzüglich der Ersparnis der Lohneinkommensbezieher ex post ergeben und daher die Unternehmer ihre Profite durch ihre eigene Nachfrage ex ante mitzubestimmen vermögen; dies ist das Argument Kaleckis (1987, S. 118ff). Wenn Profite mit P, Investitionen mit I, die Ersparnis der Lohnabhängigen mit S_{nu}, der Konsum der Unternehmer mit C_u und derjenige der Lohnabhängigen mit C_{nu}, Exporte mit Ex und Importe mit Im angegeben werden, dann lautet die Identitätsgleichung:

$$P = I + C_u + (Ex - Im) - S_{nu}.$$

Da obendrein im modernen Kapitalismus der Staat einen beträchtlichen Teil der Profite (und der Lohneinkommen) in der Form von Steuern abzieht, die aber als Nachfrage in den ökonomischen Kreislauf zurückgeschleust werden, kann ein Staatsdefizit im konjunkturellen Zyklus auf die Unternehmerprofite eine positive, weil stabilisierende Wirkung ausüben (Minsky 1982, S. 11ff). So viel zunächst zur Bestimmung von Profiten in der kreislaufanalytischen Darstellung; darauf wird unter Bezugnahme auf die Marx'sche Profittheorie zurückzukommen sein.

Die Zinsen hingegen werden auf Finanzmärkten bestimmt, die in der Regel nicht robust sondern fragil sind (Vgl. dazu die Beiträge in Semmler 1989). Stabil sind sie nur so lange, „wie die Profiteinnahmen die Unternehmen, die von Banken Geld geborgt haben, in die Lage versetzen, ihren Verpflichtungen nachzukommen" (Minsky 1982, S. 11). Entscheidend ist also für die Stabilität der Finanzmärkte, daß der „cash flow" ausreicht, um alle Ausgaben für das Kapital, also auch die Zahlung der Fremdkapitalzinsen abzudecken. Unternehmen, die Anleihen begeben oder Kredite aufnehmen, deren Fremdzinsen während der gesamten Laufzeit unterhalb der Profitrate liegen, so daß die Zinsverpflichtungen geringer sind als die absoluten Profite, haben – wenn keine anderweitigen Verpflichtungen bestehen – keine Schwierigkeiten, die laufenden Zahlungsverpflichtungen aus ihrem cash flow zu erfüllen. Minsky nennt diese Unternehmen „hedge finance units" (Minsky 1982, S.21; 1986, S. 206ff), also solide operierende ökonomische Einheiten. Geld (in der Funktion als Zahlungsmittel) wird mit dem Kredit geschaffen und mit der Rückzahlung aus den realisierten Profiten wieder vernichtet. Während der Kreditlaufzeit „teilen" Kreditgeber und Kreditnehmer die Erträge des Unternehmens. Die Bedingungen für diesen stabilen Zustand sind also:

$$P_{t1} + \ldots + P_{tn} \; > \; Z_{t1} + \ldots + Z_{tn} \quad und \quad p_{t..n} > i_{t..n}$$

wobei P die Profite, Z die Zinsen, p die Profitrate und i die Zinsrate bedeuten.

Von dem soliden ist das spekulierende Unternehmen zu unterscheiden. Nur in der ersten Zeit der Kreditlaufzeit sind die Profite hoch genug, um die Zinszahlungen auf das Fremdkapital leisten zu können. Jenseits dieses Zeithorizontes, der geringer als die Kreditlaufzeit ist, sind die Profite möglicherweise nicht ausreichend, um Zinszahlungen „ordentlich" abzweigen zu können. Die Laufzeit des jeweiligen Kredits wird also in zwei Phasen zu teilen sein. Wenn davon ausgegangen wird, daß der Zeithorizont des spekulierenden Unternehmens m Jahre beträgt, die Kreditlaufzeit aber bis ins nte Jahr reicht, kann das Verhältnis folgendermaßen ausgedrückt werden:

$$P_{t1} \ldots P_{tm} \; > \; Z_{t1} \ldots Z_{tm}; \qquad P_{tm+1} \ldots P_{tn} \; < \; Z_{tm+1} \ldots Z_{tn}.$$

Die Zinsen müssen, wenn dieser Fall $P_t \; < \; Z_t$ denn eintritt, mit neuen Krediten finanziert, letztlich also kapitalisiert werden. Der Finanzbedarf eines Unternehmens, bestehend aus der Nachfrage nach neuen Krediten, zuzüglich der Nachfrage nach liquiden Mitteln zur Auffüllung der Liquiditätsreserven plus dem Kreditbedarf zur Finanzierung von Tilgungen und Zinsen aus Kreditverpflichtungen der Vergangenheit (Vgl. Shaikh 1989, S. 70f), wird zunehmen. Wenn viele Unternehmen steigenden Finanzbedarf haben, werden die Zinsen nach oben tendieren und zwar nicht nur wegen der höheren Nachfrage sondern auch wegen der vorsichtigeren Risikoeinschätzung auf Seiten der Kredite vergebenden Institutionen. Denn die Kapitalisierung der Zinsen bedeutet, daß die (Fremd)kapitalsumme wächst und das Risiko des einzelnen Kreditgebers, nicht ordentlich bedient zu werden, mit dem verschlechterten Verhältnis von ausstehenden Krediten eines Unternehmens und den Sicherheiten, die es zu bieten hat, anwächst. Wenn die Profite nicht entsprechend angehoben werden können (durch Senkung der Lohnstückkosten und/oder eine Verbesserung der Kapitalproduktivität als Folge verbesserter Kapazitätsauslastung oder/und technischer Veränderungen), sinkt die Profitrate. Steigen dann noch die Zinsen wegen des gewachsenen Risikos, wird der „Leverage-Effekt" möglicherweise negativ: die zu zahlenden Zinsen fressen nicht nur die Profite, sondern tendenziell die Substanz des Unternehmens auf.

Infolge der dem System immanenten Unsicherheit kann auch das solideste Unternehmen zu einem spekulierenden (in diesem Sinne) werden. Es wird dann neue Kredite nachfragen, um alte bedienen zu können. Die kurzfristigen Zinsen gehen – wenn es sich nicht um einen Einzelfall handelt – unweigerlich in die Höhe und mit ihnen auch die langfristigen Zinsen. Damit sinkt aber der Wert der im Unternehmen steckenden Anlagen und mithin die für jeden Kredit wichtige Absicherung (Collateral). Der Risikozuschlag wird größer oder Kredite werden für bestimmte Kategorien von Schuldnern rationiert. Eine generelle Zinssteigerung ist also unvermeidlich, und zwar beginnend am „kurzen Ende" des Marktes mit Konsequenzen für die Zinsen langfristiger Kredite. Wenn gar die kurzfristigen Zinsen über die langfristigen steigen, wird die Liquidität der Unternehmen negativ betroffen und mit der Liquidität in manchen Fällen auch die Solvenz. Die ersten Pleiten von Grenzunternehmen, die ihre Geschäfte waghalsig finanziert haben, sind unvermeidlich.

4. Ponzi-Finanzierung und Kreditklemme

Bevor diese Tendenzen im Rahmen des konjunkturellen Zyklus untersucht werden, ist auf die sogeannte „Ponzi-Finanzierung" [2] hinzuweisen. Darunter versteht Minsky Finanzgeschäfte, bei denen Kredite trotz negativer oder

[2] Ponzi war ein Schwindler aus Boston, der 1920 hohe Kredite mit dem Versprechen hoher Renditen aufnahm. Er verwendete das Kapital der später Einsteigenden, um die ersten Anleger auszuzahlen (Weltbank 1989, S. 55). Als – wie beim „Pilotenspiel" oder wie bei Kettenbriefen – die neuen Anleger ausblieben, konnten die alten nicht mehr befriedigt werden und der Schwindel platzte. Bei seiner Verhaftung besaß Ponzi von den aufgenommenen Millionen gerade noch 67 $ (Kindleberger 1986, S. 18ff). Minsky verhilft diesem Herrn mit seiner – inzwischen eingebürgerten – Bezeichnung einer höchst risikoreichen und Erträge einer ungewissen Zukunft diskontierenden Kreditform zu unverdienten Ehren.

geringer rates of return und cash flows in der Erwartung aufgenommen werden, daß am Ende der Laufzeit hohe Profite winken, die den Kredit lohnen: Die Bedingung lautet dementsprechend:

$$P_{t1}...P_{tm} < Z_{t1}...Z_{tm}; \quad P_{tm+1}...P_{tn} > Z_{tm+1}...Z_{tn}.$$

Bis zum Zeitpunkt t_{m+1}, an dem die hohen Erträge realisiert werden können, müssen die Zinsen und Tilgungen durch neue Kredite finanziert werden, sofern nicht mit dem Kreditgeber tilgungsfreie Zeiträume ausgemacht worden sind – ein Privileg, das private Kreditgeber in der Regel nicht zu vergeben haben, das vielmehr öffentlichen Kreditgebern in gewissen Fällen (z.B. bei der Entwicklungsfinanzierung) vorbehalten ist. Zinsen freilich sind in fast jedem Falle (manchmal in der Höhe begrenzt) zu zahlen, auch wenn keinerlei Rendite bei der Verwendung des aufgenommenen Kredits am Anfang der Laufzeit zu erwarten ist. Die Schulden des Kreditnehmers steigen auf jeden Fall; denn der ursprüngliche Ponzi-Kredit erzwingt die Aufnahme weiterer Kredite. Mit der wachsenden Fremdfinanzierung erhöhen sich die Zinsen nicht nur proportional sondern überproportional. Dies ergibt sich einmal aus der geometrischen Dynamik von Zinseszinsen. Zum anderen aber erhöht sich mit den geringeren Sicherheiten das Risiko für den Kreditgeber. Das „Rating" des Kreditnehmers wird den geringeren Sicherheiten angepaßt, der Zins wird also entsprechend erhöht oder die Kredite werden rationiert (vgl. Eaton und Gersovitz 1981, S. 289ff). Je größer das Risiko, desto größer muß die schließliche Rendite einer Ponzi- Finanzierung sein – oder die Zinsen werden von Anbeginn an so hoch angesetzt, daß die Refinanzierung für den Kreditgeber schon nach kurzer Frist gewährleistet ist und der eventuelle Konkurs des Schuldners ihm nichts mehr anhaben kann.

Dieser Finanzierungsmodus hat eine bedeutende Rolle bei der Kreditvergabe an lateinamerikanische Staaten im vorigen Jahrhundert gespielt; die häufigen Staatsbankrotte einiger Länder haben sie nicht von weiterer Kreditzufuhr abgeschnitten. Doch die Konditionen der Kredite waren so, daß die Banken trotz des prognostizierbaren Bankrotts des Schuldners auf ihre Kosten kamen, und zwar ohne zum Mittel der Rationierung des Schuldners bei der Kreditzufuhr zu greifen. Loeschner (1983, S. 47) schreibt: „Angesichts der häufigen Staatsbankrotte – vornehmlich in den südamerikanischen Ländern – ist es überraschend, welch hohe Beträge für diese Länder im Wege des Anleihemarktes mobilisiert werden konnten. Allerdings ist festzuhalten, daß zwar der Form nach festverzinsliche Schuldverschreibungen gegeben worden waren, im Bewußtsein der primären Kontrahenten handelte es sich jedoch vielfach um einen spekulativen Beteiligungsvorgang..." Im übrigen weist er darauf hin, daß der „kleine spätere Abnehmer" der überseeischen Papiere ahnungslos die Verluste des Bankrotts hat tragen müssen. Dies ist möglich; die großen und informierten Anleger jedenfalls haben sich durch Risikozuschläge zum Marktzins schadlos gehalten. Generell wäre zu unterscheiden zwischen Insolvenzen im Zuge von Entwicklungsfinanzierung oder aufgrund der Finanzierung von Defiziten des Staatsdefizits. Die Bankrotte haben jeweils eine unterschiedliche Verlaufsform (Vgl. Fishlow 1986). Im übrigen ist den Kreditgebern an souveräne Staaten im 20. Jahrhundert der Schock der Zahlungseinstellung von Schuldnern in den 30er Jahren so tief in die Knochen gefahren, daß sie erst wieder in den 70er Jahren angefangen haben, an souveräne Schuldner in größerem Maße Anleihen zu gewähren. Allerdings hat sie die Konkurrenz unter den höchst liquiden Banken dazu gebracht, die gleichen Unbedachtheiten zu begehen wie in den 20er und 30er Jahren. Dafür geben Makin 1984, Kindleberger 1981, Sampson 1981, Fishlow 1986 u.a. überzeugende und instruktive Beispiele.

Das Ponzi-Prinzip unterliegt auch der Kalkulation bei der Finanzierung von „junk-loans", die mit hohem Risiko behaftet sind, da Sicherheiten zunächst fehlen und erst im Prozeß des mit der „junk-loan" finanzierten Geschäfts – wenn alles gut geht – geschaffen werden und die daher hohe Zinserträge bringen, solange sie nicht fallieren. Bei „hostile take overs" beispielsweise werden kreditfinanziert Unternehmen aufgekauft, die nach der Übernahme als Sicherheit des Kredits dienen können. In der Regel setzt dies aber voraus, daß das übernommene Unternehmen „ausgeschlachtet" wird; als „collateral" hat es ja nur Wert, wenn es erstens eine höhere Rendite abwirft als die Kreditkosten ausmachen und wenn es zweitens nötigenfalls liquidiert werden kann. Der Zeithorizont von junk-Finanzierung ist auf Seiten von Schuldner und Gläubiger kurz und jenseits des kurzen Zeithorizonts wird auch der Bankrott des Schuldners, also die Notwendigkeit für den Gläubiger, den junk-Kredit ganz abschreiben zu müssen, in Rechnung gestellt. Langfristige Investitionen in Sachanlagen lassen sich in den meisten Fällen so nicht finanzieren, da deren Rendite negativ ist, wenn die kurzfristigen Zinsen über den langfristigen liegen (Vgl. dazu die Untersuchung von Brancato 1989).

Minsky selbst hebt hervor, daß die Ponzi-Finanzierung nicht nur irgendwelchen Spekulanten oder Schwindlern vorbehalten ist: „Die Ponzi-Finanzierung ist für jedes Investitionsprojekt mit einer langen Ausreifungszeit charakteristisch" (Minsky 1982, S. 22). Die Kalkulation mit langen renditelosen Laufzeiten von kreditfinanzierten Investitionsprojekten ist in einer Reihe von Fällen ganz normal und unausweichlich, z.B. bei der Konstruktion von Kraftwerken. Bevor diese Projekte Renditen abwerfen, müssen unter Umständen mit Krediten viele Jahre lang die Investitionen und laufenden Ausgaben vorfinanziert werden. Die Kreditkosten sind nur gering zu halten, wenn Sicherheiten geboten werden, die nicht aus dem finanzierten Projekt stammen, sondern beispielsweise vom Staat gestellt werden. Deutschland stellte im Falle der Dawes-Anleihe 1924 die Zolleinnahmen und die Reichsbahn als Sicherheit. Generell vertrauen Kreditgeber auf die hoheitlichen Befugnisse des Staates, Steuern, Zölle und Gebühren zu erheben, innere Staatsanleihen aufzulegen, Staatsunternehmen zu liquidieren etc., mit denen die für die Refinanzierung der Kreditgeber so wichtigen Sicherheiten beigebracht werden können. Mit diesen Sicherheiten wird allerdings nur dem „Aufbringungsproblem" (Keynes 1929) des Schuldendienstes in der jeweiligen nationalen Ökonomie Rechnung getragen. Ob die Sicherheiten im Fall der Fälle auch in harte Devisen zu transferieren sind („Transferproblem"), ist eine andere Frage. Wenn die Renditen nicht wie erwartet eintreffen oder Sicherheiten verloren gehen, gehen die Zinsen sofort in die Höhe. Mit ihnen verringert sich der Wert des Anlagevermögens, also auch die Höhe der Sicherheit; denn deren Marktwert hängt vom marktbestimmten Diskontsatz ab.

Die drei Kategorien der Finanzierung haben mit der Befindlichkeit von Managern, mit ihrem Temperament oder Wagemut nicht viel zu tun. Es gibt Übergänge. Eine „hedge financing unit" kann zu einem Spekulationsunternehmen werden, und eine spekulierende Firma kann gezwungen sein, Finanzierungsmodi nach Ponzi-Art zu suchen. Wenn nämlich die Zinsen makroökonomisch steigen, dann kann es schon passieren, daß die mikroökonomischen Kalkulationen während der Kreditlaufzeit nicht mehr stimmen. Der ursprünglich positive leverage effect wird negativ. Bei knapp kalkulierter Profit-Zins-Differenz können die Zinsen die Profite übersteigen; die fälligen Zinsen müssen dann extern mit zusätzlichen Krediten finanziert werden. Die Frage lautet also: Warum tendieren die Zinsen dazu zu steigen?

5. Zinsen und Profit im Zyklus

Die Zinsen bewegen sich im Verlauf des Konjunkturzyklus in folgender typischer Weise: Zu Beginn eines Aufschwungs am Ende einer Depression sind sie auf einem Tiefstand, da das Preisniveau niedrig ist und die Kreditnachfrage hinter dem Angebot an Leihkapital zurückbleibt. Wenn dann die Realrendite höher als die Rendite von Geldanlagen eingeschätzt wird, beginnt die Kreditnachfrage zu steigen, um Investitionsprojekte zu finanzieren. Der leverage effect ist positiv, da mit jeder zusätzlichen Einheit Fremdkapital Profite gemacht werden können, die die zu zahlenden Zinsen übersteigen. Verschuldung „lohnt" sich also. Die Steigerung der Zinsen infolge der zunehmenden Kreditnachfrage nimmt also ihren Ausgangspunkt vom „langen Ende" des Marktes für langfristige Finanzierung. Die Bedienung der von Unternehmen aufgenommenen Schulden setzt stetige Einnahmen aus den Investitionsprojekten voraus, die, wenn sie kurzfristig ausbleiben, mit kurzfristigen Krediten überbrückt werden können. Wenn der Boom sich allerdings seinem Höhepunkt nähert, tendieren die Zinsen nach oben, und zwar *erstens* infolge der während des Aufschwungs typischen Preissteigerungen: um das Realzinsniveau zu halten, wird das Nominalzinsniveau nach oben verschoben.

Zweitens verändern sich die relativen Preise. Unternehmen, deren Investitionsprojekte am Ende des Booms fertig werden, können – wenn viele Unternehmen wegen der dezentralen und unabhängigen Entscheidungen das gleiche getan haben – mit ihnen ein Überangebot bestimmter Waren auf den Markt werfen, so daß sie gezwungen werden, mit den Preisen der Produkte nachzugeben. Wenn auf der Input-Seite aber die Preise nicht entsprechend sinken, kann es geschehen, daß der cash flow nicht ausreicht, um den Zahlungsverpflichtungen nachzukommen. Dann werden Unternehmen, in der Annahme vorübergehender Absatzschwierigkeiten, kurzfristige (Zirkulations)kredite aufnehmen, um die Schulden bedienen zu können. Dieses Mal nimmt die Tendenz der Zinssteigerung vom „kurzen Ende" des Marktes ihren Ausgangspunkt. Sie wird wegen der Interdependenzen der Finanzmärkte auch die Zinsen für langfristige Kredite erfassen. Es kann sogar in bestimmten konjunkturellen Phasen großer Anspannung vorkommen, daß die kurzfristigen Zinsen die langfristigen übersteigen, so daß die Rendite weniger liquider Anlagen negativ wird (Pring 1981, S. 227f; 101f) und dann die Liquidität des Unternehmens- und Bankensektors zurückgeht mit der Gefahr des Umschlagens eines konjunkturellen Abschwungs in die Finanzkrise.

Auf jeden Fall aber haben die steigenden Zinsen einen entsprechenden Kursrückgang von Aktien und anderen Wertpapieren zur Folge. Damit verringern sich die Sicherheiten, die Unternehmen ihren Kreditgebern zu gewähren haben. Mithin steigen die Kreditkosten: Für manche Schuldner, deren Sicherheiten ausgeschöpft sind, wird der „Kredithahn" zugedreht, sie geraten in die Kreditklemme oder neue Kredite werden wegen des höheren Risikos noch teurer. Kreditgeber werden angesichts der höheren Unsicherheit bei der Finanzierung großer und langfristiger Projekte vorsichtig sein. Nur noch profitable Unternehmen und öffentliche Kreditnehmer entsprechen ihren Bonitäts-Anforderungen an Kreditnehmer. Auf jeden Fall wird die Finanzierung beschäftigungswirksamer Investitionen in Sachanlagen zurückgehen. Wenn in einer solchen Lage der Staat verstärkt als Kreditnehmer auftritt, einmal um im Sinne keynesianischer Politik den Nachfrageausfall zu kompensieren, zum anderen aber auch gezwungenermaßen, weil die Einnahmen geringer steigen als die Anforderungen beispielweise an das System der Sozialversicherung, dann kann die Wirkung auf die Zinsen, sofern nicht geldpolitisch gegengehalten wird, nur steigernd sein. Dies hat nichts mit einem „crowding out“ des privaten Sektors durch die öffentlichen Kreditnehmer zu tun, weil die von den monetaristischen Ökonomen behauptete Kausalität genau umgekehrt verläuft: der Staat verschuldet sich, weil die Privaten sich als Kreditnehmer zurückziehen und die Banken als Kreditgeber infolge des gestiegenen Risikos die Kreditkosten in einer Situation erhöhen, in der nur investiert würde, wenn die Zinsen reduziert würden.

Dieser Prozeß hat sich während der Kreditkrise im Verlauf der großen Depression zu Beginn der 30er Jahre abgespielt, wie Bernanke (1983, S. 257ff) nachweist. Minsky bemerkt: „Der Kostenanstieg von Investitionsprojekten über den erwarteten Wert der fertiggestellten Kapitalanlagen hat sowohl eine Abnahme neuer Investitionsvorhaben als auch das Mißlingen zur Folge, liquide Mittel zur Finanzierung der Fertigstellung laufender Projekte aufzutun...Das Austrocknen der Finanzflüsse und die Kürzungen bei den Kassenbeständen verringern die Investitionen, wodurch wiederum die Profite beschnitten werden. Der Fall der Profite führt zu einer weiteren Abnahme des Gegenwartswerts von Firmen. Eher konservative, auf Sicherheit bedachte Unternehmen verwandeln sich so in spekulierende, die sich unerwartet in Geldverlegenheiten befinden“ (Minsky 1982,S. 32f). Wenn die Zinsen steigen, werden mit den Investitionen nachfragebedingt auch die Profite zurückgehen. Die Folge ist eine aktuelle Verschärfung der „financial instabilities“, da ja Schuldner nicht mehr in der Lage sind, ihren Zahlungsverpflichtungen nachzukommen und dann scheitern, sofern ihnen der Zugang zu neuen (kurzfristigen und billigen) Krediten verwehrt ist. Der leverage effect wird negativ, die Profitrate nach Abzug der zu zahlenden Zinsen auf das Fremdkapital ebenfalls. Ein ursprünglich robustes Finanzsystem wird fragil, da der Anteil von soliden Finanzierungen zurückgeht und derjenige spekulativer und Ponzi-Anlagen ansteigt. Wenn in dieser instabilen Lage auch Banken krachen, weil ihre Schuldner zahlungsunfähig sind, kann die Ökonomie insgesamt vom Abwärtssog mitgerissen werden.

Das Ausmaß dieser abwärts gerichteten Spirale hängt allerdings auch von der institutionellen Ausgestaltung des Banken- und Unternehmenssektors ab. Wenn Unternehmen wie in der BRD heute gleichzeitig über hohe liquide Mittel verfügen und diese fast bankgeschäftlich anlegen, können sie zumindest vorübergehend anstelle von Profiten auch hohe Zinserträge verbuchen, die den Profitverfall kompensieren (Vgl. die Untersuchung von Welzk 1986). Auch die Banken können Risiken besser absichern, wenn sie wie in der BRD und Japan und anders als in den USA über „large ownerships of commercial companies" verfügen; in den USA können Banken nur bis zu 4,9% über Stimmrechtsaktien und bis zu zusätzlich 20% Nicht-Stimmrechtsaktien besitzen (Brancato 1989, S. 209). Die Art und Weise der finanzkapitalistischen Verschränkung von Industrie- und Bankkapital ist also ein Faktor von Fragilität oder Robustheit eines nationalen Finanzsystems.

Der hypothetische Fall des Abwärtssogs ist auch heute so unwahrscheinlich nicht, zumal wenn die äußere Verschuldung der Dritten Welt und der USA in Rechnung gestellt werden. Die Schwierigkeiten mit dem Schuldendienst sind ja entstanden, weil in der Finanzierung von Anfang an starke spekulative und Ponzi-Elemente enthalten waren und selbst produktiv verwendete solide Anleihen teilweise notleidend geworden sind. Die Notwendigkeit der zumeist kurzfristigen Refinanzierung der prekären Kredite verhindert eine der Konjunkturlage angemessene Senkung des internationalen Zinsniveaus. Die Renditen des Sachkapitals sind zu gering, als daß die Investitionen stimuliert würden. Auf die Dauer hat diese Entwicklung höchst pathologische Ergebnisse. Denn erstens bleibt die Errichtung produktiver Einheiten zurück, so daß zu wenig cash flow produziert wird, um die Ansprüche der Investoren in Geldanlagen befriedigen zu können und zweitens fehlt für die steigenden Geldanlagen die reale Sicherheit (das Collateral). Die erste Tendenz hat eine dämpfende Wirkung auf die Zinsen, die zweite bewirkt eine Steigerung. Die „financial instabilities" werden dadurch nicht geringer.

Es ist kein Wunder, daß dieser Sachverhalt Auswirkungen auf das Unternehmerverhalten hat. Wenn Zinserträge sicherer sind als Profite aus realen, produktiven Investitionen, bildet sich ein „Punter's Capitalism" (The Economist, May 5th, 1990) heraus: Kapitalisten spekulieren auf schnelle monetäre Erträge und sorgen nicht mehr dafür, daß Profite real produziert werden, aus denen dann auch die Zinsen abgezweigt werden können; eine Verkehrung der Hierarchie von Profit und Zins: Die Zinserträge sind die sichere Einkommensquelle, Profite die unsichere. Eine so zu charakterisierende Situation veranlaßte Keynes zu seiner Kritik an der „Rentnerseite des Kapitalismus" (Keynes 1936, S. 317), zu seinem Plädoyer für eine nachhaltige Senkung des Zinsfußes, um die Investitionen zu fördern und die „Unterdrückungsmacht des Kapitalisten, (der) den Knappheitswert des Kapitals" (ebenda) ausbeutet, zu unterminieren. Keynes hielt den Kapitalismus der Rentiers für eine „vorübergehende Phase, die verschwinden wird, wenn sie ihre Leistung vollbracht hat“ (ebenda). Eine Entwicklungsphase, in der längere Zeit Zinserträge die Erträge aus produktiven Investitionen überwiegen, ist nur durchzuhalten, wenn Ertragsquellen für Zinserträge beispielsweise über die öffentlichen Haushalte oder über Kapitalimporte erschlossen werden können. In allen Staatshaushalten nehmen seit Mitte der 70er Jahre die Ausgaben für Zinsen einen wachsenden Anteil ein. Die öffentliche Verschuldung und die Bedienung der Kredite aus den öffentlichen Haushalten ist eine Quelle der Bereicherung, wobei diese durch die Kanäle des internationalen Kreditsystems geleitet und verteilt wird, vor allem aus den extern verschuldeten Ländern in die Gläubigernationen. Diese Frage wird uns noch beschäftigen.

Von Minsky werden (in der Tradition von Kalecki) die Profite (und die Profitrate) als Resultat von Nachfrageströmen bestimmt. Deren Bildung ist nicht weniger wichtig als die Bewegung der Zinsrate für das Auftreten von financial instabilities. Die Profite haben eine entscheidende Bedeutung in dem Funktionsmechanismus des Systems, da sie erstens als Vergleichsgröße zur Zinsrate fungieren und zweitens aus dem cash flow von Unternehmen die Profite ebenso wie die Bedienung der Schulden abgezweigt werden müssen. Schematisch läßt sich dies mit der von Marx verwendeten Kreislauffigur des Geldkapitals darlegen:

$$G \longrightarrow G+g \longrightarrow g/G \longrightarrow P/K = (1-w)Y/K, \quad \text{und}$$

$$P/K = g/G = p + i/G; \qquad g = p + i$$

Das vorgeschossene Geldkapital G muß sich in vergrößertes Geldkapital $G+g$ verwandeln. Die Rate der Größenveränderung stellt sich als g/G dar. Diese Relation ist strukturell identisch mit dem Verhältnis des Profits P zum vorgeschossenen Kapital K. Die Relation P/K ist nichts anderes als die Profitrate. Diese kann auch als Produkt von Profitquote P/Y (bzw. $1-w$, wobei w die Lohnquote W/Y indiziert) und Kapitalproduktivität Y/K ausgedrückt werden (Vgl. Altvater/Hoffmann/Semmler 1979). Die Bruttoprofite P teilen sich auf in Nettoprofite p auf das Eigenkapital und Zinsen i auf das Fremdkapital; beide sind als Bestandteile der Profite P im gleichen Prozeß produziert worden und folglich befinden sie sich – in jeder Periode – in einem Nullsummenverhältnis zueinander. Die Profitrate p/K ist nach dem Sprachgebrauch der OECD (1983, S.56f) die „pure profit rate“, die durch die Zinsen sogar auf negative Werte zusammengedrückt werden kann (Vgl.

OECD 1983, S. 57; Hübner 1983 S. 212f.; Altvater 1983b, S. 236ff). Also konkurrieren die Profite mit den Zinszahlungen um den gleichen (cash) flow. Wie das zinstragende Kapital stellen sie einen Anspruch auf einen Teil der realen Wertschöpfung (auf den Mehrwert) dar und befinden sich folglich – über mittlere Frist, d.h. im Verlauf eines Zyklus – in einer Nullsummen-Situation zum Profit des industriellen Kapitals, es sei denn der Mehrwert wird gesteigert oder die Vermögenssubstanz geht in die Verteilungsmasse mit ein.

Zur Vermeidung naheliegender Mißverständnisse sei unterstrichen, daß sich der Anspruch des zinstragenden Kapitals innerhalb des Reproduktionsprozesses normalerweise als Abzweigung von „flows“ vollzieht und nicht als Zugriff auf „stocks“. Nur wenn Schuldner zahlungsunfähig werden, wenn also die flows zur Bedienung der Kredite nicht ausreichen, werden auch die stocks liquidiert; dies ist der Fall des Bankrotts, wenn Gläubiger den Versuch machen, sich an den Sicherheiten für ihre Geldforderungen zu bedienen und nicht-liquide Vermögenswerte zu liquidieren, also in Zentralbankgeld zu verwandeln. Wenn wir den Bankrott zunächst ausschließen, dann werden bei einer gegebenen institutionellen Ausgestaltung des Lohnverhältnisses und bei einer gegebenen Höhe der Produktivität und der Kapitalausstattung je Arbeitsplatz die langfristigen Akkumulationsmöglichkeiten von der Größenordnung von Profit und Zins umschrieben. Dieses Verhältnis kann auch in der Relation von Marktwert eines Unternehmens (in dessen Kalkulation zum Zeitpunkt t gehen die auf t abdiskontierten erwarteten Erträge im Zeitraum t1...tn ein) und Ersatzkosten des Kapitalstocks des Unternehmens („Tobin's q“) ausgedrückt werden; wenn q unter 1 sinkt, geht der Anreiz zur Akkumulation von Kapital zurück und Finanzanlagen werden dementsprechend attraktiv (Atkinson/Chouraki 1985). Kurzfristig können durch entsprechendes cash flow-Management, d.h. durch Verschuldung, die Margen für Investitionen und Profite allerdings erweitert werden, wenn auch – wie beschrieben – um den Preis der die „finanziellen Instabilitäten“ erhöhenden Verschuldung.

6. Wirtschaftspolitische Anpassungszwänge

Offensichtlich können finanzielle Instabilitäten gemildert und ihre Zuspitzung bis zur Finanzkrise verhindert werden, wenn die Profite und die Profitrate gesteigert werden. Diese aber sind von zwei Größen abhängig: von der Kapitalproduktivität, die gewissermaßen die organische Kapitalzusammensetzung indiziert, und der Verteilung zwischen Löhnen und Profiten, durch die die Mehrwertrate indiziert wird. Die Instabilitäten der Geldökonomie werden, wenn die Fähigkeit zur Bedienung von Krediten von Profiten und Profitrate abhängt, nicht nur durch die Funktionsweise von Geld und Kredit provoziert. Sie sind folglich einer kapitalistischen Produktionsweise (Produktion, Zirkulation, Realisierung von Kapital) immanent und werden in der Geldsphäre sichtbar und verallgemeinert. Man könnte daher dem Problem, das in den finanziellen Instabilitäten erscheint, auch beikommen, indem die Kapitalproduktivität gesteigert und/oder der Lohnanteil an der Wertschöpfung gesenkt werden, indem also die Profitrate angehoben wird, um die Zinsen bedienen zu können. Wenn also in einer Geldökonomie die Zinsen den Spielraum für die Verteilung der Einkommen und die angemessene Produktionstechnik „kommandieren", kann die Finanzkrise vermieden werden, indem dem Kommando gehorcht wird. Diesen Zusammenhang macht sich Scharpf (1987) für seine wirtschaftspolitischen Empfehlungen zunutze. Seine Argumentation läuft darauf hinaus, bei Akzeptanz der (von den Marktprozessen) vorgegebenen Renditemargen von Geldkapital die Arbeitskosten zu senken, um Profite und Profitrate (die „pure profit rate") für das produktive Kapital zu steigern und somit genügend Anreize für beschäftigungswirksame Investitionen zu bieten. Das Rezept ist eindeutig und einfach zugleich, auch wenn dessen Anwendung eine Arbeiterklasse und deren Organisationen, die korporativistisch „mitspielen", voraussetzt.

Die „Größe der Akkumulation ist die unabhängige Variable, die Lohngröße (und Beschäftigung – E.A.) die abhängige, nicht umgekehrt" (Marx, Das Kapital, Band I, MEW 23, S. 648). Wirtschaftspolitisch ist dies von nicht geringem Interesse. Paradoxerweise wird nämlich die passive, „abhängige Variable" in der nationalstaatlichen Wirtschaftspolitik zur aktiven Eingriffsvariablen, wenn der Zins als „unabhängige Variable", dessen Höhe den Mindestprofit bestimmt, als auf internationalen Finanzmärkten vorgegeben akzeptiert werden muß. Den politischen Handlungsspielraum können wirtschaftspolitische Instanzen nur noch ausweiten, indem sie an den Lohnkosten ansetzen. Daraus resultiert denn auch das vorrangige Interesse der Regulationstheorie an den – kostenrelevanten – Formen der Regulation des Arbeits- und Lohnverhältnisses (Vgl. Hübner/Mahnkopf 1988) und daher versucht Scharpf den bezeichneten systemischen Restriktionen strategisch innerhalb eines nationalstaatlichen „angebotspolitischen Keynesianismus" Rechnung zu tragen. Der klassische Verteilungskonflikt zwischen Lohnarbeit und Kapital bekommt nun eine neue Note, weil die Höhe der Zinsen die Melodie vorgibt; die Kapitalkosten (Zinsen) sind eine von den (globalen) Marktprozessen vorgegebene unabhängige Variable, die Arbeitskosten (Löhne etc. und

Produktionstechnik) sind die Eingriffsvariable wirtschaftspolitischer Gestaltung.

Doch die Entwicklung von Profit und Profitrate folgt keineswegs einer nationalen, wie auch immer wirtschaftspolitisch moderierten Logik. Reproduktion und Akkumulation des Kapitals sind Realität im globalen Funktionsraum. In der (marxistischen) Debatte um das Wertgesetz und dessen modifizierte Wirkungsweise auf dem Weltmarkt [3] wurden nach der Feststellung des Tatbestands ungleicher Produktionsbedingungen und gleichzeitig gleicher Tauschbedingungen von Werten auf Märkten die eigentlich spannenden Fragen erst aufgeworfen: Wenn die Arbeits- und Produktionsbedingungen von Land zu Land unterschiedlich sind, was hat es dann noch mit dem Tausch von Äquivalenten auf sich? Tauschen sich dann nicht von Land zu Land unterschiedliche Arbeitsquanta, findet nicht gar - wie von den Dependenztheorie zur Erklärung der Unterentwicklung behauptet - ein Werttransfer von den weniger produktiven zu den produktiveren Ländern, also von Süd nach Nord im Weltmaßstab oder von den weniger produktiven Regionen in der EG zu den entwickelteren statt? Welche Konsequenzen ergeben sich daraus für die komparativen Akkumulationsmöglichkeiten und dabei für die Beschäftigung der jeweiligen regionalen oder nationalen Arbeitsbevölkerung? Welche Unterschiede müssen in Rechnung gestellt werden, wenn Expansionsphasen und Stagnationsphasen verglichen werden? Lassen sich tatsächlich Unterschiede in den Produktivitätsniveaus durch Anpassung der Lohnkosten (oder durch entsprechende Abwertungsstrategien in der Wechselkurspolitik) kompensieren? Wie wirkt dieser Mechanismus in Ländern mit hohem und in Ländern mit niedrigem Produktivitätsniveau? Welche Rolle spielt das jeweilige Wechselkursregime (mit flexiblen oder fixierten Kursen) für die Wirkungsweise der Ausgleichstendenzen? Wie wirkt der Wechselkurs einer nationalen Währung auf Preisniveau und relative Preise (vor allem Import- und Exportpreise) und damit auf die Verteilung, das Niveau der Profitrate und auf die Investitionen und die Akkumulationsrate?

Und schließlich und entscheidend: Wenn sich Zwänge zur Angleichung nationaler Bedingungen an den durch die internationalen Kreditmärkte vorgegebenen Standard nicht umgehen lassen, wie ist dann mit der „List der Geschichte“ umzugehen, die darin besteht, daß sich im Prozeß des Ausgleichs von Produktionsbedingungen, sei dieser Ausgleich durch Marktkräfte her-

---

[3] Auf die in der zum Teil polemisch geführte Debatte kann hier nicht eingegangen werden. Es genügt für die hier anstehende Argumentation der Verweis auf einige Publikationen zum Thema: Neusüß 1971; Neusüß/ Blanke/ Altvater 1971.

beigeführt oder durch politische Angleichungsmaßnahmen befördert, gerade die (Krisen)tendenzen der kapitalistischen Produktionsweise durchsetzen? Mit dem internationalen Ausgleich der Profitrate – wenn alle nationalen Staaten mit einer Politik der Angleichung der nationalen Profitrate an die international vorgegebene Zinsrate erfolgreich sein sollten, dann ist ja dieses Resultat unvermeidlich – werden die realen Bedingungen erzeugt, die den tendenziellen Fall der Profitrate zum Resultat haben: Denn es werden die Produktions- und Konsumbedingungen angeglichen. Dies zeigt sich statistisch bei der Angleichung der Niveaus der Arbeitsproduktivität in den industrialisierten Ländern (Vgl. Maddison 1987, S. 650ff; Maddision 1989, S. 89), ganz abgesehen von der internationalen Uniformierung der Konsumgewohnheiten und Lebensweisen.

Der national wahrgenommene Zwang zur Produktivitätssteigerung hat aber infolge des nicht Harrod-neutralen technischen Fortschritts mit dem höheren Anstieg der Kapitalintensität (im Vergleich zur Arbeitsproduktivität) eine tendenzielle Verringerung der Kapitalproduktivität zur Folge. Tatsächlich ist deren Wachstumsrate in den ersten zwei Jahrzehnten nach dem zweiten Weltkrieg positiv und seit Mitte der 70er Jahre negativ; deren jährliche Wachstumsrate betrug von 1950-1973 im Durchschnitt der sechs großen Industrieländer USA, Großbritannien, Frankreich, BRD, Japan, Niederlande +0,73% und von 1973-1984 -1,78%. Die Kapitalproduktivität ist ein brauchbarer Indikator für die organische Kapitalzusammensetzung: das Sinken ersterer zeigt ein Steigen letzterer an (Vgl. Altvater/Hoffmann/Semmler 1979). Daher kann die Schlußfolgerung gezogen werden, daß mit den Angleichungstendenzen in der entwickelten Welt Bedingungen erzeugt worden sind, die zur Steigerung der organischen Kapitalzusammensetzung beigetragen und somit den Fall der Profitrate bewirkt haben. Dieser wird sowohl von der OECD (Vgl. Chan Lee/Sutch 1985) als auch von Armstrong/Glyn/Harrison (1984) und anderen belegt. Der Fall der Profitrate bedeutete aber keineswegs eine definitive Blockade von Akkumulationsmöglichkeiten. Es eröffnete sich für individuelle Geldvermögensbesitzer die Alternative der Finanzanlagen. Da dieser Prozeß obendrein mit Produktivitätssteigerungen der Arbeit verbunden war, hatte er die Vergrößerung des Abstands zwischen entwickelten und weniger entwickelten kapitalistischen Ökonomien zur Folge. Diese Konstellation wiederum führte zur Destabilisierung der Weltwirtschaft.

Der Versuch, den globalen finanziellen Instabilitäten nationalstaatlich ein Schnippchen zu schlagen, endet mit einer globalen Ausgleichung und schließlich Senkung der Profitrate. Denn längerfristig sind produktivitätssteigernde Effekte nicht ohne eine Erhöhung der Kapitalintensität zu haben – auch wenn „Deregulierung" im Umweltschutz den Kapitalaufwand heute senken mag, er wird morgen umso höher sein – und damit ist in der Regel eine Senkung der Kapitalproduktivität verbunden, sofern nicht Arbeiterwiderstand den Ersatz der lebendigen durch die tote Arbeit, also die Steigerung der Kapitalintensität verhindert. In diesem Fall aber kann davon ausgegangen werden, daß die Arbeiter- (bzw. Gewerkschafts)macht auch groß genug ist, um auf der Verteilungsebene ihre Positionen zu bewahren oder auszubauen (also die Mehrwertrate zu senken bzw. die Möglichkeit des mark-up zu beschneiden), und auf diese Weise durch „profit squeeze" Druck auf die Profitrate auszuüben. Der Eintritt in die Weltmarktkrise wird gerade dadurch befördert, daß nationale Strategien der Anpassung realer Verhältnisse an die monetär definierten Weltmarktbedingungen verfolgt werden, mit der illusionären Zielsetzung, die Auswirkungen der globalen Krise durch nationale Strategien vermeiden zu wollen.

Die nicht-intentionalen Wirkungen der angebotspolitischen Wirtschaftspolitik können also konterproduktiv sein. Eine Politik, die alle Bedingungen – nämlich Ausgleich und Fall der Profitrate – erzeugt, um die Krisentendenzen zu globalisieren, kann nicht aus der Krise herausführen. Mittel- und erst recht langfristig ist kein in den Weltmarkt integrierter nationaler Raum vor den globalen Krisentendenzen abzuschirmen. Am Ende der 80er Jahre sind die politischen Reichweiten von Nationalstaaten gegenüber der internationalisierten Existenzform des Kapitals außerordentlich begrenzt (Vgl. Beaud 1987). Boyer und Mistral (1983, S. 786) bezeichnen die gegenteilige Annahme von der bleibenden Autonomie nationaler Politik als eine Art „Verdunkelung". Es ist heute in Rechnung zu stellen, „daß der Nationalstaat einen Teil seiner Autonomie gegenüber der beträchtlichen Internationalisierung von Austauschprozessen und Produktionssystemen, sowie angesichts der bemerkenswerten Tendenz zur monetären und finanziellen Vereinheitlichung verloren hat, so wie sie sich auf Weltebene ausdrücken" (ebd., S. 786). [4)]

[4)] Nur nebenbei sei erwähnt, daß die vergleichende Politikforschung – ein expansiver Zweig in der modernen Politikwissenschaft (M. Schmidt 1983; Scharpf 1987; Keman/Paloheimo/Whiteley 1987; Therborn 1987 – um nur einige Repräsentanten zu erwähnen) – in aller Regel schon deshalb an ihrem Gegenstand vorbeizielt, weil sie nationalstaatliche „performances" vergleicht, ohne noch die Mechanismen des tatsächlichen, realen durch den Weltmarkt vollzogenen Vergleichs ins Blickfeld zu holen. Auch wird nicht berücksichtigt, daß der Vergleich sich in und durch Medien vollzieht, denen gegenüber der Vergleich nicht neutral und unabhängig ist: Die Medien sind das Geld, da ja alle Indikatoren des Vergleichs bereits in Geld ausgedrückt werden, und dieses keineswegs ein stabiler Maßstab sein kann. Ein anderes Medium sind die natürlichen Bedingungen, deren globaler Zustand auf externe Effekte von Produktion und Konsumtion in einzelnen nationalen Ge-

Wir können ein Resumée ziehen. Die nationalstaatlichen Anpassungen der Produktionsbedingungen von Profit an die international vorgegebenen Zinssätze „propagieren" die Krisentendenzen anstatt sie überwinden oder vielleicht auch nur vermeiden zu können. Kurzfristig mag „angebotspolitischer Keynesianismus" Linderung verschaffen, mittel- und langfristig ist er keine Strategie, die der Größenordnung der wirtschaftspolitischen Probleme realistisch Rechnung tragen würde. Auch wenn eine international koordinierte Wirtschaftspolitik (Geld- und Fiskalpolitik) zur Beeinflussung des Zinsniveaus illusionär sein sollte – die Annahme, mit nationalstaatlicher Regulation des Lohnverhältnisses und mit Modernisierungspolitik den globalen financial instabilities ausweichen zu können, ist es erst recht. Von der Höhe der Zinsen geht zwar der Druck auf Unternehmen aus, Produktionsbedingungen technisch und Entlohnung verteilungspolitisch so zu gestalten, daß die Zinsen aus den Profiten abgezweigt werden können – so die geldkeynesianische These –, doch bilden sich die Zinsen nicht aufgrund der präferenztheoretisch angenommenen Liquiditätsvorliebe von Geldvermögensbesitzern, sondern infolge von Angebot und Nachfrage auf Geld- und Kapitalmärkten. Deren Funktionsweise ist aber präferenztheoretisch nicht zu begründen, zumal sowohl das Angebot als auch die Nachfrage von Geldkapital von der Entwicklung der Profitrate abhängig sind.

sellschaften hin untersucht werden müßte, wenn denn schon Vergleiche Sinn machen sollen. Im fünften Kapitel wird uns noch die Frage beschäftigen, daß und wie einzelne nationale Gesellschaften ihre „Entropiebilanz" verbessern können, indem sie Entropieabfuhr in und Energiezufuhr aus anderen Gesellschaften organisieren, also ihre Umweltschäden „exportieren". Die Nationalstaaten können nicht als einzelne gesetzt werden, um in der Forschung anhand geeigneter Indikatoren verglichen zu werden. Sie müssen als besondere innerhalb des allgemeinen Weltmarktzusammenhangs, innerhalb des globalen Systems gefaßt werden.

7. Globale Geldfunktionen und -institutionen

Finanzielle Instabilitäten sind den Marktprozessen eigen. Wenn sich die Märkte globalisieren, erreichen auch die Instabilitäten globale Ausmaße. In der Weltwirtschaftskrise der 30er Jahre haben sich die Krisentendenzen durch die Ganglien des internationalen Finanzsystems in alle Teile der Welt ausbreiten können. 50 Jahre später sind die finanziellen Verflechtungen viel dichter und daher können sich Instabilitäten auch heute noch globalisieren und zu Krisen verschärfen: in den Währungskrisen der 60er Jahre, der Schuldenkrise der 80er und 90er Jahre. Was ist angesichts globaler „finanzieller Instabilitäten" näherliegend als der politische Versuch, institutionelle Sicherungen in das internationale Währungs- und Kreditsystem einzubauen, die es stabilisieren sollen?

Wenn denn globale monetäre Prozesse und die aus ihnen als Resultat hervorgehenden Zinsdaten das ökonomische Prinzip schlechthin verkörpern, dann müssen diese etwas eingehender betrachtet werden. Von den logisch zu entwickelnden Formen und Funktionen des Geldes sind die historischen Formveränderungen des Geldes noch zu unterscheiden. Die Regulation des Geldes und die Regulation der ökonomischen Verhältnisse mit dem Geld sind historisch nicht ein für alle Mal festgeschrieben, sondern Veränderungen unterworfen. Auf den Goldstandard bis zum Ersten Weltkrieg (Vgl. Cooper 1987, S. 43ff) und die vergeblichen Versuche, ihn als Golddevisenstandard nach dem Ersten Weltkrieg zu retten (Vgl. Ziebura 1984; Aldcroft 1977) kann hier nicht eingegangen werden. Im Zentrum unserer Betrachtung steht das internationale Geldverhältnis, wie es nach dem Zweiten Weltkrieg institutionell errichtet wurde, und wie es sich seiner immanenten Dynamik entsprechend entwickelte. Diese ist aber nicht nur von der Funktion des Geldes als Mittel der Erfüllung von Kreditkontrakten (Zahlungsmittel) bestimmt (so wie Riese 1983 die Geldfunktion darlegt, der die institutionelle Ausgestaltung der Zentralbank zu dienen habe), sondern auch von seiner Funktion des Zirkulationsmittels zur monetären Abwicklung des internationalen Handels. Die internationalen Institutionen der Gewährleistungen von Geldfunktionen müssen also nicht nur auf den intertemporalen Preis (Zinssatz), sondern auf die intermonetären Preise (Wechselkurse) des Geldes Einfluß nehmen. Letzterer ist besonders wichtig, bestimmt er doch darüber, ob Zentralbankgeld den äußeren Wert hält und daher auch für intertemporale Kontrakte attraktiv bleibt. Folglich ist im Geld nicht nur eine *zeitliche* Verbindung zwischen Vergangenheit, Gegenwart und Zukunft eingeschlossen, sondern auch eine *räumliche* zwischen verschiedenen nationalen Währungsräumen. Geld ist somit eine dreidimensionale Kategorie, und nur wenn räumliche Dimension (intermonetärer Preis) und zeitliche Dimension (intertemporaler Preis) zusammenpassen, ist so etwas wie Stabilität möglich.

Das Währungssystem von Bretton Woods war so ausgestaltet, daß es im wesentlichen der Zirkulationsfunktion des Geldes Rechnung tragen konnte. Diese bezieht sich auf die Relationen zwischen den Geldern der verschiedenen Währungsräume untereinander, also auf die Wechselkurse. In ihr reduzieren sich die drei Dimensionen auf zwei, da die Wirkung des intertemporalen Preises, also der Zinsdifferenzen, für die intermonetären Preise zu vernachlässigen ist: die Wechselkurse waren fixiert und bis zum Ende der 50er Jahre obendrein durch die Inkonvertibilität der wichtigsten Währungen adminsitrativ geschützt. Aufgrund der Erfahrungen der Krise der 30er Jahre sollte das institutionalisierte Regelsystem der Währungs- und Finanzbeziehungen vor allem der Expansion des Welthandels durch die Bereitstellung von (Welt)geld in seiner Funktion als Zirkulationsmittel dienen. Die Erfüllung dieser Aufgaben ist freilich an mehrere Voraussetzungen gebunden:

Erstens. Ein Multiwährungsstandard ist in bezug auf das Ziel der Handelserleichterung dysfunktional. Zwar würde sich in der „Konkurrenz der Währungen" auch ohne Festlegung eines Weltgeldes ein solches herausbilden. Aber bei Flexibilität der Wechselkurse in einem Multiwährungsstandard sind heftige Schwankungen des „intermonetären" Preises der (nationalen) Gelder (Währungskurse) nicht auszuschließen. Dadurch wird das Risiko von Währungstransaktionen erhöht, die finanziellen Unsicherheiten nehmen zu, die Fragilität der Devisenmärkte wird größer. Die von den Marktkonstellationen ausgelösten Zahlungsbilanzmechanismen, die Anpassungen der realen Ökonomie (von Produktion, Beschäftigung, Technik) erforderlich machen, können nur unvollkommen wirken, wenn die nationale Wirtschaftspolitik andere Ziele verfolgt als das außenwirtschaftliche Gleichgewicht, z.B. Vollbeschäftigung und Preisniveaustabilität. Daher bietet es sich an, eine prominente Währung zum Weltgeld zu erklären, wenn diese Funktion aus historischen Gründen nicht dem Gold überlassen werden kann.

Zweitens müssen die Kurse der beteiligten Währungen gegenüber dem Weltgeld fixiert werden, um eine „beggar-thy-neighbour"-Politik in der Form von Abwertungswettläufen von vornherein zu verunmöglichen und das Risiko auf Devisenmärkten zu mindern. Die Abwertung von nationalen Währungen allerdings kann ihren beabsichtigten Effekt nur im zweidimensionalen Raum ausüben; wird der Effekt auf den intertemporalen Preis berücksichtigt, kann dieser durchaus konterproduktiv sein. Beispielsweise kann eine Abwertung den inneren Geldwert unterminieren, so daß Kreditkontrakte nur noch zu entsprechenden höheren Zinsen abgeschlossen werden können. Hohe Zinsen aber können den Investitionsprozeß blockieren und eine wenig kapitalintensive Technik begünstigen. Deren Effekt kann eine Verschlechterung der Wettbewerbsposition auf dem Weltmarkt sein, die nur durch weitere Abwertung kompensiert werden kann.

Drittens können diese Bedingungen im institutionellen System aber nur realisiert werden, wenn eine Hegemonialmacht für ihre Einhaltung Sorge trägt und, sofern es kein internationales Kunstgeld (das Keynes 1944 als „Bancor" vorschlug) gibt, ihr nationales Geld als Weltgeld zur Verfügung stellt. Auf der Grundlage eines solchen Systems internationalisierter Zirkulationsfunktionen des Geldes ist es die Aufgabe des polititischen Systems (insbesondere der Hegemonialmacht), die Währungen konvertibel zu machen, die Liquiditätsversorgung mit Weltgeld zu garantieren und den freien Welthandel auch von nicht- monetären Hemmnissen (von Zöllen, Kontingenten, Normen etc.) zu befreien. Schließlich kommt es darauf an, die nationalen Geldpolitiken zu koordinieren, um Spannungen im System zu vermeiden (Kindleberger 1978, S. 210ff).

Bisher ist funktionalistisch argumentiert worden, so als ob die politischen Instanzen, noch dazu im internationalen System die Institutionen geschaffen hätten, die den Regelungsbedarf am besten zu erfüllen versprachen. Doch die historischen Bedingungen am Ende des Zweiten Weltkriegs ließen nur geringen Spielraum für die Gestaltung des Währungssystems. Daß der US-Dollar nach dem 2. Weltkrieg zum Weltgeld avancierte, hat eine Reihe von Ursachen, die sich allesamt darauf zurückführen lassen, daß die USA inzwischen zur Hegemonialmacht aufgestiegen waren. Dieser Sachverhalt könnte hegemonietheoretisch begründet werden, also mit den Ursachen und funktionalen Abläufen, in deren Folge die USA zur Hegemonialmacht und daher ihre nationale Währung zum Weltgeld emporstiegen. Wenn keynesianisch die kapitalistische Weltwirtschaft als eine internationale Geldökonomie aufgefaßt wird, könnte die Prominenz des US-Dollar als Ausdruck der höchsten Liquiditätsprämie betrachtet werden, die die Geldvermögenshalter einer nationalen Währung unter den vielen konkurrierenden nationalen Währungen einzuräumen bereit waren und sind. Vertrauen ist eine psychologische Kategorie, fußt jedoch auf höchst realen Verhältnissen: Erstens auf der realwirtschaftlichen Dominanz der Hegemonialmacht, d.h. auf der Wirtschaftskraft und Produktivität der Arbeit im Vergleich zu anderen kapitalistischen Ökonomien und zweitens darauf, daß die hegemoniale Nation sich innerhalb der Weltökonomie in einer Gläubigerposition befindet, die auch dazu veranlaßt, ein institutionelles System für internationale Zahlungsabwicklungen zu errichten. Aus diesen beiden Bedingungen läßt sich eine dritte ableiten, nämlich die Wertstabilität des Weltgeldes gegenüber anderen nationalen Währungen, die potentiell mit dem US- Dollar um die Weltgeldfunktion konkurrieren können. „Wertstabilität" ist nichts anderes als eine intrinsische Unterbewertung der Hegemonialwährung: sie tendiert zur Aufwertung, während andere Währungen spiegelbildlich zur Abwertung tendieren.

Die Funktionsfähigkeit des Systems hängt also wegen dieser Konstruktion an der ‚Stabilität' der US-amerikanischen Hegemonialordnung, die nun eingehender zu betrachten ist.

8. Hegemoniezyklen und das Weltgeld

Vor allem im Gefolge der Arbeiten von Kindleberger ist ein breiter Strom von Veröffentlichungen entstanden, die den Zusammenhang von Hegemonie und Stabilität in der Weltwirtschaft thematisieren. Stabilität unter Bedingungen von ökonomischer Instabilität und Krisenhaftigkeit ist das Ergebnis von ordnungspolitischen Leistungen, diese aber sind kostspielig, so daß niemand sie freiwillig erbringen möchte; „free rider"-Verhalten ist billiger. Die aus diesem Interesse und aus dem „Gefangenendilemma" (Einzelaktionen sind suboptimal, Absprachen sind besser) entstehende Rationalitätsfalle lässt sich nur vermeiden, wenn eine Nation fähig und willens ist, ihre ökonomischen und politischen Ressourcen zur Steuerung der Weltwirtschaft einzusetzen.

Ein historischer Rückblick auf die gesamte, inzwischen etwa 500jährige Geschichte des modernen kapitalistischen Weltsystems öffnet Einsichten in die Notwendigkeit politischer Regulation von Märkten und Mächten, auf nationaler Ebene ebenso wie im globalen Zusammenhang. Dem Problem der Regulation des internationalen Systems im Rahmen einer „hegemonialen Ordnung" (Hegemonie im Sinne Antonio Gramscis: als „mit Zwang gepanzerter Konsens") gehen seit etwa Ende der 70er Jahre Theoretiker des sogenannten „Hegemoniezyklus" nach (dazu zählen so unterschiedliche Autoren wie: Wallerstein 1984, Modelski 1981, Thompson 1983, Kennedy 1987 u.a.). Die grundlegende Idee läßt sich folgendermaßen skizzieren: Seitdem das kapitalistische Weltsystem besteht, also seit den großen Entdeckungen am Ende des 15. Jahrhunderts, ist die Ökonomie internationalisiert, aber paradoxerweise bilden sich mit der Ausweitung des Welthandels auch die modernen Nationalstaaten heraus. Nationale Politik und Internationalisierung der Ökonomie, die politische Grenzziehung und die ökonomische Infragestellung von Grenzen – das verträgt sich nicht auf Dauer. Die Lösung dieses Dilemmas bestand jeweils darin, daß ein Nationalstaat mit seiner überlegenen militärischen, politischen und ökonomischen Macht für eine internationale Ordnung der ökonomischen Expansion und des politischen „Gleichgewichts der Kräfte" gesorgt hat. Am Anfang der Geschichte des – von Europa seinen Ausgang nehmenden – kapitalistischen Weltsystems war dies Portugal, gefolgt von Spanien, das von den Niederlanden zu Beginn des 17. Jahrhunderts abgelöst wurde. Im 18. Jahrhundert kam Großbritannien als Hegemonialmacht auf, verteidigte zu Beginn des 19. Jahrhunderts in den napoleonischen Kriegen seine Vormachtstellung und bestimmte bis in die 20er Jahre dieses Jahrhunderts das Weltgeschehen mit dem Regelwerk der „pax britannica". Schon seit dem letzten Drittel des 19. Jahrhunderts tauchen die USA als neue industrielle Großmacht am westlichen Horizont des Atlantik auf; aber erst in den 30er Jahren beginnen die USA, sich von der Politik der „splendid isolation" zu lösen und entsprechend ihrer ökonomischen Macht die wirtschaftliche Führung im Weltgeschehen wahrzunehmen.

So weit ist die historische Globalsicht nicht weiter aufregend. Die Darstellung der großen Linien der Entwicklung des kapitalistischen Weltsystems sind so allgemein, daß sie zugleich richtig – was die ganz langfristigen Tendenzen anbelangt – wie auch falsch – nämlich bei näherer Betrachtung einzelner Phasen und der ihnen zugrundeliegenden sozioökonomischen Tendenzen – sein können. Jedoch geht die Abstraktion bei einigen Autoren noch ein faszinierendes Stück weiter. Sie meinen nämlich, im Verlauf der historischen Entwicklung etwa parallel zu den nach Kondratieff benannten ca. 30-50 Jahre umfassenden „langen Wellen der Konjunktur" politische Zyklen des Aufstiegs und Verfalls von Hegemonialmächten und -ordnungen mit jeweils vier Phasen ausmachen zu können: der Epoche der unangefochtenen Weltmacht folgen zunächst das Stadium der „Delegitimierung", also der Herausforderung der Hegemonialmacht auf internationaler Ebene und dann dasjenige der „Dekonzentration", also der Erosion von Mitteln, mit denen Hegemonie ausgeübt wird, und der Heraufkunft konkurrierender Mächte, so daß sich Hegemonie auf verschiedene Zentren diffundiert. Deren Rivalitäten münden in der vierten Phase des Zyklus in einen Weltkrieg, in dessen Verlauf sich durch die Niederlage der alten eine neue Weltmacht siegreich emporschwingen kann.

Den Phasen des Hegemonialzyklus entsprechen die Phasen des langen ökonomischen Zyklus: Der Aufstieg der Hegemonialmacht ist mit einer prosperierenden, expansiven Weltwirtschaft verbunden, während der Niedergang der Hegemonialmacht auf dem Hintergrund einer langen Welle „mit stagnativem Grundton" (Mandel 1972; 1980) stattfindet. Im hier diskutierten Zusammenhang erhält nun die „große Krise" eine neue Dimension: sie kann unter Berücksichtigung der Globalisierung des kapitalistischen Systems als „Hegemoniekrise“ interpretiert werden. Die Restrukturierung der gesellschaftlichen Verhältnisse würde dementsprechend auch die Errichtung einer neuen hegemonialen Ordnung erforderlich machen.

Dies kann mit einer resümierenden Betrachtung der kurzen Geschichte des „US-amerikanischen Empire“ erläutert werden. Schon seit dem Ende des vorigen Jahrhunderts waren die USA eine aufstrebende ökonomische und politische Macht in der Weltwirtschaft. Nach Untersuchungen von Angus Maddison ist schon 1890 die durchschnittliche Arbeitsproduktivität in den USA höher als in Großbritannien, dem seinerzeit führenden Land. Nach dem Ersten Weltkrieg sind die USA unbestritten stärkste Industrienation, die alle europäischen Mächte in den Schatten stellt. Die Industrie in der „Neuen Welt“ steht an der Spitze von technischem Fortschritt und wirtschaftlicher Rationalisierung: jenseits des Atlantik wird das Prinzip des „Fordismus“ entwickelt (vgl. Aglietta 1979). Das sind die später überall auf der Welt nachgeahmten sozialen Regeln zur Stimulierung der Arbeitsleistung, die Anwendung der technisch-organisatorischen Innovationen durchrationalisierter Massenfertigung in den Betrieben, die wirtschaftspolitischen Methoden der Steigerung effektiver Nachfrage und eine Lohnpolitik, die infolge individueller Lohnsteigerungen im Zuge der Produktivitätsentwicklung den für den Absatz der Massenproduktion notwendigen Massenkonsum ermöglicht. Es entsteht so die „fordistische“ Regulationsweise, ein Ensemble sozialer Institutionen und ökonomischer Entsprechungsverhältnisse, die der kapitalistischen Dynamik einen nachhaltigen Impuls vermittelten. Die USA verwandeln sich im Zuge des Ersten Weltkriegs auch in einen „Supergläubiger“ (Polanyi 1979) innerhalb des globalen Finanzsystems. Alle Staaten Europas sind gegenüber den USA verschuldet. Mit kurz- und langfristigen Krediten hält Wall Street das Finanzsystem flott. Es bricht in Europa (insbesondere in Deutschland) zusammen, als nach dem Krach von 1929 US-Unternehmen und Banken beginnen, ihre Anlagen in Europa – wie übrigens auch in Lateinamerika – zu liquidieren und in die USA zu repatriieren.

In den 30er Jahren bestimmen die USA bereits in der sich herausbildenden westlichen Allianz gegen die faschistische Achse die Konditionen, um dann in dem in den 40er Jahren geschaffenen und in den 50er Jahren erweiterten globalen Institutionensystem die Führung unangefochten zu übernehmen. Vielleicht wären die USA in jedem Fall zur Hegemonialmacht des 20. Jahrhunderts herangereift; doch unbestreitbar ist die historische Tatsache, daß „God's own Country“ als Ergebnis zweier (vor allem europäischer) Weltkriege Hegemonialmacht geworden ist. Die USA waren zu dieser Aufgabe legitimiert und die ökonomische, militärische und politische Macht, mit der sie die Hegemonialordnung sichern konnten, war dort konzentriert. So weit scheint der historische Prozeß die These vom Hegemonialzyklus zu bestätigen.

9. Dominanz und Hegemonie

Doch anders als jemals zuvor in der Geschichte gilt nach dem Zweiten Weltkrieg die Hegemonialordnung der „pax americana" nur für die „westliche" Hälfte der Welt. Die „östliche" Hälfte wird unter der Hegemonie der Sowjetunion zum „sozialistischen Lager" zusammengefaßt. Die Supermächte werden Gegner in einer zunächst bipolaren und nach der Abtrennung Chinas vom realsozialistischen Block tendenziell sogar tripolaren Welt und ihre hegemoniale „Ordnungsfunktion" spaltet sich auf; sie bezieht sich einerseits auf das jeweils „feindliche" Lager, das vor allem mit militärischer Machtentfaltung „eingedämmt" werden soll und andererseits auf die Stabilisierung der ökonomischen, politischen, militärischen, kulturellen Beziehungen innerhalb der jeweiligen Allianz.

Innerhalb des westlichen kapitalistischen Systems sind die USA seit dem Zweiten Weltkrieg dominante Nation und als solche Garant der Hegemonialordnung. Sie haben, wie Susan Strange (1988) dies bezeichnete, „relational power" in den bi- und multilateralen Beziehungen von Staaten untereinander (dies könnte Dominanz genannt werden), und verfügen über „structural power", die durch gemeinsame Normen, Institutionen und Kooperationsformen, also auf konsensualer Grundlage ausgeübt wird (dies entspricht der Definition von Hegemonie). Die wichtigsten Bedingungen für die (ökonomische) Dominanz eines Landes auf dem Weltmarkt sind: komparative Vorteile bei der Produktion von Spitzenprodukten; die Fähigkeit, die Versorgung der eigenen Wirtschaft und der der verbündeten Nationen mit strategischen Rohstoffen (z.B. Erdöl wegen des energieintensiven Industriemodells) kontrollieren und die internationalen Devisen- und Finanzmärkte dadurch regulieren zu können, daß das nationale Geld als Weltgeld und das nationale Finanzsystem als Weltfinanzzentrum fungiert. Die nationale Volkswirtschaft muß auch groß genug sein, um als „Lokomotive" die Entwicklung der Weltwirtschaft stimulieren zu können. Ein ökonomisch dominantes Land ist darüber hinaus auch militärisch überlegen und schließlich müssen von der dominanten Nation kulturelle und ideologische Impulse in die gesamte Weltgesellschaft ausgehen.

Die so umschriebene Dominanz (relational power) wird aber nur dann zur Grundlage einer hegemonialen Ordnung (structural power), wenn die genannten Bedingungen in einem internationalen Institutionensystem verankert werden und alle anderen Nationen das durch die dominante Nation gesetzte Regelwerk akzeptieren. Hegemonie schließt mithin immer Dominanz ein; doch eine dominante Nation wird nicht automatisch zu einer Hegemonialmacht. Solange die Weltwirtschaft wächst, die Rohstoff- und Energieversorgung gesichert ist, das Währungssystem funktioniert und die internationalen Kreditbeziehungen produktive Investitionen und den Welthandel finanzieren, können alle an den Gratifikationen des Systems teilhaben, wenn auch ungleichmäßig und ungleichzeitig und folglich niemals konfliktfrei. Die Kosten der Integration in die Hegemonialordnung und der Anerkennung ihrer Regeln und Zwänge sind jedenfalls wesentlich geringer als diejenigen einer Option der „Abkopplung" vom Weltmarkt oder der „autozentrierten Entwicklung". Die dominante Nation kann ökonomischen Druck und politischen Zwang ausüben, aber dieser wird durch den mächtigeren Hebel des in den internationalen Strukturen eingeschriebenen, von den internationalen Institutionen beförderten und mit der Ideologie von Freiheit und Markt getünchten Konsenses in Hegemonie verwandelt.

Die USA sind als hegemoniale Nation in einer exponierten Lage wie noch keine andere Hegemonialmacht in der Geschichte des kapitalistischen Weltsystems zuvor: Wegen der doppelt dimensionierten, nach innen in der westlichen Welt und nach außen gegenüber dem „Sowjetblock" zu sichernden hegemonialen Ordnung. Generell wird von den Theoretikern des Hegemonialzyklus behauptet, daß ökonomische Überlegenheit in der Weltgesellschaft die wesentliche Grundlage von politischer und militärischer Suprematie ist. Diese wiederum ermöglicht das Oktroi einer internationalen politischen und ökonomischen Ordnung gemäß den von der Hegemonialmacht gesetzten und garantierten Spielregeln (structural power). Weil also die politischen und die ökonomischen Strukturen des Weltsystems nicht kongruent sind, kann und muß sich eine nationale Führungsmacht herausentwickeln. Alle Nationen innerhalb des Systems profitieren von der politisch-ideologischen Regulation und erst recht von der ökonomischen Expansion, doch die Hegemonialmacht am meisten. Sie vermag einen „Seignorage"- Vorteil einzustreichen: das nationale Geld ist zugleich als Weltgeld internationales Kaufmittel (vgl. etwa Kindleberger 1984, S. 30; Cooper 1987, S. 8). Folglich können Wirtschaftssubjekte aus den USA unverzinsliches Zenralbankgeld als Kaufmittel in die Zirkulation werfen und damit zinstragende Papiere (z.B. Portfolio-Investitionen) und profitbringende Investitionen (Direktinvestitionen) finanzieren. Ein blendendes Geschäft: die Doppelfunktion des Dollar erlaubt es den USA, durch ihre Geld- und Kreditschöpfung Ansprüche auf das Wertprodukt anderer Volkswirtschaften zu „produzieren“: Sie können ihren Kapitalexport finanzieren wie bis in die 70er Jahre und auf diese Weise die Transnationalisierung der US-Unternehmen bezahlen oder sie können sich ein riesiges Handelsbilanzdefizit leisten, ohne die Zahlungsunfähigkeit befürchten zu müssen – wie in den 80er Jahren. Natürlich gilt dies nur so lange, wie der Dollar wirklich als Weltgeld, in dem die internationalen Kontrakte denominiert werden, akzeptiert wird. Diese Akzeptanz hängt nicht zuletzt von der ökonomischen Sicherheit (Wertbeständigkeit) des Weltgeldes und insbesondere von der Verwertungsrate des Dollar – dem Zinssatz in den USA – ab, der seit Herstellung der Konvertibilität der Währungen und der Internationalisierung der Kreditmärkte die Zinssätze auch in anderen Währungsräumen stark beeinflußt. Dies ist im übrigen auch die internationale Bedingung für die oben diskutierte Abhängigkeit und Begrenztheit nationaler Wirtschaftspolitik, die als „Verlust der Zinssouveränität“ (Scharpf 1987) beklagt wird.

Die ökonomische Vormachtstellung, also die Voraussetzung für Dominanz und Hegemonie, kann gegenüber den Konkurrenten noch ausgebaut werden. Die hegemoniale Ordnung setzt einen für die Supermacht positiven Rückkopplungsmechanismus in Gang. Freilich ist dieser nicht stabil und auf Dauer angelegt. Denn den konkurrierenden Nationen stehen durchaus Optionen offen, die überlegene Wettbewerbsfähigkeit der Hegemonialmacht in Frage zu stellen. Ein solcher Aufhol-Prozeß bestimmte die weltwirtschaftliche Entwicklung seit Mitte der fünfziger Jahre, denn die konkurrierenden Nationen konnten sich der „opportunities of backwardness“ (Maddison 1987, S. 669) bedienen. Den Westeuropäern ist es unerwartet schnell gelungen, die „technologische Lücke“ zu den USA weitgehend zu schließen und so lange, wie sie auf dem Felde der Produktivität der Arbeit hinterherhinkten, mit geringen Löhnen und längeren Arbeitszeiten die Lohnstückkosten niedrig und die Produktpreise entsprechend konkurrenzfähig zu halten. Japan folgte im Grunde genommen mit der gleichen Strategie etwa ein Jahrzehnt später.

In einer solchen Situation kann der Seignorage-Vorteil der Führungsmacht nicht nur schwinden, er kann sich in einen Seignorage-Nachteil verkehren. Die Ausübung von Hegemonie, also die Übernahme der Garantie für das Funktionieren des Systems als ganzes, wird zu einer ökonomischen Belastung, zumal in den Jahrzehnten nach dem Zweiten Weltkrieg die USA nicht nur militärische Suprematie im eigenen Block aufrechterhalten mußten, sondern den „militärischen Schirm“ über das westliche System gegen den Sowjetblock auszubreiten hatten. Wegen dieser doppelten Belastung hatten sie vergleichsweise hohe Rüstungsausgaben. Während die USA in den 80er Jahren mehr als 6% des Bruttosozialprodukts in die Rüstung steckten, haben die BRD 3,4%, Großbritannien knapp 5% und Japan weniger als 1% für die unproduktive (bzw. genauer: nicht-reproduktive) Rüstungsindustrie aufgewendet. Die Konkurrenten der USA konnten wegen der vergleichsweise (gemessen am Sozialprodukt) geringeren Militärausgaben öffentliche Ressourcen insbesondere im infrastrukturellen Bereich und in Forschung und Entwicklung einsetzen, mit denen die „Produktivitätslücke" zu den USA weitgehend geschlossen wurde (vgl. Cuomo-Report 1988; Maddison 1987 und 1989). Es war für die ökonomischen Konkurrenten der USA von Vorteil, daß sie – anders als jemals zuvor in der Geschichte von Hegemonialordnungen – mit der dominanten Macht nicht auch noch auf militärischem Gebiet mithalten mußten, war die Hegemonialmacht doch im Wettrüsten mit dem gegnerischen Hegemonialsystem gebunden.

Die ökonomischen Bedingungen der Dominanz der USA innerhalb des westlichen Systems wurden also auch unterminiert, weil die USA gegenüber dem „sozialistischen Lager" den ökonomisch kostspieligen militärischen Einsatz im Rüstungswettlauf steigerten. Auf die überlegenen ökonomischen Ressourcen rekurrierend versuchten sie, das militärische „Gleichgewicht des Schreckens" zu ihren Gunsten zu verschieben und die Sowjetunion „kaputtzurüsten". Dies ist letztendlich nicht gelungen, und dennoch hat diese Strategie weitreichende Effekte im westlichen wie im östlichen System ausgelöst. Keine Gesellschaft kann über Jahrzehnte einen „kalten Krieg" des permanenten Rüstungswettlaufs führen, ohne dabei die gesellschaftlichen Verhältnisse zu infizieren: ganze Wirtschaftszweige und Regionen werden von Rüstungsaufträgen abhängig, es bildet sich der „militärisch-industrielle Komplex" heraus, und in die gesellschaftlichen Abläufe wird tendenziell, und zwar systemübergreifend, die „exterministische Logik" (E.P. Thompson) implantiert. Zwar ist die Sowjetunion nicht im ökonomischen Sinne „kaputtgerüstet" worden, aber der Rüstungswettlauf hat seine tiefen Spuren in der Gesellschaft gezeichnet und sicherlich auf seine Weise zum Ausgang des „kalten Kriegs" beigetragen. Innerhalb des kapitalistischen Weltsystems haben sich die Verhältnisse so grundlegend verändert, daß die Rede von der US-amerikanischen Hegemoniekrise ein gerüttelt Maß Plausibilität für sich beanspruchen kann.

Freilich wird dem entgegengehalten, daß von einer Hegemoniekrise in der westlichen Welt zu reden die Sachlage in nachgerade grandioser Weise überdramatisieren würde und noch dazu bedeute, in die rhetorischen Fallen der liberalen Ökonomen und Politiker zu laufen, die ja überall auf der Welt mit der Klage über die verloren gegangene oder gefährdete Wettbewerbsfähigkeit den „kostspieligen“ Sozialstaat angreifen und den Gewerkschaften mit dem Argument vom „Sachzwang Weltmarkt“ kommen, um den Arbeitseinsatz flexibilisieren und die Lohnkosten senken zu können. Außerdem sei in Rechnung zu stellen, daß keine der konkurrierenden Nationen – weder aus Westeuropa noch aus Asien – den USA das Wasser im Hinblick auf finanzielle Überlegenheit oder bestimmte Spitzentechnologien (Elektronik, Raumfahrt, Rüstungsgüter) reichen könnten. Wenn man die Entwicklung der Marktanteile bei den exporierten Industriewaren je nach dem „R&D- Anteil“ betrachtet, dann bestätigt sich das Bild der „gelungenen Aufholjagd“ der Konkurrenten der USA und eine bislang gelungene Verteidigung der US-Position in Spitzentechnologien: Bei den Produkten mit niedriger R&D-Intensität führt die BRD (Marktanteil an den Exporten der Industrieländer 13,4% im Jahre 1985), auf den Märkten für Güter mit mittlerer R&D-Intensität hat Japan seine Position ausbauen können (Anteil am Gesamtexport der Industrieländer 1985: 20,2%). Die USA haben auf diesen Marktsegmenten Terrain verloren, halten aber die Spitzenstellung bei Produkten mit hohem R&D-Anteil (1985 26,8%) gefolgt von Japan (18,3%) und der BRD (13,9%). Allerdings dokumentieren die Daten auch, daß die USA seit Beginn der 70er Jahre Marktanteile haben an die Konkurrenten abgeben müssen (UNCTAD 1987, S. 116f).

Auch wird darauf verwiesen, daß die üblicherweise als Beleg einer Hegemoniekrise der USA angeführten Indikatoren wenig aussagekräftig seien. So könne etwa aus dem rückläufigen Anteil der US-Exporte am Welthandel keineswegs der Schluß auf eine rückläufige Konkurrenzposition des US-Kapitals gezogen werden, weil gerade im Falle der USA ein großer Teil der außenwirtschaftlich relevanten ökonomischen Aktivitäten von transnationalen Konzernen US- amerikanischer Herkunft durchgeführt werde und deren Wertschöpfung mit den herkömmlichen statistischen Indikatoren nicht erfasst werde. Die Rede von der Hegemoniekrise sei schlicht mit statistischen Methoden betriebene ideologische Vernebelung. Ganz zweifellos sprechen gute Gründe für solche Einwände. Jedoch dürfen sie nicht so gelesen werden, als ob sich an den ökonomischen, ideologischen, politischen und militärischen Strukturen des globalen Systems nichts Grundlegendes geändert habe. Denn auch wenn US-Kapital in allen Teilen der Welt aktiv ist, hat doch die Schwächung der Konkurrenzfähigkeit des nationalen Wirtschaftsraums der USA negative Effekte auf die Leistungsbilanz und mithin auf den Wert der US-Währung gegenüber anderen nationalen Währungen. Der Terrainverlust der USA gegenüber Konkurrenten, der in einer Vielzahl von

Studien und Debatten untersucht und diskutiert worden ist (z.B. Thurow 1980; Thurow 1985; Davis 1986; Scott/Lodge 1985; Cuomo 1988), hat nicht nur den Verfall von Extraprofiten zur Folge, sondern ist auch die ökonomische Grundlage für den politischen Niedergang der Hegemonialmacht und damit auch für die Erosion des international institutionalisierten Regelsystems, das den so erfolgreichen *ökonomischen Reproduktionsprozeß politisch organisierte* und über mehrere Jahrzehnte einen „kooperativen" globalen Kapitalismus ermöglichte. Mit dem Verlust der internationalen Regulierungsleistungen der Hegemonialmacht aber ergaben sich in einem veränderten internationalen Umfeld neue Aufgaben für die *Nationalstaaten*.

Dominanz und Hegemonie können nicht nur divergieren, sie können sich auch widersprechen: Die Dominanz der Supermacht innerhalb der Weltwirtschaft kann gerade dadurch erhalten bleiben, daß die materiellen Grundlagen des Konsenses, und damit des hegemonialen Systems insgesamt, unterminiert werden. Dies geschieht, wenn die hegemoniale Macht ihre industrielle Überlegenheit verliert und potente Konkurrenten aufkommen, die dann mit „unfairen Mitteln", beispielsweise protektionistischen Maßnahmen, abgewehrt werden. Die Strategie der Ausweitung der nationalen Exporte gerät in solch einer Situation zum *Nullsummenspiel*, bei dem die eine Nation verliert, was die andere gewinnt. Erst in dieser Situation, in der die politisch-hegemoniale Protektion des freien Handels nicht funktioniert, verwandeln sich Politiken der Exportförderung und der Importbeschränkung von Nationalstaaten in Protektionismus; d.h. Protektionismus ist eine *situationsbedingte* nationalstaatliche politische Option, wenn die kooperative Protektion der Handelsbeziehungen durch ein hegemonial gesichertes internationales Institutionensystem an Grenzen stößt. „Reziprozität" in den Welthandelsbeziehungen verkehrt sich aus einem Prinzip der reziproken Verringerung der Handelsschranken und daher der überproportionalen Steigerung des Welthandels in ein Prinzip der neomerkantilistischen Diskriminierung zum Zwecke der Sicherung von nationalem Wachstum und Beschäftigung – auch auf Kosten konkurrierender Nationen.

Dies geschieht auch, wenn das nationale Geld der Supermacht als unangefochtenes Weltgeld nicht mehr akzeptiert wird und daher Währungskrisen heraufbeschworen werden. Eine Abwertung des nationalen Geldes der Hegemonialmacht hat auch eine Abwertung der Weltgeldbestände und in der Tendenz die Heraufkunft konkurrierender Währungen zur Folge. Die Devisenreserven verlieren an Wert und die Zentralbanken aller Länder haben entsprechende Verluste zu verbuchen. Das System der Regulierung der intermonetären Preisrelationen funktioniert nicht mehr im Sinne der Erleichterung und Beschleunigung des Welthandels. Mit den Funktionen erodieren die Institutionen, die ihnen zugeordnet waren; das Währungssystem von Bretton Woods, eine zentrale Einrichtung des US-Hegemonialsystems, bricht zu Beginn der 70er Jahre zusammen. Die erfolgte Deregulierung von Devisenmärkten machte aber sogleich deutlich, daß bei schwankenden Kursen der intertemporale Preis im internationalen Vergleich auch für die intermonetären Preise – und umgekehrt – Bedeutung erlangt. Die Preisfluktuationen (die „volatility") nehmen mit den Instabilitäten des Geldes zu und vergrößern die Unsicherheit der ökonomischen Agenten, die sich nun nicht nur im Falle von (intertemporalen) Kreditbeziehungen absichern müssen, sondern auch bei (intermonetären) Währungsgeschäften.

Wenn das Finanzsystem nicht mehr in erster Linie dazu dient, produktive Kredite zu vermitteln, sondern der Abwicklung spekulativer Kapitalbewegungen dient, entsteht die Situation des Nullsummen- oder sogar Negativsummenspiels. Denn während bei produktiven Krediten wegen der damit anvisierten Expansion der Weltwirtschaft alle gewinnen können (Positivsummenspiel), gibt es im Falle der spekulativen Finanzierung nur Gewinner auf Kosten der Verlierer. Nur die „Bank" gewinnt im „Casino Capitalism" (Strange 1986) in jedem Fall, also in diesem Fall das die Geschäfte vermittelnde nationale Finanzsystem der USA. Wenn dann noch die „ideologischen Anrufungen" des „american way of life" in den fadesten Hollywood-Serien verklingen, ist tatsächlich die konsensuale Grundlage der Hegemonie gefährdet. „Structural power" kann dann von der dominanten Nation auf Kosten der Funktionsweise des hegemonialen Systems, also auch zum Nachteil anderer Nationen, instrumentalisiert werden. Das ehemals hegemoniale System vermittelt nicht mehr Gratifikationen für alle, sondern Vorteile für die Hegemonialmacht und Nachteile für viele andere. Im Zuge eines solchen Transformationsprozesses wird die ehemals hegemoniale auf eine dominante Nation reduziert. Susan Strange (1988) hat die Nation, die diese Art von Weltmarktposition einnimmt, einen „predatory hegemon", einen die anderen „ausplündernden Hegemonen", genannt. Der Seignorage- Vorteil kehrt wieder, aber als fühlbare Belastung anderer Nationen und unter Inkaufnahme der Erosion des institutionellen Systems der Regulation des Weltmarkts.

10. Entkopplung der monetären von der realen Akkumulation

Mit der Fixierung der Währungspreise am Dollar und mit dessen Bindung ans Gold war eine Garantiebindung in das System von Bretton Woods eingebaut: Währung x $\longrightarrow$ US\$ $\longrightarrow$ Gold. Das Gold war also immer noch einer der Stabilitätsanker des Systems fixierter Wechselkurse. Da aber die Kurse der Währungen xyz nicht direkt in Gold, sondern in Dollar ausgedrückt wurden, war für alle Währungen mit Ausnahme des Dollar die US-Währung der Stabilitätsanker. Die komparative Entwicklung der US- Ökonomie war also in doppelter Hinsicht bedeutsam. Einmal mußten die USA über genügend Gold verfügen, um den Wert des Dollar (in Gold ausgedrückt) zu halten. Die Währung mußte demzufolge knapp gehalten werden. Darunter litt aber ihre Verfügbarkeit in der internationalen Zirkulation, lief doch eine Strategie des Knapphaltens auf die Erwirtschaftung eines Überschusses in der Zahlungsbilanz, bzw. (genauer) in der Devisenbilanz hinaus. Angesichts der zu Beginn der Bretton Woods Ära nur geringen Kapitalbewegungen hätte der Überschuß in erster Linie durch eine positive Handelsbilanz zustandekommen müssen. Zum anderen mußte der Dollar als Weltgeld zur Abwicklung der expandierenden Handelstransaktionen verfügbar sein, und doch zugleich wertbeständig, stabil und sicher bleiben. Das sogenannte „Triffin- Dilemma", die Alternative von Sicherheit und Verfügbarkeit des Weltgeldes Dollar, war in das System von Anfang an eingebaut.

In der langen Perspektive kann der äußere Wert des Geldes mit der Kaufkraftparitätentheorie erklärt werden, also mit der komparativen Entwicklung von Produktivität, Lohnkosten und Inflationsraten, mit Faktoren also, die zumindest teilweise politisch kontrolliert werden können. Stabil ist das die Zirkulationsfunktion des Geldes gewährleistende institutionelle System dann, wenn entweder (über einen Zyklus hinweg) die Leistungsbilanzen ausgeglichen sind oder den Leistungsbilanzsalden kompensierende Salden in der langfristigen Kapitalbilanz entsprechen (induzierte Kapitalbewegungen), so daß die Devisenbestände in etwa gleichverteilt bleiben und kurzfristige, „autonome" Kapitalbewegungen zur Schließung des Lochs in der Bilanz von Handel und langfristigem Kapital nicht benötigt werden. Ungleichgewichte in diesem System ergeben sich entweder, wenn die Kapitalbewegungen die Leistungsbilanzsalden nicht kompensieren und daher gravierende Bestandsveränderungen von Devisen in einigen Ländern eintreten oder (gegenüber den Welthandelsströmen) autonome Kapitalbewegungen, losgelöst von den die realen Prozesse induzierenden Bewegungen der Leistungsbilanz, stattfinden. Autonom – gegenüber den Tendenzen der Leistungsbilanz – sind Geldkapitalbewegungen, wenn sie den Renditedifferenzen und erwarteten Wechselkursänderungen folgen und sich im Zuge dieser Entwicklung mehr und mehr von den Bedingungen der realen Akkumulation lösen. Autonome Geldkapitalbewegungen haben wenig mit Investitionen, dem Wachstum von

Sozialprodukt und Welthandel zu tun, sie folgen den Signalen des intermonetären und des intertemporalen Preises von Geld. Die monetäre Akkumulation entkoppelt sich von der realen. Doch umgekehrt sind die Auswirkungen von Zins- und Wechselkursschwankungen auf die reale Sphäre beträchtlich; darauf ist bereits in den vorangegangenen Abschnitten hingewiesen worden.

Das institutionelle System von Bretton Woods funktionierte so lange gut, wie eben diese Entkoppelung nicht eintrat. Zunächst, d.h. in den ersten eineinhalb Jahrzehnten seiner Existenz, war dies schon deshalb ausgeschlossen, weil die Währungen nicht oder nur begrenzt konvertibel waren und daher private, kurzfristige Kapitalbewegungen größeren Umfangs politisch-administrativ verhindert werden konnten. Umgekehrt trug das Währungssystem in dieser Entwicklungsphase der Weltwirtschaft seinen Teil dazu bei, daß Welthandel und damit auch - nachfragegestützt - Weltproduktion mit hohen Wachstumsraten expandieren konnten. Dies wiederum war eine Bedingung für die Realisierung von Extraprofiten, die US-Unternehmen infolge ihrer überlegenen Produktivität und Wettbewerbsfähigkeit einfahren konnten - aber eben nur, wenn die globale Nachfrage nicht stagnierte. Gleichzeitig war die Überlegenheit der US-Ökonomie für die Konkurrenten Anreiz zur beschleunigten Modernisierung.

Mit dem monetären Weltmarkt aber entstehen alle funktionellen Voraussetzungen für die Erosion der den Bestand des Systems von Bretton Woods gewährleistenden Bedingungen und für die Entkoppelung monetärer und realer Akkumulationstendenzen. Die Liquiditätsprämie schmolz dahin, die dem US-Dollar zugebilligt werden muß, soll er als Weltgeld in den Portefeuilles der Vermögensbesitzer gehalten werden. Doch die realen Verhältnisse der Weltwirtschaft frustrierten die Geldvermögenshalter: Die US-Wirtschaft verlor ihre Dominanz mit der Stärkung von konkurrierenden nationalen Ökonomien in Westeuropa und Ostasien. Die ständigen Leistungsbilanzdefizite seit Ende der 70er Jahre (nachdem die Handelsbilanz schon ab 1971 defizitär geworden war) verwandelten die USA aus einer starken Gläubigerin die größte Schuldnernation (Ende 1989 mit externen Schulden von fast 600 Mrd US- Dollar), so daß die Wertsicherheit von Geldforderungen in US-Dollar fragwürdig geworden sind. Zu Beginn des langen Zyklus nach dem Zweiten Weltkrieg waren die USA „Supergläubiger" und daher als Hegemonialmacht prädestiniert. Dies war zugleich die Voraussetzung dafür, daß der Dollar zum Weltgeld avancieren konnte. Nun affektiert die Krise des Dollar als Weltgeld auch seine Rolle als nationales Geld. Seignorage- Gewinne wie zu Beginn des Hegemonialzyklus werden zwar immer noch eingefahren, aber die Kosten der Aufrechterhaltung der monetären Hegemonie sind beträchtlich. Freilich bedeutet dies nicht unbedingt, daß die USA sie tragen; es gelingt ihnen durchaus, Teile der Kosten auf andere nationale Ökonomien abzuwälzen. Seignorage der USA wird also in der Weltwirtschaft fühlbar – wie in den verschuldeten Ländern der Dritten Welt, die mit den hohen Zinsen der Dollarkredite in die Schuldenkrise geraten.

Im Zuge der quantitativen Expansion und funktionellen und institutionellen Differenzierung des Weltmarkts entstand das internationale Kreditsystem jenseits der Reichweite politischer Kontrolle durch die Nationalstaaten. Keine Zentralbank trägt auf internationalen Märkten dafür Sorge, daß dem Weltgeld seine Funktionalität erhalten bleibt, nämlich als „Ausweis der Verpflichtung (zu dienen), dem Gläubiger dafür, Liquidität aufgegeben zu haben, dem Schuldner dafür, Liquidität refundiert zu haben" (Riese 1983, S. 111). Geld ohne Gold als Stabilitätsanker und ohne die regulierende Zentralbank tendiert zur Entwertung.

Nicht nur hinsichtlich der Quantität wurden seit Beginn der 60er Jahre – insbesondere nachdem die Konvertibilitätsschranken der Währungen gefallen waren – autonome Geldkapitalströme in Größenordnungen, die die mobilisierbare offizielle Liquidität zur Verteidigung von fixierten Kursrelationen bei weitem überstiegen, in Gang gesetzt. Sie folgten auch qualitativ einer anderen Logik als die offizielle Liquidität. Während die offizielle Liquidität entsprechend den nationalstaatlichen wirtschaftspolitischen Zielvorgaben eingesetzt werden sollte, geht es der privaten Liquidität um Renditedifferenzen, Kursarbitrage etc., also um optimale Verwertung von zinstragendem Kapital. Die Unterschiedlichkeit der Logiken wäre problemlos, wenn es einen breiten Raum von Kompatibilität geben würde. Jedoch ist dies gerade nicht der Fall. Hinzu kommt außerdem noch, daß die offizielle Liquidität in erster Linie zur Verteidigung nationalstaatlicher Positionen (des Wechselkurses der Währung) eingesetzt wurde, während die private Liquidität von vornherein international operierte und gegen die fixierten Kurse spekulierte.

Auch verändert sich das institutionalisierte internationale Geldverhältnis im Verlauf dieser Entwicklung grundlegend. Ursprünglich waren die Geldfunktionen (als Zirkulationsmittel) an die Expansion des Welthandels gekoppelt. Solange internationale Kredite vorwiegend der Finanzierung von Handelsgeschäften und Investitionen der inzwischen transnationalen Konzerne dienten, waren sie noch an die realökonomischen Tendenzen gebunden bzw. umgekehrt: Mit Geldkapital wurden reale Prozesse (Handel und Investitionen) finanziert. So ist es zu erklären, daß in den Jahrzehnten nach dem Zweiten Weltkrieg die Wachstumsraten des Welthandels nicht nur absolut einmalig hoch in der jüngeren Geschichte des kapitalistischen Weltsystems sind, sondern auch in Relation zum Wachstum des Sozialprodukts sehr hoch liegen:

Tab. 1:
Wachstum von Welthandel und Bruttoinlandsprodukt in sechs Industrieländern
(Jahresdurchschnittliche Wachstumsraten)

	1913-50	1950-73	1973-84
Welthandel (1)	0,49	9,42	3,61
BIP (2)	1,85	5,31	2,10
Verhältnis (1):(2) (in vH)	26,50	177,40	171,90

Quelle: Maddison 1987, S. 670

Die Expansion des Welthandels ist 1,7 mal so schnell wie diejenige des ebenfalls schnell wachsenden Sozialprodukts in den Industrieländern. Die Daten für 32 Länder sind ebenso spektakulär: Von 1900-1950 expandiert der Handel jahresdurchschnittlich um 0,5%, von 1950-1986 um 4,7% (Maddison 1989, S. 26). Also erweitern sich für alle Welthandelsnationen die äußeren Märkte weit über die Expansion der inneren Märkte hinaus, so daß economies of scale für alle entstehen und Extraprofite von den produktivsten Kapitalen angeeignet werden können. Die weltwirtschaftliche Integration nimmt zu. Allerdings bildet sich mit der Internationalisierung des Warenkapitals und mit der Globalisierung des produktiven Kapitals auch das globale Kreditsystem heraus, das keineswegs nur den Handel finanziert.

Wenn die internationalen Geld- und Kapitalflüsse im wesentlichen als Finanzanlagen erfolgen, lösen sie sich von den realen Entwicklungen. Dies ist aufgrund des Übergewichts der Funktion des Geldes als Zahlungsmittel gegenüber seiner Funktion als Zirkulationsmittel möglich geworden. Daß im Zuge dieser Veränderung ein institutionelles System, das in erster Linie das (Welt)geld als Zirkulationsmittel reguliert, scheitern muß (Zusammenbruch des Bretton Woods Systems), ist keineswegs überraschend. Der im Fixkurssystem vereinbarte und eingehaltene Zwangskurs der Währungen gegenüber dem Weltgeld Dollar (das selbst mit dem staatlich garantierten Zwangskurs von 35 $ je Unze ans Gold gebunden ist) wird zugunsten der flexibilisierten Kurse aufgegeben. Das internationale Währungssystem wird von den Funktionsbedingungen des internationalen Kreditsystems überlagert und der Internationale Währungsfonds wandelt sich aus einer Institution der Regulation des Geldes als Zirkulationsmittel in eine Institution der Sicherung des Geldes als Zahlungsmittel und von infolge der Instabilität finanzieller Beziehungen prekär gewordener internationaler Kreditverhältnisse.

Die institutionell gesicherte Regulation von finanziellen Instabilitäten ist also zeitweilig durchaus möglich. Aber Institutionen sind auf die Erfüllung bestimmter Funktionen ausgelegt. Der IWF war bestens geeignet, der Zirkulationsfunktion des Geldes institutionell Rechnung zu tragen; er ist es nicht mehr, wenn die Funktion des Geldes als Zahlungsmittel innerhalb des expandierenden privaten Kreditsystems überwiegt. Das Währungssystem scheitert; und die erste Phase der institutionellen Krise (siehe die Ausführungen zur „Großen Krise" im ersten Kapitel) ist De-Strukturierung, Deregulierung. Neue Institutionen der Regulation des internationalen Geldverhältnisses müssen erst noch im Prozeß der „Restrukturierung" entwickelt werden.

11. Von finanziellen Instabilitäten zum „Casino-Kapitalismus"

Die Versuche der Regulation des Geldes auf dem Weltmarkt scheitern und infolgedessen machen sich die einer kapitalistischen Geldwirtschaft immanenten finanziellen Instabilitäten wieder historisch geltend. Es entstehen Auswirkungen auf das Währungsregime, also auf die Institutionen, Regeln und Normen der Regulation des Weltgeldes. Der Dollar ist aber nicht nur Weltgeld, er ist auch nationales Geld und folglich ist die Krise des Währungssystems immer auch Dollarkrise. Es entsteht ein Wechselspiel von globalen und nationalen Prozessen, die die finanziellen Instabilitäten verschärfen, weil sie einen Kreis positiver Rückkopplungen bilden (Vgl. Altvater/Hübner 1989).

Die „Hegemoniekrise" der USA wird durch den Rückgang der Wettbewerbsfähigkeit und das Aufholen der Konkurrenten in Westeuropa und Asien seit den späten 60er Jahren eingeleitet. Dabei ist allerdings in Rechnung zu stellen, daß die US-Unternehmen selbst diese Entwicklung befördert haben. Die US-Direktinvestitionen (seit Einführung der Konvertibilität der europäischen Währungen am Ende der 50er Jahre) haben die Produktivität der Konkurrenten Westeuropas erhöht. Denn neue Technologien und Management-Techniken wurden nun den Konkurrenten durch die Präsenz amerikanischer Multis aufgeherrscht. Das in den USA entwickelte System des „Fordismus" wurde im Zuge dieser Tendenzen europäisiert und mit Zeitverzögerung globalisiert (Lipietz 1987). In den USA ist mehr als in anderen Ländern die Investitionsrate und -quote (gemessen als Anteil an den Profiten und als Anteil am Sozialprodukts) zurückgegangen. Diese Tendenz ist dafür verantwortlich, daß in den USA seit den späten 60er Jahren auch Modernisierung und Innovation in der Industrie gegenüber Konkurrenten zurückbleiben. Der schon angesprochene Rückgang der Produktivität („productivity slow down“) ist eine Konsequenz (durchschnittliche Steigerung der Produktivität im verarbeitenden Gewerbe der USA von 1971-1980: 2,5%; zum Vergleich: in Japan 7,4% und in der BRD 4,9%), ebenso wie die Erosion des „fordistischen Gleichgewichts“, das ja auf Lohnerhöhungen (Nachfrage) im ungefähren Gleichschritt mit der Produktivitätssteigerung (Angebot) beruht. Wenn der Produktivitätszuwachs nachläßt, aber – bei stagnierenden Individuallöhnen seit den 70er Jahren – die Soziallöhne dennoch steigen (bis Reagan mit dem radikalen Abbau des Sozialstaats diese Spannung zu Gunsten des Unternehmenssektors auflöste), dann nehmen die Lohnstückkosten zu. Der dadurch bewirkte Kostendruck kann auf dem Weltmarkt nur durch eine Währungsabwertung aufgefangen werden. Die Dollarabwertung beträgt von 1980 bis 1988 effektiv 11,1% und real 14% (OECD 1989, S. 62), nachdem der Dollar schon in den 70er Jahren gegenüber den Industrieländern eine Minderung des (gewogenen) Außenwertes um 17% hinnehmen mußte.

Doch offensichtlich ist die Dollarabwertung nicht stark genug. Denn die Handelsbilanz der USA bleibt seit den 70er Jahren negativ. Nicht zufällig wird mit der Aufhebung der Goldkonvertibilität des Dollar die tragende Säule des Währungssystems der Nachkriegszeit beseitigt, als zum ersten Mal seit 1891 im Jahre 1971 die US-Handelsbilanz ein Defizit aufweist. Probleme ergeben sich daraus unmittelbar weder für die USA noch für die Weltwirtschaft. Denn die Leistungsbilanz (in der Dienstleistungen und Transferzahlungen, d.h. auch Kapitaleinkünfte, eingeschlossen sind) ist weiterhin positiv. Solange dies der Fall ist, können die USA Kapital exportieren und so lange wird die Weltwirtschaft mit internationaler Liquidität versorgt. Die USA befinden sich also – wie seit dem Ersten Weltkrieg ohne Unterbrechung – in einer Gläubigerposition gegenüber dem Ausland; die Voraussetzung für die Aufrechterhaltung der Hegemonialposition ist monetär gewährleistet. Erst seit Beginn der 80er Jahre ist auch die Leistungsbilanz defizitär und folglich verkehren sich die USA in ein Land, das kurzfristiges und langfristiges Kapital importieren muß. Sie werden nach und nach eine Schuldnernation. Damit sind eine völlige Umstrukturierung der internationalen Gläubiger-Schuldner-Verhältnisse und eine Destrukturierung des Kreditregimes der Nachkriegszeit verbunden. Die USA regulierten als Gläubigernation die Bereitstellung von Zirkulations- und Zahlungsmitteln; als Schuldnernation haben sie diese Möglichkeit nicht mehr. Da es keine anderen politischen Instanzen gibt, die diese Aufgabe wahrnehmen könnten, entwickelt sich nach dem Ausfall der

USA das internationale Kreditsystem unreguliert. Die Veränderung der Rolle der USA in der Weltwirtschaft läßt sich an der Entwicklung der Positionen der Zahlungsbilanz dem Zweiten Weltkrieg – nach Jahrzehnten grob gegliedert – ablesen:

Tab. 2:
Die Zahlungsbilanz der USA nach dem Zweiten Weltkrieg
(in Mrd US$; Salden sind über die angegebenen Perioden addiert)

Periode	1950/59	1960/69	1970/79	1980/89
Handelsbilanz	29,34	40,82	-103,82	-919,30
Leistungsbilanz	6,02	33,33	-4,32	-808,25
Kapitalbilanz (langfristig)	...	-27,82	- 35,43	363,57
Devisen- und Goldreserven	(1952)	(1962)	(1982)	(1987)
(in % der Weltreserven)	50,0	27,4	8,3	6,7

In der Handels- und Leistungsbilanz: + Überschuß; – Defizit;
In der Kapitalbilanz: – Kapitalexport; + Kapitalimport

Daten: Economic Report of the President, 1988; OECD, Economic Outlook, Dec. 1988; Die Daten der Handels- und Leistungsbilanz für die 80er Jahre schließen prognostizierte Werte für 1988 und 1989 ein; die Daten der Kapitalbilanz für die 80er Jahre umfassen 1980 bis 3. Vj. 1987

Auf der einen Seite kann die Verschlechterung der Zahlungsbilanz der USA als bloßes Erscheinungsbild des schon seit den späten 50er Jahren diskutierten „Triffin- Dilemma“ interpretiert werden. Dieses besagt, wie schon erwähnt worden ist, daß eine Hegemonialmacht, die die Weltwirtschaft mit Liquidität in der Form ihres nationalen Geldes versorgt, notwendigerweise ein Defizit der Zahlungsbilanz (also entweder ein Defizit in der Leistungsbilanz oder in der Kapitalbilanz oder eine Abnahme der Devisenreserven) hinnehmen muß. Gerade dadurch aber wird die Stärke des nationalen Geldes Dollar untergraben. Dies liegt in der Natur der Dinge, solange kein originäres Weltgeld – das nicht zugleich nationales Geld ist – zur Verfügung steht. Die Dramatik der „Dollar-Krise“ ergibt sich daher auch weniger aus dem Triffin-Dilemma der monetären globalen Beziehungen als aus den Entwicklungen der „realen Ökonomie“ der USA, in deren Verlauf der US-Dollar im Vergleich zu konkurrierenden Währungen (DM, Yen) geschwächt worden ist. Wäre der Dollar eine „normale“ Währung ohne Weltgeldfunktion, wäre die Abwertung eine Vorbedingung für verbesserte Wettbewerbsfähigkeit. Jedoch ist der Dollar internationale Kontraktwährung und daher hat seine Wertveränderung destabilisierende Auswirkungen auf die globale Ökonomie. Dieses Problem wird durch die Interferenzen zwischen intertemporalem Preis (Zinsen) und intermonetärem Preis (Wechselkurs) des Geldes Dollar und nicht durch die Veränderungen des Wechselkurses allein erzeugt. Dies bedenken alle diejenigen nicht, die in Leistungsbilanzdefizit der USA und Wertbewegung des Dollar nur das neutrale Wirken des Marktmechanismus sehen.

Die Schwächung der Dollarwährung erscheint als permanenter Abwertungsdruck. Der Dollar ist folglich in den 80er Jahren anders als in der Frühphase des Bretton Woods Regimes eine überbewertete Währung, auf deren Abwertung die Marktkräfte hinwirken. Innerhalb des bis 1973 geltenden Fixkurssystems mußten die einmal festgelegten Kursrelationen des bereits in den 60er Jahren überbewerteten US-$ verteidigt werden; Anpassungen waren nur im Rahmen komplizierter Verhandlungen innerhalb des IWF möglich. Zur Verteidigung des Dollar gegen die Markttendenzen wurde in den 60er Jahren ein Netzwerk von internationalen Institutionen (General Agreement to Borrow; Swap-Vereinbarungen, Gold Pool; Sonderziehungsrechte etc.) errichtet; dieses aber war nicht stark genug, um die privaten Kapitalbewegungen, die auf eine Dollarabwertung spekulierten, in die Schranken zu verweisen. Als dann im Frühjahr 1973 das feste Kurssystem definitiv aufgegeben werden mußte, begann bis zum Ende des Jahrzehnts die Talfahrt des Dollar (Wertverlust gegenüber der DM von 1972 bis 1980 44% und gegenüber den Währungen der Industrieländer insgesamt 17%). Eine Währung, deren Wert mit der Zeit schwindet, verliert für Geldvermögensbesitzer als Anlagewährung an Attraktivität. Kein Wunder also, wenn in den 70er Jahren andere Währungen wie die DM oder der Schweizer Franken den Dollar als Reserve-, Handels- und Interventionswährung teilweise ersetzten. Es entsteht also auf den Ruinen des politisch regulierten internationalen Währungssystems (Monowährungsstandard bzw. Gold-Dollar-Standard) der Nachkriegszeit ein marktregulierter, oligopolistischer „Multiwährungsstandard". Der Dollar ist immer noch wichtigste und dominante Währung, aber durch konkurrierende Währungen ist das Währungssystem, wie die Hegemoniezyklustheorie darlegt, nur noch als „dekonzentriertes" wirksam. Und der Dollar ist vor allem nicht mehr Medium der auf das Ziel der Vollbeschäftigung und des Wachstums orientierten politischen Regulation, sondern Objekt von privaten, an Zinsdifferenzen, Wechselkursentwicklungen, kurzfristigen Spekulationsgewinnen orientierten Kapitalanlegern, die sich im dreidimensionalen Koordinatensystem von intermonetärer (Wechselkurse) und intertemporaler (Zinsdifferenzen) Preisbildung computer-gesteuert zu bewegen gelernt haben. Die Folge ist entgegen den neoklassischen Versprechungen keine Stabilisierung des Wechselkursgefüges, sondern die Vergrößerung von Schwankungen; das Kürzel IWS wird heute deshalb von Robert Triffin als „internationaler Währungs-Skandal" gelesen und John Williamson (1988, S. 213) resümiert: „Seit 1973 hat die Welt mit einem internationalen Währungs 'Nicht-System' gelebt".

Der äußeren Dollarabwertung (in den 70er Jahren) entspricht die innere Inflation in den USA (jahresdurchschnittliche Steigerung der Konsumentenpreise von 1971-1980: 7,7%), die sich in der gesamten Weltökonomie ausbreitet. Wenn hohe Inflationsraten die in Dollar denominierten Kontrakte in der Weltwirtschaft tendenziell entwerten, dann ist es eine rationale Reaktionsweise, entweder die Kontrakte in anderer, stabiler Währung abzuschließen oder (bzw. und) die Preise der Waren der Inflationsrate von Input-Preisen (von Industriegütern vor allem) anzupassen. Zwei Bedingungen müssen allerdings gegeben sein, um diese Option realisieren zu können. Erstens muß das internationale Geld- und Kreditangebot wesentlich schneller steigen als „reale ökonomische" Größen wie Produktionspotential, Sozialprodukt und Welthandel. Diese Bedingung ist in den 70er Jahren infolge der Internationalisierung des Kreditsystems gegeben; die internationalen Ausleihungen von Kredit wachsen von 1973 (erster Ölschock) bis 1982 (Ausbruch der Schuldenkrise) jährlich im Durchschnitt um 25,4%, während die durchschnittliche Jahreswachstumsrate des Bruttossozialprodukts (der Industrieländer) 2,8% (1973-80) beträgt (Daten nach IWF und Weltbank). Auch wenn die Inflationsrate abgezogen wird, ist die Steigerung der internationalen Kreditausleihungen wesentlich höher als die Wachstumsraten der realen Ökonomie.

Zweitens müssen die Anbieter strategischer Waren über Marktmacht verfügen, um die Preise mit einem mark-up anheben zu können, insbesondere wenn der Preisanstieg abrupt und nicht schleichend im Zuge der allgemeinen Inflationsrate erfolgen soll. Der Jom Kippur- Krieg zwischen Israel und Ägypten 1973 (und dann die iranische Revolution 1979) boten die Gelegenheit, den Rohölpreis in wenigen Monaten mehr als zu verdreifachen. Für Öl verbrauchende Länder war dies tatsächlich ein „Schock", da nun das auf billigem Öl basierende energieintensive Industriemodell umstrukturiert werden mußte; kurzfristige, flexible Anpassung war da fast ausgeschlossen und Erdöl importierende Industrieländer, aber besonders Rohöl-abhängige Länder der Dritten Welt waren gezwungen, die Defizite der Handelsbilanz durch externe Kredite zu decken. Die externe Verschuldung dieser Länder nahm abrupt zu, zumal das Kreditangebot für niedrige Realzinsen sorgte. Indikatoren, wie externe Schulden zu den Exporten eines Landes, verschlechterten sich während der 70er Jahre nicht und daher gab es weder für Gläubiger noch für Schuldner rote Warnsignale, die der externen Kreditaufnahme eine Grenze angezeigt hätten.

In einer wegen fallender Profitraten (die von der OECD kalkulierte und als Annäherung an die Profitrate interpretierbare „rate of return on capital" sinkt in den sieben großen Industrieländern von ca 23% 1970 auf 17,5% 1981; vgl. OECD 1985) und steigender Inflation (8,2% jährliche Preissteigerungsrate des Sozialprodukts in den Industrieländern von 1973 bis 1980) labilisierten Weltwirtschaft löste der Ölschock denn auch eine weltweite Rezession aus. Mit sinkender Investitionsneigung bei gleichzeitig hohem Niveau der Profitmasse in den Industrieländern stieg das weltweite Angebot von investierbaren Fonds. Das globale Kreditangebot war im Verhältnis zur Kreditnachfrage sehr groß. Vielen Ländern wurde es bei niedrigen Realzinsen leicht gemacht, die aufgrund der enorm gestiegenen Ölrechnung entstandenen Handelsbilanzdefizite zu finanzieren. Die Realzinsen (Zinsen für 6- Monats-Eurodollar deflationiert mit dem Deflator des BSP der USA) betrugen im Zeitraum 1973-80 nur 1,3% (Weltbank), lagen also unterhalb der Wachstumsrate des Sozialprodukts. Das „Recycling" der Petro-Dollar (und „Metro-Dollar") leitete, durch Vermittlung des inzwischen etablierten internationalen Banksystems, die Herausbildung einseitiger Gläubiger-Schuldner-Verhältnisse ein. Kreditgeber waren die international operierenden Banken, deren Einlagen hauptsächlich von Erdölproduzenten und von den Unternehmen der Industrieländer stammten. Schuldner waren Länder mit Handelsbilanzdefiziten wegen der gestiegenen Ölrechnung und Länder, die in den 70er Jahren eine Strategie der „verschuldeten Industrialisierung" einleiteten oder forcierten.

Das Kreditkarussell der 70er Jahre zeigt sehr deutlich, daß nicht individuelle Vermögensbesitzer zwischen der nicht-pekuniären Ertragsrate der Liquidität und der pekuniären Ertragsrate des Zinses auf das dem Schuldner geliehene Vermögen wählen, wie Geldkeynesianer (Riese, Herr, Spahn u.a.) mutmaßen. Denn die international operierenden Banken kalkulieren nicht als Vermögensbesitzer, sondern als Vermögensbesitzer und Schuldner in einer Instanz. Sie optimieren ihre Profite durch Gestaltung der Differenz zwischen Soll- und Habenzinsen, wobei Gebühren eine wesentliche, zinsähnliche Rolle spielen. Indem das – von Marx sogenannte – Geldhandlungskapital Geldkapital aufnimmt (indem Banken sich auf dem Interbankenmarkt, der mehr als 70% der Umsätze des internationalen Kreditsystems ausmacht, refinanzieren), verschuldet es sich gegenüber den Einlegern. Aber mit den

Einlagen machen die Banken ihr Geschäft. Diese werden nicht real von ihnen investiert, sondern weiter an andere Kreditnehmer verliehen. Die letzten Schuldner freilich müssen die Kreditbeträge produktiv investieren, sonst stocken die Rückflüsse der Zinsen und Tilgungen und das ganze System kann gefährdet werden.

Hohe Inflationsraten ihrerseits bewirken den Zuwachs von Sachwerten (steigende Grundstückspreise; reale Bestände werden höher bewertet etc.). Damit entstehen zusätzliche reale Sicherheiten für potentielle Kreditnehmer. Unternehmen, Konsumenten, Farmer oder Hausbesitzer können sich leichter verschulden: wenn beispielsweise der Wert von Gebäuden oder Land steigt, können höhere Hypotheken aufgenommen werden. Der Anstieg der Hypothekenschulden in den USA beträgt 1970/79 180%, während er im Jahrzehnt zuvor 113% ausmachte. Somit wächst mit dem Angebot liquider Mittel auch die Nachfrage nach Krediten in den Industrieländern selbst – wenn auch weniger für produktive als für finanzielle Investitionen oder für Grundstücksgeschäfte. Ein Charakteristikum der 70er Jahre ist der Übergang in eine Schuldenökonomie auf internationaler Ebene, deren Regeln mehr und mehr die internationalen Wirtschaftsbeziehungen und die nationale Wirtschaftspolitik zu dominieren beginnen.

Auf den privaten Kreditmärkten werden „Finanzinnovationen" entwickelt, um das mit den Kreditausleihungen verbundene Risiko auf die Schuldner abzuwälzen (Anpassung geänderter Konditionen während der Kreditlaufzeit (Roll-over-Verfahren), Termingeschäfte, Maßnahmen der „securitization", d.h. der Verbriefung von Krediten etc.. Die „Finanzinnovationen" werden selbst zum Gegenstand der Spekulation (insbesondere auf den futures-Märkten) und verlieren so partiell ihre Qualität als Absicherung gegen die Risiken des Kreditgeschäfts. Preise für Geldkapital (Zinsen) und für Währungen (Wechselkurse) werden immer weniger aufgrund „realer" Transaktionen (Produktion, Investition und Welthandel) und immer mehr auf hochgradig „volatilen" und „mobilen" und daher hoch-spekulativen Geld- und Kapitalmärkten gebildet. Das enorme Internationalisierungstempo der Finanzmärkte erzeugt einen dringlichen Anpassungsdruck auf die produktiven Sektoren der Ökonomien, der auch die Handlungsoptionen der staatlichen Wirtschaftspolitik beeinträchtigt (vgl. Suzuki 1988, S. 115; Scharpf 1987).

Gegen diese Tendenzen von äußerer Abwertung des Dollar, die noch durch die restriktive Politik anderer Zentralbanken – insbesondere der Deutschen Bundesbank – forciert wurde, interner Inflation, steigender Verschuldung und daher zunehmender Instabilität des Finanzsystems werden Ende der 70er/Anfang der 80er Jahre Maßnahmen der monetären Stabilisierung der nationalen Währung Dollar durch die USA eingeleitet. Der Grund liegt auf der Hand: Entweder die USA müssen ihre Position als hegemoniale Macht preisgeben und den Tendenzen von Delegitimierung und Dekonzentration nachgeben oder die Abwertung des Dollar gegenüber anderen Währungen aufhalten und die Inflationsrate im Innern radikal absenken. Die monetären Restriktionsmaßnahmen sind in den USA so wirksam, daß sie sogar die Folgen der expansiven Fiskalpolitik (Haushaltsdefizit zur Rüstungsfinanzierung) in der Reagan-Zeit kompensieren; jedenfalls hat die expansive Fiskalpolitik keine Währungsabwertung zur Folge (wie die Lehrbuchmodelle nahelegen), sondern in Verbindung mit der monetären Politik eine bedeutsame, kurzfristige Dollaraufwertung zu Beginn der achtziger Jahre.

Allerdings haben sich die weltwirtschaftlichen Bedingungen der langfristigen Realisierung dieser Option grundlegend gewandelt. Denn die USA haben den realwirtschaftlichen Vorsprung, ihre industrielle Überlegenheit in wichtigen Sektoren nämlich, inzwischen verloren und daher bleibt der Regierung Ende der 70er Jahre nur der Rückgriff auf monetäre Mittel zur Festigung des Dollar: in erster Linie die Zinspolitik. Bereits unter Präsident Carter (und dem neuen Chef des Federal Reserve System Paul Volcker) wird im Herbst 1979 gegen die drohenden Kapitaltransfers aus den USA in andere Währungen (noch politisch befördert im Zuge der Geiselaffäre in Iran) das schwere Geschütz massiver Zinserhöhungen aufgefahren, das dann unter Reagan rigoros eingesetzt worden ist. Die Supermacht kann ihre Dominanz nur noch mit monetären Mitteln verteidigen, weil die Überlegenheit von Produktion und Produktivität in wichtigen Sektoren der realen Ökonomie verloren gegangen ist. Der zu entrichtende Preis ist allerdings hoch: Mit dieser Option werden nämlich die längerfristigen Bedingungen der Wiederherstellung realwirtschaftlicher Konkurrenzfähigkeit verschlechtert. Im dreidimensionalen Raum der Preisbildung des Geldkapitals wird mit der Zeitgröße Zins die Raumgröße Wechselkurs zu stabilisieren gesucht.

Die Nominalzinsen werden zu Beginn der 80er Jahre auf ein extremes Niveau angehoben: 1981 müssen in den sieben großen Industrieländern im Durchschnitt für kurzfristige Kredite 14,2%, für langfristige Kredite 13,2% gezahlt werden. Wegen der in den Industrieländern reduzierten Inflationsrate aber steigen auch die Realzinsen. Im Durchschnitt der Jahre 1980-87 betragen sie – nach Kalkulationen der Weltbank – 5,6% und sind nun mehr als doppelt so hoch wie die Wachstumsrate des Sozialprodukts. Zweifelsohne eine ökonomisch absurde Situation. Die in den 70er Jahren entstandene Schuldenökonomie gerät durch den „Zinsschock" an den Rand des Kollapses. Denn Schuldner müssen – ermöglicht durch die Zinsöffnungsklauseln der

Kreditverträge („roll over-Verfahren") – plötzlich extrem hohe Realzinsen für Kredite bezahlen, die sie bei niedrigen, in manchen Fällen sogar negativen Realzinsen aufgenommen hatten. Die Indikatoren der Verschuldung (Schulden gemessen an den Exporten) verschlechtern sich.

Die Wirkung der gesteigerten realen Schuldenbelastung wird für viele Schuldner noch dadurch verstärkt, daß mit den Zinsen die Kosten der Lagerhaltung steigen und folglich die Nachfrage nach Rohstoffen abnimmt. Deren Preise sinken. Für verschuldete Rohstoffexporteure entsteht so eine Zangenbewegung, die eine ausweglose Situation herbeiführt: Steigende Zinsen und fallende Preise der wichtigsten Exportprodukte, also wachsende Belastung mit dem Zinsendienst bei gleichzeitig rückläufigen Exporterträgen – wie zu Beginn der dreißiger Jahre schon einmal. Obendrein geht die Nachfrage wegen der flauen Konjunktur in den Industrieländern und infolge technologisch bedingter Substitutionseffekte von Rohstoffen durch andere Materialien (eine Antwort auf steigende Rohstoffpreise nach dem Ölschock und auf die Herausforderung der grünen Bewegungen und Parteien) zurück. Wenn Schuldner – insbesondere in den Schwellenländern – beginnen, mit industriellen Waren den „alten" Industrieländern Konkurrenz zu machen, stoßen sie auf eine Mauer protektionistischer Maßnahmen; an die Stelle von Reziprozität als Grundlage des hegemonial regulierten Weltwirtschaftssystems der Nachkriegszeit treten nationalstaatliche und daher protektionistische Alleingänge.

Schuldner jedenfalls geraten an den Rand der Zahlungsunfähigkeit oder können den Schuldendienst nicht mehr aus eigener Kraft sondern nur noch durch die Aufnahme neuer Kredite („recycling loans") abführen. Die Umschuldungen der Drittweltschulden von Januar 1980 bis September 1987 betragen 389,8 Mrd US$. Obwohl nach Angaben der Weltbank (1988) von 1983 bis 1988 allein aus den hochverschuldeten Ländern netto 135 Mrd US$ abgeflossen sind, haben sich die Außenschulden erhöht. Die Schuldenkrise wird also durch weitere Verschuldung aktuell „gelöst", indem Hypotheken auf die Zukunft aufgenommen werden (vgl. zusammenfassend Altvater/Hübner 1987).

Die internationalen Geld- und Kreditmärkte expandieren mit der Zunahme der Schulden. Denn mit extrem hohen Zinsen, die in einer Reihe von Ländern zeitweise über der Realrendite der Anlage produktiven Kapitals liegen (in Großbritannien in der zweiten Hälfte der 70er Jahre; in den USA zu Beginn der 80er Jahre) oder doch die Nettoprofitrate (Rate of return on capital abzüglich langfristiger Realzinsen) von 10,1% in den 70er Jahren im Durchschnitt der sieben großen Industrieländer auf 4,9% 1981-85 herabdrücken (OECD, Economic Outlook 44 Dezember 1988, S.4), werden liquide Mittel aus den investierbaren Fonds in den „Casino- Kapitalismus" der Finanzwelt abgezogen. Nachdem in den 70er Jahren die externe Verschuldung der Dritten Welt und die interne Staatsverschuldung in den Industrieländern nachfrageseitig die Expansion des Kreditsystems ermöglicht hatten, übernimmt in den 80er Jahren die dominante Macht USA diese für die Funktionsfähigkeit des „Casino-Kapitalismus" unverzichtbare Rolle: Wo Kreditgeber Zinserträge erzielen wollen, müssen Schuldner bereit und in der Lage sein, diese zu bezahlen. Dem Geld sieht man nicht an, woher es kommt; *non olet*. Wenn die geldkeynesianische Kette zwischen Vermögensbesitzer und produktivem Kapitalisten – der Kredite aufnimmt, um Profit und damit auch die Bedienung und Rückzahlung des Kredits zu „produzieren" – nicht geknüpft werden kann, bricht das Kreditgeschäft entweder zusammen, weil die Liquiditätsprämie gegen Null tendiert, oder es müssen andere Kreditnehmer als produktive Kapitalisten als Nachfrager auf dem Plan erscheinen. Solange Kredite für Investitionen oder zur Finanzierung von Handelsgeschäften verwandt werden, stammen die Zinsen aus den Realrenditen, aus den Profiten. Sind diese höher als die Zinsen, dann können sich nach bestimmter Frist Schuldner entschulden und selbst auf die Seite der Kreditgeber wechseln. Dies wäre die oben beschriebene Situation des vorsichtig und erfolgreich operierenden („hedging") Unternehmens (bzw. Staates), immer darauf bedacht, die Bedienung von aufgenommenen Schulden aus dem ordentlichen cash flow, bzw. aus ordentlichen Staatseinnahmen sicherzustellen.

Kredite können aber auch für Umschuldungen verwendet werden (dies ist heute in der Dritten Welt die Regel) oder für die private oder staatliche Konsumtion aufgebraucht werden. In diesem Fall können natürlich die Zinsen nicht aus der Rendite von Investitionsprojekten sondern nur aus laufenden Einkommen (der Haushalte) und Einnahmen (des Staates) finanziert werden. Kredite (und deren Kehrseite: die Schulden) haben in diesem Fall wenig oder gar nichts mit dem realen Akkumulationsprozeß zu tun; das Finanzsystem „entkoppelt" sich tatsächlich von der Akkumulation.

In den USA sind Schulden dieser Art enorm angewachsen. Die Konsumentenschulden erreichten Ende 1987 756 Mrd US$ und damit 24% der verfügbaren persönlichen Einkommen. Die Hypothekenschulden in den USA sind von 41% der Einkommen 1970 auf 60% der Haushaltseinkommen im Jahre 1987 angestiegen. Insgesamt erreichen die Schulden US- amerikanischer Haushalte inzwischen 97% der Einkommen, eine durchaus besorgniserregende Größenordnung wie die OECD (Economic Outlook Dez. 1988, S. 14) feststellt. Die Unternehmen führen heute mehr als die Hälfte ihrer Profite in der Form von Zinsen an Banken und andere Finanzierungsinstitutionen ab (in den 50er Jahren waren es gerade 15%). Die Brutto-Staatsverschuldung hat 1990 den Betrag von 3.113,3 Mrd$ erreicht und macht nun mehr als die Hälfte des US-Sozialprodukts (1989: ca. 5.300 Mrd US$) aus. Die öffentlichen Nettozinszahlungen betragen 1990 175,6 Mrd US$, das sind 14,7% aller Bundesausgaben oder etwa 21 Mrd US$ mehr als die Bundesausgaben für Gesundheit (Health und Medicare: 154,4 MRd US$), die Milton Friedman als die „wirkliche Zeitbombe" im Budget bezeichnet hatte. Die gesamte Verschuldung in den USA dürfte sich auf mehr als 10,000 Mrd$ belaufen. Immer größer ist dabei der Anteil der externen Verschuldung. Noch 1981 hatten die USA Auslandsguthaben in der Größenordnung von 141,14 Mrd$, bis Ende September 1988 sind daraus Schulden von 648,87 Mrd$ geworden (Daten nach: Economic Report of the President 1988, 1990). Entsprechend ist die Zinsbelastung der privaten und öffentlichen Haushalte angestiegen; allein 1987 sind etwa 24 Mrd$ Zinsen aus dem Bundeshaushalt ans Ausland abgeflossen. Schätzungen der OECD gehen folglich davon aus, daß sich die positiven Nettoeinnahmen aus Investitionen (noch 20,4 Mrd US$ im Jahre 1987) in Nettotransfers aus den USA ans Ausland (1990 ca. 20 Mrd US$) verkehren.

Die Schulden sind nicht wegen der absoluten Größe problematisch, sondern wegen ihrer Dynamik. Da die Realzinsen trotz einer nominellen Zinssenkung in den vergangenen Jahren im Vergleich zur Rendite von Investitionen in Produktivkapital hoch geblieben sind, ist es für Vermögensbesitzer immer noch außerordentlich attraktiv, Finanzaktiva zu erwerben, also kurzfristig schnelles Geld zu machen. Während in den 60er Jahren die Netto-Unternehmensprofite (also abzüglich Abschreibungen und Wertberichtigungen auf Lagerbestände) mit insgesamt 722,5 Mrd US$ die Nettozinszahlungen in Höhe von 210,3 Mrd US$ um 512 Mrd US$ überstiegen und in den 70er Jahren 1.312,4 Mrd US$ Profiten 836,1 Mrd US$ Zinsverpflichtungen gegenüberstanden, machen von 1980 bis 1987 die gesamten Nettoprofite 1.867,1 Mrd US$ aus, die Zinsverpflichtungen hingegen übersteigen sie mit 2.285,2 Mrd US$ um 418,1 Mrd US$ (Daten nach: Economic Report of the President 1988, S. 273). Die Netto-Zinskosten des Unternehmenssektors (pro Dollar Output) belaufen sich während der 50er Jahre zwischen 0,002 und 0,004, in 60er Jahren steigen sie bis auf 0,01, in den 70er Jahren auf 0,024 und 1989 betragen sie 0,061. Die Margen erscheinen gering, doch liegen sie am Ende der 80er Jahre über der Marge der Profite (nach Steuerabzug), die 1989 0,053 ausmacht (Economic Report of the President 1990, S. 309).

„Zentrum und Brennpunkt der kapitalistischen Wirtschaft haben sich von der Produktion von Gütern und Diensten in die Richtung von Kauf, Verkauf und Vermehrung von Finanzanlagen bewegt“ (Magdoff/Sweezy, 1988).

Das Geld- und Kreditsystem wird aber notwendig instabil, wenn die monetären Ansprüche in Form der Zinsen wesentlich schneller wachsen als die Profite, aus denen sie letztlich finanziert werden müßten. Allgemeiner: Wenn das realwirtschaftliche Wachstum des Sozialprodukts längere Phasen unterhalb der Realzinsen liegt, steigt das Risiko eines Finanzkrachs. Entsprechend wächst das Risiko für Anleger, und die Zinsen können deshalb nicht wesentlich sinken; denn nur zu entsprechend hohen Zinsen dürften Anleger bereit sein, ihr Kapital bei hoch eingeschätztem Risiko auszuleihen: je höher das Risiko, desto größer die Liquiditätspräferenz. Eine einmal entstandene Situation finanzieller Instabilitäten hat also die Eigenschaft, ihre eigene Vorbedingung, hohe Realzinsen nämlich, zu reproduzieren.

Damit sind auf der einen Seite gute und schnelle Geschäfte zu machen, allerdings bei steigendem Risiko. Wenn der Staat (durch Bürgschaften) einen Teil des Risikos abdeckt – wie im Sparkassensektor der USA –, dann resultieren finanzielle Instabilitäten in weiter steigender Zinsbelastung öffentlicher Haushalte. Dies ist letztlich nichts anderes als eine wenig verdeckte Umverteilung von Einkommen zu Gunsten des Finanzsektors, ohne daß die Einkommen durch eine entsprechende Produktionsausweitung zustandegekommen wären. Die Funktionsweise des Kasino-Kapitalismus bedarf der staatlichen Intervention, um die Zinszahlungen am Laufen zu halten, ganz entgegen der Rede von der freien Marktwirtschaft.

Unternehmerische Aktivitäten verlagern sich – im Vergleich zu den 60er oder 70er Jahren – von der Produktion von Waren und Dienstleistungen auf Finanzanlagen. Die „fordistischen“ Unternehmenskonzepte sind ja höchst anfällig für Kapazitätsauslastung und Kapitalkosten (Zinsen), die ja die „Regulationsweise“ unterminieren können, die auf korporativem Konsens zwischen Lohnarbeit und „produktivem“ Kapital beruht. Dieser aber wird aufgelöst, wenn die Kapitalkosten gegenüber den Arbeitskosten an Bedeutung erlangen. Durch steigende Zinsen wird folglich ein soziales Modell in Frage gestellt. Dabei verändert sich die „Unternehmenskultur“.

Kurzfristige Orientierungen an der Stelle längerfristiger Planungen gewinnen an Gewicht; die Tendenzen der möglichst weitgehenden Liquidierung von fixiertem Kapital setzen sich durch; anstatt produktives Kapital durch produktive Investitionen zu akkumulieren, werden vorhandene (Aktien)kapitale zentralisiert. [1] Bei der hohen Liquidität des US-Finanzsystems ist es kein Problem, sehr hohe Kreditbeträge aufzubringen. Solange die Kredite bedient werden, können die Beträge immer wieder für Unternehmenskäufe in den Markt zurückgeschleust werden. Folglich wächst dieser Markt beträchtlich an: von ca. 3,1 Mrd US$ 1981 auf 41 Mrd US$ 1986 (Brancato 1987, S. 17). Doch damit die Zinsen und fälligen Tilgungen gezahlt werden können, müssen möglicherweise Unternehmensteile liquidiert werden. Denn der cash flow allein reicht in der Regel dazu nicht aus. Ein Unternehmen verwandelt sich unter der Perspektive monetärer Erträge aus einer produktiven Einheit mit fixem Kapital und (tausenden) Beschäftigten in ein Sammelsurium von veräußerlichen Bestandteilen. Die höchste Priorität hat die kurzfristige Rentabilität des Geschäfts, nicht die langfristige Entwicklung des produktiven Apparats und der Beschäftigung: „Die AFL- CIO schätzt, daß die lange Liste von Fusionen, Unternehmensübernahmen und kreditfinanzierten Aufkäufen (Leveraged buyouts) im vergangenen Jahrzehnt das direkte Resultat des Arbeitsplatzverlustes von etwa 90.000 Mitgliedern gehabt hat. Viele Tausende sind darüber hinaus gezwungen worden, Lohn- und Gehaltskürzungen und Abstriche bei den Sozialleistungen hinzunehmen. Dies ist das Ergebnis der Umstrukturierungen der Unternehmen und des Ersatzes von Eigenkapital durch aufgenommen Schulden..." (Brancato 1989, S. 184).

Nicht Produktivität und Rentabilität sind Zielgröße des Unternehmens sondern Liquidität, um die Schuldverpflichtungen garantieren zu können – ob aus der produzierten Profitrate oder der Substanz ist keine prinzipielle Frage mehr. Daß dies nicht unproblematisch ist, leuchtet sofort ein. Denn wenn die produktive Basis der Ökonomie im Rausch der Finanzspekulation desintegriert oder gar zerstört wird, wenn dabei auch industrielle Arbeitsplätze vernichtet werden, dann werden die Äste abgesägt, an denen die „Früchte" (Zinsen) des Kapitals reifen sollten. Die Unternehmen, die dieser „nouvelle philosophie" huldigen (oder ihr als Opfer von Spekulationsfirmen passiv unterworfen werden), sind nicht nur nicht geeignet, um im internationalen Wettbewerb auf Dauer mitzuhalten, sie zerstören mit der produktiven

[1] Dabei sind gewaltige Kreditbeträge im Spiel, da der Aufkauf von Unternehmen mit Schulden finanziert wird, für deren Sicherheit das gekaufte Unternehmen herhalten muß (leveraged buy out). Das geht bei diesem Geschäft gar nicht anders. Die wegen der größten Übernahme in der Wirtschaftsgeschichte berühmt gewordene Maklerfirma Kohlberg Kravis Roberts & CO (KKR) hat seit 1984 Unternehmen im Gesamtwert von 52,3 Mrd US$ übernommen (bei der Übernahme von RJR Nabisco im Jahr 1988 waren 25 Mrd US$ im Spiel). Der Kaufpreis wurde zu 93,1%, also mit 48,7 Mrd US$ Krediten (im Falle von RJR Nabisco waren es allein 23,5 Mrd US$) finanziert.

Basis ihrer monetären Luftschlösser deren Statik und damit die Stabilität der gesamten Ökonomie.

Die Verlagerung des ökonomischen Prozesses auf das finanzielle System verleiht den USA Stärke, da nichts ohne Wall Street läuft. Doch wird dadurch das ökonomische System weltweit immer unstabiler und letztlich auch krisenanfälliger. Der Dollar als Weltgeld hängt an monetärem Faden, und das ist zu wenig für seine Funktion als Stabilitätsanker. Der US$ als Zahlungsmittel im internationalen Kreditsystem ist zweifelsfrei stark (als Währung, in der die intertemporalen Preise, die Zinsen, denominiert werden), der US$ als Währung auf den Devisenmärkten aber überbewertet und daher strukturell (als Währung, in der intermonetäre Preise ausgedrückt weren) schwach. Nur zeitweise kann die monetäre Stärke seine reale Schwäche überdecken. Die Paradoxie ist perfekt: Der US$ ist stark als Kreditgeld, weil er schwach als Währung ist; und er ist schwach auf den Devisenmärkten, weil er stark auf den Kreditmärkten ist. Infolgedessen ist der Verfall des Dollar wie in den 70er Jahren ebenso Zeichen von Schwäche wie sein ungestümer Anstieg in der ersten Hälfte der 80er Jahre. Diese Ambivalenz ist auch für die heftigen Kursschwankungen des US-Dollar – und daher aller anderen Währungen – verantwortlich, obwohl die Adepten des Systems flexibler Kurse davon ausgegangen sind, daß nach einem kurzen Suchprozeß der „richtigen" Kurse diese stabil bleiben würden. Die Kursschwankungen ihrerseits fördern allein zur Absicherung des hohen Währungsrisikos Finanztransaktionen und stimulieren die Währungsspekulation. Ein weiterer Grund für finanzielle Instabilitäten in der Weltwirtschaft.

„Money makes the world go round". Doch ist Geld zu mehr in der Lage, als die Erde und die Ökonomien auf ihr auf Trab zu halten. Geld kann, wenn die immanenten ökonomischen Instabilitäten nicht politisch moderiert werden, auch die Bewegung abrupt stoppen: in der Finanzkrise, und daß diese nicht selten ausgebrochen ist, wird das nachfolgende Kapitel darlegen. Das Geld als Zirkulationsmittel ist dabei harmlos, weil direkt an die reale Sphäre der Ökonomie angebunden. Es kann keine eigenen Kapriolen schlagen; den geldvermittelten Tausch zweier Waren könnte auch ein falscher Fuffziger besorgen, geht es doch um den Tausch von Gebrauchswert gegen Gebrauchswert. Doch das Geld als Zahlungsmittel ist das Problem, weil es Schuldverhältnisse voraussetzt (und konstituiert), Gegenwart und Zukunft verknüpft, also ein Moment von Unsicherheit enthält, und zur Produktion rückgekoppelt ist, die nicht nur den Bedingungen der Finanzsphäre von Zahlung und Nicht-Zahlung gehorcht, sondern technischen und sozialen Verhältnissen, in denen erstens der Klassenkonflikt zwischen Lohnarbeit und Kapital enthalten ist und zweitens die Umformung von Stoffen und Energien unbedingt das monetäre Resultat der Erwirtschaftung von Tilgungen und Zinsen haben muß. Das Thema des übernächsten Kapitels ist damit angerissen, nicht der Klassenkonflikt (ein Thema, das schon oft behandelt worden ist), wohl aber die in der Produktion und Konsumtion stattfindenden Transformationen der Natur. Vorher sollen freilich historische Schuldenkrisen und -zyklen diskutiert werden: die Beispiele dafür, daß die Zuspitzung finanzieller Instabilitäten zu finanziellen Krisen eine lange Geschichte hat.

4. Kapitel
Historische Schuldenzyklen

1. Die Hypothese vom Schuldenzyklus

Schulden sind normal. In einer Geldwirtschaft übt das Geld nicht nur die Funktion als Zirkulations- sondern auch diejenige des Zahlungsmittels aus. In einer Geldwirtschaft wird es also zu jedem Zeitpunkt auf der einen Seite Gläubiger und auf der anderen Seite dementsprechend Schuldner geben. Doch sind Kreditbeziehungen nicht stabil; es ist im vorangegangenen Kapitel gezeigt worden, daß sich finanzielle Instabilitäten zu Krisen verschärfen können: Schuldner können die aufgenommenen Anleihen nicht mehr ordentlich bedienen und wenn sie auch aus der Substanz ihres Vermögens den Zahlungsverpflichtungen nicht nachkommen können, müssen sie den Bankrott erklären. Besondere Brisanz erhält eine solche Konsequenz, wenn die Kreditbeziehungen internationalisiert sind und auf der einen oder anderen Seite (als Kreditgeber oder -nehmer) Souveräne (Staaten, Könige, Fürsten) beteiligt sind. Schulden – das ist „Ungeld" der Schuldner, dem das „Geld" der Forderungen der Gläubiger entspricht – müssen einen Zyklus durchlaufen: Sie werden aufgenommen, um bestimmte Projekte zu finanzieren, und sie werden aus der Rendite der Projekte bedient und schließlich abgetragen. Schuldner müssen sich also entschulden und in Gläubiger verwandeln können. Gelingt dies nicht und bleibt die Zahlungsunfähigkeit von Schuldnern kein vereinzelter Fall, bricht eine Schuldenkrise aus. Bevor dies allerdings geschieht, sind harte Zwänge seitens der Gläubiger auf die Erhöhung der Leistungsfähigkeit (Rentabilität der kreditfinanzierten Investitionen) wirksam. Die Verschuldung kann sich als ein Hebel herausstellen, mit dem der Schuldendienst auch auf Kosten des Lebensstandards der Menschen und unter Mißachtung der ökologischen Bedingungen des Wirtschaftens erzwungen wird. Schuldbeziehungen werden dann zu einem Hebel der Umverteilung zu Lasten von Schuldnern und zu Gunsten der Gläubiger. Die gegenwärtige Schuldenkrise der Dritten Welt hat, wie noch gezeigt wird, nach fast zehn Jahren Dauer sowohl die Lebensbedingungen der Menschen in den verschuldeten Ländern im Durchschnitt verschlechtert als auch dazu beigetragen, daß die natürlichen Ressourcen in grandiosem Ausmaß übernutzt werden. Dieses Problem wird uns noch in den nachfolgenden Kapiteln beschäftigen.

Die Annahme von der Möglichkeit, daß Schuldner sich im Verlauf eines „Schuldenzyklus" zu entschulden vermögen, ist vortheoretisch an die Hoffnung geknüpft, Schuldenkrisen vermeiden oder überwinden zu können, weil das Geld als Zahlungsmittel mit seinen ihm eigenen Unsicherheiten neutralisiert werden könne. Schulden sind normal und Schuldenkrisen dürfte es eigentlich nicht geben. Ein Blick zurück jedoch zeigt, daß die gegenwärtige Schuldenkrise keineswegs einzigartig ist; Zahlungseinstellungen und Staatsbankrotte hat es in der Geschichte so häufig gegeben, daß sie ganz normal zu sein scheinen. Nicht nur Schulden sind in einer Geldwirtschaft normal, sondern Schuldenkrisen und deren Abschluß mit dem Bankrott souveräner Schuldner ebenfalls. Doch während in früheren Jahrhunderten Zahlungsprobleme von souveränen Schuldnern den formellen, offen deklarierten oder informellen, verschwiegenen Bankrott des Staates zur Folge hatten, wird heute versucht, diesen zu vermeiden; die Initiativen von Baker 1985 oder Brady 1989 zur Überwindung der Schuldenkrise der Länder der Dritten Welt zielten genau in diese Richtung. Der Bankrott kann durchaus eine entlastende Wirkung haben; gerade die Vermeidung des Bankrotts trägt dazu bei, daß die Überlastung von Schuldnern andauert. Die Begründung für die Streckung der Schuldenkrise und die Vermeidung des Bankrotts liefern Annahmen, die sich aus der „Hypothese vom Schuldenzyklus“ ergeben. Die Verschuldung ist demnach nur die erste Etappe innerhalb eines Zyklus, der mit der Entschuldung und mit der industriellen Entwicklung des souveränen Schuldners endet (Avramovic 1964; Chenery/Strout 1966). Ein ehemaliges Schuldnerland kann sich im Zuge dieser Entwicklung in einen „reifen“ Nettokapitalexporteur verwandeln, also Gläubiger in der Weltwirtschaft werden. Die Schuldenkrise der Dritten Welt kann in der Lesart der Hypothese vom Schuldenzyklus als eine vorübergehende Phase interpretiert werden, wenn es gelingt, das Wachstum verschuldeter Ökonomien so zu beschleunigen, daß die durch die Zinsen vorgegebene Mindestwachstumsrate erreicht wird.

Die Hypothese vom Schuldenzyklus wird von der Weltbank vertreten, um die Überwindbarkeit der Schuldenkrise zu belegen (Weltbank 1985, S. 55f): Ein Land durchläuft nach der idealtypischen Lesart fünf Stadien der Entwicklung, nämlich vom jungen Schuldnerland (1) über das reife Schuldnerland (2) zum Schulden tilgenden Land (3) und zum jungen Gläubigerland (4). Schließlich erreicht es das Klassenziel als reifes Gläubigerland (5). Zunächst ist die Handelsbilanz defizitär, Außenkredite finanzieren die doppelte Lücke zwischen Importen und Exporten einerseits und internen Investitionen und interner Ersparnis andererseits. In dieser Phase wachsen die Schulden (1). Dann reduziert sich das Defizit der Handelsbilanz, weil weniger Güter importiert werden müssen, wenn mit den im Ausland aufgenommenen Krediten die industrielle Basis erweitert wird, und weil aus dem gleichen Grunde die Exporte gesteigert werden können. Die Kreditaufnahme im Ausland ist in dieser Phase zwar positiv aber rückläufig (2). Das Schulden tilgende Land hat bereits eine überschüssige Handelsbilanz, kann daher Schulden zurückzahlen und den Schuldenberg somit reduzieren (3). Im nächsten Stadium sind bereits die Forderungen ans Ausland größer als die Schulden, so daß Zinsen nicht mehr abfließen, sondern netto zufließen. Die Leistungsbilanz verbessert sich also (4). Das reife Gläubigerland kann sich ein Handelsbilanzdefizit leisten, das durch den Netto-Zufluß von Zinszahlungen finanziert wird, so daß die Leistungsbilanz trotz defizitärer Handelsbilanz überschüssig bleibt (5).

So weit die modernisierungstheoretisch unterlegte Hypothese über die Transition von der „Prä-Moderne" über die Übergangsphase der „verschuldeten Industrialisierung" zur industrialisierten, entwickelten Moderne eines Landes mit hartem, gutem Geld; sie ist der Hoffnungsschimmer am Ende des düsteren Schuldentunnels, in dem sich seit Beginn der 80er Jahre viele Länder der Dritten Welt befinden. Nur ein Ausweg aus der Schuldenkrise wird für möglich gehalten, und dieser Ausweg wird mit der Wegmarke „growth cum debt" bezeichnet. Wenn die Schulden zu hoch sind, dann müsse man alle Anstrengungen unternehmen, um das Wachstum höher zu treiben. Steigerung der Leistungsfähigkeit ist die Devise, und diese bemißt sich am Exportüberschuß – jedenfalls so lange wie das Schuldnerland noch Zinsen und Tilgungen netto in fremder, harter Währung zu transferieren hat. Die Hypothese vom Schuldenzyklus, die in den 60er Jahren entwickelt worden ist, ist also nichts Angestaubtes, mit Patina Versehenes, das man als Antiquität wegschließen könnte, sondern etwas sehr Lebendiges, ein Politik-leitendes Interpretationsmodell in den entwicklungspolitischen Institutionen – und in den Regierungen der Industrieländer, die hinter diesen Institutionen stehen und deren Politik mit ihrem überlegenen Stimmrecht lenken. Die Schuldner haben dabei freilich das Problem, die Exportüberschüsse (und den Überschuß der internen Ersparnis über die Investitionen), also den Nettoressourcentransfer so steigern zu müssen, daß die Transferfähigkeit eines Landes überfordert wird. Die Weltbank gibt als Maximalwerte des Schuldendienstes 30% (gemessen an den Exporten) an; noch 1980 belief sich diese Relation auf 21,4% für den Durchschnitt aller Länder der Dritten Welt und auf 36,9% in Lateinamerika. Im Jahre 1988 lagen die Werte bei 28,5% im Durchschnitt der Dritten Welt und bei 40,5% in Lateinamerika. Im südlichen Afrika hat sich die Relation von 11,0% 1980 auf über 31% 1986 und 27,2% 1988 fast verdreifacht (World Debt Tables 1989/90). Wenn der Schuldendienst die Exporterlöse auffrißt, kann der Schuldenzyklus eine pathologische Verlaufsform mit steigenden Schulden, höherer Belastung mit dem Schuldendienst trotz Nettoressourcentransfers, verringerten Investitionen und daher reduzierter Wachstumsrate des BIP, Übernutzung von Ökosystemen und Verarmung größerer Teile der Bevölkerung annehmen.

Die Schuldenzyklushypothese wird von der Weltbank in ihrem Weltentwicklungsbericht von 1985 mit einem historischen Beispiel zu belegen versucht. Dieses historische Beispiel liefern die Vereinigten Staaten von Amerika: „Alle Länder zusammengenommen können natürlich weder eine Schuldner- noch eine Gläubigerposition aufweisen. Deshalb dürfte die relative Höhe der Gläubigerpositionen tendenziell abnehmen, je mehr Länder sich auf das Stadium des reifen Gläubigers zubewegen. Die Tatsache, daß die zusammengefaßte Netto-Forderungsposition der Industrieländer im Verhältnis zu ihrem BSP relativ gering ist, obwohl die Brutto-Kapitalbewegungen sehr groß sind, stimmt mit der Schuldenzyklus-Hypothese gut überein. Dies gilt auch für das Verlaufsmuster der strukturellen Zahlungsbilanzentwicklung in Großbritannien und in den Vereinigten Staaten während der vergangenen 150 Jahre. Bis in die allerjüngste Zeit entwickelten sich die Zahlungsbilanzen dieser beiden Länder weitgehend gemäß den fünf Stadien.“ (Weltbank 1985, S. 55)

Tatsächlich waren die USA im vorigen Jahrhundert ein zur damaligen Zeit gegenüber Europa hochverschuldetes Land. Auch ist es den USA gelungen, sich zu industrialisieren, hohe Wachstumsraten des Sozialprodukts zu realisieren und die finanziellen Mittel aufzubringen, mit denen die Schulden gegenüber den europäischen Ländern abgetragen werden konnten. Und in den 20er Jahren waren die USA tatsächlich der größte Gläubiger (der „Supergläubiger“, wie Polanyi 1979 betont) der Weltgesellschaft; die ehemaligen Gläubigernationen Europas hatten sich in Schuldner verwandelt. Dies war der Grundstein für die Errichtung des US-amerikanischen Hegemonialsystems, das nach dem Ersten Weltkrieg vorbereitet und nach dem Zweiten Weltkrieg realisiert werden sollte. Kein Zufall, daß es gefährdet ist, seitdem die USA – sozusagen in einem von der Weltbank nicht reflektierten „sechsten Stadium“ des Schuldenzyklus – wieder wie im „ersten Stadium“ ein hohes Handelsbilanzdefizit mit einem Netto- Abfluß von Zinszahlungen und einem Netto-Kapitalzufluß aufweisen, die in rapide steigenden Außenschulden (Ende 1988: 532,5 Mrd US$, Economic Report of the President 1990, S. 409) resultieren.

Die Entschuldung der USA als historischer Modellfall für die verschuldeten Länder der Dritten Welt heute? Es lohnt sich, den US- Schuldenzyklus näher zu betrachten, um einer Antwort auf die Frage nach der Relevanz der

Schuldenzyklushypothese näher zu kommen. *Erstens* sind die USA im 19. Jahrhundert ein Kontinent mit offener „frontier“. Ein gewaltiger Migrationsstrom aller derjenigen, die durch die kapitalistische Akkumulation auf dem „alten Kontinent“ entwurzelt worden sind und in der „neuen Welt“ ein neues Glück zu machen versuchten, wälzte sich in Richtung Westen. Die Immigranten brachten, wenn auch nicht jeder individuell, so doch im Troß der Kolonisierungstrecks die Kredite mit: “...Die große Menge der europäischen Auslandsinvestitionen im neunzehnten Jahrhundert ging in relativ dünn besiedelte Gebiete, in denen Arbeit knapp war. In diese Regionen wanderten aber auch Millionen europäischer Emigranten. Als Unternehmer oder als Arbeiter ergänzten sie sich und halfen so, daß das Geldkapital, das in diese neuen überseeischen Länder floß, produktiv eingesetzt werden konnte“ (Kenwood/Lougheed 1983, S. 57). Im Zuge der Verschiebung der „frontier“ in Richtung Westen wird ein Kapitalisierungsschub ausgelöst, der dafür verantwortlich ist, daß ein wachsender innerer Markt entsteht.

Es handelte sich also um kein armes Land, das Kredite erhielt, sondern es war ein vielversprechender, aufstrebender Kontinent, eine Siedlerökonomie, die auch nach der politischen Unabhängigkeit mit Krediten an die Mutterländer angebunden blieb. Um das Kapital „arbeiten zu lassen“, das die Siedler mitbrachten oder das ihnen auf dem Fuße folgte, war die Verdrängung der Indianer Bedingung, da sie nicht oder nur schwer in den Prozeß kapitalistischer Inwertsetzung einbezogen werden konnten. Um dem Kapitalismus in Nordamerika das Feld zu bereiten, wurde ein Ethnozid, ja ein Genozid angerichtet. Die Aktion war immerhin erfolgreich, eine Art produktiver Destruktion, wie Hollywood-Streifen seit der Existenz des Cinemas suggerieren. Durch das Wachstum des Arbeitsvolumens infolge der Immigration wurde das Sozialprodukt gesteigert und mit Hilfe der Kredite war die Anwendung moderner Technologien möglich, so daß auch die Produktivität zunehmen konnte, obwohl die Immigration auch ökonomische Kosten (Infrastruktur, Schulen, Gesundheit etc.) verursachte. Der Zuwandererstrom sorgte auch dafür, daß die Löhne auf niedrigem Niveau verharrten und gleichzeitig dennoch der Lebensstandard hoch sein konnte. Die offene Grenze war das Ventil zur Verhinderung von Verteilungskämpfen: Sozialistische Ideen wurden in der Weite des Landes auf dem Marsch nach Westen „im Winde verweht“. Diese glückliche, historisch in der neueren Geschichte einmalige Kombination von kreditfinanzierter Migration und einer offenen Grenze für Kapitalakkumulation existiert nicht mehr. So weitflächig-extensive Länder gibt es zur Besiedlung nicht und – wichtiger – die Intensität der Kolonisation mit den modernen Technologien führt heute sehr schnell dazu, daß die ökologische

Grenze überschritten wird, auch wenn die geographische Grenze noch längst nicht erreicht ist. Im „weiten Land“ Amazonien ist dies sehr deutlich zu beobachten; darauf wird im sechsten Kapitel einzugehen sein.

Zweitens muß man berücksichtigen, daß die USA sich in einer spezifischen Situation zu entschulden vermochten: im Verlauf des Ersten Weltkrieges nämlich, als die Lieferung von Kriegsmaterial an die europäischen Alliierten seitens der USA mit Krediten finanziert wurde. Verschuldung hat, wenn sie denn als zyklischer Prozeß gedacht wird, immer etwas mit Krieg zu tun, vielleicht auch mit Revolution. Aber auf 100 Kriege kommt eine Revolution. So schwer ist aufrechter Gang, schreibt Ernst Bloch. Im Ersten Weltkrieg mußten die Krieg führenden Mächte Europas sich hochgradig in Schulden stürzen: sowohl gegenüber der eigenen Gesellschaft als auch nach außen, in diesem Fall gegenüber den USA. Die Kriegsschulden Europas schwächten die Währungen, induzierten in einigen Ländern – zum Beispiel in Deutschland – wilde Inflationen und stärkten so umgekehrt die Währung der USA. Ein Weltkrieg hat die USA entschuldet, und nicht etwa der Erfolg eines normalen ökonomischen Entwicklungsprozesses oder die Wirkung des Zahlungsbilanzmechanismus, von dem die Weltbank in ihrer Hypothese so unschuldig ausgeht.

Dann darf *drittens* nicht vergessen werden, daß auch die USA ihre Schuldenkrise hatten. In den 40er Jahren, und dann nach dem Bürgerkrieg in den 60er Jahren des vorigen Jahrhunderts, wurden von Bundesstaaten der Union Schulden „repudiiert“, also deren Bedienung mit Zinsen und Tilgungen zurückgewiesen. Bei der Vereinigung der ausländischen Gläubiger oder Kapitalbesitzer (Corporation of Foreign Bond Holders) in London, werden noch heute Schulden einiger Südstaaten geführt, die bis zum Jahre 1842 zurückreichen und seitdem nicht mehr bedient worden sind. Überhaupt scheint der Ausdruck „Schulden- Repudiation“ aus dieser Periode zu stammen (Biggs 1987, S. 109ff): Als infolge der Baumwollkrise des Jahres 1839 und nach bedeutenden Verlusten der Bank von Mississippi und daher des Bundesstaates die Zahlung von Zinsen und Amortisationen auf ausländische Baumwollanleihen eingestellt wurde und sich deshalb insbesondere holländische Bankfirmen beschwerten, erklärte der Gouverneur von Mississippi am 14. Juli 1841 die Repudiation der geforderten Zahlungen mit der Begründung, die Schulden seien ungesetzlich zustandekommen, da nämlich die Zustimmung des Parlaments von Mississippi bei der Begebung der Anleihen gefehlt habe. Das Parlament schloß sich der Auffassung des Gouverneurs später an; „Denn der Gewinn, den Mississippi durch diese Repudiation machte, war doch so bedeutend, daß man sich über die Proteste Europas glatt hinwegsetzen zu können glaubte. Gestützt wurden die Kapitalisten und Staatsmänner Mississippis durch Jefferson Davis, den nachmaligen Präsidenten der abgefallenen Südstaaten. Darauf folgte Pennsylvanien und Michigan dem Vorgehen ihres Schwesterstaates, während in Illinois und Kentucky eine geringe Parlamentsmehrheit 'der Sache des Rechts und der öffentlichen Moral zum Siege verhalf'" (Manes 1922, S. 65).

Also haben auch die USA schon einmal die Kosten der Vermeidung einer offenen Staatspleite den äußeren Kreditgebern sozusagen aufgehalst. Nach dem Bürgerkrieg der 60er Jahre wurde die Repudiation wiederholt, hatte doch die Methode zu Lasten der Gläubiger mehr als 20 Jahre zuvor Erfolg gehabt. Schulden der Südstaaten wurden nach dem Bürgerkrieg nicht mehr anerkannt, sie wurden auch nicht mehr bedient. Die Schuldenzurückweisung bekam sogar Verfassungsrang. Im 14. Emendment vom 16.6.1866 heißt es, „daß die Vereinigten Staaten bzw. einer der Staaten keine Schuld oder sonstige Verpflichtung anerkennen oder bezahlen werden, die eingegangen worden sind, um eine Erhebung bzw. Rebellion gegen die Vereinigten Staaten zu unterstützen. Diese Schulden, Verpflichtungen und Forderungen werden als illegal definiert und folglich anulliert." (nach Biggs 1987, S. 110). Was hier Verfassungsstatus erhält, ist natürlich nichts anderes als die Souveränität der Entscheidung des Schuldners über die Legitimität von Schulden. Der ökonomischen Kreditbeziehung ist also im Falle „souveräner Schulden" der politische Prozeß der Defintion ihrer Legitimation vorgeschaltet; nicht der Kreditvertrag ist als Emanation der prozeduralen Marktrationalität per se legitim, sondern dessen Legitimität wird anhand der Resultate des formalen Vertrags noch einmal substanziell im politischen Prozess überprüft. Eine unpolitische Außenverschuldung gibt es ebenso wenig wie eine Außenpolitik, die mit ökonomischen Interessen nichts zu tun hätte. Schulden sind also ein Politikum, und sie werden, wie die USA im vorigen Jahrhundert vorexerzierten, als solches behandelt. Wenn nämlich die Kreditbeziehungen Souveräne, also Staaten, Regierungen, Fürsten, Könige etc. einschließen, werden sie keineswegs ausschließlich oder auch nur in erster Linie durch den „unschuldig" nach den neutralen ökonomischen Gesetzen wirkenden Marktmechanismus reguliert, sondern auch durch relative politische Macht. Mit der im ersten und zweiten Kapitel dargestellten Markttheorie kommt man nicht sehr weit, wenn es um die Interpretation von Schuldverhältnissen und Schuldenkrisen in der Geschichte des internationalen Systems geht.

Schließlich – dies ist vielleicht der wichtigste Grund, weshalb der „Schuldenzyklus" im Falle der USA einigermaßen funktionierte – befand sich seit den 70er Jahren des vorigen Jahrhunderts die Weltwirtschaft in einer Aufschwungsperiode, die – mit Unterbrechungen – bis ins 20. Jahrhundert hinein andauerte, und die erfolgreiche Industrialisierung der USA erleichterte. Die Kreditvergabe vor 1914 hatte „die Form der schrittweisen Einbeziehung neuer Regionen in die Weltwirtschaft: zunächst geschah dies mit den USA, und zwar während des Booms der frühen 70er Jahre..." (Fishlow 1986, S. 49). Kredite öffnen Regionen und Gesellschaften zum Weltmarkt, sie sind gewissermaßen ein Hebel der Kapitalakkumulation und -expansion auch in geographischer Hinsicht. Diese Funktion haben sie aber vor allem in einer expandierenden Phase des langen Zyklus; dann ebnen „schnelle Kredite den besten Weg" auch durch die noch unwirtlichsten Gegenden. Es ist sicherlich kein Zufall, daß die Normalität der Verschuldung in einer kapitalistischen Geldwirtschaft in die Anomalität der Schuldenkrise umschlägt, wenn die Weltwirtschaft stagniert, zumal dann, wenn nicht nur ein Land den „Schuldenzyklus" durchläuft, sondern ganze Kontinente und wenn obendrein die Hegemonialmacht erneut zum Nettoschuldner wird. Suter hat zu zeigen versucht, daß es langfristige Schulden-Krisenzyklen gibt, die wiederum mit den – im vorangegangenen Kapitel diskutierten – Hegemoniezyklen in der Weltwirtschaft interferieren: „Die Zyklen des internationalen Finanzsystems sind somit teilweise mit den Hegemoniezyklen verbunden..." (Suter 1989, S. 42). In den langen Abschwungsphasen, die zugleich Phasen der Erosion der Hegemonialmacht sind, können Kredite „neue Abhängigkeiten" (Furtado 1985) hervorbringen und die monetär geknüpften Bande zum Weltmarkt so anspannen, daß sie reißen.

Doch unterscheidet sich die gegenwärtige Schulden- und Hegemoniekrise wesentlich von vorangegangenen Krisen der Hegemonialsysteme: Venedig, die untergehende und bereits marode Hegemonialmacht, finanziert das aufstrebende Amsterdam; Amsterdam legt im 17. Jahrhundert sein Kapital in London an und finanziert so die Hegemonialmacht der Zukunft. Heute ist die alte Hegemonialmacht USA verschuldet, gefangen in den Stagnationstendenzen der Weltwirtschaft und eben dadurch auch daran gehindert, die Regulationsleistungen zu erbringen, durch die ein Aufschwung herbeigeführt werden könnte. Mit anderen Worten: Die USA als aufstrebende Industrienation profitierten von den Regulationsleistungen der pax brittanica, aber sie sind derzeit nicht in der Lage, ähnliche Leistungen zu erbringen, um den Rahmen für eine Überwindung der Schuldenkrise innerhalb der pax americana zu verbessern.

Bei der historischen Untersuchung von Schuldenzyklen wird eine Unterscheidung von Krediten wichtig, die bislang nur am Rande erwähnt worden ist: Kredite an Staaten und Regierungen einerseits und an Private, die sie zur

Finanzierung von Geschäften gebrauchen, andererseits. Vom Zweck der Kredite her betrachtet, können sie entweder die ökonomische Entwicklung (durch kreditfinanzierte produktive Investitionen) von Schuldner(ländern) oder aber eine Steigerung der privaten und/oder staatlichen Konsumtion finanzieren oder auch nur dazu dienen, alte Schulden zu refinanzieren. Es ist nach den Ausführungen über finanzielle Instabilitäten einleuchtend, daß die Fähigkeit der Bedienung von Schulden von der Kreditverwendung abhängig ist. Nur „development loans" bieten eine Gewähr dafür, daß die im vorigen Kapitel dargestellten finanziellen Krisen nicht eintreten, weil sowohl die Tilgungen der Kredite als auch die Zinsen real „erwirtschaftet" werden können – sofern die kreditfinanzierten Projekte Erträge abwerfen. Konsumkredite können nur bedient und getilgt werden, wenn der Schuldendienst aus den laufenden Einkommen oder Einnahmen abgezweigt wird, da ja mit den Krediten selbst keine Einkommen induziert worden sind. Ein souveräner Schuldner kann dies infolge seines hoheitlichen Steuer- und Abgabenmonopols; privaten Schuldnern sind hier enge Grenzen gesetzt, die durch die Einkommensflüsse bestimmt werden. Ein souveräner Schuldner kann unter Umständen auch eine Zahlung des Schuldendienstes, gestützt auf seine außerökonomische Macht, verweigern und auf diese Weise den Kreditgebern Verluste bereiten und sie sogar in den Bankrott treiben. In der geschichtlichen Entwicklung hat es alle Formen von Krediten und Schuldbeziehungen, von Schuldenkrisen und Bankrotten gegeben.

2. „Borge keinem der stärker ist als Du..." – Vorkapitalistische Finanzkrisen

Schon vor Heraufkunft des kapitalistischen Weltsystems im „langen 16. Jahrhundert" (Braudel 1986) der großen sozialen Umwälzungen in Europa und der Entdeckungsfahrten (von der Mitte des 15. bis zur Mitte des 17. Jahrhunderts) hat es Kreditbeziehungen und daher Schulden gegeben, in der Regel von Souveränen (Königen, Fürsten) gegenüber Geldleihern, z.B. reich gewordenen Ritterorden. Die auch heute noch sagenumwobenen Templer, die sich um die Jahrtausendwende während der Kreuzzüge organisierten, haben in der vor- bzw. frühkapitalistischen Finanzwelt eine wichtige Rolle gespielt. Sie konzentrierten in ihren Komtureien bereits spätestens am Ende des 11. Jahrhunderts große Reichtümer. Zum Teil waren es „Mitbringsel" von den Kreuzzügen, zum Teil Schenkungen zur Finanzierung der Expeditionen ins „Heilige Land", und obendrein dem Orden anvertraute Vermögen. Diese Einlagen ruhten nicht immobil, sondern wurden vom Orden für Finanzgeschäfte größten Ausmaßes mobilisiert. So finanzierten sie den zweiten Kreuzzug Ludwig VII und Konrad III (1147-1149) und die Eroberungen Philips IV (1285-1314), der schließlich für die Vernichtung des Templerordens sorgte. Schon um die Mitte des 12. Jahrhunderts entwickelten sie eine Art „Euroscheck"-System. Zahlungen wurden im mediterranen und westeuropäischen Raum gegen auf den Tempelorden lautende Anweisungen in jeder Komturei geleistet. Damit nahmen die Templer die Kreditbriefe vorweg, die beispielsweise von den kommerziellen Banken der Familien Bardi und Peruzzi im frühen 14. Jahrhundert ausgegebene wurden, und die von London bis in die Levante eingelöst werden konnten.

Charpentier resümiert in seiner Geschichte des Templerordens: Nach einem halben Jahrhundert von Kreuzzügen kam den Templern der „erstaunlich geniale Gedanke,...daß die große Macht der Kredit war....Die Templer entwickelten das Bankwesen wie wir es heute haben, mit Einlagekonten, mit Schecks, die mittels einer kleinen Gebühr in allen Ländern zahlbar waren...Der Kredit durch den Umlauf von Papiergeld, von Schecks anstelle von Metallgeld war...keine Erfindung der Juden, die Anregung geht auf die Templer zurück. Fürsten, Grafen, Barone, Bürger, Kaufleute brauchten nur ihre Kapitalien bei ihnen zu deponieren, dann konnten sie an jedem Ort in Frankreich, ja im Ausland und jenseits der Meere auf ihre unantastbaren Häuser, die die Rolle von Banken spielten, Anweisungen ausschreiben oder ausschreiben lassen, die den Wert von flüssigem Geld hatten. Reisende mit solchen Briefen brauchten sie nur in der nächstgelegenen Komturei vorlegen, dort wurde ihnen die genannte Summe auf Heller und Pfennig ausbezahlt...Damit waren aber wohl die Geldgeschäfte der Templer nicht erschöpft. Es kam ständig vor, daß diese oder jene Komturei ohne zwingende Notwendigkeit eine Anleihe auflegte. Gold und Silber flossen zusammen dank dem Ruf der Redlichkeit des Ordens. Als Folge davon fehlte es in kurzer Zeit in einem ganzen Gebiet an Bargeld, es ergab sich eine Notlage, die sich unheilvoll auf die gesamte Wirtschaft auswirkte. Die Werte sanken, die Geschäfte der Kaufleute kamen zum Erliegen. Wenn der Zusammenbruch drohte, spielten die entsprechenden Ordenshäuser die Rolle der Vorsehung und kauften die Güter der bedrängten Besitzer zu Schleuderpreisen oder leihen Geld auf einen Annäherungswert dieser Güter. Schließlich gehörten die Templer auch zu den 'Schlauköpfen', die aus den Geldentwertungen des Königs Nutzen zu ziehen verstanden. Sie spekulierten auf die Währungsschwankungen und waren stets in der Lage zu kaufen oder zu leihen, je nach Hausse oder Baisse..."(Charpentier 1981, S. 63ff).

Der Geschäftemacherei kam auch zugute, daß der Tempelorden in der gesamten europäisch zivilisiserten, d.h. durch die Kreuzzüge erschlossenen Welt aktiv werden konnte, denn überall gab es Ordenshäuser und in London war das Zentrum: Dort hatte sich „die Finanztradition des Ordens am besten verwurzelt" (Charpentier 1981, S. 65). Der diskrete Charme Londons für Finanzleute ist also älter als die Bank of England oder die britische Hegemonie in der Weltwirtschaft.

Die Geldgeschäfte des ausgehenden Mittelalters waren möglich aufgrund der in dieser Phase sich zersetzenden feudalen Verhältnisse und der Ausweitung von Ware-Geld-Beziehungen. Das 14. Jahrhundert wird als „die Zeit des Siegeszugs des Goldes" (Michelet, zit. nach Charpentier 1981, S. 62) bezeichnet, also als eine historische Epoche, in der schrittweise die feudale Produktenrente in die Geldrente verwandelt wird und stationäre Reichtümer – Ländereien, Gebäude, Vieh etc. – in großem Umfang in Werte verwandelt und als Waren zirkuliert werden konnten. Marktbeziehungen, wie im zweiten Kapitel dargelegt, konnten sich auf dem Hintergrund dieser sozialen Transformation herausbilden. Die Epoche des 12. bis 14. Jahrunderts war eine Zeit der ökonomischen Blüte; die Landwirtschaft entfaltete sich und mit ihr das Gewerbe und die Städte (Bowlus 1988). Die Kreuzzüge haben zur Intensivierung und Expansion des Warentausches beigetragen; ohne Entwicklung von Tauschbeziehungen und ohne Geld wären sie gar nicht durchführbar gewesen. Die wachsende Bedeutung des Goldes als Geld hat also mit den intensivierten Außenbeziehungen zu tun (Vgl. auch Polanyi 1979, S. 342f), und zwar bereits bevor das Gold und das Silber Lateinamerikas den europäischen Kontinent überschwemmten. Mit den Kreuzzügen sollte das christliche Abendland gegen die islamische Offensive gerettet werden. Sie trugen freilich auch das Ihre dazu bei, die sozialen Verhältnisse des europäischen Mittelalters umzuwälzen und Europa für die ursprüngliche Akkumulation des Kapitals vorzubereiten. Braudel meint sogar, daß „durch nichts...der Aufschwung der Christenheit und Venedigs auf dem Handelssektor so beschleunigt (wird) wie durch das phantastische Abenteuer der Kreuzzüge" (Braudel 1986, S. 115). Als diese im letzten Viertel des 13. Jahrhunderts abbrechen, sind die Handels- und Geldbeziehungen im Mittelmeerraum bereits gefestigt.

Die Produktenrente (der „Zehnte", und manchmal auch ein größerer Teil der Ernte) wurde schrittweise durch die Geldrente abgelöst. Geld ist dabei gewissermaßen ein Mittel, um sich – wie Polanyi (1979) zeigt – von Strafen bzw. Verpflichtungen loszukaufen. Die Nachfrage nach Geld folgt so doppeltem Impuls. Geld wird zum sozialen Medium der Entpflichtung, also der Entschuldung, indem der Schuldner in Geld zahlt und nicht dinglich leistet. So entsteht umgekehrt der Bedarf der Herrscher nach finanziellen Mitteln;

sie befinden sich immer in Geldnöten, wenn an die Stelle des Lehnswesens und der unentgeltlichen dinglichen Verpflichtung der Untertanen zum Wehrdienst und zur Lieferung von Naturalien tendenziell staatliche Verwaltung und stehendes Heer treten, die in Geld zu bezahlen sind. Die Neuerung des stehenden Heeres wird zuerst von Karl VII (1422-1461) im Jahre 1439 eingeführt. Die akuten Geldnöte werden durch Verschuldung gemindert; der Bedarf schafft sich sein Angebot: es bilden sich die modernen Institutionen des Geldverleihs heraus, es entstehen die Geldhäuser. Die Herrscher werden dadurch auch von Gläubigern abhängig, deren Wirtschaftsmacht zu politischer Macht wird. Wenn die Entpflichtung durch Ablösung von Schulden nicht gelingt – denn Geld, das zu diesem Zweck gebraucht wird, ist immer knapp –, sind souveräne Schuldner geneigt, die Schulden auch mit nichtmonetären Mitteln zu streichen, sofern sie die Macht dazu besitzen. Geld verleiht Macht und die Gläubiger verfügen darüber. Aber Schuldner sind, zumindest wenn es sich um Souveräne handelt, nicht machtlos, auch wenn sie kein Geld haben.

Den Templern jedenfalls wird dieser Umstand zum Verderben. Philipp IV, gegenüber den Templern hoch verschuldet, entledigt sich der Tempelherren zu Beginn des 14. Jahrhunderts mit Hilfe von Intrigen (ihnen wird Blasphemie vorgeworfen) und des Papstes Clemens V, der sie von seiner Residenz Avignon aus exkommuniziert und damit zur politischen und ökonomischen Vernichtung und zur physischen Liquidation bestimmt. Ein mehrjähriger Prozeß wird ihnen gemacht, die Templer werden verfolgt, der Orden wird aufgelöst, viele Tempelherren werden hingerichtet, der Rest zerstreut sich in ganz Europa. Die sagenhaften Güter des Ordens fallen zum großen Teil an die Herrscher, die sich zugleich mit der Auflösung des Ordens ihrer unangenehmen Gläubiger und damit der Verpflichtungen zum Schuldendienst entledigen. Das Wort des Ecclesiasticus (wahrscheinlich aus dem Jahr 132 vor Christus) "*noli foenari fortiori te, quod se foeneravis, quasi perditum habe*" (borge niemandem, der mächtiger ist als Du; hast Du ihm aber geborgt, sieh es als verloren an) bewahrheitet sich für die Templer in grausamer Weise. Sie bezahlen ihre frühe Rolle des Bankiers der Fürsten und Kaiser mit der ökonomischen, mit der physischen und mit der geistigen und seelischen Vernichtung; die Gewalt der Schuldner erweist sich in diesem Fall als stärker denn die der Gläubiger. [1]

---

[1] Bei Abgabe des Manuskripts an den Verlag wird die Aktualität des Wortes vom Irak unter Beweis gestellt: Der Überfall auf Kuweit und die Einverleibung des Landes reduziert die irakische Außenschuld auf einen Streich um etwa 20 Mrd US$, indem ein Gläubiger militärisch vernichtet wird.

3. Kippper und Wippper und Fugger-Bonds

Die Geschichte der Templer ist nur deshalb in diesem Zusammenhang so interessant, weil die Tempelherren spätere Entwicklungen von Kredit und Schulden vorweggenommen haben. Weniger grausam, wenn auch ebenso wirksam ist die Entschuldung souveräner Schuldner durch eine Entwertung des Geldes, z.B. durch Verringerung des Metallgehalts der Münzen, die vom Staat in Umlauf gebracht werden. Der Souverän benutzt sein Münzmonopol, um den „Seignorage-Vorteil", d.h. den Münzgewinn, zu steigern (Vgl. Kindleberger 1984, S. 30) bzw. die Schulden später mit entwertetem Geld zu Lasten des Gläubigers abzulösen. Dies ist nur möglich, wenn die umlaufende Münze nicht aus vielen Münzanstalten stammt, die mit der Qualität der Münze gegeneinander konkurrieren. Ist dies der Fall, dann verdrängt natürlich besseres Geld das durch Münzverschlechterung entwertete. Schon allein aus diesem Grund monopolisierten die Souveräne das Prägerecht der Münze, errichteten also die Seignorage über die Münze, schufen das „Münzregal" (Gaettens 1957/1982, S. 17). In Phasen des herrschaftlichen Vakuums oder der Streitigkeiten zwischen verschiedenen Souveränen konkurrierten viele Münzen miteinander und gegeneinander, z.B. am Ende des römischen Reiches im dritten Jahrhundert oder zur Zeit der „Schinderlinge" in der zweiten Hälfte des 15. Jahrhunderts (Gaettens 1957/1982, S. 40ff) und zu Beginn (1618-1623) des dreißigjährigen Krieges in der Zeit der „Kipper und Wipper" in Deutschland. Infolge der Inflation ist der Wert von Kleinmünzen, deren Metallgehalt nach der Reichmünzordnung von 1559 bestimmt war, über ihren Nominalwert gestiegen, so daß sie durch unterwertige Münzen ersetzt wurden; die Geldentwertung beschleunigte sich durch die „Kipper" und „Wipper", [2] durch Münzhändler, die gute Münze mit unterwertiger aufkauften. Das neu gemünzte Geld war immer weniger wert, so daß jedermann versuchen mußte, das schlechte Geld loszuwerden oder selbst schlechtes Geld zu münzen: „Es ist zu erbarmen das viel gueter leute in Stätten und Dorffern durch diese occasion zur geldmercanz, auswechselung, wippen und kippen verleitet, und die gantze land mit ungerechtigkeit und sunden als einer pest angesteckt wurden", zitiert Gaettens eine Anklageschrift aus dem Herzogtum Braunschweig (Gaettens 1982, S. 79). Die Inflation in der Zeit der Kipper und Wipper hat die Gesellschaft des damaligen Deutschland

[2] „Auskippen und -wippen = das Auflegen der Münze auf die Waage, das Wippen der Schale, das Kippen nach der einen Seite, wo das gute schwere Stück lag; dieser Vorgang gab den Geldhändlern und dann der ganzen Zeit den Namen der Kipper und Wipper" (Gaettens 1982, S. 96).

desintegriert und den materiellen Wohlstand Deutschlands stärker zerstört als der Dreißigjährige Krieg (Gaettens 1982, S. 94). Gesellschaften, die auf dem Geld beruhen, können sich eine Zerstörung des Geldwertes nur um den Preis der inneren sozialen Zersetzung erlauben.

Münzverschlechterung ist eine alte Praxis. Adam Smith beschreibt, wie in Rom die Staatsschulden durch Münzverschlechterung nach dem Ersten Punischen Krieg (264-241 vor Christus) um 5/6 reduziert (die Münzen enthielten anstatt der 12 Unzen Kupfer nur noch 2) wurden. Da Schuldner – im Gegensatz zu modernen kapitalistischen Gesellschaften, in denen die Industrieunternehmen die Schuldner gegenüber einem hochdifferenzierten Finanzsektor sind – damals vor allem in den ärmeren Schichten zu finden waren, hatte die Münzverschlechterung – ebenso wie die gesetzliche Reduktion von Schulden durch Konversionstabellen (wie schon in Attica von Solon – etwa 640 – 561 vor Christus – praktiziert) einen gesellschaftlich pazifizierenden und integrierenden Effekt. Wenn die Schulden einseitig sind und sie die Schuldner überlasten, dann geht es nicht anders als Regeln zu setzen, die der „Gewalt des Geldes“, d.h. der Überlastung der Schuldner Grenzen setzen. Adam Smith schreibt, die Erfahrungen generalisierend: „Ich bin davon überzeugt, daß durch solche Maßnahmen die Münze aller Nationen mehr und mehr unter ihren ursprünglichen Wert gesenkt worden ist; derselbe nominelle Betrag ist schrittweise dadurch abgewertet worden, daß er eine immer kleinere Quantität von Silber enthielt“ (Smith 1976, S. 469). Die Entschuldung vollzog sich also nicht immer durch Rückzahlung des geliehenen Betrags, sondern durch Vernichtung des Gläubigers mit politischer und militärischer Gewalt oder durch die ökonomische Gewalt der Geldentwertung. Die Inflation – wie heute dieser Prozeß genannt wird – hat also eine politische und soziale Funktion, wenn ihr ökonomischer Mechanismus in Gang gesetzt wird.

Es scheint also seinen Sinn zu haben, wenn internationale Schuldner heute nicht in eigener Währung, sondern in der Währung des Gläubigers die Schulden zu bedienen haben: ihnen sind dann Manipulationen dieser Art verunmöglicht. Souveräne Schuldner, die über die Münze verfügen, befinden sich allerdings in der komfortablen Situation, nominell zu zahlen, indem sie real entwerten. Die Staaten haben davon in der Geschichte reichlich Gebrauch gemacht. Heute haben die USA dieses Privileg. Die Münzverschlechterung, die vor Herausbildung kapitalistischer Verhältnisse weit verbreitet war und regelmäßig stattfand, um die Staatskassen aufzufüllen, hatte eine doppelte Wirkung: auf der einen Seite entlastete sie den Staat als Schuldner. Auf der anderen Seite verhinderte sie die Ausbildung eines Kreditsystems, da für die Geldbesitzer mit der Wertverschlechterung ihrer Forderungen der

Anreiz für Ausleihungen gering war. Nur zu „Wucherzinsen“ konnten Kredite aufgenommen werden – und Wucherei wiederum war von der Kirche, und das heißt in der mittelalterlichen Lebensauffassung, streng verurteilt (Le Goff 1988, S. 18ff). Natürlich gab es Praktiken, das Wucherverbot zu unterlaufen. Über den Tempelorden schreibt Charpentier: „Der Wucher ist unchristlich und ungesetzlich, daher verbannten ihn die Templer aus ihren Geschäften; es blieben aber die Bearbeitungsgebühren, die Maklerlöhne...“ (Charpentier 1981, S. 65).

Also wurde der Wucher praktiziert, und er war die historisch angemessene Methode, durch die schließlich bis zu einem gewissen Grade kapitalistische Verhältnisse begünstigt wurden: indem traditionale soziale Verhältnisse zerstört wurden. Wucher war also nicht nur regressiv, sondern hatte auch progressive Seiten. Doch haben sich erst einmal kapitalistische Verhältnisse herausgebildet, haben überhöhte Zinsen für die kapitalistische Akkumulation eine blockierende Wirkungen, sofern produktive Investitionen unrentabel bleiben. Es machte daher Sinn, die Zinsen zu begrenzen und das kirchliche Wucherverbot mit staatlicher Sanktionsgewalt zu bewehren. In England betrugen die erlaubten Höchstzinsen 1571 10%, 1624 8%. 1660 6%, 1713 5%; ihre Senkung indiziert die wachsende historische Bedeutung der Akkumulation produktiven Kapitals und den Aufstieg Englands zur kapitalistischen Hegemonialmacht.

Mit der Ausweitung von Finanzgeschäften institutionalisieren sich die Financiers als Banken. Ihren Ursprung haben sie in erster Linie in den oberitalienischen Städten. Die Bardi, Peruzzi, Medici werden die Financiers der gekrönten Häupter Europas; schon vor der Geburt des kapitalistischen Weltsystems existiert der internationale Kredit, wenn auch vor allem an souveräne Schuldner. Die Ricciardi aus Lucca haben zwischen 1272 und 1310 400.000 Pfund Sterling an den englischen König verliehen; als der Schuldendienst durch die Krone ausblieb, gingen sie bankrott. Das gleiche passierte 1348 den Bardi und Peruzzi in Florenz, als König Edward III nach dem 100jährigen Krieg den Schuldendienst einstellen mußte (Kindleberger 1984, S. 43); „das Kreditgebäude des mittelalterlichen Europa stürzte zusammen wie ein Kartenhaus“ (Bowlus 1988, S. 27). Die Templer wurden noch physisch vernichtet, in einer sich säkularisierenden Welt ist der ökonomische Untergang des Gläubigers gekrönter Häupter ausreichend.

Ein Beispiel für Aufstieg und Niedergang der Financiers souveräner Schuldner ist das Haus Fugger im 16. und 17. Jahrhundert. Sie unterstützten die Habsburger finanziell, halfen mit ihren Finanzen dabei, Karl V zum Kaiser des römischen Reiches krönen zu lassen. Sie borgten ihr Geld in ganz

Europa, besonders in Antwerpen, dem führenden europäischen Finanzplatz des 16. Jahrhunderts, um es an Spanien weiterzuleihen. In den Bilanzen der Fugger schlagen beispielsweise 1563 die Forderungen gegenüber König Philipp mit 4,44 Millionen Gulden zu Buche, das sind 78,4 % ihrer gesamten Aktiva (nach: Ehrenberg 1985, S. 121ff). Bei dieser geringen „Risikostreuung“ waren die Kreditgeber nicht nur von der Zahlungsfähigkeit sondern auch von der Zahlungsbereitschaft des souveränen Schuldners höchstgradig abhängig. Die Sicherheiten der Kredite an die spanische Krone bestanden unter anderem in den Silber- und Goldladungen aus der Neuen Welt, die in Sevilla anlandeten. Wenn die geraubten Reichtümer der Neuen Welt nicht an die Gläubiger zur Bedienung der Schulden transferiert wurden, hatten die Gläubiger das Nachsehen. 1557 konfiszierte Philipp II von Spanien die für die Fugger bestimmten Silberladungen im Wert von 570.000 Dukaten in Sevilla und brachte das Haus Fugger dadurch an den Rand des Ruins. Die Fugger mußten ihrerseits Kredite aufnehmen, um ihren Zahlungsverpflichtungen nachkommen zu können. Zu diesem Zweck gaben sie „Fugger-Bonds“ in Antwerpen aus, die sehr gefragt waren, weil die Fugger als gute Schuldner galten (Ehrenberg 1985, S. 116).

Das Spanien-Engagement der Fugger wurde in den 60er Jahren des 16. Jahrhunderts im Prinzip so gemanagt wie das Lateinamerika-Engagement der Banken in den 80er Jahren dieses Jahrhunderts: Die Schulden der spanischen Krone wurden umgeschuldet, die Fugger hatten eine Reduktion der Schulden und eine Senkung der Schuldzinsen auf 5 % hinzunehmen. Das war für sie kein gutes Geschäft, da sie doch in Antwerpen nur zu 8 – 10 % leihen konnten. Das waren zu jener Zeit niedrige Zinsen am Finanzplatz Antwerpen (Ehrenberg 1985, S. 116, 120), doch geriet mit den Schwierigkeiten der Fugger auch ihre Kreditwürdigkeit in Zweifel und dementsprechend gingen – so wie im vorangegangenen Kapitel begründet – die Schuldzinsen, die sie auf ihre Bonds zu zahlen hatten, in die Höhe. Die Konkurrenz konnte diesen Sachverhalt nutzen. Die Genueser Finanzhäuser nahmen nun mehr und mehr den Platz der Fugger als Finanziers der spanischen Krone ein, jedenfalls bis zum nächsten Finanzkrach 1575. Im Jahre 1607 verloren die Fugger erneut mehr als 3 Millionen Dukaten als Folge des spanischen Staatsbankrotts; der Niedergang und Untergang des Hauses Fugger war unaufhaltsam. Im Jahre 1650 hatten die Fugger immer noch Forderungen gegenüber Habsburg in Höhe von 615.000 Gulden, doch ihre Verluste aus den Geschäften mit souveränen Schuldnern summierten sich auf mindestens 8 Millionen Gulden. Trotz blendender Gewinne zur Blütezeit der Fugger um die Mitte des 16. Jahrhunderts blieben am Ende nur einige Ländereien, die obendrein durch den 30jährigen Krieg verwüstet und hoch mit Hypotheken belastet waren (Ehrenberg 1985, S. 131f.).

4. Schulden, die der Modernisierung dienen

Die Finanzierung gekrönter Häupter seitens privater Geldhäuser ist also für die Kreditgeber auf der einen Seite mit hohem Risiko verbunden. Auf der anderen Seite können sie bedeutsamen Einfluß auf die Staatsgeschäfte gewinnen, zumal die finanziellen Mittel zumeist zur Kriegsführung benötigt wurden. "*Pecunia nervus belli*", aber es muß, um diese Funktion ausüben zu können, in großen Summen fließen. Sind erst einmal sehr hohe Kredite an Fürsten und Könige vergeben worden, dann werden die Gläubiger von ihnen abhängig. Dies kann ihnen hohe Gewinne einbringen, aber auch ihr Ruin sein (Ehrenberg 1985, S. 376). Der Finanzierungsbedarf zur Kriegführung übersteigt die Finanzierungsmöglichkeiten vereinzelter Geldhäuser, so daß Kapitalien gesammelt werden müssen. Zu diesem Zweck werden auch Kapitalsammelstellen, z.B. die bereits bestehenden Börsen in Antwerpen und Lyon in die Finanzierung eingeschaltet. Es bildet sich auf diese Weise eine einheitliche Zinsrate (abgesehen von der Risikomarge, die je nach Schuldner und Region verschieden ist) heraus, die Schuldscheine werden handelbar und Objekte der Arbitrage-Spekulation zwischen den Börsen und Messen jener frühen Phase der Herausbildung kapitalistischer Verhältnisse.

Mit dem internationalen (Fern)Handel entstehen Messen und Bankhäuser, die den Handel finanzieren. Wegen der langen Zeiten zwischen Kauf und Verkauf infolge der langen Handelswege wird die Vorfinanzierung von Handelsgeschäften eine Notwendigkeit – wenn nicht lediglich Produkte getauscht werden ohne Geldvermittlung. Daher nimmt es nicht wunder, daß der Wechselkredit im 13. Jahrhundert in Italien entwickelt wird, um den Fernhandel zu erleichtern. Die Laufzeit der Wechsel richtet sich demzufolge nach der Zeitdauer der Handelswege („usance"). „Von Genua brauchte man nach Pisa zu Beginn des 16. Jahrhunderts fünf Tage, fünfzehn nach Ancona, zwanzig nach Barcelona, dreißig nach Valencia und Montpelier, zwei Monate nach Brügge und drei Monate nach London. Von London aus gerechnet betrug die Laufzeit einen Monat nach Antwerpen, zwei nach Hamburg und drei bis zu den norditalienischen Städten" (Kindleberger 1984, S. 39).

In dieser Zeitperiode können die Wechsel zirkulieren und sie bieten so manche Gelegenheit zur Spekulation. Dies wird mit der Verkürzung der Reisezeiten und mit der Verbesserung der Kommunikation schwieriger. Machen wir einen historischen Sprung: Marx beschreibt die „Schwindelprozeduren" im

Handel zwischen Großbritannien und Indien im 19. Jahrhundert. Diese blieben „im Schwang, solange die Waren von und nach Indien das Kap umsegeln mußten. Seitdem sie durch den Suezkanal gehn, und zwar mit Dampfschiffen, ist dieser Methode, fiktives Kapital zu fabrizieren, die Grundlage entzogen: die lange Reisezeit der Waren. Und seitdem der Telegraph den Stand des indischen Markts dem englischen Geschäftsmann und den Stand des englischen Marktes dem indischen Händler noch am selben Tag bekanntgab, wurde diese Methode vollends unmöglich" (MEW 25, S. 447f).

Mit der Ausdehnung des Handels wurden die benötigten Kapitalsummen immer größer; der Fernhandel mit Ostindien brachte nach dem Fall staatlicher Prärogative Handelskompanien – vor allem die Ostindische Handelsgesellschaft – hervor, deren Anteile an der Börse gehandelt wurden. So entsteht die Institution, die als Kapitalsammelstelle auch für die Finanzierung manufakturieller und später industrieller Unternehmen diente. Geldbeziehungen, Spekulation, die Finanzierung staatlicher Unternehmungen sind also Hebel des finanziellen „institution building" im Prozeß der Modernisierung.

Erst später in der Geschichte bilden der souveräne Staat und die Geldgeber eine Allianz: die Staatsschuld gegenüber den Geldgebern wird mit den Steuereinnahmen des Staates bedienbar gemacht, sie verlangt folglich die Ausbildung eines entsprechenden Steuersystems. Die Verschuldung der Souveräne erzwingt also den allmählichen Übergang zum modernen Steuerstaat und den Aufbau der dazugehörigen Finanzverwaltung. Der häufige Zweck der Verschuldung, nämlich Geld für die Kriegführung aufzutreiben, trägt zur Modernisierung und Rationalisierung bei, nämlich zur Bildung stehender Heere, die nur mit ständig fließenden (Steuer)einnahmen und nicht auf Dauer per Kredit – auch nicht durch Börsenkredit – finanziert werden können. Dennoch bleibt natürlich ein enormer souveräner Kreditbedarf, gerade für die Kriegs- und Okkupationsfinanzierung – von der Finanzierung des ostentativen Luxuskonsums ganz zu schweigen. Das Wort „pecunia nervus belli" konnte ja auch umgekehrt werden, wie es Machiavelli tat: Man braucht nicht nur Geld, sondern gute Soldaten zur Kriegsführung und mit ihnen kann man Geld schon auftun (Ehrenberg 1985, S. 23). Allerdings mußte dies nicht in jedem Fall gelingen. Die Kosten der Niederschlagung des Aufstandes in den niederländischen Provinzen machten 2 bis 3 Millionen Goldkronen aus, mehr jedenfalls, als die jährlichen Einnahmen der niederländischen Regierung in den besten Jahren (Ehrenberg 1985, S. 28).

Ein „Verlustgeschäft" also; für die Gläubiger des Staates verwandeln sich jedoch die Schuldverschreibungen in Aktiva, die sie weiterverleihen können. Die Bank von England, 1694 gegründet, verlieh der Regierung Geld zu 8%

Zinsen. „Gleichzeitig war sie vom Parlament ermächtigt, aus demselben Kapital Geld zu münzen, indem sie es dem Publikum nochmals in Form von Banknoten lieh. Sie durfte mit diesen Noten Wechsel diskontieren, Waren beleihen und edle Metalle einkaufen. Es dauerte nicht lange, so wurde dies von ihr selbst fabrizierte Kreditgeld die Münze, worin die Bank von England dem Staat Anleihen machte und für Rechnung des Staats die Zinsen der öffentlichen Hand bezahlte. Nicht genug, daß sie mit der einen Hand gab, um mit der andern mehr zurückzuempfangen; sie blieb auch, während sie empfing, ewige Gläubigerin der Nation bis zum letzten gegebnen Heller..." (MEW 23, S. 783). Die Bank of England war zwar Staatsbank, insofern als sie die Staatsschuld aus dem neunjährigen Krieg mit Frankreich (1688-1697) vermarktete; aber sie tat dies aus Profitgründen. Daher war sie nicht der beste Agent für die Geldversorgung des Landes. Im Gegenteil, sie benutzte die Methode der Münzverschlechterung und trug so zur Geldentwertung bei (Kindleberger 1985, S. 53). Mit dem Geldmonopol gewappnet brauchte die Bank keine konkurrierenden Münzen zu fürchten; sie besaß de facto den Seignorage-Vorteil, den sich in Zeiten metallischer Zirkulation der Souverän mit dem Münzregal verschafft hatte.

Die Münzverschlechterung – wie die Inflation heute – hatte gewaltige soziale Auswirkungen, die, wie in der Zeit der Kipper und Wipper, auf die schon hingewiesen worden ist, als „verderblicher als Pest oder Brandschatzung" angesehen wurden. Gaettens zitiert auch den Dekan der Prager Kirche Cosmas aus dem frühen 12. Jahrhundert (aus der „Zeit der Schinderlinge"), der von der mehrmaligen „Verrufung" des Pfennigs (der noch auf Karl den Großen zurückgehenden Währung in beinahe ganz Europa während des Mittelalters) pro Jahr berichtet. „Verrufung", das war der Austausch des alten Pfennigs durch einen neuen mit einem Abzug von 25%: Für 16 alte wurden nur 12 neue hergegeben. Letztlich war dies eine Entwertung des umlaufenden Geldes zu Gunsten des Münzherrn. Wenn dieser auf die „Verrufung" verzichtete, so im Austausch gegen eine Steuer (in Österreich unter Rudolf IV 1359 der Zehnte auf alle ausgeschenkten Getränke), die *„Ungeld"* genannt wurde (Gaettens 1982, S. 40, 50). In der Kipper- und Wipperzeit fast 300 Jahre später wiederholt sich die Geldentwertung mit ihren zerstörerischen Auswirkungen. Ersparnisse wurden aufgezehrt, Vermögen vernichtet. „Aber nicht dies war das größte Unheil", so zitiert Gaettens (1982, S. 95) Gustav Freytag, „ein größeres war, daß in dieser Zeit Bürger und Landmann gewaltsam aus dem Gleise ihrer redlichen Tagesarbeit herausgerissen wurden..." und er schlußfolgert: „So hat die Zeit der Kipper und Wipper den materiellen Wohlstand Deutschlands stärker zerstört als der Dreißigjährige

Krieg in seinen sonstigen unmittelbaren ökonomischen Auswirkungen. Es war schon etwas Wahres daran, wenn in den Flugschriften das böse Geld mit der Pest verglichen und seine Wirkung mit dieser gleichgestellt wurde" (Gaettens 1982, S. 94).

Die Unterminierung des Geldwerts erzeugt also soziale Schichten, die aus der alten Ordnung entwurzelt worden waren: die Vorfahren des Proletariats. Zugleich entsteht mit der Allianz von politischer Herrschaft und Geld eine Dynamik, die den modernen Steuer- und Fiskalstaat zum Ergebnis hat. Und obendrein ist das Geld Medium der Internationalisierung des Systems; denn das Geld kennt kein Vaterland und seine Muttersprache ist der Ruf nach möglichst hoher Verwertung, auch in den Frühzeiten der kapitalistischen Produktionsweise. Das Geld ist also keineswegs neutral gegenüber den sozialen Verhältnissen. Schulden und Geldentwertung werden zu Hebeln der Transformation in kapitalistische Gesellschaften: „Mit den Staatschulden entstand ein internationales Kreditsystem, das häufig eine der Quellen der ursprünglichen Akkumulation bei diesem oder jenem Volk versteckt. So bilden die Gemeinheiten des venetianischen Raubsystems eine solche verborgne Grundlage des Kapitalreichtums von Holland, dem das verfallende Venedig große Geldsummen lieh. Ebenso verhält es sich zwischen Holland und England. Schon im Anfang des 18. Jahrhunderts sind die Manufakturen Hollands weit überflügelt und hat es aufgehört, herrschende Handels- und Industrienation zu sein. Eins seiner Hauptgeschäfte von 1701-1776 wird daher das Ausleihen ungeheurer Kapitalien, speziell an seinen mächtigen Konkurrenten England. Ähnliches gilt heute zwischen England und den Vereinigten Staaten..." (MEW 23, S. 783f). Das Geld, der Kredit, die Ausbildung der zugehörigen Institutionen: das Banksystem und der Steuerstaat, und seine Internationalisierung auf der einen Seite und die Zerstörung der tradierten sozialen Verhältnisse durch Verarmung und Entwurzelung auf der anderen Seite sind die Hebel, mit denen das moderne kapitalistische Weltsystem aus der Taufe gehoben wird. Darüber hinaus läßt sich zeigen, wie mit dem Kredit, mit dem internationalen Kredit zumal, Hegemonialpositionen von Nationen auf dem kapitalistischen Weltmarkt aufgebaut werden. Freilich kann das, was Marx über die Beziehungen zwischen Venedig, Amsterdam, England und die USA hinsichtlich der Kreditbeziehungen bemerkt, auf die heutige Zeit nicht schlicht übertragen werden.

Das Kreditwesen internationalisiert also nicht nur das Kapital, indem es immer neue Regionen in seinen Bann schlägt, es ist zugleich ein Mittel der Expansion des je nationalen Kapitals, dessen Exportstrategien es finanziert (Marichal 1989, S. 21). Infolgedessen sind Außenkredite von ihrer Natur her zwieschlächtig. „Das ganze Creditwesen, und damit zusammenhängende overtrading, overspeculation etc. beruht auf der Nothwendigkeit, die Schranke der Circulation und der Austauschsphäre zu erweitern und überspringen. Kollossaler, klassischer erscheint dies im Verhältniß von Völkern als im Verhältniß von Individuen. So z.B. die Engländer gezwungen, fremden Nationen zu leihen, um sie zu ihren customers zu haben. Au fond tauscht der englische Capitalist aus mit dem productiven englischen Capital doppelt, 1) als er selbst, 2) als Yankee etc. oder unter welcher andren Form er sein Geld placirt hat" (Marx, MEGA II, 1.2., S. 328). Niemals dienen Kredite allein der Entwicklung von Kreditnehmern, der institutionellen und technischen Modernisierung von Schuldnerländern, sondern immer auch der Entwicklung des Kredit gebenden Landes. Und beide Funktionen können nicht nur, nein sie müssen in Widerspruch zueinander geraten.

Als sich die Geldfunktion des Zahlungsmittels ausdifferenzierte und die ihr angemessenen Institutionen hervorbrachte (Bankhäuser), entstehen Kreditbeziehungen in einer Größenordnung, die das Kaliber der großen Schuldenkrisen und nicht nur des vereinzelten Bankrotts oder der Inflation in sich bergen. Dabei sind es in erster Linie die Staaten, die ihren Verpflichtungen nicht nachkommen können. Die Staatsschuld wird nicht nur zu einem wirkungsvollen Hebel der Kapitalakkumulation, also der Transformation vorkapitalistischer Verhältnisse in kapitalistische. Der Bankrott wird sozusagen zu einer historischen Produktivkraft. Private sind an Spekulationsgeschäften beteiligt, die mit produktiver Kapitalakkumulation nichts zu tun haben; sie machen sich nur die mit dem Geld entstehende Möglichkeit der Spekulation zunutze. Der Staatsbankrott gehört zur Geschichte der modernen Staaten; er ist, wie Adam Smith bitter kommentiert, die Konsequenz der Akkumulation von Schulden, und diese gehört zur Normalität. Der Bankrott kann ganz unterschiedlich wirken. Er kann Akt der Wiederherstellung von Souveränität sein, indem die Abhängigkeit von Gläubigern mit einem Federstrich aufgehoben wird. Er kann aber auch die Kapitulation gegenüber Gläubigern bedeuten, insbesondere wenn diese selbst souveräne Staaten sind bzw. wenn die Staatsmacht privaten Gläubigerinteressen dient. Schuldbeziehungen haben daher gerade in der Geschichte des Kolonialismus und Imperialismus eine entscheidende Rolle der Stabilisierung von Abhängigkeit gespielt: Dies war der Fall im Osmanischen Reich, in Ägypten, in Süd- und Zentralamerika; darauf wird sogleich einzugehen sein.

Solange die kapitalistische Produktionsweise noch nicht voll ausgebildet ist, die Arbeitskraft einen guten Teil ihrer Reproduktion durch Subsistenzökonomie sichert und die kleine Warenproduktion bedeutend ist, sind

Kreditkrisen nur unvollkommen mit der realen Akkumulation von Kapital verknüpft. Sie treten daher als Folge von Spekulationswellen ein, die mit dem Produktionssektor und dessen Entwicklung so gut wie nichts zu tun haben: etwa die Tulpenspekulation (1636) im 17.Jahrhundert, oder John Laws Papiergeld-Manipulationen (1702-1720) und die damit in Zusammenhang stehenden „South Sea und Mississippi Bubble" (1719/1720) zu Beginn des 18. Jahrhunderts: John Law fand heraus, daß Geld, sofern die Warenzirkulation läuft, nicht aus selbst wertvollem Metall bestehen muß, sondern das Papier alle Vorbedingungen als „Geldstoff" erfüllt, wenn ihm Vertrauen entgegengebracht wird. Dafür muß gesorgt werden. Law belohnte die Hergabe von Geld für die von ihm ausgegebenen Papiere mit einer Liquiditätsprämie und die Vermögensbesitzer fragten seine Papiere tatsächlich nach und zwar in einem Ausmaß, daß die Kurse stiegen und damit die Verzinsung sank, so daß irgendwann einmal die pekuniäre Ertragsrate zu gering war, um die nicht-pekuniäre Ertragsrate der Liquidität auszustechen. Die Leute flohen die Law'schen Papiere, deren Kurs sank ins Bodenlose und konnte auch durch politische Rettungsversuche von Law und seitens der Krone nicht gestützt werden. Da die Ausgabe von umlaufenden Banknoten mit den Papieren der Law'schen Indischen Kompagnie fundiert waren, übertrug sich der Wertverfall der letzteren in eine Geldentwertung der ersteren. Law war sich durchaus darüber im Klaren, daß die Kurse der emittierten Papiere nur zu halten waren bei entsprechenden Realzinsen, und daß diese wiederum von Renditen aus realen Geschäften abhängig waren. Deshalb entwickelte er die Idee, aus dem französischen Kolonialbesitz und dem Handel mit den Kolonien die Erträge zu erwirtschaften, die zur Fundierung der Papiere hätten dienen können (Gaettens 1982, S. 117). Jedoch entsprach dieser (durchaus geldkeynesianischen) Überlegung zu seiner Zeit nicht die Wirklichkeit: die kapitalistische Produktionsweise war dazu noch nicht reif.

Daher können keine ökonomischen Gesetze der Produktionsweise ausgemacht werden, die den Spekulationen, Schuldenkrisen und Geldentwertungen in jener Frühphase der kapitalistischen Entwicklung zugrundeliegen. Psychologische und soziale Mechanismen sind wirksam: „Manias", also das Spekulationsfieber, das alle mit dem „band wagon effect" erfaßt (Kindleberger 1978, S. 28ff, 120ff) und Preise von Spekulationsobjekten in die Höhe treibt; „crashes", also das unbequeme Erwachen aus dem Fiebertraum und die nachfolgende Reaktion von Verkäufen des Spekulationsobjekts auf breiter Front und wegen der „self fulfilling prophecy" die nachfolgende „Panik", der sich niemand entziehen kann, da einmal eingetretene Verluste bei abwartender Haltung nicht kleiner sondern größer werden. Der Zwang zum Verkauf ergibt sich aber auch noch aus dem mit dem Preis- oder Kursverfall schwindenden Wert von Sicherheiten für aufgenommene Kredite, die dann zurückgefordert werden und, wenn sie nicht aus der Substanz gezahlt werden können, auch die Kreditgeber in die Krise hineinreißen. Aber wohlgemerkt: Spekulationswellen dieser Art sind weitgehend vom Produktions- und Akkumulationsprozeß losgelöst, auch wenn ihre Effekte darauf negativ sind. „Alles was das Geschäft erleichtert, erleichtert auch die Spekulation, beide sind in vielen Fällen so eng verknüpft, daß es schwer ist zu sagen, wo das Geschäft aufhört und wo die Spekulation anfängt." (Gilbart, The History and Principles od Banking, London 1834, S. 137, nach MEW 25, 420). Daran hat sich auch heute nichts geändert; Finanzinnovationen, die der Absicherung von Geld- und Kredittransaktionen dienen, können selbst zu Objekten der Spekulation werden und spezielle Märkte – wie heute die Börsen für „Futures" – generieren.

Erst als die Arbeitskraft Ware geworden ist und das kapitalistische System sich durchgesetzt hat, verallgemeinern sich auch Geldbeziehungen und bringen die Institutionen ihrer Regulation hervor. Damit sind die gesellschaftlichen Verhältnisse entstanden, die überhaupt erst allgemeine Krisen (auch Finanz- und Geldkrisen) möglich machen: die „horizontale" Verflechtung der Kapitale untereinander, also eine auf Geldbeziehungen gründende gesellschaftliche Arbeitsteilung, und die „vertikale" Strukturierung der Gesellschaft in die Kapitalisten- und Lohnarbeiterklasse. Das Geld als Zirkulationsmittel ermöglicht, daß Kauf- und Verkaufsakt von Waren „nach Zeit und Ort" auseinanderfallen und auf diese Weise „Realisie- rungskrisen" provoziert werden können. In seiner Funktion als Zahlungsmittel erzeugt das Geld Kreditketten, die – sofern institutionelle Absicherungen durch den „lender of last resort" nicht vorhanden sind – die individuelle Zahlungsunfähigkeit in eine allgemeine Kreditkrise steigern können.

Doch mit Geld und Kredit entstehen nicht nur Elemente der Instabilität und Krisenhaftigkeit; Geld und Kredit wirken mobilisierend („crédit mobilier"), sie sind die Medien, durch die der Zwang der reellen Subsumtion von Arbeit und Natur unter das Kapital ausgeübt wird: „Das ganze Kreditwesen, und damit zusammenhängende overtrading, overspeculation etc. beruht auf der Notwendigkeit, die Schranke der Zirkulation und der Austauschsphäre zu erweitern und überspringen" (Grundrisse, 39). Durch das Geld, das im Laufe der Zeit seine destruktive Kraft entfaltet und „schlimmer als Pest und Cholera" menschliche Tragödien erzeugt und soziale Verhältnisse umwirft, werden die Schneisen geschlagen, in denen sich die kapitalistische Produktionsweise vorwärts bewegt.

Doch das Geld und der Kredit, die bei der Geburt der neuen kapitalistischen Produktionsweise so hilfreich waren, bleiben Fermente, die die Entwicklung stimulieren und – zu reichhaltig eingesetzt – blockieren können. Was geschieht, hängt aber nicht von politischen Instanzen ab, sondern von der in den kapitalistischen Marktmechanismen eingeschriebenen Dynamik: Schulden- und Kreditkrisen werden zu einem Bestandteil des industriellen Zyklus, dessen regelmäßige periodische Wiederkehr wir seit den 20er Jahren des vorigen Jahrhunderts beobachten können. Finanzielle Instabilitäten sind sein Charakteristikum, und industrielle Krisen sind immer mit Kreditkrisen verbunden. Auch im Verlauf längerer Zyklen („Kuznets“ und „Kondratieffs“) spielen Geld- und Kreditbeziehungen eine Rolle; es läßt sich zeigen (Suter 1989), daß seit den 20er Jahren des vorigen Jahrhunderts (also seitdem für die industriellen Kernländer einigermaßen verläßliche Statistiken vorliegen) die Ausleihungen von Kredit und – spiegelbildlich dazu die Verschuldung – lange Zyklen durchläuft.

Der Vorschuß von Kapital zum Kauf von Produktionsmitteln und Arbeitskraft wird nun zum Charakteristikum der Ökonomie. Zusammen mit den Umwälzungen des Produktionsprozesses wird das kapitalistische System reell, die „Great Transformation“ (Polanyi 1978) der Herausbildung der modernen Marktwirtschaft findet statt. Der Kredit dient einerseits der Ausweitung des marktwirtschaftlichen Systems nach innen (Akkumulation, Konzentration und Zentralisation) und der Expansion nach außen (Kolonialismus, Imperialismus), andererseits der formellen Subsumtion auch derjenigen Produktionsweisen unter das Kapitalverhältnis, die noch Arbeit vor- bzw. nichtkapitalistisch organisieren. Der Kredit, der äußere Kredit zumal, übt also die Funktion der Modernisierung aus; bei der ursprünglichen Herausbildung kapitalistischer gesellschaftlicher Verhältnisse ist dies ebenso deutlich wie heute, wenn mit dem Kredit die unbedingte Effizienzsteigerung der verschuldeten Ökonomie erzwungen wird.

5. Schulden, die die Modernisierung verhindern – Die Regelmäßigkeit des Staatsbankrotts

Die Verschuldung von Staaten ist einer der Hebel der ursprünglichen kapitalistischen Akkumulation – und deren Verhinderung. Dafür sind zwei zu unterscheidende Gründe verantwortlich. *Erstens* kann mit Krediten auch ein überlebtes System über seine Zeit hinaus aufrechterhalten werden, können ökonomische und politische Verhältnisse gestützt werden, die gerade zum Zwecke der Modernisierung überwunden werden sollten. Dies ist unserer

Tage so, wenn mit Außenkrediten in Lateinamerika Militärregime unterhalten worden sind oder in Osteuropa notwendige Wirtschaftsreformen durch Außenkredite bis zum Zusammenbruch der Systeme hinausgeschoben werden konnten. Mit Geld lassen sich also Produktions- und Regulationsweisen verlängern, die historisch bereits überlebt sind. Zweitens aber kann die mit Krediten finanzierte Modernisierung dennoch blockiert werden, wenn durch den Schuldendienst auf den Kredit die Leistungsfähigkeit von Schuldnern überbeansprucht wird und Ressourcen an Gläubiger transferiert werden müssen, die der Modernisierung der verschuldeten Gesellschaft fehlen. Also hat der Prozeß der Verschuldung konservierende Eigenschaften, der Schuldendienst aber nach Aufnahme der Außenkredite auch.

Mit Krediten konnten – wie in Ägypten im vorigen Jahrhundert – die tradierten agrarischen Strukturen aufrechterhalten werden, die sonst angesichts der Produktionsbedingungen und Preisverhältnisse auf den nationalen und internationalen Märkten umgewälzt worden wären: „Die Anleihen haben die Entwicklung einer breiten Proletarierschicht gedämmt, weil mit ihnen die kleine Warenproduktion aufrechterhalten werden konnte“ (Clawson 1981, S. 84). Mit Außenkrediten haben sich rückständige Regime unter die Arme greifen lassen; aber Kreditgeber stützen sie nur so lange, wie sie die Schulden bedienen können. Gelingt es ihnen nicht, Zinsen und Tilgungen aufzubringen und an die Gläubiger zu transferieren, werden sie fallengelassen – heute ebenso wie in der Geschichte zuvor. Es kommt aber unweigerlich der Punkt, an dem die Zahlung des Schuldendienstes nur möglich ist, wenn die Modernisierung radikal nachgeholt wird. Denn Zinsen müssen aus den finanziellen Renditen abgezweigt werden und diese sind nur zu erzielen, wenn Projekte bzw. eine nationale Ökonomie konkurrenzfähig wird. Doch ist diesem unausweichlichen Bruch der Entwicklung der finanzielle „default“, das Schuldenmoratorium, der Bankrott des Kreditnehmers vorgeschaltet – im Falle von Außenschulden in der Regel des Staates, da dieser auch die von privaten Kreditnehmern aufgenommenen Anleihen garantiert.

Der Bankrott also als Voraussetzung der Modernisierung, die Aufrechterhaltung der Verschuldung als deren Blockierung? Souveräne Schuldner sind in einer schwachen Position, wenn sich bereits ein Kreditsystem herausgebildet hat und private Kreditgeber von den Staaten, in denen sie ansässig sind, unterstützt werden. Dann stehen sich nämlich nicht mehr wie noch zu Zeiten der Fugger der souveräne Schuldner und das die Anleihe gebende Geldhaus gegenüber, sondern der souveräne Schuldner auf der einen und Kreditgeber und deren Regierungen auf der anderen Seite. Die Kreditbeziehung wird sofort politisiert, wenn die ökonomischen Flüsse, d.h. die Zinsen und die Tilgungen der Hauptsumme des Kredits nicht mehr selbstverständlich fließen. Kommt es zum Staatsbankrott, dann ist nach dem Bruch mit den retardierenden gesellschaftlichen Verhältnissen (Destrukturierung) nicht selbstverständlich die Perspektive der Modernisierung (Restrukturierung) geöffnet, sondern es beginnt eine Phase der Abhängigkeit und Blockierung der Entwicklung, da ein Schuldnerland auf die Aufbringung und Transferierung von Finanzflüssen an die Gläubiger verpflichtet wird. Für eine Modernisierung von Ökonomie, Gesellschaft und Politik bleiben dann keine oder zu geringe Ressourcen. Dabei geht es nicht einmal in erster Linie um die zur Modernisierung nützlichen finanziellen Mittel, sondern um die mit Schuldenkrisen unweigerlich verbundene Inflation der Ökonomie, ökologische Destruktion, Desintegration der Gesellschaft und politische Unregierbarkeit, durch die jeglicher Modernisierung ein Riegel vorgeschoben wird.

Es hat in der Geschichte eine Fülle von Staatsbankrotten gegeben; sie waren beinahe normal, wie Adam Smith beklagt: „Wenn einmal Staatsschulden bis zu einem bestimmten Ausmaß angewachsen sind, gibt es, wie ich glaube, kaum eine Chance, daß sie angemessen und vollständig bedient werden. Die Befreiung der öffentlichen Einnahmen (von den Schuldverpflichtungen) ist, sofern überhaupt, immer durch einen Bankrott zustandegekommen, manchmal durch einen offen eingestandenen, immer aber durch einen tatsächlichen Bankrott, selbst wenn oft genug vorgeschützte Zahlungen geleistet werden“ (Smith 1976, S. 466f). Auch Manes (1922, S.13f) schreibt, daß es kaum möglich sei „auszurechnen, wieviel Staatsbankrotte die Geschichte überhaupt aufweist...In Frankreich kommt vom 16. bis 19. Jahrhundert im Durchschnitt auf je ein Menschalter schon ein Staatsbankrott, in einzelnen südamerikanischen Staaten ereignete sich während der letzten hundert Jahre ein solcher schon alle 7 bis 12 Jahre.“ Ein Beispiel ist Kolumbien (Manes 1922, S. 34f), ein Land, das von 1820 bis 1905 mindestens alle sieben Jahre den Zahlungsverpflichtungen nicht nachkommen konnte, und dennoch – dies mag überraschend klingen – immer wieder neue Kredite akquirieren konnte. “..man konnte ja auf Grund der Staatsbankrottstatistik Columbias sich berechnen, welche Zinshöhe und welch niedrigen Emissionssatz man in Ansatz bringen mußte, um einem allzu großen Verlust der geliehenen Kapitalien vorzubeugen“ (Manes 1922, S. 35). Die anderen lateinamerikanischen Länder, seit dem frühen 19. Jahrhundert größtenteils bereits selbständige Nationen, waren in ähnlicher Lage. Lindert und Morton (1989, S. 226ff) haben berechnet, daß die erwarteten Renditen von Auslandsanleihen im langen Zeitraum von 1850 bis 1970 wesentlich höher lagen als die Renditen von Staatsschuldverschreibungen, auch wenn die Erwartungen oft genug enttäuscht wurden. Die Marktpreise der südamerikanischen Schuldtitel (auf „Sekundärmärkten") bewegten sich in jeder Schuldenkrise nach unten (Marichal 1989, S. 109). Die Zinsen gingen nach oben und es wurden die Gebühren für Umschuldungen und neue Kredite entsprechend erhöht. Auf diese Weise konnten private Kreditgeber und auch Banken trotz der Gefahr des Bankrotts relativ hohe Profite mit Krediten („fresh money") machen, die sie Bankrotteuren zur Verfügung stellen mußten, um die Abschreibung ihrer schon vergebenen Kredite zu vermeiden. Dies ist heute nicht anders: Wenn durch neue Kredite die Fähigkeit eines Landes zum Schuldendienst verbessert wird und daher der Kurswert der Schuldtitel auf den Sekundärmärkten steigt, kann eine Bank sogar einen Gewinn einstreichen. Nur kleinere Bankhäuser, die sich einem Boom vertrauend an den Lateinamerika-Krediten beteiligt hatten, konnten die Zahlungsmoratorien in den mehrfachen Schuldenkrisen des vorigen Jahrhunderts nicht verkraften und gingen in Konkurs (Liehr 1988, S. 160). Auch Direktinvestoren mußten in manchen Fällen Verluste hinnehmen. Natürlich weiß jeder, daß ein Land, das sowieso schon bei relativ niedrigen Kreditkosten nicht in der Lage ist, diese zu bedienen, dies erst recht nicht kann, wenn die Kreditkosten noch einmal steigen. Eine Schraube der Kosten des Kredits dreht sich immer höher in dem Maße wie die Zinsen kapitalisiert werden (Marichal 1989, S. 119ff). Dies war ganz üblich in Lateinamerika, die formellen Bankrotte und häufigen Umschuldungen dieser Länder waren daher auch eine normale Angelegenheit mit den Konsequenzen, wie sie auch heute üblich sind: Zinsen werden kapitalisiert, die Schulden steigen und mit ihnen die formelle Belastung, die hoch genug ist, um die nächste Umschuldung zu erzwingen, an der wiederum einzelne Bankhäuser mit Gebühren etc. profitieren können.

In Europa ist dies im 19. Jahrhundert nicht grundlegend anders als im fernen Lateinamerika; es hat eine Reihe von Staatsbankrotten im 19.Jahrhundert in der einen oder anderen Form gegeben: des Osmanischen Reichs, Österreichs, Dänemarks, des Zaristischen Rußland. Und dennoch wurden Anleihen gewährt, weil die Kredite oftmals die Bedingung dafür waren, daß Waren von Unternehmen der Gläubigerstaaten in die Schuldnerstaaten exportiert werden konnten. Die Kapitalbewegungen folgen also den Imperativen der Handelsbilanz; die Realisierung der Produktion in Geldform nehmen die Verkäufer in die eigene Hand, wenn den Käufern das Geld als Zirkulationsmittel fehlt, und gewähren Kredit. Rosa Luxemburg schreibt dazu: „1870-1875 wurden in London (ausländische Anleihen – EA) für 260 Milllionen Pfund Sterling aufgenommen – ihre unmittelbare Folge war eine rasch steigende Ausfuhr englischer Waren nach den exotischen Ländern; das Kapital floß massenhaft dahin, obgleich diese exotischen Staaten zeitweise bankrott wurden. Ende der 70er Jahre haben die Zinsenzahlung ganz oder teilweise eingestellt: die Türkei, Ägypten, Griechenland, Bolivien, Costa Rica, Ecuador, Honduras, Mexiko, Paraguay, Peru, St. Domingo, Uruguay, Venezuela. Trotzdem wiederholt sich Ende der 80er Jahre das Fieber nach exotischen Staatsanleihen..." (Luxemburg 1975, S. 371f).

Am Beispiel des Osmanischen Reiches sind im 19. Jahrhundert alle Elemente zu identifizieren, die Schuldenkrisen des späten 20. Jahrunderts charakterisieren. Die große Rezession der 70er Jahre hatte in Lateinamerika zum Bankrott der meisten souveränen Schuldner geführt, 1876 folgte das Osmanische Reich, also die Türkei als Kernland des Reichs und Ägypten und Tunesien als halb-autonome Satelliten der Hohen Pforte. Die Elemente der Schuldenkrise: der Versuch eines im Vergleich zum damaligen Europa weniger entwickelten Landes, Anschluß an Europa zu finden und sich die Modernisierung mit Außenkrediten finanzieren zu lassen; die Entwicklung neuer Finanzinstitutionen, um die finanzielle Penetration durch den „credit mobilier" bewerkstelligen zu können; die Finanzierung „pharaonischer" Großprojekte, deren Rentabilität niemals ausreichte, um die aufgenommen Schulden bedienen zu können – im Gegenteil, durch sie wurde die Verschuldung zu unerträglicher Belastung gesteigert; das Zusammenspiel von Bankern, Regierungen der Gläubigernationen und korrupten Eliten des Schuldnerlandes, in dessen Verlauf nationale Ökonomien und ganze Völker ruiniert worden sind; Revolten von Volksschichten gegen die finanzielle Ausplünderung; die Erfindung von „Finanzinnovationen" – ihre heutigen Entsprechungen wären junk loans, exit bonds, debt for equity und debt for nature swaps –, um der Schuldenkrise Herr zu werden; der Verlust der nationalen Souveränität und die Übertragung der Finanzhoheit an die Gläubigerstaaten bis zur militärischen Intervention (Vgl. Schölch 1975, S. 404ff).

Die Verschuldung enthält immer das Risiko des Scheiterns der Modernisierung und in diesem Fall das des faktischen Verlusts der nationalen Souveränität. Im Falle von Konstantinopel waren die hohen Militärausgaben im Krieg gegen Rußland und zur Niederschlagung von Aufständen in dem Riesenreich zusammen mit der ökonomischen Stagnation dafür verantwortlich, daß die Schulden nicht bedient werden konnten. Die beabsichtigte Entwicklung und Modernisierung, die „Europäisierung" des Landes wurden beeinträchtigt. Und dennoch: Die Verwaltung der Schulden wurde selbst zu einem Element prekärer Modernisierung; denn die „Administration de la Dette Ottomane", ein Instrument der politischen und ökonomischen Kontrolle durch die Gläubiger, stellte sich als effiziente Organisation heraus, die zeitweise an die 10.000 Beamte beschäftigte. Rationalisierung also, um die Finanzflüsse aus dem ottomanischen Reich in die Gläubigerländer zu regeln; der Unterbau dieser rationellen Verwaltung aber: eine ausgepowerte Ökonomie, retardierende soziale Strukturen, ein prämodernes politisches System. Das Geld in der Form des äußeren Kredits ist zugleich Modernisierer und Modernisierungsblockade. Das ist im übrigen in der Schuldenkrise der 80er Jahre dieses Jahrhunderts nicht wesentlich anders. Nur die historischen Dimensionen haben sich verschoben.

In Ägypten kam es infolge der Schuldenkrise, die nicht zuletzt durch den Bau des Suez-Kanals heraufbeschworen worden ist, zu einer Zwangsschuldenverwaltung und 1882 zur Besetzung des Landes durch britische Truppen, die de facto bis 1956 andauerte. Vorausgegangen waren Versuche einer kapitalistischen Modernisierung: die traditionelle Landwirtschaft sollte den Weltmarktbedingungen durch Ausweitung des Anbaus von Baumwolle (tradable cash crop) angepaßt werden und zugleich wurde das pharaonische Großprojekt des Suezkanals in Angriff genommen. Nicht nur mußten zur Durchführung dieser Arbeiten gewaltige infrastrukturelle Leistungen erbracht werden und Technologien angewendet werden, die nur aus den europäischen Ländern, in erster Linie aus England, zu importieren waren. Darüber hinaus wurden die traditionellen Produktionsweisen zerstört – paradoxerweise auch dadurch, daß sie mit Krediten erhalten wurden; freilich um den Preis des Verlusts ihrer Dynamik und der sozialen Balance, so daß sie untergehen mußten, sobald der Kredit rationiert wurde. Die Abhängigkeit vom Weltmarkt stieg: von den Konditionen der externen Kredite und von der Preisentwicklung der Weltmarktwaren, z.B. der Baumwolle. War die Entwicklung der Weltmarktpreise ungünstig, dann mußte aus den ägyptischen Bauern umso mehr herausgepreßt werden, um den Verpflichtungen, die die einzige Konstante im Spiel waren, nachkommen zu können. Rosa Luxemburg vermerkt dazu sarkastisch in ihrer „Akkumulation des Kapital“: „Auf den ersten Blick stellen diese Kapitaloperationen (neue Kredite an das marode Ägypten – EA) den Gipfel des Wahnwitzes dar. Eine Anleihe jagte die andere, die Zinsen alter Anleihen wurden mit neuen Anleihen gedeckt, und riesige Industriebestellungen bei dem englischen und französischen Industriekapital wurden mit englischem und französischem geborgtem Kapital bezahlt. In Wirklichkeit macht das europäische Kapital, unter allgemeinem Kopfschütteln und Stöhnen Europas über die tolle Wirtschaft Ismails, beispiellos märchenhafte Geschäfte in Ägypten, Geschäfte, die dem Kapital nur einmal als eine phantastische, modernisierte Auflage der biblischen fetten Kühe gelingen sollten. Vor allem bedeutete jede Anleihe eine wucherische

Operation, bei der ein Fünftel bis ein Drittel und darüber hinaus der angeblich geliehenen Summe an den Fingern der europäischen Bankiers kleben blieb. Die wucherischen Zinsen mußten so oder anders schließlich bezahlt werden. Wo flossen die Mittel dazu her? Sie mußten in Ägypten selbst ihre Quelle haben, und diese Quelle war – der ägyptische Fellah, die Bauernwirtschaft“ (Luxemburg 1975, S. 380f).

Allerdings sind die Möglichkeiten der Auspreßbarkeit begrenzt; immer neue Anleihen werden gewährt, von denen klar ist, daß sie nicht ordentlich bedient werden können. Wenn der Schuldendienst ausbleibt, muß auf Sicherheiten (Collateral) der gewährten Kredite zurückgegriffen werden. In Ägypten verwandelt die von den Gläubigern beherrschte „Commission de la Dette Publique Egyptienne“ die Länderein der vizeköniglichen Familie in Staatsdomänen und verpfändet sie den europäischen Kreditgebern ebenso wie die Ländereien des Khediven und einen Teil des Grundbesitzes der Geistlichkeit. Als dann gegen diese Mechanismen der Ausplünderung und gegen die Mißachtung der Souveränität des Landes das Militär revoltierte und die „geweißbluteten“ (Luxemburg, S. 383) Massen sich zu einem Aufstand provozieren ließen, rückte 1882 britisches Militär in Ägypten ein, um es erst nach mehr als zwei Menschenaltern wieder zu verlassen.

Das Schicksal der militärischen Intervention bleibt Lateinamerika zunächst erspart. Der lange Arm der europäischen Gläubigernationen reichte nicht so weit. Dies sollte sich erst ändern, als die USA zu Beginn des 20. Jahrhunderts begannen, sich in ihre hegemoniale Rolle in der „westlichen Hemisphäre“ einzuüben, die sie mit der Monroe-Doktrin fast ein Jahrhundert zuvor bereits vorbereitet hatten. Im US- amerikanischen „Hinterhof“, in den Republiken der Karibik wurde die Politik des „big stick“ der US-Kriegsschiffe und Militärinterventionen ergänzt durch eine Politik der finanziellen Knebelung. In Cuba sah das Platt Amendment vom 2.3.1901 vor, daß ohne Zustimmung der US-Regierung keine öffentlichen Schulden aufgenommen oder Zinsen gezahlt werden sollten – zur Sicherung des Schuldendienstes an US-Gläubiger. Der politische Spielraum war so auf Null reduziert – bis zur kubanischen Revolution von 1959. Die Unterstellung des Panama-Kanals unter US-Herrschaft im Jahre 1904 ist ein weiteres Beispiel, das auch deshalb so interessant ist, weil es Parallelen mit dem Handeln des britischen Imperialismus im Osmanischen Reich und Ägypten aufweist, wie Präsident Roosevelt selbst schreibt: „Es war eine gute Sache für Ägypten und den Sudan und für die gesamte Welt, als England Ägypten und den Sudan übernahm. Und so ist es auch eine gute Sache, eine sehr gute Sache für Kuba, für Panama und für die gesamte Welt, daß die Vereinigten Staten so gehandelt haben wie sie es während der letzten sechs Jahre getan haben..." (Roosevelt an Cecil Spring-Rice vom British Foreign Office, zit. nach Williams 1984, S. 422)

Mit der Dominikanischen Republik wurde wenig später 1907 ein Vertrag unterzeichnet, der noch deutlicher die Verbindung zwischen militärischer Intervention und Verschuldung widerspiegelt. Auf der Grundlage dieses Abkommen wurde ein Allgemeiner Zollinspekteur (General Receiver of Dominican Customs) eingesetzt, der die Zolleinnahmen zu verwalten und diese wie folgt auszugeben hatte: „Erstens sollen die Kosten der Zollinspektion abgedeckt werden; zweitens die Zinszahlungen für die besagten Bonds; drittens sollen die Annuitäten abgedeckt werden inklusive der inzwischen kapitalisierten Zinsen; viertens sollen die Einnahmen dazu dienen, den Kauf der besagten Bonds durch die dominikanische Regierung zu finanzieren; fünftens kann der Rest an die dominikanische Regierung zu ihrer Verfügung gehen...Solange die dominikanische Republik die gesamte Summe der Schulden nicht bezahlt hat, darf ihre öffentliche Schuld nur ausgedehnt werden, sofern dies in einem Abkommen zwischen der dominikanischen Regierung und den Vereinigten Staaten zugelassen wird..." (nach Williams 1984, S. 423f)

Das reichte aber offenbar noch nicht. Denn 1915 okkupierten die USA die Dominikanische Republik und das Militärkommando entschied sofort, daß die Zahlungen nicht mehr an die Regierung der Dominikanischen Republik sondern an die Militärregierung zu erfolgen hätten: Die Einnahmen müßten zur Deckung der Okkupationskosten verwendet werden. Erst 1924 endete die Besetzung, die nicht nur finanzielle Mittel absorbierte, die für die Modernisierung fehlten, sondern ebenfalls ökonomische und politische Strukturen hervorbrachte, die auch nach Ende der Okkupation die Entwicklung der Republik bis in unsere Tage blockieren.

In Haiti wurde ein vergleichbares Drehbuch 1915 verwendet. „Der Vertrag setzte eine allgemeine Zollinspektion und einen Finanzinspekteur, die vom Präsidenten der USA nominiert wurden, ein. Die Zolleinnahmen wurden zur Deckung der Ausgaben des Zollinspekteurs, der Lohn- und Gehaltszahlungen sowie anderer Kosten der Finanzinspektion, zur Bezahlung der Zinsen und Tilgungen und zur Gewährleistungen der öffentlichen Sicherheit verwendet..." (Williams 1984, S. 424). Erst müssen die Kosten der militärischen Besetzung, dann der externe Schuldendienst gesichert sein – oder umgekehrt. Der verbleibende Rest geht an das verschuldete und unter Kuratel gestellte Land. Die Militärregierung wurde 1933 aufgehoben, kurz danach übernahm „Papa Duvalier" die Macht. An den Folgen leidet Hispaniola noch heute am Ende des 20. Jahrhunderts.

Kredite können also in dreifacher Hinsicht Modernisierung verhindern:

(1) indem mit äußeren Krediten überkommene und überfällige Produktions- und Regulationsweisen finanziert und gegen soziale Veränderungen verteidigt werden, (2) indem Modernisierungsprojekte an der Überlast des Schuldendienstes zerbrechen und (3) indem sich die Gläubiger mit politischer Gewalt die Ressourcen holen, die auf ökonomisch-marktwirtschaftliche Weise von den Schuldnern nicht aufgebracht und transferiert werden können. Beim Geld hört der Spaß auf und es enden Freundschaften. Wenn die Geldflüsse des Schuldendienstes gefährdet sind, kümmert die Gläubiger nicht der Markt und sein Regelwerk. Dann tritt die politische Gewalt an dessen Stelle – mit der Folge, daß die mit Krediten beabsichtigte Modernisierung verhindert wird. Geld drückt eine Marktbeziehung aus, aber im Falle souveräner Schulden entscheidet letztlich doch die politische Macht.

6. Revolutionäre Schuldenstreichung

Haben sich die Schulden und der von den Gläubigern verlangte Schuldendienst erst einmal als Fessel der Entwicklung herausgestellt, dann kann nur noch die Einstellung der Zahlungen und/oder die Streichung der Schulden helfen. Der Bankrott kann also der Entlastung von verschuldeten Ländern dienen. Diese Maßnahme allerdings bereitet den Gläubigern entsprechende Verluste, die diese nicht ohne weiteres hinzunehmen bereit sein werden. Solange der verschuldete Staat die Folgen der zu erwartenden Retorsionsmaßnahmen und Repressalien fürchten muß, wird er eine einseitige Schuldenstreichung unter allen Umständen zu vermeiden suchen. Anders ist dies, wenn in einem Lande ein „Regimewechsel“ stattfindet, eine Revolution, und nun das revolutionäre Regime der Frage konfrontiert ist, ob die „finanzielle Staatensukzession“ (Manes 1922, S. 240) angetreten werden soll.

Einer der Ausgangspunkte der französischen Revolution war ja die immense Verschuldung des Staates, die zur Einberufung der Generalstände (nach 200 Jahren zum ersten Mal) Anlaß gab. Diese erklärten sich zur Nationalversammlung, zu einem revolutionären Organ, das aber in den ersten Jahren nach dem Sturm auf die Bastille auch mit den Problemen der Staatsverschuldung und der Finanzierung der Haushaltslöcher beschäftigt war. Teilweise wurden sie noch vom alten Regime mitgeschleppt, aber es wurden neue aufgerissen, um den Finanzierungsanforderungen der Revolution gerecht zu werden. Nach der Kriegserklärung vom Dezember 1791, mit der einer befürchteten Sammlung der nach Deutschland geflüchteteten Konterrevolutionäre vorgebeugt werden sollte, stiegen natürlich die Finanzerfordernisse des Staates enorm an. Der Umlauf der „Assignaten“, die seit Dezember

1789 als durch die Kirchengüter gesichertes Geld geschaffen worden waren, stieg schnell an; seit Ende 1791 geriet er völlig außer Kontrolle. Der Kurs der Assignaten sank und die Preise stiegen – trotz der rigorosen Kontrolle von Preisen und Kursen durch die Jacobiner. Bis 1795 ging der Kurs auf 1/3% des Nennwerts zurück, so daß der Geldbedarf enorm anwuchs; die Masse kompensiert den nicht vorhandenen Wert. Aber dies gelingt nicht dauerhaft, z.B. nehmen Soldaten, weil sie für ihren in Geld (Assignaten) gezahlten Sold nichts kaufen können, die Ware mit Gewalt. Sie plündern, um die Folgen der Inflation nicht tragen zu müssen. Die hypothekarische Sicherung der Assignaten (auf das enteignete Kirchenvermögen „assigniert") war angesichts der ausgegebenen Menge längst illusorisch. Nur nach militärischen Erfolgen der Revolutionsarmeen, z.B. gegen Österreich und Preußen im September 1792 in Valmy, stieg der Assignatenkurs wieder an. Als aber wenige Monate später die Preussen und Hessen den Franzosen eine empfindliche Niederlage beibrachten, sackte der Kurs wieder ab (Gaettens 1982, S. 194ff). Das Kriegsglück spiegelt sich in den Kursen von Staatspapieren.

Die politischen Auswirkungen der französischen Revolution waren auch deshalb so radikal, weil die Assignateninflation – wie die anderen historischen Inflationen auch – die Umwälzung der ganzen Gesellschaft erleichterte. Gaettens unterstreicht die Bedeutung dieses Sachverhalts: „Der Kampf galt dem Besitz. Die Inflation bewirkte in diesem Kampf eine radikalere Vernichtung, als es alle Prozesse und Verurteilungen mit Vermögenskonfiskationen vermochten...Die Ausplünderung der eroberten Staaten durch Napoleon hat Frankreichs Wohlstand zwar neu begründet, aber unterdessen war eine vollständige Umschichtung der gesellschaftlichen Kreise eingetreten" (Gaettens 1982, S. 197). Diejenigen, die Assignaten besaßen, blieben mit Nichts zurück. Inflation und die Entwertung von Krediten waren Prozesse nicht nur im finanziellen Bereich, sondern Katalysatoren der Veränderung sozialer Strukturen, von Machtverhältnissen. Die Revolution war nicht nur politischer Akt der Umwälzung eines Regimes; Geld ist manchmal machtvoller als eine Revolutionsarmee bei der Zerstörung alter sozialer Zustände und der Herstellung neuer gesellschaftlicher und ökonomischer Mächte.

Das war während der französischen Revolution so und während der russischen Revolution 128 Jahre später nicht anders. „Wenn man mit der Vergangenheit brechen will und eine neue Staatszukunft aufzubauen sich anschickt, dann stören die in der Vergangenehit aufgenommenen Finanzlasten, und die Regierungen werden, mögen sie durch Gewaltakte oder in ruhiger organischer Entwicklung zur Herrschaft gelangt sein, eine besondere Neigung an den Tag legen, wie mit vielen anderen alten Dingen auch mit den alten Schulden aufzuräumen“ (Manes, 1922, S. 36). Dabei hatte der russische Staat vor dem Ersten Weltkrieg so viel Schulden gemacht „wie noch nie ein Staat,...solange diese Erde besteht“ (Martin, zit. nach Manes 1922, S. 220), vor allem gegenüber Frankreich, Deutschland und England. Die Vorkriegsschulden beliefen sich auf nahezu 6 Mrd Goldrubel, während des Krieges kamen weitere 7,7 Mrd Goldrubel hinzu. Wenn die etwa 4 Mrd Goldrubel Forderungen Rußlands gegengerechnet werden, beträgt die Netto- Außenverschuldung gut und gern 10 Mrd Goldrubel. Die Forderungen werden zum überwiegenden Teil, nämlich zu 27 Mrd Goldfranken, von französischen Bürgern gehalten, während die Briten gerade mit 12 Mrd Goldfranken engagiert sind. Deutschlands kapitalistische Klasse ist mit rund 1,5 Mrd Mark vergleichsweise gering beteiligt.

Nach der Oktoberrevolution weigert sich die neue Sowjetregierung per Dekret vom 3. Februar 1918, die vom zaristischen Rußland übernommenen Schuldverpflichtungen anzuerkennen. Alle ausländischen Anleihen werden ohne Ausnahme und bedingungslos annulliert. Man merkt der Darstellung Manes' in seinem Buch über wirtschaftliche und rechtliche Betrachtungen von „Staatsbankrotten“ in der Geschichte an, wie empört er gerade über diese „bolschewistische Machenschaft“ ist, zumal Trotzkij und Lenin bereits Jahre zuvor im Fall des Gelingens der Revolution eben diese Maßnahme, die sie nun wahrmachen, angekündigt hatten. Niemand hatte sie vor dem Sturm auf das Winterpalais so recht ernstgenommen. In der Geschichte der Staatsbankrotte ist die russische Schuldenstreichung tatsächlich einmalig und insofern mit der Inflation nach den französischen Revolution nicht vergleichbar: Die Schulden des Staates werden insgesamt für nichtig erklärt, und zwar in einem noch nie dagewesenen quantitativen Umfang. Die Schädigung der ausländischen Gläubiger „übersteigt alles bisher Dagewesene“ (Manes 1922, S. 229) und „völlig neu ist die soziale Differenzierung der Gläubiger, die Besserstellung der kleinen unter rücksichtsloser Enteignung der großen Gläubiger“ (ebenda). Im Friedensvertrag von Brest-Litowsk werden freilich für deutsche Gläubiger Sonderregelungen ausgehandelt, die nach der deutschen Kapitulation und dem Frieden von Versailles nicht zur Anwendung kommen können. Erst in Rapallo 1922 spielen die Sonderregelungen erneut eine Rolle. Das hat sehr viel böses Blut erzeugt, insbesondere in Frankreich, das die Hauptverluste des russischen Staatsbankrotts zu tragen hatte. Vor dem Ersten Weltkrieg hatte Frankreich sehr hohe Kredite an das Zaristische Rußland gegeben, die der Zar aber in großem Umfang für Käufe in Deutschland verausgabt hatte. Deutschland konnte also seine Exporte nach Rußland mit französischen Krediten ausweiten und seine Wirtschaft entwickeln. Frankreich blieb nach der Revolution auf seinen Forderungen gegenüber Rußland sitzen, die das Sowjetreich nicht mehr anerkannte. Dies war auch einer der Faktoren, weshalb nach dem Ersten Weltkrieg Großbritannien und Frankreich aus einer komfortablen Nettogläubigerposition in eine Nettoschuldnerposition (gegenüber den USA) gerieten. Denn die Forderungen, die noch relativ lange Zeit gegenüber Rußland in den Büchern geführt wurden, mußten schließlich abgeschrieben werden. Sie waren de facto überhaupt nichts mehr wert. Die Briten hatten nicht die Möglichkeit, wie sie es bei kleineren Nationen, etwa im Falle Ägyptens praktiziert hatten, Zugriff auf die Ressourcen dieses Landes zu nehmen. Nach dem Bürgerkrieg und den Interventionen der Alliierten in der Sowjetunion waren die politischen und militärischen Möglichkeiten, den Schuldendienst zu erzwingen und das revolutionäre Regime zu beseitigen, schlicht erschöpft. Das fait accompli der Revolution mußte schließlich zähneknirschend akzeptiert werden. Die Aufnahme normaler Beziehungen mit der Sowjetunion schloß die Anerkennung der Schulden nicht ein.

Nun wäre es eine Überschätzung der revolutionären Macht, wenn angenommen würde, die revolutionäre Schuldenstreichung sei ein in jeder Hinsicht selbstbewußter Akt gewesen. Nach der zaristischen Mißwirtschaft, dem mehrjährigen opferreichen Krieg zuerst gegen Japan und dann in Europa, schließlich infolge der sozialen und ökonomischen Umwälzungen in der Revolution und wegen des verlustreichen Bürgerkriegs in den Jahren danach war das Land tatsächlich bankrott, nicht mehr zahlungsfähig, zumal im „Kriegskommunismus“ das Geld als Zahlungsmittel sowieso gänzlich abgeschafft worden war. Der Tatbestand des Staatsbankrotts wäre von den Gläubigern anerkannt worden, da ihnen gar nichts anderes übrig geblieben wäre. Doch die einseitige Annullierung der Zahlungsverpflichtung des zaristischen Reiches durch die Sowjetregierung wurde als ein völkerrechtswidriger Akt interpretiert (Deklaration Frankreichs und Englands vom 28.3.1918), der unter anderem die Begründung für die Intervention in den russischen Bürgerkrieg abgab. [3)]

Nichtsdestotrotz: Die Revolution macht mit dem alten Staatswesen Schluß und bezieht dabei auch dessen finanzielle Verpflichtungen ein. Das theoretische Problem der „finanziellen Staatensukzession“ (Manes 1922, S. 240) wird in Rußland praktisch entschieden. Aber eine Folge ist die Abkoppelung von

[3)] Erst mehr als 70 Jahre später 1989 wird von Michail Gorbatschow bei seinem Besuch in Frankreich vorsichtig angedeutet, daß die Sowjetunion die noch in Händen des französischen Publikums befindlichen Papiere des russischen Zaren honorieren könnte. Es handelt sich um eine Summe von etwa 7 Mrd Französische Franken oder rund 1,4 Mrd US$.

den internationalen Finanzflüssen. Die Abkoppelung wird freilich im Zuge der Errichtung der Planwirtschaft, des Außenhandelsmonopols und mit der Inkonvertibilisierung der Währung zu einem wesentlichen Element der ökonomischen Organsationsform der postrevolutionären Sowjetunion. Externe Kredite werden erst viele Jahrzehnte später wieder aufgenommen, wenn von der kurzen Zwischenphase der Unterstützung der Sowjetunion durch die USA während des Zweiten Weltkriegs abgesehen wird.

7. Kriegsschulden: das Beispiel der deutschen Reparationen

Nach der Niederlage im Ersten Weltkrieg sollte Deutschland an die Siegermächte Reparationen als finanzielle Kompensationen für die verursachten Kriegsschäden leisten. Das war ein ganz übliches Verfahren, dem noch keine fünf Jahrzehnte zuvor nach dem preußisch- französischen Krieg im Jahre 1871 Frankreich unterworfen worden war (Vgl. zum Folgenden Haberler 1933; Machlup 1964). Frankreich hatte 4865 Mio Francs an Deutschland als Reparationen zu leisten. Diese wurden durch eine Staatsanleihe in der Größenordnung von 5792 Mio FF aufgebracht. Zeichner der Anleihe waren zu etwa 2 1/4 Mrd FF Ausländer, darunter viele Deutsche; weitere zwei Mrd FF kamen durch Konversionen von Auslandsanlagen (vor allem italienische Staatspapiere und österreichische Bahnanleihen) französischer Banken und Unternehmer in Staatspapier zustande. Dadurch wurden die Finanzkrisen des Osmanischen Reichs, von Ägypten und Tunesien verstärkt, da deren Kredite rationiert wurden; der Rest von etwa 1,5 Mrd FF entstammte überwiegend der inländischen Ersparnis. Die jährlichen Zinszahlungen betrugen 374,6 Mio FF, das waren etwa 10 – 15% des französischen Steueraufkommens. Der Transfer der Reparationen kam in den Jahren 1872 – 1875 durch eine überschüssige Handelsbilanz zustande; der Überschuß gegenüber dem deutschen Reich stieg von 260 Mio FF auf 436 Mio FF 1872/73. Die französischen Zahlungen machten 1872 bis 1875 etwa 40% der Exporte aus und beliefen sich 1872/73 auf beträchtliche 11,2% des Nationaleinkommens.

Deutschland verwendete die Reparationen, um den Schatz in der Spandauer Zitadelle aufzufüllen (150 Mio RM in Gold), um den Übergang zur Goldwährung zu akkomodieren (dafür wurden 750 Mio in Gold verwendet) und um Schulden abzulösen bzw. militärische Ausrüstungen zu kaufen. Das französische Reparationsproblem war überschaubar, es wurde in wenigen Jahren gelöst, ohne daß die Währung (unter dem Goldstandard) in Mitleidenschaft gezogen wurde. Die Belastung der Exporte und des Nationaleinkommens dauerte nur wenige Jahre und resultierte in einer internen Deflation, durch die der Transfer der Reparationen (Steigerung der Exporte) erleichtert wurde. Die Bevölkerung hatte Einkommenseinbußen hinzunehmen.

Anders wurde dies nach dem Ersten Weltkrieg, als auf der Konferenz von Versailles Deutschland zur Zahlung von Reparationen verpflichtet wurde (Vgl. die Wiedergabe der einschlägigen Artikel des Vertrags bei Gaettens 1982, S. 245ff). Daß der Verlierer Deutschland zahlen mußte, war unstrittig. Auseinandersetzungen aber gab es über die Höhe der Reparationsleistungen, die bis zum Ende der Weimarer Republik 1933 andauerten. Auf der Pariser Reparationskonferenz vom Januar 1921 wurde von Deutschland die Zahlung von insgesamt 226 Mrd Mark in Raten über 42 Jahre verteilt verlangt, also eine jährliche Reparationsleistung von 5-6 Mrd Mark. Dieser Betrag war nicht nur für Deutschland viel zu hoch, sondern auch den Alliierten angesichts der reduzierten Leistungsfähigkeit Deutschlands suspekt, so daß auf der Londoner Konferenz vom April 1921 Deutschland, freilich ultimativ, aufgefordert wurde, einen geringeren Betrag über eine längere Zeitdauer zu akzeptieren: Insgesamt sollten 133 Mrd Mark über 66 Jahre (bis 1988) verteilt gezahlt werden, was auf eine jährliche Belastung von ca. 2 Mrd Mark hinausgelaufen wäre. Auch diese schon gegenüber der ersten Forderung reduzierte Reparationsbelastung war unrealistisch; jedenfalls mußte Deutschland schon im November 1922 die Zahlungen einstellen. Zu diesem Zweck nahm es die im Reparationsabkommen vorgesehene „Währungsschutzklausel“ in Anspruch. Diese besagte, daß die Reparationen die Stabilität der Währung nicht gefährden sollten.

Als dann Deutschland auch noch mit Sachlieferungen an Frankreich und Belgien in Verzug geriet (es wurden nach alliierter Kalkulation 145.000 Telegraphenstangen zu wenig geleistet), besetzten Frankreich und Belgien am 11.1.1923 das Ruhrgebiet und lösten damit heftige soziale und politische Konflikte (Ruhrwiderstand) im deutschen Reich aus. Ganz ungewöhnlich war die militärische Lösung von Schuldenkrisen oder des Verzugs von Reparationsverpflichtungen nicht, hatten doch die USA wenige Jahre zuvor – wie bereits dargestellt – die zentralamerikanischen Länder Dominikanische Republik und Haiti militärisch besetzt, um den Schuldendienst für externe Kredite zu gewährleisten. Während der Ruhrbesetzung holten sich Frankreich und Belgien Sachlieferungen und Barleistungen in der Größenordnung zwischen 921 Mio RM und 1,4 Mrd RM (Schätzungen der Reparationskommission bzw. von Wolffs Telegraphisches Büro – nach Deutsche Bundesbank 1976, S. 327).

Die heftige Inflation bis zum Jahre 1924 machte jede „geordnete“ Zahlung der Reparationen illusorisch. Erst die Währungsstabilisierung durch einen „heterodoxen Schock“ – der 60 Jahre später in den verschuldeten Ländern Lateinamerikas studiert wird, um die galoppierende Inflation zu zügeln – erzeugte erneut ökonomische Voraussetzungen für die Wiederaufnahme von Reparationen, allerdings nicht ohne internationale Hilfestellung. Diese kam mit dem Dawes-Plan: 800 Millionen Reichsmark wurden in erster Linie von den USA kreditiert, um die deutsche Währung stabilisieren zu können und die Reparationszahlung wieder möglich zu machen. Diese wurden mit einem zweijährigen Moratorium auf jährlich 2,5 Mrd Mark festgelegt, von denen 960 Mio Mark (38,4%) 37 Jahre (also bis 1966) gezahlt werden sollten. Der Rest von 1.540 Mio Mark jährlich sollte auch kapitalisiert werden können, und dafür gab es keine zeitliche Befristung. Gleichzeitig wurde die Institution eines „Reparationsagenten“ (Agent General) geschaffen, die über die Politik der Zentralbank zu wachen hatte. Die Souveränität der Geld- und Währungspolitik wurde also begrenzt, aber eine Transferschutzklausel band auf der anderen Seite die Reparationsverpflichtungen an die interne (Aufbringung) und externe (Transfer) Leistungsfähigkeit Deutschlands. Die Reparationen sollten nicht ökonomisch und politisch strangulierend wirken.

Auch der Dawes-Plan brachte nicht die erwarteten Erfolge und wurde wenig später, nämlich 1929 durch den Young-Plan ersetzt. Dieser sah jährliche Zahlungen von 1989 Mio Reichsmark bis 1988 vor, von denen 660 Mio (33,2%) unbedingt zu zahlen waren, während der Rest auf bis zu 2 Jahre gestundet werden konnte. Doch der Transferschutz wurde ebenso abgeschafft wie die Reparationsagentur. Der Grund war einfach und einsichtig: Um neue Anleihen auf den privaten Kapitalmärkten plazieren zu können, war es günstiger, den Kreditgebern unbedingte Leistungen des Schuldners zu garantieren, und „Schlupfloch-Klauseln“ zum Schutz des Schuldners gegenüber den Gläubigern zu beseitigen. Doch die Schwierigkeiten mit den Reparationszahlungen bis dato hatten schon gezeigt, daß sie der politischen Regulation bedurften. Dies ist zweifelsfrei eine historische Neuerung gegenüber den bislang dargestellten Aspekten von Schuldenkrisen. Es wurde die Bank für Internationalen Zahlungsausgleich (BIZ) mit Sitz in Basel gegründet, die die entsprechende Anleihe vermarkten sollte. Gerade wegen der Vermarktungschancen wurden Transferschutzklausel und andere Einschränkungen beseitigt. Die BIZ existiert heute noch; ursprünglich zu einem begrenzten Zweck gegründet, sind ihr im Verlauf der Weltmarktentwicklung neue Funktionen bei der Regulation späterer Währungsprobleme und Schuldenkrisen zugewachsen: Einst sollte sie die deutschen Reparationen regulieren, heute spielt sie eine wichtige Rolle bei der Regulation von Drittweltschulden. Auch der Young-Plan löste das Reparationsproblem nicht, zumal inzwischen nach dem „schwarzen Donnerstag“ von 1929 die große Krise ausgebrochen war, die die weltwirtschaftlichen Rahmenbedingungen radikal verändert hatte. So kam es, daß die Hoover-Administration zum 1. Juli 1931 ein Moratorium nicht nur für deutsche Reparationen, sondern auch für andere Schulden erklärte. Im Juli 1932 wurde schließlich das Abkommen von Lausanne vereinbart, das eine einmalige Zahlung in der Größenordnung von 3 Mrd Mark vorsah, um die Reparationen endgültig abzulösen.

Deutschland hat diese 3 Mrd Mark nie gezahlt. Als am 30.1.1933 die Nazis die „Macht ergreifen“, sind sie die Reparationsverpflichtungen, eine der harten Bürden der Weimarer Regierungen, bereits los. Erst nach dem Zweiten Weltkrieg übernimmt die Bundesrepublik Deutschland als Rechtsnachfolgerin des Deutschen Reiches auf der Londoner Schuldenkonferenz vom 27.2.1953 eine Verpflichtung in der Größenordnung von 7,3 Mrd Mark, die in jährlichen Raten von 567 Mio DM bis 1958 und danach von 765 Mio DM zu begleichen waren. Das Abkommen enthält eine Währungsschutzklausel, um Spannungen innerhalb des Fixkurssystems von Bretton Woods auszuschließen. Im Vergleich zu den Zahlungsverpflichtungen von Ländern der Dritten Welt heute vermeidet die Londoner Regelung die Überbeanspruchung der westdeutschen Wirtschaft (Kampffmeyer 1987, S. 54ff); bis zum Jahre 1980 waren die Verpflichtungen problemlos abgetragen. Das Reparationenproblem von 1918 ist also 62 Jahre später endgültig beseitigt.

8. Das Aufbringungs- und Transferproblem

226 Mrd Mark waren ursprünglich gefordert. Im Endeffekt hat Deutschland von 1924 bis 1931 zwischen 10,4 (Reparationskommission) und 11,1 (Wollffs Telegraphisches Büro) Mrd Reichsmark an Reparationen aufgrund des Dawes- und des Young-Plans gezahlt. Hinzu kommen die Leistungen zwischen dem 11.11.1918 und dem Inkrafttreten des Dawes- Plans am 31. 8. 1924, die auf Beträge zwischen 9,6 Mrd RM (Repko) und 42,1 Mrd RM (W.T.B.) beziffert werden (Vgl. Deutsche Bundesbank 1976, S. 327). Prinzipiell gibt es nur drei Quellen der Reparationszahlung: Entweder ist dies der Devisenschatz des Reiches oder ein Exportüberschuß der Handelsbilanz oder ein Kapitalimportüberschuß der Kapitalbilanz, wenn davon auszugehen ist, daß die Zahlungen in fremder, kontraktfähiger Währung und nicht in der Währung des Reparationen leistenden bzw. des Schuldnerlandes zu

begleichen sind. Über einen Devisenschatz verfügte Deutschland nicht; infolgedessen blieben nur die Finanzierungswege über einen Handelsbilanz- bzw. Kapitalbilanzüberschuß.

Hier waren von Anfang an Widersprüche angelegt, die Eugen Varga sehr klar folgendermaßen formulierte: „Soll Deutschland aus seinem eigenen Wertprodukt regelmäßig Reparationen zahlen, so kann dies nur geschehen durch einen Überschuß seiner Warenausfuhr über die Wareneinfuhr, durch Steigerung seiner Ausfuhr um jährlich rund 6 Mrd Goldmark. In der gegebenen Lage kann diese Mehrausfuhr nur aus industriellen Fertigwaren bestehen, da Deutschland als dichtbevölkertes Industrieland außer Kohle und Kali keine Rohstoffe ausführen kann. Die Reparationszahlungen bedingen daher eine starke Steigerung der Konkurrenzfähigkeit Deutschlands auf dem Weltmarkt, was im vollsten Widerspruch mit dem Bestreben steht, die Konkurrenzfähigkeit der deutschen Industrie durch spezielle Lasten zu vermindern. Der Widerspruch zwischen der Verminderung der industriellen Konkurrenz Deutschlands und dem Wunsche, Reparationen von Deutschland zu bekommen, ist selbst bereits eine Widerspiegelung der Interessengegensätze zwischen den Bourgeoisien der einzelnen Siegerländer untereinander und der verschiedenen Klassen innerhalb desselben Landes“ (Varga 1982, S. 870).

Die Möglichkeit, Exportüberschüsse zu erzielen, brach sich aber nicht nur an den Interessen von Kapitalgruppen in den Empfängerländern der Reparationen, sondern auch an der Unfähigkeit Deutschlands, Ressourcen für den Exportsektor zu mobilisieren und gleichzeitig die Konkurrenzfähigkeit der Exportgüter auf dem Weltmarkt durch entsprechende Kostensenkung, die ja (Rationalisierungs)investitionen erforderlich machen, zu steigern. Keynes hatte klar erkannt (Keynes 1929) – nachdem er schon unmittelbar nach dem Versailler Vertragsergebnis mehrfach auf die desaströsen „wirtschaftlichen Folgen des Friedensvertrages“ (Keynes 1920) aufmerksam gemacht hatte –, daß die notwendige Produktivitätssteigerung zumindest kurzfristig angesichts der ökonomischen Struktur Deutschlands unmöglich sei. Eine Kostensenkung durch Zinsreduzierung hielt er für konterproduktiv, wären doch dadurch der notwendige Kapitalimport blockiert und die „Kapitalflucht“ deutscher Vermögensbesitzer stimuliert worden. Die Senkung der Lohnkosten hielt er zwar für ökonomisch möglich, jedoch nur um den Preis heftiger sozialer Auseinandersetzungen und politischer Konvulsionen. Also blieb nur der Kapitalimport, mit dem die Reparationen finanziert werden sollten. Das von Deutschland importierte Kapital wurde jedoch nur kurzfristig wegen der an deutschen Finanzplätzen zu erzielenden hohen Zinsen angelegt. Damit war aber eine Zunahme finanzieller Instabilitäten verbunden, also eine Verschärfung des durch die Reparationsverpflichtungen bereits aufgeworfenen Problems. Denn die kurzfristigen Anlagen konnten auch kurzfristig wieder abgezogen werden, wenn die Konjunkturdaten dies geraten erschienen ließen.

Ernst Wagemann vermittelt einen Eindruck von der Größenordnung des Kapitalimports: „Ende 1930 war in Deutschland ausländisches Vermögen in Höhe von 26 bis 27 Mrd Reichsmark angelegt. Davon entfielen auf langfristige festverzinsliche Anlagen rund 9 Mrd RM, auf langfristige, nicht festverzinsliche Anlagen rund 6 Mrd RM, auf kurzfristige Anlagen 11-12 Mrd RM. Demgegenüber betrugen die deutschen Auslandsanlagen 9-10 Mrd RM, davon langfristige 4-5 Mrd RM, kurzfristige 5-6 Mrd RM. Per Saldo betrugen die deutschen Verpflichtungen 16-17 Mrd RM und erforderten eine Aufbringung von rund 1 Mrd RM Zinsen" (Wagemann 1931, S. 135 f.; die Angaben der Deutschen Bundesbank 1976, S. 331 bewegen sich in der gleichen Größenordnung). Die Art und Weise der Finanzierung der deutschen Reparationen – aber eine Alternative gab es nicht – resultierte in einer Steigerung der Außenschulden und des externen Schuldendienstes. Die Schulden konnten gar nicht (per Saldo) in rentable Projekte gesteckt und aus deren Rendite finanziert werden, so daß das durch die Reparationsverpflichtungen entstandene Problem noch gesteigert wurde. So zieht Aldcroft die Konsequenz (nicht nur hinsichtlich Deutschlands, sondern auch unter Berücksichtigung der hochverschuldeten lateinamerikanischen Länder in jener Epoche), daß die Schulden neue Schulden hervorbringen mußten: „In diesen und anderen Fällen sind die Anleihen nicht gerade produktiv genutzt worden. Es war folglich nicht möglich, in hinreichender Menge Devisen zu erzeugen, mit denen die Schulden hätten bedient werden können. Tatsächlich gestattete man den Kreditnehmern, sich zu übernehmen. Die Schuldenlast stieg folglich an, so daß als einziger Ausweg die Aufnahme neuer Anleihen blieb. Wenn aber der Finanzfluß stockte und die ökonomischen Verhältnisse sich verschlechterten, wurde die Schuldenlast untragbar" (Aldcroft 1977, S. 244 f.).

Zur Finanzierung der Reparationszahlungen Deutschlands von insgesamt ca. 11 Mrd RM im Zeitraum von 1924 bis 1931 wurden netto ca. 13,6 Mrd RM kurzfristige und langfristige Anleihen aufgenommen. Die Frage ist: wo? Der temporären Bewältigung der Reparationsverpflichtungen kam zugute, daß sich nach dem Ersten Weltkrieg die USA inzwischen als „Supergläubiger" herausgebildet hatten und direkt und indirekt die deutschen Reparationsverpflichtungen finanzierten. Alle europäischen Alliierten standen gegenüber den USA nach dem Ersten Weltkrieg mit Kriegsschulden in der Kreide:

Frankreich mit ca. 4 Mrd Dollar, Großbritannien mit 4,7 Mrd Dollar, andere europäische Alliierte mit 3,2 Mrd US Dollar (vgl. Schema). Daher mußten die europäischen Alliierten insgesamt ca. 66 Prozent der von Deutschland empfangenen Reparationszahlungen als Schuldendienst den USA überweisen (Frankreich 61,53 %, Großbritannien 86,72 %, Italien 81,79 %, Belgien 39,71 % etc.). Die deutschen Kapitalimporte stammten zu rund 40 % aus den USA und zu rund 60% von den europäischen Alliierten (Daten nach Haberler 1933). Die USA waren also zur Drehscheibe der Finanzbewegungen geworden. Die Stärke ihrer Position in den internationalen Finanzbeziehungen war eine wesentliche Bedingung für die Ablösung Großbritanniens und die Heraufkunft der USA als Hegemonialmacht.

Schema:

Kriegsschulden und Kapitaltransfers in der Zwischenkriegszeit (in Mio $)

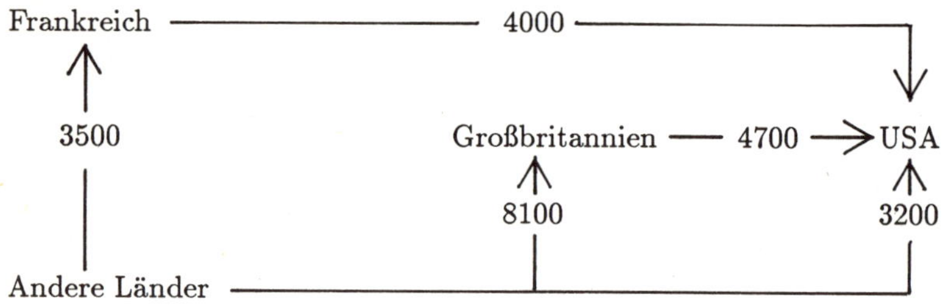

Finanzierung und Zahlung der Reparationen in v.H. (1924-1933)

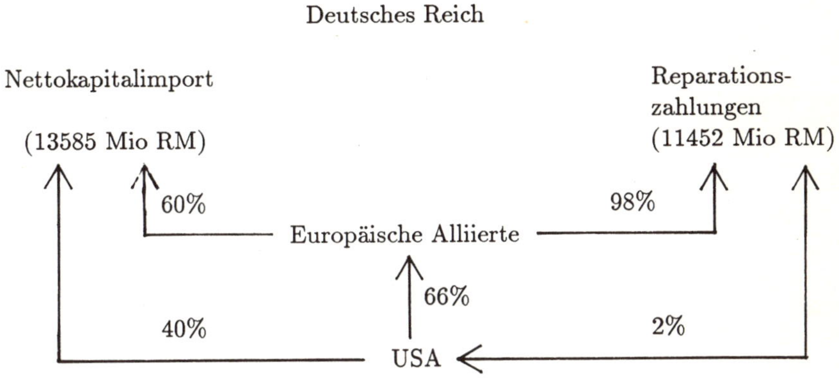

Dieses „Recycling" hängt natürlich einerseits von den Fähigkeiten Deutschlands ab, die wachsende Zinsbelastung auf das aufgenommene auswärtige Kapital zu begleichen. Andererseits verlangte sein Funktionsmechanismus ein positives Renditegefälle zwischen Deutschland und den übrigen Ländern. Das System war also von Anfang an in hohem Maße fragil und bricht unter dem Sturmwind der großen Krise nach 1929 zusammen. Die Widersprüchlichkeit von realen Verhältnissen und finanzieller Struktur eklatiert im Zusammenbruch des internationalen Finanzsystem. Polanyi schreibt dazu: „Amerika hatte seit dem Dawes- Plan und den Schuldenabkommen mit England und Frankreich sowohl die Reparationszahlungen wie auch die Zahlungen seiner eigenen Forderungen selbst finanziert. Es hatte die Last der vergeblichen englischen Stabilisierung, der deutschen Fehlinvestitionen wie auch der sich in Wien anhäufenden Defizite der osteuropäischen Privatwirtschaften zu tragen gehabt. Hauptereignis: Der Krach der Kreditanstalt am 12. Mai 1931. Die Reichsmark versagt, das englische Pfund weicht von der

Parität..., Amerika kreditiert nicht weiter, weder Goldzahlung noch Neuverschuldung ist mehr möglich. Es bleibt den Schuldnerstaaten nichts übrig, als in Waren zu zahlen. Seit 1928/29 beginnen sie ihre Ausfuhr zu forcieren. Aus Europa wie aus den überseeischen Rohstoffländern strömen die um jeden Preis einen Abnehmer suchenden Waren auf den Weltmarkt. Die Tendenzen zum allgemeinen Preissturz setzen sich 1929 durch. Die Weltwirtschaftskrise steht vor dem Tor. Es kommt zur Kreditkrise 1931, zur Abschnürung des Welthandels 1932, zur allgemeinen Währungskrise 1933 ..." (Polanyi 1979, S. 73 und 80).

Es stellt sich heraus, daß die Reparationsverpflichtungen, wie Varga unterstrichen hatte, nur real durch Exportüberschüsse abgetragen bzw. eingelöst werden können. Aber gerade dieser Mechanismus funktioniert in der Krise nicht, in der alle Länder versuchen, Anteile des schrumpfenden Weltmarkts zu halten oder zu erobern, sei es durch Exportoffensiven, sei es durch protektionistische Maßnahmen wie den Smoot-Hawley-Trade-Act von 1931 in den USA. Solange bei expandierendem Weltmarkt ein Positiv-Summen-Spiel gespielt werden konnte, gab es für die Schwierigkeiten bei der Einhaltung von Reparationsverpflichtungen immer Lösungen. Diese blieben aber aus, als sie am dringlichsten benötigt wurden, weil der Weltmarkt schrumpfte – wie Kindleberger in seiner anschaulichen „Spinnennetzgraphik" zeigt (Kindleberger 1986, S.170) – und „beggar thy neighbour" zur Maxime der nationalstaatlichen Politik wurde.

Als sich bereits die Unmöglichkeit der Einhaltung von Reparationsverpflichtungen herausgestellt hatte, wird von John Maynard Keynes die sogenannte „Transferdebatte" ausgelöst, an der sich seit 1929 Ohlin, Machlup, Haberler, Rueff u.a. beteiligen. Worum geht es? Der Dawes-Plan unterscheidet zwischen dem Aufbringungsproblem (budgetary-problem) im Reparationen leistenden Land und dem Transfer der Reparationen an die auswärtigen Gläubiger (Transferproblem). Die Aufbringung ist davon abhängig, ob es gelingt, einen Überschuß der internen Ersparnis über die Investitionen zu erreichen. Abhängig sind die internen Ersparnisse aber von der Höhe des Volkseinkommmens, von der Höhe der Konsumtion (d.h. von den Masseneinkommen) und von den Investitionen, die wiederum von Profiten und Zinsen (d.h. den Kapitalkosten) bestimmt werden. Das Transferproblem wird dadurch gelöst, daß entweder ein Handelsbilanz- oder/und ein Kapitalbilanzüberschuß erzielt werden. Der Überschuß der Handelsbilanz hängt natürlich an der Konkurrenzfähigkeit der Wirtschaft (gemessen an den Lohnstückkosten), die sich in der komparativen Höhe der Exportpreise spiegelt, an der Höhe der Importe und ihrer Preise (terms of trade) sowie an den Elastizitäten der Nachfrage für Importgüter auf dem nationalen Markt und für Exportgüter auf den Weltmärkten. Der Kapitalbilanzüberschuß wiederum hängt von den internationalen (komparativen) Renditebedingungen ab sowie von den Sicherheiten, die ein Kapital importierendes Land zu bieten hat. Das Aufbringungs- und Transferproblem sind dann gelöst, wenn die interne Ersparnis in einen Devisenüberschuß zur Begleichung der Reparationsverpflichtungen verwandelt werden kann. Wenn $D_\$$ der Devisenüberschuß (in Dollar denominiert) ist und S_I die interne Ersparnis, dann gilt:

$D_\$ = kS_I$, wobei $k = 1\$/RM$ der Wechselkurs ist.
Denn:
$S_I = Y - C - I$, wobei $S_I > I$
und:
$D_\$ = (Ex - Im) + (K_{im} - K_{ex})$
Daraus folgt, daß
$Ex - Im + K_{im} - K_{ex} = k(Y - C - I)$

Hier zeigt sich also die Bedeutung des Wechselkurses k und der Weltmarktbeziehungen (Exporte Ex und Importe Im von Waren, sowie Kapitalimporte K_{im} und Kapitalexporte K_{ex}) für das Gelingen des Transfers der inländisch aufgebrachten und zu transferierenden Werte. Mehrere Fragen werden nun aufgeworfen:

Erstens. Geht die Bildung der internen Ersparnis dem Devisenüberschuß voraus oder ist der Devisenüberschuß Voraussetzung dafür, daß die interne Ersparnis aufgebracht werden kann? Gilt das letztere, dann kann offensichtlich $D_\$$ nicht aus einem Exportüberschuß der Handelsbilanz stammen, sondern muß in Form eines Kredits durch einen Überschuß der Kapitalimporte über die Kapitalexporte gebildet werden. Mit anderen Worten: Das Reparationen empfangende Land muß also die empfangenen Leistungen durch eigenen Kredit an das Reparationen zahlende Land vorfinanzieren. Es ist sehr fraglich, ob auf diese Weise jemals eine überschüssige Handelsbilanz im zu Zahlungen verpflichteten Land zustande kommen kann. Denn der Kredit im empfangenden Land erhöht die Geldmenge und wirkt somit *ceteris paribus* inflationär. Also wird die Konkurrenzfähigkeit der Exportprodukte auf dem Weltmarkt verringert, wo doch ihre Verbesserung notwendig wäre, um die Exporte steigern zu können. Im kreditierenden Land wiederum können deflationäre Impulse ausgelöst werden, so daß bei entsprechenden Nachfrageelastizitäten die Handelsbilanz positiv beeinflußt wird, wo doch ein Defizit systemrational wäre. Also müssen andere Wege gefunden werden, um das Ziel einer Transloziierung von Ressourcen aus der inländischen Verwendung in den Exportsektor des Reparationen zahlenden Landes herbeizuführen. Dies führt denn auch zur zweiten Frage im Zusammenhang des Transferproblems.

Zweitens. Wie kann eine positive Handelsbilanz mit entsprechendem Devisenüberschuß erreicht werden? Es ist schon darauf hingewiesen worden, daß Preisbewegungen für Exportprodukte nach unten infolge von Kostensenkungen entweder an der ökonomischen Struktur scheitern bzw. soziale Kosten haben, die die Grenze der Tolerierbarkeit überschreiten können. Die von Ohlin (1929a und 1929b) angeführten Argumente, daß infolge des Goldabflusses im Reparationen zahlenden Lande die Geldmenge sinkt und damit die Preise und die Nominallöhne nach unten tendieren, denen auch eine Reallohnsenkung folgt, sind zwar im Modell unter quantitätstheoretischen Annahmen stichhaltig. Doch müssen die makroökonomischen Effekte genauer kalkuliert werden. Die Preise der importierten Konsumgüter werden nicht zurückgehen, weil die Existenz des Goldbetrags vorausgesetzt wird, der erst durch den Exportüberschuß eingenommen werden soll. Ohlin hat die Keynessche Prämisse nicht berücksichtigt, daß das Reparationen zahlende Deutschland über keine Goldreserven verfügt und daher diese nur durch Kapitalimporte oder einen Handelsbilanzüberschuß erwerben kann. Der von Ohlin ins Feld geführte Mechanismus kommunizierender Röhren – die Kaufkraft des Reparationen zahlenden Landes geht zurück, während die Kaufkraft des Reparationen empfangenden Landes entsprechend ansteigt, so daß die Gesamtnachfrage gleichbleibt und die Auslastung der Ressourcen und Faktoren ebenfalls – basiert auf einer Annahme, die weder historisch gültig war noch theoretisch stichhaltig ist.

Drittens. Dies gilt erst recht, wenn berücksichtigt wird, daß es einzelne kapitalistisch kalkulierende, also auf privatwirtschaftliche Rentabilität bedachte Unternehmen sind, die durch mikroökonomisch rationale Entscheidungen makroökonomisch Nachfrage und Angebot bestimmen. Die Verschiebung und Übertragung von Kaufkraft ist mit ökonomischen Strukturverschiebungen verbunden, die ohne krisenhafte Anpassungen nicht vorstellbar sind. Daß obendrein in einem solchen Prozeß auch die protektionistischen Gegenmaßnahmen mitbedacht werden müssen, versteht sich angesichts der realen Entwicklung nach 1929 von selbst.

Viertens. Wie wirkt sich der Transfermechanismus auf die Währung aus? Hier ist noch einmal die Bedeutung der Nicht-Kontraktfähigkeit der Währung des Reparationen leistenden Landes zu unterstreichen. Transferprobleme ergeben sich ausschließlich dann, wenn nicht in eigener Währung gezahlt werden kann, sondern kontraktfähige fremde Währung (oder Gold) durch einen Handelsbilanz- oder Kapitalbilanzüberschuß erst erworben werden muß. Der Tausch heimischer Währung in fremde Währung enthält aber immer das Risiko der Abwertung. Die Abwertung ist sogar notwendig, um die Exporte zu stimulieren. Allerdings kann dieser Effekt durch die nachfolgende interne Inflation aufgebraucht werden.

Im Endeffekt gibt es eine eindeutige Lösung des Transferproblems auch theoretisch nicht, nachdem sich schon historisch die Undurchführbarkeit des Transferprozesses herausgestellt hat. Keynes plädiert daher konsequent für die Aufrechterhaltung der Transferschutzklausel, wie sie nach dem Dawes-Plan vorgesehen war, auch für die Zukunft. Die Transferschutzklausel ist nichts anderes als ein Ausweg ins Schulden- bzw. Reparationenmoratorium. Wenn die Aufbringungs- und Transferfähigkeit eines Landes überbeansprucht werden, können Forderungen – beruhen sie nun auf Reparationen oder auf Schuldverpflichtungen – nicht aufrechterhalten werden. Daß dies auch im Interesse der Gläubiger liegen kann, betont Keynes mit dem Hinweis, daß die Senkung des Lebensstandards der deutschen Bevölkerung zur Hebung der Konkurrenzfähigkeit deutscher Waren auf dem Weltmarkt auch für die Gläubigerländer Probleme mit sich bringe. Der Preis der Aufrechterhaltung des Reparationentransfers wird also nicht nur für Deutschland zu hoch, sondern auch für die Empfänger von Reparationen. In einer solchen Situation – dies die Schlußfolgerung – kann es für alle nur sinnvoll sein, die Reparationsverpflichtungen zu reduzieren bzw. zu streichen. Genau dieses theoretisch gewonnene Resultat war auch das Ergebnis des historischen Prozesses der Reparationsleistungen durch das Deutsche Reich – freilich nicht ohne das Seine zur politischen Destabilisierung der demokratischen Republik beigetragen zu haben.

9. Importsubstituierende Industrialisierung – vor 60 Jahren

Die deutschen Reparationen sind, obwohl nicht als Folge von Auslandsverschuldung zustandegekommen, ein Exempel für die desaströsen Wirkungen eines externen Schuldendienstes auf die gesamte Gesellschaft, wenn Aufbringung und Transfer nicht aus Zuwächsen von Einkommen in harter kontraktfähiger Währung (also aus Exportüberschüssen) stammen, sondern durch Ressourcentransfer zustandekommen. In eine ökonomische Lage wie das vorfaschistische Deutschland geraten auch andere Länder mit hohem externen Schuldendienst infolge der Auswirkungen der Weltwirtschaftskrise nach 1929, als nämlich die Einkommen und die Deviseneinnahmen aus Exportgeschäften zurückgehen. Die Krise markiert einen strukturellen Bruch auch im Verhältnis der damaligen Metropolen zur „Peripherie".

Über die Ursachen der Krise ließe sich lange räsonnieren, insbesondere wenn die verschiedenen Interpretationen in Rechnung gestellt werden: die Krise sei politisch durch eine falsche Geldpolitik in den USA herbeigeführt (Friedman/Schwartz 1963) oder infolge eines hegemonialen Vakuums, also wegen fehlender stabilisierender politischer Institutionen auf internationaler Ebene verschärft worden (Kindleberger 1973, 1986; Minsky 1986). Diesen „politizistischen" Erklärungsansätzen stehen eher traditionell ökonomische gegenüber, die die Krise als Moment der Akkumulationsdynamik kapitalistischer Gesellschaften begreifen. Haberler (1948) hat in den 30er Jahren im Auftrag des Völkerbundes die verschiedenen „Konjunkturtheorien" systematisch zusammengefasst. Varga (1969), auf den Haberler allerdings gar nicht zu sprechen kommt, hat besonders die Tendenzen der Überakkumulation hervorgehoben und deren Auswirkungen auf die politischen Verhältnisse in den Industrie- ebenso wie in den Rohstoff produzierenden Ländern untersucht (Varga 1969, S. 231-289). Obwohl er einer der wenigen war, die schon als Zeitgenossen die Große Krise als eine Weltmarktkrise begriffen, zielte er an der Indentifizierung der Krise als Strukturbruch gesellschaftlicher Regulation vorbei. Dies hatte nicht zuletzt damit zu tun, daß er die als „trotzkistisch" verworfene Theorie langer Wellen, wie sie von Kondratieff in den 20er Jahren entwickelt worden war, aus politischen Gründen ablehnen und folglich Krisen entweder als Phasen im Verlauf des Konjunkturzyklus oder als Vorboten der revolutionären Umgestaltung kapitalistischer Gesellschaften interpretieren mußte. Die große Weltwirtschaftskrise war im Rahmen dieses Diskurses daher empirischer Beleg für die „allgemeine Krise des Kapitalismus" und für die Überlegenheit des Sozialismus in der Sowjetunion (Varga 1969). Die in der Krise zum Durchbruch kommenden Tendenzen der Umstrukturierung und Anpassung der politischen und ökonomischen Systeme wurden folglich unterschätzt.

Die Große Krise nahm ihren Ausgang jedenfalls vom Produktionssektor in den Industrieländern und ergriff mit gewisser Zeitverzögerung die Finanzbeziehungen: Der Entwertung von Wertpapieren aller Art infolge des Börsenkrachs folgten Zusammenbrüche von Bankhäusern, die Rationierung von Krediten und Steigerungen der Realzinsen in den USA. Von den USA greift die Krise sehr schnell nach Europa über, insbesondere ist Deutschland betroffen (Vgl. Kroll 1958, S. 83-129). Bankhäuser brechen zusammen, die Preise fallen und mit ihnen steigen auch in Deutschland die Realzinsen, die die Neuinvestitionen verteuern und die Realrendite des produktiven Kapitals drücken. Mit gewisser Zeitverzögerung werden die Länder Asiens, Afrikas und Lateinamerikas in den Strudel der Weltwirtschaftskrise gezogen.

Die Überakkumulation und Überproduktion in den Industrieländern wirkt sich zunächst als Einschränkung der Produktion und Beschäftigung aus. In den USA fällt der Produktiondex für dauerhafte Güter von 1929 bis 1932 von 132 auf 41 (1935-39 = 100) (Kroll 1958, S. 60), das Bruttosozialprodukt geht von 203,6 Mrd US$ 1929 auf 141,2 Mrd US$ im Jahre 1933 zurück (Preise von 1958, Daten nach US-Department of Commerce, 1973). Das disponible Einkommen halbiert sich im gleichen Zeitraum von 83,3 Mrd US$ auf 45,5 Mrd US$ (zu laufenden Preisen). Im Jahre 1933 sind 25,2 Mio Menschen arbeitslos. Die Unternehmensprofite sinken von 8,6 Mrd US$ im Jahre 1929 (nach Steuern) auf Verluste von 2,7 Mrd US$ 1932 (US Department of Commerce 1973). In Deutschland sinkt die Warenproduktion von 98 (128/29) auf 58 (1932/33), wenn 1927/29 = 100 gesetzt werden (Kroll 1958, S. 95), das Volkseinkommen schrumpft von 75,4 Mrd RM 1928 auf 46,5 Mrd RM 1933. Die Nettoinvestitionen (Anlageinvestitionen minus Normalabschreibungen auf Anlagen) fallen von 6,9 Mrd RM 1928 auf -1,6 Mrd RM 1932. Die Arbeitslosigkeit erreicht in Deutschland nach einem Jahresdurchschnitt von 1,4 Mio 1928 die Rekordzahl von über 6 Mio im Januar 1933. Der Export beträgt 1929 13,6 Mrd RM und 1933 nur noch 4,3 Mrd RM. Trotzdem wird im Unterschied zur Vorkrisenphase, in der (mit Ausnahme des Jahres 1926) die Handelsbilanz regelmäßig mit einem Negativsaldo abschließt, diese seit 1930 überschüssig. Die Importe werden also noch mehr beschnitten als die Exporte (Daten nach Statistisches Handbuch von Deutschland 1949).

Der Welthandel wird durch die Depression in Nordamerika und Europa stark beeinträchtigt; er geht von Januar 1929 bis Januar 1933 von fast 3 Mrd Golddollar auf 992,4 Mio Golddollar zurück (Kindleberger 1986, S. 170). Für die Länder der – heute so genannten – Dritten Welt ist dies gleichbedeutend mit einer Schrumpfung ihrer Exportmärkte und einer enormen Verschlechterung ihrer terms of trade. Die Schulden, die sie gegenüber Gläubigern in England oder in den USA haben, werden durch die höheren Realzinsen (infolge des Preisverfalls) zu einer größeren Last als zuvor, zumal die „Rationierung des Kredits" auch die peripheren Schuldner trifft.

Die der Kontraktion der Produktion geschuldete Verringerung der Nachfrage und daher auch der Exporteinnahmen wird durch den Kollaps des internationalen Kredits verschärft. Insbesondere die Kreditgeber in den USA ziehen – wie auch im Fall Deutschlands (trotz eines Zinsdifferentials zwischen Berlin und New York, das bei Tagesgeld im Jahre 1931 ca. 6,7% ausmachte

– Deutsche Bundesbank 1976, S. 279) – die Kredite aus den Rohstoffländern zurück, und zwar schon vor dem Ausbruch der Großen Krise. Der Grund: die Renditen von Krediten sind in den USA höher und die Sicherheiten werden in Übersee immmer schlechter eingeschätzt. Aus verringerten Exporteinnahmen müssen also nicht nur relativ teure Importe (wegen der verschlechterten terms of trade) finanziert werden, sondern auch die Zinstransfers und Kapitalexporte. Das am Fall Deutschlands diskutierte Transferproblem verschärft sich in einer Weise, daß auch durch eine radikale Deflationspolitik die Erfordernisse der äußeren Zahlungsverpflichtungen nicht mehr erfüllt werden können. Viele Länder sind gezwungen, den Schuldendienst einzustellen. In Lateinamerika macht Bolivien am 1.1.1931 den Anfang und erklärt den Staatsbankrott. Die Geschichte des 19. Jahrhunderts scheint sich zu wiederholen: Mit Ausnahme von Argentinien, Haiti und der Dominikanischen Republik – letztgenannte Fälle, da sie unter US-Kuratel standen – stellen alle lateinamerikanischen Länder die Zahlung des Schuldendienstes ein, werten die Währungen radikal gegenüber dem Pfund Sterling und dem Dollar ab und verlassen das Regelwerk des nicht mehr tragfähigen Goldstandards.

Anders als die meisten Länder Asiens und Afrikas waren die lateinamerikanischen Republiken zu Beginn der 30er Jahre politisch formell unabhängig und daher hatte ihre Reaktion auf die Finanzkrise und die Preisverhältnisse auf den Weltmärkten Rückwirkungen auf das Währungs- und Finanzsystem insgesamt; die lateinamerikanische Schuldenkrise war ein Faktor des Zusammenbruchs des erst Mitte der 20er Jahre wiedererrichteten Goldstandards mit dem Pfund Sterling als Kernwährung. Die Reaktion auf die Schuldenkrise ist höchst aufschlußreich. Der Zusammenbruch des Weltmarkts – verschlechterte terms of trade, reduzierte Exportmöglichkeiten, ohne Zugang zu Krediten oder Direktinvestitionen – machte die Option *autozentrierter, importsubstituierender* Entwicklung attraktiv und möglich.

Der Fall Brasiliens ist aufschlußreich. Brasilien ist nicht mehr in der Lage, Zinsen und Tilgungen angesichts der sinkenden Exporteinnahmen und der steigenden Importpreise zu begleichen. Brasilien erhält in dieser Phase noch einen Kredit von 75 Mio Pfund Sterling, um damit nichts anderes zu tun, als 74 Mio Pfund Zinsverpflichtungen abzulösen. Es handelt sich also um einen reinen Recyclingkredit, der die Zinszahlungen garantiert und es den Gläubigern ermöglicht, die notleidenden Kredite nicht abschreiben zu müssen. Dennoch stellt Brasilien wenig später jeden Schuldendienst unter letztlich wirkungslosem Protest der britischen Gläubiger ein. Der Grund ergibt sich aus dem hegemonialen Vakuum der 30er Jahre. Brasilien ist in erster Linie gegenüber Großbritannien verschuldet, aber der Außenhandel ist auf die Vereinigten Staaten von Amerika orientiert. Großbritannien hat zwar Forderungen finanzieller Art gegenüber Brasilien, aber keinerlei Hebel, um das Land zur Einhaltung seiner Verpflichtung zum Schuldendienst zu zwingen. Die USA hätten Druck auf Brasilien ausüben können, aber sie tun es nicht. Denn *erstens* hat Roosevelt genug mit der Regulierung der inneren Verhältnisse zu tun, *zweitens* ist der Diktator des „Estado Novo" Brasiliens, Getulio Vargas, ein Bewunderer Mussolinis und Hitlers. Es besteht die Gefahr, daß die Achse über Tokio hinaus nach Südamerika verzweigt werden könnte, zumal Brasilien mit Deutschland einen sehr schwunghaften Kompensationshandel auf Verrechnungsbasis betreibt. Um also Brasilien nicht in die Arme von Hitlerdeutschland zu treiben, wird auf die Ausübung von Druck verzichtet.

Zweierlei wird hier deutlich: *Erstens*, daß eine externe Schuldenkrise nicht nur eine Steigerung finanzieller Instabilitäten ist sondern immer auch ein politisches Element enthält. Die politischen Karten werden in ihrem Verlauf neu gemischt, insbesondere im Hinblick auf die hegemonialen Machtverhältnisse. Eine Hegemonialmacht ist nur dann eine, wenn sie ökonomischen und politischen, auch militärischen Druck ausüben kann. Im 19. Jahrhundert hat Großbritannien gezeigt, wie imperial es mit notleidenden Schuldnern umzuspringen wußte; die Beispiele des Osmanischen Reiches und Ägyptens sind bereits diskutiert worden. Noch in den 20er Jahren versucht Großbritannien, seine alte hegemoniale Vormachtstellung wiederherzustellen. Doch dieser Versuch ist von Anfang an zum Scheitern verurteilt und in der Großen Krise kommt dies zu Tage, als 1931 die Konvertibilität des Pfundes aufgehoben werden muß. In den 30er Jahren jedenfalls hat Großbritannien nicht mehr die ökonomischen und politischen Ressourcen, um säumige Schuldner zur Raison zu bringen.

Ein *zweiter* Aspekt ist in der Schuldenkrise der 30er Jahre noch bedeutsamer: Der Zusammenbruch des Weltmarkts, ablesbar an den Statistiken über die Schrumpfungsraten des Welthandels und der Abnahme weltwirtschaftlicher Integration, und die Entstehung des hegemonialen Vakuums eröffnen die Perspektive importsubstituierender Industrialisierung von wenig oder gar nicht industrialisierten Wirtschaftsräumen. In Deutschland, einem damals bereits durchindustrialisierten Land, provozieren die exogenen Weltmarktbedingungen, also die Kontraktion des Welthandels, die Zahlungsschwierigkeiten und die Gefährdung der Währung zusammen mit den endogenen Problemen der Arbeitslosigkeit eine Debatte um wirtschaftliche Autarkie: Abkapselung vom Weltmarkt als wirtschaftspolitische Strategie, um Handlungsspielraum für eine konjunkturelle Ankurbelungspolitik zu gewinnen; auch Keynes redete einer so verstandenen Politik „nationaler Selbstgenügsamkeit" (Keynes 1933) das Wort. Pollock weist allerdings zu Recht darauf hin, daß nationale Selbstgenügsamkeit am ehesten möglich ist, wenn der autarke Wirtschaftsraum groß genug ist. „Die logische Konsequenz dieser Einstellung ist...ein imperialistischer Autarkismus, der auf die Schaffung eines vom Ausland möglichst unabhängigen Imperiums zielt" (Pollock 1933, S. 336). Die Herauslösung eines Landes aus der internationalen Arbeitsteilung durch Autarkiepolitik impliziert also der Tendenz nach eine Politik imperialistischer Expansion: an die Stelle ökonomischer Expansion, an die Stelle von Erweiterung und Vertiefung der Arbeitsteilung durch die Mechanismen des Marktes tritt das politische Prinzip der Ausdehnung der Grenzen des Staatsgebiets, um den Wirkungsraum der nationalstaatlichen Politik zu vergrößern. In der endlichen Welt kann dies natürlich nur auf Kosten der politischen Reichweite anderer Nationalstaaten gelingen. Pollock sieht in den Tendenzen zur Autarkie nicht das Ende des Kapitalismus, wohl aber das seiner „liberalen Phase" und er betont die darin angelegte Kriegsgefahr, auch wenn es falsch wäre, „für die nahe Zukunft anzunehmen, dass es in kurzen Abständen zu kriegerischen Verwicklungen grössten Umfanges kommen müsse" (Pollock 1933, S. 350f). Keine sechs Jahre nach diesen Worten war es dann doch so weit; der Zweite Weltkrieg wurde durch den Expansionsdrang des Nazi-Reiches ausgelöst. Tatsächlich gibt es für industrialisierte, hochgradig arbeitsteilig organisierte Gesellschaften, deren Produktion nicht für einen begrenzten nationalen sondern für den Weltmarkt bestimmt ist, und die ihre Rohstoff- und Industrieinputs ebenfalls zum Teil von anderen Weltregionen beziehen, nur die Alternative zwischen „imperialistischem Autarkismus" und Freihandel, d.h. Integration in die Weltwirtschaft (dazu Brandt, Eucken u.a. 1932).

Anders ist dies in Ländern, die weder industrialisiert sind, wo der Urbanisierungsgrad gering und das Gewicht der nicht exportorientierten Landwirtschaft groß ist, also in den Ländern der Peripherie des kapitalistischen Weltsystems. Für sie eröffnet der Zusammenbruch des Weltmarkts den Vorteil der autozentrierten Entwicklung, der Herstellung von Produktions- und Reproduktionsstrukturen, die die Abhängigkeit von den beherrschenden Mächten des Weltmarkts mindern. Die lateinamerikanischen Länder beginnen in den Jahren nach der Großen Krise eine importsubstitutierende Industrialisierung, die in fast allen Ländern Lateinamerikas erfolgreich verlaufen ist: Während der Außenhandel in den 30er Jahren reduziert wird, steigt die Industrieproduktion beträchtlich an:

aus: epd – Entwicklungspolitik

Tabelle 1:

Teil 1
Außenhandel (in Mio US$) und Industrieproduktion (1929 = 100) 1928 bis 1933 in einigen lateinamerikanischen Ländern

Jahr	1928	1929	1930	1931	1932	1933
			Argentinien			
Exporte	1017	907	513	428	331	359
Importe	807	820	617	345	215	287
Industrieproduktion	95	100	99	88	83	94
			Brasilien			
Exporte	475	456	311	239	181	222
Importe	442	417	251	132	108	170
Industrieproduktion	102	100	93	94	96	107
			Chile			
Exporte	236	279	162	100	35	52
Importe	146	197	170	86	26	27
Industrieproduktion	93	100	95	77	77	87
			Kolumbien			
Exporte	131	123	109	95	67	59
Importe	145	122	61	40	29	40
Industrieproduktion	95	100	97	95	109	128
			Mexiko			
Exporte	285	275	203	151	97	104
Importe	172	178	155	82	57	70
Industrieproduktion	95	100	100	95	69	92

Teil 2
Außenhandel (in Mio US$) und Industrieproduktion (1929 = 100) 1934 bis 1939 in einigen lateinamerikanischen Ländern

Jahr	1934	1935	1936	1937	1938	1939
			Argentinien			
Exporte	418	449	483	757	438	481
Importe	327	340	328	482	443	325
Industrieproduktion	106	109	116	123	130	135
			Brasilien			
Exporte	287	269	320	440	280	330
Importe	208	225	247	460	280	290
Industrieproduktion	119	133	156	164	170	186
			Chile			
Exporte	97	97	116	186	131	128
Importe	50	63	71	89	103	85
Industrieproduktion	98	111	117	123	128	130
			Kolumbien			
Exporte	94	80	90	87	82	78
Importe	54	60	69	95	84	103
Industrieproduktion	136	151	164	193	197	242
			Mexiko			
Exporte	179	208	215	248	185	176
Importe	93	113	129	171	114	128
Industrieproduktion	100	116	32	135	141	165

Quelle: Zusammengestellt aus diversen Daten von Thorp 1984

In allen lateinamerikanischen Ländern brechen im Gefolge der Großen Krise zu Beginn der 30er Jahre die Exporte ein. Die Importe werden aber noch mehr reduziert. Der Integrationsgrad in den Weltmarkt wird also entscheidend geringer. Die Währungseffekte zusammen mit den Preisverschiebungen, von der staatlichen Planung in einigen lateinamerikanischen Ländern (Brasilien, Mexiko) abgesehen, eröffnen die Möglichkeit der endogenen Industrialisierung. Die Industrieproduktion ist in erster Linie für den internen Markt bestimmt und nicht für den Weltmarkt; autozentrierte Entwicklung in einem fast autarken Wirtschaftsraum stößt hier nicht an die Grenzen des beschränkten nationalen Marktes wie in einem bereits entwickelten Land. Denn die Exporte erholen sich zwar, erreichen aber in keinem lateinamerikanischen Land in den 30er Jahren das Niveau vor der Krise. Die Steigerungsraten des industriellen Wertprodukts sind in den 30er Jahren beträchtlich: In Kolumbien wird die Industrieproduktion mehr als verdoppelt, in Brasilien wird fast eine Verdoppelung im Vergleich zu den 20er Jahren erreicht (Vgl. auch Leff 1982).

Die Abkoppelung vom Weltmarkt wird durch die Einstellung des Schuldendienstes zu Beginn des Jahrzehnts eingeleitet und durch die Abschnürung des Welthandels aufgezwungen. Die dadurch ermöglichte „autozentrierte" Industrialisierung wurde zum politischen Leitbild der Entwicklung in vielen lateinamerikanischen Ländern bis in die 50er Jahre hinein. Als aber der Weltmarkt nach dem Zweiten Weltkrieg mit hohen Wachstumsraten expandierte und inzwischen auch das hegemoniale Vakuum durch die USA gefüllt war, blieb die Strategie der autozentrierten Industrialisierung auf der Strecke. Sie hätte, sofern sie fortgeführt worden wäre, doch nur die Dilemmata einer Autarkiestrategie und noch dazu in einer Phase der Entwicklung hervorgebracht, in der die internationale Arbeitsteilung intensiviert und alle nationalen Gesellschaften unter das ökonomische Ordnungsprinzip der „Sachzwänge" des Weltmarkts subsumiert worden sind. Ein Nutzen-Kosten-Vergleich zwischen den Strategien der autozentrierten Entwicklung und der Weltmarktintegration sprach für letztere. Es war freilich absehbar, daß mit der erneuten Integration in den Weltmarkt seit den 50er Jahren auch die externen Kredite des privaten Sektors eine Rolle spielen würden. Dies war nicht sogleich in den 50er Jahren der Fall, da ja die Kapazität der Regulation des internationalen Währungs- und Finanzsystems und die öffentlichen Kredite und „Hilfen" groß genug waren, wohl aber in den 70er Jahren, nachdem das Bretton Woods System der Regulation von Geld und Kredite zusammengebrochen war und dem (politisch) unregulierten monetären Weltmarkt Platz machen mußte. Ein erneuter Schuldenzyklus, mehr als ein halbes Jahrhundert nachdem der letzte seinen Höhepunkt erreicht hatte, konnte beginnen.

10. Die gegenwärtige Schuldenkrise: Regulation am Rande des Bankrotts

Knapp 50 Jahre nach der Schuldenkrise der 30er Jahre befinden sich die lateinamerikanischen Länder zusammen mit vielen Ländern Afrikas und Asiens erneut inmitten einer Schuldenkrise, deren Wirkungen freilich tiefgreifender sind als jemals zuvor in der Geschichte: Die Schuldenkrise der Dritten Welt ist die „Krise eines Entwicklungsmodells“, einer globalen Regulationsweise von Geld mit in alle Facetten des gesellschaftlichen Lebens ausstrahlenden Wirkungen. Würde man die Krise in erster Linie als einen vorübergehenden Liquiditätsengpaß verschuldeter Länder begreifen oder als ein Problem der finanziellen Solvenz, dann wären finanzielle Erleichterungen, finanztechnische Reformen oder einfach die Erwartung eines neuen Aufschwungs der Weltwirtschaft angemessene Reaktionen; dann könnte der Automatik des Schuldenzyklus vertraut werden.

Die gegenwärtige Schuldenkrise ist an einem Punkt angelangt, an dem eine weitere Entwicklung unter den obwaltenden Umständen blockiert ist, wo sich sämtliche Rezepturen, deren man sich bislang bedient hat, als ungeeignet herausgestellt haben. Der Patient wird nicht kuriert, der Patient wird im Gegenteil immer kranker. Dies kann man rein quantitativ daran ablesen, daß die armen Länder der Dritten Welt an die reichen Länder der „Ersten Welt“ in den Jahren seit Ausbruch der Schuldenkrise 1982 bis einschließlich 1989 236,2 Mrd US$ netto transferiert haben (World Debt Tables 1989/1990, S. 9), eine umgekehrte Entwicklungshilfe. Die Zahlen für die hochverschuldeten Länder sind noch dramatischer. Von 1982 bis 1989 haben sie netto an die Gläubigerländer 124,976 Mrd US$ transferieren müssen und trotzdem sind die Schulden von 433,519 Mrd US$ 1982 auf 624,984 Mrd US$ gestiegen (World Debt Tables 1989/90, Vol I., S. 122ff). Was dies für die ökonomische Entwicklung und die Lebensbedingungen bedeutet, läßt sich mit Daten der Weltbank zeigen:

Tabelle: Ökonomische Indikatoren hochverschuldeter Länder

Länder-gruppe	Bruttoinlandsinv. 1965/1980	1980/1985	1982/1988	Privatkonsum 1965/1980	1980/1985	1982/1988
Hochverschuldete Länder	8,2	-9,4	-0,7	6,4	0,2	0,4

Länder-gruppe	Exporte 1965/1980	1980/1985	1982/1988	Importe 1965/1980	1980/1985	1982/1988
Hochverschuldete Länder	0,5	1,1	4,8	6,3	-8,6	1,3

Quelle: Weltbank

Das unbeabsichtigte Resultat der in den „Entwicklungsdekaden" der UNO beabsichtigten Modernisierung, Industrialisierung und Erhöhung des Lebensstandards in der Dritten Welt ist heute die paradoxe Situation der „hochentwickelten Unterentwicklung" und der „verschuldeten De-Industrialisierung". Der Markt heute ist Weltmarkt und dieser ist ein Ort, auf dem ökonomische und politische Machtverhältnisse zwischen Nationen quasi-objektiv reproduziert werden, gerade indem die Prozeduren der marktwirtschaftlichen Regelung eingehalten werden. Substanziell resultieren diese in einer eklatanten Ungleichverteilung von Ressourcen in der Welt. Unter diesen ist heute die Ausstattung mit natürlichen Ressourcen weniger bedeutsam als die Verfügung über finanzielle Mittel, über eine starke Währung. Was Columbus über das Gold in seinen Briefen aus Jamaica (1503) schrieb, gilt für harte Währungen – Dollar, Yen oder DM – auch heute: „Gold ist ein wunderbares Ding! Wer dasselbe besitzt, ist Herr von allem, was er wünscht. Durch Gold kann man sogar Seelen in das Paradies gelangen lassen." Harte Devisen sind die „absolute", die „universelle" Ware, „universal wealth" (Marx), über die zu verfügen, Bedingung für die Teilnahme an der Verteilung der Gratifikationen des vorherrschenden Entwicklungsmodells durch den Markt ist. Man muß sich anstrengen, eine ganze Gesellschaft ebenso wie jedes Individuum, um mittels des Geldes an einen Teil der Reichtümer, die in dieser Welt produziert werden, herankommen zu können. Doch die Anstrengungen können scheitern, sie können auch jedes Maß, das durch die Leistungsfähigkeit eines Menschen bzw. einer Gesellschaft gesetzt wird, überschreiten und dann anomische Zustände herbeiführen. Geld ist eine Forderung im Portefeuille der Vermögensbesitzer. Schulden sind Verpflichtungen, das Gegenstück zur Forderung, also „Ungeld". Mit Ungeld überlastet werden Gesellschaften ungesellschaftlich, Wirtschaften unwirtlich und die Perspektiven der Entwicklung unfreundlich.

Die meisten Länder der dritten Welt sind in einen Zustand der Anomie verfallen, wie ihn Durkheim beschrieben hat: mit der Krise des Geldes sind die sozialen Formen zerbrochen, in denen eine Gesellschaft „ihre Mitglieder reguliert" (Durkheim 1983, S. 295). Die Entwicklung produktiver Kräfte und damit die Zukunft einer ganzen Generation von Afrikanern, Asiaten und Lateinamerikanern werden auf dem Altar der „Dollarisierung" der nationalen Geldsysteme zum Zweck der Erhaltung eines hypertrophen internationalen Kreditsystems geopfert. Die Rationalität des *förmlichen* Marktes hat destruktive Wirkungen auf die Lebensbedingungen der Menschen in ganzen Erdteilen und provoziert Reaktionsweisen, die nicht nur dieser destruktiven Rationalität entgegengerichtet sind. Den liberalen Versprechen von der den Wohlstand steigernden Funktionsweise des Regelwerks des freien Weltmarktes wird nicht mehr vertraut. Denn die ökonomischen Hebel des Weltmarkts sind nicht geeignet, die Ökonomien der „Dritten Welt" in die Industrialisierungs- und Wohlstandsdynamik zu inkludieren, also diese den Modernisierungsstandards der entwickelten Länder gemäß positiv zu vergesellschaften. Statt dessen werden die hochverschuldeten Gesellschaften (und die Menschen in ihnen) exkludiert und in die *informelle* Ökonomie ausgrenzt. Diese ist auch Marktwirtschaft, aber subalterne, marginalisierte und peripherisierte, weil die Menschen und Institutionen in den verschuldeten Ländern nicht als „Wirtschaftssubjekte" auftreten können. Ohne hartes Geld zählen sie nichts oder allenfalls als Adressaten von Hilfeleistungen und Solidaritätsbewegungen. Doch selbst diese Surrogatform für autonome Integration ist durch die Schuldenkrise unterminiert worden. In Indien übertrafen 1988 die Zinszahlungen für Auslandsschulden die Nettoauszahlungen der öffentlichen Entwicklungshilfe (3,1 Mrd US$ gegenüber 2,1 Mrd US$), in Afrika südlich der Sahara gehen 27% der Entwicklungshilfe für Zinszahlungen drauf; die Hälfte bis zu drei Viertel der nicht rückzahlbaren Zuschüssen an die armen afrikanischen Länder müssen für Zinszahlungen (Tilgungen nicht eingerechnet) aufgewandt werden (Weltbank 1990, S. 152ff).

Es ist freilich nicht nur die Funktionsweise der Märkte, die für die Entstehung der Schuldenkrise und für deren Auswirkungen verantwortlich gemacht werden kann, sondern auch das Fehlen von politischen Instanzen der Regulierung, die den Rahmen für die Entfaltung der Märkte setzen und in das Funktionieren der Märkte korrigierend einzugreifen vermögen. Die Schuldenkrise verdeutlicht, daß gesellschaftliche Selbstorganisation durch den Markt nicht möglich ist, wenn nicht zugleich substanzielle Normen des Zusammenlebens – in der nationalen Gesellschaft ebenso wie in der „Einen Welt“ – eingehalten werden. Die Schuldenkrise ist daher ein Zeichen der Krise einer globalen Regulationsweise. Ihre destruktive Dynamik ist eine Folge der „Deregulierung“, die Ende der 70er Jahre in den hochentwickelten Industriestaaten zum Programm erhoben worden ist. Es fehlen Regeln einer politisch moderierten Entschuldung, wenn das ökonomische Prinzip des Schuldenzyklus die Verschuldung und den Schuldendienst nicht mindert, wenn die verschuldeten Länder also aus den Schulden nicht „herauswachsen“ können, sondern – wie in den 80er Jahren – deren Last noch infolge der Wirkungsweise des monetären Weltmarkts vergrößert wird. Die Befolgung prozeduraler Regeln durch Marktteilnehmer ist also für die Erhaltung oder Wiederherstellung gesellschaftlicher Normalität, wenn diese krisenhaft unterbrochen worden ist, nicht hinreichend. Das Geld, marktwirtschaftliches Steuerungsmedium ökonomischer Prozesse, ist ein Medium der Gewalt, der Erzwingung von ökonomischen und sozialen Anpassungen, die die substanziellen Bedingungen des individuellen Lebens vieler Menschen und mit ihnen auch die materiellen und normativen Grundlagen gesellschaftlicher Identität zerstören. „Eine spontane Ordnung ist mehr als eine Anordnung abstrakter Regeln. Sie erlangt mit der Zeit eine Einheitlichkeit oder Identität“ (Dobuzinskis 1989, S. 256). Und sie „erlangt“ sie nicht nur, sondern „verlangt“ sie auch, wenn nicht der Konsens auch über die Regeln gesellschaftlicher Interaktionen, über die Rechtsordnung im globalen System, verloren gehen soll.

Wie konnte es zur Verschärfung der finanziellen Instabilitäten zur Schuldenkrise kommen? Schulden sind ja in einer Geldwirtschaft normal, und dies gilt auch für internationale Schulden, zumal wenn der Weltmarkt expandiert und die Währungen konvertibel sind. Im nationalen Rahmen wird, wie im vorangegangenen Kapitel gezeigt worden ist, davon ausgegangen, daß Unternehmen, die sich bei Banken verschulden, eine Rendite erzielen, die zur Zahlung der Zinsen auf den Geldkapitalvorschuß ausreicht. Im internationalen System allerdings ist dies etwas anders. Denn auch wenn einzelne Unternehmen Schuldner sein sollten, sind die Kredite der Banken in der Regel staatlich verbürgt, so daß de facto die Staaten infolge des hoheitlichen Monopols über die Steuern und die Gestaltung der Staatsausgaben für Schulden und Schuldendienst von Privaten geradestehen.

Die Fähigkeit zum Schuldendienst ist so lange gewährleistet (und das „Länderrisiko“ ist dementsprechend gering), wie die Zinsen nicht größer als die Zuwachsraten der Exporteinnahmen eines Landes sind. Denn dann lassen sich ja die Zinszahlungen aus den jährlichen Zuwächsen der Deviseneinnahmen abzweigen und die Schuldendienstquote (Zinsen und Tilgungen gemessen an den Exporten) bleibt konstant. Der Schuldendienst belastet in diesem Fall nicht die Einkommen der Klassen, da er aus den Deviseneinnahmen zusätzlicher Exporte geleistet werden kann. In den 70er Jahren veränderte sich das Verhältnis der Schulden von Entwicklungsländern zu ihren Exporten (nicht Erdöl produzierende Entwicklungsländer) von 115,4% (1973) auf 112,9% (1980) und in Lateinamerika von 176,2% auf 178,4%. In den 80er Jahren bis zum bisherigen Höhepunkt 1986 aber stieg die Quote für die nicht Erdöl produzierenden Entwicklungsländer auf 170,7% und für die lateinamerikanischen Länder auf 349,6%, um in den Jahren danach wieder etwas zu sinken (Daten nach IWF, World Economic Outlook, Mai 1990; World Debt Tables 1989/90; Sachs 1989, S. 7).

Ob die Schuldzinsen aus den Exportzuwächsen finanziert werden können, hängt von der Höhe der Zinsen und von den Exporteinnahmen und deren Zuwachs ab. In den 70er Jahre waren die Realzinsen niedrig und die Rohstoffpreise hoch, so daß noch im Jahre 1980 der „Economic Report" des US-Präsidenten das Länderrisiko für Auslandskredite der amerikanischen Banken als „minimal" einschätzen konnte: „Zum Beispiel war 1978 das Verhältnis von Verlusten auf Auslandsanleihen zu den Gesamtforderungen im Durchschnitt 0,01% bei 30 untersuchten US-Banken. Die vergleichbare Verlustquote bei Inlandsanleihen betrug dagegen 0,34%. Also kann man sagen, daß das internationale Anleihegeschäft zumindest heute vergleichsweise sicher ist" (Economic Report of the President, 1980, S. 172).

Als dann zu Beginn der 80er Jahre die Realzinsen auf den internationalen Märkten in die Höhe gingen und den „Zinsschock" auslösten und gleichzeitig die Rohstoffpreise im Vergleich zu den Preisen der Industriewaren fielen, waren die Rahmenbedingungen für den problemlosen Schuldendienst aus den Exportzuwächsen nicht mehr gegeben. Die Realzinsen, die im Durchschnitt der Jahre 1974/79 0,97% betrugen (Londoner Interbanken-Angebotssatz LIBOR abzüglich des BIP-Deflators der USA), stiegen im Durchschnitt der Jahre 1980/89 auf 5,85% an. Das reale Wachstum des BIP im Durchschnitt aller Entwicklungsländer verringerte sich von 5,9% in der Periode 1965/80 auf 4,3% im Zeitraum 1980/89. Die Zuwachsraten des Exportvolumens ermäßigten sich von 8,7% 1965/73 auf 4,6% im Zeitraum 1973/80 und auf 2,9% von 1980 bis 1986 (Daten nach Weltbank 1990, S. 17, 18, 196). Gemessen an den Entwicklungstendenzen der realen Ökonomie (Sozialprodukt und Welthandel) steigt das Gewicht der monetären Leistungen (Realzinsen) so sehr, daß Schuldner überlastet werden.

Die Schuldzinsen – von Tilgungen ganz abgesehen – mußten nun mehr und mehr aus Überschüssen der Exporte über die Importe finanziert werden. Die zusätzlichen Deviseneinnahmen aus steigenden Exportgeschäften reichten für die Bedienung der Schulden nicht mehr aus und infolgedessen mußten die Importe gesenkt werden, um die Devisen für den Schuldendienst abzweigen zu können: „Viele hochverschuldete Länder haben beträchtliche Handelsbilanzüberschüsse erzielt, und zwar hauptsächlich, weil sie ihre Schulden bedienen mußten. Zwischen 1980 und 1981 wiesen die neunzehn am gravierendsten verschuldeten Länder mit mittlerem Einkommen ein durchschnittliches Handelsbilanzdefizit von 4 Mrd Dollar auf; während der Jahre 1982/89 erreichten sie einen durchschnittlichen jährlichen Überschuß von 26 Mrd Dollar, der 3,3 Prozent des BIP entsprach. Diese Verbesserung kam weitgehend durch eine Verringerung der Importe zustande...Der Rückgang der Importe von Vorprodukten und Investitionsgütern hat jedoch leider ungünstige langfristige Auswirkungen gehabt" (Weltbank 1990, S. 16). Die Folge des Nettoressourcentransfers sind nun Einkommensverluste in den Schuldnerländern. Im Zeitraum 1982/88 ist in den 19 hochverschuldeten Ländern mit mittlerem Einkommen die Zuwachsrate der Investitionen mit durchschnittlich -0,7% negativ; der Pro-Kopf-Verbrauch erhöht sich im Jahresdurchschnitt in der Ländergruppe nur um 0,4%, in vielen Ländern ist er in der gesamten Dekade rückläufig (World Debt Tables 1989/90, S. 30). Niemand will die Einkommensverluste freiwillig tragen und daher setzt ein Umverteilungsprozeß ein, in dessen Verlauf eine Einkommensinflation in Gang gesetzt wird. Damit wird die Knappheitsbedingung des Geldes unterlaufen, seine Qualität verschlechtert sich und der intermonetäre Preis (der Wechselkurs) fällt, während der intertemporäre Preis (der Zins) ansteigt, um die interne Ersparnis (nicht-Konsum) zu stimulieren, die als Schuldendienst transferiert wird (Nicht- Investition).

In Ländern wie Japan oder der BRD erzeugt ein Exportüberschuß Einkommen und eine Zunahme der Beschäftigung. In verschuldeten Ländern allerdings werden die durch die Exportüberschüsse geschaffenen Einkommen als Schuldendienst ins Ausland transferiert, so daß sie als zusätzliche Nachfrageimpulse im verschuldeten Land ausfallen. Ein Teil der Einkommen wird als Fluchtkapital auf Konten in den Bankoasen von Lugano bis Wall Street geparkt. Die Kapitalflucht findet nicht erst statt, wenn Geldvermögensbesitzer klandestin und illegal nationales, weiches Geld in harte Währung tauschen und an sicheren Plätzen anlegen. Fluchtgelder sind ein wirtschaftspolitisches Nebenprodukt, wenn der verschuldete Staat zur Exportankurbelung und Importbeschränkung die Währung abwertet. Ist die

Währung konvertibel, entsteht der Abwertungseffekt ja auch dadurch, daß Inländer Devisen kaufen, also aus der nationalen Währung „fliehen". Das Länderrisiko erhöht sich mit den Schwierigkeiten beim Schuldendienst und die Banken reagieren mit entsprechend erhöhten Aufschlägen (spreads) auf die Kreditzinsen und möglicherweise mit einer Kreditrationierung; die hochverschuldeten Länder der Dritten Welt sind von kommerziellen Neukrediten seit Ausbruch der Schuldenkrise fast abgeschnitten. Während Lateinamerika (einschließlich Karibik) 1982 noch für 34,2 Mrd US$ Kredite kommerzieller Banken ausgezahlt bekam, reduziert sich diese Summe bis 1987 auf 8,4 Mrd US$ und 1988 auf 9,8 Mrd US$. Im Falle Brasiliens wird, nachdem die kommerziellen Banken noch 1982 12 Mrd US$ Neukredite auszahlten, die Kreditvergabe seitens des privaten Bankensystems völlig eingestellt. In Afrika südlich der Sahara werden die Auszahlungen von 4,5 Mrd US$ 1982 auf 1,9 Mrd US$ 1988 mehr als halbiert. Nur die asiatischen und pazifischen Staaten erhalten auch am Ende der 80er Jahre ungefähr die gleichen Kreditauszahlungen wie zu Beginn der Dekade (World Debt Tables 1989-90). Den privaten Banken wird das Geschäft zu unsicher und daher zu teuer. Denn sie sind gezwungen, Rücklagen zu bilden oder sich auf dem Interbankenmarkt zu refinanzieren und zum Teil Außenstände abzuschreiben.

Bis Anfang der 70er Jahre waren Kredite offizieller Institutionen und bilaterale zwischenstaatliche Kredite gegenüber privaten Bankanleihen im Kreditgeschäft mit der Dritten Welt vorherrschend; in den 70er Jahren wurden dann über das internationale private Kreditsystem die „Petro"- und „Metro"dollars rezykliert und so die Voraussetzungen für Überschuldung und Schuldenkrise geschaffen (Vgl. Schubert 1985; Altvater/Hübner/Lorenzen/Rojas 1987); in den 80er Jahren treten erneut die offiziellen Institutionen in den Vordergrund, während sich die privaten Banken angesichts des gestiegenen Risikos aus dem Kreditgeschäft mit der Dritten Welt zurückzuziehen tendieren. In den Jahren 1985 bis 1990 verringern sie ihre Außenstände um insgesamt 33,6 Milliarden US-Dollar. Den Finanzierungsbedarf der Drittweltländer für die allfälligen Umschuldungen übernehmen nun vor allem die offiziellen Kreditgeber. Obwohl die offiziellen Institutionen von 1982 bis 1990 268,6 Milliarden US-Dollar langfristige Kredite an die Dritte Welt vergeben, ist die Bilanz der Finanzflüsse zwischen dem Norden und dem Süden für die Dritte Welt negativ.

Die Art und Weise der Finanzierung des äußeren Schuldendienstes hat in den meisten hoch verschuldeten Ländern die „Bedrängnis" (Weltbank 1989, S. 85ff) des nationalen Finanzsystems zur Folge; beredtester Ausdruck sind die galoppierende Inflation, die Staatsverschuldung und die tendenzielle Sozialisierung von Schuldverpflichtungen infolge der Übernahme durch die Zentralbank oder den Staatshaushalt, um private Schuldner vor dem Bankrott zu bewahren. Während in den Industrieländern die Inflationsrate in den 80er Jahren aufgrund der restriktiven Geldpolitik gesenkt werden konnte (von einem Durchschnitt von 8,8% 1972-1981 auf weniger als die Hälfte in den 80er Jahren), hat sie sich in den Ländern mit Schwierigkeiten des Schuldendienstes von 29,6% im Durchschnitt der Jahre 1972/81 auf bis zu 288,8% im Jahre 1989 verzehnfacht. In den lateinamerikanischen Ländern lauten die entsprechenden Daten: 44,6% 1972-1981 und 531,0% 1989. Niemand bestreitet, daß die galoppierende Inflation etwas mit der Außenverschuldung zu tun hat. Um Mittel für den externen Schuldendienst aufzubringen, muß der Staat hochverschuldeter Länder entweder die Steuern erhöhen und die Ausgaben senken, um das Haushaltsdefizit gemessen am Sozialprodukt zu reduzieren (dies ist gängige Auflagenpolitik des IWF) oder er muß - wenn dies nicht gelingt – die interne Staatsverschuldung ausweiten. Dadurch wird das interne Preisniveau erhöht. Wegen der Ungleichmäßigkeit der Preissteigerungen bewirkt die Inflation, wenn sie ein bestimmtes Maß überschreitet und unkontrollierbar wird, eine Einkommensumverteilung. Um die Güter auf den Weltmärkten konkurrenzfähig zu halten, muß die nationale Währung abgewertet werden. Die äußere Abwertung, zunächst Folge der Inflation, wirkt nach innen inflationssteigernd zurück. Da der Bestand der Staatsverschuldung angestiegen ist, wachsen in der Zukunft die Finanzierungsanforderungen des öffentlichen Sektors zur Bedienung der inneren Staatsschulden noch weiter an. Nicht nur infolge der Indexierung bestimmter Preise – einschließlich der Zinsen – an der Inflationsrate wird ein *Circulus viciosus* galoppierender Inflation in Gang gesetzt; vielmehr wirkt ein komplexer ökonomischer Mechanismus, der so lange nicht gestoppt werden kann, wie die Finanzierungsanforderungen des äußeren Schuldendienstes bestehen bleiben und nur durch innere Staatsverschuldung, „mit der Notenpresse" (per Ausübung des staatlichen „Seignorage-Prinzips") befriedigt werden können.

Die Folgen des Wechselspiels von interner Inflation und externem Schuldendienst sind ökonomisch und sozial verheerend. Übersteigt die Inflation ein bestimmtes Maß, dann richten sich die ökonomischen Aktivitäten auf die Verteidigung und nicht mehr auf die Produktion von Werten. Die Spekulation blüht, produktive Tätigkeiten gehen zurück. Das entwertete nationale Geld wird auch in der internen Zirkulation tendenziell durch harte Währung, in Lateinamerika vorwiegend den US-Dollar, substituiert: die verschuldete Ökonomie wird „dollarisiert". Die Wirtschaftspolitik verliert mit der Kontrolle über das nationale Geld die Souveränität. Um diese zurückzugewinnen, muß die Inflation gestoppt werden. Die verschuldeten Länder mit galoppierender Inflation haben im Verlauf der 80er Jahre die nationale Ökonomie jeweils „heterodoxen Schocks" ausgesetzt, um der Inflation beizukommen. Freilich ist dies nur dort einigermaßen gelungen, wo als Preis der Inflationsbekämpfung die Exklusion ganzer Bereiche aus der formellen Ökonomie und Gesellschaft und deren Informalisierung in Kauf genommen worden sind. Dies bedeutet Arbeitslosigkeit, Abdrängung ganzer Gesellschaftsgruppen in die Subsistenzökonomie, Verarmung und Verelendung wie in Bolivien, Argentinien, Brasilien oder den meisten afrikanischen Ländern.

Ein „verlorenes Jahrzehnt" ließe sich nachholen oder aufholen, wenn nicht inzwischen irreversible und irreparable ökonomische, soziale und ökologische Schäden entstanden wären, über deren Ausmaß auch die deprimierende Armutsstatistik der Weltbank (Weltbank 1990) nur unvollständig informiert. Nicht nur, daß die Länder der Dritten Welt und gerade die Schwellenländer (die nicht zum „Club der vier Tiger Südostasiens" gehören) gegenüber den Industrieländern zurückgefallen sind und die mit Außenkrediten beabsichtigte Industrialisierung und Modernisierung im Zustand der „verschuldeten De-Industrialisierung" begraben werden mußte und daher das 1975 von der UNIDO deklarierte Ziel, daß die Entwicklungsländer am Ende des Jahrhunderts 25% der Weltindustrieproduktion herstellen sollten, unerreichbar geworden ist; nicht nur daß das „verlorene Jahrzehnt" auch eine verlorene Generation hervorgebracht hat – mit der Zerstörung des Geldsystems sind die Gesellschaften politisch unregierbar und darüber hinaus: sie sind auch durch den formellen Markt ökonomisch unregulierbar geworden. An die Stelle von formellen Markttransaktionen, durch die Einkommen zugewiesen, die Produktionsfaktoren alloziiert und Güter gekauft und verkauft werden, treten die manchmal verzweifelten Überlebensstrategien von Subsistenzökonomien, die auf den Schultern vor allem der Frauen lasten; an die Stelle des durch Geld vermittelten Tausches tritt auch international der begrenzte Naturaltausch (Kompensationsgeschäfte wie in den 30er Jahren); soziale Sicherheiten gehen mit den finanziellen Instabilitäten weitgehend verloren, so daß sie außerhalb des formellen Systems, z.B. in der illegalen, kriminellen Ökonomie (Drogenwirtschaft) gesucht werden, wo noch Einkommen erzielt werden können, die „das Überleben sichern". Die Inflation, die Herausbildung von Parallelmärkten der nationalen Währung nährt die finanzielle Spekulation, an der sich aber alle beteiligen müssen, um ihre noch so geringen Geldvermögen vor der Entwertung zu schützen. Gesellschaftliche Zersetzung, nicht nur individuelle Not, beschreiben den Zustand in vielen der von der Schuldenkrise gebeutelten Gesellschaften in Lateinamerika, Asien oder Afrika. Das „verlorene Jahrzehnt“ der 80er Jahre wird in den 90er Jahren fortgesetzt: Die verringerten Investitionen der 80er Jahre haben die Wachstums- und Entwicklungschancen der 90er Jahre reduziert. Die ausgebliebenen Qualifikationen der Menschen infolge des Zusammenbruchs der Bildungs- und Gesundheitssysteme schmälern die sowieso dünne Schicht der technischen Intelligenz, verringern die ökonomische und soziale Kompetenz und engen die Möglichkeiten der und die Bereitschaft zur politischen Partizipation ein. Nachdem die Weltbank noch wenige Jahre nach Ausbruch der Schuldenkrise, von der Schuldenzyklushypothese ausgehend, Optimismus zu verbreiten wußte, zieht sie im Weltentwicklungsbericht 1990 das deprimierende Resumee: „Das Zusammenwirken ungünstiger externer Entwicklungen und inadäquater nationaler Politiken hat einige Länder auf einen ununterbrochenen Abwärtspfad geführt...“ (Weltbank 1990, S. 19). Um den Pfad verlassen zu können, muß eine Lösung der Schuldenkrise gefunden werden. Wenn der Bankrott wie in der Vergangenheit heute nicht in Frage kommt, dann müssen andere Regelungen gefunden werden.

11. „Ununterbrochener Abwärtspfad“ oder Streichung der Schulden

Die Normalität einer Geldwirtschaft: Die Zinsen auf die Außenschulden und die Preise für die zu vermarktenden Produkte (in Sonderheit mineralische und agrarische Rohstoffe) sind extern vorgegeben. Daran müssen im Rahmen der „outward looking strategies“ die je nationalen ökonomischen, sozialen und ökologischen Verhältnisse so angepaßt werden, daß die Zinsen aus den Exporterlösen bedient werden können. Gelingt dies nicht, ist die finanzielle Verschlechterung der Situation des verschuldeten Landes die unbedingte Folge (Währungsabwertung nach außen und Inflation nach innen). Die „finanzielle Bedrängnis“ (Weltbank 1989) kann nur überwunden werden, wenn die interne Ressourcennutzung intensiviert wird. Alle Produktionsfaktoren müssen intensiver zur Herstellung von „tradable goods“, d.h. für die Steigerung der Exporte auch auf Kosten der Inlandsversorgung, beschäftigt werden. Erste Priorität hat die Effizienz des Systems im Sinne der Schuldendienstfähigkeit; daher wird die Anwendung von „outward looking strategies“ auch in Ländern gefordert, wo deren Realisierung nur auf Kosten der Versorgung der eigenen Bevölkerung gelingen könnte.

Wenn Schuldnerländer mit dem Schuldendienst überlastet sind und dessen Reduktion oder Einstellung droht, dann sind auch die Forderungen der

Gläubiger, vor allem der kommerziellen Banken, tendenziell von Entwertung bedroht. Wenn der Schuldenzyklus stockt, können die Schwierigkeiten der Schuldner sehr schnell und plötzlich „Schieflagen“ (Weltbank 1989) der Kreditoren hervorrufen. Also wird die Schuldenkrise ein Problem der Gläubigerbanken. Diese haben bislang vor allem den Versuch gemacht, ihre Portefeuilles von prekären Forderungen auch unter Inkaufnahme von Abschlägen zu befreien und die ausstehenden Kredite zu sichern („securitisation“), um bei einer nicht auszuschließenden Verschärfung der Schuldenkrise das Gefahrenpotential für ihre Solvenz oder Liquidität zu minimieren. Zu diesem Zweck werden Forderungen an Länder der Dritten Welt ausgetauscht und verkauft, so daß sich inzwischen ein „Sekundärmarkt“ für Drittwelt-Schulden herausgebildet hat, auf dem die Schulden mit hohen Abschlägen gehandelt werden. Im März 1989 wurden die Schulden von 17 hochverschuldeten Länder im Durchschnitt zu gerade 29% des Nennwerts notiert (World Debt Tables 1989-90, Vol. I, S. 18).

Die verschiedenen Formen der Konversion von Schulden – Schuldentausch (debt-debt-swaps), Kauf von Anlagekapital gegen Hergabe von Forderungen mit einem Abschlag (debt-equity-swaps), Hergabe von Forderungen gegen Umwandlung von ökologisch wertvollen Regionen in Reservate (debt-for-nature-swaps), Hergabe von Forderungen an Schuldnerländer zu reduziertem Kurs gegen harte Währung (buy backs), Umwandlung der Schulden in besser konditionierte und gesicherte Anleihen (exit bonds) etc. – dürfen im Hinblick auf ihre Kapazität zur Lösung der Schuldenkrise keinesfalls überbewertet werden. *Erstens* dienen sie in der Regel vor allem der Absicherung von Gläubigerbanken, nicht aber der Lösung des Entwicklungsproblems auf Schuldnerseite. *Zweitens* sind Swap-Geschäfte ihrem Charakter nach begrenzt. Die verschiedenen Arten von Schulden-Konversionen beliefen sich von 1984 (773 Mio US$) bis 1988 (22,358 Mrd US$) auf insgesamt rund 35 Mrd US$, freilich mit steigender Tendenz zumindest in einigen Ländern; 90% aller „debt-conversions“ entfallen auf die vier lateinamerikanischen Länder Mexiko, Argentinien, Chile und Brasilien (World Debt Tables 1989-90 Vol I, S. 15). Der größte Teil der Konversionen erfolgte in der Form von debt-equity-swaps. Die Forderungen von Gläubigern gegenüber Schuldnerländern werden dabei in Beteiligungskapital an Unternehmen umgewandelt. Eine Gläubigerbank verkauft die Forderungen zum Kurs des Sekundärmarktes an ein (transnationales) Unternehmen, das im Schuldnerland zu investieren beabsichtigt. Dieses präsentiert die Forderung der jeweiligen Zentralbank, die sie mit nationalem Geld mit gewissem Abschlag zurückkaufen kann. Das Unternehmen verwendet den Geldbetrag für den Kauf einer Beteiligung oder zur Finanzierung einer realen Investition. Die Begrenztheit dieser Geschäfte in vielen Schuldnerländern ergibt sich schon allein daraus, daß in den Schuldnerländern gar nicht so viele „gute“, d.h. rentable Beteiligungen zu erwerben oder Investitionen zu tätigen sind, wie es eine Umwandlung des größten Teils der Schulden in Risikokapital verlangen würde.

Zu bedenken ist obendrein, daß Swap-Geschäfte dieser Art für Schuldnerländer keineswegs nur die positive Wirkung der Reduzierung von Auslandschulden haben. Denn erstens muß zum Nominalbetrag des Kredits durch die Zentralbank inländische Währung bereitgestellt werden, wodurch – sofern keine flankierenden Maßnahmen mit regressiven sozialen Verteilungswirkungen getroffen werden – die Inflation angekurbelt werden kann. Zweitens ist es unter entwicklungspolitischen Aspekten keineswegs zu begrüßen, wenn gerade die rentablen Sektoren in Schuldnerländern von ausländischen transnationalen Unternehmen beherrscht werden. Drittens kann es sein, daß zu einem späteren Zeitpunkt repatriierte Gewinne die Größenordnung des gegenwärtigen Kapitaltransfers zur Bedienung der Auslandsschulden erreichen, so daß netto der Kapitalabfluß aus Entwicklungsländern nicht reduziert wird. Auf dem Wege der debt-equitiy-swaps wird nur der tradierte Ausbeutungsmechanismus durch transnationale Unternehmen wiederhergestellt; der Produktionsapparat gerät auf diese Weise unter Kontrolle der großen international operierenden Konzerne. Schließlich können durch Konversionen dieser Art die verbleibenden Schulden „besser“ werden, da bei verringerten Gesamtschulden die Fähigkeit eines Landes zum Schuldendienst wächst und daher der Kurs der Schulden auf den Sekundärmärkten steigt. Davon aber profitieren vorwiegend die Gläubigerbanken, denn nun steigt mit den Kursen der Schulden eines Landes auf dem Sekundärmarkt der Wert von Bankaktiva.

Für ein Schuldnerland lohnen sich Swap-Geschäfte dieser Art nur dann, wenn der Abschlag auf den Nominalwert der Auslandskredite beträchtlich ist. Denn immerhin müssen auf die konvertierten Schulden (bzw. auf die „exit bonds“) höhere Zinsen gezahlt werden als auf die alten Schulden. Die nicht nur finanztechnische Notwendigkeit des Disagios kollidiert aber mit den Interessen der Banken gegen einen zu hohen Abschlag; sie versuchen jedenfalls, ihn geringer zu halten als ihn der Kurs auf den Sekundärmärkten für Kredite an Schuldnerländer indiziert. Dies hat sich gerade beim enttäuschenden „Mexico-Deal“ im Frühjahr 1988 gezeigt. Die Banken haben in geringerem Umfang der Konversion ihrer Forderungen zugestimmt als dies von den Initiatoren des Plans für Mexiko vorgesehen war.

Wenn es eine marktmäßige Überwindung der Schuldenkrise durch „growth cum debt“ – so wie es die Schuldenzyklus-Hypothese verspricht – nicht für alle verschuldeten Länder geben kann, und wenn sich somit herausstellt, daß auch am Ende des 20. Jahrhunderts Schuldenkrisen – wie zuvor in der Geschichte – nur politisch gelöst werden können, dann stellt sich die Frage nach den politisch gangbaren Wegen. Für von der öffentlichen Hand in den Industrieländern vergebene Kredite an Entwicklungsländer gelten andere Bedingungen als im Fall der kommerziellen Bankkredite. Hier sind Abschreibungen von vergebenen Krediten, also der deklarierte Forderungsverzicht, eher und mit geringeren Konsequenzen durchführbar. Die Belastung der Staatshaushalte wäre auf der Seite der Industrieländer nur ein Bruchteil der Belastung, die heute Schuldnerländer mit dem Schuldendienst zu tragen haben. Da obendrein eine Entschuldung die weltwirtschaftliche Dynamik stimulieren könnte, wären die Nettoeffekte für die Staatshaushalte der Industrieländer mittelfristig eher positiv. Doch kann nicht erwartet werden, daß sich die Industriestaaten die Waffe der Schuldenstreichung einfach aus der Hand nehmen lassen. Sie wird selektiv eingesetzt, einmal um symbolisch auf die wachsenden Legitimationsprobleme reagieren zu können, die sich aus den desaströsen sozialen und ökonomischen Wirkungen der Schuldenkrise inzwischen ergeben haben, zum anderen sicherlich auch, um damit politisches Wohlverhalten zu erkaufen. Die Streichung der Schulden seitens der Gläubiger-Regierungen von Industriestaaten beläuft sich (nach World Debt Tables 1989-90, Vol. I, S. 44) im gesamten Zeitraum von 1980 bis 1988 auf insgesamt 2,293 Mrd US$, auf einen wahrhaft generösen Betrag angesichts der 1319 Mrd US$ Gesamtschulden der Entwicklungsländer (1990, geschätzt). Von dieser Summe entfallen 1,625 Mrd US$ auf Schulden von Ländern südlich der Sahara, die sowieso nicht bedient worden wären. Den afrikanischen Ländern mit niedrigem Einkommen südlich der Sahara sind nur etwa 3% der gesamten ausstehenden Schulden durch die Geberländer erlassen worden; der Schuldendienst friß daher noch immer den größten Teil der an sie geleisteten Entwicklungshilfe auf (Weltbank 1990, S. 153).

Dem Schuldenmanagement durch Industrieländer, Gläubigerbanken und internationale Institutionen vom IWF bis zum Pariser Club sind weder der Ausbruch noch die Dynamik der Schuldenkrise anzulasten. Sie haben aber bisher versagt, angemessene Lösungen auszuarbeiten, die dem Charakter der Schuldenkrise als *Krise des globalen Akkumulationsmodells* Rechnung tragen. Und nicht nur dies: Solange die Verschuldung der Dritten Welt als ein im Grunde bankinternes, also finanztechnisches, marktmäßiges Problem behandelt wird, verhindert das gegenwärtige Schuldenmanagement gerade, daß mit der Krise des Entwicklungsmodells auch die tiefe Krise der Akteure dieses Modells, und dazu gehören die internationalen Institutionen IWF und Weltbank (aber nicht nur sie), ins Blickfeld gerät und entsprechend bearbeitet werden kann. Bislang ist nur der einfachste Weg beschritten worden, nämlich die Anpassungslasten der Entwicklungskrise einseitig den Schuldnerländern aufzubürden, ohne auch nur marginale Änderungen des globalen Entwicklungsmodells und seiner tragenden institutionellen Ordnung ins Auge zu fassen. Alle Ansätze, die in diese Richtung weisen, wie die Reports der Nord-Süd-Kommission oder die Vorstellungen der Gruppe der 77, sind bisher brüsk zurückgewiesen worden. Eine Überwindung der Schuldenkrise wird aber nur gelingen, wenn nicht nur das Problem der monetären Überforderung der verschuldeten Länder der Dritten Welt gelöst, sondern auch eine neue Entwicklungsstrategie mit entsprechenden institutionellen Vorkehrungen ausgearbeitet und praktisch realisiert wird.

Angesichts der Ausweglosigkeit der Schuldenkrise ist es nicht verwunderlich, daß der Blick zurückschweift auf die Art und Weise der gelungenen Entschuldung souveräner Schuldner in der Vergangenheit. Der geraffte Überblick über historische Schuldenkrisen hat ergeben, daß Schuldenkrisen, wenn sie denn lange genug anhalten, ökonomische Lösungen immer unwahrscheinlicher machen – denn sowieso schon zu hohe Schulden steigen im Verlauf von Schuldenkrisen noch an – und daß sie, wenn souveräne Schuldner und Gläubiger involviert sind, gewaltlos selten überwunden worden sind. Doch in der jüngeren Vergangenheit kann auf zwei Beispiele einvernehmlicher Umschuldung verwiesen werden: auf die endgültige Regelung der Reparationsschulden Deutschlands in den 50er Jahren, nachdem sie in den 20er Jahren – wie gezeigt worden ist – ihre destruktive Potenz voll haben entfalten können, und auf die Entschuldung Indonesiens Ende der 60er Jahre (Kampffmeyer 1987).

Die Erfolge des Londoner Schuldenabkommens von 1953 (Regelung der Schulden der BRD als Rechtsnachfolgerin des Deutschen Reiches) und der Indonesienregelung Ende der 60er Jahre (längerfristige Umschuldung zur Wiederherstellung der Zahlungsfähigkeit) können allerdings nur sehr begrenzt als Vorbild für Lösungsstrategien in der gegenwärtigen Schuldenkrise herangezogen werden. Beide Fälle weisen höchst unterschiedliche Facetten auf, und doch haben sie im Vergleich zur gegenwärtigen Schuldenkrise einige gemeinsame Charakteristika: *Erstens* befand sich die Weltwirtschaft bis in die frühen 70er Jahre in einer Phase stürmischen Wachstums, während sie heute eher eine Stagnationsperiode durchmacht. Der expandierende Welthandel ist wesentlich für die Wiedergewinnung der Transferfähigkeit eines Landes; denn wie soll es den Schuldendienst leisten können, ohne die benötigten

Devisen durch Exportüberschüsse zu verdienen, selbst wenn der Schuldendienst an die Höhe der Exporteinnahmen gebunden wird? Andere Länder (Gläubigerländer) müßten daher auch bereit sein, defizitäre Handelsbilanzen gegenüber dem Schuldnerland hinzunehmen. Dies ist aber leichter bei expandierendem Welthandel als in einer Stagnationsphase, in der Importsteigerungen und eine Beschränkung der Exporte Beschäftigungsprobleme in den Gläubigerländern verursachen. *Zweitens* handelte es sich in beiden Fällen um die Regelung der Schulden jeweils eines Landes und nicht um die Lösung einer globalen Schuldenkrise. Es ist zweifellos einfacher, Lösungen für jeweils ein Land zu finden als für ganze Kontinente, zumal wenn die quantitative Dimension berücksichtigt wird; die zu regelnden Schulden waren im deutschen wie im indonesischen Fall verglichen mit dem Schuldengebirge der Dritten Welt heute gerade maulwurfhügelgroß. *Drittens* sind in der gegenwärtigen Schuldenkrise viel mehr als im Falle Deutschlands und Indonesiens private Gläubigerbanken involviert, die weit mehr auf Solvenz und Liquidität Rücksicht nehmen müssen als nationale Regierungen. *Viertens* geht es heute nicht nur um die Lösung des Schuldenproblems isolierter Länder in einer weitgehend funktionsfähigen Weltwährungs- und -kreditordnung wie bis zu Beginn der 70er Jahre. Heute fehlt dem Währungs- und Kreditsystem die Regulation innerhalb eines Hegemonialsystems und obendrein ist die Hegemonialmacht, die das Weltgeld bereitstellt, selbst intern und extern in hohem Maße verschuldet; in den 50er und 60er Jahren hingegen konnten die USA als Gläubigernation mit hoher Kompetenz der Regulation der internationalen Finanzbeziehungen fungieren. Es ist also wieder – in sicherlich anderer Weise als in den 30er Jahren – ein hegemoniales Vakuum entstanden, das eine konsensuale Lösung der Schuldenkrise erschwert. *Schließlich* spielten im deutschen und indonesischen Fall, in den Jahren des „kalten Kriegs", geopolitische und bündnispolitische Überlegungen eine viel wichtigere Rolle als dies bei den höchst heterogenen Schuldnerländern der Dritten Welt heute nach dem „Sieg" des Westens im kalten Krieg der Fall ist.

Trotz dieser Unterschiede zwischen den Umschuldungsvereinbarungen damals und der Schuldenkrise heute lassen sich einige wichtige Lehren ziehen: *Erstens* zeigt sich die Notwendigkeit der politischen Regulation, in die der Markt eingebettet bleiben muß; wird er daraus durch Maßnahmen der De-Regulierung emanzipiert, können sich die finanziellen Instabilitäten voll ausspielen und Schuldner in den Bankrott treiben. Bevor dieser eintritt, wirken die durch den Markt ausgeworfenen finanziellen Fesseln allerdings ähnlich strangulierend wie die militärischen Expeditionen zur Gewährleistung des Schuldendienstes in den vergangenen Jahrhunderten. *Zweitens* wurde in den konkreten Umschuldungsvereinbarungen jeweils der Transferfähigkeit (insbesondere im Falle der BRD) bzw. der Aufbringungsfähigkeit (im Falle Indonesiens) Rechnung getragen: Der Schuldendienst wurde an die Transfer- bzw. Aufbringungsfähigkeit gebunden. Schutzklauseln dieser Art erschweren zwar die Vermarktung von Anleihen, wie am Beispiel der Young-Anleihe gezeigt werden konnte, stellen aber für den Schuldner (für das Schuldnerland) eine Sicherung gegen Überlastung dar. *Drittens* zeigen beide Abkommen die Notwendigkeit der Abschreibung von Krediten durch die Gläubiger. Im Falle der Bundesrepublik Deutschland beliefen sich die Abschreibungen auf über 50 Prozent. Gemessen an den Sätzen für Lateinamerika-Schulden auf den Sekundärmärkten müßte die Abschreibung heute wesentlich höher sein, und die Tendenz ist steigend. Je später also eine Lösung gefunden wird, desto größer sind die (nominellen) Verluste. Daraus ergibt sich eine *fünfte* Lehre aus den beiden erwähnten Regelungen: Abkommen dieser Art müssen zur rechten Zeit getroffen werden und nicht erst dann, wenn es zu spät ist. Die zu realisierenden Verluste werden mit der Dauer der Schuldenkrise jedenfalls nicht geringer.

Die bisherigen Strategien zur Lösung der Schuldenkrise müssen sich daran bewerten lassen, daß trotz des Netto-Kapitaltransfers aus den verschuldeten Ländern in die Industrieländer der Schuldenberg seit „Ausbruch" der Schuldenkrise im Jahre 1982 von 839 Mrd US-Dollar auf etwa 1319 Mrd US-Dollar trotz des hohen Nettotransfers von Ressourcen gesteigert worden ist. Das „muddling through" zur Überwindung der Schuldenkrise war mithin nicht nur erfolglos; dadurch ist das Problem in die Zukunft verlagert und dabei noch zugespitzt worden. Die bislang praktizierte Politik der Verschiebung des Problems ließe sich, wenn überhaupt, nur mit der allerdings heroischen Annahme vom Schuldenzyklus rechtfertigen, daß in den 90er Jahren die Weltwirtschaft in eine neue expansive Phase eintritt und im Zuge gesteigerter Dynamik von Welthandel und Weltproduktion bei steigenden Rohstoffpreisen und sinkenden Zinsen die Schuldner aus der Schuldenkrise herauswachsen können. Freilich spricht wenig für die Realistik dieser Annahme; denn es ist gerade die Schuldenkrise, die den Weltmarktaufschwung verhindert, von dem ihre Überwindung aber erwartet wird. Sie erzeugt also die Blockaden, deren Entfernung die Voraussetzung dafür wäre, daß die bisher praktizierten Lösungsmodelle der Schuldenkrise Erfolg haben könnten.

Die Schuldenkrise ist ein Ausdruck der zugespitzten Instabilität und Krisenhaftigkeit des globalen Finanzsystems. Hier muß folglich auch die Regulation ansetzen. Für Schulden, die zum „Ungeld" geworden sind, gibt es offensichtlich nur noch die Abschreibung, die Schuldenstreichung. Dies geschah in den Schuldenkrisen der Vergangenheit, wenn nicht der Schuldendienst mit militärischer Gewalt wie in Ägypten und in den karibischen Republiken durch die imperialistischen Gläubiger erpreßt worden ist oder souveräne Schuldner mächtig genug waren, ihre Gläubiger zu vernichten wie in der Vorgeschichte des kapitalistischen Weltsystems im Fall der Templer (oder wie während der Niederschrift dieses Essays im Fall Kuwaits). Die gegenwärtige Schuldenkrise unterscheidet sich aber jenseits aller parallelen Züge doch grundlegend von den bisher skizzierten historischen Schuldenkrisen: Zum ersten Mal in der Geschichte handelt es sich nicht mehr um eher isolierte Beziehungen zwischen souveränen Schuldnern und Gläubigern; es sind die globalen Finanzbeziehungen insgesamt betroffen. Die Globalisierung des Kreditsystems und der finanziellen Instabilitäten, das Thema des vorigen Kapitels, gibt der Schuldenkrise globale Reichweite und entsprechendes Gefährdungspotential, auch wenn zunächst und vor allem die Länder der Dritten Welt betroffen sind. Die Schuldenkrise der Dritten Welt ist nur ein Aspekt der finanziellen Instabilitäten, möglicherweise wichtiger ist die hohe und noch steigende Verschuldung der Hegemonialmacht USA. Die Verschuldung, die in „normalen" Schuldenzyklen nicht abgebaut werden kann, ist nur Ausdruck von Krisentendenzen in der „realen" Ökonomie, von Schwierigkeiten, die Zinsen in der Produktion zu erwirtschaften, von der mangelnden politischen Kapazität, die Zinsen zu senken bzw. die Renditen auf deren Niveau anzuheben. Auch wenn in einigen Ländern – dank der Ungleichzeitigkeit und Ungleichmäßigkeit der Entwicklung – Probleme dieser Art nicht existieren, signalisiert die global wachsende krisenhafte Verschuldung, daß der Schuldenüberhang abgebaut werden muß.

Schulden der Schuldner sind auf der anderen Seite der Bilanz Forderungen der Gläubiger, deren Geld. Die Überschuldung ist daher nur eine Form von Inflation, weder Einkommens- noch Gewinninflation, sondern Schuldeninflation, die an die Substanz geht und nicht nur die „flows" (Masseneinkommen oder Gewinne) aufbläht. Die Substanz, und dies zeigen die verschuldeten Gesellschaften heute, ist sehr schnell verbraucht, die Krise des Entwicklungsmodells ist offensichtlich. Anders als vor 50 Jahren ist den verschuldeten Ländern die Option der autozentrierten Entwicklung in autarken Räumen verschlossen. Denn erstens sind viele Gesellschaften inzwischen so weit industrialisiert, daß sie sowohl für die outputs (Industriegüter) als auch für die Sicherstellung der notwendigen inputs (Investitionsgüter; moderne Technologien) den Weltmarkt brauchen. Zweitens würde aber Abkoppelung die Streichung der Schulden zur Vorbedingung haben. Denn so lange Devisen für den Schuldendienst verdient werden müssen, ist jede Abkapselung vom

Weltmarkt illusorisch. Die Strategie der importsubstituierenden Industrialisierung der 30er Jahre läßt sich in den 90er Jahren nicht imitieren. Folglich gibt es nur die Alternative zwischen dem heute noch schleichenden, aber sich möglicherweise auch abrupt äußernden Bankrott hochverschuldeter Länder, und einer globalen Lösung, deren Voraussetzung die Streichung der Schulden ist.

Die Wirkungen der Schuldenkrise reichen weit über die globalen Finanzmärkte hinaus. Die Menschen und Gesellschaften der Schuldnerländer sind von den Gratifikationen der modernen Gesellschaften abgeschnitten, statt Fortschritt findet Rückschritt auf dem „ununterbrochenen Abwärtspfad" (Weltbank 1990, S. 19) statt, während die Entwicklung in den reichen Gläubigerländern vorwärts geht. „One world, two life styles" (Corea 1990, S. 85) ist eine spannungsgeladene Gleichung, die nach Auflösung drängt.

3. Teil

Die Natur des Marktes

5. Kapitel
Zur ökologischen Kritik der politischen Ökonomie

1. Die ökologische Wirkung von Schulden

Die Schuldenkrise der Dritten Welt, von der in den vorangegangenen Kapiteln ausführlich die Rede war, ist entstanden, weil die Bedienung der externen Schulden nicht mehr aus den Zuwächsen der Deviseneinnahmen finanziert werden konnte (die Relation Schuldendienst und Exporteinnahmen steigt) und daher Ressourcen aus der Substanz der Schuldnerländer an die Gläubiger transferiert werden mußten. Martinez-Alier berührt in seinem Buch „Ecological Economics" dieses Problem, wo er den Chemiker Frederick Soddy zitiert: „Er zeigte, daß die Zinszahlungen entweder aus dem Wachstum der Wirtschaft oder aus der Verarmung der Schuldner erwachsen mußten; er zeigte weiterhin, daß es eine reine Theorie des Wachstums nicht gab, da Wachstum letztlich von physischen Faktoren, also von der Verfügbarkeit von Energie abhängig war..." (Martinez-Alier 1987, S. 13).

Die Verarmung der Schuldnergesellschaften der Dritten Welt ist ein nicht zu leugnendes Faktum. Dennoch ist nach fast einem Jahrzehnt die Schuldenkrise zur Normalität geworden und daher wird die Benutzung des Begriffs der „Krise" auf Widerspruch stoßen. Doch bedeutet die Einbeziehung der Schuldenkrise und der Mechanismen ihrer Regulation in die gesellschaftliche Normalität des Alltagslebens der Menschen eine ökonomische und soziale Degradation dessen, was als „normal" zu bestimmten Zeiten, in bestimmten Regionen gelten kann. So lange es sich bei dieser Degradation um die Einschränkung bzw. den Verlust wirtschaftspolitischer Souveränität der Staaten verschuldeter Länder handelt, oder um eine „Dollarisierung" der nationalen Geldzirkulation oder um monetäre Einkommensverluste durch wilde Inflation und/oder hohe Arbeitslosigkeit, ist dies ein schmerzhafter Vorgang, ein „verlorenes Jahrzehnt" für die Menschen ganzer Kontinente. Schlimmer als das verlorene Jahrzehnt aber sind die verlorenen Chancen der kommenden Generationen, weil die degradierte Normalität auch eine degradierte natürliche Grundlage von Produktion und Reproduktion einschließt, ja einschließen muß: denn monetäres Wachstum, so die These von Soddy, ist ohne die gegenwärtige Nutzung erschöpflicher Ressourcen auf Kosten der zukünftigen Nutzung durch kommende Generationen gar nicht möglich. Schulden können von Generation zu Generation vererbt werden, man kann die Zahlung seitens der Schuldner einstellen oder sie generös seitens der Gläubiger streichen. Doch von den heute verbrauchten nicht erneuerbaren Ressourcen bleiben den zukünftigen Generationen nur Abfall, Abwasser, Abluft; der Mensch ist ein Müll produzierendes Wesen.

Es ist in der Einleitung und in den ersten beiden Kapiteln darauf hingewiesen worden, daß ökonomische Prozesse immer zugleich (a) die (informationelle) Aussendung und der Empfang von (Preis)signalen sind, die zur Grundlage der rationalen Entscheidungen von ökonomischen Akteuren werden, und daß sie (b) die Allokation der Faktoren über den Markt und damit Zuweisungen von Einkommen besorgen, also Ansprüche der Individuen auf Teile des Sozialprodukts für Konsumzwecke begründen und den Akkumulationspfad festlegen. Rationale Entscheidungen von individuellen und unabhängigen Wirtschaftssubjekten und deren optimale Abstimmung durch Marktmechanismen (Preissignale und Zahlungen) sind die beiden traditionellen Dimensionen, mit denen sich die ökonomische Theorie beschäftigt. Doch gibt es eine in der Regel vernachlässigte dritte Dimension und das sind (c) die Transformationen von Stoffen und Energien bei der Produktion, Konsumtion und Distribution. Über die ersten beiden Dimensionen von ökonomischen Prozessen und die in ihnen enthaltenen Krisentendenzen ist bislang diskutiert worden; nun geht es darum, der dritten Dimension von Ökonomie, ihrer materialen und energetischen Seite, Aufmerksamkeit zu widmen. Dabei stellt sich heraus, daß nicht erst Schulden ökologische Fragen der Übernutzung von Ressourcen aufwerfen, weil in Schuldenkrisen die Degradation der natürlichen Umwelt noch forciert werden kann, sondern jede Stoff- und Energietransformation. Ja, selbst im Prozeß des rationalen Entscheidens und bei der Transmission von Preissignalen finden Transformationen von Stoffen und Energien statt: Jede Information bedarf des materiellen Trägers und des Energieaufwands und seien diese noch so verschwindend gering. Die ökonomisch verlangten rationalen Entscheidungen können lebendige Menschen nur treffen und vollziehen, indem sie für ihren Stoffwechsel sorgen und – möglicherweise – miteinander in Kommunikation treten (z.B. in einer transportaufwendigen Aufsichtsratssitzung). Also wären auch die ersten beiden Dimensionen ökonomischer Prozesse nicht ohne Berücksichtigung der stofflichen und energetischen Transformationen zu diskutieren.

Die Bedeutung der ökologischen Frage innerhalb des ökonomischen Diskurses ergibt sich heute allein schon aus dem Zustand, in den die Natur des Planeten Erde durch Produktion und Konsumtion, also durch ökonomisches Handeln, versetzt worden ist: Böden sind übernutzt und die Verwüstung von

Ackerland schreitet fort; seit der Mitte dieses Jahrhunderts hat die Erde etwa ein Fünftel der Ackerböden verloren, pro Sekunde werden etwa 1000 Tonnen Erdreich abgeschwemmt oder abgetragen. Die Entwaldung immer größerer Areale in den Tropen hat existenzbedrohende Ausmaße angenommen, Jahr für Jahr gehen zwischen 100.000 und 200.000 qkm Tropenwald verloren (Vgl. die Diskussion verschiedener Schätzungen in Enquete-Kommission 1990a, S. 109ff.; Repetto 1990), und in den gemäßigten Breiten setzt der saure Regen den im Vergleich zu Tropenwäldern robusteren Gehölzen zu. Die Verseuchung der Oberflächengewässer und der Ozeane nimmt zu. Die stratosphärische Ozon-Schicht ist (seitdem in den 70er Jahren gemessen wird) weltweit um mindestens 2% kleiner geworden, über der Antarktik ist der Rückgang noch größer. Der CO_2-Eintrag in die Atmosphäre ist heute um 13% höher als vor der Industrialisierung (die Konzentration beträgt heute 354 ppm gegenüber etwa 280 ppm vor 100 Jahren), so daß die Erdmittel-Temperatur seit der regelmäßigen Messung der Temperatur in den 80er Jahren des vorigen Jahrhunderts um etwa 1 Grad C angestiegen ist; bis 2030 ist ein weiterer Anstieg um 1,5 bis 4,5 Grad C wahrscheinlich. Die Konsequenzen könnten gravierend sein: Überschwemmung von Küstenländern, Verschiebung von Klima- und Vegetationszonen, die Zunahme von Sturmwetter infolge größerer Temperaturdifferenzen, ökologisch bedingte Migrationsprozesse. Während sich der Zustand von Atmosphäre, Lithosphäre und Hydrosphäre dramatisch verschlechtert, wird die Weltbevölkerung noch von den gegenwärtig etwa 5,3 Mrd Menschen bis zum Jahr 2000 um 960 Mio auf 6,25 Mrd Menschen anwachsen. (Mehr Daten über den ökologischen Zustand der Erde finden sich beispielsweise in: von Weizsäcker 1989; State of the World 1990; Enquete-Kommission 1988, 1990a und 1990b.) Wilde Urbanisierung, mit der die genannten Effekte unkontrollierbar verstärkt werden, dürfte vor allem in den armen Ländern der Erde eine Folge sein. Es ist nicht auszuschließen, daß die ökologischen Zerstörungen, die wir sehenden Auges anrichten und die wir wie gelähmt zur Kenntnis nehmen, die politische Lage der Welt bis zu militärischen Auseinandersetzungen zuspitzen. Nach dem Ost-West- Konflikt droht ein Nord-Süd-Konflikt, bei dem ökologische Probleme eine entscheidende Rolle spielen dürften.

Die in Vergangenheit und Gegenwart degradierte oder zerstörte Natur verhindert ökonomische Entwicklung in der Zukunft. Die durch den Markt geforderte Effizienz ist zustandegekommen, weil aus dem Reservoir der natürlichen Ressourcen so geschöpft worden ist, als ob sie grenzenlos zur Verfügung stünden und die Menschen nicht mit der inneren wie der äußeren Natur haushalten müßten. Zwischen dem ökonomischen System und der Natur kann sich ein positiver, also sich wechselseitig steigernder Rückkopplungsmechanismus ausbilden: Die ökonomischen Zinssignale erzwingen die Erwirtschaftung eines Überschusses, dieser kommt durch Übernutzung von natürlichen Ressourcen zustande. Die degradierte Naturbasis des Produzierens und Konsumierens erschwert die Erwirtschaftung einer den Zinsen angemessenen Rendite. Die Schuldenkrise hat negative ökologische Wirkungen und die degradierte Natur verschärft die Schuldenkrise.

Ökonomisches Handeln ist so lange blind gegenüber den natürlichen Grundlagen, wie diese sich nicht als ökonomische Grenzen, d.h. im ökonomischen System als Kostenbelastung melden. Der gesellschaftliche Bezug der Menschen aufeinander durch die Medien der Ware und des Geldes schließt die „Naturblindheit" des Handelns ein. Die Zurückspiegelung der Gesellschaftlichkeit der Menschen als Natureigenschaft der von ihnen produzierten Dinge, d.h. der „Fetischcharakter der Waren" (MEW Bd 23, 1. Kapitel), hat auch die Ausblendung der Naturbedingungen des gesellschaftlichen Handelns zur Folge. Der einzelnen Ware, und als Ware ist jedes Ding vereinzelt (Vgl. 2. Kapitel), sind die Randbedingungen ihrer Produktion und Konsumtion nicht anzusehen: die Limousine aus den Anzeigen der Automobilindustrie informiert über die PS-Stärke, die Höchstgeschwindigkeit, die Beschleunigung, den Komfort, die Extras, den Preis etc, sie wirbt mit ihrem Statuswert, mit der Bequemlichkeit; und sie erzählt nichts über die Lärmbelästigung, die Abgase, die Stoffemissionen, die sie verursacht, nichts über ihren Verbrauch an Landschaft für den Straßenbau, sie schweigt über die Unfallopfer, die sie fordert, den immensen Wasser- und Energieverbrauch bei ihrer Herstellung. Im einzelnen Ding spiegelt sich die Gesellschaftlichkeit also nur unvollkommen wie in einem Zauberspiegel zurück, der die „sphärische Gebundenheit" des Produzierens und Konsumierens der Dinge ausblendet. Zu Beginn (im ersten Kapitel) wurde angemerkt, daß die verdinglichte Vergesellschaftung infolge des Fetischcharakters der Waren entlastende und die gesellschaftliche Evolution beschleunigende Wirkung habe. Nun aber muß darüber diskutiert werden, daß gerade die Verdinglichung gesellschaftlicher Verhältnisse, wenn sich die Menschen mit Waren und mit Geld auf dem Markt aufeinander beziehen, das Verschwinden der Naturgebundenheit von Produzieren und Konsumieren aus dem Horizont gesellschaftliche Bewußtseins zur Folge hat. Relevant wird ihm die Natur erst wieder, wenn sie Zusatzkosten verursacht oder die Lebensbedingungen der Menschen durch die Naturvernichtung nachhaltig gestört werden. Dann wird blitzartig auch dem verdinglichten Bewußtsein klar, daß die ökonomischen Zwänge, wie sie etwa durch den Schuldendienst ausgeübt werden, die natürlichen Bedingungen des Wirtschaftens beeinträchtigen. Doch wenn erst die Naturzerstörung in ökonomischen Kategorien (Kosten) „gemeldet“ wird, ist es häufig bereits zu spät für Alternativen, zumal die Bearbeitung ökologischer Probleme in ökonomischer Kalkulation die Verdinglichung nicht aufhebt, die die „Naturvergessenheit“ zur Folge hat.

2. Eine „Schnittstelle“ zwischen ökonomischer und ökologischer Theorie

Interferenzen zwischen Ökonomie und Ökologie geraten nicht ins Blickfeld, solange das ökonomische System als prinzipiell gleichgewichtig gesehen und Zeit und Raum bei Produktion und Konsumtion, im Austauschprozeß und in der Distributionsphäre keine explizite Bedeutung beigemessen wird (es sei denn, als verursachende Momente von Transaktionskosten). Auf die Analyse von Stoff- und Energietransformationen kann in einer zeitlosen und räumlich nicht gebundenen Ökonomie gut und gern verzichtet werden; die Analyse fiele in den Zuständigkeitsbereich anderer Wissenschaftsdisziplinen als der Ökonomie. Die Annahme von räumlicher Gebundenheit und zeitlicher Verortung aller ökonomischen Prozesse jedoch lenkt das Augenmerk nicht nur auf die Instabilitäten der Marktprozesse, die im vorangegangenen zweiten Teil erörtert wurden. Vielmehr wird es notwendig, die Bedeutung von Stoff- und Energietransformation explizit ökonomietheoretisch zu berücksichtigen.

Die Frage stellt sich sofort, wie dies geschehen könnte, ohne das Problem sogleich dadurch zu eskamotieren, daß Stoff- und Energietransformationen als in Geld bewertete Prozesse definiert und auf diese Weise bereits im Ansatz ihrer speziellen Qualität als Naturveränderungen entkleidet werden? Denn mit der Kategorie des Geldes gelingt es ja der Ökonomie, Zeit und Raum aus ihrem System zu verbannen, indem die Zukunft auf die Gegenwart „abdiskontiert“ und räumliche Distanzen in der Arbitragespekulation eingeebnet werden. Die „ressourcenökonomischen“ Ansätze, basierend auf Hotellings klassischer Regel (1931), sind um Antworten nicht verlegen, die in diese Richtung weisen: Es wird ein Vergleich zwischen den auf die Gegenwart abgezinsten Nettoerträgen der Ausbeutung einer Ressource im Zeitraum zwischen heute und einem zukünftigen Datum und den auf dem Markt erzielbaren Zinssatz auf Geldvermögen angestellt, wobei unterstellt wird, daß auch der Wert der Ressource in der Zeit ansteigt (Solow 1979, S. 313). In diesem marktlogischen Vergleich sind mehrere Implikationen enthalten, die ihn fragwürdig machen. *Erstens* wird angenommen, daß der Marktzins die Ausbeutungsrate von erschöpflichen Ressourcen und damit einen optimalen Nutzungspfad einer Ressource vorgibt. Im Kapitel über finanzielle Instabilitäten allerdings ist gezeigt worden, daß der Marktzins keineswegs die Gewähr für optimale Allokation bietet. *Zweitens* wird zwischen Gegenwart und Zukunft ökonomisches Wachstum in der Größenordnung der Zinsrate unterstellt; auf jeden Fall wird also die Nutzung *anderer* Ressourcen vorausgesetzt – denn sonst käme ja Wachstum nicht zustande, wenn der Nutzungsgrad der einen Ressource, um die es entscheidungslogisch geht, festgelegt werden soll. Dieser Sachverhalt wird uns unten noch eingehend beschäftigen, deutet er doch darauf hin, daß Ressourcen grundsätzlich „positionelle Güter" (Hirsch 1980) sind, deren individueller Gebrauchswert von der Gebrauchswerteigenschaft anderer Ressourcen abhängt. *Drittens* setzt die Regel (privateigentümliche) Isolierung von Ressourcen voraus, also notwendigerweise die Zerreißung von komplexen Ökosystemen und deren Vereinfachung zu juristisch definierbaren und ökonomisch handelbaren Eigentumsrechten. *Viertens* hat die Orientierung von Entscheidungskalküls an der Zinsrate eine mit der Höhe des Zinssatzes zunehmende „Kurzsichtigkeit" zur Folge, da immer weniger weit in die Zukunft geblickt wird, je höher die Zinsen sind. *Fünftens* schließlich muß so getan werden, als ob die zukünftigen Märkte und die Präferenzen der zukünftigen Individuen bekannt wären; die gegenwärtige Generation nimmt also eine „vikarische" Funktion für zukünftige Generationen wahr. Spätestens hier wird deutlich, daß „es keinen Weg der Vermeidung einer ethischen Wahl gibt, auch wenn sie manchmal in den Annahmen, auf denen das Modell beruht, verborgen wird" (Martinez- Alier 1987, S. 4).

Für die Gleichgewichtstheorie ist es inzwischen *common sense*, daß Gleichgewicht (die am Marktgeschehen partizipierenden Individuen sehen keine Veranlassung, ihre Pläne zu ändern) nur dann stabil ist, wenn Entscheidungen und Folgen des Handelns einzelner Akteure klein sind. Die übrigen Akteure und das System insgesamt dürfen keine Änderung der Daten, die sie ihren Entscheidungen zugrundelegen, erfahren, wenn der entsprechende Akteur aus dem Marktgeschehen, aus welchen Gründen auch immer, ausscheidet. Nur wenn diese sogenannte „no-surplus" Bedingung (durch Eintritt in das oder Austritt aus dem Marktgeschehen ändern sich die Daten nicht) erfüllt ist, werden rational kalkulierende Wirtschaftssubjekte die Preissignale als gegeben und nicht beeinflußbar hinnehmen, „wie es die Theorie des allgemeinen Gleichgewichts erfordert" (Hahn 1984, S. 163). Abgesehen davon, daß die Theorie sich mit dieser harten Definition auf Grenzbereiche des ökonomischen Handelns zurückzieht und folglich zur realen Ökonomie kaum gehaltvolle Aussagen beitragen kann, impliziert diese Definition auch, daß „Externalitäten" so klein sein müssen, daß sie für keinen Akteur eine fühlbare

Veränderung der *natürlichen* Voraussetzungen des Wirtschaftens provozieren. Doch wenn dies dennoch der Fall sein sollte, wird wie in der Ressourcenökonomie in der Theorie der externen Effekte die monetäre Bewertung und damit deren Internalisierung ins monetäre Kostenkalkül beim Verursacher vorgesehen, so als ob alle externen, räumlich weit entfernt und zeitlich in einer Zukunft jenseits des Planungshorizonts von Wirtschaftssubjekten auftretenden Effekte bekannt wären und die Monetisierung die Naturgrundlagen des Wirtschaftens wiederherstellen könnte. Das ökonomische Knappheitsprinzip, so wurde bereits im zweiten Kapitel ausgeführt, verlangt paradoxerweise eine reichhaltige Ressourcenausstattung, denn sonst käme die „no-surplus“-Bedingung nicht zustande. Werden aber erst einmal externe Effekte erzeugt, dann ist nicht nur die Rationalität des Marktmechanismus in Frage gestellt. Die Degradation der Naturgrundlagen des Wirtschaftens, die ja durch monetäre Kompensation nicht rückgängig zu machen ist, ist gleichbedeutend mit einer Veränderung der Voraussetzungen und Rahmenbedingungen ökonomischer Handlungen in der Zeit. Nur nebenbei sei erwähnt, daß aus diesem Grund ökonomische Prognosen notwendig ungenau bleiben müssen: Handlungen unter je veränderten Rahmenbedingungen haben unterschiedliche Folgen.

Wenn die substanziellen Wirkungen von ökonomischen Akteuren in einer fühlbaren Veränderung des natürlichen Umfeldes für andere ökonomische Akteure resultieren, kann Gleichgewichtstheorie keine Ansprüche auf die Erklärung eines fundamentalen ökonomischen Tatbestandes erheben: daß Wirtschaften insbesondere in industrieller Form seine natürlichen Voraussetzungen tiefgreifend umgestaltet und daher seine Naturgrundlagen verändert – und zerstört. Die „no-surplus“ Bedingung wird mithin eklatant verletzt, und zwar nicht als Ausnahme sondern als die Regel. Immler (1984) kritisiert die Vernachlässigung der Veränderungen der Natur durch Arbeit in der klassischen (ricardianischen und Marx'schen) Arbeitswerttheorie. Es wird noch gezeigt, daß dieser Vorwurf unzutreffend ist; gravierend ist aber die Existenz von Externalitäten für die Aussagekraft von klassischer und neoklassischer Gleichgewichtstheorie. Selbst wenn die Veränderungen der natürlichen Umwelt in Preisen bewertet und in Geld kompensiert werden, bleiben sie zunächst als Sachverhalt bestehen, mit dem alle ökonomischen Akteure umzugehen haben: Auch finanziell kompensierte Wasserverschmutzung macht das Wasser nicht sauber, und auch eine CO_2-Abgabe für sich genommen hält den Treibhauseffekt nicht auf, solange nicht technische Veränderungen des Produktionsprozesses forciert und die individuellen und kollektiven Konsumgewohnheiten nicht gemäß energiesparenden Normen umgestellt werden. Die

Änderung der Prozeduren marktwirtschaftlicher Steuerung ist also unzureichend, wenn sie nicht von substanziellen Veränderungen bei der Transformation von Stoffen und Energien begleitet wird. Der Transfer von Veränderungen der natürlichen Umwelt ins (preismäßige) ökonomische Kalkül (durch „Internalisierung" externer Effekte) ist nur eine Hilfskonstruktion, die nicht sehr weit trägt. Denn es ist durch keine prozedurale Regel der Kalkulation in keinem vorstellbaren Fall aufhebbar, daß Produktion und Konsumtion (und selbst Distribution) als „Throughput" von Energie und Stoff die natürlichen Bedingungen des Produzierens und Konsumierens verändern. Daher müssen die neoklassischen Regeln der Bepreisung der Umwelt prinzipiell scheitern, selbst wenn sie in einzelnen Fällen – d.h. bei Ausklammerung des Systemzusammenhangs – Entscheidungshilfen leisten und Entlastung herbeiführen können: Eine CO_2-Abgabe beispielsweise kann als ein Mittel angesehen werden, mit dem die notwendigen Änderungen von Produktionstechniken und Konsummodell durch Negativ-Sanktionierung stimuliert werden können.

Man wird anders als mit den am Gleichgewicht orientierten Markttheorien an die Fragen herangehen müssen, die die Transformation von Stoff und Energie aufwirft. Wie können Raum und Zeit explizit in die ökonomische Theorie wieder integriert werden, nachdem sie aus den Markttheorien so erfolgreich – wie im zweiten Kapitel gezeigt worden ist – verbannt worden sind? Die praktische Bedeutung ökonomietheoretischer Konzepte, die der natürlichen Gebundenheit von ökonomischem Handeln und – rückwirkend – dessen Folgen für die Natur Rechnung tragen, ergibt sich schlüssig aus der Notwendigkeit der Ursachenanalyse der ökologischen bzw. Zivilisationskrise, in die die Menschheit im Verlauf des kapitalistischen Industriezeitalters geraten ist. Die industrielle Revolution, als Entfesselung der Produktivkräfte gepriesen, hat ebensolche Destruktivkräfte freigesetzt. In den vergangenen Jahrzehnten der „fordistischen" Modernisierung hat die Vernutzung von Energien und von Stoffen nochmals eine ungeahnte Beschleunigung und Erweiterung erfahren. In diesem kurzen Zeitalter hat die Menschheit mehr Energie verbraucht als in ihrer gesamten Geschichte zuvor. Die Marktmechanismen halten durch ihren Druck auf die Individuen, effizient zu agieren und daher einen monetären Überschuß zu erzielen, eine Akkumulations- und Expansionsspirale ingang, deren Grenze ausschließlich durch die Begrenztheit der Tragfähigkeit natürlicher Ressourcen und damit auch durch die innere und äußere Natur des Menschen definiert wird. Die Grenze gibt es, auch wenn es nur mit Hilfe sozialer Phantasie auszumalen ist, wann und wie sie definitiv erscheint: als Klimakatastrophe, durch Öko-Migration, Armuts- und Hungerrevolten, die Auslösung eines Atomkriegs oder von Atomkatastrophen oder Verinzuchtung infolge der vernichteten Artenvielfalt. Daß diese Grenze überhaupt rational fantasiert werden kann, ist neu und von den vielen Weltuntergangsprophetien in der Menschheitsgeschichte durchaus zu unterscheiden. Denn die Grenze liegt nicht außerhalb der Rationalität des Umgangs mit der Natur (im strafenden göttlichen Ratschluß etwa), sondern baut sich gerade als Folge der technisch immer perfekteren rationalen Transformationen von Stoffen und Energien vor der Menschheit auf. Eine Leistung der „okzidentalen" Rationalität ist es auch, daß die möglichen Konsequenzen des Umgangs mit der inneren und äußeren Natur immer besser prognostizierbar sind. Allerdings entspricht dem keineswegs eine soziale Erweiterung von Zugangsmöglichkeiten, mit denen die negativen prognostizierten Konsequenzen durch Handeln und Unterlassen an ihrem Eintreten gehindert werden könnten: Man weiß vom Treibhauseffekt, man kann auch die Ursachen identifizieren – aber die Einleitung der aus der Prognose sich ergebenden Handlungsfolgen läßt auf sich warten, weil die Trägheit des status quo nur mit Kraftanstrengungen überwunden werden könnte, die von den sozialen Mechanismen der Verzögerung unterbunden werden.

3. Der Begriff von Natur und Stoffwechsel

Eine ökologische Analyse ökonomischer Prozesse muß folglich den drei erwähnten Dimensionen Rechnung tragen, also Wertveränderungen und Naturveränderungen einbeziehen. Von der Marx'schen „Kritik der Politischen Ökonomie" kann man halten was man will (Martinez-Alier 1987, S. 5 spricht von „einer schon lange anhaltenden Scheidung des Marxismus von der Ökologie"); im Unterschied zur klassischen und neoklassischen Ökonomie kennt sie die Bedeutung von Raum und Zeit für ökonomische Prozesse. Formen der Vergesellschaftung und selbst die abstrakten Marktprozeduren sind im räumlichen und zeitlichen Koordinatensystem der menschlichen ebenso wie der Naturgeschichte verortet. Die vergesellschaftende Wirkung der Prozeduren des Marktes ist unvollkommen, sie bedarf eines kulturellen und natürlichen „Unterbaus", ohne den die „autonomen Individuen" sich nicht als gesellschaftliche Individuen aufeinander marktförmig beziehen können. Umgekehrt werden durch die marktmäßig koordinierten und stimulierten ökonomischen Akte die natürlichen und kulturellen Bedingungen immerzu verändert.

Diesem Sachverhalt trägt Marx mit der Kategorie der *Verdoppelung* Rechnung: die doppelte Realität der Waren als Gebrauchswert und Wert; der Doppelcharakter der Waren produzierenden Arbeit (konkrete und abstrakte

Arbeit); die Verdoppelung der Ware in Ware und Geld; die Doppelung des Produktionsprozesses in Arbeits- und Verwertungsprozeß; die Doppelung von Produktivkräften und Produktionsverhältnissen in der Dynamik der Produktionsweise. Marx bezeichnete die Kategorie des „Doppelcharakters der Arbeit" als den „Springpunkt, um den sich das Verständnis der politischen Ökonomie dreht" (MEW 23, S. 56). Mit der Kategorie der Verdoppelung wird die Möglichkeit eröffnet, ökonomische Prozesse zugleich als *Transformationen von Werten* (Wertbildungsprozeß und Verwertungsprozeß) und als *Transformationen von Stoffen und Energien* (Arbeitsprozeß, „Stoffwechsel" zwischen Mensch und Natur) zu begreifen.

Marx konnte die Tragweite dieses Konzepts vor mehr als 100 Jahren nicht so ausmessen, wie es moderne Ansätze der thermodynamischen Ökonomie vermögen und wie es angesichts der zurückliegenden und in Aussicht stehenden Umweltkrisen notwendig geworden ist. Darauf wird sogleich zurückzukommen sein, nachdem zwei Einwände gegen die Marx'sche Theorie aufgegriffen und diskutiert worden sind. Der eine bezieht sich auf den Naturbegriff und die „Naturvergessenheit" einer „Arbeitswerttheorie", der andere auf die strukturelle Unterbelichtung der Gebrauchswerte im Rahmen der Werttheorie.

Die noch gar nicht so alten Reflexionen über den Begriff der Natur im Marx'schen Werk (Schmidt 1971) zeigen die Grenzen einer Analyse des „Stoffwechsels" des Menschen (durch sein Handeln) mit der Natur, in der die Natur naiv vermenschlicht und nicht mit ihren Ordnungsprinzipien ernstgenommen wird. Zum Beispiel: „So wie die von Menschen unabhängigen Naturprozesse ihrem Wesen nach stofflich-energetische Umsetzungen sind, so fällt auch die menschliche Produktion aus dem Naturzusammenhang nicht heraus. Natur und Gesellschaft sind einander nicht starr entgegengesetzt... (Denn) der Stoffwechsel hat zum Inhalt, daß die Natur humanisiert, die Menschen naturalisiert werden" (Schmidt 1971, S. 75f). Heute wissen wir, daß die „Humanisierung der Natur" infolge der Degradation der natürlichen Lebensbedingungen durch den „Stoffwechsel" zwischen Mensch und Natur gerade das Gegenteil hervorbringen kann: die Vernichtung der natürlichen Lebensbedingungen der Menschen. Die „Naturalisierung der Menschen" ihrerseits kann seine Industrialisierung bedeuten, den Menschen als ein technisches Artefakt, das von der Gentechnologie immerhin ins Visier genommen und nahe an den Bereich des Machbaren gerückt worden ist: der Mensch als Rohstoff und Ersatzteillager, als ein würdeloses Ding (Vgl. dazu die richtigen Bemerkungen von Koslowski 1989, S. 20ff). Günther Anders (1980) sarkastischer Pessimismus angesichts der „Antiquiertheit des Menschen" ist da angemessener als die humanistische Fortschrittsgläubigkeit von Leo Kofler oder Ernst Bloch, über dessen „Obsoletheit“ Anders sich mokiert (Anders 1956/1980, S. 20).

Das Humanismus/Naturalismus-Projekt macht tatsächlich nur Sinn, wenn es mit dem Marxschen Paradigma der Kritik der Politischen Ökonomie in Verbindung gebracht, wenn also der „junge und der alte Marx“ nicht evangelisch getrennt, sondern „orthodox“ zusammengehalten werden. Dann nämlich ist die Marxsche Kritik der politischen Ökonomie unter den Ansätzen ökonomischer Theorien einzigartig: sie erlaubt den theoretisch-konzeptionellen Brückenschlag vom System der Werte zu den Gesetzmäßigkeiten der Natur, ohne die Natur – wie in der Neoklassik – zu ökonomisieren oder die Ökonomie ganzheitlich-anthroposophisch zu naturalisieren. Marx selbst hält sich zugute, daß er als erster die „zwieschlächtige Natur der in der Ware enthaltenen Arbeit...kritisch nachgewiesen“ (MEW 23, S. 56) habe: daß Arbeit erstens Wertbildnerin, aber zweitens „eine spezielle, zweckmäßig produktive Tätigkeit, die besondere Naturstoffe besondren menschlichen Bedürfnissen assimiliert“ (MEW 23, S. 57), darstelle. „Als Bildnerin von Gebrauchswerten, als nützliche Arbeit, ist die Arbeit daher eine von allen Gesellschaftsformen unabhängige Existenzbedingung des Menschen, ewige Naturnotwendigkeit, um den Stoffwechsel zwischen Mensch und Natur, also das menschliche Leben zu vermitteln...Der Mensch kann in seiner Produktion nur verfahren, wie die Natur selbst, d.h. nur die Formen der Stoffe ändern“ (MEW 23, S. 57). Marx bezieht sich dabei auf Pietro Verri (1774), den er in einer Anmerkung zitiert: „Alle Erscheinungen des Weltalls, seien sie hervorgerufen von der Hand des Menschen oder durch die allgemeinen Gesetze der Physik, sind nicht tatsächliche Neuschöpfungen, sondern lediglich eine Umformung des Stoffes. Zusammensetzen und Trennen sind die einzigen Elemente...bei der Reproduktion des Wertes...und des Reichtums, wenn Erde, Luft und Wasser auf den Feldern sich in Korn verwandeln, oder auch wenn sich durch die Hand des Menschen die Abscheidung eines Insekts in Seide verwandelt, oder einige Metallteilchen sich anordnen, um eine Repetieruhr zu bilden“ (zit. nach MEW 23, S. 57f.). Erst infolge der Produktion für den Austausch wird durch Abstraktion von der Tatsache, daß Stoffe und Energien durch konkrete, auf Qualitätsveränderung zielende Arbeit transformiert werden, das Produkt der Arbeit zu einem Träger von Wert (infolgedessen ist die Identifizierung von Wert und Reichtum in obigem Zitat von Verri unzulänglich und sie wird von Marx aufgehoben) und als solcher der Dynamik des Systems der Werte unterworfen. Der durch Arbeit zum Gebrauchswert umgeformte Naturstoff wird zur Ware, diese wird auf den Markt geworfen, um in Geld verwandelt zu werden. Der Gebrauchswert ist Träger von Wert, nichts kann – im ökonomischen Sinne – wertvoll sein, das nicht irgendeinen Gebrauchswert hat, also nützlich Ding zur Befriedigung von menschlichen Bedürfnissen ist. Der Gebrauchswert entsteht also durch Herstellung von Ordnung (durch Scheiden oder Kombination wie von Verri dargelegt) und dadurch, daß die geordnete Materie oder Energie ein menschliches Bedürfnis befriedigt. Gebrauchswerte sind also doppelt bestimmt und dieser Sachverhalt wird uns unten noch einmal beschäftigen.

4. Wert und Stoff

Die Doppelung ist der *Form* kapitalistischer Reproduktion geschuldet. Über die Dynamik des „ewigen" Stoffwechsels zwischen Mensch/Gesellschaft und Natur ist die historische „Schablone" des Wertgesetzes und der Prozeduren des Marktes gelegt. Die Resultate der Transformation von Material und Energie sind ja nicht naturbedingt Waren, die für die Befriedigung von Bedürfnissen anderer produziert werden, die diese nur mit Preisgeboten auf dem Markt (kaufkräftig) anmelden können. Daß Gebrauchswerte hergestellt werden, ist „natürlich" und naturnotwendig, da sonst menschliches Leben unmöglich wäre; *daß und wie* dabei Werte hervorgebracht werden, die auf dem Markt in Geld verwandelt werden müssen, ist ausschließlich der gesellschaftlichen *Form* der (kapitalistischen) Warenproduktion und der Wirkung des Mediums Geld geschuldet. Daß die Waren auf dem Markt praktisch gehandelt werden, und daß die theoretische Analyse die Resultate der Naturumformung als Werte (in Geld ausgedrückt und gemessen) identifizieren muß, hat nichts mit Defizienzen der Werttheorie zu tun, sondern mit den gesellschaftlich gesetzten Selektions- und Evolutionsmechanismen kapitalistischer Marktökonomien.

Die Natur bildet keine Werte und ihre Bestandteile sind keine Werte, solange sie nicht durch „Arbeit begeistet" (Marx) und zum Austausch auf den Markt geworfen worden sind. Diese Auffassung ist keineswegs einer gewissen „Einäugigkeit" der Politischen Ökonomie geschuldet (wie Immler 1984 der ökonomischen Theorie zum Vorwurf macht), sondern der *historischen Formbestimmtheit* kapitalistischer Gesellschaften, in denen allein die Arbeit als wertbildende Potenz wirkt. Daher ist es die entscheidende Absicht Marx', die sozialen Formen zu entziffern, in denen Arbeit – eben in spezifischer Form als Lohnarbeit – verausgabt werden muß, um Wert zu bilden, Kapital zu verwerten und den Akkumulationsprozeß in Gang zu halten. Der stoffliche

Reichtum entsteht nur durch die Beteiligung der Natur, Wertbildnerin hingegen ist allein die Arbeit. Es sind die gesellschaftlichen Formen von Ware, Geld, Kapital, Mehrwert, Profit, die die Dynamik einer kapitalistischen Gesellschaft definieren und nicht die Arbeit schlechthin, die zu allen Zeiten und in allen Gesellschaftsformationen verausgabt werden muß, um die Natur umzuformen und Naturstoffe anzueignen. Die Form der Vergesellschaftung ist es auch, die in der Marktgesellschaft die Beziehung der Menschen zueinander und zur Natur als Natureigenschaft der Dinge zurückspiegelt. Dieser sozialen Form (Fetischcharakter) entspricht gerade ein Bewußtsein, das die Natur nur als dingliche Eigenschaft und nicht als Sphären des Lebens wahrzunehmen vermag. Erst infolge der sozialen Formen der Verdinglichung kann die von Immler beklagte „Einäugigkeit", kann die „Naturvergessenheit" entstehen.

Eine Kritik an der „Arbeitswerttheorie" (in der Marx'schen Fassung) müßte ihrerseits soziale Formen der Natur identifizieren, damit sie in einer (kapitalistischen) Gesellschaft Wert anzunehmen und als Wertbildnerin zu fungieren in der Lage wäre. Dies könnte wohl nur unter Rekurs auf physiokratische Positionen von der alleinigen Produktivität der Natur bzw. des Bodens gelingen: Nur agrikulturelle Arbeit ist produktiv, weil sie die Produktivität des Bodens nutzt; alle anderen Arbeiten formen nur um, produzieren aber nichts, sind also nicht wert-produktiv. Diese Herangehensweise an die Frage, woher der „Reichtum der Nationen" stammt, ist bereits von Adam Smith und David Ricardo mit ihrer Kritik der Physiokraten verworfen worden. Immler beklagt zwar die Vernachlässigung der Natur, bezeichnet sie als „immer selbst mitproduzierendes Subjekt" (Immler 1985, S. 263), ist aber außerstande, die gesellschaftlichen Formen zu dechiffrieren, in denen sich die Natur „äußerst produktiv, planend, bewußt und zielstrebig" (Immler 1984, S. 134) zu äußern vermag. Natürlich ist die Natur produktiv, sie bringt die wunderbarsten Schöpfungen hervor, für die die Evolution der Arten seit Jahrmilliarden den Beleg liefert; daß die Naturproduktivität nicht ohne Destruktivität zu haben ist, belegen die vielen Katastrophen in der Geschichte des Planeten Erde. Auf gar keinen Fall aber ist die Natur *wert*produktiv, denn ihre Schöpfungen sind von Natur aus keine Waren. Die Arbeit hingegen ist produktiv, denn sie verändert in ihrem Tätigsein sich und die Natur; und sie ist – in einer kapitalistischen Gesellschaft – *wert*produktiv. Der Wert ist das gesellschaftliche Verhältnis, in dem sich die private Einzelarbeit auf die Gesamtarbeit bezieht, innerhalb dessen sie in der Arbeitsteilung vergesellschaftet wird.

Der Marxschen Kritik der Politischen Ökonomie wird auch vorgeworfen, sie würde den Gebrauchswerten nicht die notwendige Aufmerksamkeit widmen, die sie wegen ihrer Bedeutung für die individuelle und gesellschaftliche Reproduktion verdienen. Tatsächlich verweist Marx zu Beginn der Analyse der Ware im ersten Band des „Kapital“ die Kategorie des Gebrauchswerts in den Bereich der „Warenkunde“, grenzt sie also zunächst aus der Politischen Ökonomie und ihrer Kritik aus. Es ist die Ware („die ungeheure Warensammlung“), in der der „Reichtum der Nationen, in denen kapitalistische Produktionsweise herrscht“ (MEW Bd 23, S. 49), erscheint. Davon hat die Analyse auszugehen, nicht vom Gebrauchswert (bzw. dem „Sammellager“ von Gebrauchswerten), der durch seinen Nutzen zur Befriedigung menschlicher Bedürfnisse definiert wird. Wie Rosdolsky (1968, S. 98ff), Reichelt (1970, insbes. S. 180ff), Backhaus (1969) und andere jedoch gezeigt haben, ist der Gebrauchswert in vieler Hinsicht – gerade im Marx'schen Werk – wert- und formbestimmend: So ist der Gebrauchswert der Arbeitskraft ihre wertbildende Potenz, die Arbeit ist „Gebrauchswert für das Kapital“ (Grundrisse, S. 204). Oder: Die Naturalform (der Gebrauchswert) der einen Ware ist der Wertspiegel der anderen Ware; die Wertform, also der Tauschwert, das Verhältnis der Waren zueinander wäre ohne den Gebrauchswert, in dem der Wert seinen gesellschaftlichen Ausdruck findet, unvollkommen. Oder: Der Gebrauchswert des Goldes macht es als Geldware geeignet, deren formbestimmte Funktionen besonders gut wahrzunehmen. Oder: Der Gebrauchswert des konstanten Kapitals geht ganz in den Produktionsprozeß ein, der Wert freilich nur zum Teil, insofern er nämlich durch die Arbeit auf den Wert des Produkts nach und nach in der Nutzungsperiode der Produktionsmittel übertragen wird. Oder: die besonderen natürlichen Verhältnisse (leicht nutzbare Energie; fruchtbare Böden; günstige Transportbedingungen; gute Lage etc.) sind für das Kapital eine Gratisproduktivkraft, deren Nutzung den Bezug einer Monopolrente ermöglicht. In den „Randglossen zu A. Wagners 'Lehrbuch der politischen Ökonomie'“ (MEW Bd. 19, S. 369ff) setzt sich Marx mit der Wagner'schen Unterstellung auseinander, er habe den Begriff des Gebrauchswerts „aus der Wissenschaft entfernen“ wollen. Er verweist dabei auf die historische Spezifik des Gebrauchswerts; denn produziert werden in kapitalistischen Ökonomie nicht Gebrauchswerte schlechthin, sondern Waren, also Gebrauchswerte für andre.

Aus diesen kurzen Hinweisen ergibt sich, daß ohne Analyse des Gebrauchswerts und seiner Bedeutung im gesellschaftlichen Reproduktionsprozeß die Analyse des kapitalistischen Verwertungsprozesses, von Geld, Kredit und Akkumulation ein Torso bleiben müßte. Doch muß heute aus einer thermodynamischen Sicht der Ökonomie hinzugefügt werden: die Analyse des Gebrauchswerts ist wegen der Stoff- und Energietransformationen bei seiner

Herstellung (diese umfaßt die *Extraktion* von Material; die *Produktion*, also das Scheiden oder Zusammenfügen von Stoffen; den *Transport* zum Verbrauchsort), bei seiner Verwendung als Mittel der Bedürfnisbefriedigung (*Konsumtion*) und bei dem schließlichen Verlust der Gebrauchswerteigenschaft (es bleibt der vom Menschen nicht mehr zur Befriedigung irgendeines Bedürfnisses nutzbare *Müll*) im Rahmen einer *ökologischen Kritik* der Politischen Ökonomie entscheidend. Der Gebrauchswert interessiert also nicht als Objekt der Bedürfnisbefriedigung von Einzelnen, wie in der subjektiven Wertlehre (und wie bei Georgescu-Roegen 1971, S. 18, wo er als „das eigentliche Produkt des Prozesses...(als) ein immmaterieller Strom, nämlich als Lebensfreude (enjoyment of life)“ bezeichnet wird), es geht auch nicht um seine im System der Werte formbestimmende Relevanz. Der Gebrauchswert ist als Element eines Stoffwechsels zu betrachten, in dessen Verlauf die Entropie ansteigt.

5. Gebrauchswert und Entropie

Gebrauchswerte können in thermodynamischer Terminologie definiert werden als (1) Stoffe oder Energien mit niedriger Entropie bzw. hoher Ordnung, wie beispielweise die von Verri erwähnte Repetieruhr. Dabei ist aber wichtig, daß die Ordnung (2) im Hinblick auf die Befriedigung von spezifischen menschlichen Bedürfnissen hergestellt wird: Stoffe werden von anderem Material isoliert, das kein Gebrauchswert ist, weil es ungeeignet ist, menschliche Bedürfnisse zu befriedigen; oder/und es werden durch Kombination verschiedener (in nicht-kombinierter Form nutzloser) Materialien Produkte neu zusammengestellt bzw. freie, verfügbare Energien werden zur (physikalischen) Arbeitsleistung gebündelt. Niedrige Entropie allein definiert also noch keineswegs den Gebrauchswert. Ein Auto oder ein Computer sind jeweils ein hochorganisiertes, geordnetes Ensemble von Stoffen. Viel Intelligenz, Energie und Material waren notwendig, um das auf die Befriedigung eines Bedürfnisses intelligent angeordnete Ensemble von Materialien herzustellen. Dabei ist in der Umwelt von Auto und Computer die Entropie gestiegen. In der Anordnung als Auto oder Computer haben die Stoffe niedrigere Entropie als vorher, eben weil dazu Energiezufuhr notwendig war, die der Umwelt irgendwo, irgendwie entnommen worden ist. Im Prozeß der Konsumtion des Gebrauchswertes nutzt sich das Produkt ab; irgendwann fährt das Auto nicht mehr und der Computer bricht zusammen, weil in der Anordnung bestimmte Materialien ihre Funktion nicht mehr erfüllen oder Energien nicht so gebündelt und geleitet werden können, wie es der Funktionsmechanismus verlangt. Die Ordnung verfällt, da die Ansammlung von Teilen nun nicht mehr dem Prinzip der Bedürfnisbefriedigung gehorcht.

Es könnte eingewandt werden, daß auch ein Autowrack oder ein nicht mehr funktionsfähiger Computer hochorganisierte Strukturen sind, wenn auch nicht mehr zur bestimmten Bedürfnisbefriedigung (Fortbewegung oder Datenverarbeitung) geeignet. Doch nicht jedes Stoffensemble mit hoher Ordnung und niedriger Entropie ist Gebrauchswert. Hier kommt die Überlegung Georgescu-Roegens ins Spiel, daß das Entropie-Gesetz anthropomorph interpretiert werden muß; niedrige Entropie ist eine notwendige, aber keine hinreichende Bedingung für die Eignung zum Gebrauchswert: „Niemand kann die niedrige Entropie von giftigen Pilzen nutzen..." (Georgescu-Roegen 1971, S. 18, 282). Ordnungsprinzip ist also nicht niedrige Entropie an sich, sondern nur in Verbindung mit der Eigenschaft der Befriedigungsmöglichkeit von menschlichen Bedürfnissen.

Die Entropie der Umwelt ist bei der Produktion des jeweiligen Gebrauchswerts (Auto bzw. Computer), bei der komplexen Anordnung von Material, gestiegen und sie steigt beim Gebrauch durch Abnutzung (Material) und Energieverbrauch, bis schließlich nur noch Müll zurückbleibt: als Abfall in der Lithosphäre, als Abluft in der Atmosphäre, als Abwasser in der Hydrosphäre. Die Auswirkungen auf die Biosphäre können geeignet sein, die Komplexität des systemischen Zusammenspiels mit den abiotischen Sphären zu reduzieren und so die Fähigkeit der Entropieabfuhr als Kompensation der Entropiesteigerung verringern. Die Vernichtung der Wälder in der Biosphäre ist dafür ein Beispiel. Dadurch wird nämlich die Bindungswirkung von als Abluft in die Atmosphäre entlassenem Kohlendioxyd verringert und der Treibhauseffekt infolgedessen beschleunigt, der wiederum auf alle anderen Sphären zurückwirken dürfte; nur wissen wir nicht genau wie.

Kein Gebrauchswert kann also ohne Berücksichtigung des sozialen, biotischen und abiotischen Umfeldes als ein solcher definiert werden. Doch wenn er zum Träger von Wert wird und in der kapitalistischen Gesellschaftsformation die Eigenschaft der Ware erhält, wird genau dies verlangt: das Auto oder der Computer haben einen Preis als individuelles Produkt und die Käufer nutzen den individuellen Gebrauchswert ihres Autos oder Computers. Doch sind sie als Gebrauchswerte Bestandteile des Ökosystems und bei Produktion und Konsumtion des Gebrauchswerts verändert sich das natürliche Umfeld, dessen Entropie steigt: die Luft wird mit Schadstoffen durchmischt, bis sie nicht mehr „enjoyment of life" sondern Asthma und Bronchialkrankheiten auslöst. Das natürliche Umfeld wird daher immer weniger geeignet, (ohne erneuten Energieaufwand) in einen Gebrauchswert verwandelt zu werden.

Die Gebrauchswerteigenschaft erlangen Stoffe in der Regel durch die gezielte Verausgabung von Energie, insbesondere in der Form von Arbeit: um Stoffe zu scheiden bzw. nach Plan neu zusammenzusetzen (also die Ordnung zu erhöhen) oder Energieträger zu isolieren, um ihre Potenzen nutzbar zu machen. Um nutzbare Energie aus der frei verfügbaren Energie zu gewinnen, muß selbst Energie aufgewendet werden. Daher rührt der Sinn von Energiebilanzen oder der Berechnung energetischer Wirkungsgrade. Zurück bleibt eine „unordentliche“ Durchmischung von Stoffen, die so lange nicht „nützlich“, also auch nicht Gebrauchswert ist, wie die Stoffe nicht durch erneuten Energieaufwand (beim „Recycling“, bei der Klärung von Wasser oder der Reinigung der Luft) geschieden oder neu kombiniert worden sind. Je „unordentlicher“ die Mischung von Stoffen, bzw. je geringer das noch nutzbare Energiepotential, desto ungünstiger die Energiebilanz. Ein Rest von Abluft, Abwasser, Abfall – von nicht mehr in Gebrauchswerte zurückzuverwandelnden Stoffen – bleibt also auch in einer noch so intelligenten Recycling-Wirtschaft.

Der (physikalische) *Entropiebegriff* macht nur Sinn in Bezug auf die Definition eines Systems, seiner Grenzen und damit seiner Umwelt. Er beschreibt den Zustand eines (geschlossenen) Systems bei einer Temperatur tn, die sich aus der Entropie bei t = 0 und dem Integral aller infinitesimalen Entropieänderungen durch inkrementale Wärmezufuhr bis zur Temperatur tn zusammensetzt. Dabei sind zwei Aspekte von Bedeutung: Die Energie- und Materialreserven des Systems (letztlich des Universums) bleiben bei jeder Stoff- und Energieumwandlung zwar erhalten (*erster Hauptsatz der Thermodynamik*), aber bei der Nutzung von Energie und Stoffen wird deren Qualität – im Sinne der Fähigkeit, Arbeit (im physikalischen Sinne) auszuüben bzw. Bedürfnisse der Menschen zu befriedigen – vermindert, d.h. die Entropie steigt unweigerlich an (*zweiter Hauptsatz der Thermodynamik*). Anders ausgedrückt: Im Verlauf der Entwicklung bleibt zwar die Energiebilanz immer ausgeglichen, aber der Anteil der freien, ungebundenen und daher nutzbaren Energie geht im Vergleich zur gebundenen, dissipierten und daher nicht mehr in Arbeit umzusetzenden Energie zurück.

Dies liegt daran, daß die Umwandlung von thermischer Energie in Arbeit (im physikalischen Sinne) nur möglich ist, wenn eine Temperaturdifferenz innerhalb des Systems oder zwischen System und Umwelt existiert und Energie in Form von Wärme an eine kalte Wärmesenke (Umwelt) abgegeben werden kann; nur bei einer Temperaturdifferenz bewegt sich etwas, z. B. eine Dampfmaschine, eine Turbine oder ein Benzinmotor. Zur Illustration kann auf das simple Kerzenrad zu Weihnachten verwiesen werden: Die durch die

Kerze erhitzte Luft steigt nach oben und bewegt dabei ein leichtes Rädchen. Der (thermische) Wärmestrom wird in (kinetische) Bewegung umgesetzt.

Warmer Luftstrom und Bewegung des Rades hören sofort auf, wenn die Kerze abgebrannt ist; es kann keine Wärmedifferenz mehr durch Umwandlung der im Wachs gespeicherten Energie in Wärme erzeugt werden. In diesem Prozeß steigt die Entropie, da die Energie der Kerze im Raum zerstreut ist und nicht mehr in freier nutzbarer Form zur Verfügung steht. Wieder eine Illustration: Ein warmer Körper (z.B. ein Ofen) in einem kalten Raum gibt so lange Wärmeenergie an den Raum ab, bis die Temperaturen ausgeglichen sind, sofern keine neue Energie zugeführt wird (also keine Kohlen nachgeschoben werden). Bei ausgeglichenen Temperaturpotentialen aber findet kein Austausch mehr statt; Arbeit kann nicht mehr geleistet werden. Die verfügbare Gesamtenergie ist gleich geblieben, aber sie kann nicht mehr genutzt werden, um Arbeit zu verrichten.

Die allgemeine Bestimmung gibt Atkins: „Die Entropie der Wärmequelle nimmt ab, und zwar um den Betrag der entzogenen Wärme, dividiert durch die Temperatur der heißen Quelle. Aber gleichzeitig erhöht sich die Entropie der Senke um einen anderen Betrag, nämlich um die gleiche Wärmeänderung, geteilt durch die Temperatur der kalten Senke. Die Summe der beiden Entropieänderungen ist positiv, weil die Temperatur der Quelle höher ist als die der Senke. Die Energie des Universums ist zwar gleichgebleiben, aber wegen der erhöhten Entropie weniger gut als Arbeit nutzbar, sie hat einen schlechtere Qualität". (Atkins 1984, S. 31 f). Diese physikalische Definition muß an sozialwissenschaftliche Argumentationszusammenhänge adaptiert werden; sie wird nur in Analogie zu verwenden sein. Dies liegt nicht an der geringeren Exaktheit sozialwissenschaftlicher Theorien im Vergleich zu den „exakten Naturwissenschaften" (Vgl. dazu Heinrich 1990a), sondern weil der Entropiebegriff exakt nur auf geschlossene Systeme anwendbar ist, nicht aber auf offene. Und geschlossene Systeme lassen sich allenfalls im Experiment herstellen. Selbst die Erde ist ein offenes System, erhält sie doch die Energiezufuhr von der Sonne und ist der Planet doch in der Lage, überschüssige Wärme ins Weltalls abzustrahlen. Erst recht müssen in sozialwissenschaftlicher Argumentation die Interferenzen offener Systeme in Rechnung gestellt werden, zu deren Analyse das Entropiegesetz nur unter Beachtung einer Reihe von Nebenbedingungen sinnvoll angewandt werden kann.

Der Entropiebegriff kann auch der Beschreibung von Differenzen in der Ordnung von Substanzen oder Systemen dienen. Immer ist es die Differenz der Ordnung (herbeigeführt durch Scheiden oder/und Kombinieren nach

Plan), die ein System oder eine Substanz zum Gebrauchswert macht. Die Ordnung kann „von Natur aus“ vorhanden sein, z.B. wenn das in der Erdkruste am häufigsten vorkommende Mineral Aluminium in besonderer Konzentration als Bauxitlagerstätte auftritt, sie kann durch die „ordnende Hand des Menschen“ herbeigeführt werden, z.B. wenn aus der im Wald vorkommenden Biomasse die Stämme von Edelhölzern ab eines definierten Stammdurchmessers isoliert und in einem Holzlager konzentriert werden. Jedoch gibt es eine Grenze. Im Falle der Wärmedifferenzen läßt sich die Ordnung herstellen, wenn Temperaturunterschiede ausgeglichen worden sind, indem die Wärmesenke immer kälter wird und die Ordnung immer „unordentlicher“. Die Ordnungsdifferenzen (und Wärmedifferenzen) werden immer kleiner. Die Grenze in der Thermodynamik (hinsichtlich der Wärme) existiert beim absoluten Nullpunkt (von 0 Grad Kelvin oder minus 273 Grad Celsius); der absolute Nullpunkt kann niemals erreicht werden: eine Wärmedifferenz ist bei dieser Temperatur ausgeschlossen (*dritter Hauptsatz der Thermodynamik*). Es gibt also an der Grenze eine „Unordentlichkeit“, die keinerlei Ordnungsprinzip erkennen läßt, wo also durch Scheiden und Kombinieren keine auch nur inkrementale Ordnungsveränderung mehr möglich ist. Alle Stoffe und Energien sind so total vermischt, daß Eigenstrukturen von Substanzen oder Subsystemen ausgeschlossen sind. Die Evolution gerät an eine absolute Grenze. Wärmedifferenzen sind völlig beseitigt. Arbeit kann nicht mehr geleistet werden; Gebrauchswerte als isolierte und auf Bedürfnisbefriedigung zielende Stoffe oder Energien kann es nicht mehr geben. Leben ist, wenn Differenzen aufhören, unmöglich. Denn Leben ist gelebte Differenz.

6. Entropiebilanz und systemische Intelligenz

Dieser hypothetische Grenzfall ist allerdings nicht von praktischer Relevanz, zumal dann nicht, wenn die unvermeidliche Steigerung der Entropie in Grenzen gehalten wird – entweder (a) durch Entropieabfuhr in die Umwelt oder (b) durch Energiezufuhr aus der Umwelt und (c) durch Techniken der Stoff- und Energietransformation, die die Entropie möglichst geringfügig steigern. Es ist also die Annahme vom geschlossenen System aufzugeben; weder die Erde als ganze noch die Subsysteme auf der Erde (Gesellschaften einzelner Länder, der Produktionsprozeß, Haushalte etc.) sind geschlossene Systeme. Die Erde ist in den Energiestrom der Sonne eingeschaltet, d.h. die Erde nimmt kurzwellige Sonnenergie auf, setzt einen Teil durch das komplexe Zusammenwirken von Atmosphäre, Hydrosphäre, Lithosphäre, Biosphäre und Soziosphäre in Wachstum und Arbeit um und strahlt einen anderen Teil kurz- und langwellig in den Weltraum ab. Ohne konstante Zufuhr von Sonnenenergie (die Solarkonstante beträgt für den mittleren Erdabstand zur Sonne am äußeren Rand der Atmossphäre senkrecht zur Strahlrichtung 1368 Watt/m^2, so daß, da die Erde eine Kugel ist und somit gerade ein Viertel der Erdoberfläche senkrecht bestrahlt werden kann, pro Quadratmeter auf der Erdoberfläche 342 Watt empfangen werden), ohne die direkte Reflektion von 102 Watt/m^2 und ohne die mittlere Wärmeabstrahlung von 240 Watt/m^2 würde die Erde entweder aufgeheizt (wenn die Solarkonstante stiege oder die Abstrahlungsmenge fiele) oder abgekühlt (wenn umgekehrt die Solarkonstante fiele oder die Abstrahlungsmenge stiege) (Vgl. Enquete-Kommission 1990b, S. 129ff). Das thermische Gleichgewicht der Erde, eine Voraussetzung für Leben und dessen Evolution auf der Erde, wäre gestört, wenn sich der mittlere Strahlungssaldo auch nur geringfügig änderte; eine Verschiebung der Solarkonstante um 1% würde bereits zu einer durchschnittlichen mittleren Temperaturänderung von 1-2° führen (Ingersoll 1987, S. 170). Während die Solarkonstante vom Menschen nicht beeinflußt werden kann (geringfügige Schwankungen werden durch die Dynamik der Sonnenflecken ausgelöst), ist die Energie-Abstrahlung beeinflußbar, da sie wesentlich durch die physikalischen und chemischen Eigenschaften der Erdatmoshäre bestimmt wird und diese durch das ökonomische Handeln der Menschen (durch Produzieren und Konsumieren) verändert werden. Dabei gibt es direkte Wirkungen (z.B. der Schadstoffeintrag in die Luft) und indirekte Wirkungen, indem beispielweise die Biosphäre degradiert wird, so daß das Zusammenspiel mit den Dynamiken von Atmosphäre, Boden und Wasser aus dem Gleichgewicht gerät.

Das ökonomische Handeln ist, dies zur Erinnerung, einerseits Stoff- und Energietransformation und andererseits formbestimmt durch die Ordnungsprinzipien der Soziosphäre. Daher ist das Gesetz der Entropiesteigerung zwar unaufhebbar, seine tatsächliche Wirkung bei der Naturumformung aber ist durch die (gesellschaftlichen) Menschen gestaltbar. Die Änderung der Gesamtentropie eines Systems setzt sich aus der Entropiesteigerung innerhalb des Systems bei Prozessen der Stoff- und Energietransformation und der Entropieänderung durch Austausch mit der Umwelt (Energiezufuhr und Entropieabfuhr) zusammen: Wenn dS/dt die Änderung der Gesamtentropie in der Zeit bezeichnet, dS_p/dt die „Entropieproduktionsrate“ (von Weizsäcker 1974), dS_a/dt die Entropieabfuhr in die Umwelt, dE/dt die Energiezufuhr, dann gilt:

$$dS/dt = dS_p/dt - dS_a/dt - dE/dt.$$

Alle drei Größen, von denen die Änderung der Gesamtentropie eines (offenen) System abhängt, sind also in offenen Systemen gestaltbar, auch wenn der zweite Hauptsatz der Thermodynamik keineswegs unwirksam wird. Der Energieverbrauch zur Produktion einer bestimmten Einheit des Sozialprodukts (bzw. pro Kopf der Bevölkerung) ist bekanntlich von Land zu Land unterschiedlich, in Kanada, den USA und der ehemaligen DDR wesentlich höher als in Japan, Italien und der BRD (Davis 1990); der Ausstoß von Schadstoffen des Autoverkehrs in die Atmossphäre hängt von der verwendeten Verbrennungstechnik, aber auch von der durch die gesellschaftliche Konsumnorm bestimmten Automobildichte ab. Die Entropiesteigerung wird also von technischen Lösungen ebenso beeinflußt wie von der gesellschaftlichen Weise des Arbeitens und Lebens. Katalysatoren in Automobilen verringern zwar den SO_2-Ausstoß jedes einzelnen Wagens, die Automobilisierung der Gesellschaft hebt aber die positive Umweltwirkung wieder auf. Folglich liegt die Pro-Kopf-Emission von Kohlendioxid in den USA trotz „umweltfreundlicher" Autos mit 19,7 Tonnen 1986 an der Weltspitze; nur in Luxemburg und in der ehemaligen DDR liegen die Werte etwas höher (Enquete-Kommission 1990b, S. 34f). Die Höhe der „Entropieproduktionsrate" ist also nicht von partiellen Lösungen für intelligente Prozesse der Stoff- und Energietransformation abhängig, sondern von der „systemischen Intelligenz" einer Gesellschaft, die sowohl für technische Lösungen als auch für die soziale und politische Regulation von Produktion und Konsumtion verantwortlich ist. Die Begrenzung der Entropiesteigerung ist daher weniger Aufgabe technischer als sozialer Gestaltung: das Soziosystem muß so organisiert werden, daß im Zusammenspiel mit Biosphäre, Atmosphäre, Lithosphäre und Hydrosphäre das thermische Gleichgewicht innerhalb des Energiestroms der Sonne eingehalten wird. Dieses kann durch natürliche Katastrophen verletzt werden, und diese hat es in der Erdgeschichte oft genug gegeben. Es wird aber heute durch die Wirkung von Ordnungsprinzipien in der globalen Soziosphäre gefährdet, die den Effekt haben, die übrigen Sphären so zu überlasten, daß deren Evolution blockiert und ein Involutionsprozeß in Gang gesetzt wird.

Die systemische Intelligenz kann also mit der Entropiegleichung ausgedrückt werden: Sie kann (in einem geschlossenen System) gesteigert werden, indem die Energiezufuhr von und die Entropieabfuhr nach außen erhöht bzw. die Entropieproduktionsrate gesenkt werden. Die ersten beiden Methoden sind aber nur durch Rückgriff auf die Umwelt des Systems möglich: Der produzierte Müll wird ins Ausland expediert oder in der Erde vergraben und Energie wird aus anderen Erdteilen wie von Tankstellen herbeigeschafft. Viele Industrieländer haben so ihre Entropiesteigerung gesenkt; in der vergleichenden Forschung gelten sie gar als ökologisch vorbildlich (dies wird etwa von Schweden und Japan behauptet). Wenn freilich das Feld der auf staatlich abgegrenzte Räume konzentrierten vergleichenden Forschung verlassen und die Erde als globales System thematisiert wird, kann die Politik der Energiezufuhr und Entropieabfuhr nicht als Ausdruck eines hohen systemischen Intelligenzgrades akzeptiert werden. Systemisch intelligent ist nur eine Umgangsweise mit der natürlichen Mitwelt, die Entropiesteigerung so weit wie möglich *vermeidet.* Abluft, Abwasser und Abfall müssen vermieden und der Energieverbrauch so weit wie möglich gesenkt werden – nicht allein durch entsprechende Technologien sondern durch eine „thermodynamisch effiziente Regulationsweise“. Diese kann nur entstehen, wenn die gesellschaftlichen Beziehungen zur Natur nicht mehr durch die Verdinglichung charakterisiert sind, so als ob die Gesellschaftlichkeit den Menschen durch ihre Machwerke zurückgespiegelt würde, als ob die Machwerke nicht durch Stoff- und Energietransformationen, also durch Naturumformung zustandegekommen wären. Verdinglichtes Bewußtsein ist ein Hindernis für die Ausbildung der systemischen Intelligenz.

Thermodynamische Gesetze sind auf der einen Seite gesellschaftsunabhängige, vom Menschen nicht zu beeinflussende, „eherne“ Bedingungen des Austausches oder – um die Marx'sche Metapher zu verwenden – des „Stoffwechsels“ mit der Natur durch Arbeit. Arbeit selbst ist gesellschaftliche Betätigung und als solche Gegenstand sozialwissenschaftlicher Theoriebildung und eine physikalische Kategorie, zu der die thermodynamische Physik den Zugang eröffnet. Daß die thermodynamischen Gesetze sozialwissenschaftlich zu reflektierende Relevanz erhalten und sogar zu einem Politikum werden können, ist den Widersprüchen zwischen dem gesellschaftlichen Ordnungsprinzip der Verwertung von Kapital und den Bedingungen der Naturumformung zur Produktion konkreter Gebrauchswerte geschuldet. Diese Widersprüche sind heute bedeutsamer als zur Zeit, in der Marx seine „Kritik der Politischen Ökonomie“ verfasste, und deshalb müssen sie von einer Kritik der Politischen Ökonomie heute *explizit* aufgegriffen und in das theoretische System integriert werden. Ökonomische Theorie kommt um eine Theorie des Gebrauchswerts nicht mehr herum; in ihr kommt dem Entropiebegriff ein zentraler Stellenwert zu.

7. Fünf Dimensionen der Widersprüche von Ökologie und Ökonomie

Die „Verdoppelungen", insbesondere die von Verwertungsprozeß und Arbeitsprozeß, und die daraus resultierenden Widersprüche zwischen kapitalistischer Verwertungsdynamik (Formseite) und naturgegebenen ökologischen Bedingungen (Naturseite) von Produktion und Reproduktion verweisen auf unterschiedliche, nicht unbedingt kompatible Ordnungsprinzipien, die das ökonomische Handeln der Menschen strukturieren. Diese können nun reformuliert werden, um das Verhältnis von Ökonomie und Ökologie näher zu bestimmen:

Quantität und Qualität.

Die Dynamik der modernen kapitalistischen Ökonomie ist in erster Linie als ein Prozeß der quantitativen Zuwächse von Werten (in der Geldform) zu erfassen: Mit dem Begriff der Wertform bei Marx bzw. der allgemeinen Maßeinheit bei Ricardo oder Keynes wird der Tatsache Rechnung getragen, daß qualitative Unterschiede ausgelöscht und folglich die Voraussetzungen geschaffen sind, ökonomische Erfolge an quantitativen Zuwächsen zu messen. Ökonomie erzeugt so (im aristotelischen Sinne) die chrestomathische Spirale der nicht mehr an die „Bedürfnisse des Hauses" gebundenen Erweiterung von Produktion und Konsumtion. Die Produktion des Überschusses wird der instrumentellen Rationalität folgend durch den Markt erzwungen; dies ist im zweiten Kapitel ausführlich begründet worden.

Im ökologischen System hingegen besteht Evolution in erster Linie darin, daß qualitative Veränderungen von Energie und Stoffen stattfinden und diese sich neu gruppieren. Soweit wir geschlossene Systeme in Rechnung stellen ist die quantitative Veränderung der Energiebilanzen und der Materialausstattung völlig ausgeschlossen; dies ist die Schlußfolgerung aus dem ersten und zweiten Hauptsatz der Thermodynamik. Die Menge der Energie bleibt gleich, nur ihre Qualität im Sinne der Nutzbarkeit zur Leistung von Arbeit verschlechtert sich. Daher kann es Knappheit im physikalischen Sinne nicht geben, nur ökonomische und soziale Knappheit wird im Zuge von Stoff- und Energietransformationen gemäß dem zweiten Hauptsatz erzeugt. „Wenn wir daher fossile Brennstoffe wie Kohle und Öl verbrennen oder Atomkerne spalten, vermindern wir keineswegs die Energiereserven. Im thermodynamischen Sinne kann es keine Energiekrise geben, da die Energie im Universum für alle Zeiten gleichbleibt. Doch wann immer wir Kohle oder Öl verbrennen oder eine Kettenreaktion von Kernspaltungen auslösen, erhöhen wir damit die Entropie des Universums. Anders ausgedrückt: All dies entwertet die Energiequalität im Kosmos“ (Atkins 1984, S. 32), und erst recht auf der Erde, deren fossile Energiereserven keineswegs grenzenlos sind.

Dagegen wird mit gutem Grund eingewandt, daß von geschlossenen Systemen realistischerweise nicht ausgegangen werden sollte. Die Erde ist ein offenes System, sie wird von der Sonne mit Energie versorgt (pro Jahr entspricht die auf die Erde treffende Sonnenstrahlung 178.000 Terawattjahren, Davis 1990, S. 50) und sie strahlt Wärme ins All ab (Entropieabfuhr). Auch auf der Erde selbst handeln Menschen in vernetzten und offenen Systemen. Allerdings ist in Rechnung zu stellen, daß mit dem Quantitativismus und Expansionismus der kapitalistischen Weltwirtschaft eine Tendenz wirksam ist, den gesamten Globus und auch die nicht-ökonomischen Lebenswelten dem kapitalistischen Prinzip der Verwertung zu unterwerfen, also gerade ein – ökonomisch, nicht thermodynamisch! – geschlossenes System auf der Erde realiter herzustellen. Daraus ergeben sich freilich Konsequenzen insofern, als mit der Einbeziehung nahezu aller Regionen des Globus in das Verwertungsfeld des modernen Kapitalismus die Energietankstellen und Müllhalden nicht mehr einer „anderen Welt“ angehören, sondern Teil der „Einen Welt“ geworden sind. Es ist also, wie mit anderer Begründung Koslowski bemerkt, eine „irrige Annahme, daß die Naturbeherrschung unbegrenzt ausgedehnt werden, die Wirtschaft grenzenlos expandieren könne“ (Koslowski 1989, S. 15). Ähnliches gilt für die Reserven der individuellen Lebenswelten, die ebenfalls durch die quantitative Überformung aufgezehrt werden können. Das für die Existenz einer jeden Gesellschaft notwendige „general other“, in dem jedes Individuum sich im anderen erkennen kann, wird zur Erosion gebracht.

Zeit und Raum versus Zeit- und Raumlosigkeit.

Das ökonomische System tendiert zur Beschleunigung, der zeitliche Unterschied von Ereignissen wird tendenziell auf Null reduziert. Gleichzeitigkeit ist zwar physikalisch unerreichbar, da die Irreversibilität von Stoff- und Energietransformationen und die Steigerung der Entropie die Gerichtetheit und Unumkehrbarkeit des „Zeitpfeils“ von der Vergangenheit über die Gegenwart in die Zukunft begründen (Vgl. das Schema im zweiten Kapitel). Doch kann man sich diesem Prinzip asymptotisch anzunähern versuchen, indem Irreversibilität und Entropiesteigerung ignoriert werden. Georgescu-Roegen (1971, S. 130ff) unterscheidet daher zwischen newton-physikalischer Zeit t und der sozialen Zeit T, die „durch das Bewußsein des Beobachters hindurchfließt“ (Georgescu-Roegen 1971, S. 133). In der newton-physikalischen Zeit verschwimmt die Historizität der Zeit T, also die Differenz von Vergangenheit, Gegenwart und Zukunft, zu einem bloßen Intervall, das gleichgültig zu welcher Zeit und an welchem Ort immer gleich ist. Im Sport ist der immer frustrierende Versuch, die historische Zeit auszuschalten und nur die unhistorischen Intervalle zu messen, gang und gäbe: Das Zeitintervall, das ein Rekordläufer benötigt, um 100 Meter zu schaffen, ist mit – sagen wir 10,2 Sek – identisch in Los Angeles 1980, Nairobi 2010 oder Hamburg 1878. Und doch ist es jeweils völlig verschieden im Sinne der historischen Zeit, die zwischen den Intervallmessungen verstrichen ist, und daher ist es historisch unvergleichbar, ganz abgesehen davon, daß es von der Messung der Zeit, durch die das Intervall festgehalten wird, definiert wird.

Auch im Raum werden alle Hindernisse tendenziell beseitigt, die ihm seine spezifische Charakteristik geben und ihn unverwechselbar machen. Indem Hindernisse geräumt – indem Straßen, Brücken, Tunnels, Flugplätze, Schleusen etc. – gebaut werden, verringern sich Distanzen räumlich und zeitlich. Die Qualität des Raums ebenso wie die der Zeit wird also asymptotisch auf ein Nichts reduziert: die „Vernichtung des Raums durch die Zeit" (Marx, Grundrisse, S. 423) – und umgekehrt. Die ökonomische Dynamik kapitalistischer Gesellschaften zielt daher mit den technischen Voraussetzungen für die Reduzierung von räumlichen und zeitlichen Unterschieden auf die Ignorierbarkeit von Natur. Die Bemerkung ist freilich trivial, daß ohne Zeit und Raum Natur nicht existieren kann. Mit der Ignoration von Raum und Zeit wird die Natur abgeschafft; da der Mensch selbst Naturwesen ist, wird damit auch seine Existenzweise als Naturwesen unterminiert. Konsequenterweise denkt die von historischer Zeit und konkretem Raum abstrahierende theoretische Ökonomie den Menschen als „homo oeconomicus", als einen homunculus, in den nichts als dem Rationalprinzip verpflichtete Entscheidungsregeln einprogrammiert sind. So betrachtet hat Immler mit seinem Vorwurf der „Naturvergessenheit" völlig Recht.

Reversibilität/Zirkularität und Irreversibilität.

Im ökonomischen System muß das Kapital einen expansiven Kreislaufprozeß vollziehen, wenn Verwertung gelingen soll. Dies ergibt sich aus der Logik marktwirtschaftlicher Entscheidungskalküls. Die Verpflichtung zur Überschußerzielung ist unabweisbar, wenn Produktionsprozesse kreditfinanziert wurden und Zinsen zu zahlen sind. Daher müssen alle ökonomischen Prozesse zirkulär bzw. reversibel sein. In den tradierten Kreislauffiguren und Reproduktionsschemata (angefangen mit den „tableaux économiques" von Quesnay) wird dies sehr klar zum Ausdruck gebracht. Auch in der Betriebs- und Volkswirtschaftslehre indizieren Erfolgsindikatoren (Rentabilität, Renditen, Profitrate etc.) die Zirkularität des Kapitalflusses im Verhältnis des

Ergebnisses zum vorgeschossenen Betrag (z.B. indem der Gewinn mit dem Kapitalvorschuß ins Verhältnis gesetzt und verglichen wird). Wird der Zirkel unterbrochen, kehrt also das Kapital nicht vermehrt zu sich selbst (als Profit und Zins) zurück, sind ökonomische Krisentendenzen unvermeidlich.

In der Natur hingegen sind sämtliche Prozesse der Stoff- und Energietransformation durch Irreversibilität gekennzeichnet. Dies ergibt sich schlüssig aus dem Entropiegesetz; im zweiten Kapitel ist diese Überlegung im Schema über historische Zeit skizziert worden. Die natürliche Umwandlungsrichtung von Energie und Stoffen ist im geschlossenen System mit einer unumkehrbaren Qualitätsabnahme der Energie bzw. der Stoffe verbunden. Diese naturgesetzliche und irreversible Degradation der Energie- und Stoffqualität braucht im offenen System so lange nicht zu interessieren, wie Energie und Stoff aus der Umwelt in das ökonomische System zugeführt werden können. Solange die ökonomische Theorie als "*Volks*wirtschaftslehre" oder "*National*ökonomie" konzipiert wird und sie die Beziehungen zur Umwelt lediglich als Wertflüsse (Exporte und Importe von Waren, Bewegungen von Kapital und Arbeitskraft, Finanzströme) untersucht, kann der Widerspruch zwischen Zirkularität/Reversibilität und Irreversibilität kaum ins Blickfeld gelangen. Freilich gilt auch hier die oben erwähnte Tendenz: Der Quantitativismus und Expansionismus des ökonomischen Systems selbst sind dafür verantwortlich, daß der gesamte Globus den kapitalistischen Prinzipien der Transformation von Werten und Stoffen unterworfen wird, so daß es mit der Entwicklung einer kapitalistischen Weltökonomie immer unzulässiger wird, offene Systeme mit einer an Energien und Stoffen reichen Umwelt zugrundezulegen und die Irreversibilitäten zu ignorieren.

Profit, Zins und Entropieänderung

Im ökonomischen System sind der Profit und die Profitrate auf Realkapital bzw. die Zinsrate auf Geldvermögen die Maße für den Erfolg von mikroökonomischen und – vermittelt auch – von makroökonomischen Verwertungsprozessen. Auch die Marx'sche Formel der Profitrate (Mehrwert bezogen auf den varibalen und konstanten Kapitalvorschuß) besagt ihrer logischen Struktur nach nichts anderes. Dasselbe gilt auch für die Zinsen, die schon in Prozent, also bezogen auf eine Hauptsumme vorgeschossenen Geldvermögens, ausgedrückt werden. Die Zinsrate, eine zirkuläre Maßeinheit par excellence, wird auf den Geld- und Kapitalmärkten gebildet und kann von den Kurszetteln abgelesen werden. Die Profitrate bzw. die Zinsen sind im ökonomischen System von zentraler Bedeutung, und zwar nicht nur als Maße. Ihre Größe (und die relativen Größen von Zinsen und Profitraten in diversen Ländern, Regionen oder Branchen) beeinflussen in hohem Maße Dynamik und Richtung der ökonomischen und gesellschaftlichen Entwicklung. Das ökonomische Maß der Profitrate (gleichgültig wie es indiziert wird), der Zinsen und der Wachstumsrate ist zirkulär. Die Zirkularität freilich macht nur Sinn, wenn sie expansiv, also spiralförmig ist. Null-Wachstum von Kapital ist daher nicht möglich.

Das ökologische Maß der qualitativen Prozesse von Stoff- und Energietransformation ist die Veränderung der Entropie. Es ist ein nicht-zirkuläres Maß, denn es mißt – in Analogie verwendet – die infolge von Stoff- und Energietransformationen abnehmende Ordnung von Stoffen bzw. abnehmende Verfügbarkeit von Energie im Zeitverlauf (als physikalisches Maß mißt die Entropie die inkrementale Wärmezufuhr bezogen auf die Temperatur des Systems). Ein Anstieg der Entropie ist gleichbedeutend mit einer Abnahme der Qualität der Energie im Hinblick auf deren zukünftige Umwandlung in Arbeit. Eine Entropieabnahme hingegen wäre gleichbedeutend mit der Zunahme von nutzbarer Energie (bzw. in Analogie: von nutzbaren Stoffen). Hohe Profit- und Akkumulationsraten (in Wert- bzw. Preisgrößen) indizieren in der Regel hohen Stoff- und Energiedurchsatz, d.h. – im geschlossenen System – hohe Steigerungsraten von Entropie. Die Profitrate zeigt an, daß in der Zeitspanne zwischen *Vergangenheit* und *Gegenwart* ein (Wert)überschuß über einen Kapitalvorschuß produziert worden ist. An dessen Höhe bemißt sich der Erfolg des ökonomischen Systems; von der Profitrate ist ja die Akkumulationsrate und von ihr wiederum die ökonomische Wachstumsrate abhängig. Die Entropiezuwachsrate zeigt an, daß gegenüber dem *gegenwärtigen* Zustand in der *Zukunft* weniger nutzbare Energien und Stoffe zur Verfügung stehen (von der Energiezufuhr aus einem anderen System, z.B. von der Sonne, abgesehen). Die ökonomischen und ökologischen Zeitvergleiche in den Maßen von Profitrate und Zins einerseits und Entropieveränderung andererseits sind also nicht kongruent.

Dies ist der Gegensatz, der – in anderen Begriffen, eingebettet in anderer „Weltanschauung" – auch die anthroposophischen, sich an Silvio Gesell orientierenden Ökonomen umtreibt: die exponentielle Zuwachsrate von Kapital infolge der Zins- und Zinseszinsformel einerseits und der ewige, in sich selbst ruhende und genügsame „Kreislauf des Lebens". Nur ist die Schlußfolgerung verkürzt, für die Abschaffung der Zinsen zu plädieren und die sozialen Formen des gesamten Prozesses nicht zu thematisieren, in dessen Rahmen die Verwertung von Geldvermögen an den Zinseinkommen gemessen werden.

Rationalität und Irrationalität.

Die Logik der ökonomischen Entwicklung – die wiederum der sozialen Regulation bedarf – verlangt den Anstieg von Profiten, also hohe Profit- und

Wachstumsraten des ökonomischen Systems. Davon hängen Arbeitsplätze ab, so wird der Wohlstand einer Nation gesteigert. Natürliche Transformationsprozesse auf der Erde hingegen sind so organisiert, daß die Erhaltung eines dynamischen Gleichgewichts zwischen Entropiezufuhr und -abfuhr (zwischen der Erde als globalem System und dem Universum als Umwelt) resultiert. Diese Logik domiert die Entwicklung auf der Erde (als System „Gaia" des Zusammenspiels aller Sphären der Erde, Myers 1985) seit Milliarden Jahren, auf dieser Grundlage findet Evolution statt. Leben wäre ohne eine systemisch-intelligente Organisation eines Energiegleichgewichts auf der Erde unmöglich; die lebendige Biosphäre selbst organisiert die Prozesse in Litho-, Hydro- und Atmosphäre der Erde in Richtung der geringstmöglichen Entropieproduktionsrate. Wachstum und Entwicklung, Differenzierung der Arten und deren hoch komplexes Zusammenspiel wären andernfalls ausgeschlossen. Das „steady-state-Prinzip" im ökologischen System ist also rational.

Doch was im ökologischen System rational ist, ist unter (markt)ökonomischen Aspekten irrational: eine profitlose Ökonomie. Die Marktlogik verlangt die Erzielung des (Geld)überschusses, ohne ihn muß eine mikroökonomische Einheit (ein Unternehmen) das Scheitern eingestehen und Konkurs anmelden. Nationale Makroökonomien können in die Schuldenkrise geraten, wenn die Rentabilität von Kapital und die Steigerungsraten der Produktivität der Arbeit längere Zeitperioden geringer als die Zinsen sind. Und umgekehrt: hohe Profit- und Akkumulationsraten indizieren im ökonomischen System Erfolg und für Investoren, für die Einkommen der Massen und die Beschäftigung günstige Verhältnisse. Hohe Akkumulationsraten sind aber in der Regel mit einem hohen Energie- und Stoffverbrauch verbunden und können so den Entropieanstieg des natürlichen Systems beschleunigen. Aus diesem Widerspruch zwischen Rationalität und Irrationalität ergibt sich, daß die okzidentale instrumentelle Rationalität notwendigerweise und unaufhebbar ein irrationales Element enthält. Dies gilt auch gegenüber dem naheliegenden Einwand, daß wachstumsschwache Ökonomien (z.B. in den real-sozialistischen Ländern) noch energie- und stoffintensiver gewirtschaftet haben als kapitalistische Ökonomien. Die real- sozialistischen Ökonomien haben ja auch hohe Akkumulationsraten angestrebt. Sie waren nur ökologisch destruktiv *und* ökonomisch – im Sinne der Marktlogik – wenig erfolgreich. Sie sind also kein kompensierender (Negativ)beleg für die ökonomische Vernunft der Marktwirtschaften, sondern nur für die mangelnde ökonomische (und ökologische) systemische Intelligenz der real-sozialistischen „Kommando"-Wirtschaften.

Von der kapitalistischen Produktionsweise die Lösung der ökologischen Probleme zu erwarten (Fischer 1989), ist folglich opportunistisch und naiv.

8. Die Politisierung des Widerspruchs von Ökonomie und Ökologie

Zwei Probleme ergeben sich aus der Widersprüchlichkeit von Kapitalverwertung und Naturumformung, aus den Interferenzen der Ordnungsprinzipien von Ökonomie und Ökologie. *Erstens* kommt die Produktivitätssteigerung – eine Bedingung für die Erwirtschaftung von Profit und Zinsen – durch eine Ausdehnung des menschlichen (des individuellen wie gesellschaftlichen) Zugriffs auf die Natur zustande. Die Produktivität der Arbeit ist keine schlichte Naturgabe, auch wenn die Natur „Gratisproduktivkräfte" bereitstellt, sondern das Resultat von „Tausenden von Jahrhunderten" der Menschheitsgeschichte (MEW 23, S. 539) und der dabei stattgefundenen Naturumformung. Doch erst in den wenigen Jahrhunderten, in denen kapitalistische Produkionsweise herrscht, sind Produktivitätssteigerungen systematisch und enorm stimuliert worden. Das Kapital tendiert ja dazu, seine Expansion von den Begrenzungen des „subjektiven" Produktionsfaktors Arbeit und von den Naturschranken so weitgehend wie möglich unabhängig zu machen. Dies ist ihm mit der industriellen Revolution gelungen.

Die Erhöhung der Produktivität der Arbeit kann auch interpretiert werden als beschleunigte Entropiesteigerung, wenn nicht neue „Wärmesenken" der Entropieabfuhr oder neue Energiequellen erschlossen werden können. Da die Konstruktion des perpetuum mobile aber prinzipiell ausgeschlossen ist, führt beschleunigte Produktivitätssteigerung notgedrungen zu einem beschleunigten Entropieanstieg, d.h. zu einer Qualitätsverschlechterung von Energie und Stoffen in bezug auf deren Leistungsfähigkeit zu Arbeit oder allgemeiner: im Hinblick auf deren Nutzen für die Befriedigung von Bedürfnissen der Menschen. Wohlgemerkt gilt dies nur in einem geschlossenen System; wird diese Annahme fallengelassen, kann Produktivitätssteigerung auch zustandekommen, indem aus anderen Systemen als dem, auf das die Produktivitätssteigerung bezogen wird, Energien und Stoffe zugeführt bzw. Entropie abgeführt werden. Dies gilt sowohl räumlich (der europäische Müll wird nach Afrika expediert) als auch zeitlich (den kommenden Generationen werden geplünderte Bodenschätze und Müllberge hinterlassen). Martinez-Alier (1987, S. 20ff) beschreibt überzeugend, daß die hohe Produktivität der modernen Landwirtschaft (in Geldeinnahmen gemessen) nur zustandekommen kann, indem dem Land billige Energie und viel Düngemittel (aus einem anderen System) zugeführt werden und die Vielfalt von Kulturen durch einfach und maschinell zu bearbeitende (und einfach zu vermarktende) Monokulturen substitutiert wird. Dadurch kann sich jedoch die Bodenqualität verschlechtern und die zukünftige Bodenproduktivität verringern (Vgl. auch Sieferle 1988). Indem zwei Systeme interferieren – beispielsweise die Landwirtschaft und das System, aus dem Energie und Düngemittel zugeführt werden –, bilden sie ein System, für das wiederum die Aussage von der Entropiesteigerung durch Produktivitätsentwicklung gilt.

Marx, der einerseits von der Entwicklung der Produktivkräfte die Emanzipation der Menschen aus den engen kapitalistischen Produktionsverhältnissen erwartete, war andererseits nicht so blind, die Kehrseite des Fortschritts der Produktivkräfte zu übersehen. In der Landwirtschaft, die dem Regime der industriellen Rationalität unterworfen wird, ist „jeder Fortschritt in Steigerung (der Bodenfruchtbarkeit – EA) für eine gegebne Zeitfrist zugleich ein Fortschritt im Ruin der dauernden Quellen dieser Fruchtbarkeit. Je mehr ein Land...von der großen Industrie als dem Hintergrund seiner Entwicklung ausgeht, desto rascher dieser Zerstörungsprozeß. Die kapitalistische Produktion entwickelt daher nur die Technik und Kombination des gesellschaftlichen Produktionsprozesses, indem sie zugleich die Springquellen alles Reichtums untergräbt: die Erde und den Arbeiter“ (Marx, MEW 23, S. 529f). Das Ausmaß der Zerstörung der „Springquellen“ des *Reichtums* steigt mit der Produktivkraft, d.h. mit der Reichweite menschlichen Handelns. Insofern hat die „industrielle Revolution“ weitreichendere Folgen als die „neolithische Revolution“ 10.000 Jahre zuvor. Man sieht, Marx war keineswegs „naturvergessen“, er hat die ökologische Destruktivkraft ökonomischer Produktivkraft durchaus gesehen. Erst in späteren marxistischen Ansätzen ist die Produktivkraftentwicklung als ein wesentlicher dynamisierender Faktor des Fortschritts fetischisiert worden.

Zweitens werden die genannten Widersprüche mehr und mehr politisiert, da ja der ökologisch-destruktive Prozeß der Entropiesteigerung zugleich einen Entzug von gegenwärtigen, aktuellen und zukünftigen, potentiellen Gebrauchswerten bedeutet. Deshalb kann es geschehen, daß selbstverständliche und liebgewordene Möglichkeiten der Befriedigung von menschlichen Bedürfnissen schwieriger oder teurer zu realisieren sind und manchmal gänzlich entfallen. Als Reaktion darauf bilden sich gesellschaftliche Widerstandspotentiale.

Dafür spricht ein systematischer Grund. Die bereits zitierte Aussage von der Qualitätsverschlechterung von Energie (und Stoffen) als Folge ihrer Nutzung bemißt sich an den Möglichkeiten der Befriedigung menschlicher

Bedürfnisse. Infolgedessen ist der Begriff der „Qualität“ von Energie und Stoffen anthropozentrisch aufgeladen. Rein energetisch ändert sich auch durch hundert Atombombenexplosionen auf der Erde und im Universum gar nichts; aber der Entropieanstieg löscht die Bedingungen für menschliches Leben, zumindest für zivilisiertes menschliches Leben auf dem Planeten Erde aus. Eben deshalb ist die Steigerung – und das Ausmaß der Steigerung – der Entropie kein physikalischer Prozeß allein. Es ist schließlich nicht naturbedingt, Atombomben zur Explosion zu bringen; es ist auch nicht naturgesetzlich vorherbestimmt, daß eine, zwei oder fünf Mrd. Menschen ein Auto fahren; die tropischen Regenwälder abzuholzen oder abzubrennen und damit globale klimatische Veränderungen zu provozieren, hat weder etwas mit Biologie, Metereologie oder Physik zu tun, sondern ausschließlich mit sozioökonomischen Verhältnissen und politischer Regulation. Wenn sich also die Qualität von Stoffen und Energien und von ganzen Ökosystemen für die Menschen verringert und daher die Möglichkeiten der Befriedigung von Bedürfnissen negativ tangiert werden, wird sozialer Konfliktstoff akkumuliert. Der naturgegebene Prozeß der Entropiesteigerung ist also mit dem sozialen Prozeß der Gestaltung der Rate der Entropiesteigerung verwoben.

Gegen physikalische Gesetze sozialen Widerstand zu mobilisieren, ist mehr als fruchtlos; aber das Entropiegesetz hat eine soziale Dimension und diese steht zur Disposition gesellschaftlicher Regulation. Daher wäre es auch irreführend, eine einmal gegebene Ressourcenaussattung der Menschheit zugrundezulegen, die irgendwann – natürlich – erschöpft sein dürfte, wie die frühen Berichte des Club of Rome oder Global 2000 nahelegen. Schließlich besagt der erste Hauptsatz der Thermodynamik, daß die Energie des Universums konstant bleibe. Nur verändert sich ihre Qualität gemäß dem zweiten Hauptsatz von der Entropiesteigerung, und daraus resultieren ökonomische Knappheit und die sozialen Regulationserfordernisse des Umgangs mit Knappheit. Das Ausmaß der Entropiesteigerung ist sozial gestaltbar, wenn auch keineswegs allein mit den Prozeduren des Marktes, da diese eher Teil des Problems denn Element seiner Lösung sind. Koslowski widmet sich ebenfalls dem Sachverhalt der Knappheit, wenn er schreibt: „Knapp ist nicht Materie, sondern die geordnete und lebendige organische Natur sowie qualitativ bestimmte materielle Ressourcen. Nicht Wasser schlechthin wird knapp, sondern qualitativ reines Wasser, Trinkwasser... Knapp sind nicht materielle Ressourcen an sich, sondern Strukturen und Ordnungen der Natur, in denen die Ressourcen in reiner Form und die Natur als sie selbst zur Verfügung stehen“ (Koslowski 1989, S. 19). Letztlich hat Koslowski die Natur als „organisches Ganzes“, als den „großen Organismus Erde“ (ebenda) vor Augen, der durch den selektiven Zugriff auf einzelne Ressourcen dekomponiert wird. Natur müsse als „Wert“ angesehen und „in Politik und Wirtschaft als Wert...geltend gemacht werden“ (ebenda). Wenn die Inwertsetzung der Natur in der Ökonomie aber tatsächlich und daher praktisch angegangen wird, passiert genau das, was Koslowski zu vermeiden sucht: Naturzerstörung, auch wenn „der Mensch“ Natur „im Geistigen“ transzendieren sollte. „Der Mensch“ kann sehr wohl zugleich Natur als „Wert“ anerkennen und sich den ökonomischen Zwängen der Inwertsetzung überantworten. Er kann, mit ökologischer Ethik ausgestattet und zugleich der ökonomischen Rationalität folgend, die Natur degradieren.

Also kann auf die Analyse der *sozialen Formen* des Austausches von Menschen mit der Natur und der Formen der Gesellung nicht verzichtet werden. Energetische Ansätze in der politischen Ökonomie (die Martinez-Alier 1987 ausführlich referiert) greifen zu kurz, wenn ökonomische Prozesse in Energiebilanzen bewertet werden oder wenn über die *Wert*produktivität der Natur (Immler 1984, Bunker 1985), über „die Rolle der Natur in der Bildung des Tauschwerts“ ein „langweilig abgeschmackte(r) Zank“ (Marx, MEW 23, S. 97) vom Zaum gebrochen wird. Die politische Ökonomie ist nicht naturvergessen, sondern die These von der Naturvergessenheit der Politischen Ökonomie ist *formvergessen.* Die Steigerung der Entropie bei der Produktion von Gebrauchswerten, d.h. bei der Transformation von Stoffen und Energie ist Naturgesetz, aber die „Entropieproduktionsrate“ gehorcht sozialer und politischer Gestaltung und wird daher zum Gegenstand der gesellschaftlichen Auseinandersetzung. Die hier dargestellten Dimensionen des Widerspruchs von Ökonomie und Ökologie sind somit keineswegs unausweichliches Menschheitsschicksal, sondern sie können gesellschaftlich gestaltet werden. Die Gestaltung impliziert freilich die Überwindung des oben diskutierten verdinglichten Naturbewußtseins.

9. Räumliche Polarisierung und Zeitpiraterie

Auf den ersten Blick scheint es so, als ob die Interferenzen von ökonomischer und ökologischer Krise vor allem als ein *ethisches* Problem behandelt werden könnten, dessen Lösung in der Erstellung einer asketischen Handlungspragmatik zu finden wäre: Minimiere die Zuspitzung der Widersprüche! Verwende so wenig Energie und Stoffe wie möglich! Handele so, daß die natürliche Umwelt künftigen Generationen nicht schlechter als Du sie übernommen hast, hinterlassen wird! Nimm zukünftigen Generationen nicht Optionen ihrer Entwicklung infolge einer heute herbeigeführten übermäßigen Degradation der Umwelt! Folge dem Profitprinzip, aber halte den Anstieg der Entropie in Grenzen! Beachte das Prinzip Verantwortung!

Diesen Maximen sind alle diejenigen Ansätze verpflichtet, die eine „Versöhnung" von Ökonomie und Ökologie theoretisch oder praktisch in der Umweltpolitik konzipieren. Tatsächlich ist die „Entropieproduktionsrate" bei der lebensnotwendigen Energie- und Stofftransformation variabel. Mit ethisch fundierbaren kategorischen Imperativen läßt sich ein Handeln begründen, das Techniken und soziale Organisationsformen sucht, die die Entropieproduktionsrate auf dem niedrigst möglichen Niveau begrenzen. In die dem Rationalprinzip folgenden Entscheidungsregeln werden also ökologische Kriterien, die aus einer „gaianischen Ethik" (José Lutzenberger) hergeleitet werden, eingebaut. Diese geht davon aus, daß die Erde („Gaia") ein lebendiger Organismus ist und die Stabilität des Energieflusses nur durch ein komplexes und im Sonnensystem einzigartiges Zusammenspiel von biotischer und abiotischen Sphären erreicht worden ist. Das Leben auf dem Globus sorgt also für die Erhaltung seiner eigenen Lebensbedingungen. Daraus ergibt sich die Regel, Eingriffe in die biotischen und abiotischen Kreisläufe, durch die das Zusammenspiel gestört werden kann, zu unterlassen. Allerdings müssen sich ethische Prinzipien in moralische Imperative transformieren lassen. Daher müssen sie verallgemeinerbar sein und sie dürfen anderen ethisch begründeten moralischen Imperativen nicht widersprechen. Die Debatte um eine „ökologische Ethik" hat die Inkonsistenzen der Versöhnungsabsichten von Ökonomie und Ökologie zu Tage gefördert (Vgl. Wolf 1987 und die Überlegungen von Sieferle 1988, S. 356ff). Praktisch zeigt sich der Konflikt zwischen ökologischer Ethik und anderen ethisch begründbaren Prinzipien in der Dritten Welt, wenn die Bekämpfung der Armut heute die Verschlechterung der natürlichen Lebensbedingungen morgen in Kauf nimmt. Eine Entscheidung darüber, welche Generation mehr Rechte hat, die hungernden Menschen heute auf verbesserte Ernährung oder zukünftige Generationen auf eine intakte Umwelt, kann nicht auf intergenerationell verallgemeinerbaren Prinzipien beruhen. Diese Einwände sprechen nicht dagegen, daß ethisch begründete Regeln aufgestellt werden müssen und können, um den Umgang mit der Natur zu regulieren. Sie sind sogar notwendig, da ja die marktförmige Regulation auf sich gestellt ungeeignet ist, den ökologischen Bedingungen des Wirtschaftens Rechnung zu tragen: eine ökologische Rechnung in monetären Größen ist nicht zu erstellen; denn wird der Versuch gemacht, muß die in der Warenförmigkeit enthaltene Verdinglichung und Ausblendung der Naturgebundenheit des Produzierens und Konsumierens zum Prinzip gemacht werden. Wird dieses Prinzip hingegen zurückgewiesen, ist die auf Kommodifizierung und Monetisierung beruhende ökonomische Rechenhaftigkeit eingeschränkt.

Aber kategorische Handlungsimperative sind unzureichend, wenn nicht Regeln ökologischen Handelns *institutionalisiert* werden. Bleiben sie lediglich Imperative, dann werden permanent individuelle, anstrengende Leistungen verlangt, die noch dazu in die Rationalitätsfalle individueller Entscheidungen und Handlungen zu geraten drohen: der je individuelle Beitrag zur Lösung des (ökologischen) Problems ist zu gering, als daß nicht-ökologisches Handeln im Rahmen des Ganzen ins Gewicht fiele. Die ökologische Askese ist moralisch, aber das Trittbrettfahrer-Verhalten ist rational. Die Koordinierung der vielen individuellen Handlungen wiederum ist zu schwierig und zu aufwendig, als daß sie von Dauer sein könnte. An dieser Rationalitätsfalle scheitern daher auch immer wieder „Kampagnen": gegen den Müllnotstand, gegen die Expansion des Automobilverkehrs in den Cities, zum Tropenholzboykott. Die Imperative müssen durch Institutionalisierung und Sanktionierungsmöglichkeiten zur Handlungsrestriktion für alle werden, auf die sich eine Gesellschaft (nach den Regeln der parlamentarischen Demokratie) verständigt hat. Dabei sind wir freilich mit einem neuen Problem konfrontiert, das im letzten Kapitel noch einmal aufgegriffen wird: Die zu lösenden ökologischen Probleme sind globaler und intergenerationeller Natur und daher im Rahmen einer je nationalen Gesellschaft der heute Lebenden nur unter Wahrnehmung vikarischer Funktionen lösbar.

Es wurde schon angedeutet, daß der ökonomische Expansionismus die Widersprüche, die während Jahrtausenden der Menschheitsgeschichte praktisch irrelevant oder lokal begrenzt waren, nach außen treibt. Das ökonomische System, zunächst als „Volks"wirtschaft durch nationale Grenzen umschrieben, verliert der Tendenz nach seine Offenheit indem es zu einem geschlossenen, weil erschlossenen globalen System, zur modernen kapitalistischen Weltwirtschaft wird. Die „weißen Flecken" auf der Landkarte der Erde, also die „Umwelten" des bereits erschlossenen Systems (von Europa ausgehend), verschwinden. Zunächst wird die „Umwelt" als Objekt der imperialistischen Ausbeutung, als Kolonie des kapitalistischen Kerngebiets konstituiert, später jedoch verliert das kapitalistische System seine Fähigkeit, durch Stoff- und Energiezufuhr von außen – aus den „weißen Flecken" unserer Kenntnis, die wie „schwarze Kästen" unserer ökologischen Ignoranz behandelt werden können – die Entropieabfuhr zur Kompensation der Entropiezunahme zu organisieren. Es wird mit der Erschließung der weißen Flecken und daher mit der Schließung des Systems gezwungen, seine eigene „systemische Rationalität" zu steigern. Die „Entropiesteigerung" wird auch minimiert, indem nicht mehr fernen Völkern sondern den kommenden Generationen der Müll hinterlassen wird: keine räumliche, sondern eine zeitliche und intergenerative Externalisierungsstrategie.

Die Mechanismen des ökonomischen Systems tendieren formbestimmt dazu, die Probleme zunächst zu lösen, indem die ökologischen Grenzen des ökonomischen Quantitativismus ausgeschaltet werden, das sind: die Zeit und der Raum. Das Ordnungsprinzip der Ökonomie bemächtigt sich der Natur und herrscht ihr die Logik von Quantität, Profit, Zins, Zirkularität auf. Die extensive Antwort auf die ökologische Herausforderung ist die Erschließung immer neuer Räume bislang „unberührter" Natur (Entropiesteigerung wird dadurch kompensiert, daß aus neu erschlossenen Räumen Energie zugeführt bzw. in sie Entropie abgeführt wird) – bis an die Grenzen der Tragfähigkeit der belebten und unbelebten Natur des Planeten Erde.

Die Tendenzen der Bemächtigung der äußeren Natur und die Besetzung von Zeit und Raum sind schon längst in der Politischen Ökonomie thematisiert: Marx hat in seiner Analyse des Arbeitstages und der großen Industrie gezeigt (MEW Band 23, 8. und 13. Kapitel), wie die Fabrikzeit gegen die lebensweltlichen Zeitrhythmen durchgesetzt und wie die Quantität der vom Kapital angeeigneten Zeit gegen die physischen Schranken der menschlichen Natur ausgedehnt werden. Engels hat in seiner „Geschichte der Lage der arbeitenden Klassen" in England (MEW Band 2) schon früh auf die Ausrichtung der äußeren Natur der Menschen im Prozeß der Unterwerfung der Lebensverhältnisse unter die Bedingungen des kapitalistischen Produktionsprozesses hingewiesen. Thompson (1963) beschreibt die Geschichte der Arbeiterklasse in England unter anderem als einen permanenten Kampf um die tradierten Zeitrhythmen und gegen deren Unterwerfung unter kapitalistische Zeitdisziplin. Jahreszeiten und Tageszeiten, individuelle Zeitbedürfnisse und kollektiv reservierte Zeiten (wie Feste) verlieren mehr und mehr ihre Bedeutung als *Zeitgeber* für die Rhythmik des Lebens und der Arbeit. Denn

„time is money", und daher drängt die vom Kapital angeeignete Zeit gegen alle physischen Schranken der menschlichen Natur und tendiert dazu, alle 24 Stunden der 365 Tage im Jahr ihrem Regime zu unterwerfen. Die Debatten um eine Arbeitszeitverkürzung in Westdeutschland belegen die Virulenz dieser Tendenz sehr deutlich: Es geht dabei ja unter anderem um die Entkoppelung der Maschinenlaufzeiten von den individuellen Arbeitszeiten, letztlich also darum, das kapitalistische Zeitregime von den Begrenzungen eines auf menschliche Bedürfnisse Rücksicht nehmenden Zeitregimes zu befreien.

Dem Prinzip der Verkürzung von Produktionszeiten wird mit technologischer Rationalisierung, mit Methoden der Steigerung der Arbeitsintensität, durch eine künstliche Verkürzung von Reifezeiten der Produkte, durch eine beschleunigte Katalysation chemischer Reaktionen etc. Rechnung getragen. Während in den natürlichen Kreisläufen eines Ökosystems alle Stoffe zirkulieren, werden in industriell manipulierten Kreisläufe nur bestimmte Stoffe verändert. Die Zirkulationszeiten werden durch die Herstellung des globalen Kommunikations- und Transportsystems, durch die Entwicklung des Kreditsystems, durch Werbung verkürzt. Alle diese Methoden und Tendenzen zielen darauf, die Schranken der Naturgebundenheit kapitalistischen Produzierens zu überwinden. Innovationen finden dabei „so rasch statt, daß die natürlichen Systeme keine Chance haben, Zyklen und Vernetzungen aufzubauen" (Sieferle 1988, S. 331), die Schocks absorbieren und die Ökosystementwicklung stabilisieren könnten. Die Minimierung der Relevanz von Raum und Zeit ist für die Evolution von natürlichen Systemen desaströs.

Der technische Fortschritt des Transportsystems besteht weitgehend darin, von natürlichen Reliefs abzusehen, die ja Bremsen der angestrebten Beschleunigung wären. Es werden Agglomerationseffekte ausgenutzt, um Transaktionskosten zu minimieren und die Kosten auszuschalten, die die Überwindung von Distanzen verursacht. Urbanisierung ist die Folge und mit ihr die Entstehung des Widerspruchs von Stadt und Land, von Metropolen und Peripherien, von Dominanz und Dependenz. Marx bemerkt dazu, daß „das Übergewicht der städtischen Bevölkerung...den Stoffwechsel zwischen Mensch und Erde, d.h. die Rückkehr der vom Menschen in der Form von Nahrungs- und Kleidungsmitteln vernutzten Bodenbestandteile zum Boden, also die ewige Naturbedingung dauernder Bodenfruchtbarkeit" stört (Marx, MEW 23, S. 528). Durch die Urbanisierung wird der natürliche Stoffkreislauf gestört, die städtische Müllawine zeigt dies deutlich genug. Aber darüber hinaus bilden sich auch ökologisch relevante Wertverhältnisse zwischen Stadt und Land, Metropolen und Peripherie auf dem Weltmarkts heraus: den durch Wert, Kapital und Geld begründeten Abhängigkeiten (wie im Verlauf der Schuldenkrise) entsprechen Ressourcentransfers, einseitige Energie- und Stoffflüsse (Vgl. dazu Bunker 1985, der allerdings eine einseitige ökologische Dependenztheorie entwickelt und den Wertverhältnissen keine Aufmerksamkeit widmet). Dependenz im ökonomischen Raum hat also unterbrochene ökologische Sequenzen zur Folge und daher einen Entropieanstieg, der höher ist als er es bei Nicht-Dependenz wäre.

Die Folge der Minderung der praktischen Bedeutung von Raum und Zeit sind räumliche Polarisierung und Zeitpiraterie: Mit der Zurichtung des Raums für Zirkulations- und Produktionsbeschleunigung wird seine Nutzung zur Befriedigung anderer menschlicher Bedürfnisse, z.B. derjenigen der Erholung von der Mühe der Arbeit, erschwert oder gar verunmöglicht. Raum und Zeit sind also „knappe“ Ressourcen, um die eine „Verwendungskonkurrenz“ stattfindet. Da Bedürfnisse wie dasjenige der Erholung von der Arbeit nicht ausgeschaltet sondern seine Weisen der Befriedigung nur modifiziert werden können, muß die Befriedigung räumlich transloziiert und/oder zeitlich retardiert und die Transloziierung bzw. Retardierung monetär abgegolten werden. Die Bewältigung dieser zunächst traumatischen Polarisierung wird zum Gegenstand einer neuen Industrie: der Touristikbranche, die dafür sorgt, daß die von der Zurichtung des Raums und die Einteilung der Zeit für beschleunigte und kalkulierbare ökonomische Abläufe (für Kapitalverwertungszwecke) betroffenen Menschen in zu diesem Zweck eigens vorbereitete Erholungsräume transportiert werden können. Die Zeitpiraterie äußert sich als Gegensatz von Arbeitszeit und Freizeit und in der Bemächtigung der Freizeit (Muße) durch das Zeitregime des Produktionsprozesses (Beschleunigung): der beste Konsument ist der schnelle Konsument. Die in der kapitalistischen Entwicklung angelegte räumliche Polarisierung und Entwindung der Verfügung über Zeit sind Elemente der „Entfremdung“ des Menschen von der Natur.

Räumliche Polarisierung und Zeitpiraterie sind die Ursache von sozialen und politischen Konflikten, auch wenn deren Grundlinien häufig durch Anlässe, die vordergründig mit Zeit und Raum nichts zu tun haben, überdeckt werden. Kapitalistische Gesellschaften provozieren mit ihrer durch die Geldförmigkeit und die Kapitalverwertung erzwungenen Dynamik die Konflikte nicht nur, sie stellen auch deren Bearbeitungsform zur Verfügung: Die *Monetisierung* der ökologischen Degradation der inneren und äußeren Natur des Menschen. Der ökonomische Quantitativismus, der im Widerspruch zu qualitativen ökologischen Prozessen steht, liefert also zugleich ein Lösungsmittel: das Geld. Es erzeugt nicht nur die ökonomischen und ökologischen Probleme, es bietet sich auch als Medium ihrer Bewältigung an. Der eingangs dargelegte Doppelcharakter gesellschaftlicher Prozesse erweist sich nun als

Ressource der Regelung von Konflikten: auf der stofflichen Seite erzeugte ökologische Unzuträglichkeiten werden auf der Wertseite, durch das Geld – die allgemeine Wertform – zunächst aufgefangen.

Geld wird im Austauschprozeß von Waren als die typische soziale Vermittlungsform erzeugt. Mit seinen Funktionen wird es geeignet, auch komplexe Probleme zu bewältigen und als „Kuppler sozialer Beziehungen", auch als Kompensator sozialer Schäden zu wirken. Geld ist die soziale Voraussetzung für die Internalisierung externer Effekte. Gesundheitsschädigungen durch den Arbeitsprozeß werden durch Lohnzulagen kompensiert. Die Luftverschmutzung wird mit einem „Schmutzbonus" bezahlt. Die Wasserverunreinigung durch Abwässer wird durch eine Abwasserabgabe abgegolten. Und umgekehrt muß in Wohngebieten mit guter Luft und unzerstörter Landschaft eine höhere Miete als in belasteten Gegenden gezahlt werden. Zum Warenkorb des Durchschnittsbürgers in hochentwickelten Industriegesellschaften gehört die mit dem Urlaubsgeld finanzierte jährliche Ferienreise. Mit Geld werden die expropriierten Zeitquanten beglichen und gleichzeitig wird der globale Raum in eine Warensammlung (z.B. von Ferienparadiesen) verwandelt, deren Elemente zur zeitweisen Nutzung gekauft werden können.

Mit der Kategorie des Geldes werden die verschiedenen Erscheinungsformen von ökologischer Degradation, d.h. von Entropiesteigerung, auf eine gemeinsame Qualität gebracht und daher dem ökonomischen Rationalkalkül zugänglich gemacht. Die Wasserverschmutzung ist in Geld bewertet mit dem in Geld ausgdrückten Verlust an Artenvielfalt oder den Kosten der Urlaubsreise vergleichbar. Das Geld ist nun nicht nur Medium der Kompensation von Umweltschäden, sondern zugleich Medium der Rationalisierung des Umgangs mit ökologischer Degradation. Daß dabei allerdings Rationalitätsschranken aufgebaut werden, ist zu Beginn dieses Kapitels ausgeführt worden. Es wird im Zuge der Monetisierung vorausgesetzt, daß erstens Geld als Kaufmittel für die Kompensation der verlorenen Zeiten und Räume zur Verfügung steht und zweitens Kompensationsangebote von Raum und Zeit auch gemacht werden. Geld ist schließlich Medium marktvermittelter Austauschbeziehungen und setzt daher Nachfrage und Angebot voraus. Mit Geld sind aber nicht nur Kompensationsleistungen zu erstehen, sondern auch kostspielige Reparaturen an der degradierten Umwelt durchzuführen, sofern Zahlungsbereitschaft (eine Geldnachfrage) für Maßnahmen dieser Art besteht. Dies bedeutet: Nachdem die Natur im Zuge des ökonomischen Expansionismus zunächst so weitgehend degradiert wurde, daß die menschliche Existenz in Teilen des Globus bedroht ist, richtet sich der Expansionismus auf die bedrohte Umwelt selbst, um sie als *Artefakt* zu rekonstruieren. Dies kann zum einen als eine spezifische Leistung des modernen ökonomischen Systems interpretiert werden: Ökologische Konsequenzen des Produzierens und Konsumierens können in das System der Werte mit Hilfe des Mediums Geld zurückgeholt und so durch den Aufwand von „Defensivkosten des Wachstums“ bearbeitbar gemacht werden. Zum anderen wird die natürliche Umwelt nicht mehr als Ressourcenlager oder Müllcontainer sondern als produziertes Produkt des Produktionsprozesses betrachtet, sofern für das Kollektivgut rekonstruierte Umwelt das gesellschaftliche Kollektiv zu zahlen bereit und in der Lage ist. Die Wiederherstellung der Umwelt kann so zu einem Feld der Kapitalakkumulation werden.

Der „ökologische Kapitalismus“ wäre also praktisch möglich und daher theoretisch denkbar als eine Gesellschaft, die sich den eigenen „natürlichen“ Unterbau als produziertes Konsumgut ständig neu erschafft. Jedoch wird die grundlegende Charakteristik, daß auch Reparaturmaßnahmen zur Wiederherstellung eines humanen natürlichen Ambiente (die „humanisierte Natur“) mit einem Entropieanstieg verbunden sind, nicht außer Kraft gesetzt. Die Entropieabfuhr durch Reparatur an einem Segment der Umwelt ist notwendig mit einer Entropiezunahme an anderer Stelle verbunden. Also kann die Reparatur ökologischer Schäden ebensowenig wie das „Recycling“ von Abfällen eine prinzipielle Lösung des Problems bieten. Denn Abfälle oder degradierte Natur verwandeln sich in Gebrauchswerte zur Befriedigung menschlicher Bedürfnisse oder in „humanisierte Natur“ nur durch erneuten Aufwand von Energien und Stoffen. Die Reparatur wird also selbst zum Bestandteil des Problems. Es geht kein Weg daran vorbei, von vornherein Prozesse der Stoff- und Energietransformation so zu organisieren, daß der unvermeidliche Anstieg der Entropie möglichst gering gehalten wird, also in die Funktionsweise des ökonomischen Systems Imperative der Vermeidung ökologischer Schädigungen einzubauen. Der „ökologische Kapitalismus“ müßte also bei der Produktion von reparierter Umwelt nicht nur am Produkt sondern am Prozeß gemessen werden, in dessen Verlauf ja auch Entropie produziert wird. Da rational kalkulierende ökonomische Akteure nicht dem hier angesprochenen Diskurs folgen, sondern entsprechend den Vorgaben auf Finanz- und Arbeitsmärkten (Zinsen und Geldlöhne) den Produktionsprozeß organisieren und Preise zu setzen versuchen, hängt die tatsächliche Entropieproduktionsrate von Preisen, Löhnen und Zinsen ab, da durch sie Technikwahl und mithin die Art und Weise der Stoff- und Energietransformation bestimmt werden. Die Funktionsweise des „ökologischen Kapitalismus“ wird also monetär gesteuert, und darin bestehen die bedeutendsten Hindernisse seiner Realisierung.

10. Zahlungsbereitschaft und Zahlungsfähigkeit

Bevor darauf einzugehen sein wird, sind Grenzen der Zahlungsbereitschaft für ökologische Reparatur- und Vermeidungsmaßnahmen festzuhalten. Es gibt zunächst kulturelle Schranken. Denn die monetäre Kompensation ökologischer Schädigungen setzt voraus, daß die Natur bzw. die natürlichen Ressourcen in das System der Werte durch Inwertsetzung, also durch Kommodifizierung und Monetisierung einbezogen werden. Das Medium Geld kann seine Steuerungsleistungen aber nur erbringen, wenn es sich auf Märkten mit Waren austauschen kann und die Rationalitätsstandards okzidentaler, durchkapitalisierter Gesellschaften den Maßstab bilden. Nur unter dieser Bedingung kann etwa die Idee, eine mehr oder weniger „heile Natur" mit dem Griff in den Geldbeutel zurückkaufen zu können, gesellschaftliche Relevanz erhalten.

Die Anwendung der instrumentellen Rationalität des ökonomischen Diskurses auf die Natur muß akzeptiert werden. Es wird nicht in jedem Kulturkreis selbstverständlich sein, monetäre Äquivalente für natürliche Lebensbedingungen – das Wasser zum Trinken, die Luft zum Atmen, unbelastete Speisen zum Essen, eine ästhetisch nicht beeinträchtigte Landschaft zum Betrachten etc. – aufzuwenden. Die Natur muß als etwas außerhalb des Menschen Existentes betrachtet und nicht wie im heidnisch-animistischen Weltbild als etwas Beseeltes wahrgenommen werden, um ihr mit dem im Geld und seiner Rechenhaftigkeit zur höchsten Steigerung gebrachten Rationalprinzip zu Leibe rücken zu können. Es ist auch nicht selbstverständlich, natürliche Ressourcen aus dem Zusammenhang eines „Ökosystems" herauszulösen, einzeln zu bewerten und möglicherweise als „property rights" auf dem Markt gegen Geld zu tauschen oder für die Reparatur oder Erhaltung der verbleibenden Natur Geld zu zahlen. [1)]

Die Umsetzung von Zahlungsbereitschaft in die Tat erfordert *Zahlungsfähigkeit.* Letztere stellt eine Grenze dar, die selbst im okzidentalen

---

[1)] Dies wird zur höchsten Absurdität mit dem viel diskutierten und ansatzweise praktizierten Instrument der „debt for nature swaps" gebracht: Gezahlt wird (indem auf die Rückzahlung von Schulden in der einen oder anderen Form verzichtet wird) dafür, daß Areale „intakter" Natur gerade nicht in Wert gesetzt werden. Es wird also der Verzicht auf Geldeinkommen, weil auf die Verwertung von Naturbestandteilen verzichtet wird, durch Geldzahlungen „for nature" kompensiert. Das Geld, mit dem gezahlt wird, ist freilich durch die Errichtung einer globalen Schuldenökonomie und daher auf nicht einverständig als legitim akzeptierte Weise entstanden, so daß diese Art der Monetisierung der Natur auf doppelte Weise fragwürdig ist.

Kulturkreis existiert, in dem ansonsten die Monetisierung allfälliges Prinzip ist. Bei der Diskussion über die Funktionen des Geldes (drittes Kapitel) ist unterstrichen worden, daß Geld knappgehalten werden muß, soll es seine ökonomischen Funktionen ausüben. Folglich ist die Zahlungsfähigkeit in einer Geldwirtschaft prinzipiell begrenzt und mit ihr die monetäre Kompensierbarkeit ökologischer Degradation bzw. die Reparierbarkeit von Umweltschäden. Die Grenze wird aber noch enger gezogen, wenn die ökonomische Situation, die Fluktuationen von Krisen und Konjunkturen, berücksichtigt werden. In Zeiten der Hochkonjunktur ist eher Geld zum Schutz der Umwelt im Staatshaushalt locker zu machen als in einer Depression. Kompensationszahlungen für Attacken auf die Gesundheit (innere Natur) und die Umwelt (äußere Natur) sind in Zeiten ökonomischer Stagnation in Frage gestellt; erst kommt die Sicherung der Arbeitsplätze und dann der Erhalt der Natur. Ähnliches gilt im Fall hochverschuldeter Länder der Dritten Welt, deren Zahlungsfähigkeit minimiert ist: sie verfügen ja nicht über kaufkräftiges Geld sondern über „Ungeld". Wenn zuerst Armut und Elend monetär bekämpft werden müssen, bleiben die Maßnahmen zum Schutz und zur Reparatur der Umwelt zumeist auf der Strecke. Dem Druck der ökonomischen Zwänge und der Notwendigkeit, Armut zu bekämpfen, ist keine ökologische Ethik gewachsen. Dies ist der prekäre Sachverhalt, an dem die Weltbank mit ihren Programmen zur Bekämpfung der Armut und zur Erhaltung der Umwelt herumlaboriert – ganz abgesehen davon, daß die ökonomische Rendite von kreditfinanzierten Investitionsprojekten sowieso prioritär ist.

Die explizite Wahrnehmung von Umweltschädigungen, deren Thematisierung im gesellschaftlichen Raum und die Zuspitzung bis zum sozialen Konflikt freilich sind vergleichsweise neu. Erst in den 70er Jahren entflammt eine breite Bewegung an Umweltfragen, obwohl die Diskussionen über Naturzerstörung schon lange geführt werden. Warum so spät, wo es Umweltkrisen, ja -katastrophen schon häufig gegeben hat? Die Antwort ist in den gesellschaftlichen *Formen* des schon erwähnten Expansionismus zu suchen: die Unterwerfung der ökologischen Logik unter diejenige des ökonomischen Systems verändert mit den Raum- und Zeitkoordinaten auch die menschlichen Orientierungen, die Lebensrhythmen, die Denkweisen. Kulturelle Eigenheiten, mit denen der Expansionismus des Kapitals in Konflikt geraten ist oder geraten könnte, werden verdrängt, so daß daran nach gewisser Zeit des Übergangs Konflikte nicht mehr entstehen; im Gegenteil, die Moderne setzt sich gegenüber den „Residuen" der Prä-Moderne in allen gesellschaftlichen Lebensbereichen durch. In der Auseinandersetzung um die Arbeitszeit geht es zunächst um die Verteidigung lebensweltlicher, nicht-kapitalistischer

Zeitrhythmen. Wenn sich aber das kapitalistische Zeitregime erst historisch durchgesetzt hat, ist der Kampf um die Arbeitszeit eine Ausyeinandersetzung um die Aneignung von Zeitquanten durch den Arbeiter bzw. den Kapitalisten. Jetzt wird es auch möglich, Arbeitszeitquanten monetär aufzurechnen: wieviel Prozent Lohnerhöhung macht eine Arbeitszeitverkürzung von einer Wochenstunde aus?

Die „propagandistische Tendenz" des Kapitals, in seiner Expansion über alle Grenzen, den Weltmarkt herzustellen (Grundrisse, S. 311) und alle traditionellen Lebensformen im Prozeß der „inneren Landnahme" aufzulösen, ist also durchaus als ökonomische Überwindung aller anderen, auch der ökologischen Grenzen und kulturellen Eigenheiten zu interpretieren. „Jede Grenze erscheint als zu überwindende Schranke" (Grundrisse, S. 311) und schließlich herrscht überall auf dem Globus die beinahe-gleiche Konsum- und Lebensweise. „Residuen", „Traditionalismen" weichen dem „Fortschritt" der „Modernisierung" und fallen als Elemente des Widerstands gegen die „Landnahme" schließlich aus. Und tatsächlich ist lange Zeit die Potenz des Kapitals als „demiurgische" Leistung gefeiert worden. Diese Denkfigur ist nichts als eine Emanation des okzidentalen Rationalismus der Weltbeherrschung; sie ist auch in der marxistischen Tradition tief verwurzelt.

11. Drei Typen sozialer Konflikte

Die Marxsche Theorie ist als *Kritik* der Politischen Ökonomie formuliert worden. Und dennoch leistet sie einem Fortschrittsoptimismus Vorschub, der vielen Texten von Marx oder Engels oder marxistischen Analysen nach ihnen eigen ist. An die Stelle von Herrschaft der Menschen über Menschen tritt, so heißt es, die immer weitergehende Naturbeherrschung, die „Verwaltung von Sachen". Sachen können nur natürliche Bedingungen sein. Auch die vor allem von Engels und später von der Zweiten und Dritten Internationalen genährte Hoffnung auf den Fortschritt der Produktivkräfte als Sprengsatz der kapitalistischen Produktionsverhältnisse und als Nährmilch für soziale Bewegungen, für das Proletariat als den „Totengräber der alten Gesellschaft", sind in der rationalistischen Vernunft des Industriezeitalters befangen. Diese Vorstellung reicht bis in unsere Tage. Leo Kofler etwa zitiert zustimmend Arnold Toynbee: „Ich bin der Ansicht, die Menschheit wird unseres Zeitalters dereinst nicht wegen seiner schrecklichen Verbrechen noch wegen seiner erstaunlichen Erfindungen, sondern aus einem ganz anderen Grunde gedenken: Daß es seit der Morgenröte der Zivilisation, also seit 5- oder 6000 Jahren, das Zeitalter ist, in dem der Mensch daran zu denken wagte, die Wohltaten der Zivilisation der *ganzen* Menschheit zugänglich zu machen." Kofler fügt hinzu, daß dieser Satz Toynbees auch von Marx stammen könnte. Denn wie sagt Marx? „Die ganze Weltgeschichte (ist) nichts anderes als die Erziehung des Menschen durch die menschliche Arbeit als das Werden der Natur für den Menschen" (zitiert nach Kofler 1968, S. 81 und 85), eben die Humanisierung der Natur und die Naturalisierung des Menschen; das Thema ist oben diskutiert worden.

Dies kann auch so gelesen werden: Der Fortschritt der Kapitalakkumulation äußert sich als *Proletarisierung* der Menschen. Dabei wird zugleich „der Totengräber des Kapitals" erzeugt. Die *Kapitalisierung* der Natur ist zugleich Verwissenschaftlichung und Entwicklung der Produktivkräfte, die über die engen kapitalistischen Produktionsverhältnisse hinausweisen. Die *Rationalisierung* des Lebens ist zugleich die Überwindung von Traditionalismen, unbegriffenen Abhängigkeiten und von personaler Herrschaft und daher Versachlichung und die Schaffung von Spielräumen der Emanzipation. Hier treffen sich Karl Marx und Max Weber. Das *Geld* gibt zwar einerseits Anlaß für Mystifizierungen, für den „Geldfetisch", ist aber andererseits versachlichendes und daher emanzipatorisches Element, Medium globaler Kommunikation, Hebel der Schaffung der großen Industrie, Kompensationselement der Schäden von Industrialisierung an der inneren und äußeren Natur des Menschen. Mit dem Geld werden Stoff- und Energietransformationen aus dem ökologischen ins ökonomische System übersetzt und mit der Rationalität des letzteren bearbeitbar gemacht.

Allerdings hat sich in dieses Gleichungssystem ein Fehler eingeschlichen: Von der erweiterten Beherrschung der Natur und vom Übergang von der Herrschaft der Menschen über Menschen zur rationalen Verwaltung der Sachen wird die Emanzipation des Menschen erwartet – jedoch ist der Mensch selbst Teil der Natur. Mit der Beherrschung der Natur und der Verwaltung von Sachen entsteht eine neue Herrschaft über den Menschen. Der Fortschritt der Produktivkräfte wird die emphatisch in Aussicht gestellte Befreiung der Menschen ins Gegenteil verkehren, wenn die „Verwaltung von Sachen" anstelle personaler Herrschaft immer noch Herrschaft über die Natur, auch über die Menschennatur bleibt. Die Herrschaft besteht ja darin, daß der Natur eine Rationalität auferlegt wird, die nicht der ökologischen Komplexität ihrer Reproduktionsbedingungen genügt. Anders ausgedrückt: Die Entwicklung der Produktivkräfte und die „Verwaltung von Sachen" sind nicht per se Fortschritt; sie verkehren sich in anti-emanzipatorische Veranstaltungen, wenn die Entropiesteigerung des gesamten Systems die natürlichen Bedingungen des menschlichen Lebens stört oder gar zerstört, wenn also die Tragfähigkeit der Natur überbeansprucht wird, weil mit instrumenteller Rationalität zwar input und output ins Verhältnis gesetzt werden, aber dabei der gesamte throughput der Energie- und Stofftransformation nicht berücksichtigt wird. So betrachtet, kann der Fortschritt der Produktivkräfte, können Kapitalisierung, Rationalisierung und Proletarisierung die Integrität der Menschen als natürliche und als soziale Wesen zur Disposition stellen. Der in der ökonomischen Rationalität eingeschlossene Expansionismus erweitert also auf der einen Seite (und zunächst) die Reichweite des menschlichen Handelns; immer mehr Produkte kommen als Waren in den Umkreis des durch den Markt gesteuerten und durch das Geld begrenzten Zugriffs. Auf der anderen Seite kehrt sich aber die Expansion gegen die Menschen selbst.

Es lassen sich nun drei Typen von sozialen Konflikten, die in der Dynamik der widerstreitenden Ordnungsprinzipien von Ökonomie und Ökologie erzeugt werden, unterscheiden. Zu Beginn der kapitalistischen Industrialisierung geht es noch um die Verteidigung von „prä-modernen" Lebensweisen gegen den Expansionismus und die Rationalität des ökonomischen Prinzips. Mit den sozialen Formen der kapitalistischen Vergesellschaftung, in erster Linie mit dem Geld, ist aber zugleich ein Medium der Überwindung dieser Widersprüche und der Bewältigung der daraus resultierenden sozialen Konflikte vorhanden. Die Quantifizierung des qualitativ Unterschiedlichen und die so begründete Monetisierbarkeit und Rationalisierung verschiebt die sozialen Ausandersetzungen auf die Ebene der Verteilung, wo es um die Aneignung möglichst großer, in Geld denominierter Quanta geht. Die Möglichkeit, Konflikte in diesen „traditionellen" Bahnen einzugrenzen, hängt aber davon ab, inwieweit quantitative Zuwächse gleichbedeutend mit Fortschritt sind und bleiben. Es hatte daher seine Bewandtnis, wenn im traditionellen Marxismus die Annahme vom Fortschritt der Produktivkraftentwicklung gemacht und gleichzeitig Begründungen und Perspektiven für Distributions- und Produktionskonflikte zwischen Lohnarbeit und Kapital gegeben wurden. Wenn nämlich die Annahme vom Fortschritt der Produktivkräfte infolge der ökologischen Erwägungen, wie sie hier angestellt worden sind, aufgegeben werden muß, öffnet sich die theoretische und politische Perspektive auf post-moderne, „neue" soziale Konflikte und Bewegungen. Deren Entstehungsursache und Grund des Bedeutungszuwachses in modernen Gesellschaften sind darin zu suchen, daß die monetären Kompensationsangebote für verlorene Räume und Zeiten nicht mehr ausreichen, um die Degradation der natürlichen Umwelt erträglich zu machen. Das ökonomische Prinzip der Quantifizierung und Monetisierung versagt offenbar, wenn die Entropiesteigerung bestimmte Grenzen überschreitet. Die soziale Regulationsform der monetären Kompensation erbringt ihre Leistungen also nur innerhalb bestimmter Margen degradierter Ökosysteme, bzw. die verlangten monetären Kompensationsleistungen erreichen eine Größenordnung, daß die Funktionsmodi des ökonomischen Systems überfordert werden. Das Ordnungsprinzip geringstmöglicher Entropieproduktion, die Mobilisierung systemischer Intelligenz (also nicht nur die Entwicklung energie- und stoffsparender Technologien sondern auch die Herausbildung neuer Produktions- und Konsumformen) werden zum Leitbild gesellschaftlichen Fortschritts. Folglich ist die „Rationalität“ neuer sozialer Bewegungen verschieden von derjenigen traditioneller sozialer Bewegungen, [2] für die monetäre Kompensationen zentral sind, und zwar sowohl im Hinblick auf Zielkataloge, programmatische Forderungen und die organisatorischen Mittel als auch in bezug auf die Formen der Organisation, die Adressaten und Felder der Auseinandersetzungen.

12. Ein ökologischer Marxismus?

Diesem Problem widmet sich auch James O'Connor (1988). Er versucht, mit der Formulierung einer Dialektik von Produktionsverhältnissen, Produktivkräften und *Produktionsbedingungen* die „Grundzüge eines ökologischen Marxismus“ herauszuarbeiten, also die Begründung für neue soziale Bewegungen mit neuem theoretischen Ansatz zu geben; dafür sei der Horizont des „traditionellen Marxismus“ zu eng. Sein Argument: In der kapitalistischen Produktionsweise seien zwei Typen von Krisenhaftigkeit zu unterscheiden. *Erstens* entstehen Krisen infolge der Zuspitzung des Widerspruchs zwischen Produktivkräften und Produktionsverhältnis; dies ist der Gegenstand der Analysen des „traditionellen Marxismus“. *Zweitens* rufen die Widersprüche zwischen Produktivkräften, Produktionsverhältnis und Produktionsbedingungen Krisenerscheinungen hervor und diese werden zum Gegenstand der Analyse innerhalb eines – in den Anfängen erst ausgearbeiteten – „ökologischen Marxismus“.

Tatsächlich sind Produktionsverhältnis und Produktivkräfte vertraute Kategorien in der marxistischen Theorietradition, ebenso wie diejenigen der

[2] Zur Vermeidung naheliegender Mißverstände sei hervorgehoben, daß Distributions- und Produktionskonflikte, Auseinandersetzungen um Geld (Löhne z.B.) so lange bedeutsam bleiben und durch „neue“ soziale Konflikte nicht substituiert werden, wie eine kapitalistische Geldwirtschaft existiert. Folglich werden auch „traditionelle“ Organisationen wie Gewerkschaften und Parteien keineswegs mit der Heraufkunft „neuer sozialer Bewegungen“ überflüssig. Allerdings können die traditionellen Konflikte durch die neuen sozialen Bewegungen eine vorher nicht gekannte Dynamik erhalten.

Gesellschaftsformation oder des ökonomischen Systems. Dazu wäre viel zu sagen, insbesondere zum Status und zur Interdependenz der Kategorien. Inzwischen kann davon ausgegangen werden, daß die Kategorien, wenn sie denn Sinn machen sollen, keineswegs hierarchisch gemäß dem Schema von Basis und Überbau geordnet sind. Die Produktivkräfte bestimmen nicht unilinear die Produktionsverhältnisse; letztere sind in den Produktivkräften, z.B. in der dominanten Technologie einer Gesellschaft eingeschrieben. Die Realsubstrate der Kategorien „artikulieren sich", und dem haben die Kategorien, die das theoretische System bilden, Rechnung zu tragen. Dies gilt auch für diejenige der Produktionsbedingungen, die auf einer anderen Ebene als „Produktivkräfte" und „Produktionsverhältnisse" verortet ist. Marx beschreibt in den „Grundrissen" (S. 422ff) die „allgemeinen Produktionsbedingungen" als – wie heute gesagt werden kann – infrastrukturelle Leistungen der Gesellschaft (durch den Staat) für einzelkapitalistische Produktion. Allgemeine Produktionsbedingungen reagieren auf die im wesentlichen ***stofflich-energetischen*** Notwendigkeiten eines gesellschaftlichen Reproduktionsprozesses, dessen Dynamik und Struktur durch einzelkapitalistische *Verwertungs*strategien dominiert werden. Brücken, Straßen, die allgemeine Schulbildung, die öffentliche Sicherheit etc. sind zwar für die gesellschaftliche Reproduktion, für die Kommunikation der gesellschaftlichen Individuen unabdingbar. In aller Regel aber ist deren Bereitstellung einzelkapitalistisch unrentabel und daher müssen die allgemeinen Produktionsbedingungen als „öffentliche Güter" vom Staat produziert (und der Gesellschaft zur Nutzung zur Verfügung gestellt) werden.

Auch nach O'Connor handelt es sich bei den Produktionsbedingungen um erstens die „externen physischen Bedingungen" oder „die natürlichen Elemente, welche in das konstante und variable Kapital eingehen. Zweitens gehören dazu die 'Arbeitskraft'der Arbeiter..., wenn man sie als 'die persönlichen Produktionsbedingungen' definiert. Drittens bezog sich Marx auf die '*gemeinsamen allgemeinen Bedingungen gesellschaftlicher Produktion*', d.h. auf die 'Mittel der Kommunikation'" (O'Connor 1988, S. 16; Unterstreichung O'Connor). Diese Charakterisierung ist nicht verschieden von derjenigen der allgemeinen Produktionsbedingungen, wie sie Marx in den „Grundrissen" darbietet. Ihre Eigenschaft, nicht kapitalistisch produziert worden zu sein, hat allerdings, so O'Connor, eine fatale Konsequenz: das (private) Kapital behandele sie so, als ob sie überhaupt nicht produziert werden müßten, als ob sie unbegrenzt zur Verfügung stünden. In anderen Worten: Den Elementen der Produktionsbedingungen fehlt die ökonomische Knappheit und daher gibt es kein wirksames Signal, das ihre Inanspruchnahme „rational" steuern würde. Tatsächlich sind Produktionsbedingungen (production conditions) nicht der Institution, auf der die Allokation knapper Güter stattfindet, also dem Markt, unterworfen. Die Markttheoretiker teilen diese Charakterisierung und ziehen daraus die Schlußfolgerung, „allgemeine Produktionsbedingungen" durch Eigentumsrechte so weit wie möglich zu privatisieren und deren Leistungen über den Marktmechanismus zu bepreisen, um ihre Nutzung den relativen Knappheiten gemäß zu steuern. O'Connors Überlegung führt ihn in eine andere Richtung: Weil allgemeine Produktionsbedingungen privat nicht in ausreichendem Maße bereitgestellt werden (ganz in der Galbraith'schen Tradition des Widerspruchs zwischen privatem Überfluß und öffentlicher Armut), tritt der *Staat* zwischen das Kapital und seine Produktionsbedingungen. Die Folge: diese seien von Anfang an politisiert. Ihre Ausgestaltung sei abhängig von gesellschaftlichen Kräfteverhältnissen, die wiederum von sozialen Bewegungen beeinflußt werden können. Nur wenn politische Macht im politischen Feld geltend gemacht wird, kann auf die Bereitstellung allgemeiner Produktionsbedingungen Einfluß ausgeübt werden. Der ökonomische Allokationsmechanismus versagt hier.

Das Kapital habe nun die Tendenz, seine eigenen Produktionsbedingungen zu untergraben, also eine *„Unterproduktion"* der Produktionsbedingungen herbeizuführen: „Hier können wir getrost 'Knappheit' in die Theorie der ökonomischen Krise einführen, und zwar in einer marxistischen, nicht neo-Malthusianischen Weise. Wir können auch eine Möglichkeit der *Unterproduktionn* von Kapital einführen, wenn wir denn die steigenden Kosten der Reproduktion von Produktionsbedingungen der Überlegung hinzufügen..." (O'Connor 1988, S. 26). Neben der Überproduktionskrise, die nach O'Connor vom tradionellen Marxismus analysiert worden sei (inklusive der Geld- und Kreditkrise), gäbe es also eine „Unterproduktionskrise", die Gegenstand eines ökologischen Marxismus werden müsse.

Allerdings ist der Begriff der Unterproduktion in diesem Kontext nicht besonders glücklich, da er *erstens* das impliziert, was O'Connor ablehnt: die Reproduzierbarkeit der natürlichen Produktionsbedingungen (denn nur wenn sie produziert werden können, ist Unterproduktion möglich) und daher Zirkularität und Reversibilität von Prozessen, die naturgemäß irreversibel sind. Mit der Annahme der Reproduzierbarkeit und Reversibilität kann aber, wie bereits mehrfach gezeigt worden ist, der Begriff der Knappheit nicht entwickelt werden; Knappheit entsteht gerade wegen der Irreversibilität von Stoff- und Energietransformationen. Sinn macht der Begriff der Unterproduktion allenfalls als Synonym für *Mangel* (shortage), nicht für *Knappheit* (scarcity). *Zweitens* ist Unterproduktion im O'Connorschen Sinne nichts als das Synonym für ökologische Degradation und daraus resultierende soziale Problemlagen – wie die Beispiele, die er anführt, sehr deutlich zeigen: „Beispielsweise handelt es sich dabei um die Kosten der Erhaltung der Gesundheit, die durch die kapitalistischen Arbeits- und Familienverhältnisse notwendig werden; dann die Drogen- und die Rehabilitierungskosten; die gewaltigen Summen, die als Folge der Verschlechterung der sozialen Umwelt ausgegeben werden müssen (z.B. die Kosten für die Polizei oder für Ehescheidungen); dazu gehören auch die enormen Ausgaben zur Prävention weiterer Umweltschäden, zur Reparatur oder Beseitigung der aus der Vergangenheit geerbten ökologischen Zerstörungen; auch das erforderliche Geld für die Erfindung, Entwicklung und Produktion von synthetischen Materialen und 'natürlichen' Ersatzstoffen, die als Mittel und Gegenstand der Produktion und Konsumtion dienen; die ungeheuren Summen, die gebraucht werden, um Ölscheichs und Energieversorgungsunternehmen auszuzahlen, z.B. Grundrenten, Monopolprofite usw; die Kosten der Müllbeseitigung; die außerordentlichen Kosten der Verdichtung des städtischen Raumes; die Kosten der doppelten Krise von Umwelt und Entwicklung, die die Regierungen, die Bauern und die Arbeiter in der Dritten Welt tragen müssen. Und so weiter..." (O'Connor 1988, S. 26).

Die Aufzählung ist nicht systematisch, zum Teil handelt es sich bei den Beispielen um Fälle der Degradation der natürlichen Umwelt, z.T. aber um die „Defensivkosten" des Wachstums, die zur Reparatur oder Vermeidung unerwünschter Folgen der Umweltkrise aufgewendet werden müssen. Diese Kosten sind beträchtlich; für die BRD werden sie von Leipert (1987) im Jahre 1985 auf etwa 10% des Sozialprodukts beziffert. Als Defensivkosten sind die ökologischen Schäden aber ins System der Werte und der Marktrationalität transferiert und darin nach den Regeln der Marktlogik bearbeitbar – unter Berücksichtung der oben angegebenen Rationalitätsschranken. Die ökologische Degradation kann die Kehrseite ökonomischer Wertsteigerung (Kosten des Wachstums) sein und obendrein noch Anlaß für erneute Wertsteigerung bieten, wenn Reparaturmaßnahmen (die ja ins Sozialprodukt eingerechnet werden) durchgeführt werden. Folglich wäre das Paradox denkbar, daß die Unterproduktionskrise im Sinne O'Connors eine Überproduktionskrise überwinden hilft. Daher wäre es möglich, daß ökologische Unterproduktions- und ökonomische Überproduktionskrise zugleich auftreten, nicht aber als die Objekte der alternativen Analyse innerhalb eines „traditionellen" bzw. „ökologischen" Marxismus.

Es wäre möglich, die „ökologische Unterproduktion" als Vermeidungsstrategie „ökonomischer Überproduktion" (und Überakkumulation) zu identifizieren. In den Kategorien der „external diseconomies" oder der „social costs of private enterprise" (Kapp 1958) wird dem ja – wenn auch in nicht-marxistischem theoretischem Rahmen – Rechnung zu tragen versucht: die privatwirtschaftliche Rentabilität kann gehoben werden, indem Vermeidungskosten von Umweltschäden vermieden werden. Und in der erwähnten Kategorie der Defensivkosten wird berücksichtigt, daß „social costs" und „external diseconomies" wenigstens partiell eine monetäre Entsprechung haben, ökologische Degradation also ins ökonomische System der Werte, wenn auch mit Zeitverzögerung, zurückwirkt.

Die Abwälzung von Kosten der Umweltbelastung auf die Gesellschaft, die sonst den Vorschuß an konstantem oder variablem Kapital erhöht hätten, ist eine entgegenwirkende Ursache gegen das „Gesetz des tendenziellen Falls der Profitrate". Rohwer, Künzel, Ipsen (1984) gehen so weit, die Steigerung der Kosten des konstanten und variablen Kapitals infolge der – späteren – Internalisierung von Umweltbelastungen als einzige plausible Ursache für den Profitratenfall zu identifizieren, nachdem sie andere Argumente für den Fall der Profitrate als nicht konsistent zurückgewiesen haben. Die „Unterproduktion" im Sinne von räumlicher und zeitlicher Externalisierung würde also „Überproduktion" im Sinne der „Überakkumulation von Kapital" temporär vermeiden helfen. Marx selbst zählt eine Reihe entgegenwirkender Ursachen gegen den Fall der Profitrate auf (MEW 25, S. 242- 250), die aber darauf geprüft werden, inwieweit sie den Kapitalvorschuß senken bzw. die Mehrwertrate steigern. Entscheidend ist unter ökologischem Blickwinkel heute die Frage, inwieweit Überakkumulation, d.h. der Fall der Profitrate vermieden werden können, wenn auf die Minimierung der Entropieproduktionsrate beim „Stoffwechsel" zwischen Mensch und Natur keine Rücksicht genommen wird. Die ökologische Rücksichtnahme würde ökonomische Kosten verursachen, die entsprechend dem Kalkül mikroökonomischer Rationalität vermieden werden sollen.

Allerdings wird der Aufwand von Energie (der ja Kosten im ökonomischen System verursacht) zur Gewinnung von Gebrauchswerten durch Isolierung von Stoffen und deren intelligenter Kombination bei hoher Durchmischung von Stoffen infolge der vorangegangenen ökologischen Degradation steigen und daher auch den Vorschuß an variablem und konstantem Kapital – unter Umständen enorm – erhöhen. Es ist leichter und daher kostengünstiger, heute Stoffe zu durchmischen als morgen die Gebrauchswerte zur Befriedigung von menschlichen Bedürfnissen von den Contra-Gebrauchswerten, z.B. den Schadstoffen, zu isolieren. Der Verzicht auf Isolierung chemischer Schadstoffe und deren Lagerung auf offenen Deponien verringert die Kosten des konstanten Kapitals heute, erhöht sie aber in der Zukunft. Die „Verdrängung“ von Dioxin-belasteten Abfällen auf wenig gesicherte Deponien ist heute kostensparend, verursacht aber hohe Entsorgungskosten in der Zukunft. Die Verklappung von Abwässern in Flüssen und Meeren senkt die Produktionskosten heute, erhöht aber die Reproduktionskosten morgen. Und die Zukunft zwanzig Jahre zuvor ist heute Gegenwart. „Unterproduktion“ kann also Vermeidungsstrategie von Überproduktion sein. Sie resultiert aus der marktrationalen Entscheidungslogik innerhalb des Systems der Werte. Unterproduktion wirkt auf das System der Werte zurück, indem der Aufwand für das konstante und variable Kapital steigt, infolgedessen die Profitrate (sofern keine kompensierende Erhöhung der Mehrwertrate stattfindet) fällt, wodurch wiederum die von O'Connor angesprochene Überproduktionskrise provoziert werden kann. Die Defensivkosten des Wachstums können in einem Ausmaß zunehmen, daß sie die zusätzliche Einheit des Sozialprodukts übersteigen; Wachstum wird zu einer auch ökonomisch irrationalen Veranstaltung. Die Dimension der Zeit ist also entscheidend; ökonomische Zeithorizonte und ökologische Zeiten sind verschieden, aber sie sind nicht unabhängig voneinander. Die Analyse ökologischer Unterproduktion und ökonomischer Überproduktion sind mithin nicht verschiedenen Diskursen zuzuordnen.

13. Massenproduktion, Massenkonsum, massenhafter Energieverbrauch

Die Frage, auf die eine Antwort gegeben werden muß, lautet: Wieso sind die Produktionsbedingungen, d.h. die natürlichen Bedingungen von Produktion und Reproduktion der Menschen, heute gefährdet und warum kommt diese Gefährdung zu Bewußtsein und warum findet sie gar partiellen Eingang in ökonomische Kalküls? Zweifelsfrei gibt es einige Evidenz dafür, daß post-kapitalistische (real- sozialistische) Gesellschaften eine noch geringere systemische Intelligenz mobilisiert haben als kapitalistische, und daß vor der Heraufkunft des kapitalistischen Weltsystems Völker und Kulturen sich mit ihren (ökologischen) Reproduktionsbedingungen selbst ausgelöscht haben. Diese Tragödien jedoch spielten sich isoliert ab, und die Menschen hatten – wenn auch nicht immer – die Möglichkeit, die ökologisch gefährdeten Regionen als „Ökomigranten“ zu verlassen (Vgl. die Untersuchungen von Lamb 1989 über die Auswirkungen klimatischer Veränderungen auf Kulturen). Doch erst in der zweiten Hälfte des 20. Jahrhunderts ist es der Menschheit möglich, dem entwickelten Leben auf dem „blauen Planeten“ insgesamt ein Ende zu bereiten, sei es mit der Atombombe oder mit der Überlastung der Atmosphäre und der Gewässer und Böden durch den Eintrag von Schadstoffen (Crutzen/Müller 1989; State of the World 1990; Enquete-Kommission 1988; 1990a und 1990b).

Kein Problem wäre ja die „Aneignung" (also die Unterwerfung und Ausbeutung) der Natur, wenn die Reichweite des menschlichen Tuns räumlich und zeitlich gering wäre: Wenn nur diejenigen betroffen wären, die sich bei den Verursachern von Umweltveränderungen und Schäden zu Wort melden könnten, wenn die gegenwärtige Generation die Zerstörung mit sich selbst ausmachen müßte und die zukünftigen Generationen aus dem Spiel ließe: wenn also die Möglichkeiten der Erzeugung negativer externer Effekte nach Zeit und Raum so begrenzt wären, daß die Verursacher auch die Folgen ihres Tuns zu tragen hätten. Die geschädigten natürlichen Ressourcen müßten in der Lage bleiben können, sich zu regenerieren und vom Streß der Belastungen zu rekreieren. Wäre dem so, müßte über das Prinzip Verantwortung nicht philosophiert werden, gäbe es auch keinen Anlaß, von der „Antiquiertheit des Menschen" zu reden (Anders 1980). Doch im Falle der erschöpflichen Ressourcen ist deren Erhaltung prinzipiell ausgeschlossen. Jeder heute produzierte Cadillac beeinträchtigt die Gestaltungsmöglichkeiten des Lebens zukünftiger Generationen, wie Georgescu-Roegen (1971, S. 304) konstatiert. Bei regenerierbaren Ressourcen ist aber aus zwei Gründen nicht unbedingt gewährleistet, daß ihr Bestand bei der Nutzung der „flows" erhalten bleibt. *Erstens* kann ja die Nutzung über die Reproduktionsrate hinausgehen. Der Raubbau an eigentlich reproduzierbaren natürlichen Ressourcen ist ein bekanntes Phänomen in der Menschheitsgeschichte und er findet auch heute in grandiosem Umfang statt, z.B. in und an den tropischen Regenwäldern (Vgl. das folgende Kapitel) oder an den Fischreichtümern der Meere, oder an der Luft, die wir atmen müssen, oder an den Böden und damit an der Ernährungsgrundlage für alle Menschen, ganz abgesehen vom Raubbau an den in Jahrmillionen aufgebauten Bodenschätzen in der Erdkruste.

Zweitens kann der Material- und Energieaufwand zur Umwandlung des Potentials nicht erschöpflicher Ressourcen in brauchbare Formen von Energie und Stoff so groß sein, daß der dabei erfolgende Anstieg der Entropie, d.h. die Degradation des ökologischen Systems, den Gebrauchswert der Nutzung nicht erschöpflicher Ressourcen und die Abfuhr von Entropie überwiegen. In der industriell betriebenen Landwirtschaft werden zwar die Ernteerträge gesteigert, aber auch die Böden tendenziell degradiert. Das ökologische Fließgleichgewicht wird dabei nachhaltig gestört. Diesen Fall hat Georgescu-Roegen vor Augen, wenn er die Hoffnungen auf eine Nutzung der Solarenergie in der Industriegesellschaft, also auf eine „weiche" Alternative zu den fossilen und atomaren Energieträgern, als zumindest heute noch illusionär bezeichnet, auch wenn die auf die Erde treffende Sonnenstrahlung das etwa 15.000fache des derzeitigen globalen Energieverbrauchs beträgt (Davis 1990). Die Umwandlung der verfügbaren Sonnenenergie verspreche keineswegs eine „prometheische" Erfindung zu werden, wie die Bändigung des Feuers, womit die neolithische Revolution möglich wurde, oder die Konzentration des Wasserdampfes für die Erzeugung von Bewegungsenergie als Katalysator der industriellen Revolution. Denn der Flächenaufwand und die Masse an Material für die Apparate zur Umwandlung der Sonnenenergie in Wärme- und Bewegungsenergie sei so hoch, daß der nutzbare Energiegewinn vom Energie- und Stoffeinsatz übertroffen werde. Die Energiebilanz ist also, anders als im Fall des Feuers (mit einem brennenden Holzscheit können ganze Wälder in Brand gesetzt werden) und des Wasserdampfs (mit wenig Kohle kann eine Maschine betrieben werden, die das Vielfache der Kohlenmenge zu Tage fördert), negativ. Es sei dahingestellt, ob diese Einschätzung auf Dauer richtig bleibt. Auch die Nutzung der Wasserkraft, eigentlich unerschöpfliche Ressource, da von der Sonnenenergie abgeleitet, kann solch gewaltige Artefakte voraussetzen (Staudämme, Kraftwerke), daß der ökologische und manchmal auch der ökonomische Sinn mehr als fragwürdig werden. Die Aktivierung von nicht erschöpflichen Energiepotentialen ist mit Aufwand von erschöpflichem Material und Energieaufwand verbunden; sie kann in Konkurrenz zur Nutzung anderer nicht erschöpflicher Ressourcen des gleichen Ökosystems treten. Aus der Umwelt kann keine Ressource herausgelöst und vereinzelt werden, ohne die Gesamtheit zu verändern. Infolgedessen ist die geläufige Unterscheidung zwischen regenerierbaren und nicht-regenerierbaren Ressourcen fragwürdig, da immer der nicht-regenerierbare Energie- und Stoffaufwand für die Umwandlung von verfügbaren regenerierbaren Stoffen und Energien in Rechnung zu stellen ist.

Wir haben bereits gesehen, daß die Dynamik des ökonomischen Systems in der kapitalistischen Produktionsweise im Vergleich zu anderen gesellschaftlichen Systemen außerordentlich expansiv ist. Die Reichweite von Eingriffen in die Natur (räumlich und zeitlich) auszudehnen, ist das herrschende Prinzip. Der „technische" Fortschritt besteht gerade darin, die Langsamkeit natürlicher Prozesse zu beschleunigen, weit über den Punkt hinaus, an dem destruktive Wirkungen gerade noch nicht eintreten. Grenzenlosigkeit und Beschleunigung der Wertzirkulation einerseits und Begrenztheit und Irreversibilität der natürlichen Bedingungen andererseits eklatieren dort, wo die „carrying capacity" der Produktionsbedingungen bzw. der inneren und äußeren Natur des Menschen, nicht mehr ausreichen und Degradation der natürlichen

Umwelt die Folge ist, wo doch Bedürfnisbefriedigung bzw. „Lebensfreude" („enjoyment of life", Georgescu-Roegen) die Leitlinie des ökonomischen Prozesses sind, an der sich auch die Rationalität des ökonomischen Handelns bemißt. Der expansive Charakter der kapitalistischen Produktionsweise hat zur Begleiterscheinung eine Technik, deren Reichweite der Umformung von Natur immer größer wird und über das menschliche Maß – die Erkennbarkeit und Beherrschbarkeit der Folgen im Raum und in der Zeit – hinausführt. Dies gilt für einzelne Techniken, aber erst recht für das Ensemble von Techniken, die eine Technostruktur bilden. Die Tatsache, daß (negative) externe Effekte zum Problem werden können, verdankt sich also dem gesellschaftlichen Ordnungsprinzip der Ausdehnung der räumlichen und zeitlichen Reichweite des gesellschaftlichen Stoffwechsels mit der Natur (Extraktion, Produktion, Konsumtion).

Die Produktionsbedingungen (im Sinne O'Connors) sind also einer Scherenbewegung ausgesetzt: den grenzenlosen zeitlichen Beschleunigungs- und räumlichen Expansionstendenzen der Produktion und Zirkulation von Werten einerseits und der begrenzten „Tragfähigkeit" des natürlichen Systems reproduzierbarer und nicht reproduzierbarer Ressourcen andererseits, die mit der Zunahme der Entropie – zumindest infinitesimal – geringer wird. Der gesteigerte Stoff- und Energiedurchsatz von Produktion, Transport, Konsumtion und Abfall (das sind Produkte mit nicht mehr durch „Recycling" reduzierbarer Entropie) degradiert die Natur. Also sind nicht nur output und input in eine Beziehung zu setzen, die ganz nach der Zweck-Mittel-Rationalität konstruiert ist, sondern es ist auch der *throughput* zu berücksichtigen, das ist der im input und im output nicht bewertete Energie- und Stoffdurchsatz. Gemäß dem Rationalprinzip bei der Werttransformation kann ein hoher Mitteleinsatz durch einen höheren output gerechtfertigt werden. Es kommt ja nur auf die Relation des Überschusses zum bewerteten input an. Es macht – *ceteris paribus*, d.h. gemessen an dem Grad der Bedürfnisbefriedigung, an der vermittelten „Lebensfreude" – keinen ökonomischen Unterschied, ob 100 oder 1000 10% bringen. Ökologisch jedoch kann wegen eines hohen Energie- und Stoffdurchsatzes diese Relation destruktiv sein, da 100 einen wesentlich geringeren Energie- und Stoffdurchsatz bedeuten als 1000.

Auch wenn es gelingen sollte, den throughput zu bewerten und in den input oder/und output zu internalisieren, bleibt ein Prinzip gültig: In der fordistischen Industriegesellschaft gehört bei Massenproduktion mit Massenkonsumtion die Steigerung des Energie- und Stoffdurchsatzes zum Prinzip, an dem sich gesellschaftliche „Leistungsfähigkeit" und individuelle Bedürfnisbefriedigung bemessen. Der traditionelle technische Fortschritt (d.h. solange er nicht zur bewußten und manchmal kostspieligen Minimierung des „throughput" eingesetzt wird) ist das Vehikel zur Realisierung dieses Prinzips. Ohne die Motorsäge wäre die großflächige Rodung von Urwaldflächen nicht möglich; ohne Flugzeuge könnte die Aussaat von Weidegras auf gerodeten Flächen nicht gelingen; ohne Fleischfabriken und Kühltransporter wäre das Rindfleisch nicht zu vermarkten; ohne die Massennachfrage nach Rindfleisch machte das ganze keinen Sinn; ohne Verteilerketten und massiven Werbeaufwand entstünde die Massennachfrage nicht und wäre, dann wenn sie geweckt ist, nicht zu befriedigen. Ohne große Stromabnehmer (z.B. Aluminiumfabriken oder urbane Agglomerationen) sind große Wasserkraftwerke funktionslos. Ohne schwimmende Fischfabriken würde der industrialisierte Fischfang nicht möglich sein. Ohne das Massenkonsumgut Automobil kein Massenverbrauch von Petroleum, von Landschaft für den Straßenbau, von Atmosphäre als Deponie für die Schadstoffemissionen.

Industrielle Massenproduktion bedarf nicht nur der Massenkaufkraft, wodurch ein bestimmtes, nämlich fordistisches soziales System der Arbeit und Entlohnung notwendig wird, sondern auch der massenhaften Versorgung mit Rohstoffen und Energien, die noch in den entferntesten Weltgegenden der Natur entrissen werden. Mit der Mobilisierung der natürlichen Ressourcen in allen Teilen der Welt verschwinden die weißen Flecken auf der Landkarte, der gesamte Globus wird tendenziell in den Modus von Produktion und Konsumtion der fordistischen Industriegesellschaften eingegliedert. Die Prozesse der Transformation der Gesellschaften und mit ihnen des Verhältnisses zur Natur beschleunigen sich: Wozu die Industrialisierung in Europa Jahrhunderte benötigte, das wird heute in Ländern der Dritten Welt in wenigen Jahren zu erreichen versucht, nämlich die radikale Umwälzung von Gesellschaften im Zuge von Modernisierung und Zivilisierung und die Umwandlung und nicht selten die Zerstörung der Landschaft und der sozialen Systeme. Also ist das marktgesteuerte kapitalistische System nicht nur schlicht expansionistisch, es beschleunigt seine Expansion mit den immer effizienteren technischen Mitteln der Zeitreduktion und Raumüberwindung.

Für das industrielle System sind nur vergleichsweise wenige Ressourcen aus der immensen Vielfalt von anorganischen und organischen Naturstoffen und Arten des Lebens von Interesse: Mineralische Rohstoffe, landwirtschaftliche Massenprodukte und vor allem Energie. Die nicht nutzbaren Arten sind wertlos; Pflanzen sind Unkraut, nicht nutzbare Bäume bilden den Unwald, Tiere sind Schädlinge und Stoffe sind Abraum. Über das ökologische System, in dem Unkraut, Unwald und Schädlinge nützliche Wesen sind, wird die Folie der Selektion nach den Kriterien der Verwertbarkeit gelegt. Die industriell und für Zwecke der Massenkonsumtion verwertbaren Produkte umfassen nur einen Bruchteil der Vielfalt von Ressourcen der globalen, (insbesondere der tropischen) Ökosysteme. Von Holzhändlern, Minengesellschaften oder Siedlern werden gerade 2% der Ressourcen des Ökosystems Regenwald genutzt, während 98% der Vernichtung anheimgegeben werden, da sie als unnütz gelten; in indianischen Produktionsweisen ist die Relation gerade umgekehrt: 98% der Ressourcen des Waldes werden genutzt, 2% „links liegengelassen". [3] Nur wenige Länder können ihre Entwicklung auf die Ausbeutung weniger Mineralien oder energetischer Rohstoffe stützen wie die „Öl- und Sandstaaten" des Nahen Ostens; sie sind in erster Linie „Tankstellen" der Industrieländer. Aus einem Rohstoff (Petroleum) läßt sich eine fast unerschöpflich breite Palette von Plasten und Elasten mit Hilfe der Chlorchemie herstellen. Und ganz abgesehen davon ist es als fossiler Energieträger von allerhöchster Qualität. Ressourcen exportierende Länder sind oft genug gerade wegen ihres Ressourcenreichtums arm geworden, erkrankt am „dutch disease" der monokulturellen, hypertrophen Entwicklung des Ressourcenexports und der ökonomisch bedingten Vernachlässigung aller anderen Sektoren; [4] nach der Ausbeutung der Rohstofflager bleibt häufig nichts als ein Loch in der Erdkruste, die ökologische Degradation, die ökonomisch nicht mehr kompensiert werden kann.

Mit der Steigerung des Energie- und Stoffdurchsatzes und der Reduktion der Komplexität von Ökosystemen auf ausbeutbare Rohstoffminen und Energietankstellen, die der Befriedigung einer (gemessen an den von der Natur angebotenen und nicht genutzten Naturstoffen) relativ einfachen Nach-

---

[3] Diese Angaben machte der Ethnologe Darell Posey auf einer Konferenz „A desordem ecológica nach Amazonia" im Oktober 1990 in Belém, Pará. Die Daten sind nicht als exakte quantitative Aussagen zu übernehmen, sondern als Indizien für die unterschiedlichen Ordnungsprinzipien des Umgangs mit der natürlichen Umwelt in verschiedenen Produktionsweisen und Gesellschaften.

[4] Das „dutch disease" wurde nach den Erdgasfunden in Holland diagnostiziert (Vgl. Kremers 1986), nachdem infolge der Erdgasproduktion andere Sektoren der Ökonomie in Schwierigkeiten geraten sind. Expandierende Rohstoffsektoren haben zur Folge, daß sie Arbeitskräfte und andere Faktoren aus anderen Branchen der nationalen Ökonomie abziehen und abwerben, da sie in der Lage sind, höhere Löhne und Faktorentgelte zu zahlen. Wenn die Ressourcen exportiert werden, kann dies zur Steigerung des Wechselkurses führen. Die Aufwertung aber verbilligt Importe und erschwert Exporte, so daß andere Wirtschaftszweige niederkonkurriert werden können. Wenn bei so hergestellter monokultureller Abhängigkeit die Preise des Rohstoffs sinken, ist eine ökonomische Krise fast unvermeidlich. Rohstoffreichtum ist also nicht unbedingt eine gute Voraussetzung für die ausgeglichene Entwicklung einer nationalen Ökonomie.

fragestruktur der Industriegesellschaften dienen, werden auch die sozialen Verhältnisse verändert und dabei simplifiziert (Vgl. dazu Bunker 1985). Regionale oder lokale Eigenheiten gehen verloren und werden von der industriegesellschaftlichen Kultur überlagert, so daß häufig auch die sozialen Kompetenzen der Anpassung an ökologische Bedingungen aussterben. Dies ist offensichtlich in den tropischen Regenwäldern, wo das Wissen über die Fähigkeit zu angepaßten Nutzungsformen mit den regionalen Ethnien verschwindet. Die systemische Intelligenz, die einen Ausgleich von ökonomischer Nutzung und ökologischen Verhältnissen möglich macht, verringert sich. Über Amazonien schreibt Myers (1983) daher, es sei zugleich „überausgebeutet und unter seinen Möglichkeiten genutzt" („overexploited and underutilized"). Der Expansionismus, der von der ökonomischen Rationalität kapitalistischer Gesellschaften verlangt und durch den Marktmechanismus realisiert wird, überwuchert die ökologischen Modi der Reproduktion natürlicher Systeme, aber auch die über viele Generationen tradierten angepaßten Umgangsformen von regionalen Gesellschaften mit ihrer natürlichen Umwelt.

14. Positionelle Güter und die Grenzen der Marktsteuerung

Es wurde schon darauf aufmerksam gemacht, daß ökologische Degradation zeit- und raumversetzt ökonomische Wirkungen zeitigt; „Externalitäten" machen sich schließlich doch als ökonomische Kostenfaktoren im mikroökonomischen Kalkül und als Beeinträchtigungen des Lebensstandards („enjoyment of life") der Konsumenten geltend. Die Antworten darauf sind die verschiedenartigen Versuche, die Externalitäten zu internalisieren und die sozialen Kosten ins mikroökonomische Kostenkalkül zurückzuholen. Die gemeinsame Absicht dieser Ansätze ist die Rettung der Marktrationalität, die Wiederherstellung der durch Externalitäten gestörten Allokationsfunktion der Preise, die Verbesserung der Selektionswirkung der Marktprozeduren. Allerdings ist hier ein grundlegendes Problem aufgeworfen, das als „Tragik der Allmende" (Hardin 1968) und mit den „sozialen Grenzen des Wachstums" (Hirsch 1980) umschrieben worden ist.

Das produzierte Produkt kann als solches seine Gebrauchswerteigenschaft verlieren, wenn es in übermäßiger Quantität hergestellt oder wenn es wie die Allmende, das allen Gemeindemitgliedern gemeinsam zur Verfügung stehende Gemeindeland, übernutzt wird. Gebrauchswerte, so wurde ausgeführt, sind als Stoffe mit niedriger Entropie und hoher Ordnung definiert. Dabei ist freilich zu berücksichtigen, daß der Gebrauchswert eines Produkts sich nicht allein aus seiner physischen Leiblichkeit ergibt, die ihn aufgrund des intelligenten Scheidens und Kombinierens durch menschliche Arbeit kennzeichnet, sondern vom Umfeld abhängt, in das „unnütze" Stoffe (Abfall) und Energien (Abwärme) bei der Produktion und Konsumtion des Gebrauchswerts abgegeben werden können. Gebrauchswerte sind also „sphärisch gebunden", also nur als Elemente der abiotischen und biotischen Sphären Gebrauchswerte. Wenn aber das Umfeld im Zuge des Expansionismus zum integralen Teil des Systems wird, kann es nicht mehr als Medium der Entropieabfuhr bzw. Energiezufuhr genutzt werden. Gebrauchswerte verlieren ihre Eigenschaft daher, wenn Ensembles von Stoffen nicht mehr durch niedrige Entropie gekennzeichnet sind, sondern die Entropie in der Folge hohen Wachstums (und daher hohen Stoff- und Energiedurchsatzes) bei ihrer Herstellung ansteigt. Ihre Nutzung ist also nur in Grenzen und nicht grenzenlos möglich. Auch wenn der ökonomische Quantitativismus und Expansionismus grenzenlos ist, weist die ökonomische Kategorie des Gebrauchswertes doch eine Grenze auf. Diese ergibt sich nicht nur infolge der Begrenztheit menschlicher Bedürfnisse (ein Mensch kann nur eine bestimmte Menge Nahrung zu sich nehmen), sondern auch aus den Grenzen der Belastbarkeit des globalen Ökosystems. Die Ökonomie und ihr Ordnungsprinzip werden sich also selbst zum Widerspruch, bevor noch Grenzen errichtet werden, die im menschlichen Maß seiner Bedürftigkeit und seiner artikulierten Bedürfnisse bestehen. Diesem Problem muß noch nachgegangen werden, da es gravierende Schlußfolgerungen für den ökonomischen Diskurs nahelegt.

Wenn Landschaften durch den Abbau von Rohstoffen (Scheidung des gesuchten Stoffes aus dem Umfeld) zerstört werden – indem also ein Gebrauchswert durch Scheidung aus der Erdkruste gewonnen wird (Erhöhung der Ordnung, Senkung der Entropie) – werden andere Nutzungsmöglichkeiten des Naturstücks erschwert, verteuert oder verhindert. Produktion und Konsumtion von Gebrauchswerten können so viele Nicht-Gebrauchswerte (Abfälle, Abluft, Abwässer) als „Kuppelprodukte" hervorbringen, daß Herstellung und Verbrauch des nachgefragten Gebrauchswertes die Lebensverhältnisse der Menschen tendenziell unterminieren und dem „enjoyment of life" einen Dämpfer aufsetzen. In Grenzen kann der städtische Grüngürtel durch Ansiedlung von Eigenheimen genutzt werden; werden die Grenzen überschritten, wird der Grüngürtel zerstört und mit ihm die besondere Gebrauchswerteigenschaft des „Häuschens im Grünen" (dieses Beispiel bemüht Fred Hirsch 1980). Es geht also immer um eine Verwendungskonkurrenz von Ressourcen. Indem eine Ressource oder ein Produkt als Gebrauchswert genutzt wird, müssen viele andere Ressourcen oder Produkte ihre virtuelle oder aktuelle Gebrauchswerteigenschaft aufgeben.

Der Expansionismus erzeugt dann seine eigene, ihm immanente Grenze. Dies läßt sich auch am Beispiel des Automobils, des zentralen Produkts des „fordistischen“ Akkumulations- und Konsummodells, verdeutlichen: Sein Gebrauchswert für den Menschen besteht darin, Entfernungen beschleunigt überwinden, also Räume hinter sich lassen zu können, die Zeit durch den verkürzten Raum, und den Raum durch die reduzierte Zeit zu vernichten. Wenn es aber zu viele Automobile gibt, dann geht dieser Gebrauchswert eines jeden einzelnen Automobils aufgrund der Überfüllung von Fahrstrecken und Parkplätzen und wegen der begrenzten Absorptionskraft von Schwefeldioxid-, Stickstoff- und Kohlenstoffemissionen durch die Atmosphäre verloren. Je weniger Menschen über das Auto verfügen, desto gesicherter sein Gebrauchswert; je mehr Menschen autofahren, desto mehr erodiert die Gebrauchswerteigenschaft des Autos, obgleich die technische Ausstattung des Autos immer sophistifizierter werden mag. Diese bezieht sich immer auf das Ding an sich, nicht auf die Systembedingungen seiner Nutzung. Es gibt also nicht den Gebrauchswert des einzelnen Automobils als Produkt technologischer Kompetenz, sondern dieser existiert nur in Interferenz mit der Nutzung des Gebrauchswerts aller anderen Automobile auf dem Globus, ja er hängt davon ab, daß andere auf die aktuelle Bedürfnisbefriedigung aus dem virtuellen Gebrauchswert Automobil verzichten. Die Versuche der Automobilindustrie, diese Grenzen zu überwinden, indem die Nutzung des einzelnen Automobils – des von ihr produzierten Produkts – in den Systemzusammenhang eines integrierten Verkehrskonzepts gestellt wird, tragen der Tatsache Rechnung, daß ökologische Grenzen zu sozialen Grenzen (Hirsch 1980) werden, wenn das Auto nicht mehr nach individueller Neigung oder nur noch sozial begrenzt genutzt werden kann: ein für die Lebensweise zentraler Gebrauchswert verliert seine Gebrauchswerteigenschaft. Wenn der Gebrauchswert als Träger des Werts dahinschwindet, ist die Verwertung von Kapital, das zur Produktion des Autos investiert worden ist, in Gefahr. Die Fortsetzung des Produktions- und Konsummodells der automobilen Gesellschaft ist in Frage gestellt.

Denn hat das Auto wegen der ökologischen und sozialen Grenzen keinen oder nur begrenzten Gebrauchswert, dann ist es schon als Abfall produziert, ohne das Zwischenstadium der Nutzung zur Bedürfnisbefriedigung durchmachen zu können. Die Fortsetzung eines ökonomischen und sozialen Modells, das sich Absurditäten dieser Art leistet, ist nicht nur ethisch verantwortungslos; es wird selbst im ökonomischen Sinne tendenziell irrational.

Folglich geht die Autoindustrie dazu über, nicht nur Autos zu verkaufen, sondern Mobilität ... Wenn Waren als „positionelle Güter“ produziert werden, sind Grenzen der marktwirtschaftlichen Regulation erreicht. Denn der Gebrauchswert ist Träger von Wert, ohne Gebrauchswert gibt es keine Ware. Der Gebrauchswert des positionellen Gutes ist aber nicht an die einzelne Ware gebunden, sondern an die Umwelt, von deren Qualität seine Produzierbarkeit und seine Nutzungsmöglichkeiten abhängen. Über den Marktmechanismus und mit dem Medium des Geldes lassen sich die Konsumtion, die Verteilung und die Akkumulation von Produkten an der ökologischen Grenze nicht regulieren, da sie gar nicht erst den Charakter der individuell in Freiheit konsumierbaren Ware erhalten. Das Ordnungsprinzip von ökonomischer Rationalität, Preissignalen auf dem Markt und Zahlung wird ein in die Ökonomie rückwirkendes Unordnungsprinzip. Ohne Wachstumsmöglichkeiten müssen Kriterien der Verteilung zur Geltung kommen, die Gerechtigkeit nicht mehr nur als Ergebnis von Marktprozeduren definieren. Das ökonomische und soziale System bedürfen der gründlichen Reorganisation, wenn die tauschwertorientierte Produktion nur noch Gebrauchswerte mit beschränkter Fähigkeit der Bedürfnisbefriedigung hervorzubringen vermag. Daraus ergibt sich aber, daß kapitalistische Akkumulation keineswegs grenzenlos ist, obgleich die „propagandistische Tendenz“ des Kapitals keine Grenze anerkennt (Vgl. auch Koslowski 1989, S. 16f).

Doch angesichts begrenzter Ressourcenbestände und beschränkter ökologischer Tragfähigkeit des Ökosystems Erde verwandeln sich ökologische Grenzen in soziale und schließlich auch in ökonomische Rationalitätsschranken. Dies geschieht freilich nicht automatisch. Die Grenzen werden durch soziale Subjekte zu Bewußtsein und zur Geltung gebracht. Es handelt sich um „neue“ soziale Bewegungen an der ökologischen Grenze, auf der Suche nach einem Übergang zu einer anderen Akkumulations- und Regulationsweise. Sie artikulieren ein generelles gesellschaftliches Problem, und nur deshalb können sie erfolgreich sein und über sich hinauswachsen in andere Bewegungen und Organisationen hinein. So wie die soziale Frage die industrielle Gesellschaft bis zur Mitte dieses Jahrhunderts beherrschte, steht heute die ökologische Frage im Zentrum, und zwar in jedem Betrieb, in jedem Land und infolge der Vernetzung von Ökosystemen, infolge der ökonomischen Durchdringung aller Räume und wegen der weltweiten Kommunikationsstrukturen in globaler Dimension.

Auf der einen Seite tendiert das entwickelte fordistische System zur „Individualisierung“, so daß die Kompetenz des Marktes als Instanz der Vergesellschaftung mehr und mehr gefragt ist. Auf der anderen Seite haben die ökologischen Grenzen des Produktions- und Konsummodells zur Folge, daß viele und insbesondere die für die Lebensweise zentralen Güter positionellen Charakter erhalten und daher durch den Markt gar nicht mehr „rational“ im Sinne der Befriedigung von Bedürfnissen aller Individuen, die sie anzumelden vermögen, zugeordnet (alloziiert und distribuiert) werden können. Die Kompetenz des Marktes ist also notwendig geringer als die Anforderungen an seine Steuerungsleistungen verlangen.

6. Kapitel
Das Geld und die Natur: Die tropischen Regenwälder

1. Die Regenwälder in der globalen Energiebilanz

Die ökologische Stabilität bzw. das thermische Gleichgewicht des Planeten Erde sind durch das im Universum nach unserer Kenntnis wohl einzigartige Zusammenspiel von Atmosphäre, Hydrosphäre, Lithosphäre, Biosphäre und Soziosphäre determiniert; dessen Aufrechterhaltung ist die Grundlage dafür, daß im ökonomischen Prozeß durch Stoff- und Energietransformationen Gebrauchswerte hervorgebracht werden können, die der Befriedigung von Bedürfnissen der Menschen dienen und zugleich Träger des Werts sind. Nur scheinbar ist ein Ding an sich ein Gebrauchswert; nur im ökologischen Kontext, der jene Lebensqualität vermittelt, die allein die Produktion und Konsumtion des Dings als Gebrauchswert zuläßt, kann einem einzelnen Ding die Eigenschaft des Gebrauchswerts verliehen werden. Der ökologische Kontext ist, wenn auch in der Regel unausgesprochen und unreflektiert, die Grundlage des marktwirtschaftlich gesteuerten Verwertungsprozesses. Mit der Kategorie des „positionellen Gutes" ist auf diesen Sachverhalt im vorangegangenen Kapitel hingewiesen worden. Die ökologische „Budgetrestriktion" ist durch den Energiestrom der Sonne, durch den Energieumsatz in den abiotischen und biotischen Sphären der Erde und die Möglichkeit der Abstrahlung der „Abwärme" in den Weltraum bestimmt. Denn nach den Gesetzen der Thermodynamik, die im vorangegangenen Kapitel diskutiert wurden, ist nicht nur die Energiezufuhr (von der Sonne) für das Leben auf der Erde *conditio sine qua non*, sondern auch die Möglichkeit der Entropieabfuhr. Das Öko-System Erde ist also doppelt offen: gegenüber der (kurzwelligen) Sonneneinstrahlung und in Richtung des Weltalls, in das (hauptsächlich langwellige) Wärmestrahlung abgeführt werden muß. Wäre dem nicht so, würde die Erde unweigerlich aufgeheizt und menschliches Leben, vielleicht Leben schlechthin, wären nicht möglich.

Diese Restriktion erscheint in einer einfachen Bilanz, die in quantitativen Größen besagt: 178.000 Terawattjahre (ein Terawatt entspricht einer Milliarde Kilowatt) Sonneneinstrahlung pro Jahr, von denen 30% direkt reflektiert werden. Weitere 50% werden in Wärme umgewandelt und als Wärme abgestrahlt. Die restlichen 20% treiben den globalen Wasserkreislauf an, nur 0,06% der einstrahlenden Sonnenenergie unterhalten die Photosynthese, von der das Leben abhängt und von der sich die fossilen Energieträger herleiten (Davis 1990, S. 50), bevor sie ebenfalls ins Weltall abgestrahlt werden (Zur Strahlungsbilanz vgl. Enquete-Kommission 1990b, S. 129ff). Die Menge der reflektierten Sonnenstrahlung (Albedo) hängt von der Wolkenbildung, von Staubpartikeln in der Atmosphäre, von dem Charakter der Erdoberfläche ab. Die Solarkonstante (die durchschnittlich einstrahlende Menge Sonnenenergie von 1368 Watt/m2 am äußeren Rand der Atmosphäre) befindet sich außerhalb der anthropogenen Beeinflußbarkeit, die Menge der Abstrahlung von der Erde und die Reflektion (Albedo) sehr wohl. Die Menge der Abstrahlung hängt nämlich insbesondere vom Zustand der Atmosphäre und von den dadurch bedingten chemischen Prozessen ab; diese werden anthropogen beeinflußt, und zwar umso mehr, je weniger „weiße Flecken" auf der Landkarte existieren und je mehr Regionen des Globus der Logik kapitalistischer Industrialisierung gehorchen. Die Albedo wird vom Oberflächenzustand der Erde (z.B. von der Bewaldung) und vom Wasserdampf- und Aerosolgehalt der Atmosphäre beeinflußt, und diese werden auch durch den Menschen gestaltet.

Die Atmosphäre setzt sich zu 79% aus Stickstoff, zu 20% aus Sauerstoff und zu 1% aus Argon zusammen. Entscheidend für den Wärmehaushalt sind die Spurengase Kohlendioxid (vorindustriell ca 280 ppm, heute 340 ppm mit steigender Tendenz), Neon (18 ppm), Helium (5 ppm), Ozon (2 ppm), Methan (1,7 ppm), Distickoxid (ihr Beitrag zur Atmosphäre bemißt sich in „parts per million" ppm, nicht in Prozent), da sie als Filter von Sonneneinstrahlung und als Absorber von Abstrahlung der Erde fungieren. Ozon filtert in den oberen Stratosphärenschichten UV-Strahlung im Bereich von 0,2-0,3 Mikrometern, Kohlendioxid (CO_2) absorbiert die langwelligen Infrarotstrahlen im 12 Mikrometer-Bereich. Die Einstrahlung der Sonne erfolgt vor allem im kurzwelligen (ultravioletten), die Abstrahlung der Erde hauptsächlich im langwelligen (Infrarot)bereich. Wenn die Filter der kurzwelligen Strahlen (stratosphärisches Ozon) beseitigt werden und gleichzeitig Absorber der langwelligen Abstrahlung (troposphärisches CO_2, Methangas CH_4, troposphärisches Ozon, Stickoxide, Aerosole) aufgebaut werden, verändert sich die Energiebilanz des Planeten Erde. Seit der Industrialisierung haben sich die Infrarotemissionen in den Weltraum um ca 2,2 Watt/m2 infolge der Absorption in der Atmosphäre durch Spurengase verringert (Ramanathan 1989, S. 67). Harte, kurzwellige Strahlung kann die Erdoberfläche treffen und weiche, langwellige Wärmestrahlung kann den atmosphärischen Raum der Erde nicht verlassen. Die Erde wird tendenziell aufgeheizt, ein Prozeß, der als „Treibhauseffekt" breit diskutiert wird, und gleichzeitig werden die Lebewesen der ultravioletten Strahlung in stärkerem Maße ausgesetzt, als es für (menschliches) Leben zuträglich ist („Ozonloch"). Die Auswirkungen auf die terrestrischen Bilanzen zwischen den verschiedenen Sphären (Atmosphäre, Lithosphäre, Hydrosphäre, Biosphäre, Soziosphäre) sind nach derzeitigem Kenntnisstand geeignet, die Möglichkeiten des (entwickelten und zivilisierten) Lebens auf dem Planeten Erde zu bedrohen (Vgl. zu „Treibhauseffekt" und „Ozonloch" Enquete-Kommission 1988, 1990a und 1990b ; Hennicke/Müller 1989; Crutzen/Müller 1989).

Der im vorangegangenen Kapitel beschriebene Widerspruch zwischen Ökonomie und Ökologie verweist auf Ordnungsprinzipien der Soziosphäre, die offensichtlich die Wirkung der Ordnungsprinzipien der anderen Sphären in Richtung einer stabilen „steady state"-Reproduktionsrate gefährden, vielleicht außer Kraft setzen. In lokalen und regionalen Räumen ist dies im Verlauf der Erd- und Menschheitsgeschichte schon häufig passiert, und auch die kontinentalen Klimata und das globale Klima haben sich zum Teil gravierend in den Jahrmillionen, von denen wir wissen, verändert (Vgl. Ingersoll 1988; Bolin 1989; zur neueren Kulturgeschichte des Klimas vgl. Lamb 1989; zu den Klimaveränderungen in Amazonien vgl. Hoppe 1990, S. 35ff). Die kleinen und großen Eis- und Warmzeiten geben davon Zeugnis.

Doch ist mit der kapitalistischen Rationalität ein Ordnungsprinzip wirksam geworden, das sowohl die räumliche Reichweite der Stoff- und Energietransformationen auf den gesamten Globus ausdehnt als auch die zeitliche Wirkung von gegenwärtigen Handlungen bis in immer entferntere Zukünfte streckt; man denke an die Halbwertzeiten der radioaktiven Materialien, mit denen manipuliert wird. Die Funktionsmodi der biotischen und abiotischen Sphären des Ökosystems Erde werden vom Menschen verändert, so daß deren Zusammenspiel auch mit der Soziosphäre, in der sich die Menschen „gesellen", aus dem seit tausenden von Generationen eingespielten dynamischen Gleichgewicht gebracht wird. Während vor der Heraufkunft des kapitalistischen Weltsystems, vor der Entstehung der modernen industriellen Zivilisation also, trotz ökologischer Katastrophen, wie sie die Eiszeiten für das damalige Leben ja darstellten, auf der Erde ökologische „Refugien" das Überleben und sogar die Evolution von Arten möglich machten, ist heute infolge der Erschließung, Durchdringung und Inwertsetzung aller Räume und vor allem wegen der Makroveränderungen des globalen Energiehaushalts die Rückzugsmöglichkeit in Refugien nur noch eine geringe Chance. Die Metapher vom „Raumschiff Erde", das nicht mit den Methoden der „Cowboy-Ökonomie" (Boulding 1966) gelenkt werden kann, gibt diesem Sachverhalt Ausdruck.

Die globale Energiebilanz wird durch komplexe Prozesse im Zusammenspiel der Sphären aufrechterhalten; diese sind keineswegs gänzlich erforscht und die Wechselwirkungen zwischen ihnen sind nur zum Teil bekannt; wahrscheinlich ist wegen der Chaotik des Geschehens eine genaue Kenntnis der Funktionsweise des Planeten Erde immer erst post festum möglich. Wenn dem so ist, können politische Handlungen oder Unterlassungen prinzipiell nicht mit dem Argument von der Ungewißheit unserer Kenntnis begründet werden. Die bereits gesicherten Erkenntnisse über die Funktionsweise des globalen Ökosystems sind jedenfalls so umfangreich, daß deren Darstellung den Rahmen dieses Kapitels bei weitem sprengen würde. Konzentration auf einen Teilkomplex innerhalb der Ökokreisläufe ist folglich notwendig. Wenn hier von den tropischen Regenwäldern die Rede ist, dann nicht wegen einer gewissen Vorliebe für Exotik, sondern *erstens* wegen ihrer zentralen Rolle im Klimahaushalt der Erde, *zweitens* wegen ihrer ökologischen Fragilität und *drittens* wegen der fatalen Folgen, die ökonomische Inwertsetzung gerade in Tropenwaldgebieten bewirkt. Die Argumentation kann auch umgekehrt werden: Wegen der geringen ökologischen Pufferreserven, mit denen Eingriffe verarbeitet werden können (wegen der geringen „carrying capacity" für großflächige und intensive Nutzungsformen), werden durch die Anwendung des ökonomischen Prinzips der Überschußproduktion in den Regenwaldgebieten eher und in größerem Maßstab negative Effekte auf die Funktionsbedingungen des globalen Ökosystems ausgeübt als anderswo und da die Regenwälder für die globale Energiebilanz so entscheidend sind, ist deren Fragilität zugleich auch Element der Fragilität des Ökosystems Erde insgesamt. Die Beschädigung oder Zerstörung der tropischen Regenwälder ist im Vergleich zur Degradation anderer ökologischer Systeme auch deshalb besonders gravierend, weil eine Sanierung der Schäden weitgehend ausgeschlossen ist und daher heutige Handlungen morgen unerbittliche, weil irreversible Folgen zeitigen. Müllhaufen lassen sich möglicherweise abtragen, die Wasserverschmutzung läßt sich reduzieren, sogar das Ozonloch könnte langfristig wieder aufgefüllt werden. Aber der Verlust der Artenvielfalt, die auf der Erde gerade durch die intakten Regenwälder gewährleistet wird – bis zu 80% der auf dem Globus existierenden Arten haben in den Regenwäldern ihr Zuhause –, kann nicht kompensiert werden. „Keine einzige ausgerottete Art kann jemals wieder nachgemacht werden. Mit jedem Quadratkilometer Tropenwald, der fällt, werden Arten ausgelöscht. Über Hunderttausende oder über Millionen von Jahren hatten sie ihre genetische Information gesammelt und aufgebaut. Mit dem Aussterben verschwindet sie unwiederbringlich" (Reichholf 1990, S. 191). Und mit dem Verlust der Arten gehen nicht nur genetische Reserven verloren, von deren Bedeutung für den Evolutionsprozeß wir keine Vorstellung haben, sondern möglicherweise degradiert mit dem Verlust der Artenvielfalt das Biosystem Regenwald insgesamt und verliert dabei seine Potenz als Regulator des globalen Klimas.

2. Die tropischen Regenwälder und das globale Klima

Im tropischen Gürtel, etwa zwischen 10° nördlicher und 10° südlicher Breite (das ist eine engere Definition als diejenige, die auf die Fläche zwischen den Wendekreisen bei 23,6° nördlicher bzw. südlicher Breite verweist), sind die 88 Mio qkm Erdoberfläche zu 77% von Ozeanen und zu 23% von Landmassen bedeckt. Letztere sind (noch) zu etwa 50% bewaldet. Die Landfläche Amazoniens beträgt etwa 8%, die Waldfläche aber 34% der Fläche des Tropengürtels. Die Bedeutung der Tropenwälder im globalen Energiehaushalt und damit für die Entwicklung der regionalen Klimata und des globalen Klimas ergibt sich vor allem aus zwei Leistungen, die die Regenwälder erbringen: *erstens* fungieren sie als Kohlenstoffsenken, in denen durch die Photosynthese, an der das Chlorophyll des Blätterdaches maßgeblich beteiligt ist, aus 6 Molekülen Kohlendioxid und 6 Molekülen Wasser ein Zuckermolekül aufgebaut und 6 Moleküle Sauerstoff abgegeben werden. Das vor allem bei Verbrennungsprozessen freigesetzte Kohlendioxid wird also in den Tropenwäldern in Kohlenhydrate umgebaut und in der Biomasse im Zuge ihres Wachstums gespeichert, und zwar wegen der Langlebigkeit der Bäume über Jahrhunderte und Jahrtausende. Außerdem werden Sauerstoffmoleküle gebildet, die den Anlaß für die Vorstellung von den tropischen Regenwäldern als der „grünen Lunge" der Erde geben. Allerdings konsumiert der Regenwald den produzierten Sauerstoff selbst und gibt netto nichts an andere Ökosysteme der Erde ab; anders als die Ozeane sind die Regenwälder also als Sauerstofflieferanten an andere Erdregionen unbedeutend. Als Kohlenstoffsenken konsumieren die Wälder natürlich nur mehr Kohlenstoff als sie an die Atmosphäre abgeben, wenn sie sich nicht im Climax, in dem absterbende Biomasse Kohlenstoff in etwa der gleichen Menge freisetzt wie die nachwachsende in Zuckermoleküle umsetzt, sondern im Wachstumsstadium befinden.

Zweitens beeinflussen die Tropenwälder die globalen Wärmeströme, sie fungieren also als eine Art „Wärmepumpe" für die gemäßigten und kalten Zonen. Dabei spielen mehrere Effekte zusammen, deren Netto-Wirkung nur sehr schwer zu bilanzieren ist. Die klimatische Bedeutung der tropischen

Wälder ergibt sich einerseits daraus, daß von ihrer flächenmäßigen Ausdehnung der Albedo-Effekt, also das Reflektionsvermögen (bzw. das Absorptionsvermögen) von Strahlung auf der Erde abhängen; je dunkler ein Teil der Erdoberfläche, desto weniger Sonneneinstrahlung wird reflektiert und desto mehr kann absorbiert werden. Je heller umgekehrt ein Teil der Erdoberfläche, desto geringer das Absorptionsvermögen und desto stärker die Reflexstrahlung in den Raum. Dunkle Wälder reflektieren weniger Strahlung (ca 12%) als Savannen (15-19%) oder helles vertrocknetes Grasland oder nackter Boden (18-22%) (Enquete-Kommission 1990a, S. 262). Die Intensität der Abstrahlung (Albedo) steigt also mit der entwaldeten Fläche, sofern nicht kompensierend aufgeforstet wird. Dieser Effekt wirkt per Saldo abkühlend auf die Erdtemperatur, da Strahlung auf der Erde nicht in Wärmeenergie umgesetzt wird. Der Effekt ist jedoch vergleichsweise gering; würden eine Million qkm tropischer Wälder in Amazonien abgeholzt, würde die höhere Albedo die mittlere Strahlungsbilanz gerade um 0,017 Watt/km^2 verringern. Allerdings kann in größerem Umfang Strahlung im Infrarotbereich wiederum absorbiert werden, wenn in der Atmosphäre der Anteil der Spurengase Kohlendioxid und Methan erhöht wird, weil die höhere Albedo der entwaldeten Fläche durch Verbrennung von Biomasse bei der Brandrodung sowie bei der Verrottung von Biomasse über dem und im Boden zustandekommt. Bei anaerober Zersetzung von Biomasse in Reisfeldern, Stauseen oder in den Mägen der Rinder, die auf den entwaldeten Flächen weiden, wiederum wird Methangas (CH_4) freigesetzt.

Zum anderen ist der tropische Gürtel für das globale Klima wegen des durch seine Funktionsweise in Gang gehaltenen hydrologischen Zyklus zentral. Die auf die Erde einstrahlende Sonnenergie ist ja wegen der unterschiedlichen Neigungswinkel der Erde gegenüber der Sonne und wegen des im Laufe des Jahres wechselnden Erdabstands höchst unterschiedlich und muß daher auf dem Globus umverteilt werden, um die klimatischen Unterschiede, vor allem das Temperaturgefälle, nicht zu groß werden zu lassen. Sonst würden, wie das El Nino-Phänomen demonstriert (Vgl. Enquete-Kommission 1988, S. 354ff), die Luftbewegungen zu vernichtenden Orkanen beschleunigt. Die Wärmespeicher- und -transportkapazitäten der Atmosphäre über Landmassen und Ozeanen spielen dabei eine wesentliche Rolle, und diese werden von den Tropenwäldern als „Wärmepumpen" in Bewegung gesetzt und gehalten. Über das Jahr verteilt und im regionalen Durchschnitt werden mehr als 50% der Regenfälle (im Durchschnitt 2300 mm pro Jahr) Amazoniens in Form von Dampf durch die Transpiration der Pflanzen und die Verdunstung am Boden an die Atmosphäre zurückgegeben (Evapotranspiration) und innerhalb der Region rezykliert. Das vom Atlantik herangeführte Wasser wird also mehrfach rezykliert; ein Wassermolekül auf der Westdrift vom Atlantik zu den Anden fällt bis zu acht mal als Regen nieder. So kommt es, daß auch die westlichsten Regionen des Amazonasbeckens, obwohl mehrere tausend Kilometer vom Ozean entfernt, so regenreich wie die küstennahen Gebiete sind. In gemäßigten Klimazonen werden lediglich 10% der Regenfälle in der Region rezykliert, während 90% von den Ozeanen direkt herbeigeführt werden. Bei der Evapotranspiration über den großflächigen Waldgebieten steigt warme und feuchte Luft in die Höhe (ca. 10 km), die zur Erwärmung der oberen Schichten der Troposphäre (unterhalb 12 km) beiträgt und auf niedrigeren Schichten durch kältere ozeanische Strömungen ersetzt wird. Auf diese Weise kommt eine atmosphärische Zirkulation von den tropischen Breiten in die gemäßigten und polaren Regionen zustande, durch die die Tropen abgekühlt und die höheren Breiten erwärmt werden. Ohne diese Zirkulation wären die Temperaturdifferenzen auf der Erde also größer.

Die tropischen Regenwälder (Amazonien, das Kongobecken und die südostasiatischen Inselwelt) sind also als bewaldete, dunkle Erdoberfläche mit geringer Reflexstrahlung ein großflächiger Solarenergie-Absorber, eine bedeutsame „Wärmepumpe" in der atmosphärischen Zirkulation der Erde, die einen Teil der absorbierten Energie umverteilt, und obendrein eine CO_2-Falle, in der es langfristig gebunden wird. Die Tropenwälder sind also nicht nur eine fantastische „Solarenergieanlage", fantastischer als sie bislang ausgedacht und als technisches Artefakt hergestellt werden könnte. Gleichzeitig sind sie – im Wachstum – Absorber der Schadstoffe (CO_2), die bei Verbrennungsprozessen auch in anderen Weltgegenden, vor allem in den Industrieländern, freigesetzt werden. Obwohl die tropischen immergrünen Wälder gerade 3% der Erdoberfläche bedecken, leisten sie 29% der planetarischen Energieumsätze (Reichholf 1990, S. 24), genauso viel wie der gesamte offene Ozean, das „Schwungrad des Klimas" (Hennicke/Müller 1989, S. 77), der jedoch etwa 72% der Erdoberfläche bedeckt. Die Erbringung dieser Leistung freilich ist einerseits von der Qualität der Prozesse des Ökosystems tropischer Regenwald abhängig, also vom Zusammenspiel von Biosphäre, Böden, Wasserkreislauf, Nutzungsweisen durch die Menschen, andererseits von der quantitativen Ausdehnung ihrer Fläche. Wenn von den tropischen Wäldern nur ein weiteres Drittel abgeholzt würde, „würde davon zwar nur ein Prozent der Erdoberfläche betroffen sein. Aber die Auswirkung wäre so groß, wie wenn man ein Drittel des Weltmeeres, den gesamten Atlantischen Ozean vernichtet hätte..." (Reichholf 1990, S. 24).

Diese Relation, so bestürzend sie ist, umschreibt die Ausmaße der möglichen Konsequenzen für die „ökologische Budgetrestriktion“ des Planeten Erde noch unvollkommen, da von der Quantität auch die qualitative Diversität, die Artenvielfalt der Regenwälder abhängt. Diese wiederum ist für den Nährstoffkreislauf im Regenwald entscheidend und von dessen Geschlossenheit hängt der für das globale Klima so bedeutsame hydrologische Zyklus ab. In welchem Ausmaß die verschiedenen Sphären interferieren und wie fragil deren dynamisches Gleichgewicht ist, beweist die großflächige Entwaldung der Regenwälder, durch die nicht nur das Ökosystem Regenwald bis zur Vernichtung geschädigt, sondern die erdatmosphärische Zirkulation verändert wird (Vgl. Enquete-Kommission 1990a). Die Ausmaße der Entwaldung sind inzwischen bekannt: Zwischen 1970 und 1980 wurden weltweit jährlich im Durchschnitt 94.000 qkm abgeholzt oder abgebrannt, im nachfolgenden Jahrzehnt waren es aber bereits pro Jahr 168.000 qkm (Angaben der FAO, nach Frankfurter Rundschau, 17.8.1990; Repetto 1990). Allerdings ist auch diesen bereits nach oben korrigierten Daten der FAO nicht zu trauen. Denn im Jahre 1988 und 1989 sind allein in Brasilien über 200.000 qkm Regenwald vernichtet worden (Vgl. Altvater 1990, S. 43ff; Oberndörfer 1990, S. 227-229; Fearnside 1989b, S. 9).

3. Die klimatischen Effekte der Entwaldung

Die Folgen der Reduktion der Tropenwaldbestände um jährlich fast 2% für die Erdklimata sind trotz komplizierter Klimamodelle nicht genau zu prognostizieren; dies hat mit der Chaotik des Wettergeschehens zu tun, aus der sich erst dann klimatische Tendenzänderungen ermitteln lassen, wenn es für eine Umkehr sowieso zu spät ist. Es ist aber sicher, daß die Auswirkungen dramatisch sind. Nicht von ungefähr hat sich die Enquete-Kommission des Deutschen Bundestages „Vorsorge zum Schutz der Erdatmosphäre“ den mit der Vernichtung der tropischen Regenwälder bereits entstandenen Gefahren zugewandt (Enquete- Kommission 1988, 1990a, 1990b).

Mit der Entwaldung geht die Evapotranspiration zurück. Damit entfällt die Kühlung des verbleibenden Blattwerks, das bei während des ganzen Jahres hochstehender Sonne überhitzt wird und verbrennen kann. Aus dem immergrünen Regenwald würde auf den verbleibenden Waldflächen bestenfalls ein „Saison-Regenwald“ wie in den wechselfeuchten Topen (Reichholf 1990, S. 165). Die Konsequenzen für den Bestand der Arten und damit für das gesamte Biosystem und deren Rückwirkungen auf die Funktionsweise der Regenwälder im thermischen Haushalt der Erde können derzeit nur erahnt werden. Gleichzeitig verringern sich mit der Evapotranspiration die Wolkenbildung (über der Amazonas-Region lagert durchschnittlich eine Wasserdampfmasse im Bereich von 210 Mrd Tonnen – Salati 1989, S. 84; die Menge Wasserdampf in der gesamten Erdatmosphäre wird mit 525 Mrd to angegeben – Enquete-Kommission 1990b, S. 95), die Luftfeuchtigkeit, die Regenfälle und mit ihnen auch der Wärmeaufstieg in höhere Atmosphärenschichten. Modellberechnungen haben ergeben, daß bei großflächiger Rodung in Amazonien die Regenfälle um etwa 20% abnehmen würden. Dies hat einen 5%igen Rückgang des Wärmetransports zu den gemäßigten Breiten und den Polargebieten zur Folge. Diese Regionen könnten also als Folge der Entwaldung im Tropengürtel der Erde durchaus abkühlen (die Darstellung folgt Molion 1989; vgl. weniger eindeutig Enquete-Kommission 1990a, S. 261ff.), ein Effekt, der zusammen mit der vergrößerten Albedo als Folge der Entwaldung die Treibhauswirkung der Verbrennung fossiler Energieträger mildern könnte, wenn nicht mit dem Verschwinden der Regenwälder Kohlendioxid und andere Treibhausgase produziert worden wären.

Die Regenwälder sind – solange sie intakt bleiben – Netto-Absorber von Kohlenstoff in der Größenordnung von 9 kg Kohlenstoff je Hektar und Tag infolge der durch das im Blattwerk gespeicherte Chlorophyll bewirkten Photosynthese. Allein die etwa 3,5 Mio ha amazonischen Regenwaldes setzen in der Photosynthese jährlich 1,2 Mrd Tonnen Kohlendioxid in Kohlenhydrate und Sauerstoff um. Bezogen auf die 6,8 (+/-1,5) Mrd Tonnen anthropogener Kohlenstoff-Emission (1980) würde also allein Amazonien zwischen 14% und 23% des weltweit durch den Menschen freigesetzten Kohlendioxids wieder langfristig binden. Freilich wäre davon natürlich die Menge Kohlendioxid in Abzug zu bringen, die der intakte Regenwald auf natürliche Weise (Absterben von Biomasse) produzieren würde. Dennoch: die Entwaldung Amazoniens reduziert nicht nur die Kapazität der Kohlenstoffsenke, sondern ist selbst für die übermäßige Produktion von Kohlenstoff verantwortlich.

Das Ausmaß der CO_2-Produktion bei der Entwaldung von Tropenwäldern hängt von der Größe der abgebrannten oder abgeholzten Fläche, von der Dichte der Bewaldung, der Art der Vegetation, der Nutzungsweise, von der Qualität der Böden, von der Temperatur und Feuchtigkeit und von der Zeitdauer ab, die der Analyse zugrundegelegt wird. Die Menge der Biomasse ist in den verschiedenen Waldtypen sehr unterschiedlich. Schätzungen kommen je nach der verwendeten Methode zu abweichenden Resultaten. Im Amazonasgebiet sind bis zu mehr als 1000 Tonnen Biomasse je Hektar gemessen worden. Darin enthalten ist die lebende Biomasse ebenso wie die tote, aber in den Bäumen gebundene, die pflanzliche ebenso wie die tierische. Die Faustregel lautet: Eine halbe Tonne Kohlenstoff kommt auf eine Tonne Biomasse. Wegen der Unterschiede bei der Bestimmung der Biomasse (Vgl. Tabelle 4 in: Enquete-Kommission 1990a, S. 257) weichen auch die Schätzungen über die Freisetzung von Kohlenstoff als Folge der Waldvernichtung voneinander ab. Für 1980 werden die Netto-CO_2-Emissionen auf 1,5 (+/- 1,0) Mrd Tonnen geschätzt (Enquete-Kommission 1990, S. 251ff), so daß die Waldrodung zwischen 10% und 30% der gesamten anthropogenen Kohlenstoffemissionen ausmacht. Für das Jahr 1988 kommt Goldemberg zum Ergebnis, daß die Brandrodungen im brasilianischen Amazonien allein 8% zum jährlichen globalen Kohlenstoffausstoß beigetragen haben (Goldemberg 1990). Weitere Gründe für die Divergenz der Schätzungen aber ist der Zeitrahmen, da ja bei Brandrodungen unmittelbar Kohlenstoff in die Atmosphäre freigesetzt, aber zeitverzögert auch über mehrere Jahre verteilt durch die aerobe und anaerobe Verrottung emittiert wird. Darüber hinaus müssen Annahmen über die Nutzung nach der Brandrodung in die Berechnungen eingeführt werden. Bei Neupflanzungen (landwirtschaftliche Nutzung; Viehwirtschaft; Wiederaufforstung) wird in unterschiedlichem Maße Kohlenstoff gebunden. Gerade in der Vegetationsphase junger Pflanzen ist die Bindung hoch (allerdings reagieren die Pflanzen höchst unterschiedlich, so daß der „Düngeeffekt“ des Kohlenstoffs eine in ihren Wirkungen schwer abschätzbare Selektionswirkung auf die Evolution des Biosystems ausübt); nach Abschluß der Wachstumsphase ist die Neubindung von Kohlenstoff nur noch gering, die Speicherkraft aber hoch. Freilich macht der Anteil der Aufforstungen in den Tropen gerade 10% der abgeholzten oder abgebrannten Fläche aus. Da zwei Drittel der Aufforstungen industriellen Zwecken dienen, ist die Bindung von Kohlenstoff gering und die Speicherung nur kurzfristig, da die Bäume schon nach wenigen Jahren (7 bis 11) „geerntet“ werden (Enquete- Kommission 1990a, S. 116ff).

Besonders wichtig sind die klimatischen Effekte der Entwaldung zum Zweck der Anlage von Stauseen, Reisfeldern und Viehfarmen, da nun zur unmittelbaren CO_2-Produktion bei der Rodung die Methan-Emission im Verlauf der Nutzung hinzukommt: durch die anaerobe Zersetzung von Biomasse in den Wässern der Felder und Seen und in den Mägen der Rinder. Der abgebrannte Tropenwald ist also nicht nur einmaliger CO_2- Lieferant, sondern für lange Zeit CH_4-Produzent. Über diese Auswirkungen sind verläßliche Daten nicht vorhanden. Während Kohlendioxid beim Vegetationsprozeß wieder in der Biosphäre gebunden wird, bleibt Methan in der Atmosphäre; seine atmosphärische Verweilzeit beträgt etwa 10 Jahre und der potentielle Beitrag zum Treibhauseffekt ist wesentlich höher als derjenige von Kohlendioxid. Fearnside (1989a) geht davon aus, daß auf der Fläche der ca 5 Mio qkm Amazoniens bis zu 50 Mrd metrische Tonnen Kohlenstoff gespeichert sind, die im Falle der Verbrennung des amazonischen Regenwaldes im Verlauf von 50 Jahren – „eine keineswegs fantastische Schätzung für den Fall, daß die jährliche Waldvernichtung fortgesetzt werden sollte" (Fearnside 1989a, S. 25) – Jahr für Jahr etwa 1 Mrd to Kohlenstoff in die Atmosphäre freisetzen könnten; das wären an die 20% der globalen Kohlendioxidemissionen.

Beim Abbrennen entstehen auch Aerosole (die in Amazonien so genannte „fumaça branca", die weiße Rauchwolke), die – wie die Staubwolken nach Vulkanausbrüchen auch – den Strahlungshaushalt an der Erdoberfläche verändern. Die Partikelemission durch Verbrennung von Biomasse in den Tropen beläuft sich auf 70 Mio Tonnen, das sind 20-40% aller vom Menschen verursachten Veränderungen des Aerosolgehalts der Atmosphäre. Aerosole absorbieren Strahlung und lassen sie daher nicht zur Erdoberfläche durch, können darüber hinaus aber die Wolkenbildung anregen, weil die Partikel ja als Kondensationskerne für Wasserdampf fungieren. „Wenn ein zunehmender Aerosol-Gehalt beispielsweise die Albedo der Wolken erhöht, ... wird wesentlich in die Strahlungsbilanz der Erde eingegriffen, und zwar in Richtung Verminderung des Treibhauseffektes. Ob dadurch eine überregionale Wirkung erzielt wird, ist völlig ungewiß" (Enquete-Kommission 1990a, S. 263).

Man weiß, welchen direkten Effekt ein Eingriff in das Ökosystem Erde hat, aber man weiß nicht, wie die verschiedenen Effekte zusammenwirken und welches Nettoresultat klimatischer Veränderungen sie schließlich wann hervorrufen. Man weiß nur, daß in dem Augenblick, wo wir es wissen, dieses Wissen bereits zu spät gekommen sein wird, um daraus noch politisch-praktische Nutzanwendungen abzuleiten. Auf stichhaltig gesicherte Erkenntnisse zu warten, würde also keinen Sinn machen und nur bedeuten, sehenden Auges und tatenlos in die Klima-Katastrophe zu rennen.

Die Klimaveränderungen, die nur in groben Zügen und mit den wichtigsten Aspekten skizziert werden konnten, sind freilich nicht die einzigen Auswirkungen der Zerstörung des Regenwaldes. Pflanzen- und Tierarten gehen verloren und zurück bleibt ein einfaches, ökologisch weniger komplexes und produktives System als der entwickelte Regenwald mit seiner einzigartigen und für seine gleichgewichtige Reproduktion notwendigen Diversität der Arten. Ein simplifiziertes System kann ökologisch durchaus stabil sein, es ist aber – wie die Wüste – für viele Lebewesen, darunter auch den Menschen, weniger nützlich, ja es kann feindlich sein, und es wird auf gar keinen Fall die Leistungen für das globale Klima erbringen können wie der entwickelte, hoch komplexe tropische Regenwald. Er wäre wohl auch nicht mehr als Lebensraum der Waldbewohner geeignet; mit der Kultur der indigenen Völker stirbt auch das Wissen um die Nutzung der Produkte des Regenwaldes (Posey 1987; Viveiros de Castro/de Andrade 1988). Traditionelle Ethnien und ihre Kulturen gehen in der westlichen Zivilisation im Verlauf eines Prozesses der „produktiven Zerstörung" auf; den zivilisatorischen Innovationen fallen tradiertes Wissen, eingeübte Lebenspraxen und alte ökologische Umgangsformen zum Opfer. Mit ihnen verschwindet eine mögliche Alternative gegenüber dem okzidental-rationalen Ordnungsprinzip des Soziosystems, das den sozialen Evolutionsprozeß zwar beschleunigt, aber im biotischen System des Regenwaldes einen Involutionsprozeß initiiert hat, den zu stoppen die Regulationskapazität des Soziosystems derzeit (noch) überfordert.

4. Die „ökologische Benachteiligung der Tropen"

Da weder die Erde insgesamt noch irgendwelche regionale oder lokale Ökosysteme auf der Erde geschlossene sondern offene Systeme sind, werden Energien und Materie zu- und abgeführt. Selbst fragile Ökosysteme wie der tropische Regenwald des Amazonas-Beckens haben sich so über Jahrmillionen (erweitert) reproduzieren und einen aufsteigenden Evolutionsprozeß durchlaufen können. Die Funktionsweise des Biosystems ermöglicht ein Fließgleichgewicht von Energieimport, Entropieproduktion und Entropieabfuhr, das auch Ausdehnung und Differenzierung des Biosystems einschließt. Manche Autoren (so Goldsmith 1985) sind wegen der erweiterten Reproduktionsfähigkeit von biotischen Systemen zu der Auffassung veranlaßt worden, daß die thermodynamischen Gesetze für lebendige Systeme keine Gültigkeit hätten; jedoch sind sie als „Gesetze des Todes" (Goldsmith 1985) dann virulent, wenn durch Störung des Biosystems der Regelmechanismus von Energiezufuhr, Entropieproduktionsrate, die schockartig erhöht wird, und Entropieabfuhr, die durch den Einbau von Absorbern erschwert wird, nicht mehr funktioniert. Werden lebenswichtige Elemente des Regenwaldes zerstört (z.B. bei selektiver Holzextraktion), kann das gesamte System schwer geschädigt werden oder gar zugrundegehen.

Die Prinzipien der ökologischen Reproduktion des Regenwaldes sind, nachdem man sich bis in die jüngste Gegenwart Illusionen über die Robustheit der Ökokreisläufe gemacht hat, heute bekannt (Weischet 1980, von dem die Formulierung von der „ökologischen Benachteiligung der Tropen" stammt; Sioli 1983; Klinge/Adis/Furch/Junk 1987; Salati 1987; Schubart 1986; Weischet 1990; Enquete-Kommission 1990a), wenn auch noch längst nicht in allen wichtigen Einzelheiten – dazu gehört auch das Wechselspiel von Ökosystem und Soziosystem, von Natur und Gesellschaft – erforscht.

Daß die Erforschung überhaupt zum Programm werden kann (und werden muß; dazu EnqueteKommission 1990a, S. 29ff.), ergibt sich aus dem der Marktlogik folgenden instrumentellen Zugriff auf das Ökosystem Regenwald insbesondere in den wenigen vergangenen Jahrzehnten, nachdem die tropischen Länder in die moderne Weltwirtschaft integriert worden sind. Die präkapitalistischen (und prä-kolumbianischen) Völker haben in und mit dem Regenwald („konvivial") gelebt und sich als Element in das „homöostatische" Funktionieren der Regelkreise eingefügt; sie gehörten zum System und waren daher nicht Subjekte, die ein Objekt erforschten, um es auszubeuten; vielmehr war das Objekt der Forschungsbegierde in der Moderne eine Ansammlung von Subjekten in ihrer „prämodernen" Lebenswelt. Dies zeigt sich in Sprache und Mythen: Bäume haben Namen und nicht nur Gattungs- und Artenbezeichnungen, Tiere sind beseelt, Orte sind heilig und haben in der Kosmovision der Regenwaldvölker einen bestimmten Stellenwert (Cassirer 1977) – auch heute noch (Hildebrand 1987). Eine Nutzung der Wälder konnte also nur so erfolgen, wie die Reproduktionsbedingungen des Subjekts Wald sie ermöglichten. Wegen der ökologischen Benachteiligung war der Spielraum für die Ausdifferenzierung von Produktionsweisen nur gering. Die Grenzen der Nutzung kommen in der geringen Siedlungsdichte in den tropischen Regenwäldern zum Ausdruck. Würden die tropischen Regenwälder reichhaltig Nährstoffe hergeben, würden auch mehr Menschen dort gesiedelt haben als die durchschnittlich 1 Mensch auf 2 qkm – von vergleichsweise geringflächigen Gebieten mit fruchtbaren Böden abgesehen. In Amazonien gehören dazu neben dem Quellgebiet des Xingú mit Gesteinen vulkanischen Ursprungs vor allem die Várzeas, die regelmäßig in der Regenzeit überschwemmten Flußauen der „Weißwasserflüsse", die nährstoffreiche Sedimente transportieren und dort ablagern. „Die Regenwaldbewohner haben sich dem Wald angepaßt und nicht den Wald auf ihre Bedürfnisse eingestellt" (Reichholf 1990, S. 180).

In „höchstmodernen" und nach allen Regeln der Publicity international kommunizierten Deklarationen gegen die Ausbeutung natürlicher Ressourcen und die damit einhergehende Zerstörung der Umwelt, wie Ende Februar 1989 in Altamira (Pará) gegen den Bau eines riesigen Wasserkraftwerks und die damit verbundene Aufstauung des Xingú und die Flutung von mehreren tausend Quadratkilometern Primärwald (abgedruckt in Amazônia hojé, Nr 3, März 1989, S. 31), ist diese Tradition nicht vergessen: Die Natur ist „Mutter“ – eine auch für Europäer nachvollziehbare, wenn auch kitschig klingende Formel –, die Flüsse sind Brüder und der riesige Xingú-Fluß ist der große Bruder. Die Natur ist lebendig und daher keineswegs – wie in der bürgerlichen Gesellschaft – vom „Sachenrecht“ oder durch explizite Berücksichtigung von Eigentums- und Verfügungsrechten von Individuen über die Sache zu regulieren – eine Vorstellung von Umweltökonomen in neoklassischer Tradition, die diesem Naturverständnis völlig fremd wäre. Daher sind, dies nur nebenbei, Ansätze der Berücksichtigung ökologischer Auswirkungen ökonomischer Aktivitäten auf der Grundlage von Eigentums- und Verfügungsrechten – abgesehen von den immanent nachweisbaren Aporien (Vgl. dazu das zweite und fünfte Kapitel) – auf einen Kulturkreis, den okzidental-europäischen nämlich, beschränkt und also von vornherein zu relativieren.

Der Regenwald ist ein außerordentlich fragiles Ökosystem, dessen grüne Prächtigkeit, von der Humboldt sich faszinieren ließ und damit ganze Generationen beeinflußte, den Schein der überlegenen Produktivität und der strotzenden Resistenz gegen menschliche Eingriffe erweckt. Der Regenwald produziert keinen Überschuß, der ihm entnommen werden könnte. „Das gesamte System ist auf geschlossene Kreisläufe eingestellt. Jede Öffnung, um Überschuß zu erreichen, schädigt oder zerstört das System“ (Reichholf 1990, S. 180f). Aus diesem Grunde werden die Regenwälder der Tropen, wenn sie denn der Logik der Überschußproduktion ausgesetzt werden, die vom Ordnungsprinzip Markt erzwungen wird, unter Streß gesetzt, durch den degradierende Kreisläufe in Gang gesetzt werden, an deren Ende die Schädigung oder Zerstörung des Ökosystems stehen kann. Jedenfalls ist die Methode noch nicht gefunden, in die Regenwälder ökologisch tragfähige Produktionskreisläufe einzuführen, die die Bruttoproduktion des Ökosystems steigern, ohne den Regenwald zu degradieren. Vielleicht gibt es solche Methoden, nur sind sie bislang nicht gefunden. Die Regenwälder sind daher ein Exempel für die im vorangegangenen Kapitel dargestellte Gegensätzlichkeit ökonomischer und ökologischer „Rationalität“.

Zwar setzen die Regenwälder große Mengen an Stoffen und Energien um, aber in der Bilanz wird genausoviel produziert, wie das System zur Erhaltung seines Fließgleichgewichts verbraucht. Daher ist auch die geläufige Vorstellung von den Regenwäldern als der „grünen Lunge“ unserer Erde falsch; der bei der Photosynthese produzierte Sauerstoff wird vom Regenwald vollständig verbraucht und nicht an andere Regionen der Erde abgegeben. Überdies sind keine Puffer in die Kreisläufe eingebaut, die externe Schocks mildern oder temporäre Defizite in der Nährstoffbilanz auszugleichen vermögen, wie dies infolge des Nährstoffreichtums der Böden in den meisten Waldgebieten der borealen und der gemäßigten Breiten der Fall ist. Der wichtigste Grund für die Fragilität des Systems ist daher die erst seit wenigen Jahrzehnten bekannte Tatsache, daß die tropischen Böden (von Ausnahmen wie Bali oder Java abgesehen) überwiegend sehr nährstoffarm sind (Fittkau 1971; Blum/Magalhaes 1987; Falesi 1986; Weischet 1990, S. 72ff). Dies ist auch die Regel in Amazonien; dort handelt es sich zumeist um ferrallitische Böden über altem Verwitterungsgestein, aus dem die Nährstoffe weitgehend ausgewaschen sind, so daß an die 70% des Materials aus Aluminium und Eisenoxiden besteht (Weischet 1990, S. 75). Erschwerend kommt aber hinzu, daß die Böden überdies kaum Kieselsäure aufweisen, daher eine geringe Kationen- und Anionenaustauschkapazität besitzen und somit die wenigen Nährelemente in den armen Böden nicht binden können (ebd., S. 75ff); sie werden durch den Regen schnell ausgewaschen. Daher muß der Nährstoffkreislauf fast ohne im Boden gespeicherte und aus ihm extrahierbare Nährstoffe in Gang gehalten werden: durch ein fein aufeinander abgestimmtes System von Mikro-, Meso- und Makrokreisläufen, in denen Bakterien, Pilze, verschiedene Pflanzen mit ihrem Blatt- und Wurzelwerk, Tiere und Menschen, der Regenwald insgesamt und der Hydrozyklus eine jeweils bestimmte und abgestimmte Funktion ausüben. Die Kreisläufe werden durch geringe Energie- (Sonnenlicht) und Materialzuflüsse (Schwemmpartikel in den Weißwasserflüssen und Nährstoffeintrag durch den Regen), die im Regenwald „systemisch-intelligent" rezykliert werden, synergetisch in Gang gehalten.

Dabei spielen die Wasser, und zwar die Oberflächengewässer ebenso wie der Regen, als Transportmittel der Nährstoffe eine entscheidende Rolle; die Wasser sind im Regenwald wie die Blutbahnen in lebendigen Organismen. Damit sie diese Rolle aber positiv wahrnehmen können, muß die terrestrische Oberfläche bewaldet bleiben. Ohne Wald verliert der Wasserkreislauf seine produktive Potenz und trägt als Destruktivkraft zur weiteren, einmal durch die Entwaldung initiierten Zerstörung bei. Salati (1987, S. 77) hat die Konsequenzen zusammenfassend benannt: Ist die Bewaldung großflächig gerodet, also abgebrannt oder abgeholzt (und ist dadurch die Kapazität als Kohlenstoffsenke verringert worden), prasselt das Regenwasser ohne die Bremse und den „Zwischenspeicher" des Laubwerks direkt auf den Boden und fließt sofort in die Bäche und Flüsse ab. Es schwemmt die wenigen Nährstoffe aus, auch die, die durch die Verbrennung freigesetzt und in der Asche auf dem Boden ausgestreut worden sind. Die Asche düngt die Böden also nicht oder höchstens kurzfristig; wegen der geringen Kationenaustauschfähigkeit können die Wurzeln der nachwachsenden Pflanzen nur wenige Nährstoffe binden, der

Rest geht verloren. Im intakten Regenwald transportiert das Regenwasser unter Umständen mehr Nährstoffe als die Wasserläufe, die den Wald durchziehen. Indem das Regenwasser im Blattwerk gefiltert wird, können nicht nur Epiphyten und Tiere in der Baumkrone Nährstoffe aufnehmen, sondern solche auch an die „unteren Etagen“ des Waldes weitergeben. Direkt auf den Boden als heftiger Regenguß einschlagend ist das Wasser in erster Linie zerstörerisch. Es können weder die Nährstoffe des Regenwassers genutzt werden, noch wird durch „das schützende Laubdach“ der Boden vor der beschleunigten Auswaschung bewahrt. Die Böden tendieren zu Erosion und Kompaktierung. Die Wasserdurchlässigkeit in tiefere Bodenschichten wird dadurch verringert, und die Erosion der oberen Bodenschichten, auch die der in der Regel sehr dünnen Humusschicht wird beschleunigt. Der Regen fließt schneller in die Flußarme ab, die in der Regenzeit über die Ufer treten, da die Transportkapazität auf die anfallenden Spitzenwerte der Wasserpegel nicht ausgelegt ist.

Es geht um das *qualitative* Zusammenspiel der diversifizierten und komplexen Elemente des Ökosystems Regenwald, und um die *quantitative* Dimension. Denn zum einen müssen für die Gewährleistung der Reproduktionsmöglichkeiten der Arten in ihrer Diversität riesige Areale der Regenwälder erhalten werden; Reichholf (1990, S. 185) geht davon aus, daß allein zur Erhaltung der 1500 Vogelarten Amazoniens ein Flächenbedarf von einer Mio qkm zu kalkulieren wäre, da die einzelnen Vogelarten nicht über den gesamten Raum gleichmäßig verteilt sind. Ohne die Diversität der Arten verändert sich der Regenwald zu einem gegen externe Schocks anfälligeren komplexen System. Zum anderen gewährleisten nur große zusammenhängende Waldflächen die Erhaltung des Hydrozyklus von Regen, Evapotranspiration und Oberflächengewässern, ohne den das System über kurz oder lang zusammenbrechen müßte.

Der ökonomische Umgang mit dem fragilen System der Regenwälder ist also durch die ökologischen Reproduktionsbedingungen restringiert, die insbesondere wegen der Armut der Böden und der Komplexität des Hydrozyklus nicht viel Spielraum lassen. Weischet zieht daraus eine eindeutige Schlußfolgerung: „Wenn für eine agrarwirtschaftliche Nutzung große Mengen eines Minerals notwendig sind, das aus geologischen und klimatischen Gründen in den feuchten Tropen...gar nicht vorhanden, sondern nur aus der Biomasse zu bekommen ist, dann ist es doch selbstverständlich, daß sich der an der Nahrungsmittelproduktion interessierte Mensch dieser Quelle bedienen muß. Inanspruchnahme des Regenwaldes, der auf Grund seiner speziellen Organisationsform allein in der Lage ist, die entscheidenden Nährelemente zu horten, ist also für den landwirtschaftlich Tätigen notwendig. Und da Nahrungsmittelproduktion mit Export von Biomasse und damit von Nährelementen von der einmal kultivierten Fläche verbunden ist, ist auch der Wechsel an eine andere Stelle notwendig, um den dort noch vorhandenen Vorrat an Nährelementen zu nutzen, wenn er an der ersten Stelle aufgebraucht ist. Wald-Feld-Wechselwirtschaft ist also bei der in tropischen Regenwaldgebieten naturgegebenen Aufteilung der wachstumsnotwendigen Nährelemente auf Biomasse und Boden eine ökologische Notwendigkeit" (Weischet 1990, S. 86).

Mit anderen Worten: Der Überschuß an Nährelementen ist so gering, daß nur die gewaltige Ausdehnung der Tropenwälder diesen Mangel kompensieren kann. Aber die Entnahme von Nährstoffen aus dem System darf erstens nicht zu groß sein und zweitens muß dem Wald nach der periodischen Entnahme viel Zeit zur Regeneration der Nährelemente aus unteren Bodenschichten oder über den atmosphärischen Eintrag gelassen werden. Der Wanderfeldbau der indigenen Völker und sogar das Kautschuksammeln haben dieser restriktiven Bedingung viele Jahrhunderte genügt: für agrarische Produktion gerodete Flächen waren erstens klein und sie wurden zweitens nach wenigen Jahren aufgegeben, um erst nach mehreren Jahren und sogar Jahrzehnten wieder genutzt zu werden. Die modernen Verfahren der intensiven Landnutzung in extensivem Maßstab hinsichtlich des Flächenbedarfs (monokulturelle Latifundienwirtschaft) hingegen sind kontraproduktiv und zerstörerisch.

5. „Überausgebeutet und unter den Möglichkeiten genutzt"

Der Grund ist darin zu suchen, daß moderne Agrarproduktion für den Markt Überschüsse hervorbringen muß. Wenn aber das Ökosystem einen nennenswerten Überschuß nicht produziert, wie soll dieser ihm dann abgerungen werden? Offensichtlich ist dies nur auf zwei Weisen möglich: Entweder werden dem System von außen Nährstoffe in einer bestimmten Form (als Düngung) zugeführt, aus denen der Überschuß in anderer Form (als Ernteertrag) hervorgeht. Die Frage ist also, ob durch Düngung die Produktivität so gesteigert wird, daß die Erträge in Nährstoff- und monetären Erfolgsbilanzen bewertet sowohl ökologisch als auch ökonomisch Sinn machen. Oder, und dies wäre eine zweite Möglichkeit, dem Regenwald werden aus der Substanz durch Extraktion sowohl agrarische als auch mineralische Ressourcen entzogen und nicht mehr ersetzt. Der Tropenwald ist dadurch mehr oder weniger schnell zur ökologischen Degradation verdammt. Am sichtbarsten und schlagend deutlich werden die Negativkonsequenzen der Nutzung aus der Substanz, wenn der Wald abgeholzt oder abgebrannt und die Fläche in Holzplantage oder Rinderweide verwandelt oder für Kolonisierungsprojekte genutzt wird, oder wenn der Wald geschlagen wird, um Tropenholz zu gewinnen oder um Holzkohle zu produzieren. Diese Nutzungsarten haben zur Folge, daß nicht nur die in Wert gesetzten Ressourcen verloren gehen, sondern darüber hinaus ein weit größeres Areal. Darauf wird sogleich zurückzukommen sein.

Die Degradation des Ökosystems liegt generell daran, daß – wie bereits im vorangegangenen Kapitel dargelegt – bislang immobile, orts- und zeitgebundene Systeme natürlicher Ressourcen im Zuge der Verwandlung in verwertbare Einzelteile auseinandergerissen, mobilisiert und dabei oft genug zerstört werden: Um einen Baum „selektiv" zu fällen, damit der zu Brettern zersägte Stamm in den Zentren des Konsums von Tropenhölzern verkauft werden kann, müssen Schneisen geschlagen und Straßen angelegt werden. Um exportierbares Fleisch für die fast food-Ketten der Industrieländer zu produzieren, also um den Boden für die Zucht von Rindern herzurichten, werden Wälder großflächig mit der Motorsäge gefällt oder abgebrannt; um das extrahierte Eisenerz in Gußeisen zu transformieren, müssen artenreiche Wälder zu einer Primitivform von Energieträger, zu Holzkohle, verarbeitet werden; um Gold zu scheiden, werden ganze Ströme mit Quecksilber verseucht. Um also den Gebrauchswert einer Ressource als „Träger von Wert" zu isolieren und dabei die Entropie zu senken, werden seine Vernetzungen im System der natürlichen Ressourcen aufgelöst, zerschnitten. Die Entropie des Ökosystems Regenwald wird auf diese Weise erhöht. Die Ressourcen, die der Regenwald hergibt, sind angesichts seiner ausgeglichenen Energie- und Stoffbilanzen, die Überschüsse nicht zulassen, von vornherein „positionelle Güter". Wenn sie in individuelle Waren verwandelt und auf Märkten gehandelt werden, negieren die Händler die ökologischen Schranken, bis diese sich dann doch in kurzer Frist als soziale und ökonomische Grenzen auftürmen. Das Edelholz aus den Wäldern der Elfenbeinküste ist nach wenigen Jahrzehnten der Ausbeute zur Neige gegangen. Sein Mangel gibt ihm die Eigenschaft des positionellen Gutes, dessen Produktion und Verteilung mit dem ökonomisch rationalen Knappheitsprinzip nicht mehr gesteuert werden kann. Aber nicht nur dies; mit der Vernichtung des Ökosystems Regenwald sind alle anderen Lebens- und Nutzungsformen unmöglich geworden.

Die Ressourcen werden mobilisiert und in Waren verwandelt und diese dann in Geld liquidiert. Als Bestandteile der Natur unterliegen sie dem Regime (oder ökologischen Ordnungsprinzip) der Reproduktion des tropischen

Regenwaldes, nach Mobilisierung und Liquidierung aber sind sie dem Geldregime (dem marktwirtschaftlichen Ordnungsprinzip) unterworfen. Werden die Regeln des letzteren befolgt, ist die Mißachtung der Regeln des ersteren mit der Folge ökologischer Degradation der Regenwälder unvermeidlich. Die Mobilisierung von Ressourcen des Regenwaldes ist heute immer gleichbedeutend mit ihrer Vermarktung auf irgendwelchen Segmenten des Weltmarkts (ausführlicher: Altvater 1987 und 1990). Dabei ist es gar nicht entscheidend, daß sie jenseits nationaler Grenzen verkauft werden. Sie werden vielmehr als Waren mit anderen Waren der gleichen Spezies von Gebrauchswerten, gleichgültig in welchen Weltgegenden diese produziert worden sind, verglichen: hinsichtlich der Qualität und des Preises. Ressourcen, die einst Teil eines räumlich definierbaren natürlichen Ambiente, des „Lebenskreislaufs" waren, sind nun Teil der „ungeheuren Warensammlung" (Marx), die auf dem Weltmarkt gehandelt wird. Der Baum im Regenwald ist etwas gänzlich anderes als der Baumstamm im Holzlager: Lebendiger Teil einer konkreten Natur und dann nichts als in Festmetern bemessener stofflicher Träger von Wert, dazu bestimmt, in Geld verwandelt zu werden. Damit verdoppelt sich auch die Bedeutung des Überschusses: Die biologische Produktivität des Systems reicht zur Selbstreproduktion der Regenwälder aus, nicht aber zum Transfer von Energien und Stoffen, indem das System zur Abgabe des Überschusses geöffnet wird. Ökonomisch kann die Entnahme des Überschusses an Nährstoffen (in den verschiedenen Formen der Biomassebeseitigung) Sinn machen, sofern die ökologischen Folgen der Abzweigung von Ressourcen des Regenwaldes ökonomisch nicht kalkuliert werden müssen. Das Ordnungsprinzip der Kommodifizierung und Monetisierung wirkt gerade in diese Richtung, da ja nur die Ware (und ihr Preis) zählen und Waren ausschließlich durch Vereinzelung der Ressourcen aus ihrem ökosystemischen Zusammenhang gewonnen werden können; innerhalb desselben sind sie in mobilisierbares Eigentum nicht zu verwandeln. Erst daraus herausgelöst werden sie zum Gegenstand von rationalen Entscheidungen, in deren Kalkül die Preisbildung auf dem Weltmarkt unabhängigge Variable ist. Waren sind „tradables" und die Früchte werden als „cash crops" geerntet. Der zurückbleibende Rest des Ökosystems ist nicht in Wert zu setzen, daher auch nicht kommodifizierbar und folglich dem ökonomischen Prinzip gemäß außerhalb des Kalkulationshorizonts ökonomischer Agenten.

Mit der Arbeit geschieht eine ähnliche Metamorphose. Die Nutzung der Wälder durch die Indios oder das Leben der Kautschuksammler im und mit dem Wald sind der Form nach etwas gänzlich anderes als die Lohnarbeit, die auf den großen Latifundien angewendet wird. Der harte Eingriff in ein soziales System ist zerstörerisch und fordert Widerstand heraus. Wie die natürlichen Hindernisse bei der Komplexitätsreduktion, so wird auch der soziale Widerstand zu eliminieren und zu liquidieren versucht. Diejenigen, die sich dem „Fortschritt“ in den Weg stellen, sind ihres Lebens nicht sicher (Vgl. Müller-Plantenberg 1988; Tribunal 1990). Mit der Inwertsetzung eines Ökosystems wird demzufolge auch das Soziosystem umgeformt, das – wie in allen Regenwaldgebieten vor der groß angelegten Nutzung – auf die ökologischen Budgetrestriktionen eingestellt war und sich nun nach den Budgetrestriktionen der Geldwirtschaft richten muß. Dabei allerdings werden nicht die in langen sozialen Konflikten entwickelten sozialen Beziehungen moderner Gesellschaften eingeführt, sondern häufig genug die primitivsten und destruktivsten Methoden der Ausbeutung. Formen der Zwangsarbeit, der Sklaverei sind gang und gäbe ebenso wie die mit diesen Sozialformen notwendig einhergehende Brutalität (Vgl. dazu die Evidenzen während des Tribunal 1990). Die Zerstörung von Ökosystemen findet also nicht immer als Modernisierung sondern als Zerstörung tradierter sozialer Verhältnisse und als Errichtung von Primitivformen der Ausbeutung statt.

Mit dem Geld entsteht der Kredit. Auch der Kredit ist international, wenn die Geld- und Kapitalmärkte integriert und nicht durch Konvertibilitätsschranken nationalstaatlich abgeschottet sind. Der Kredit ist selbst dann international, wenn er aus nationalen Quellen stammt. Denn auch der Kredit muß sich dem globalen Vergleich stellen: hinsichtlich der Laufzeiten, der Höhe der Zinsen, der verlangten Sicherheiten, der Währung, in der er denominiert ist. Renditegefälle und Kreditkostenvergleiche bestimmen die Richtung, in die Kredite fließen. Nun müssen die Rentabilitäten der kreditfinanzierten Projekte den Vergleich auf dem Weltmarkt aushalten.

Hier zeigt sich der Widerspruch ökonomischer und ökologischer Artikulation im Konkreten: Ökonomisch zählt die Relation von Input und Output, also das Verhältnis des Ertrags, den eine Ressource in Geldeinheiten auf dem Markt bringt, und des Aufwandes zur Extraktion der Ressource bzw. der Landbearbeitung zur Produktion des Überschusses, den das Ökosystem ohne Nährstoffinputs und Arbeitsaufwand nicht oder in nicht zureichender Menge hergeben würde. Ökologisch ist aber *erstens* das Defizit im Ökosystem wesentlich, das eine extrahierte Ressource hinterläßt. In Kategorien der Thermodynamik ausgedrückt: durch den Entzug der Ressource wird der Grad der Unordnung des Systems gesteigert, es wird Entropie produziert. An der selektiven Baumfällung ist dies zu exemplifizieren: Eine Ressource wird selektiv aus dem Ökosystem herausgelöst. Deren Entropie sinkt, und dies ist ihr allgemeinstes Charakteristikum als Gebrauchswert. Aber bei der selektiven Extraktion werden viele andere Bäume zerstört oder beschädigt; in einer Untersuchung in Pará haben Uhl und Vieira (1989) herausgefunden, daß 26% aller Bäume abgetötet oder schwer beschädigt wurden, um aus einem bestimmten Areal gerade 1,7% aller Bäume mit einem Stammdurchmesser von mehr als 10 cm selektiv zu fällen. Überdies wird eine bestimmte Altersgruppe von Bäumen selektiert, wodurch die Gefahr einer „genetischen Erosion" heraufbeschworen wird (Meyer-Peters 1990, S. 157). Schließlich sind die Schneisen der Holzfäller Einfallstore für Siedler, die nun dem Ökosystem Regenwald Überschüsse für agrarische Produktion abzuzwingen versuchen und dabei in der Regel – von den wenigen guten Lagen abgesehen – den Böden in kurzer Frist die letzten Nährstoffe nehmen, weil sie sich nicht des Biosystems Regenwald als Nahrungsmittelproduzent, sondern seiner nährstoffarmen Böden bedienen. Wenn also zunächst Bäume selektiv gefällt werden, steigt die Unordnung des Systems, weil seine ökologische Reproduktionsfähigkeit beschnitten wird. Damit wird es anfälliger gegen Schädlingsbefall, in diesem Fall gegenüber Menschen, die sich als Kolonisten aus Gründen, die sie zumeist nicht zu vertreten haben, wie Schädlinge des Ökosystems Regenwald verhalten müssen und es nach wenigen Jahren degradiert hinterlassen. Der Regenwald wird als Ressource von Tropenholz einem seinen Reproduktionsbedingungen fremden Regime unterworfen, und er ist ökologisch nicht robust genug, um dieses ohne Degradation zu ertragen (Vgl. die Kritik an den Praktiken der Holzwirtschaft bei Oberndörfer 1990, S. 233ff). Der Regenwald wird also überausgebeutet und gleichzeitig werden die in sinnvoller Lebensweise nützlichen Ressourcen unter den Möglichkeit ausgenutzt. Es sei nochmals auf die von Darell Posey erwähnte Relation verwiesen: Indigene Waldbewohner nutzen etwa 98% der Ressourcen des Waldes in der einen oder anderen Form, nach Rentabilitätskriterien operierende Betriebe hingegen konzentrieren sich auf 2% der in Ware zu verwandelnden Ressourcen, zerstören dabei aber die übrigen 98%.

Es ist aber nicht nur das Defizit wichtig, das durch selektive Herauslösung von Ressourcen aus dem Ökosystem entsteht, sondern auch der Import von Stoffen (auch von Lebewesen), die dem tropischen Regenwald fremd sind. Dazu gehört beispielsweise das Quecksilber, das zur Amalgamierung des Goldstaubes und -sandes bei der Schürfung von Gold in Amazonien verwendet wird und in den Hydrozyklus und somit den Nährstoffkreislauf aller Lebewesen gelangt. Ein anderes Beispiel sind die Rinder, die in Amazonien „exotische" Tiere sind. Es ist nicht von ungefähr, daß Säuger in Amazonien kleinwüchsig sind und auf der „terra firme" in geringer Bestandsdichte vorkommen: der Regenwald bietet nicht genug Nahrung für großwüchsige Herdentiere. Die Nahrung der Rinder, von großen Säugern in dichtem Bestand also, kann folglich nur für kurze Zeit aus der Substanz der nährstoffarmen Böden stammen oder sie muß permanent durch Düngung zugeführt werden. In Amazonien, wo über 70% der Abholzungen des Regenwaldes auf die Anlage von Rinderfarmen zurückzuführen sind (Enquete-Kommission 1990a, S. 148), ist die Mehrzahl der Böden selbst bei extensiver Viehhaltung nach spätestens 10 Jahren erschöpft. Die notwendige Düngerzugabe aber rechnet sich ökonomisch nicht, so daß ein ökologisch abgewirtschaftetes und ökonomisch nach der kurzen Periode der Inwertsetzung dauerhaft außer Wert gesetztes Ressourcenareal übrig bleibt.

Der Wald reproduziert sich von selbst, doch die nun zur Inwertsetzung von Ressourcen in Gang gesetzten Zyklen sind nur zu stabilisieren, wenn sie durch den Menschen reguliert werden. Die Überschußentnahme muß durch (Dünger)inputs kompensiert werden. Ob und wie dies geschieht, ist aber von ökonomisch motivierten Entscheidungen abhängig und diese folgen den Signalen des Weltmarktes für Waren und für Geld, also der Preisbewegung für „tradables“ und den Zinsraten für Kredite; die Ökonomie dominiert die Ökologie, die Konsequenzen sind in den tropischen Regenwäldern ökologisch fatal und ökonomisch nur rational, solange tatsächlich nicht alle ökologischen Zusammenhänge ins Kalkül einbezogen werden. Nun kann darauf verwiesen werden, daß die Rationalität durch Internalisierung aller Effekte ökonomischen Handelns gewährleistet werden könnte. Jedoch ist *erstens* die räumliche, *zweitens* die zeitliche Reichweite gerade bei Eingriffen ins Ökosystem Regenwald größer als der Kalkulationshorizont noch so großer Unternehmen oder staatlicher Bürokraten und *drittens* sind die ökologischen Vernetzungen, in denen die zu internalisierenden Wirkungen ja erfolgen, gar nicht allesamt und in ihrem Zusammenspiel bekannt. Was nicht bekannt ist, kann nicht im Kalkül internalisiert werden; es ist ein Zeichen von Ignoranz, daraus den Schluß zu ziehen, daß deshalb das Unterlassen bestimmter Handlungen nicht begründbar und folglich nicht notwendig sei, wie auf den diversen „Klimakonferenzen“ argumentiert worden ist.

6. Die Sequenz der Inwertsetzung

Seit der „Entdeckung“ durch Europäer werden die „Reichtümer“ des Regenwaldes ausgebeutet, d.h. in Waren verwandelt, der Region entrissen und in andere Weltgegenden (Europa, später Nordamerika und Japan) verbracht: Früchte wie Nüsse, Kaffee oder Kakao, Holz, mineralische Erze und Metalle und später (in Amazonien) vor allem Kautschuk. Die auf einen wirtschaftlichen Überschuß zielende Ressourcennutzung folgt einer Sequenz von Etappen der Inwertsetzung: Identifikation, Isolation, Kommodifizierung von Ressourcen und schließlich deren Monetisierung.

(1) Der erste Schritt ist die *Identifikation* der individuellen, nutzbaren Ressource durch *Prospektion*, die heute mit den modernsten Verfahren der Satelliten-Aufklärung gestützt wird. Dann folgt (2) deren Isolation und *Herauslösung* aus dem Ökosystem Regenwald. Dies kann auf zweierlei Weise geschehen. Entweder wird die begehrte Ressource isoliert, aus dem Zusammenhang gerissen und als Ware zum Ort des Verbrauchs abtransportiert oder die als verwertbar identifizierte Ressource bleibt am Ort und die „nicht-nützlichen" Teile des Systems werden beseitigt, um die Ressource freizulegen: sie sind ja nur Hindernisse, die der Isolierung und Kommodifizierung im Wege stehen. Die erste Methode findet bei Extraktionsprozessen mineralischer und agrarischer Ressourcen Anwendung, die letztere in erster Linie bei Landnutzungsprojekten (z.B. zur Kolonisation). Beide Methoden ergänzen sich in der Regel, verlaufen gleichzeitig oder geringfügig zeitversetzt und sind aufeinander angewiesen.

Danach folgt (3) die *Kommodifizierung*, d.h. die Verwandlung der isolierten und extrahierten Ressourcen in Waren. Das erfordert deren Verbringung an die Berührungspunkte des Weltmarkts, an die Orte, von denen aus der leichte Zugang zu den Verbrauchsorten gewährleistet ist. Also muß ein der Technologie des Transports angemessenes Kommunikationssystem errichtet werden. Dazu gehören in erster Linie Straßen. Sie sind auf der einen Seite die Wege des Abtransports von Ressourcen und auf der anderen Seite zugleich die Rollbahnen, auf denen Kolonisten in die Region eindringen (Moran 1981; Kohlhepp 1987). Mit dem Straßenbau erfolgen zugleich die Integration in den nationalen Wirtschaftsraum und in das politische System sowie die Öffnung zum Weltmarkt. In Amazonien beginnt dieser Prozeß mit der Konstruktion der etwa 2100 km langen Nord-Süd-Achse zwischen Brasília und Belém Anfang der 60er Jahre, die Fortsetzung folgt mit der Transamazonica (West-Ost-Achse) Anfang der 70er Jahre, mit den Straßen Santarém-Cuiabá, Cuiabá – Porto Velho – Manáus, mit der Perimetral Norte etc (Vgl. Kohlhepp o.J., S. 212). Viele Weltbankprojekte auch heute (insbesondere das Polonoroeste-Programm in Rondonia und Acre) enthalten als wesentliche Komponente die Errichtung oder Verbesserung (Asphaltierung) von Straßen. Entlang der Straßen findet die Waldvernichtung beschleunigt statt (Vgl. Fearnside 1987, S. 45ff.). Nach der Realisierung der projektierten Straße von Rio Branco in Acre nach Arequipe (Peru) mit japanischen Krediten, wäre das westliche Amazonien an die Pazifikhäfen Perus angeschlossen. Die Ressourcen, in erster Linie Holz, ließen sich leichter und kostengünstiger an die Verbrauchsorte in Japan transportieren.

Entlang den Straßen dringen „Menschen ohne Land in das Land ohne Menschen" vor. Diese griffige Formel des Militär-Präsidenten Medici war schon falsch, als sie zu Beginn der 70er Jahre geprägt wurde; denn zumindest einige Hunderttausend Angehörige indianischer Völker und ca 1,5 Mio „Caboclos, die wie Indianer leben, aber keine Indianer sind" (General Bayma Denis während der Konferenz „Nossa Natureza" in Manáus im März 1989, O Liberal, 9.3.89), lebten und leben in der Region. Und daß sie das Land sehr weiträumig in dünner Siedlungsstruktur (Wanderfeldbau) nutzen, hat seinen guten Grund in den Lebensbedingungen, die der Regenwald bietet; darauf ist schon hingewiesen worden. Die von den Menschen aus dem Ökozyklus des Regenwaldes abzuzweigenden Nährstoffe sind für feste Großsiedlungen zu gering, es sei denn die Nahrung wird importiert. Die großen Städte Amazoniens, in denen gemäß Zensus von 1980 (Anuário Estatistico do Brasil 1985) 52% der insgesamt 5,8 Mio Einwohner (der Nordregion) lebten (davon allein in Belém 933.287 und in Manáus 633.392), sind in fast jeder Hinsicht von Importen abhängig. Dies lohnt sich ökonomisch nur, wenn aus der Region, d.h. aus der Substanz des Regenwaldes Ressourcen abgezogen werden. Daß gerade in Amazonien geopolitische Erwägungen zur Integration des riesigen Gebiets in den Nationalstaat Brasilien durch ökonomische Inwertsetzung eine zentrale Rolle spielen, ist schon oft dargelegt worden (Vgl. Bunker 1985; Kohlhepp 1978; Altvater 1987).

Die großangelegten Siedlungsprogramme in Amazonien ersetzen die immer wieder verhinderte Agrarreform in anderen Regionen Brasiliens, sind also ein politisches Ventil für sozialen Druck der Landlosen (vor allem des Nordostens) auf den hochkonzentrierten Landbesitz. Dies überhaupt ist Prinzip: die „menschenleeren" Weiten werden als Ressource der Verdrängung von sozialen Problemen genutzt, die außerhalb der Regenwaldgebiete erzeugt worden sind: Die Migration in die Regenwaldgebiete ist Folge der Bodenkonzentration auf dem Land in anderen Regionen, Ausweg für viele aus der urbanen Armut, eine Konsequenz der Landspekulation wegen der Inflation etc.

Aber die großen Siedlungsprogramme der 60er und 70er Jahre in Amazonien scheitern – wegen der Unerfahrenheit der Siedler, die zumeist nicht aus feucht-tropischen Regionen stammen; wegen der mangelnden Versorgung mit Inputs (brauchbares Saatgut) und der unzureichenden Vermarktungsmöglichkeiten der landwirtschaftlichen Produktion, weil die Infrastruktur fehlt; wegen der Armut der Böden, die für Dauerkulturen nur unzulänglich oder gar nicht geeignet sind (Vgl. Kohlhepp 1978, Moran 1981, Costa 1988). Viele Siedler verlassen die Siedlungsgebiete freiwillig oder werden dazu durch große Grundbesitzer mit Waffengewalt gezwungen („grilagem"), es folgen Landaufkäufer nach und die Siedlungsgebiete verwandeln sich in extensiv bewirtschaftete, zumeist Rinderzucht-Latifundien, deren Errichtung noch durch fiskalische Anreize der staatlichen Entwicklungsagenturen begünstigt wird. Es folgt der Landverteilung an Kolonisten also ein Prozeß der Bodenkonzentration (Vgl. die Studie über Rondonia von Coy 1988), der nicht nur die soziale Ungleichheit verstärkt, sondern auch neue ökonomische Nutzungsformen des Bodens („cash crops"; Rinderweidewirtschaft) hervorbringt. Diese Entwicklung ist alles andere als ein gelungenes Beispiel für die Ausdehnung einer landwirtschaftlichen „Pionierfront"; denn weder können die Böden in aller Regel dauerhaft urbar gemacht und besiedelt werden noch werden differenzierte Produkte für den lokalen Markt hergestellt. Und eine für die „balancierte" ökonomische Entwicklung angemessene, differenzierte soziale, ökonomische und politische Struktur kann in der Folge großflächiger Monokulturen nicht gedeihen (Valverde 1988, S. 16). Folglich werden die ökologischen Negativwirkungen von zwei Seiten ausgelöst: durch die Waldvernichtung zur großagrarischen Inwertsetzung des Bodens und durch die kleinen Rodungen durch Landlose und Entwurzelte. Die Nicht-Eignung des Regenwaldes zur Überschußproduktion kann also durch die staatlich geförderten Nutzungsstrategien nicht aufgehoben werden. Das Resultat der Nutzung ist die Degradation der ökologischen Substanz: die Fläche des Regenwaldes ist reduziert, der Hydrozyklus wird gestört, die Artenvielfalt wird mehr und mehr eine Reminiszenz der vergangenen Epoche.

Da der Boden sich angesichts galoppierender Inflation als Wertanlage eignet, kann er zu einem geeigneten Objekt der Spekulation werden. Da Eigentum aber nur nachgewiesen werden kann, wenn die Nutzung des Bodens belegt wird, muß schon zur Wahrung des Eigentumsanspruchs Wald gerodet werden (Código Florestal, Art. 16) – der jungfräuliche Urwald gilt ja nicht als Wert und somit auch nicht als Objekt, auf das sich ein Eigentumsanspruch richten könnte. Das juristische Institut des Privateigentums, verbunden mit der illusionären frühbürgerlichen Annahme, Eigentum entstünde aus und rechtfertige sich durch Arbeit, erzwingt verheerende Manipulationen am fragilen Ökosystem – auch wenn sonst gar nichts geschieht, zu allerletzt die (ökonomisch) produktive Nutzung des Bodens.

Wiederaufforstungsprogramme spielen in Amazonien nur eine geringe Rolle; sie nehmen nur etwa 0,9% der insgesamt genutzten Fläche ein (Burger 1989, S. 311). Darin unterscheidet sich Amazonien nicht von anderen Tropenwaldregionen: die Aufforstungen der tropischer Wälder beliefen sich in den 80er Jahren auf jährlich 11.000 qkm; das sind noch nicht einmal 10% der jährlich vernichteten Waldfläche (Enquete-Kommission 1990a, S. 116), die noch dazu fast ausschließlich der industriellen Nutzholz- und Papierproduktion dienen. Wie in Fordlandia (am Tapajós) bereits in den 30er Jahren und am Jarí-Fluß in den 70er Jahren deutlich wurde, sind monokulturelle Aufforstungen im amazonischen Tropenwald doppelt gefährdet. Wenn die Komplexität und Diversität des Primärwaldes reduziert wird, ist der Wald gegenüber Schädlingsbefall weniger resistent; das System kann externe Schocks (Schädlingsbefall) weniger gut verarbeiten. Dem kann mit Insektiziden usw. begegnet werden, doch sind die Nebenwirkungen häufig sehr negativ. Darüber hinaus hat die Nutzung der Biomasse eine sehr schnelle Nährstoffentnahme zur Folge, ohne daß dem Boden aus der absterbenden organischen Masse neue Nährstoffe zugeführt würden. Die Nährstoffbilanz ist also negativ. Am Jarí ist festgestellt worden, daß allein „im Stammholz eines 9,5jährigen Kiefernbestandes etwa 30% des Vorrates des gesamten Ökosystems an Kalium, Calcium, Magnesium und Phosphor gespeichert sind. Wird dieser Vorrat dem Ökosystem bei der Holznutzung entzogen, dann muß mindestens dieselbe Menge für den zweiten Umtrieb künstlich zugeführt werden" (Burger 1989, S. 312f). Der Aufwand mineralischer Düngung ist also sehr groß, so daß monokulturelle Forstbewirtschaftung, wenn überhaupt, nur großbetrieblich und kapitalintensiv möglich ist. Infolgedessen werden in Holzplantagen nur wenige Arbeitsplätze geschaffen und die regionalen sozialen Probleme verschärft, wenn Holzplantagenwirtschaft auf Kosten kleiner, angepaßter Nutzung des Regenwaldes geht.

7. Schwarzes, weißes und güldenes Gold

Daher sind auch alle Versprechen mit Vorsicht zu genießen, daß die entlang der Eisenbahnlinie Carajás-São Luís bereits errichteten sieben und noch geplanten weiteren 23 Hüttenwerke (Gußeisen und Stahl) mit Holzkohle, dem schwarzen Gold, in das der artenreiche Wald versimpelt wird, von monokulturell bewirtschafteten Forstflächen aus versorgt werden könnten. Daß die Eisenverhüttung überhaupt in der Region projektiert wird, hat mit der nahegelegenen größten Erzmine der Welt in der Serra dos Carajás zu tun und mit der Absicht der Planungsinstanzen, um das Erzprojekt herum einen Entwicklungspol zu schaffen, in dem durch Hinzufügung von „value added" (durch Wertschöpfung) Impulse für die Regionalentwicklung erzeugt werden.

Doch die ökonomische Absicht bricht sich an den ökologischen Bedingungen. Derzeit wird die Holzkohle durch die Abholzung von Primärwald gewonnen. Um eine Tonne Gußeisen bzw. Stahl (es handelt sich um Durchschnittswerte) zu produzieren, werden bei den angewandten Verhüttungsverfahren 1,2 t Holzkohle benötigt. Dabei ist ein Verlust von etwa 17% (wegen zu geringer Granulation von weniger als 20mm) bereits einkalkuliert). Um 1 t Holzkohle zu brennen, werden im Durchschnitt 4,72 t Holz benötigt. In dichter Bewaldung produziert der Regenwald 208 t/ha, in offener Bewaldung 119 t/ha, im Buschwald zwischen 82 t/ha und 27 t/ha. Wenn die bereits errichteten oder in Kürze die Produktion aufnehmenden Hüttenwerke zur Herstellung von angezielten 315.000 Gußeisen, 258.000 t Stahl und 32.000 t Metall- Silizium pro Jahr insgesamt 713.763 t Holzkohle in den Hochöfen verbrennen müssen (unter Berücksichtigung der Verluste von 142.753 t addiert sich die Menge der Holzkohle auf 856.516 t), dann werden für die Verkohlung 4.649.169 t Biomasse (4.042.755 plus 15% Verlust von 606.414 t) benötigt. Es ist also der jährliche Flächenbedarf für die Holzkohlenproduktion leicht kalkulierbar: zwischen etwa 22.352 ha (224 qkm) und 172.191 ha (1722 qkm) (Daten nach Penalber et al 1987, S. 35ff; Vgl. auch Sampaio Carneiro 1989, S. 151ff).

Lohnt sich dieser Waldfraß zur Verhüttung des Erzes von Carajás, für den im Rahmen des Carajás-Programms von der regionalen Entwicklungsgesellschaft SUDAM die „immense Fläche (von) 900.000 qkm“ (Fearnside 1989, S. 29) vorgesehen sind, ökonomisch? Sampaio Carneiro (1989, S. 166) kommt auf der Basis von Schätzungen (denn es gibt in der Region keine Tradition der Holzköhlerei) zum Resultat, daß die Tonne Holzkohle, die aus Primärwald gewonnen wird, mit 69,12 US$ um etwa 6$ billiger ist als die aus Kulturwald („Floresta Energética“) gewonnene (75,18 US$). Nitsch berichtet, daß die Hüttenwerke die Tonne Holzkohle zum Preis von etwa 30-45 $/t erhalten, in jedem Fall weit unterhalb des Weltmarktpreises. Wären die Hütten gezwungen, einen höheren Preis zu zahlen, würde sich die Verhüttung von Erz auf Holzkohlenbasis ökonomisch nicht mehr lohnen. Der niedrige Preis der Holzkohle ist nur zu halten, wenn erstens für die Köhlerei Hungerlöhne gezahlt, zweitens Vermarktungsalternativen logistisch verhindert und drittens die Kosten der Aufforstung vermieden werden. Also wird gerade durch die Verhüttung von Ressourcen aus der Region (durch Hinzufügen von value added, was entwicklungspolitisch wünschbar ist) die großflächige Zerstörung des Regenwaldes beschleunigt und mit ihr die ökonomische Basis ganzer Landstriche gefährdet. Die Holzköhler müssen unterbezahlt werden und das Ökosystem muß zerstört werden, da jedes Aufforstungsprogramm den Holzkohlenpreis so erhöhen würde, daß sich die Eisenverhüttung nicht mehr rechnet (Vgl. dazu Nitsch 1989). Das Projekt der Verhüttung des Erzes ist folglich nicht nur ökologisch und sozial desaströs, sondern auch nur so lange mikroökonomisch rational wie die Externalisierung der Kosten möglich ist. Jeder Versuch der Internalisierung der sozialen und ökologischen Kosten würde die Verhüttung des Erzes in Amazonien unrentabel machen.

Nicht nur die Böden und das Holz des Tropenwaldes sind ökonomisch interessante Ressourcen, sondern auch die Gewässer der tropischen Regenwälder, die infolge des Hydrozyklus reichhaltiger zur Verfügung stehen als in den meisten anderen terrestrischen Ökosystemen der Erde. Die Fließwasser sind das weiße Gold der Region in den Augen der „Inwertsetzer". Denn in den Oberflächengewässern ist kinetische Energie gespeichert. Durch die Errichtung von Stauseen und Kraftwerken kann sie in Elektroenergie umgeformt werden, die beispielsweise für die Prozessierung von energieintensiven Produkten aus regionalen Ressourcen verwandt werden kann. In Amazonien wird das in großen Mengen verfügbare Bauxit – denn die Nährstoffarmut der Region hat ja mit dem Aluminiumreichtum der Böden zu tun – zu reinem Aluminium verarbeitet; das dabei angewandte Elektrolyseverfahren erfordert einen hohen (Elektro)energieaufwand je Tonne Aluminium. Das kinetische Energiepotential Amazoniens ist sehr hoch. Es beläuft sich auf etwa 85.900 MW (Sevá 1988, S. 32f) und ist bisher nur zu einem geringen Teil genutzt; die Planung sieht daher für die nächsten ca 20 Jahre in Amazonien die Errichtung von Stauseen mit einer Gesamtfläche von ca 26.000 qkm vor. Alle Becken der Amazonas-Nebenflüsse sollen zur Energieproduktion genutzt werden, vom Tocantins/Araguaia bis zum Rio Negro und Madeira. Die Auswirkungen sind so gewaltig, wie die Planung gigantisch (und daher national und international umstritten) ist.

Stauseen sind wegen des geringen Gefälles in Amazonien außerordentlich flächenextensiv. Die Zerstörung des Waldes bei den bereits bestehenden Stauseen ist dementsprechend großflächig: 2400 qkm in Tucuruí (8000 MW), fast ebenso viel in Balbina (240 MW). Die künstlichen Wasserflächen übertreffen bei weitem die Fläche selbst von großen natürlichen Seen. Wenn die nächsten größeren Stauseeprojekte am unteren Xingú bei Altamira realisiert werden sollten, dann entstehen bei Kararao ein Speichersee von etwa 1200 qkm und knapp 100 km oberhalb bei Babaquara ein weiterer von 5600 bis 6200 qkm. Darüber hinaus sieht die Langfristplanung für den Xingú die Errichtung weiterer 5 Wasserkraftwerke vor, die insgesamt 14000 qkm „einer der ökologisch reichsten und komplexesten Regionen, die der Mensch mit ihrem „Habitat" noch studieren könnte" (Lucio Flavio Pinto, Jornal Pessoal No. 36, Februar 1989) unter Wasser verschwinden lassen würden.

Die ökologischen Folgen der Stauung von Flüssen sind weitreichend. Junk und de Mello (1987) verweisen auf den sicheren Verlust von Böden, von Pflanzen- und Tierarten, von natürlichen und historischen Monumenten, auch von verwertbarem Holz. Dann ändern sich mit dem Querschnitt der Flüsse nach der Stauung deren Fließgeschwindigkeit, die Kapazität des Sedimenttransports, die Uferbeschaffenheit, die chemische Komposition des Wassers. Mit der Flutung des Stausees können sich wegen der verringerten Fließgeschwindigkeit Wasserpflanzen massiv ausbreiten und dem Wasser den Sauerstoff entziehen, den andere Lebewesen bislang konsumieren konnten. Das Phytoplankton stirbt ab und in der Folge das Zooplankton, also die Nahrung für die Fische (Schubart 1986, S. 54). Deren Bestand geht zurück und mithin die Versorgung der Menschen mit Proteinen und Eiweiß. Es entstehen obendrein Brutgebiete für Moskitos und andere Krankheitserreger, Malaria, Bilharziose, Schistosomiase können sich ausbreiten. Wegen der nun großflächigen Wasserverdunstung verändern sich auch die klimatischen Verhältnisse in der Region, wobei das Ausmaß von der Größe des Wasserspiegels abhängt, der im übrigen auch die lokale Albedo erhöht. Alle diese Folgen der Errichtung großflächiger Stauseen transformieren das Ökosystem insgesamt und damit auch die Voraussetzungen für die ökonomischen Aktivitäten der Menschen; zumindest Fischfang und Landwirtschaft werden geschädigt (Junk/Nunes de Mello 1987, S. 367ff).

Die Großproduktion von Energie macht nur Sinn, wenn entsprechende Nachfrage besteht oder, wenn sie nicht vorhanden ist, dann entsprechend dem Energieangebot erzeugt wird. In der Nähe der hydroelektrischen Projekte müssen extraktive oder industrielle Projekte angesiedelt werden; der Transport der Elektroenergie über große Entfernungen ist bis heute noch wegen der hohen Leitungswiderstände und der dadurch bedingten Transportverluste ein fragwürdiges Unterfangen. Die Ansiedlung von Industrieprojekten an der „Energiequelle“ ist beispielsweise mit den Aluminiumkomplexen im Rahmen des Projekts Grande Carajás in Pará versucht worden. Energie wird in der stofflichen Form von Alumunium-Barren als Ware exportiert und in Geld verwandelt. Ähnlich ist dies auch im Falle anderer mineralischer Ressourcen, deren Hebung immer mit Energieverbrauch verbunden ist, wenn auch nicht in dem Ausmaß wie bei der Transformation von Bauxit über Tonerde in reines Aluminium.

Der Verwandlung von Ressourcen in Ware folgt deren Umsatz in Geld. Die Ware Gold ist so gut wie Geld, und sie wird ebenfalls in Amazonien in Mengen gefunden, daß nachgerade ein „Goldrausch“ ausgebrochen ist. Über die Produktionsmenge gibt es nur Schätzwerte. In dem Jahrfünft von 1985-

1989 sollen an die 500 to Gold extrahiert worden sein (Feijão 1989); für 1989 vermutet Pinto allein in Pará eine Goldproduktion von etwa 150 Tonnen, von denen gerade 13,7 t offiziell registriert worden sind. Der große Rest findet den Weg auf den Markt über schwarze Kanäle, die zum Teil von der Drogenökonomie geebnet werden. Sie benutzen die Goldproduktion auch, um die Drogendollar in Gold umzusetzen und auf diese Weise zu „waschen". Im brasilianischen Amazonien, so gut abgesicherte Vermutungen, sind heute (Anfang der 90er Jahre) etwa 1 Millionen Goldsucher tätig; weitere 4 Millionen Menschen leben von diesem Segment der Ökonomie. Mit dem Gold werden rund 1,54 Mrd US$ verdient (1988), also etwa 9% des Sozialprodukts der Region. Das ist drei Mal mehr als der Produktionswert von Carajás, dem größten formellen Entwicklungsprojekt in Amazonien (Lourenço 1989, S. 19). Die Goldsucher leben nicht gut, aber Alternativen im modernen Sektor gibt es kaum. Freilich ist dies nur die ökonomisch-informelle Seite der Inwertsetzung; ökologisch ist die Extraktion des Goldes desaströs, da zur Scheidung des Goldes Quecksilber benutzt wird, das in das Ökosystem entlassen wird. Schätzungen deuten darauf hin, daß in das amazonische Flußsystem inzwischen bis zu 1800 t Quecksilber abgegeben worden sind (Pinto 1990). Die Auswirkungen des Giftes auf das pflanzliche und tierische Leben sind erst mit Zeitverzögerung fühlbar. Die Anreicherung von Quecksilber im Organismus von Menschen jedenfalls ist in bestimmten Regionen (am Tapajós beispielsweise) nachweisbar (Vgl. die dem Tribunal 1990 unterbreiteten Materialien). Auch sozial ist die Goldsuche destruktiv; indem die Goldsucher auf der Fährte des güldenen Goldes in die entlegensten Winkel des Urwalds eindringen, invadieren sie die letzten Refugien der indigenen Bevölkerung. Sie importieren physische Krankheiten und soziale Konflikte, an denen die Ethnien zugrundegehen.

Der Inwertsetzung des Raumes folgt die Urbanisierung der Region, und zwar zumeist in „wilder Form" (Vgl. Miranda/Mitschein/Paraense 1989). In Amazonien haben sich die Einwohnerzahlen der großen Städte in wenigen Jahren vervielfacht, ohne daß soziale und materielle Infrastrukturen entstanden wären. Nur die „company towns" der großen Extraktions-Projekte (z.B. in Carajás oder Tucuruí im östlichen Amazonien) sind wohlorganisiert, weil sie als Enklaven des Weltmarkts in der Region gegenüber den regionalen Einflüssen (z.B. gegenüber der „wilden" Migration) entsprechend abgeschirmt werden können. Wie die ökonomischen Projekte Enklaven sind, da sie sich nicht in das Ökosystem insgesamt einbetten, sondern auf isolierte und isolierbare Ressourcen zielen, die auf dem Weltmarkt verwertet werden sollen, so sind auch die urbanen Siedlungen Enklaven, die nur dann als „zivile"

Städte funktionieren, wenn sie von den regionalen „Artikulationen“ isoliert werden. Ist dies nicht der Fall, dann kommen nur chaotische Agglomerationen von Menschen zustande, deren ökonomische Reproduktionbedingungen prekär sind. Die ökologischen Konsequenzen der wilden Urbanisierung sind für das Ökosystem Regenwald nicht nur wegen des Flächenbedarfs urbaner Siedlungen sondern auch wegen der Ressourcenentnahme und wegen der toxischen Emissionen desaströs.

Die Komplexität des Ökosystems (eingeschlossen Biosphäre und Sozialsystem) wird also systematisch reduziert, indem es zweckvoll auf eine ganz bestimmte Nutzung zugerichtet wird. Die Ressourcen werden zur Ware und damit ihr Gebrauchswert Träger von Tauschwert; der Zusammenhang innerhalb eines ökologischen Systems, ihr Stellenwert für Ethnien und innerhalb der regionalen Gesellschaft sind dem nachgeordnet oder uninteressant. Denn es kommt, wie im vorigen Kapitel gezeigt worden ist, auf den Gebrauchswert der einzelnen Ware an, obwohl er sich letztlich aus dem Systemzusammenhang seiner Produktion und Nutzung ergibt. Der *Raum* wird also nicht mehr als vernetzte Ganzheit, sondern als Feld der Ressourcenbeschaffung gesehen. Die *Zeit* ist von außen durch die Zirkulationszeit des Kapitals und die Tilgungsfristen und Zinstermine von Krediten vorgegeben; sie richtet sich nicht mehr nach Jahreszeiten und anderen natürlichen Rhythmen, die das Leben der indigenen Völker bestimmten (Townsend 1985). Die massive Ausbeutung der Regenwälder ist durch Rücksichtslosigkeit gegenüber Tieren, Pflanzen, Böden, Wasser – und Menschen gekennzeichnet. Die „Inwertsetzung“ gerät zum Ethnozid und zum Genozid wie derzeit an den Yanomami und anderen indianischen Völkern des Amazonas-Beckens (Montoya 1989; Moreira 1989; Tribunal 1990); ein paar hundert Indianer können doch den wirtschaftlichen Fortschritt der Region nicht aufhalten, heißt es etwa zur Abwehr von Argumenten gegen den Bau von Staudämmen in der Amazonas-Region (Viveiros de Castro et al 1988; Müller-Plantenberg 1988).

Somit haben die Nutzungsstrategien des Regenwaldes im Zuge großangelegter Programme der Inwertsetzung auf das fragile Ökosystem sich kumulierende negative Auswirkungen. Angepaßte Nutzungsformen hat es gegeben und sie wären auf höherer technischer Grundlage auch unter den heutigen Bedingungen anwendbar. Grundvoraussetzung aber wäre, damit sie überhaupt als Option auch weiterhin zur Verfügung stehen, die Erhaltung des Ökosystems Regenwald, ohne das sich über kurz oder lang die Region in eine Steppe oder Wüste, allenfalls – an günstigen Standorten – in weniger komplexe Sekundärwälder, verwandeln müßte. Die Inwertsetzung von Ressourcen hat nur eine zeitlich begrenzte Perspektive, wenn sie die Substanz des dem Regime der Inwertsetzung unterworfenen Ökosystems verbraucht. Der Ressourcenreichtum, mit dem die Inwertsetzung einst begründet wurde, geht verloren und als „Objekt der ökonomischen Begierde" kann die Region weniger interessant werden. Ohne eine differenzierte und diversifizierte ökonomische Struktur aber kann sich eine differenzierte Gesellschaft nicht herausbilden oder erhalten, die wiederum die Voraussetzung dafür wäre, daß sozialer Fortschritt unter Beachtung ökologischer Existenzbedingungen realisiert wird. Die Subsumtion eines Ökosystems, das keinen oder nur geringen Überschuß produziert, unter das marktlogische Prinzip der Überschußproduktion, die Überlagerung des ökologischen Regimes des „steady state" durch das Geldregime der Expansion bewirken die ökologische Degradation und über kurz oder lang auch die Außerwertsetzung des einst Inwertgesetzten. „Die landwirtschaftliche Erschließung der Tropischen Regenwälder lohnt sich nicht" (Reichholf 1990, S. 184), die Nutzung von Ressourcen wie Wasser und Holz geht auf Kosten der Substanz, und selbst die Ausbeutung der mineralischen Ressourcen ist wegen des Landverbrauchs und der Emissionen in Luft, Wasser, Boden sowie wegen der großen Mengen an Biomasseentnahme, wenn Prozeßwärme durch Holzkohle erzeugt wird, für das Ökosystem problematisch und ökonomisch wenig rentabel, wenn die Entnahmekosten aus der schwindenden Substanz im Maße ihres Dahinschwindens steigen. Alle tropischen Länder machen diese Erfahrungen. Der Holzeinschlag in den südostasiatischen und westafrikanischen Ländern hat bereits zur fast totalen Beseitigung der Regenwälder und damit der Ressource geführt, die das Objekt der ökonomischen Ausbeutung war. Einem kurzfristigen „Wirtschaftswunder" folgt nicht nur die ökologische Degradation sondern auch der ökonomische Verfall.

8. Natur und Geld: Die Vermarktung der Natur durch Schuldentausch

Ökonomische Nutzungsstrategien kommen aufgrund von ökonomischen und politischen Interessen zustande. Daher muß die Frage aufgeworfen werden, wieso Interessen gerade so gefiltert und gelenkt werden, daß eher die nicht angepaßten Entwicklungsstrategien in den Tropen zum Zuge kommen und nicht die ökologisch verträglichen, nachhaltigen. Der Grund liegt nicht allein in dem schon erwähnten Gegensatz von (reversiblen) ökonomischen und (irreversiblen) ökologischen Prozessen, denn dieser ist unaufhebbar, solange Menschen produzieren und konsumieren. Er hat sich in den vergangenen

Jahrzehnten nur weltweit zu einer globalen ökologischen Krise zugespitzt und ist daher zum Thema geworden, dessen sich selbst diejenigen annehmen, die die ökologische Krise mitbewirkt haben. Der Verweis auf die expansionistische Rationalität des Marktes ist ebenfalls zu kurz greifend und daher unzureichend, denn Marktsysteme sind in den bislang diskutierten Grenzen gestaltbar, indem Parameter ihrer Wirkungsweise (rechtliche Rahmenbestimmungen, Regeln der Preisbildung etc.) gesetzt und zur Steigerung der systemischen Intelligenz verändert werden.

Die vergangenen Jahrzehnte nährten die Illusion, als ob alle Defizite der Modernisierung durch Kredite (zu niedrigen Zinsen) leicht beseitigt werden könnten. Die „nachholende Industrialisierung" schien eine passable Perspektive für fast alle Länder auf allen Kontinenten, der zu folgen daher auch in den Ländern des Tropengürtels nur vernünftig war. Die Imitation des industriellen Produktions- und Konsummodells war Versprechen und Richtschnur internationaler Entwicklungsagenturen und nationalstaatlicher Entwicklungspolitik. „Outward looking strategies", also die Integration in den Weltmarkt, waren ein Bestandteil dieser Politik, zumal in den vergangenen Jahrzehnten seit dem Zweiten Weltkrieg der Weltmarkt stärker expandierte als das Weltsozialprodukt und folglich der weltwirtschaftliche Integrationsgrad in allen Weltregionen zunahm. Doch auf dem so eingeschlagenen Weg wurden erst die Grenzen errichtet, an die das Entwicklungsmodell unweigerlich stoßen mußte: Die sozialen Grenzen des Modells machen deutlich, daß Industrialisierung und Modernisierung ein im internationalen Kontext „positionelles Gut" sind und ihren Wert einbüßen, wenn alle oder „zu viele" Länder bzw. nationale Gesellschaften dieses Gut für sich haben wollen. Sie zeigen sich als Unmöglichkeit, den Lebensstandard der entwickelten Industrieländer der nördlichen Erdhälfte auch im Süden zu kopieren, ohne in die globale Krise von Umwelt und Geld zu geraten, also ohne die zivilisatorischen Errungenschaften des Modells auch für alle anderen zu entwerten.

Die finanziellen Grenzen äußern sich als die Fallstricke der Schuldenkrise: Industrielle Entwicklung ist nicht mit finanziellen Mitteln von international operierenden Banken oder von offiziellen Finanzinstitutionen herbeizuzaubern. Wenn aber die Industrialisierung scheitert, dann wird die Fähigkeit nie erreicht werden können, mit Waren, die eine dem vorherrschenden, entwickelten Industrialisierungsmodell entsprechende Nachfrage befriedigen können, jene Devisen zu verdienen, die zum Schuldendienst verwendet werden müssen. Wenn es erstens soziale Grenzen gibt und wenn zweitens ökologische Grenzen der Industrialisierung unüberwindbar sind, dann ist drittens die Schuldenkrise vorprogrammiert. Und umgekehrt: Die Schuldenkrise verschärft die ökologische Krise, weil sie deren Bewältigung durch Maßnahmen zum Umweltschutz erschwert, und sie blockiert die ökonomische Entwicklung, weil mit schwacher Währung, die einem ständigen Abwertungsdruck ausgesetzt ist, die Konkurrenzposition auf dem Weltmarkt nicht verbessert werden kann. Freilich wirkt der Hebel des (externen) Kredits durch die Reaktionen und Restriktionen der sozialen Institutionen, durch die Regulation des ökonomischen und die Verarbeitungsformen des politischen Systems. Die gewählten (und zum Teil von den internationalen Entwicklungsagenturen aufgeherrschten) Strategien sind also nicht nur aus ökologischen Gründen von einem geringen systemischen Intelligenzgrad gekennzeichnet, sondern auch aus ökonomischen Gründen.

Dies kann nur exemplarisch verdeutlicht werden: Zunächst stehen Kredite für große Projekte zur Verfügung, die – gerade in Amazonien – ausgedehnte Regionen des Regenwaldes zum Zwecke der Inwertsetzung von natürlichen Ressourcen umformen. Beispiele dafür sind das Carajás-Programm im östlichen oder das Polonoroeste-Projekt im westlichen Amazonien. Die Kredite, nicht nur die in Amazonien verwendeten, müssen bedient werden. Es entstehen aber Schwierigkeiten mit dem Schuldendienst, vor allem infolge nicht vorhersehbarer Zinssteigerungen, die den Schuldnern abverlangt werden, und aufgrund von verschlechterten terms of trade. Gleichgültig welche ökonomischen Projekte implementiert werden und welche Politik ein Schuldnerland betreibt: die Anhebung der Nominalzinsen auf dem monetären Weltmarkt auf über 20% nach 1980 kann ökonomisch auch durch eine produktive Verwendung der Kredite nicht verkraftet werden. Wenn im Jahre 1989 der Zins für Sechsmonatsgeld (in US$) 9,3% durchschnittlich beträgt, das Welthandelsvolumen um 7,3% zunimmt und das Sozialprodukt der Entwicklungsländer um 3% im Durchschnitt steigt (International Monetary Fund 1990, S. 6f), ist die Fähigkeit zum Schuldendienst aus den Zuwächsen des Sozialprodukts und der Exporteinnahmen beschnitten. Wenn aber die Wachstumsraten des Sozialprodukts und der Exporteinnahmen geringer als die zu zahlenden Zinssätze sind, dann müssen Anteile des BSP für den (externen) Schuldendienst aufgebracht und transferiert werden, die bislang für Investitionen und Konsumausgaben zur Verfügung standen. Der Schuldendienst verlangt einen realen Ressourcentransfer.

In dieser Situation wird auch die Erschließung und Ausbeutung von Bodenschätzen beschleunigt; mit dem Erz von Carajás wollte der ehemalige Planungsminister Delfim Netto die brasilianische Auslandsschuld bezahlen und Brasilien in eine Großmacht verwandeln. Gleichzeitig wird bei anderen öffentlichen Ausgaben und im Sozialbereich gespart. Die Armut nimmt zu und verwandelt sich in Elend. Die Städte verwahrlosen. Die Inflation ist bei hohem Staatsdefizit und hohem Netto-Ressourcentransfer ans Ausland nicht zu stoppen, es sei denn durch weitere Verschuldung. Verschuldung und Inflation sind die beiden Gesichter der Entwertung des Geldes. Dadurch wird die Spekulation mit Land genährt. Wenn weiterhin die Außenhandelspolitik auf einen Überschuß der Handelsbilanz zielt, um Devisen zur Bezahlung des Schuldendienstes zu erhalten, dann entsteht ein starker ökonomischer Anreiz zur großbetrieblichen Produktion von exportierbaren Waren (cash crops wie Soja oder Fleisch) anstelle von Produkten für den inneren Konsum. Die Inflation wird auch durch die Beschränkung des Warenangebots auf dem inneren Markt gestützt. Die Versorgung der Bevölkerung verschlechtert sich. Also spitzen sich soziale Konflikte zu, die wiederum Migrationsströme in die Regenwälder mit (scheinbar) nicht erschlossenen Reichtümern provozieren. Die Invasion der Goldsucher in Amazonien ist exakt eine Folge der Verarmung der Menschen in den Ballungsgebieten. Dadurch wiederum verschärfen sich die Auseinandersetzungen um – trotz der riesigen Areale – knappes Land: Konflikte zwischen Goldsuchern und Indios, zwischen Siedlern und Großgrundbesitzern, zwischen Kautschuksammlern und Minenbetreibern.

Es soll mit dieser kurzen Aufzählung der Vermittlungsglieder des destruktiven Mechanismus, der durch Überschuldung zum Laufen gebracht wird, nicht behauptet werden, er sei ohne Kredite, und speziell ohne Außenkredite, nicht existent. Das Problem ist nicht der Kredit, denn eine kapitalistische Gesellschaft ohne Gläubiger und ohne Schuldner, d.h. ohne Geld und Kredit, kann es nicht geben. Das Problem ist vielmehr ein Entwicklungsmodell, dessen Wachstum durch (externe) Kredite beschleunigt werden soll – und das eben gerade dadurch an seine sozialen und ökologischen Grenzen gerät und zum Scheitern gebracht wird. Der Versuch, Überschüsse und noch dazu sehr schnell zu produzieren, wo Überschüsse nur durch Raubbau an Ressourcen gewonnen werden können, scheitert schließlich auch ökonomisch. Es ist nicht möglich, die subalterne Integration einer Extraktionsökonomie (Bunker 1987) in den von den „fordistischen" Produktionsökonomien beherrschten Weltmarkt zu überwinden, und die degradierte oder zerstörte Ökologie zu sanieren.

Jedoch kommen die außerordentliche Bedeutung der Regenwälder dieser Erde für deren ökologisches Fließgleichgewicht und die Folgen der durch das Geldregime provozierten Schäden am fragilen Ökosystem Regenwald immer mehr zu Bewußtsein, so daß die Weisen der Inwertsetzung von Ressourcen der Regenwälder ebenfalls verstärkt problematisiert und Strategien zum Schutz der Regenwälder entwickelt werden. Dazu gehören auch die *debt-for-*

nature swaps, das sind Geschäfte, durch die Schuldtitel für Projekte zum Schutz speziell von Regenwäldern erlassen werden: Schulden-Erleichterung, um so nachhaltige Nutzung zu fördern.

„Debt-for-nature swaps" sind also ein konditionierter Tausch von Außenschulden des jeweiligen Landes gegen die Zusagen von Regierungen gegenüber Umweltschutzorganisationen, ökologische Reserven anzulegen und zu unterhalten (Vgl. Oberndörfer 1989; 1990; Bedarff et al 1989; von Droste/ Dogsé 1990). Tauschgeschäfte dieser Art sind nicht zum ersten Mal in der Geschichte von Schuldenkrisen im Gespräch. Im vorigen Jahrhundert boten Mexico und Kolumbien den Gläubigern im Tausch gegen Schulden unbesiedeltes Land an; Mexico verwies auf Land im umstrittenen Texas, kurz bevor es an die USA abgetreten werden mußte (Vgl. Liehr 1988, S. 165, 170). Mit debt-for-nature swaps, wie in Bolivien, Costa Rica, Ecuador und auf Madagaskar und auf den Philippinen praktiziert und im Falle des brasilianischen Amazonien vorgeschlagen, sind freilich eine Reihe von Problemen verbunden:

Erstens wird sehr häufig in verschuldeten Ländern nach den Ursachen und der Legitimität der Verschuldung gefragt. Wenn die Schuldenkrise wegen der Zinssteigerungen auf internationalen Kapitalmärkten entstanden ist, und die Zinssteigerungen in erster Linie von der US-amerikanischen Fiskal- und Geldpolitik in den 80er Jahren hervorgerufen worden sind, dann sind die Geldforderungen der Gläubigerländer gegenüber den Schuldnerländern durch ökonomische Wirkungsmechanismen erzeugt worden, für die Schuldnerländer keine Verantwortung tragen. Auf dem Hintergrund dieser Interpretationsfolie ist es nicht einzusehen, warum nun Schuldnerländer die Schulden dadurch abtragen sollen, daß sie Naturreservate errichten. Damit wären Teile des jeweiligen Staatsgebiets der nationalen Souveränität entzogen, ein insbesondere in Brasilien häufig vorgebrachter Grund für die Ablehnung von debt-for-nature swaps.

Zweitens könnte dem freilich entgegengehalten werden, daß mit der Verschuldung bereits ein so großer materialer Souveränitätsverlust eingetreten ist (beispielsweise durch die Auflagen des IWF bei Umschuldungen), daß die Schuldenentlastung eher den Spielraum nicht nur für naturkonservierende nationale Politik erweitert. Doch müßte berücksichtigt werden, daß „debt-for-nature swaps" selbst ein Kind der Not – ebenso wie „debt-to equity swaps" auch – sind: Jedes Instrument, das die Schuldenlast auch nur gering reduziert, ist besser als die Aufrechterhaltung des status quo, aber möglicherweise viel schlechter als andere, grundsätzliche und radikale Lösungen.

Drittens ist der Umfang der möglichen Swap-Geschäfte angesichts des ökonomischen Drucks durch den Schuldendienst viel zu gering, als daß eine merkliche Besserung der ökonomischen Lage verschuldeter Länder erreicht werden könnte. Im Falle Boliviens sind 650.000 $ von einer Gesamtschuld in Höhe von 4,6 Mrd US$ gegen Natur getauscht worden, in Costa Rica waren es immerhin einmal 5,0 Mio US$, ein zweites Mal 5,8 Mio US$ von insgesamt 4,5 Mrd US$, in Ecuador ist im Oktober 1987 ein insgesamt 10 Mio US$ umfassendes Programm aufgelegt worden bei einer Außenschuld von insgesamt 9 Mrd US$. Auf den Philippinen wurden 2 Mio US$ im Juni 1988 von einer Gesamtaußenschuld in Höhe von 29 Mrd US$ getauscht. In Madagaskar wurden insgesamt in zwei Tauschaktionen 8,5 Mio US$, in Zambia 2,3 Mio US$, in Polen 50.000 US$ Schulden gegen die Einrichtung von Schutzreservaten erlassen (Vgl. die Aufstellung bei von Droste/Dogsé 1990; Enquete-Kommission 1990a, S. 432; Bedarff et al 1989). Auch wenn die Beträge am Preis auf den Sekundärmärkten für die Schulden der Dritten Welt gemessen werden, sind sie zu gering (sie bewegen sich ja im Pro-Mille-Bereich), als daß eine wirkliche Entlastung an der Schuldenfront eintreten könnte.

Viertens könnte der ökonomische Druck durch die Verpflichtung zum Schuldendienst in denjenigen Regionen noch steigen, die nicht durch einen „debt-for-nature" Tausch vor der Ausbeutung geschützt worden sind, gerade weil die Schuldenlasten insgesamt nicht bedeutsam reduziert werden. Dadurch, daß einige ökologische Reserven aus dem ökonomischen „Inwertsetzungsprozeß" herausgenommen werden, kann der Inwertsetzungszwang in anderen Regionen wachsen, die nicht privilegiert worden sind. Denn die Tauschaktionen sind nicht nur im Hinblick auf die finanzielle Entlastung von Schuldnerländern sehr gering, sondern auch angesichts der Größe der ökologischen Probleme gerade in tropischen Regionen.

Fünftens. Wenn „schlechte" Schulden in „gute" Verfügungsrechte über Teile der Natur getauscht werden, dann wird der Rest der Schulden möglicherweise „besser" und die Belastung mit dem Schuldendienst verringert sich ebenso wenig wie der Rückkaufkurs der Schulden eines Landes auf dem Sekundärmarkt für Schulden der „Dritten Welt". Auch könnte eine steigende Nachfrage nach Schuldtiteln den Kurs anheben, wenn größere Aktionen des Schulden-gegen-Natur-Tausches durchgeführt werden sollten. Da private Nicht-Regierungsorganisationen die erforderlichen Beträge dieser Größenordnung nicht aufbringen könnten, wären swaps dieser Art dann Instrumente, mit denen Verluste von privaten Banken durch offizielle internationale Institutionen oder/und Staaten „sozialisiert" würden.

Sechstens. Dabei kommt allerdings noch erschwerend hinzu, daß die zurückgekauften Schulden durch die Zentralbank des jeweiligen Schuldnerlandes vorfinanziert werden müssen, also bei nichtrestriktiver Geldpolitik zu einer Aufblähung der Geldmenge beitragen können. Die interne Inflation wird ohne kompensierende Maßnahmen der Stillegung von Geld angeheizt und der Abwertungsdruck auf die Währung wird dementsprechend vergrößert. Hier unterscheiden sich debt-for-nature swaps nicht von anderen swap-Geschäften.

Siebentens sind auch die gegen Schuldverzicht geschützten Gebiete viel zu klein, als daß sie dem ökologischen Problem der Naturzerstörung auch nur annähernd beikommen könnten. Wenn der Flächenbedarf zur Erhaltung der Artenvielfalt in tropischen Regenwäldern berücksichtigt wird, sind „Naturschutzparks" oder Reservate von höchstens wenigen hundert Quadratkilometern verschwindend klein. Sie sind überhaupt nicht geeignet, das durch die Vernichtung der Regenwälder aufgeworfene Problem lösen zu helfen. Es könnte sogar geschehen, daß mit dem Verweis auf die Einrichtung ökologischer Reserven in den nicht-reservierten Regenwäldern die Zerstörung durch unangepaßte Strategien der Inwertsetzung noch gerechtfertigt wird.

Jedenfalls sind „Debt for Nature Swaps" für ein verschuldetes Land weder in jeder Hinsicht von ökonomischem Vorteil, noch sind sie geeignet, die Schuldenkrise wirksam zu mildern oder der ökologischen Zerstörung einen Riegel vorzuschieben. Und erst recht sind sie politisch von gewisser Brisanz, die sich aus den Folgen für die nationale Souveränität ergibt (Vgl. Altvater 1990, S. 82ff). Zweifellos wird diese dann unterminiert, wenn zur Ablösung von Teilen der Schulden die nationalstaatliche Verfügung über Teile des Territoriums beschränkt wird. Angesichts der ökologischen Vernetzung auf dem Planeten Erde und der dadurch entstehenden globalen Wirkungen lokaler Ereignisse (wie im Falle der Reaktorkatastrophe von Tchernobyl) ist das Festhalten an der nationalen Souveränität sicherlich antiquiert, wie Günther Anders hervorhebt: „Als ich vor zwanzig Jahren auf dem Tokioter Antiatom-Kongreß erklärte, daß der Begriff der *Grenze* (damit der des nur nationalen Verantwortungsbereiches) bald antiquiert sein werde, da sich radioverseuchte Niederschläge einen Dreck darum kümmern würden, welches Terrain unten als 'hüben' gelten würde und welches als 'drüben', da blieb ich, da zum Kongreß nur technisch, politisch oder geistlich interessierte Personen gekommen waren, nicht aber philosophisch interessierte, erst einmal echolos. Einige der sehr patriotischen Gastgeber erschraken aufs tiefste, als ich erklärte, daß sich, da die Effekte dessen, was man 'zuhause' täte, in vielen Ländern stattfinden würden, auch der Begriff der *Souveränität* relativieren würde" (Anders

1980, S. 208). Wenn die Regenwälder in den tropischen Ländern degradiert oder sogar ganz beseitigt werden, dann hat eben diese im nationalen Rahmen stattfindende Handlung globale Auswirkungen, so daß es tatsächlich antiquiert ist, das Problem von globaler Dimension in eine Vielzahl von Problemen nationaler Verfügbarkeit über ein Staatsgebiet aufzulösen. Die nationale Staatlichkeit steht angesichts der globalen ökologischen Krise zur Disposition.

Allerdings ist das Geld – in der Form von Forderungen, die „for nature" getauscht werden, um Schulden abzulösen – als Medium der Relativierung von nationaler Souveränität wenig geeignet, da ökologische *Interdependenzen* so in ökonomische *Dependenzen* der Schuldnerländer von den Gläubigern aufgelöst werden. Wenn der Beschränkung von Souveränität verschuldeter Staaten ein Zugewinn an souveräner Verfügung von Staaten der Gläubiger entspricht, ist eben nicht die Auflösung von nationaler Souveränität auf dem Globus die Folge, sondern die Umverteilung von materialer Souveränität im System der Nationalstaaten zu Gunsten der Industrieländer. Sollen debt-for-nature swaps demzufolge als handhabbares Instrument zur gleichzeitigen Lösung der Schuldenkrise und der Bewältigung der ökologischen Gefährdung Sinn machen und erfolgreich sein, müßte das in ihnen implizierte Kompensationsgeschäft verändert werden: Bedingungslose Entschuldung und Beschränkung der Souveränität aller nationalen Staaten zum Zweck der Erhaltung des Ökosystems Erde. Die Aufgabe der Industrieländer bestünde dann nicht in dem – noch dazu geringfügigen – Verzicht auf Geldforderungen, sondern darin, erstens bedeutende monetäre Kompensationen zu leisten und zweitens eigene Anstrengungen zu unternehmen, die Belastungen von Luft, Wasser, Böden zu reduzieren.

Denn tatsächlich sind die tropischen Regenwälder für das thermische Gleichgewicht der Erde entscheidend, ebenso wie die Ozeane oder die Kontinente. Ihr Schutz ist folglich das Interesse aller Menschen und Aufgabe aller Staaten. Dieser Schutz ist nicht kostenlos zu haben und folglich sind internationale Kompensationszahlungen notwendig – in Verbindung mit einer Strategie der flächenmäßigen Erhaltung und qualitativen Sicherung der Artenvielfalt in den Regenwäldern. Der Größe dieser Aufgabe sind debt-for-nature-swaps nicht gewachsen. Denn es geht letztlich darum, die Dominanz des Geldregimes über das ökologische Regime der tropischen Regenwälder aufzuheben, den Zwang der ökonomischen Überschußproduktion in einem ökologischen System zu beseitigen, das keine Überschüsse hervorbringen kann.

Da die Industrialisierung ein positionelles Gut (im obigen Sinne) ist, das alle anstreben aber nicht alle erreichen können, ohne seine Gratifikationen wirksam durch Überlastung des Ökosystems Erde zu unterminieren, da aber die konservative Schlußfolgerung nicht durchhaltbar ist (ganz abgesehen von ihrer ethischen Unbegründbarkeit), daß dann doch die bislang nicht oder wenig industrialisierten Länder in diesem Status ebenso verharren wie die Menschen in den Industrieländern die Annehmlichkeiten des Modells genießen sollten, geht es nicht anders, als daß ein globaler Verteilungsmodus gefunden wird, der allen Menschen eine Entwicklungsperspektive der Teilhabe an der schönen Welt der Waren eröffnet und dabei systemisch intelligent genug konzipiert ist, damit die Entropiesteigerung langfristig minimiert wird. Das Beispiel des Umgangs mit den tropischen Regenwäldern zeigt, daß kurzfristige ökonomische Nutzungsstrategien ökologisch desaströs sind (die Entropie des Systems steigt übermäßig an), ohne daß dadurch auch nur annähernd ein Niveau ökonomischer und sozialer Entwicklung erreicht werden könnte, das dem Bild modernen Produzierens und Konsumierens entspräche. Hier wird es unübersehbar, daß die international vorherrschende Weise der gesellschaftlichen Regulation zu einem Hemmnis von ökonomischer Entwicklung und ökologischer Nachhaltigkeit geworden ist.

7. Kapitel

Schlußbetrachtungen über marktförmige und nicht-marktförmige Regulation

Der Kreis schließt sich: Am Beginn der Entwicklung der kapitalistischen Produktionsweise vor gut fünf Jahrhunderten löste sich die Ökonomie aus den tradierten Sozialbeziehungen vor-moderner Gesellschaften: die Marktwirtschaft konnte sich gegenüber anderen gesellschaftlichen Sphären verselbständigen („disembedding") und ihnen dann die ihr eigene Rationalität der Überschußproduktion, der quantitativen Steigerung in der Zeit und der Expansion im Raum aufherrschen. Einige Dimensionen des dieser Rationalität gehorchenden Ordnungsprinzips, seiner außerordentlich dynamisierenden Kraft, aber auch die darin eingeschlossenen Widersprüche und Krisentendenzen sind in den vorangegangenen Abschnitten über das monetäre Regime und die Interferenzen zwischen Ökonomie und Ökologie erörtert worden.

1. Nationalität der Politik und Globalität der Ökonomie

Im Verlauf des Akkumulationsprozesses wurde der Weltmarkt real hergestellt. Schließlich waren alle Aggregatformen des Kapitals globalisiert: die Waren im Welthandel, das produktive Kapital im „Markt für Produktionsstandorte" und das Geld und der Kredit auf dem monetären Weltmarkt. Die ökonomische Rationalität des Marktes setzte sich gegen andere, konkurrierende Ordnungsprinzipien in der Weltgesellschaft durch. Keine Region, keine Gesellschaft sind davon unberührt geblieben. Eine Folge der Globalisierung, Modernisierung und Rationalisierung waren (und sind) ökonomische Krisen, soziale Not breiter Massen (heute in erster Linie in der Peripherie der Metropolen) und die ökologische Degradation von Lebenssphären des Planeten Erde. Eine Antwort auf die Herausforderungen der „alten" und „neuen" sozialen Frage waren die in sozialen Konflikten „aufgeherrschte" Errichtung des Sozialstaates zum Schutz der sozial Schwachen, die Ausbildung von Institutionen der politischen Moderierung finanzieller Instabilitäten und in jüngster Zeit Formen der (nicht nur staatlichen) Regulation des Umgangs mit der Natur. In der historischen Wirklichkeit existiert also eine reine Marktwirtschaft nicht, sie ist immer durch die Gesellschaft politisch reguliert. Würde die Marktwirtschaft rein existieren, wären Vergesellschaftungsdefizite wie sie Dobuzinskis (1989) oder Koslowski (1989) konstatieren oder wie sie Otto Bauer als „Fehlrationalisierung“ (Bauer 1931, S. 170ff) analysiert, wäre die Naturwüchsigkeit ökonomischer Krisen, die Zuspitzung von Konflikten bis zu sozialen und ökologischen Katastrophen, auf die Polanyi (1978) hinweist, unausweichlich und noch dazu infolge der Abwesenheit politischer Regulierung und gesellschaftlicher Regulation (zu dem Unterschied Hübner 1989) nicht zu bearbeiten.

Moderne Gesellschaften sind demzufolge immer Ensembles von marktförmiger und nicht-marktförmiger Regulation. Dies war im übrigen auch die Auffassung der klassischen politischen Ökonomie von Adam Smith bis David Ricardo, die als Kronzeugen einer rein marktlogischen, anti-institutionellen, neoklassisch-liberalen Theorie nicht geeignet sind (Heinrich 1990a). Erst mit der Entstehung des „methodologischen Individualismus“ in der ökonomischen Theorie (Schumpeter 1908, S. 93ff) wird die klassische Auffassung abgelöst bzw. mit der Dominanz des Marginalprinzips und der Mikrofundierung von makroökonomischen Prozessen selbst marginalisiert. Der theoretische Zugang zu Problemen der gesellschaftlichen Regulation, die sich nicht durch bloße Analyse individueller Wahlakte und deren „katallaktischen“ Zusammenspiels im Wettbewerb auf dem Markt (von Hayek 1968) lösen lassen, wird verbaut; ebenso aber auch die Erkenntis, daß der historische Prozeß der Regulation der Marktökonomie durch Staat und Gesellschaft nicht revozierbar ist.

Anders als die Ökonomie, deren Akteure sich von Anbeginn an auf dem Weltmarkt bewegten, war und ist das politische System der kapitalistischen Gesellschaft an die Nationalität des Staates gebunden, dessen Anspruch auf Souveränität sich nicht nur nach innen gegenüber der Gesellschaft, sondern in erster Linie nach außen gegenüber anderen Nationalstaaten definiert. Die Grenze markiert, wie Poulantzas (1978, S. 97) bemerkt, den Unterschied von innen und außen und daher umschreibt sie ein Territorium, das Staatsgebiet. Sie grenzt auch das Währungsgebiet durch den Wechselkurs der je nationalen Währung zu allen anderen Währungen ab. Sie ist aber zugleich sichtbare Ressource der staatlichen Monopolisierung über die Ein- und Ausgrenzung von Mitgliedern der Gesellschaft auf dem Staatsgebiet selbst. Der Widerspruch zwischen Globalität der Ökonomie und Nationalität von Politik, zwischen Überschreiten jeder Grenze im Verlauf von ökonomischer Akkumulation und Expansion und der politischen Reorganisation des offenen Raums durch Definition des nationalen Territoriums in der Form der Eingrenzung (und „Einfriedung“) durchzieht die Geschichte des kapitalistischen Weltsystems.

Die historischen Lösungen dieses Widerspruchs waren entweder die Ausdehnung des Machtpotentials von Nationalstaaten über andere Nationalstaaten oder die Besetzung von Territorien, auf denen die Bildung einer eigenständigen Nationalstaatlichkeit verhindert wurde: so geschehen in den historischen Epochen von Kolonialismus und Imperialismus. Hier erfolgte Expansion durch Verschiebung der eigenen Grenzen und damit auch aller anderen Grenzen. Dies ist eine Form der Expansion, die ohne (militärische) Konflikte nicht machbar war. Moderne Lösungsformen, die im dritten Kapitel diskutiert wurden, sind die Bildung eines hegemonialen Systems und die Trans- bzw. Internationalisierung und Globalisierung von Staatsfunktionen, um den Regulierungsanforderungen des ökonomischen Reproduktionsprozesses im globalen Raum gerecht werden zu können. Ökologisch ist die nationale Grenze inzwischen antiquiert, die Unterscheidung zwischen „hüben" und „drüben" ist sinnlos angesichts des Treibhauseffekts, des sauren Regens oder des radioaktiven fall-out von Tschernobyl.

Freilich enden die politische Intervention und die meisten Institutionen der gesellschaftlichen Regulation an den Grenzen des politischen Funktionsraums, der in kapitalistischen Gesellschaften prinzipiell weniger weit reicht als der ökonomische Funktionsraum (Vgl. dazu Altvater 1987, 2. Kapitel) und die inzwischen globalen ökologischen Wirkungsketten; Politik ist wesentlich national und Ökonomie wesentlich global. Die Versuche, die Staatsfunktion der Regulierung des Geldes zu internationalisieren, sind immer vom Scheitern bedroht, wie das Ende des Systems von Bretton Woods zeigt. Der Rückzug auf die Nationalität der politischen Regulierung des Geldes aber bedeutet keineswegs – die Phase nach dem System von Bretton Woods belegt diese These – eine ebensolche Beschränkung der Märkte auf den nationalen Raum. Der monetäre Weltmarkt konnte im Gegenteil gerade wegen der Abwesenheit von politischer Regulierung explosiv expandieren (Strange 1986; Schubert 1985) und die finanziellen Instabilitäten globalisieren. Es ist aber ebenfalls sicher, daß immer wieder Versuche gemacht werden müssen, die Reichweite der politischen Regulierung der Globalität ökonomischer Kreisläufe anzupassen. Die jüngste Geschichte des globalen Kreditsystems ist dafür Beleg; die Abkommen der Gruppe der Sieben vom Louvre oder vom Plaza Mitte der 80er Jahre stellen ja nichts anderes als den Versuch dar, globale ökonomische Prozesse durch die Globalisierung politischer Interventionen zu regulieren. Erst recht gilt dies inzwischen für die ökologischen Problemlagen: die Bewältigung globaler Umweltkrisen verlangt eine globale Umweltpolitik.

Eine andere Frage allerdings als die nach dem Verhältnis von nationalen und globalen Regulationsanforderungen ist die nach dem „Primat" innerhalb der Systeme marktförmiger und nicht-förmiger Regulation. Im zweiten Kapitel ist bei der Diskussion über die unterschiedlichen Funktionslogiken von kapitalistischen Markt- und real-sozialistischen Plansystemen darauf verwiesen worden, daß erstere durch den *Primat der Ökonomie*, letztere durch den *Primat der Politik* gekennzeichnet seien. Diese Unterscheidung ist zentral. Denn wenn auch alle modernen Gesellschaften als Ensembles von marktförmiger und nicht-marktförmiger Regulation zu charakterisieren sind, folgt die Dynamik der Entwicklung in kapitalistischen oder real-sozialistischen Gesellschaften dennoch verschiedenen Prinzipien, jedenfalls im Hinblick auf die produzierten Resultate. Dies ist im ersten Kapitel bereits erörtert worden; hier geht es darum, die Unterschiede im Hinblick auf Alternativen zu akzentuieren.

2. Ungleichmäßigkeit und Ungleichzeitigkeit auf dem Weltmarkt

Die ökonomischen und sozialen Krisen der kapitalistischen Produktionsweise – Arbeitslosigkeit, Armut, Unterdrückung, Aggressivität nach innen und außen – waren nicht nur ständiger Anlaß von Reformen, die „transformistisch" in die Mechanismen von Akkumulation, Regulation und politischer Hegemonie integriert worden sind und der kapitalistisch-bürgerlichen Gesellschaft eine institutionell ausgeprägte Fähigkeit zur Evolution und zugleich eine hohe Stabilität vermittelten. Die kapitalistische Gesellschaft brachte und bringt auch revolutionäre Bewegungen hervor. Diese zielen über soziale Reformen hinaus und – von allen Unterschieden abgesehen – auf die radikale Umwälzung der Basisinstitutionen wie das Privateigentum an den Produktionsmitteln und wie die marktförmige Regulation, also auf die Abschaffung der den Primat der Ökonomie sichernden Prinzipien. Die russische Revolution 1917 war ein historischer Einschnitt. Zum ersten Mal in der Geschichte wurden an die Stelle der Institutionen einer bürgerlichen Gesellschaft gesellschaftliche Formen des Eigentums (Staatseigentum), die „Gesetze" der sozialistischen Akkumulation und mit der Planung ökonomischer Prozesse der Primat der Politik gesetzt. Damit wurde der Übergang zu einer neuen Gesellschaft in Angriff genommen. Eine später auch so genannte „Übergangsgesellschaft" entstand.

Die historische Mission der Planung in ökonomisch rückständigen nachrevolutionären „Übergangsgesellschaften" ist die Überwindung zweier dominanter Prinzipien der kapitalistischen Marktwirtschaft: der *Ungleichzeitig-*

keit und der *Ungleichmäßigkeit* der Entwicklung. Die Dichotomie von Reichtum und Armut, von Entwicklung und Unterentwicklung, von Fortschritt und Rückschritt im globalen Maßstab sollte durch Planung und das ihr unterliegende institutionelle System des staatlichen Eigentums aufgehoben werden. Tatsächlich gelang es den Plansystemen zunächst, die Entwicklung zu beschleunigen, die Industrialisierung zu stimulieren und soziale Ungleichheiten zu verringern. Folglich wurde zentrale staatliche Planung selbst in kapitalistischen Gesellschaften mit überwiegender Marktsteuerung in der einen oder anderen Form zur Folie für Modernisierungs- und Industrialisierungsstrategien.

Auch der Keynesianismus ist als eine Reaktion auf die planwirtschaftliche Beschleunigung in den 30er Jahren, gerade angesichts der großen Weltwirtschaftkrise mit Massenarbeitslosigkeit und Massenelend in den entwickelten kapitalistischen Ländern, zu interpretieren. Daher wird der Keynesianismus von radikalen Liberalen als eine „Minimalform" von Sozialismus auf einem Kontiuum angesiedelt, das bis zur „Maximalform" der zentralverwaltungswirtschaftlichen Planung sowjetischen Typs reicht (Miller 1989). Die kapitalistischen Marktwirtschaften und die sozialistischen Planwirtschaften schienen hinsichtlich der Mittel der Regulierung sogar zu „konvergieren". Jenseits der „Konvergenz der Systeme" (Tinbergen) aber konnte der Eindruck entstehen, als ob sozialistische Planwirtschaften noch den Vorteil hätten, die Industrialisierung und Modernisierung unter Bedingungen größerer Gleichheit in der nationalen Gesellschaft und im internationalen System zustandebringen zu können. In einer Gesellschaftsformation, die dem Primat der Politik, und nicht dem Primat der Ökonomie bei der Regulation des Reproduktionsprozesses folgt, sollte es weniger Opfer des Fortschritts geben.

Doch ebenso wie das Unterfangen, eine reine Marktwirtschaft herzustellen, führt das Gegenteil, nämlich der Versuch, das Ordnungsprinzip Markt fast gänzlich abschaffen und durch das Plangesetz ersetzen, also das Prinzip des Primats der Politik in reiner Form institutionalisieren zu wollen, in die Sackgasse. Es entsteht ein „roher Kommunismus" (Ruben 1990) und keine befreite und reiche Gesellschaft, die eine attraktive Alternative zur marktwirtschaftlich-kapitalistischen Gesellschaft hätte sein können. Das schon analysierte Scheitern der „realsozialistischen" Plansysteme liefert nun auch empirisches Zeugnis von der Unangemessenheit und Undurchführbarkeit eines solchen Versuchs (Conert 1990). Die erste, und sicherlich nicht durchreflektierte Reaktion darauf ist eine erneute Markteuphorie, in der aber gerade die Tatsache zunächst de-thematisiert und somit gesellschaftlich verdrängt wird, daß Märkte und politische Regulation keineswegs geeignet sind, die Instabilitäten und Krisen des Geldes zu bewältigen, die Unterentwicklung und das Elend in weiten Teilen der „Einen Welt" überwinden zu helfen oder die zugespitzten Widersprüche zwischen ökonomischer und ökologischer Rationalität zu lösen – ganz abgesehen von den vom Markt beförderten moralischen Defizienzen im Handeln der Menschen, die zu Sinnentleerung und Vergesellschaftungsdefiziten, und daher zu sozialen Konflikten und ökonomischen und politischen Krisen beitragen können. Ohne einen kulturellen Hinter- und Untergrund, der sich erst in vielen Jahrzehnten und vielen Auseinandersetzen gesellschaftlich sedimentiert, sind die marktförmigen Regulationsmechanismen unvollkommen und unzureichend (Vgl. Mahnkopf 1988).

Das Scheitern der real-sozialistischen Plansysteme auf der einen Seite; Krisentendenzen in den kapitalistischen Marktwirtschaften auf der anderen Seite, wobei die Schuldenkrise und die sich anbahnende globale ökologische Katastrophe nicht nur als Blockaden der Entwicklung ganzer Kontinente, sondern als Warntafeln an den Grenzen eines Entwicklungsmodells gesehen werden müssen – aber dennoch eine ideologische Überhöhung des marktwirtschaftlichen Ordnungsprinzips und eine damit einhergehende „Entmoralisierung der Wirklichkeit" (Koslowski 1989, S. 29): diese Eckpunkte kennzeichnen den Raum, in dem die Auseinandersetzung über die Probleme der Gegenwart geführt wird. Die mit der Freisetzung der Marktkräfte stattfindende Rationalisierung und Modernisierung von Gesellschaften ist durchaus innovativ, schöpferisch, wenn auch destruktiv. Reicht dies schon, um in das Loblied des Evolutionsmechanismus Markt einstimmen zu können? Wenn das fordistisch-kapitalistische Ordnungsprinzip als Folie des Evolutionswegs moderner Gesellschaften zugrundegelegt wird und andere Ordnungsprinzipien, nach denen Gesellschaften manchmal jahrhundertelang gelebt haben und damit alternative Entwicklungswege als weniger effizient und folglich nicht wünschenswert ausgeschlossen werden, ist die Frage mit „ja" zu beantworten. Doch kann es sich herausstellen, daß der fordistisch-kapitalistische Evolutionspfad an das tote Ende einer Sackgasse stößt; nach ungestümer Expansion kann er in eine Phase der Stagnation geraten.

Dies läßt sich am Beispiel des Automobils – des Symbols des fordistischen Kapitalismus – zeigen: Wenn erst einmal die Kommunikationssysteme, die urbane Struktur, der alltägliche Lebenszuschnitt auf die durch das private Automobil versprochene Mobilität zugeschnitten sind, ist die autofreie Gesellschaft nur noch durch die Zerstörung der auf das Auto getrimmten materiell festgelegten sozialen Verhältnisse und der dazugehörigen Infrastruktur zu realisieren. Grenzen sind errichtet worden, an denen Rationalität in Irrationalität, Rationalisierung in Fehlrationalisierung umschlagen können, wo also die Versprechen der Innovation und Modernisierung als Belohnung für die Destruktion tradierter Verhältnisse wie ungedeckte Schecks nicht mehr eingelöst werden. Das Versprechen von mehr Mobilität durch das Auto ist nicht einzulösen, wenn die Ozonwerte infolge des Nx-Eintrags und der Photosynthese in der bodennahen Atmosphäre so ansteigen, daß es ratsam ist, die Bewegungen auf ein Minimum zu beschränken, damit der Kreislauf nicht überlastet wird, oder wenn durch den CO_2-Ausstoß die Klimakatastrophe herbeigefahren wird, oder wenn schlicht das Automobil im täglichen Großstadtstau zum Immobil wird. Die Tatsache, daß ein Auto individuell genutzt wird, die Nutzung aber auf begrenzte kollektive Ressourcen (die Belastbarkeit der Atmosphäre) zurückgreift, verweist auf Rationalitätsschranken eines Konsummodells und einer Produktionsweise, in denen das Auto als individuelles Gut einen zentralen Stellenwert besitzt. Ein siegreiches, weil im Sinne der sozialen Evolution dynamisches Prinzip, kann sich im Nachhinein als die historisch falsche Wahl im Evolutionsprozeß herausstellen. Auch Marktwirtschaften, die einem überlegenen Prinzip unter Hintanstellung sonstiger Kriterien zum historischen Durchbruch verhelfen, erzeugen ihre eigenen Rationalitätsgrenzen. Wenn aber erst einmal ein Konsum- und Akkumulationsmodell mit globaler Reichweite in den materiellen Strukturen steckt, den individuellen und kollektiven Lebenszuschnitt bestimmt, seine passenden Normen und Werte hervorgebracht hat, ist die Fortsetzung der Evolution nur noch nach einem Bruch möglich.

Der nach dem Scheitern der realsozialistischen Gesellschaften stilisierte Gegensatz von Markt und Plan ist daher eine falsch gestellte Alternative. Die ökonomische Ineffizienz, die hohen sozialen und politischen Kosten, die ökologischen Schäden und der technische Rückstand in den Ländern des realen Sozialismus sind nicht positiv auf die Defizienzen von Planung und negativ auf die Abwesenheit von Marktmechanismen, Konkurrenz und Leistungsprinzip zurückzuführen. Denn wenn es stimmt, daß die komparativen Erfolge der hochindustrialisierten Länder nicht auf dem Humus des Marktes und aufgrund der Anwendung des Knappheitsprinzips entstanden sind sondern sich der Möglichkeit verdanken, „aus dem Vollen" des globalen Ressourcenangebots zu schöpfen, also das Rationalprinzip marktwirtschaftlicher Logik in einer Situation des Nicht-Mangels, des scheinbaren Überflüsses anzuwenden, dann kann von der Einführung von mehr Markt und damit auch des ökonomischen Knappheitsprinzips in „Mangelwirtschaften" nicht das Wunder der schnellen Effizienz- und Wohlstandssteigerung erwartet werden. Die Anwendung des marktwirtschaftlichen *Knappheitsprinzips* beseitigt nicht automatisch den ***Mangel*** wie von selbst, unter dem die Menschen leiden. Denn Mangel wird durch Arbeit, d.h. durch Energie- und Stofftransformation, überwunden und Arbeit wird in bestimmten sozialen Formen verausgabt, unter denen das Steuerungsprinzip der Knappheit die Verteilung von Überfluß und Mangel auf dem Weltmarkt eher konserviert als dynamisiert und schließlich egalisiert. Gerade die Ungleichmäßigkeit und Ungleichzeitigkeit der Entwicklung im globalen Funktionsraum des Akkumulationsprozesses sind Ausdruck von unterschiedlichen ökonomischen und politischen Zugriffsmöglichkeiten auf Ressourcen.

Wenn obendrein die biotischen und abiotischen Ressourcen sowieso nur in Grenzen verfügbar sind, wenn also „positionelle Güter" verteilt werden müssen, sind marktwirtschaftliche Allokationsmechanismen ungeeignet, um auch den gegenwärtigen have-nots der Weltgesellschaft Zugang zu den Ressourcen zu verschaffen, die den Ausweg aus dem Mangel versprechen.

In einer so strukturierten Situation ist eine „Re-Moralisierung" der Wirklichkeit, die Anwendung ethischer Prinzipien bei der Allokation und Verteilung von Ressourcen unausweichlich. Die Integration in den Weltmarkt mit „outward looking strategies" ist sonst nichts anderes als die Unterwerfung unter das Regime von Ungleichmäßigkeit und Ungleichzeitigkeit, unter die Mechanismen der ungleichen Entwicklung, der finanziellen Instabilitäten und des Werttransfers. Friedrich A. von Hayek hat die Konsequenz der Unterwerfung unter das Regime von Ungleichheit, nämlich eine gründliche Ent-Moralisierung von Ökonomie, deutlich unterstrichen: Für eine „Welt, die auf egalitäre Ideen gegründet ist, ist das Problem der Überbevölkerung...unlösbar. Wenn wir garantieren, daß jeder am Leben erhalten wird, der erst einmal geboren ist, werden wir sehr bald nicht mehr in der Lage sein, dieses Versprechen zu erfüllen. Gegen die Übervölkerung gibt es nur eine Bremse, nämlich daß sich nur die Völker erhalten und vermehren, die sich auch selbst ernähren können" (in: Wirtschaftswoche, 6.3.1981). Daß die Unfähigkeit, sich selbst zu ernähren, dem Wirken des globalen Akkumulationsmodells zuzuschreiben sein könnte, ist diesem Räsonnement fremd. Es vergleicht die Lebensbedingungen der Nationen und klammert die Wirkungszusammenhänge in der globalen Ökonomie aus, durch die das Wohlergehen des einen Volkes die Kehrseite der Armut eines anderen Volkes werden kann. Das Wirken des Knappheitsprinzips ist mit Mangel durchaus vereinbar und die Überwindung des Mangels wird von der Verringerung der überflüssigen Zahl von Menschen erwartet; erst zusammen mit dieser Art der Mängelbeseitigung ist vom Knappheitsprinzip die ihm zugesprochene positive Regulierungsleistung zu erwarten.

3. Fundamentalistische Antworten

Die mit der Oktoberrevolution in die Welt gesetzte Alternative zur bürgerlich-kapitalistischen Gesellschaft war keine, jedenfalls wenn man die die Entwicklung steuernden Rationalitäten einem Vergleich unterzieht: mit der zentralen Planung wurde etwas durchaus Vergleichbares wie in den Marktwirtschaften angestrebt, nur beschleunigt und unter Inkaufnahme von weniger Opfern – wobei letzteres Versprechen schon bei der Kollektivierung der Landwirtschaft nach 1928 in der Sowjetunion rüde gebrochen wurde. In den real-sozialistischen Ländern, zuerst in der Sowjetunion und dann auch in Osteuropa, wurde mit dem Versuch des „Einholens und Überholens" das moderne Industrialisierungsmodell des Fordismus importiert und kopiert, wenn auch nur halb und damit ökonomisch und sozial inkonsistent (wie im ersten Kapitel gezeigt worden ist). Das sozialistische Versprechen enthielt die materiale Vision einer besseren Welt, deren Konturen aber von der unter kapitalistischen Verhältnissen verwirklichten oder auch nur vorgespiegelten industriellen Kultur, von ihrer Weise des Produzierens und von der Attraktivität des Konsummodells bestimmt waren.

Der Traum vom Einholen und Überholen ist aus. Das marktwirtschaftliche Triumphgeschrei folgt dem Zusammenbruch der „stalinistischen Kommandowirtschaften" aber nur in den Gesellschaften und in den gesellschaftlichen Klassen und Gruppen, die von der historisch besonderen Konstellation des Weltmarkts in den vergangenen Jahrzehnten begünstigt waren. Vielen Ländern Afrikas, Lateinamerikas und Asiens haben mehr Anpassungsprogramme an die Konstellationen von Warenpreisen, Wechselkursen und Kreditkonditionen auf dem Weltmarkt nicht Entwicklung, Fortschritt, Industrialisierung und Wohlstand gebracht, sondern das krasse Gegenteil davon, nämlich die „verstümmelte Industrialisierung" (Fajnzylber 1983), die verschuldete De-Industrialisierung und eine Verarmung und gar Verelendung breiter Bevölkerungsschichten; sogar die Weltbank kann über die Armut in der Welt nicht mehr hinwegsehen (Weltbank 1990). Mit der Degradation der globalen Ökosysteme ist gar das Überleben der Menschheit bedroht, sollten die Befürchtungen hinsichtlich der Auswirkungen des Treibhauseffekts wahr werden.

Die Anwendung der *prozeduralen* Rationalität des Marktes hat die *materiale* Rationalität der sinnvollen, befriedigenden Lebensgestaltung für eine Mehrzahl der heute auf der Erde lebenden Menschen untergraben. Dieser *Zivilisationskrise* gegenüber ist der Zusammenbruch der realen Sozialismen nur deshalb keine historische Bagatelle, weil sich damit herausgestellt hat, daß so wie nach 1917 eine alternative Gesellschaft nicht gedacht und nicht gemacht werden kann. Die russische Revolution war nicht radikal genug, sie war zu sehr dem okzidentalen Zivilisationstyp verhaftet, als daß sie die Versprechen hätte einlösen können; die „eigentliche“ Revolution steht also noch bevor. Wenn sich Marktsystem und Plansystem der gleichen Rationalität verdanken, die gleichen Formen der Modernisierung mit unterschiedlichen Mitteln anzielen, dann sind das Scheitern der real-sozialistischen Form der Vergesellschaftung und die Krisen von Geld und Natur in der kapitalistischen Welt ein Indiz für Rationalitätsgrenzen des Modells der „okzidentalen Weltbeherrschung“ und der sozialen Formen der fordistischen Industrialisierung.

Wenn weder mit der prozeduralen Rationalität des Marktes noch mit der des Plans programmatisch und praktisch-politisch auf Vergesellschaftungsdefizite, auf Situationen der gesellschaftlichen Anomie gar, geantwortet werden kann, wenn auch die materiale Seite des industriellen (und postindustriellen) Fortschritts in Gestalt von individuellem und gesellschaftlichem Wohlstand ausbleibt, dann sind zunächst *fundamentalistische* Antworten naheliegend. Diese sind allgegenwärtig, wenn auch in der heutigen Welt höchst unterschiedlich ausgeprägt. Sie reichen vom islamischen Fundamentalismus in der arabischen Welt über die Bekämpfung zivilisatorischer Leistungen durch den Sendero luminoso in Peru, von christlich-fundamentalistischer Bigotterie in den USA bis zu neonationalistischen Versuchen der Abwehr des Weltmarkts als des „Fremden“ in der grassierenden europäischen Ausländerfeindlichkeit. Trotz aller Unterschiede haben die Fundamentalismen etwas Gemeinsames: Sie schießen über Kritik und Ablehnung der „westlichen“ und „östlichen“ Regulationsweise, der kapitalistischen Marktwirtschaft oder der realsozialistischen Planwirtschaft, hinaus und stellen die Grundlagen des Gesellschaftsmodells in Frage, das die entwickelten westlichen Gesellschaften repräsentieren und das die östlichen Gesellschaften einzuholen und zu überholen beabsichtigten. Indem sie das Gesellschaftsmodell des Westens kritisieren, affirmieren sie es zugleich als negatives Bild.

Sie sind somit *erstens* eine Negation der okzidentalen Rationalität und ihres aufklärerischen Anspruchs, der ja die Gleichheit, Freiheit und Solidarität aller Menschen, gleichgültig welcher Nationalität, Rasse und welchen Geschlechts und Glaubens postuliert. Fundamentalismen sind mithin antiaufklärerisch. Daher sind sie *zweitens* durch die Unterschätzung der individuellen Kompetenzen der je eigenen, selbstbewußten und selbstverantwortlichen Lebensgestaltung gekennzeichnet und dementsprechend autoritär strukturiert; gegenüber dem Individuum gibt es immer eine autoritäre Instanz, die seine Lebensbahn definiert, sei es die göttliche, jenseitige Autorität oder sei es eine diesseitige Autorität, personifiziert in charismatischen Führern oder institutionalisiert im Staate. Sie sind also anti-individualistisch und überhöhen das Individuum zugleich. *Drittens* müssen sie sich abgrenzen, nicht nur negativ gegen die Übermacht der okzidentalen Rationalität, sondern auch zur positiven Bestimmung der eigenen Identität, des eigenen Selbst. Sie begründen also Grenzen, jenseits derer das Fremde und möglicherweise Feindliche zu Hause ist: der Ungläubige, der Ausländer, der Minderwertige, der Schmarotzer, das Abartige. Davon gilt es sich abzukoppeln, und dies ist gleichbedeutend mit der Verfolgung einer ökonomischen Strategie der Desintegration aus dem Weltmarkt. Sie sind also anti-universalistisch mit dem Anspruch universeller Geltung.

Viertens sind die diversen Fundamentalismen Ausdrucksformen fehlgeschlagener Modernisierung und eines daher selbst materiell spürbaren Mangels an individuellen und gesellschaftlichen Perspektiven. Die der Marktlogik konforme Antwort von der individuellen und im Rahmen des Weltmarkts jeweils nationalen Verantwortlichkeit für Erfolg oder Mißerfolg – „Jeder ist seines Glückes Schmied" – befriedigt nicht mehr, wenn es einigen (und auch einigen Gesellschaften) immer wieder gelingt, ohne große Anstrengungen das Glück zu schmieden und andere (auch Gesellschaften) trotz verzweifelter Anstrengungen (gemessen an den international kommunizierten Standards des angenehmen Lebens) nur Unglück haben. Der unverzichtbare „Sinn des Lebens" wird dann woanders gesucht: in den Kosmologien von Religionen, im Kampf gegen die Destruktionen der Moderne, im gemeinsamen Nationalen und in den Urschleimgründen einer auserwählten Rasse. Sie sind also antimodernistisch mit den Mitteln der technologischen Moderne. *Fünftens* wenden sich Fundamentalismen zurück, wenn die Zukunftsperspektive düster ist und mitreißende Projekte fehlen. Identität wird nicht im Fortschritt gesucht, wenn dieser so schwer zu haben ist, sondern im Nationalen, in der Ethnie, in der Religion, im einstmals davongejagten und nun wieder herbeigesehnten Herrscher „von Gottes Gnaden", zuweilen in der Rasse. So kann es geschehen, daß nach dem Scheitern des sozialistischen, kommunistischen Projekts in Osteuropa auf verschollen geglaubte, atavistisch anmutende Traditionen zurückgegriffen wird, auf eine Tradition, deren Fortsetzung in der Zukunft die Umkehr in einen prä-modernen Zustand in einer von post-modernen Technologien und Lebensformen gestalteten Welt bedeuten muß. *Sechstens* sind Fundamentalismen – nicht immer, aber doch in den weniger entwickelten Ländern der Dritten Welt häufig genug – als eine Negation der formellen Ökonomie und Gesellschaft entstanden. Die aus den Vergesellschaftungszusammenhängen der formellen Ökonomie und Gesellschaft „Exkludierten" – durch Arbeitslosigkeit, Elend, aber auch durch politische Repression – konstruieren Alternativen: sie haben daher häufig genug ihre ökonomische und soziale Basis in der informellen Ökonomie und Gesellschaft, in der es zwar viel Markt gibt, aber innerhalb von Formen der Regulation, deren moralische Standards niedrig sind: In der Drogenökonomie, im Waffenhandel, selbst im Menschenhandel.

Freilich sind diese Arten der Zersetzung von aufklärerischen Errungenschaften nicht auf die weniger entwickelten, armen Länder als ein Produkt von Not oder auf die informelle Ökonomie beschränkt. Im Gegenteil, Drogen-, Menschen- und Waffenhandel sind aufstrebende Wirtschaftszweige in den entwickelten kapitalistischen Ländern. Die informelle Ökonomie implementiert nur die Marktlogik der kapitalistischen Gesellschaft, die in der formalisierten Ökonomie moderner, sozialstaatlicher Kapitalismen in ein System der Regulation eingebettet ist. Die moderne informelle Ökonomie ist einerseits positive Folge einer Entmoralisierung der Ökonomie und einer daher wachsenden Gleichgültigkeit gegenüber dem Gebrauchswert, gegenüber menschlichen Bedürfnissen und letztlich gegenüber dem menschlichen Leben schlechthin, andererseits die Negation von sozialen Standards, die ökonomisches Handeln und Funktionieren begrenzen. Die informelle Ökonomie ist daher die Ausweitung des Bereichs des Ökonomisierbaren und dementsprechend umgekehrt auch die Erosion des anerkennt Illegitimen oder Illegalen. Daß die informelle Ökonomie entstehen und expandieren kann, ist eine Folge der abnehmenden Fähigkeit der formellen Ökonomie, die „Individuen zu vergesellschaften". Die ökonomische Rationalität der sozialen und moralischen Gleichgültigkeit ergibt sich aus der Dominanz des monetären Weltmarkts über andere Prozesse: Erst in Geld verwandelt sind Umsätze aus moralisch fragwürdigen Geschäften auf die Qualität aller anderen Geschäfte gebracht. Mehrmals hin- und hergeschoben ist das „Geld gewaschen": *pecunia non olet.* Und mit dem sauberen Geld können sogar „gute Zwecke" finanziert werden. Die Zunahme der informellen Ökonomie ist also unzureichend begriffen, wenn sie als Ausdruck des Übergangs zur „Zweidrittelgesellschaft" interpretiert wird. Das Problem ist kein quantitatives von Wohlstand hier und Armut dort, sondern ein qualitatives von verschobenen moralischen Standards.

Im Gegensatz zur Moderne ist der Fundamentalismus (in seinen diversen Formen) alles andere als ein globales Projekt; er bedeutet vielmehr dessen Auflösung. Am klarsten wird dies noch in den diversen Nationalismen oder Regionalismen, die ja auch im „grünen Fundamentalismus" ihren Platz haben: Lokale Identität und regionaler Raum gegen die Globalisierung oder Europäisierung. Bedeutete die okzidentale Rationalität jeweils Expansion über Grenzen hinaus, also Grenzüberwindung – im Kapitalismus als ökonomisches Prinzip der Herstellung des Weltmarkts, im Sozialismus als politisches Prinzip der Betreibung der Weltrevolution – zielen die Fundamentalismen auf Grenzziehung ab; sie sind daher auch mit der Definitionsmacht der Staaten über die inneren und äußeren Grenzen kompatibel. Jede Grenze kann verschoben werden, und daher sind auch Fundamentalismen expansiv, insbesondere wenn sie staatliche Ideologien begründen. Aber anders als der okzidentale Expansionismus ziehen moderne Fundamentalismen neue Grenzen, die ersterer ja zu überwinden tendierte.

In diesem Sinne verwandelt sich bereits der Stalinismus in ein fundamentalistisches Projekt, als der „Aufbau des Sozialismus in einem Lande" als Antwort auf die weltpolitischen Konstellationen der 20er Jahre dekretiert wird. Und auch dies trägt zum Scheitern des real existierenden Sozialismus bei: einerseits der okzidentalen Rationalität als globalem Projekt verpflichtet, andererseits der Rückzug hinter die nationale Grenze der autoritären Beherrschbarkeit, die mit der Schaffung des sozialistischen Lagers nach dem Zweiten Weltkrieg ja nicht überwunden sondern nur nach Westen verschoben wird. Das ist nicht Moment einer „Weltrevolution", sondern „fundamentalistischer" Export eines nationalen Revolutionsmodells auf die Territorien anderer nationaler Gesellschaften. In der nachträglichen Prognose heute, *post festum* also, ist es leicht zu sagen, daß dieses fundamentalistische Projekt scheitern mußte; es war und ist schlicht inkonsistent und daher war es auch nur eine Frage der Zeit, bis es an den Bruchstellen zunächst kriselte und dann auseinanderfiel.

Die diversen Fundamentalismen sind in erster Linie als Negationen des Projekts der Moderne zu verstehen und zwar dort, wo es – wenn auch ökonomisch erfolgreich – Sinn nicht mehr zu stiften vermag und dort, wo es ökonomisch und ökologisch scheitert. Die Anlässe für fundamentalistische Projekte sind nicht überall identisch. Die Suche nach ideologischer und sozialer „Sinngebung" an der Grenze zur „postmodernen" Gesellschaft wie im christlichen Fundamentalismus der USA ist etwas anderes als die Suche nach neuen Fundamenten der Vergesellschaftung anstelle des defizienten Projekts der Moderne in Gesellschaften, wo die Armut im vergangenen Jahrzehnt zugenommen hat und Perspektivlosigkeit auf den bisher eingeschlagenen Wegen der Entwicklung eingekehrt ist. Doch sind alle Fundamentalismen, so verschieden ihre Anlässe und kulturellen Hintergründe, so inkonsistent wie der Stalinismus. Denn die globalen Probleme, die sich in jeder nationalen

Gesellschaft mit ihren besonderen, historisch gewachsenen Strukturen „artikulieren“, werden fundamentalistisch nicht gelöst werden können, sie werden nur verlagert, z.T. externalisiert durch die Zuschreibung von Verantwortung für die Fehlentwicklungen bei den „anderen“. Doch die Probleme an den Rationalitätsschranken des okzidentalen Entwicklungsmodells haben globales Ausmaß: die Schuldenkrise ebenso wie die ökologische Krise. Darauf können nur globale Antworten adäquat sein und nicht die begrenzten und daher bereits in ihrer Blütezeit antiquierten Fundamentalismen.

4. Demokratie und Markt

Der Mangel an demokratischer Partizipation innerhalb des politischen Systems war und ist für die effiziente Funktionsfähigkeit des Marktes kein irgendwie beunruhigender Hinderungsgrund, solange die Freiheiten der Konsumenten und Unternehmer auf dem Markt nicht beeinträchtigt und das Spiel der relativen Preise nicht behindert werden. Infolgedessen sind vom Markt nicht die Sozialisierungs- und Moralisierungsleistungen zu verlangen, die eine Gesellschaft freilich erbringen muß, soll sie nicht wegen der Vergesellschaftungsdefizite in schleichende und manchmal beschleunigte Auflösung geraten. Die Freiheit des Staatsbürgers ist dem Prinzip der Freiheit des Marktteilnehmers durchaus nachgeordnet, der Wirtschaftsbürger ist die Hauptperson im theoretischen Diskurs und er spielt bei seiner praktischen Realisierung dementsprechend die Hauptrolle. Die Ordo-Liberalen in der Bundesrepublik haben gegen die Mitbestimmungsforderungen der Gewerkschaften immer auf die Konsumenten- und Unternehmersouveränität als Basisentscheidung und unverletzliches Gestaltungsprinzip der Marktwirtschaft verwiesen: Markt und Teilhabe am Marktgeschehen *ist* Demokratie und daher wird von liberalen Ökonomen das je nationale Geld – und bei internationaler Währungskonkurrenz und Konvertibilität der Währungen das stärkste Geld – zugleich als „Stimmzettel“ bezeichnet. Wirtschaftsdemokratie (Mitbestimmung in den Betrieben und Unternehmen) kann für die Funktionsfähigkeit der Marktdemokratie gar Hemmnis sein (Böhm 1951), da mit der Einschränkung der Autonomie der Unternehmerentscheidungen durch Mitbestimmung der Gewerkschaften auch die Befolgung der souveränen Konsumentenwünsche gefährdet sei. Wenn obendrein die Löhne nicht flexibel auf Wettbewerbskonstellationen reagieren, sondern durch die Gewerkschaften verteidigt werden, sind Fehlallokation der Faktoren und Effizienz- und Wohlstandsverluste die Folge (Hayek 1968). Mit ihnen werden wegen der „Interdependenz der Ordnungen“ (Eucken) die Grundlagen der politischen

Demokratie untergraben, die aber mit Schumpeter wesentlich als „Methode" verstanden wird: „Die demokratische Methode ist diejenige Ordnung der Institutionen zur Erreichung politischer Entscheidungen, bei welcher einzelne die Entscheidungsbefugnis vermittels eines Konkurrenzkampfs um die Stimmen des Volkes erwerben" (Schumpeter 1950, S. 428). Demokratie ist also in erster Linie prozedurales Regelwerk, und darin drückt sich die Analogie von prozeduraler Marktrationalität und ebenso prozeduraler Rationalität des politischen Prozesses aus, die die Interdependenz der Ordnungen begründet. Die Ordnung bildet sich aus der Chaotik individueller „trajectories" in der Massengesellschaft durch das Wirken des vergesellschaftenden Marktmechanismus heraus.

Die Aufhebung der Freiheit der Marktteilnehmer hingegen, also von „Unternehmerautonomie" und „Konsumentensouveränität" öffnet diesem Weltbild gemäß den Weg in ein totalitäres System, das auch politische Freiheiten beseitigen wird (Hayek 1944). Allerdings ist die liberale ökonomische Theorie nicht fähig, eine Begründung für die Notwendigkeit politischer Demokratie zu entwickeln, wenn die ökonomischen Freiheiten der Menschen als Marktteilnehmer, als Unternehmer und Konsumenten nämlich, vorhanden sind. Der demokratische Prozeß wird allenfalls nach dem Prinzip der Selbstähnlichkeit wie das ökonomische Konkurrenzmodell konzipiert, die demokratische Gestaltung der politischen Ordnung kommt von selbst, wenn die Wirtschaftsordnung die Marktfreiheiten sicherstellt. Autoritäre Regime – „liberale Diktaturen" (von Hayek) – sind, sofern sie nur ökonomische Freiheiten belassen oder gar wiederherstellten (wie in Chile nach 1973), anders als „totalitäre Systeme" (wie in Kuba nach 1959), die die ökonomischen Freiheiten mit der Einschränkung der Verfügung über Privateigentum und mit der zentralen Planung eingeengt haben, für den konservativen Neoliberalismus durchaus akzeptabel, weil für Re-Demokratisierung im prozeduralen Sinne offen. Gegen den korporativen Autoritarismus wenden sich die liberalen Theoretiker daher nur, weil dieser Marktprozesse untergräbt; gegenüber dem neoliberalen Autoritarismus sind sie hilflos, wenn sie ihn nicht sogar unterstützen. Daß Friedman und von Hayek im Chile Pinochets nicht nur wohlgelitten waren, sondern aktiv das System unterstützten, war nicht Irrtum der Diktatur sondern politische Konsequenz des theoretischen Diskurses.

Die Unterscheidung von ökonomischen und politischen Freiheiten liegt ganz in der Logik der Verkürzung von Menschen auf das rational handelnde, regelbewußte Individuum, auf den *homo oeconomicus*, wobei im Dämmerlicht neoliberaler Leuchten verschwindet, daß der Mensch auch *zoon politicon* und *homo ludens*, also gesellschaftliches Wesen ist, das sich nicht über den und auf dem Markt in der Eigenschaft als Konsument und gegebenenfalls Unternehmer und Arbeitskraftanbieter vergesellschaftet. Es ist daher nicht nur Schwäche der Unentschiedenheit, wenn die liberale Theorie, wie Herbert Marcuse (1965) schon 1934 herausarbeitete, Affinitäten zum antidemokratischen Diskurs aufweist, auch wenn dieser seinerseits den „Liberalismus" heftig bekämpft; es ist vielmehr eine Stärke zur Abwehr von Ambiguitäten. Vom liberalen Theoretiker Ludwig von Mises, dem Mentor Friedrich von Hayeks, berichtet Marcuse dessen Bewunderung des Faschismus: „der Faszismus und alle ähnlichen Diktaturbestrebungen (haben)...für den Augenblick die europäische Gesittung gerettet.... Das Verdienst, das sich der Faszismus damit erworben hat, wird in der Geschichte ewig fortleben" (von Mises 1927, S. 45 zit. bei Marcuse 1965, S. 23). Von Mises ist kein Sonderfall (auch wenn von Hayek in einer Einführung zur Neuauflage einer anderen Schrift Ludwig von Mises' von dem hier zitierten Buch „Liberalismus" sagt, es sei „wohl etwas eilig geschrieben...und „weniger gelungen" – von Hayek 1976, S. VII) und die Affinität zum politischen Autoritarismus ist auf den deutschen Liberalismus keineswegs begrenzt. Dabei verschwimmen die Grenzen zum autoritären Etatismus (Poulantzas 1978, S. 189ff), dessen Regelwerk in die liberale Konstruktion einer „freien Gesellschaft" so gar nicht passen sollte.

Daß die modernen westlichen Marktwirtschaften zugleich politische parlamentarische Demokratien sind, ist nicht der Logik des Marktes zu verdanken. Auch in jüngster Vergangenheit haben sich bürokratisch-autoritäre Regime (O'Donnell 1980) auf die liberale Version der Anwendung der Marktlogik verlassen, wie in Argentinien oder Chile vor der Beseitigung der Militärdiktaturen. Der „autoritäre Etatismus" ist kein Feind des Marktes. Im Gegenteil, er benutzt ihn als Ressource seiner Macht, als Vehikel zur Dynamisierung und Modernisierung der nationalen Gesellschaft.

Jedoch ist es auf der anderen Seite keine historische Zufälligkeit, wenn Markt und politische Demokratie zusammenkommen und wenn sich immer wieder herausstellt, daß autoritäre Regime keineswegs stabil sind und demokratischen Bewegungen weichen müssen. Denn die regulierenden Prinzipien von Markt und politischer Demokratie sind noch Errungenschaften der Projekte von Aufklärung und französischer Revolution, haben also gleiche Wurzeln. Mit der Deklaration der Menschenrechte trägt die bürgerliche Revolution dem immer wieder und überall in der Menschheitsgeschichte eingeklagten und erkämpften Tatbestand Rechnung, daß die Menschen gleich und frei sind. Die Menschen sind nicht auf ihre Rolle als ökonomische Funktionsträger, wie das Marktmodell sie vorsieht, zu beschneiden, sie sind nicht nur Bourgeois und Prolétarien, sondern auch Citoyens mit individuellen Freiheits- und Partizipationsrechten. Der Markt vergesellschaftet die Menschen als Bourgeois und Proletarier, als Citoyens können sie sich aber nur im politischen Forum, nicht-marktförmig in der „bürgerlichen" Öffentlichkeit vergesellschaften. Sie treten sich in einer „zivilen Gesellschaft" als (Staats)bürger gegenüber und weder als Kapitalist noch als Proletarier, weder als Konsument noch als Unternehmer wie im ökonomischen Funktionsraum. Selbstredend sind die Räume von Politik und Ökonomie nicht funktionalistisch voneinander strikt zu scheiden, ökonomische Macht der Produktionsmittel- oder Geldvermögensbesitzer kann sich in politische Macht transformieren und tendenziell die Gleichheit der Citoyens und die republikanischen Institutionen der zivilen Gesellschaft untergraben; und umgekehrt kann ökonomisches Handeln auf die in der zivilen Gesellschaft beschaffte Legitimation nicht verzichten. Im Gegensatz zu den ökonomischen sind die politischen Gestalten der Staatsbürger national eingefärbt. Der Autoritarismus, der die staatsbürgerlichen Freiheiten einengt, ist daher immer an den Nationalstaat gebunden. Die ökonomischen Freiheiten beziehen sich auf den globalen Raum, sie sind universell, weltbürgerlich.

5. Demokratie und Plan

Das in bürgerlich-kapitalistischen Gesellschaften regulierende Prinzip, der Primat der Ökonomie vor der Politik und daher der Vorrang der ökonomischen Interessenartikulation durch die dafür vorgesehenen Mechanismen (preisgesteuerte Konkurrenz auf dem Markt), ist in nicht-kapitalistischen Gesellschaften aufgelöst. Denn Planwirtschaften beruhen nicht auf „Sondereigentum an den Produktionsmitteln" (darin ließe sich, so von Mises, „das Programm des Liberalismus...in ein einziges Wort zusammenfassen" – von Mises 1927, S. 17), sondern auf vergesellschaftetem, das heißt aber in der Praxis des realen Sozialismus auf *verstaatlichtem* Eigentum an den Produktionsmitteln. Dieses Institut bricht die Getrenntheit der Sphären von Politik und Ökonomie – wie sie in der bürgerlichen Gesellschaft existiert – auf und eröffnet die leichthin wahrgenommene Möglichkeit, ökonomische als politische und politische als ökonomische Macht einzusetzen. Dadurch entsteht eine gewaltige Konzentration von Machtressourcen, mit deren Einsatz die Freiheiten der Individuen arbiträr eingeengt werden können. Von dieser Möglichkeit ist in den ehedem real existierenden Sozialismen von Partei- und

Staatsbürokratie extensiv Gebrauch gemacht worden. Mit der Entdemokratisierung ist die Ausbildung einer zivilen Gesellschaft, einer kritischen und republikanischen Öffentlichkeit wie in modernen Gesellschaften des Westens verhindert worden.

Das unzulängliche Funktionieren der ökonomischen Planung in den Ländern des realen Sozialismus ist weniger auf die Abschaffung der Marktmechanismen als darauf zurückzuführen, daß der zentrale Plan immer als eine Machtressource der Partei- und Staatsbürokratie benutzt worden ist und daher niemals vergesellschaftete Planung war, in deren Prozeß die gesamte Gesellschaft aktiv und partizipativ einbezogen gewesen wäre. Kurz: der Mangel an Demokratie und dessen Kehrseite, der überschießende Autoritarismus von Staat und Partei haben das mangelhafte Wirken des Plansystems verursacht. Otto Bauer, der einerseits die kapitalistischen „Fehlrationalisierungen" im Zuge der Anwendung des Rationalprinzips (und daher dessen brillianten Verfechter Max Weber) kritisierte – denn „die kapitalistische Gesellschaft ist gesellschaftlicher Rationalität nicht fähig" (Bauer 1931, S. 185) – und die Überwindung von Fehlrationalisierungen erst von einer Gesellschaft erwartet, „in der die Betriebe dem Staat gehörten" (Bauer 1931, S. 179), schreibt die „Fehlrationalisierung" in der sowjetischen Planwirtschaft der Ausübung des diktatorischen Regimes über die „staatskapitalistische" Gesellschaft zu. Erst eine „Demokratie der werktätigen Massen" könne die „sozialistische Organisation der Gesellschaft" (Bauer 1931, S. 227) hervorbringen. Nun betont Bauer selbst, daß es in der Sowjetunion nach der Oktoberrevolution weniger um die Errichtung einer sozialistischen Gesellschaft als um die Industrialisierung Rußlands gegangen sei, d.h. um die beschleunigte Beseitigung einer bestimmten Form des Mangels, des Mangels an industriellen Produktionsstrukturen nämlich, der wiederum für die soziale Rückständigkeit des Landes verantwortlich gemacht worden ist.

Dies war wegen der bei der nachholenden, forcierten Industrialisierung auftretenden „trade-offs" nur zu hohen Kosten möglich; die Beseitigung des Mangels an für die moderne Industrie adäquaten Produktionsmitteln und Reproduktionsstrukturen erzeugte den Mangel an anderer Stelle: Es wurden die Freizügigkeit, die freie Wahl des Arbeitsplatzes, die persönlichen Rechte aufgehoben oder beschränkt und es wurde mit der Kollektivierung der Landwirtschaft die Versorgungslage der Bevölkerung mit Agrarprodukten für lange Zeit verschlechtert. Der Mangel wurde gerechtfertigt mit dem „Gesetz der vorrangigen Entwicklung der Abteilung I (Produktionsmittel) vor der Abteilung II (Konsumgüter)" und erzeugte nun auch theoretische Mängel und wissenschaftliche Vereinseitigung. Der Staat benutzte also seine

Machtdispositive zur Ausgrenzung derjenigen gesellschaftlichen Interessen, die dem Projekt der beschleunigten „ursprünglichen sozialistischen Akkumulation“ (Preobrashenskij) im Wege standen. Unter Bedingungen dieses Mangels konnte, wie Trotzkij kritisierte, nur die bürokratische Verwaltung einer zentralistischen Planwirtschaft ohne demokratische Partizipationsmöglichkeiten gedeihen. Der Reichtum der Gesellschaft für die Ausbildung einer „reichen Individualität“ war viel zu gering. In der Ökonomie des Mangels, in der die Energien der Menschen auf die Befriedigung der unmittelbaren Alltagsbedürfnisse gerichtet sind, bleibt wenig Spielraum für die Überwindung von Subalternität oder die Artikulation „emanzipatorischer Interessen“ und Bedürfnisse der Individuen (Bahro 1978, S. 322). Umgekehrt lag es im Interesse der Bürokratie, den Mangel aufrechtzuerhalten. Die Mangelbeseitigung, die in den jeweiligen Fünfjahresplänen anvisiert wurde, mußte also gleichzeitig neuen Mangel erzeugen, und zwar auch dann noch, als die ökonomischen Bedingungen der Erzeugung des „Volkswohlstands“ dessen bürokratisch organisierte Verteilung längst überflüssig gemacht hatten. Stephan Heym resümiert: Nicht Marx hat die politisch Verantwortlichen in den realsozialistischen Gesellschaften geleitet sondern Parkinson.

Die Mängel der Planung in realsozialistischen Ländern haben mit der Inkompatibilität zwischen ökonomischem Leitungsmechanismus (Planung) und Institutionen des politischen Entscheidungsprozesses (Demokratie) zu tun. In den Plänen selbst reflektiert sich dieser Sachverhalt: Die Klagen darüber, daß sie *unrealistisch* seien, also auf systematischen Fehlinformationen beruhen; daß sie rein *quantitativ* orientierten und Qualität vernachlässigten, also mit *simplen* mengenmäßigen Vorgaben operieren, da sie den komplexen Produktions- und Vermarktungsbedingungen „vor Ort“ nicht Rechnung tragen können; daß sie *zentralistisch* seien, also das Entscheidungsals ein Machtmonopol kultivierten; daß sie *unflexibel* seien, also der Spontaneität von Belegschaften und Betriebs- bzw. Unternehmensleitungen bei der Realisierung der Unternehmensziele keinen Raum geben; daß sie an den Konsumentenwünschen weit *vorbeizielten*, also rücksichtslos gegenüber den Bedürfnissen der Menschen seien; daß sie *gleichgültig* gegenüber den Effekten jenseits des Horizonts des Planjahrfünfts seien, also zukünftige Generationen belasteten – diese Klagen sind nichts anderes als der Ausdruck für nicht behebbare Mängel der Planung, solange das institutionelle System Partizipation von Produzenten und Konsumenten ausschließt.

Es wurde gezeigt, daß die Einschränkung politischer Freiheiten in Marktwirtschaften, die dem Primat der Ökonomie folgen, nicht unbedingt ökonomische Effizienzverluste bewirken würde. Erst über längere Zeit würde die

Zerstörung der zivilen Gesellschaft auch das ökonomische System destabilisieren. Anders ist dies jedoch in der sozialistischen Ökonomie. Wegen der weitgehenden Verstaatlichung der Produktionsmittel und dem damit etablierten „Primat der Politik“ sind politische Freiheiten und demokratische Beteiligungsrechte der Menschen nicht nur als Staatsbürger sondern auch als Produzenten und Konsumenten für eine effiziente Funktionsweise der Regulation unabdingbar. Denn wo es kein „Sondereigentum“ gibt, existiert auch der traditionelle Unternehmer nicht, der autonom über die effizienteste Kombination der Produktionsfaktoren rational entscheiden kann. Wo geplant wird, können Marktmechanismen allenfalls Hilfsfunktionen der Regulation ausüben und daher müssen die Konsumenten bereits im Prozeß der Planung ihre Präferenzen anmelden und nicht erst als Marktteilnehmer, auf deren souveräne Wahlhandlungen die Unternehmen zu reagieren hätten; die aber gibt es als autonome Einheiten innerhalb des Planungsmechanismus nicht mehr, da die Unternehmen auf Planvorgaben und nicht auf Marktsignale zu reagieren haben.

Können die Konsumenten ihre Bedürfnisse nicht bei den Unternehmen mit Sanktionsgewalt (nämlich mit der Möglichkeit, nicht zu kaufen) anmelden, dann wird die Planung gnadenlos daran vorbeizielen. Wenn aber produziert wird, ohne mit den Resultaten des Produktionsprozesses menschliche Bedürfnisse wirklich befriedigen zu können, werden gebrauchswertlose Produkte hergestellt. Produktion verwandelt sich in ein absurdes Unterfangen. Haben die Arbeiter in den Betrieben keine zureichenden Mitbestimmungsmöglichkeiten, dann kann nur die autoritäre Bürokratisierung des Planungsprozesses die Folge sein, durch die die Produzenten in Lethargie und in die Obstruktion – Opposition, der die formellen Möglichkeiten der Artikulation genommen sind – getrieben werden, die wiederum die Effizienz des Plansystems insgesamt senken. Anders als der marktwirtschaftliche verlangt der planwirtschaftliche Funktionsmechanismus also *um der Effizienz willen* die Demokratisierung der Ökonomie und Gesellschaft. Und an der Effizienz bemißt sich auch in Planwirtschaften der legitimierende Erfolg, der, wenn er ausbleibt, die Legitimation nicht nur der Planung sondern des realsozialistischen Systems insgesamt untergräbt. Gleichzeitig aber ist die Zentralisierung der Verfügung über verstaatlichte Produktionsmittel ein Faktor der Bürokratisierung und autoritären Exklusion gesellschaftlicher Interessen. Die zentrale Planung, die die Rationalität der Wirtschaftsentwicklung erhöhen soll, untergräbt sie also, wenn die Möglichkeiten der demokratischen Partizipation beschränkt werden [1] und wenn Marktprozesse aus dem Regulationsmodus ausgeschaltet werden. Dies hat damit zu tun, daß die Zivilgesellschaft in einer Planwirtschaft Ökonomie und Politik umschließen, integrieren muß, während sie in der kapitalistischen Marktwirtschaft das Verbindungsglied zwischen dem Staat (als „società politica") und ökonomischem System darstellt.

Dem Markt kommt eine widersprüchliche Rolle zu: Zum einen ersetzen Planung und Produzentendemokratie (Selbstverwaltung) die Funktion des Marktes als Findungs- und Abstimmungsmechanismus von ökonomischen Entscheidungen. Auf der anderen Seite allerdings ist der Markt innerhalb eines komplexen demokratisierten Systems der Regulation ökonomischer und gesellschaftlicher Verhältnisse unverzichtbar. Denn nicht alle ökonomischen Prozesse sind planbar und in einer arbeitsteiligen Gesellschaft sind die Menschen nicht nur Produzenten sondern sie bleiben Konsumenten, die hoffnungslos überfordert wären, jede alltägliche Konsumentscheidung als politischen Wahlakt artikulieren zu müssen. Ohne Marktabstimmung kann also auch eine arbeitsteilige nicht-kapitalistische Gesellschaft nicht funktionieren. Der von Marx gegen die verdinglichte Vergesellschaftung der Marktwirtschaft angedeutete „Verein freier Menschen" kommt, wenn es sich bei dem Verein um eine Massengesellschaft handelt, ohne die Entlastungen, die die verdinglichte „Zurückspiegelung" der Gesellschaftlichkeit in den Waren und im Geld bietet, nicht aus. Der Fehler des liberalen Diskurses besteht ja nicht darin, die Leistungen des Marktes bei der Bildung von stimmigen (relativen) Preisen zu unterstreichen, sondern darin, dieses Prinzip zu einem alle gesellschaftlichen Lebensbereiche strukturierenden Rationalprinzip zu deklarieren und andere nichtmarktmäßige Formen der Regulation ökonomischer Prozesse zu beargwöhnen und in der marktradikalen Variante (von Hayek; Repräsentanten der Chicagoer Schule) gar auszuschließen.

Der Zusammenhang von Markt, Demokratie und Plan wird auch bei der Umsetzung der Perestroika in der Sowjetunion hervorgehoben: Die Mängel des bürokratischen Plansystems beruhen darauf, „daß wir keine geeigneten Verfahrensweise haben, um die Lösung großer volkswirtschaftlicher Probleme demokratisch vorzubereiten" (Aganbegjan 1989, S. 27). Auch die Wirtschaftsreformen der vergangenen Jahrzehnte machen hier keine Ausnahme, woraus sich umgekehrt die Bedeutung der Perestroika der 80er und

[1] Auf die aus diesem Widerspruch resultierenden gesellschaftlichen Konflikte und ökonomischen Rationalitätsdefizite bin ich mehrfach eingegangen. Vgl. z. B. Altvater 1966, 1969, 1981, 1982

90er Jahre nicht nur für die Sowjetunion erklärt: Die bisherigen Wirtschaftsreformen waren niemals umfassend genug, sondern bezogen sich immer nur auf Teilbereiche. Dann gingen sie nicht tief genug, tangierten also das Herz des „bürokratischen Kommandosystems“ nicht, während die Perestroika sich durchgängig „ökonomischer Methoden“, also der Preissignale des Marktes zu bedienen beabsichtigt. Die Resultate sind freilich mager, hätte dieses Programm doch schon viel früher in Angriff genommen werden müssen, wenn die Effizienz- und die damit einhergehenden Legitimationsverluste hätten vermieden werden sollen. Tatsächlich wird in der Sowjetunion und in den anderen real-sozialistischen Gesellschaften schon lange von Reformen des „Wirtschaftsmechanismus“ geredet (Vgl. dazu Conert 1990, S. 12ff), doch hat sich der Zyklus von Dezentralisierung, um den Erfordernissen der Demokratisiertung Rechnung zu tragen und Zentralisierung, um die bürokratische Kontrolle nicht zu verlieren, bis in die 80er Jahre als Selbstblockierung der Reformfähigkeit ausgewirkt.

Die Erhaltung des Primats der Politik impliziert also keineswegs das unbedingte Festhalten an der „Zentralität“ zentraler Planung. Markt und Plan sind keine Gegensätze. Die zentrale Planung kann indikativ auf makroökonomische Rahmengrößen beschränkt bleiben und viele Entscheidungen auf Mikroebene können über den Marktmechanismus koordiniert werden. Daraus ergeben sich aber weitreichende Konsequenzen. Die Marktteilnehmer – Haushalte und Unternehmen – müssen direkte Vertragsbeziehungen eingehen können, und nicht – wie es zwischen den Unternehmen verbreitet war – auf Weisungen der koordinierenden, zentralen Planinstitutionen reagieren, die mit dieser Aufgabe schlicht überfordert sind. Der wirkliche Unterschied zur kapitalistischen Marktwirtschaft wäre historisch nur gestaltbar gewesen, wenn die Revolution nicht die schon oft kritisierte Kommandowirtschaft, sondern ein Ensemble von marktförmiger und nicht- marktförmiger Regulation projektiert hätte, das auf allen Ebenen und in allen Bereichen demokratische Partizipation erlaubt hätte. Statt dessen setzten sich die autoritären Tendenzen durch, die im ökonomisch und kulturell (gemessen an den westlichen Standards) wenig entwickelten Rußland mit schwach ausgeprägter Zivilgesellschaft angelegt waren (dazu Bahro 1977) und nach dem Zweiten Weltkrieg „fundamentalistisch“ ins „sozialistische Lager“ ausgedehnt wurden.

6. Geld und Globalität

Marktwirtschaft ist Weltmarktwirtschaft, hieß es im zweiten Kapitel. Wenn also gesellschaftliche Regulation marktförmige, ebenso wie nicht marktförmige Elemente umschließt, ist sofort die nächste Frage aufzuwerfen: nach der Art und Weise der Integration in den globalen ökonomischen Funktionsraum. Die Antwort auf diese Frage ist entscheidend für das Gelingen oder Scheitern der osteuropäischen Reformprozesse. Von der Integration in den Weltmarkt sind Wunder nicht zu erwarten. Ob Polen mit der Rezeptur des „Economist" (23.9.89) wirklich und wirksam zu helfen und nicht erst recht verloren ist – mit Garantien der Regierung gegenüber ausländischen Investoren, die sich der „billigen, aber qualifizierten Arbeitskraft" bedienen wollen; mit der Öffnung des Landes für kommerzielle Banken; mit der Errichtung von „business schools", die den Polen die *mores* der effizienten Unternehmensführung lehren können; mit mehr Information und Beratung von außen; mit der Privatisierung des Telefonsystems – das ist keineswegs ausgemacht. Die Strategie einer Modernisierung durch Öffnung zum Weltmarkt ist schon zu oft gescheitert – nicht nur in der Dritten Welt bei den Lösungsversuchen der Schuldenkrise. Doch Erfahrungen zählen angesichts der Prinzipien nicht, die nun nach dem real-sozialistischen Scheitern realisiert werden sollen: „Es ist das ausgemachte Ziel, wirtschaftliche Wege zur schnellstmöglichen Hebung des Lebensstandards zu finden, also auch in Polen so schnell wie möglich eine kapitalistische Infrastruktur zu errichten" (Economist, 23.9.1989). Es fehlt im Katalog des „Economist" jeglicher Hinweis auf gesellschaftliche und wirtschaftliche Demokratisierung. Diese wäre mit der Herstellung der marktwirtschaftlichen Freiheiten von Unternehmern und Konsumenten tatsächlich keine Funktionsbedingung, eher Hindernis für ökonomische Effizienz. Nur in einer Gesellschaft mit Planung und gesellschaftlichem Eigentum an Produktionsmitteln wäre Demokratie auf allen Ebenen und in allen gesellschaftlichen Bereichen unverzichtbares Element marktförmiger ebenso wie nicht-marktförmiger Regulation.

Man könnte die Rezeptur des „Economist", der stellvertretend für den mainstream westlicher Reformangebote an die osteuropäischen Gesellschaften zitiert wird, auch als einen Ausdruck der Erkenntnis lesen, daß die Ingangsetzung von Marktmechanismen eine Reihe von Implikationen enthält, die sich aus der „monetären Budgetrestriktion" von Geldwirtschaften ergeben und die über eine „Perestroika" sozialistischer Planwirtschaften in eine re-kapitalisierte Zukunft hinausweisen. Wenn Plansysteme „vermarktwirtschaftlicht" werden, ergeben sich zunächst folgende Konsequenzen:

Erstens. Soll der Markt „Sanktionsgewalt“ ausüben, muß das Scheitern von Unternehmen, also die Möglichkeit des Bankrotts vorgesehen werden. Diese ergibt sich dann, wenn die Unternehmen über begrenzte Fonds verfügen, also ökonomischen Budgetrestriktionen unterliegen und nicht durch die Planbehörde ohne Rücksicht auf Rentabilitätskriterien subventioniert werden. Die Fonds müssen nicht nur begrenzt sein, sondern sie müssen sich auch in der Verfügung der Unternehmen befinden. Dies erfordert Eigentumsformen, die autonomes Handeln mikroökonomischer Einheiten möglich machen, selbst wenn die Verfügung über das Eigentum reguliert und eingegrenzt wird. Es muß daher ein rechtlicher Rahmen geschaffen werden, der die Einbindung dieser größeren betrieblichen und unternehmerischen Autonomie in einen „Sozialraum“ bewirkt und dem ökonomischen Handeln ökologische Grenzen setzt.

Zweitens. Wenn die Unternehmen über begrenzte Fonds verfügen, müssen sie in der Lage sein, deren Rentabilität zu vergleichen und dem Rentabilitätskalkül entsprechend zu handeln. Mehr Markt heißt dann in der Konsequenz auch die Errichtung des Kapitalmarkts einschließlich einer Börse, auf der der Unternehmenswert festgestellt und Anteilspapiere an Unternehmen gehandelt werden. Es wäre vorstellbar, daß sich die wirtschaftspolitischen bzw. Planungsinstanzen dieser Märkte bedienen, um ihre Vorgaben zu realisieren. An die Stelle von Zuteilungen würden also ökonomische Anreize und Sanktionen treten, die geld- und fiskalpolitisch makroökonomisch übermittelt werden. Hier freilich ist ein Kreuzweg erreicht, an dem auch indikative Planung zu viel ist, zumal dann, wenn eine Ökonomie in den Weltmarkt integriert ist.

Drittens. „Rationale“ Preise in der nationalen Ökonomie können nur ermittelt werden, wenn die Währung konvertibilisiert wird. Bei Nicht-Konvertibilität nämlich sind in der Ökonomie zwei Preissysteme wirksam: der Export- und Importsektor muß sich an vorgegebenen Weltmarktpreisen ausrichten, der für den nationalen Markt produzierende Sektor an einem internen Planpreissystem. Zwischen beiden Preissystemen existieren Preisrelationen, aber nicht ein einzelner und einheitlicher Wechselkurs. In den Relationen verstecken sich Subventionen entweder des Export- bzw. Importsektors oder der auf dem Inlandsmarkt anbietenden und nachfragenden Unternehmen, die mit der Zeit zu ineffizienten Fehlallokationen in der Ökonomie führen. Um diese Fehlallokationen zu vermeiden, müssen die Relationen durch einen einheitlichen Kurs ersetzt werden. Dieser kann sich aber nur auf dem Devisenmarkt bilden. Unbeschränkte Nachfrage und Angebot der Währung zur Finanzierung von Warengeschäften und von Kapitalbewegungen ist daher eine Notwendigkeit für die Rationalisierung der Ressourcenallokation in einer auf den Weltmarkt orientierten Ökonomie. Die wirtschaftlichen Reformen in den osteuropäischen Ländern sind mithin nur zu Ende zu führen, wenn die Währungen konvertibel gemacht werden.

Viertens. Allerdings sind eine Fülle von Schwierigkeiten zu bedenken, die insbesondere beim Übergang von der Nicht-Konvertibilität auftreten. Diese resultieren erstens aus den Anpassungsproblemen des internen (relativen) Preissystems an das externe Weltmarktpreissystem. Gäbe es nur eine Niveaudifferenz, wäre der Wechselkurs so festzulegen, daß die Niveaus ausgeglichen werden. Doch enthalten die Preisrelationen implizite Subventionen und spiegeln folglich weder die mikroökonomischen noch die sozialen Kosten wider. Zweitens haben sie damit zu tun, daß Nachfrage und Angebot der nationalen Währung nur zum Teil durch die nationale Zentralbank gesteuert werden können. Diese muß sich einmal zu Devisenmarktoperationen institutionell befähigen: also administrative Kompetenz erwerben, Kooperationsbeziehungen mit anderen Zentralbanken eingehen und Dependancen an den wichtigsten Märkten bilden; nur dann ist es möglich, den ökonomischen Anforderungen zu folgen, die vom Geld (und seinen Preisen: Zinsen und Wechselkursen) signalisiert werden. Es ist klar, daß damit der politischen Steuerung und Planung enge Grenzen gesetzt werden: Sind erst einmal die Zinsen und Wechselkurse auf Weltmärkten bestimmt und sind die Konvertibilitätsschranken gefallen, dann ist der politische und ökonomische Planungsspielraum in nationalen Regulationsräumen gering. Dies zeigt sich zuallererst an steigenden Inflationsraten, die der Freigabe von Preisen folgen. Zum anderen muß das interne Banksystem so organisiert werden, daß Devisentransaktionen von Unternehmen und Banken durchgeführt werden können und die Zentralbank als „lender of last resort“ fungieren kann: d.h. auch Unternehmen, Banken und Private, die über keine Deviseneinnahmen verfügen, müssen sich bei der Zentralbank Devisen besorgen können. Selbstverständlich können dabei Regeln den Zugang selektieren; dies ist in fast allen Ländern üblich.

Fünftens. Also bedarf die Zentralbank der Unterstützung *anderer* Zentralbanken, um an den Devisenmärkten zur „Kurspflege“ intervenieren zu können, wenn sie nicht selbst über entsprechende Goldvorräte oder Bestände „harter“ Devisen verfügt, wenn die eigene Währung also „schwach“ ist und ihr Kurs daher von der Kursentwicklung anderer Währungen weitgehend bestimmt wird. Ohne Intervention auf Devisenmärkten würde bei Währungskonvertibilität die schwache Währung ständig unter Abwertungsdruck stehen, da alle diejenigen, die über Geldvermögen verfügen, in der

Erwartung von Kursgewinnen in starke Währungen „fliehen", die dann spiegelbildlich einer dauernden Aufwertungstendenz unterliegen. Um diesem Druck zu widerstehen, müßte ein Schwachwährungsland tiefgreifende strukturelle Anpassungen der materialen und institutionellen Ökonomie an die „Weltmarktzwänge" vornehmen: um die Währung zu stärken, müßten nicht-monetäre, schmerzhafte und sozial schwer zu bewältigende Strukturveränderungen in kurzer Frist durchgeführt werden. Doch wenn die These nur zur Hälfte gerechtfertigt ist, daß das technologische Niveau der ehemaligen „Kommandowirtschaften" um 10 bis 15 Jahre demjenigen der entwickelten kapitalistischen Länder hinterherhinkt, dann ist dies ein aussichtsloses Unterfangen. In den für strukturelle Anpassungen zu kalkulierenden langen Zeiträumen würde an der Währungsfront die Niederlage der Modernisierung besiegelt. Denn greifen strukturelle Anpassungen zur Hebung der Wettbewerbsfähigkeit nicht oder zu langsam, dann bleiben nur monetäre Instrumente, dem Kursverfall einer Währung Einhalt zu gebieten: komparativ hohe Zinsen. Das Zinsniveau würde alle anderen ökonomischen Prozesse auf allen anderen Märkten (für Waren und Arbeitskraft) steuern und wenn es sehr hoch ist, Investitionen in die „Modernisierung der Volkswirtschaft" blockieren. Von Planung bliebe in diesem Fall nachgerade nichts übrig, ohne daß sich funktionierende Märkte und Institutionen der nicht-marktförmigen Regulation hätten ausbilden können. Wenn die Planbürokratie zusammenbricht, entstehen daher zunächst wilde, unregulierte, schwarze Märkte mit mafiösen Praktiken, die eine Gesellschaft bis zur Auflösung treiben können. Der nationale Staat ist weitgehend hilflos, er wäre in der auf den internationalen Märkten aufgestellten Zinsfalle gefangen. Kein wohlstandsprotzender, sondern ein subalterner Kapitalismus würde triumphierend der Asche des realen Sozialismus entsteigen – und zugleich die übersteigerten Hoffnungen einer verbitterten Bevölkerung auf Erneuerung und verbesserte Lebensverhältnisse zunichte machen. Ob ein subalterner nationaler Kapitalismus innerhalb des Weltmarktes auf die Dauer demokratische Institutionen ausbilden und ob sich das zarte Pflänzchen einer zivilen Gesellschaft fortentwickeln kann, darf bezweifelt werden.

7. Der moralische Imperativ „systemischer Intelligenz"

Aus diesem Sachverhalt ergibt sich aber eine weitreichende Konsequenz: Die „Vermarktwirtschaftlichung" einzelner Länder kann jedes Projekt einer Modernisierung und prozeduralen Rationalisierung, mit denen der Mangel durch Anwendung des Knappheitsprinzips überwunden werden soll, erschweren, wenn keine Absicherung „von außen“ erfolgt, wenn nicht die Regeln des Weltmarkts angepaßt werden. Der Raum für die eine oder andere Variante fundamentalistischer Tendenzen wird geöffnet, wenn wegen der Funktionsweise des internationalen ökonomischen Systems die eingeleiteten Reformen scheitern: Raum für neo-nationalistische Strömungen, die aus dem Untergrund der Gesellschaft an deren Oberfläche treten wie im neuen Deutschland, für eine religiöse Renaissance oder einen längst überwunden geglaubten Panslawismus wie in Rußland oder Serbien. Das Ende des (real)sozialistischen Projekts und die Schwierigkeiten der weltmarktorientierten Modernisierung geben dem Vergangenen auf einmal eine Zukunft. Die Integration in den Weltmarkt kann daher, will man dem Rückwärtsgang die vordergründige Attraktivität nehmen, nicht ohne Schutz gegen die freien Devisen- und Finanzmärkte erfolgen. Wenn dieser durch das gerade als real-sozialistisches Relikt abgeschaffte Außenhandelsmonopol nicht gewährleistet werden kann, dann müssen internationale Regelungen und Hilfen greifen, will man denn in einem sich vereinigenden Europa den fundamentalistischen Regreß verhindern. Gerade angesichts der Herausforderung durch die Öffnung Osteuropas müssen daher neue Formen der globalen Regulation von Geld und Kredit entwickelt werden. Der durch die osteuropäischen Reformen in Gang gekommene Veränderungsprozeß wird nur dann nicht regressiv und involutionär ablaufen, wenn auch die Regulationsweise des globalen kapitalistischen Systems verändert wird. Die Annahme ist eine Illusion, die reformierten Gesellschaften Osteuropas würden in erster Linie die Absatzmärkte für westliche Anbieter ausdehnen und einen neuen Boom stimulieren. Nein, es treffen sich die Regulationserfordernisse nach der Umwälzung der osteuropäischen „Kommandowirtschaften“ mit den Notwendigkeiten einer Restrukturierung der westlichen Regulationsweise in der „großen Krise“ des kapitalistischen Weltmarkts.

Die Gründe sind in den vorausgegangenen Kapiteln dargestellt worden. Eine subalterne Integration in die globalen Märkte für Geld und Kredit provoziert Blockaden der Entwicklung, insbesondere dann, wenn obendrein die Existenz unregulierter internationaler Arbeitsmärkte zu Migrationsströmen führt. Diese könnten ökonomisch entlastend wirken, wenn mit ihnen nicht ein „brain drain“ in die Zentren der Entwicklung und eine wirksame Tendenz der sozialen Destabilisierung verbunden wäre.

Hinzu kommt, daß die Steuerung von Produktion und Konsumtion von Gebrauchswerten durch Marktsignale, insbesondere durch den Zins sehr leicht dazu führt, daß die Grenze der ökologischen Belastbarkeit überschritten wird. Die im fünften Kapitel diskutierten positionellen Güter erfordern andere Prinzipien der Regulation als sie der Markt mit seinen Mechanismen der Preis- und Zinsbildung bereitstellt. Um die Entropieproduktionsrate zu minimieren und im globalen System die Balance von Entropieabfuhr und Energiezufuhr zu halten, um also systemisch intelligent umweltschonend zu produzieren und zu konsumieren, müssen Umweltstandards aufgestellt werden: Standards für Produkte und Produktionsprozesse. Es ist eine Illusion zu glauben, die Standards könnten in Preisen ausgedrückt und mit dem Informationsmedium Geld in die Entscheidungskalküls der ökonomischen Agenten vermittelt werden; die Hoffnung „Umweltschutz durch Eigennutz" ist eine technokratische Selbstrechtfertigung.

Wenn die Budgetrestriktion des Geldes in der biotischen und abiotischen Sphäre zum regulierenden Prinzip erhoben wird, wird eine Logik des Handelns erzwungen, die gerade nicht dem ökologischen sondern dem Ordnungsprinzip der Ökonomie Geltung verschafft. Markttheoretiker geben Gründe dafür an, daß Umweltschutz am besten gewährleistet wäre, wenn die Kosten der Umweltnutzung in die Preisbildungsprozesse internalisiert werden. Wie gezeigt wurde, ist diese Annahme falsch und obendrein gefährlich, weil ökologische Restriktionen als eine handhabbare ökonomische Restriktion formuliert werden und eine Problemlösung suggeriert wird, die so nicht existiert. Zunächst sind die Umwelteffekte der Stoff- und Energietransformationen zeitlich so weitreichend, daß zukünftige Generationen betroffen sind, deren Präferenzen aber in der Marktpreisbildung unberücksichtigt bleiben. Auch die räumliche Reichweite kann angesichts der Globalität des Ökosystems so groß sein, daß nicht alle Betroffenen die ihnen beigebrachten Negativeffekte bei den Verursachern „anmelden" können, zumal die politischen Systeme weiterhin national definiert sind und die zivilen Gesellschaften im wesentlichen auch. Außerdem ist das Wissen um die ökologischen Wirkungen von Stoff- und Energietransformationen begrenzt, so daß daran sowieso eine marktlogische Internalisierungsstrategie scheitern muß: Wirkungen, die nicht bekannt sind, können nicht als Kosten zugeordnet und internalisiert werden. Die „dritte Dimension" ökonomischer Prozesse – sind sind Stoff- und Energietransformationen – erfordert deren nicht- marktförmige Regulation nach Kriterien, die sich nicht aus dem Rationalkalkül der Überschußproduktion ableiten lassen. Wenn allein der Markt das Handeln der Wirtschaftssubjekte steuert, wird ein „ethisches Defizit" (Koslowski 1989, S. 29) erzeugt, dessen Folgen schließlich materiale (und schließlich auch prozedurale) Fehlrationalisierung in der Ökonomie, Defizite der Vergesellschaftung und eine das Leben bedrohende Degradation der natürlichen Umwelt sein können. „Rationalität ist als bloßes Ökonomieprinzip oder als funktionalistische Zweck-Mittel-Optimierung unterbestimmt und auf soziale Sinngebung und die inhaltliche Füllung durch materiale kulturelle Zwecke angewiesen" (ebd.). Die Ökonomie mit ihrem Knappheitsprinzip funktioniert angesichts des Mangels ökologischer Tragfähigkeit nur noch als eine gesellschaftliche Veranstaltung, reguliert durch Normen, die nicht aus dem ökonomischen Rationalsystem selbst generiert werden können. Die Marktwirtschaft entstand im Zuge des „disembedding" ökonomischer Rationalität aus gesellschaftlichen Bindungen; angesichts der Überlastung der Ökosysteme des Planeten Erde ist gesellschaftliche Evolution nur noch möglich, wenn die ökonomische Rationalität in ein komplexes System der gesellschaftlichen Regulation des Umgangs mit der Natur „emdedded" wird.

Um den fundamentalistischen Attacken auf die okzidentale Rationalität, wie sie sich in je verschiedener Form in der kapitalistischen Welt des Marktes und im sozialistischen Lager der Planwirtschaften manifestierte, an ihren offensichtlichen Grenzen das Terrain zu verbauen, kann nicht schlicht auf eine von den „Kommandostrukturen" befreite Marktrationalität gesetzt werden, wie es allenthalben als Reaktion auf den Verfall der real-sozialistischen Gesellschaften geschieht. Planung, Markt, demokratische Institutionen der Partizipation und eine Öffentlichkeit der zivilen Gesellschaft sind unerläßliche Prinzipien eines komplexen Systems gesellschaftlicher Regulation auch in der im „kalten Krieg siegreichen" westlichen Welt. Der Zusammenbruch der realen Sozialismen kann zwar als Entlastung von denjenigen wahrgenommen werden, die mit dem Siegeszug von Markt und parlamentarischer Demokratie die Schaffung der bestmöglichen aller Welten und so das Ende der Geschichte erreicht sehen. Der Preis dafür ist die Verstellung des Blicks auf die historischen Probleme und Bewegungen am Ende des 20. Jahrhunderts, die die Geschichte, das Gerede von deren Ende Lügen strafend, in Gang halten.

Literaturverzeichnis

Aganbegjan, J. (1989): Markt und Perestroika, Hamburg

Aglietta, Michel (1979): A Theory of Capitalist Regulation. The US Experience, London

Aldcroft, Derek (1977): From Versailles to Wall Street, London

Altvater, Elmar (1966): Rationalisierung und Demokratisierung – Zu einigen Problemen der neuen ökonomischen Systeme im Sozialismus, in: Das Argument, 8. Jg., Nr. 39, 1966, S. 265-289

— / Neusüß, Christel (1969): Bürokratische Herrschaft und gesellschaftliche Emanzipation, in: Neue Kritik, Heft 51/52, Februar 1969, S. 19-51

— ; Hoffmann, Jürgen; Semmler, Willi (1979): Vom Wirtschaftswunder zur Wirtschaftskrise, Berlin (West)

— (1981a): The Primacy of Politics in Post-Revolutionary Societies, in: The Review of Radical Political Economics, Vol 13, No 1, Spring 1981, S. 1 – 10

— (1981b): Der gar nicht diskrete Charme der neoliberalen Konterrevolution, in: PROKLA Nr 44, 11. Jg 1981, S. 5-23

— (1982): Die Linke auf der Suche nach dem „Dritten Weg", in: Altvater, Elmar u.a.: Erneuerung der Politik – Demokratie, Massenpartei, Staat, Hamburg

— (1983a): Der Kapitalismus in einer Formkrise, in: Argument Sonderband AS 100, Berlin (West)

— (1983b): Bruch und Formwandel eines Entwicklungsmodells, – Analysen und Kontroversen zur Krisentheorie, in: Hoffmann, Jürgen (Hrsg): Überproduktion, Unterkonsumtion, Depression, Hamburg, S. 217-252

— (1987): Sachzwang Weltmarkt – Verschuldungskrise, blockierte Industrialisierung, ökologische Gefährdung – der Fall Brasilien, Hamburg

— ; Hübner, Kurt; Lorentzen, Jochen; Rojas, Raul (1987) (Hrsg): Die Armut der Nationen. Handbuch zur Verschuldungskrise von Argentinien bis Zaire, Berlin (West) 1987

— (1988): Die Enttäuschung der Nachzügler oder: Der Bankrott „fordistischer" Industrialisierung, in: Mahnkopf, Birgit (Hrsg): Der gewendete Kapitalismus, Münster 1988, S. 144-181

— / Hübner, Kurt (1989): The End of the American Empire? Monetary and Real Aspects of the United States'Hegemonial Crisis, in: Väth, Werner (Hrsg). Political Regulation in the „Great Crisis", Berlin, S. 43-70

— (1990): Bankrott und Zerstörung. Über die wirtschaftlichen Ursachen der Regenwald-Vernichtung in Amazonien, in: Meyer-Peters, Henning (Hrsg): Schutz für den Regenwald. Ursachen der zerstörung und Konzepte zur Rettung, Göttingen

Amin, Samir (1989): Ansätze zu einer nicht-eurozentrischen Kulturtheorie, in: Prokla Heft 75, 19. Jg 1989, S. 97-108

Anders, Günther (1980): Die Antiquiertheit des Menschen, 2 Bände, München
Anuário Estatístico do Brasil, IBGE, Rio de Janeiro (verschiedene Jahrgänge)
Armstrong, Ph./Glyn, A./ Harrison, J. (1984): Capitalism since World War II, London
Atkins, Peter W. (1984): Wärme und Bewegung. Die Welt zwischen Ordnung und Chaos, Heidelberg
Atkinson, Paul/ Chouraqui, Jean-Claude (1985): The Origins of High Real Interest Rates, in: OECD Economic Studies, No 5, Autumn 1985, S. 7-55
Avramovic, D. (1964): Economic Growth and External Debt, Baltimore
Backhaus, Hans-Georg (1969): Zur Dialektik der Wertform, in: Alfred Schmidt (ed): Beiträge zur marxistischen Erkenntnistheorie, Frankfurt/Main, P. 128-152
Bahro, Rudolf (1977): Die Alternative, Köln
Balassa, Bela (1967): Trade Creation and Trade Diversion in the European Common Market, The Economic Journal 77, March 1967
Bauer, O. (1931): Kapitalismus und Sozialismus nach dem Weltkrieg, Berlin
Beaud, M. (1987): Le système national monidial hiérarchisé, Paris
Beck, Ulrich (1986): Risikogesellschaft. Auf dem Weg in eine andere Moderne, Frankfurt/Main
— (1988): Gegengifte. Die organisierte Unverantwortlichkeit, Frankfurt/Main
Bedarff, Hildegard/ Holznagel, Bernd/ Jakobeit, Cord (1989): Debt-for- Nature-Swaps: Environmental Colonisation or a Way Out from the Debt Crisis that Makes Sense?, in: Verfassung und Recht in Übersee, 22. Jg., 4. Quartal, S. 445-459
Beenstock, M. (1984): The World Economy in Transition, Boston und Sidney
Bell, D. (1975): Die nachindustrielle Gesellschaft, Frankfurt/M./ New York
Biggs, Gonzalo (1987): A Crise da dívida Latino-Americana e alguns precedentes históricos, Rio de Janeiro
Bernanke, Ben S. (1983): Nonmonetary Effects of the Financial Crisis in the Propagation of the Great Depression, in: American Economic Journal, June 1983, S. 257-282
Blanke, Bernhard (1978): Sozialdemokratie und Gesellschaftskrise. Hypothesen zu einer sozialwissenschaftlichen Reformismustheorie, in: Luthardt, Wolfgang (Hrsg.): Sozialdemokratische Arbeiterbewegung und Weimarer Republik. Materialien zur gesellschaftlichen Entwicklung 1927-1933, Zweiter Band, Frankfurt, S. 380-408
Bloch, Ernst (1973): Das Prinzip Hoffnung, 3 Bände, Frankfurt/Main
Blum, W.E.H./Magalhaes, L.M.S. (1987): Restricoes edáficas de solos na bacia sedimentar amazonica á utilizacao agrária, in: Kohlhepp, Gerd/Schrader, Achim (Hrsg): Homem e Natureza na Amazonia, Tübinger Geographische Studien, Heft 95, Tübinger Beiträge zur Geographischen Lateinamerika-Forschung, Heft 3 1987, S. 83-93

Bluhm, Harald u.a. (1990): Texte zu Politik, Staat, Recht, – Sozialismus in der Diskussion 2, Berlin

Boggs, Carl (1984): The Two Revolutions: Gramsci and the Dilemmas of Western Marxism, Boston

Böhm, Franz (1951): Das wirtschaftliche Mitbestimmungsrecht im Betrieb, in: Ordo-Jahrbuch Nr. 4 1951

Böhm-Bawerk, Eugen von (1914/1975): Macht oder ökonomisches Gesetz, Darmstadt

Böhme, Irene (1981): Die da drüben. Sieben Kapitel DDR, Berlin (West)

Bolin, Bert (1989): Klimatische Veränderungen in Vergangenheit und Gegenwart, in: Crutzen, Paul/Müller, Micheal (Hrsg): Das Ende des blauen Planeten, München, S. 11-24

Bomsel, Olivier (1990): Mining and Metallurgy Investment in the Third World, (OECD) Paris

Boulding, Kenneth (1966): The Economics of the Coming Spaceship Earth, in: Jarett, H. (ed): Envioronmental Quality, Washington D.C., S. 3-14

Bowlus, Charles R. (1988): Die Umweltkrise im Europa des 14. Jahrhunderts, in: Sieferle, Rolf Peter (Hrsg.): Fortschritte der Naturzerstörung, Frankfurt, S. 13-30

Boyer, R. (1979): La crise actuelle: une mise en perspective historique, in: Critique de l'économie politique, nouvelle série, no 7/8, S. 5-112

Boyer, Robert (ed) (1986): Capitalismes fin de siècle, Paris

— (Hrsg) (1986): La flexibilité du travail en Europe, Paris

— / Mistral, Jaques (1983): Le Temps présent. La crise (II), Pesanteur et pontentialité des années quatre-vingt, in: Annales, Juillet-Aout 1983, S. 773 – 789

Brancato, Carolyn Kay (1989), Report for the Subcommittee on Oversight and Investigations of the Committee on Energy and Commerce – U.S, House of Representatives (1989): Leveraged Buyouts and the Pot of Gold: 1989 Update, Committee Print 101-K, Washinton D.C.

Brandt, Karl; Eucken, Walter u.a. (1932): Autarkie. Fünf Vorträge von Karl Brandt, Walter Eucken, Wilhelm Gerloff, Rudolf Löb, Karl Lange, eingeleitet von Carl Petersen, Berlin

Brandt, W. (1980): Das Überleben sichern. Bericht der Nord-Süd- Kommission, Köln

Braudel, Fernand (1986): Sozialgeschichte des 15. – 18. Jahrhunderts – Aufbruch zur Weltwirtschaft, München

Brie, Michael u.a. (1989): Studie zur Gesellschaftsstrategie, Sozialismus in der Diskussion 1, Berlin

Bronfenbrenner, Martin (1979): On the Locomotive Theory in International Macroeconomics, in: Weltwirtschaftliches Archiv, Band 115, S. 38 – 50

Buci-Glucksmann, Christine (1975): Gramsci et l'état, Paris

Bunker, Stephen G. (1985): Underdeveloping the Amazon, Urbana and Chicago

Burger, Dietrich (1989): Perspektiven standortgerechter Landnutzung im Amazonas-Gebiet, in: Hartmann, Günther (Hrsg): Amazonien im Umbruch. Aktuelle Probleme und deutsche Forschungen im größten Regenwaldgebiet der Erde, Berlin, S. 299-324

Cardoso, Eliana A./ Fishlow, Albert (1988): Macroeconomia da Dívida Externa Brasileira, São Paulo

Casillas, Luis R. (1989): The Latin American Transfer Problem, Paper presented to the Conference on International Economic Integration, Duino Castle, Trieste, Sept. 1989, Mimeo

Cassirer, Ernst (1977): Philosophie der symbolischen Formen, 3 Bände, Darmstadt

Chan-Lee, J./ Sutch, H. (1985): Profits and Rates of Return,in: OECD Economic Studies, No. 5, S. 127-167

Charpentier, John (1981): Die Templer, Frankfurt/M, Wien

Chenery, H.B./ Strout, A.M. (1966): Foreign Assistance and Economic Development, in: American Economic Review, no. 56

Clawson, Patrick (1981): The Development of Capitalism in Egypt, London

Clower, Robert W. (1986): Money and Markets – Essay by Robert W. Clower edited by Conald A. Walker, Cambridge/ London/ New York

Conert, Hansgeorg (1990): Die Ökonomie des unmöglichen Sozialismus. Krise und Reform der sowjetischen Wirtschaft unter Gorbatschow, Münster

Cooper, Richard N. (1987): The International Monetary System. Essay in World Economics, Cambridge/ London

Córdova, A. (1973): Strukturelle Heterogenität und wirtschaftliches Wachstum, Frankfurt/M.

Corea, Gamani (1990): An International Development Strategy for the 90s. Global Stakes Require a New Consensus, in: ifda dossier 78, july/september 1990, S. 73-86

Costa, Francisco de Assis (1989): Amazonien – Bauern, Märkte und Kapitalakkumulation, Saarbrücken und Fort Lauderdale

Coy, Martin (1988): Regionalentwicklung und regionale Entwicklungsplanung an der Peripherie in Amazonien, Tübinger Geographische Studien Heft 97, Tübingen

Crutzen, Paul J./ Müller, Michael (Hrsg.) (1989): Das Ende des blauen Planeten? – Der Klimakollaps: Gefahren und Auswege, München

Cuomo, Mario M. (1988): The Cuomo Commission Report. A New American Formula for a Strong Economy, New York, London, Toronto, Sidney, Tokyo

Davis, Mike (1986): Phoenix im Sturzflug - Zur politischen Ökonomie der Vereinigten Staaten in den achtziger Jahren, Berlin

Davis, Ged R. (1990): Die Krise des globalen Energiesystems, in: Spektrum der Wissenschaft, November 1990, S. 50-58

Davidson, Paul (1987): Finanzmärkte, Investitionen und Beschäftigung, in: Matzner, Egon; Kregel, Jan; Roncaglia, Allesandro (Hrsg): Arbeit für alle ist

möglich, Berlin (West), S. 73 - 92
Deutsche Bundesbank (1976): Deutsches Geld- und Bankwesen in Zahlen 1876 - 1975, Frankfurt am Main
diZerega, Gus (1989): Democracy as a Spontaneous Order, in: Critical Review - A Journal of Books and Ideas, Volume 3, No 2, Spring 1989, S. 206-240
Dobuzinskis, Laurent (1989): The Complexities of Spontaneous Order, in: Critical Review - A Journal of Books and Ideas, Volume 3, No 2, Spring 1989, S. 241-266
Donolo, C. (1977): Mutamento o transizione?, Bologna
Dryzek, John S. (1987): Rational Ecology - Environment and Political Economy, Oxford/ New York
Durkheim, Emile (1983): Der Selbstmord, Frankfurt/Main
Eaton, Jonathan and Gersovitz, Mark (1981): Debt with Potental Repudiation: Theoretical and Empirical Analysis, in: REvue of Economic Studies, Vol XLVIII, S. 289-309
Economic Report of the President (fortlaufend): Economic Report of the President, Transmitted to the Congress, together with the Annual Report of the Council of Economic Advisers, Washington D.C.
Ehrenberg, Richard (1985): Capital & Finance in the Age of the Renaissance, Fairfield (Erstausgabe 1928)
Eisenstadt, S.N. (1979): Tradition, Wandel und Modernität, Frankfurt/M./ New York
Elster, Jon (1989): Nuts and Bolts for the Social Sciences, Cambridge/ New York
Engels, Friedrich: Die Lage der arbeitenden Klasse in England, in: Marx Engels Werke, Band 2, S. 229ff
Enquete-Kommission (1988): Enquete Kommission „Vorsorge zum Schutz der Erdatmosphäre", Zwischenbericht Schutz der Erdatmosphäre - Eine internationale Herausforderung, Bonn
— (1990a): Zweiter Bericht der Enquete-Kommission „Vorsorge zum Schutz der Erdatmosphäre" zum Thema Schutz der tropischen Wälder, Drucksache 11/7220 des Deutschen Bundestages vom 24.5.1990
— (1990b): Dritter Bericht der Enquete-Kommission „Vorsorge zum Schutz der Erdatmosphäre" zum Thema Schutz der Erde, Drucksache 11/8030 des Deutschen Bundestages
Eucken, Walter (1959): Grundsätze der Wirtschaftspolitik, Reinbek
Fajnzylber, Fernando (1983): La industrialización trunca de América Latina, Mexico
Falesi, Italo Cláudio (1986): O ambiente edáfico, in: de Alemeida Jr (Hrsg): Carajás, Desáfio Polítíco, Ecologia es Desenvolvimento, São Paulo, S. 125-155
Fearnside, Philip (1987): Frenesi de desmatamento no Brasil: a floresta amazônica ira sobreviver?, in: Kohlhepp, Gerd/ Schrader, Achim (eds): Homem e Natureza na Amazônia, Tübinger Geographische Studien Heft 95, Tübinger

Beiträge zur Geographischen Lateinamerika- Forschung, Heft 3, 1987, S. 45-57
Fearnside, Philip (1988): Causas do desmatamento na Amazônia brasileira, in: Pará Desenvolvimento, Hrsg. IDESP, No. 23, Jan/Jun. 1988, Belém, S. 24-33
— (1989a): Processos predatórios na floresta tropical úmida da Amazônia Brasileira, in: Estudos Avançados, Januar/April 1989, S. 21-33
— (1989b): Como frear o Desmatamento, in: tempo e presença, No 244/245, 1989, S. 8-12
Feijão, Antonio (1989): Ouro, a Amazônia saqueada, in: Amazônia Hojé, No. 9, 1989, S. 8-12
Feldman, G.A. (1969): Zur Wachstumstheorie des Nationaleinkommens, Frankfurt und Wien (Übersetzung des russischen Originals von 1928)
Finzi, Roberto (1980): Lenin, Taylor, Stachanow: il dibattito sull'efficienza economica dopo l'Ottobre, in: Storia del marxismo, Vol. III, 1, il marxismo nellétà della Terza Internazionale, Torino, S. 635-655
Fischer, Joschka (1989): Der Umbau der Industriegesellschaft - Plädoyer wider die herrschende Umweltlüge, Frankfurt
Fishlow, Albert (1986): The Debt Crisis in Historical Perspective - Lessons from the Past: Capital Markets during the 19th Century and the Interwar Period, in: Kahler, Miles (ed): The Politics of International Debt, Ithaca, London
Fittkau, E.J. (1971): Ökologische Gliederung des Amazonasgebiets auf geochemischer Grundlage, Münster
Flemming, Günther (1990): Klima - Umwelt - Mensch, Jena
Frieden, Jeffrey (1981): Third World indebted industrialization: international finance and state capitalism in Mexico, Brazil, Algeria and South Korea, in: International Organization, Vol. 35, Nr. 3, 1981
Friedman, Milton (1962): Capitalism and Freedom, Chicago
Friedman, Milton/ Schwartz, Anna Jacobson (1963): A Monetary History of the United States 1867-1960, Princeton
Furtado, C. (1976): Economic Development of Latin America: A Survey from Colonial Times to the Cuban Revolution, Cambridge
Furtado, Celso (1985): A nova dependencia - dívida externa e monetarismo, Rio de Janeiro
Gaettens, Richard (1982): Geschichte der Inflationen. Vom Altertum bis zur Gegenwart, München (Erstauflage 1957)
Ganßmann, Heiner/ Weggler Rolf/ Wolf, Michael (1987): „Krise des Sozialstaats" - Krise für wen?, in: PROKLA 67, 17. Jg., 1987, S. 135-152
Georgescu-Roegen, Nicholas (1971): The Entropy Law and the Economic Process, Cambridge (Mass) und London
— (1986): The Entropy Law and the Economic Process in Retrospect, in: Eastern Economic Journal, vol. XII, no. 1,
Goldemberg, José (1990): Beitrag zur Konferenz Planète Terre, Paris 12/13 Juni 1989, in: Actes du Colloque Planète Terre sous le haut patronage du Président

de la République, Paris 1990, S. 163ff
Gramsci, Antonio (1954): Passato e Presente, Torino
— (1967): Philosophie der Praxis (hrsg. von Christian Riechers), Frankfurt
Goldsmith,Edward (1985): Thermodynamik oder Ökodynamik? in: Natur-Denkstücke. Über den Menschen, das unangepaßte Tier, München 1985, .S. 149 ff.
Haberler, Gottfried (1933): Der Internationale Handel – Theorie der weltwirtschaftlichen Zusammenhänge sowie Darstellung und Analyse der Außenhandelspolitik, Berlin
— (1948): Prosperität und Depression – Eine theoretische Untersuchung der Konjunkturbewegungen, Bern
Habermas, Jürgen (1990): Die nachholende Revolution, Frankfurt/Main
Hahn, Frank (1984): Die allgemeine Gleichgewichtstheorie, in: Bell, Daniel und Kristol, Irving (ed): Die Krise in der Wirtschaftstheorie, Berlin, Heidelberg, New Yoork, Tokyo, S. 154 – 174
Halm, Georg (1929): Die Konkurrenz, München und Leipzig
Hardin, Garrett (1968): The Tragedy of the Commons, in: Science Nr. 162, S. 1243-1248
Hayek, Friedrich A. von (1944): The Road to Serfdom, London
— (1976): Einführung zur Neuauflage von 1976, in: Ludwig von Mises, Kritik des Interventionismus, Darmstadt
— (1968): Der Wettbewerb als Entdeckungsverfahren, Vortrag im Institut für Weltwirtschaft an der Universität Kiel, Kiel
— (1989): The Fatal Conceit: The Errors of Socialism, Chicago
Hearings before the Committee on Finance – United States Senate, January 13 and 15, 1987 (1987): Mastering the World Economy, Washington D.C.
Heinrich, Michael (1990a): Die Wissenschaft vom Wert. Zur Ambivalenz der Marxschen Kritik der politischen Ökonomie zwischen wissenschaftlicher Revolution und klassischer Tradition, Inauguraldissertation, Freie Universität Berlin, Fachbereich Politische Wissenschaft
— (1990b): Zum Verhältnis sozialwissenschaftlicher und naturwissenschaftlicher Formen des Wissens, in: PROKLA 79, 20. Jg., 1990, S. 88-106
Hennicke, Peter/ Müller, Michael (1989): Die Klimakatatrophe, Bonn
Henrich, Rolf (1989): Der vormundschaftliche Staat, Reinbek
Herr, Hansjörg (1988): Wege zur Theorie einer monetären Produktionswirtschaft – Der keynesianische Fundamentalismus, in: Ökonomie und Gesellschaft, Jahrbuch 6: Die Aktualität keynesianischer Analysen, Frankfurt/ New York, S. 66-98
— (1989): Weltgeld und die Instabilität der 70er und 80er Jahre, in: Riese, Hajo/ Spahn, Heinz-Peter (Hrsg): Internationale Geldwirtschaft, Regensburg, S. 106-154
Hildebrand, M. v. (1987): Hombre y naturaleza: una interpretación indígena del

ecosistema amazônico, in: Kohlhepp, Gerd/ Schrader, Achim (eds): Homem e Natureza na Amazônia, Tübinger Geographische Studien Heft 95, Tübinger Beiträge zur Geographischen Lateinamerika-Forschung, Heft 3, 1987, S. 125-139

Hilferding, Rudolf (1927): Organisierter Kapitalismus, Referat und Diskussion auf dem Sozialdemokratischen Parteitag in Kiel

Hirsch, Fred (1980): Die sozialen Grenzen des Wachstums, Reinbek

Hirsch, Joachim/ Roth, Roland (1986): Das neue Gesicht des Kapitalismus - Vom Fordismus zum Post-Fordismus, Hamburg

Hirschman, Albert O.(1984), Leidenschaften und Interessen, Frankfurt/Main

Hoffmann, Jürgen (1977): Staatliche Wirtschaftspolitik als Anpassungsbewegung der Politik an die kapitalistische Ökonomie, in: Brandes, Volkhard; Hoffmann, Jürgen; Jürgens, Ulrich; Semmler, Willi (Hrsg): Handbuch 5, Staat, Frankfurt (Main), Köln

Hoppe, Andreas (1990): Ist El Dorado gefunden? Geologie und Bodenschätze Amazoniens, in: Ders, (Hrsg): Amazonien: Versuch einer interdisziplinären Annäherung, Berichte der Naturforschenden Gesellschaft zu Freiburg i. Br., Band 80, Freiburg 1990, S. 19-58

Hotelling, Harold (1931): The Economics of Exhaustible Resources, in: Journal of Political Economy, 39 (2)

Hübner, Kurt (1983): Warum dauert die Krise so lange?, in: Hoffmann, Jürgen (Hrsg): Überproduktion, Unterkonsumtion, Depression - Analysen und Kontroversen zur Krisentheorie, Hamburg, S. 185-216

— (1988): Flexibilisierung und die Verselbständigung des monetären Weltmarkts. Hindernisse für einen neuen langen Aufschwung?, in: PROKLA 71, 18. Jg, 1988, S. 49-65

Hübner, K./ Mahnkopf, B. (1988): Ecole de la Régulation. Eine kommentierende Literaturstudie, discussion-paper des Wissenschaftszentrum Berlin, FS II 88-201

— (1989): „Theorie der Regulation“. Eine kritische Rekonstruktion eines neuen Ansatzes der Politischen Ökonomie, Berlin

Immler, Hans (1984), in: Immler, Hans/Schmied-Kowarzik, Wolfdietrich: Marx und die Naturfrage. Ein Wissenschaftsstreit, Hamburg

— (1985): Natur in der ökonomischen Theorie, Opladen

Ingersoll, Andrew P. (1988): Die Atmosphäre, in: Kraatz, Reinhard (Hrsg): Die Dynamik der Erde. Bewegungen, Strukturen, Wechselwirkungen, Heidelberg

International Monetary Fund (1988): World Economic Outlook, Washington D.C.

— (1990): World Economic Outlook, October 1990, Washington D.C.

Jaroslawski, Jan (1978): Soziologie der kommunistischen Partei, Frankfurt/New York

Junk, W.J./ Mello, J.A.S. Nunes de (1987): Impactos ecológicos das represas hidrelélectricas na bacia amazônica brasileira, in: Kohlhepp, Gerd/ Schrader,

Achim (eds): Homem e Natureza na Amazônia, Tübinger Geographische Studien Heft 95, Tübinger Beiträge zur Geographischen Lateinamerika-Forschung, Heft 3, 1987, S. 367-385

Kalecki, Michal (1987): Krise und Prosperität im Kapitalismus. Ausgewählte Essays 1933-1971, Marburg

Kalmbach, Peter; Kurz, Heinz D. (1983): Klassik, Neoklassik und Neuklassik, in: Ökonomie und Gesellschaft, Jahrbuch 1: Die Neoklassik und ihre Herausforderungen, Frankfurt und New York, S. 57-102

Kampffmeyer, Thomas (1987): Die Verschuldungskrise der Entwicklungsländer – Probleme und Ansatzpunkte für eine Lösung auf dem Vergleichswege, Deutsches Institut für Entwicklungspolitik, Berlin

Kapp, K. William (1958): Volkswirtschaftliche Kosten der Privatwirtschaft, Tübingen/Zürich

Kennedy, Paul (1987): The Rise and Fall of the GreatPowers, New York

Kenwood, A.G./ Lougheed, A.L. (1984): The Growth of the International Economy 1820-1980 – An Introductory Text, London – Boston – Sydney

Keohane, Robert O. (1984): After Hegemony – Cooperation and Discord in the World Political Economy, Princeton

Keynes, John M. (1929): The German Transfer problem, in: The Economic Journal, Vol. XXXIX, 1929, S. 1ff.

— (1932): An End of Reparations?, in: The New Statesman and Nation, Jan. 16th 1932, repr.: Johnson E. (ed) (1978): The Collected Writings of J.M. Keynes, Vol 18, London, Basingstoke, S. 366

Keynes, John M. (1920): Die wirtschaftlichen Folgen des Friedensvertrages, München und Leipzig

— (1933): Nationale Selbstgenügsamkeit, in: Schmollers Jahrbuch, August 1933

— (1936): The General Theory of Employment, Interest and Money, (Repr. 1964) London, Melbourne, Toronto

Kindleberger, Charles P. (1978): Manias, Panics, and Crashes – A History of Financial Crises, New York

— (1981): Debt Situation of the Developing Countries in Historical Perspective (1800 – 1945), in: Schweizerisches Institut für Außenwirtschafts-, Struktur- und Marktforschung (Hrsg): Längerfristige Aspekte der internationalen Verschuldung von Entwicklungsländern, Zürich, S. 372-380

— (1984): A Financial History of Western Europe, London, Boston and Sidney

— (1986): The World in Depression 1929-1939, Berkeley and Los Angeles

Klinge, H./ Adis, J./ Furch K./ Junk W.J. (1987): Algunos Elementos Básicos del Ecosistema Amazónico, in: Kohlhepp, Gerd/ Schrader, Achim (eds): Homem e Natureza na Amazônia, Tübinger Geographische Studien Heft 95, Tübinger Beiträge zur Geographischen Lateinamerika-Forschung, Heft 3, 1987, S. 31–43

Kofler, Leo (1968): Perspektiven des revolutionären Humanismus, Reinbek

Kohlhepp, Gerd (1987): Ecological and socioeconomic problems of the expansion of human settlement and agricultural activities in tropical rain forest regions, in: Hall, D.O./ Lamotte, M./ Marois M. (Hrsg) (1987): Proceedings of an International Conference: The Open Research Problems in the Life Sciences under Tropical Conditions, Rotterdam/ Boston, S. 123-131

— (1989): Die Vernichtung der tropischen Regenwälder Amazoniens, in: Zeitschrift zur politischen Bildung und Information, Eichholz Brief 1, 1989, S. 36 - 53

— (1978): Siedlungsentwicklung und Siedlungsplanung im zentalen Amazonien, in: Frankfurter Wirtschafts- und Sozialgeographische Schriften, Heft 28, 1978, S. 171-191

— (o.J.): Siedlung und wirtschaftsräumliche Strukturwandlungen tropischer Pionierzonen in Lateinamerika - Am Beispiel der tropischen Regenwälder Amazoniens, in: Gormsen, Erdmann; Lenz, Karl (Hrsg): Lateinamerika im Brennpunkt, S. 209 - 236

Koslowski, Peter (1989): Risikogesellschaft als Grenzerfahrung der Moderne. Für eine post-moderne Kultur, in: Beiträge aus Politik und Zeitgeschehen. Beilage zu Das Parlament, B 36, S. 14-30

Kregel, Jan A. (1988): Die Erneuerung der Politischen Ökonomie. Eine Einführung in die postkeynesianische Ökonomie, Marburg

Kremers, Jeroen J.M. (1986): The Dutch Disease in The Netherlands, in: Neary, Peter J./ Wijnbergen, Sweder van (Hrsg.): Natural Resources and the Macroeconomy, Oxford, S. 96-141

Kristol, Irving (1978) Two Cheers for Capitalism, New York

Krohn, Wolfgang/Küppers, Günter (1989): Rekursives Durcheinander, in: Kursbuch 98, November 1989, S. 69-81

Kroll, Gerhard (1958): Von der Weltwirtschaftskrise zur Staatskonjunktur, Berlin

Krugman, P. (1987): Prospects for International Debt Reform, in: UNCTAD: International Monetary and Financial Issues for the Developing Countries, New York, S. 259-310

Lamb, H.H. (1989): Klima und Kulturgeschichte. Der Einfluß des Wetters auf den Gang der Geschichte, Reinbek bei Hamburg

Lange, Oskar (1969): Politische Ökonomie, 2 Bände, Berlin

Le Goff, Jaques (1988): Wucherzins und Höllenqualen. Ökonomie und Religion im Mittelalter, Stuttgart

Leff, Nathaniel (1982): Underdevelopment and Development in Brazil, 2 Vol., London, Sidney, Boston

Leipert, Christian (1987): Folgekosten des Wirtschaftsprozesses und volkswirtschaftliche Gesamtrechnung, Veröff. des WZB, IIUG 87-22, Berlin-West

Lewinsohn, Richard (1934): Histoire de la Crise, Paris

Liehr, Reinhard (1988): Die Phasen der Auslandsverschuldung Mexikos und Kolumbiens 1820 - 1920, in: Geschichte und Gesellschaft, Band 14, No 2, S. 153-177

Lindert, Peter H., Morton, Peter J. (1989): How Sovereign Debt Has Worked, in: Sachs, Jeffrey D. (ed): Developing Country Debt and the World Economy,

Chicago and London
Lipietz, Alain (1985): Fordisme, Fordisme periphérique et métropolisation, CE-PREMAP (mimeo) Paris
— (1987): Mirages and Miracles, London
Löschner, E. (1983): Souveräne Risken und internationale Verschuldung, Wien
Lourenco, Alberto (1989): Amazônia é um grande garimpo, in: tempo e presença, No 144/145 1989, S. 18-19
Lukács, Georg (1922): Geschichte und Klassenbewußtsein – Studien über marxistische Dialektik, Berlin
Lutz, Burkart (1984): Der kurze Traum immerwährender Prosperität, Frankfurt/M./ New York
— (1989): Normality, Crisis, or Stagnation. Reflections on the Current State of the Capitalist Economies, in: Väth, Werner (ed): Political Regulation in the „Great Crisis“, Berlin 1989, S. 13-23
Luxemburg, Rosa (1975): Die Akkumulation des Kapitals, Berlin (Erstauflage 1913)
Machlup, Fritz (1964): The Transfer Problem: Theme and Four Variations, in: Machlup, Fritz: International Payments, Debts, and Gold, Collected Essays, New York, S. 374-395
Macpherson (1987): The Rise and Fall of Economic Justice, Oxford
Maddison, Angus (1987): Growth and Slowdown in Advanced Capitalist Economies: Techniques of Quantitative Assessment, in: Journal of Economic Literature, Vol. XXV (June 1987), S. 649-698
— (1989): The World Economy in the 20th Century, (OECD) Paris
Mahnkopf, Birgit (1988): Soziale Grenzen „fordistischer Regulation“, in: dies. (Hrsg): Der gewendete Kapitalismus, Münster/Westf.
Maier, Charles (1985): Zwischen Taylorismus und Technokratie. Gesellschaftspolitik im Zeichen industrieller Rationalität in den 20er Jahren in Europa, in: Stürmer, Michael (Hrsg): Die Weimarer Republik, Königstein, S. 188-213
— (1988): Recasting Bourgeois Europe. Stabilization in France, Germany, and Italy in the Decade after World War I, Princeton
Makin, John H. (1984): The Global Debt Crisis – America's Growing Involvement, New York
Mandel, Ernest (1972): Der Spätkapitalismus, Frankfurt
— (1980): Long Waves of Capitalist Development, Cambridge
Manes, A. (1922): Staatsbankrotte, Berlin
Mansilla, H. (1978): Entwicklung als Nachahmung – Zu einer kritischen Theorie der Modernisierung, Meisenheim am Glan
Marcuse, Herbert (1964): Die Gesellschaftslehre des sowjetischen Marxismus, Neuwied und Berlin
— (1965): Der Kampf gegen den Liberalismus in der totalitären Staatsauffassung, in: Ders.: Kultur und Gesellschaft I, Frankfurt/Main 1965, S. 17-55 (Repr. von 1934)

Marichal, Carlos (1989): A Century of Debt Crises in Latin America - From Independence to the Great Depression 1820-1930, Princeton

Marshall, Alfred (1964): Principles of Economics, London (Erstauflage 1890)

Martinez-Alier (1987): Ecological Economics. Energy, Environment and Society, Oxford

Marx, Karl (1953): Grundrisse der Kritik der Politischen Ökonomie, Berlin

MEGA, Marx Engels Gesamtausgabe, Berlin

MEW, Bd. 23, 24, 25: Marx, Karl: Das Kapital, Band 1, 2, 3, in: Marx/Engels-Werke, Bände 23, 24, 25

—, Bd. 26: Marx, Karl, Theorien über den Mehrwert, in. Marx Engels- Werke, Band 26.1 - 26.3

Meyer-Peters, Henning (1990): Die ökologische Dimension desRegenwaldschutzes, in ders. (Hrsg): Schutz für den Regenwald. Ursachen der Zerstörung und Konzepte zur Rettung, Göttingen, S. 119- 174

Miller, David(1989): The Fatalistic Conceit, Review of F.A. Hayek: The Fatal Conceit - The Errors of Socialism, in: Critical Review, Volume 3, No 2, Spring 1989, S. 310-323

Minsky, Hyman P. (1982): The financial-instability hypothesis: capitalist processes and the behavior of the economy, in: Kindleberger, Charles P./ Laffarge, Jean-Pierre (ed): Financial crises - Theory, History, and Policy, Cambridge, S. 13-39

— (1986): Stabilizing an Unstable Economy, New Haven und London

Mises, Ludwig von (1927): Liberalismus, Jena

— (1929/1976): Kritik des Interventionismus. Untersuchungen zur Wirtschaftspolitik und Wirtschaftsideologie der Gegenwart, Darmstadt

Mistral, J. (1986): Régime international et trajectoires nationales, in: Boyer, R. (ed.): Capitalismes fin de siècle, Paris

Mitschein, Thomas A./ Miranda. Henrique R./ Paraense, Mariceli C. (1989): Urbanização Selvagem e Proletarização Passiva na Amazônia - O Caso de Belém, Belém

Modelski, G. (1981): Long Cycles, Kondratieffs, and Alternating Innovations: Implications for U.S. Foreign Policy, in: Kegley, Ch. W./ McGowan, P. (eds): The Political Economy of Foreign Policy Behaviour, Beverly Hills

Molion, Luiz Carlos B. (1988): A Amazônia e o clima do globo terrestre, in: Pará Desenvolvimento, hersg. IDESP, Jan/Jun 1988, Belém, S. 53-59

— (1989): The Amazonia and the Global Climate, schriftliche Stellunganhme für die Enquete-Kommission „Vorsorge zum Schutz der Erdatmosphäre“, in: Schriftliche Stellunganhmen Teil V, S. 116-134

Montoya, Ruben Antonio (1989): El Pueblo Yanomami: Ocupación Capitalista de la Tierra y Genocídio, in: Ramos de Castro, Edna/ Acevedo Marin, Rosa (ed): Amazônia em Tempo de Transição, Belém 1989, S. 103-150

Moran, Emilio F.(1981): Developing the Amazon, Bloomington 1981

Moreira, Memélia (1989): A Estratégia do genocídio, in: tempo e presença, No 244-245, August/September 1989, S. 13-17
Müller-Plantenberg, Clarita (Hrsg)(1988): Indianergebiete und Großprojekte in Brasilien, (Gesamthochschule) Kassel
Myers, Norman (1983): Tropical Moist Forest: Over-exploited and underutilized, in: Forest Ecology and Management, No.6, 1983, S. 59-79
— (Hrsg) (1985): GAIA. Der Öko-Atlas unserer Erde, Frankfurt/Main
Niethammer, Lutz (1990): Posthistoire - Ist die Geschichte zu Ende?, Reinbek
Nitsch, M, (1986): Die Fruchtbarkeit des Dependencia-Ansatzes für die Analyse von Entwicklung und Unterentwicklung, in: Simonis, U. (Hrsg.): Entwicklungstheorie - Entwicklungspraxis. Eine kritische Bilanzierung, Berlin
Nitsch, Manfred (1989): Die Rolle der internen politisch- administrativen Strukturen und der externen Geldgeber bei der Zerstörung tropischer Regenwälder - der Fall des brasilianischen Amazoniens, in: Kieler Geographische Schriften, Band 73: Die Bedrohung tropischer Wälder - Ursachen, Auswirkungen, Schutzkonzepte, Kiel 1989, S. 63-85
Nurkse, R. (1952): Some International Aspects of Economic Development, in: The American Economic Review, May 1952
O'Donnell (1981): Anotações para uma Teoria do Estado, I und II, in: Revista de Cultura e Política, No 3 Nov./Jan 1981 und 4 Fev./Abr. 1981, S. 71-93 und 71-82
O'Donnell, G. (1983): Die Spannungen innerhalb des bürokratisch- autoritären Staates und der Frage der Demokratie, in: PROKLA 52, Jg. 13, S. 123-151
O'Connor, James (1988): Capitalism, Nature, Socialism. A Theoretical Introduction, in: Capitalism Nature Socialism, Journal of Socialist Ecology, No 1, all, 1988, P. 11-45
Oberndörfer, Dieter (1989): Schutz der tropischen Regenwälder durch Entschuldung, München
— (1990): Schutz der tropischen Regenwälder (Feuchtwälder) durch ökonomische Kompensation, in: Hoppe, Andreas (Hrsg): Amazonien: Versuch einer interdisziplinären Annäherung, Berichte der Naturforschenden Gesellschaft zu Freiburg i. Br., Band 80, Freiburg 1990, S. 225-261
OECD (1986): Historical Statistics 1960-1984, Paris
— (1989): OECD Wirtschaftsberichte Vereinigte Staaten, Paris
— Economic Outlook, Paris (fortlaufend)
Ohlin, Bertil (1929a): The Reparation Problem. I. Transfer Difficulties, Real and Imagined, in: Economic Journal, Vol 39, S. 172-178
— (1929b): Mr. Keynes'View on the Transfer Problem. II. A Rejoinder, in: Economic Journal, Vol 39, S. 400-404
Olson, Mancur (1982): The Rise and Decline of Nations, New Haven und London
Penalber, Ana Maria Correa et al (1987): Elementos para elaboração de uma política de exploração racional dos recursos florestais para fins de carvoeja-

mento, na área do Programa Grande Carajás no Estado do Pará, in: Pará Desenvolvimento, Nr. 22, Juli/Dezember 1987, S. 35ff
Pinto, Lúcio Flávio (1990): Jornal Pessoal, No 63, Juni 1990
Polanyi, Karl (1978): The Great Transformation, Frankfurt/Main
— (1979): Ökonomie und Gesellschaft, Frankfurt/Main
— (1986): La fallace de l'economisme, in: bulletin du mauss, Juin 1986
Pollock, Friedrich (1933): Bemerkungen zur Wirtschaftskrise, in: Zeitschrift für Sozialforschung, Jahrg. II, 1933, Heft 3, Paris, S. 321-354 Repr. München 1980)
Posey, D.A. (1987) Etnobiologia es ciência de folk: sua importancia para a Amazônia, in: Kohlhepp, Gerd/ Schrader, Achim (eds): Homem e Natureza na Amazônia, Tübinger Geographische Studien Heft 95, Tübinger Beiträge zur Geographischen Lateinamerika-Forschung, Heft 3, 1987, S. 95-107
Poulantzas, Nicos (1978): Staatstheorie. Politischer Überbau, Ideologie , Sozialistische Demokratie, Hamburg
Pring, Martin J. (1981): How to Forecast Interest Rates, New York etc.
Rafalski, Traute (1984): Italienischer Faschismus in der Weltwirtschaftskrise (1925-1936), Opladen
Ramanathan, Veerabhadran (1989): Spurengase, Treibhauseffekt und weltweite Erwärmung, in: Crutzen, Paul/Müller, Michael (Hrsg): Das Ende des blauen Planten, München, S. 65-76
Reichelt, Helmut (1970): Zur logischen Struktur des Kapitalbegriffs bei Karl Marx, Frankfurt/Main
Reichholf, Josef H (1990): Der Tropische Regenwald. Die Ökobiologie des artenreichsten Naturraums der Erde, München
Renner, Karl (1917): Marxismus, Krieg und Internationale - Kritische Studien über offene Probleme des wissenschaftlichen und des praktischen Sozialismus in und nach dem Weltkrieg, Stuttgart
Repetto, Robert (1990): Die Entwaldung der Tropen: ein ökonomischer Fehlschlag, in: Spektrum der Wissenschaft, Sonderdruck 2/1990, S. 3-10
Riese, Hajo (1983): Geldökonomie, Keynes und die Anderen. Kritik der monetären Grundlagen der Orthodoxie, in: Ökonomie und Gesellschaft, Jahrbuch 1: Die Neoklassik und ihre Herausforderungen, Frankfurt, New York, S. 103-160
— (1987): Aspekte eines monetären Keynesianismus. Kritik der postkeynesianischen Ökonomie und Gegenentwurf, in: Dietrich, K. u.a. Ökonomische Theorie in der Tradition von Keynes, Kalecki und Sraffa, Marburg, S. 189-206
— (1989): Geld, Kredit und Vermögen, in: Riese, Hajo/ Spahn, Heinz-Peter (Hrsg): Internationale Geldwirtschaft, Regensburg, S. 1-59
Robinson, Joan (1973): What has become of the Keynesian Revolution?, in: Robinson, Joan (ed): After Keynes, Oxford
— (1980): Collected Edonomic Papers, Vol V, Cambridge/Mass
Rohwer, Günter; Künzel, Rainer; Ipsen, Dirk (1984): Marx und die gegenwärtige Akkumulationskrise: Überlegungen zur Theorie der Profitentwicklung, in:

PROKLA 57, S. 23-39
Rosdolsky, Roman (1968): Zur Entstehungsgeschichte des Marxschen 'Kapital', 2 Bände, Frankfurt/Main
Rosenstein-Rodan, P.N. (1943): Problems of Industrialization of Eastern and South-Eastern Europe, in: The Economic Journal, June- September 1943
Ruben, Peter (1990): Nicht der Sozialismus stirbt, sondern der „rohe Kommunismus", Gespräch mit Michael Grabek, in: Argument 180, 32. Jg., 1990, S. 204-212
Ruggie, J.G. (1982): International Regimes, Transactions and Change: Embedded Liberalism in the Postwar Economic Order, in: International Organization, No. 36, 1982,
Sachs, Jeffrey D. (ed) (1989): Developing Country Debt and the World Economy, Chicago and London
Salati, Eneas (1987): Amazônia: Um ecossistema ameaçado, in: Kohlhepp, Gerd/ Schrader, Achim (eds): Homem e Natureza na Amazônia, Tübinger Geographische Studien Heft 95, Tübinger Beiträge zur Geographischen Lateinamerika-Forschung, Heft 3, 1987, S. 59-81
— (1989): Entwicklungen und Umweltprobleme im Amazonasgebiet, in: Crutzen, Paul/ Müller, Michael (Hrsg): Das Ende des blauen Planeten?, München, S. 77-88
Sampaio Carneiro, Marcelo Domingis (1989): Estado e Empreendimentos Guseiros no Programa Grande Carajás: As Políticas Públicas a Servico da Industrialisação, in: Ramos de Castro, Edna/ Acevedo Marin, Rosa (ed), Amazônias em Tempo de Transição, Belem
Sampson, Anthony (1981): The money lenders, New York
Scharpf, Fritz W. (1987): Sozialdemokratische Krisenpolitik in Europa, Frankfurt und New York
— (1988): Weltweite, europäische oder nationale Optionen der Vollbeschäftigungspolitik?, in: Gewerkschaftliche Monatshefte, 39. Jg, 1/1988, S. 14-25
Schmidt, Alfred (1971): Der Begriff der Natur in der Lehre von Marx, Frankfurt/Main (Erstauflage 1962)
Schmidt, Helmut (1986): Eine Strategie für den Westen, Berlin (West)
Schölch, Alexander (1975): Wirtschaftliche Durchdringung und politische Kontrolle durch die europäischen Mächte im Osmanischen Reich (Konstantinopel, Kairo, Tunis), in: Geschichte und Gesellschaft, 1. Jg., 1975, S. 404-446
Schubart, Herbert Otto R. (1983): Ecologia e utilisação das florestas, in: Salati, Eneas et al: Amazônia - desenvolvimento, integração, ecologia, São Paulo, S. 101-143
Schubert, Alexander (1985): Die internationale Verschuldung, Frankfurt/M
Schumpeter, Joseph A. (1908): Das Wesen und der Hauptinhalt der theoretischen Nationalökonomie, Leipzig
— (1950): Kapitalismus, Sozialismus und Demokratie, Bern

Scott, Bruce R./ Lodge, George C.(ed) (1985): U.S. Competitiveness in the World Economy, Boston
Servan-Schreiber, Jean-Jaques (1968): Die amerikanische Herausforderung, Hamburg
Sevá, Oswaldo (1988): Obras na Volta Grande do Xingu – Um Trauma Histórico Provável?, in: Santos, Leinad Ayer O./ de Andrade, Lúcia M.N. (Hrsg.) (1988): As Hidrelétricas do Xingu e os povos indígenas, Commissao Pró-Indio de São Paulo 1988, S. 25-41
Shaikh, Anwar (1989): Accumulation, Finance, and Effective Demand in Marx, Keynes, and Kalecki, in: Semmler, Willi (ed): Financial Dynamics and Business Cycles. New Perspectives, New York, London
Shonfield, Andrew (1965): Modern Capitalism – The changing Balance of Public & Private Power, London, New York, Toronto
Sieferle, Rolf Peter (1988): Perspektiven einer historischen Umweltforschung, in: Sieferle, Rolf Peter (Hrsg.): Fortschritte der Naturzerstörung, Frankfurt, S. 307-376
Sik, Ota (1967): Plan und Markt im Sozialismus, Wien
Smith, Adam (1976): An Inquiry into the Nature and Causes of The Wealth of Nations, Chicago (Erstauflage 1776)
Sioli, Harald (1983): Amazonien. Grundlagen der Ökologie des größten tropischen Waldlandes, Stuttgart 1983
Sobel, Robert (1988): Panic on Wall Street – A Classic History of America's Financial Disasters-with a New Exploration of the Crash of 1987, New York
Solow, Robert M. (1979): Die Ökonomie der Ressourcen oder die Ressourcen der Ökonomie, in: Siebert, Horst (Hrsg): Umwelt und wirtschaftliche Entwicklung, Darmstadt, S. 311-336 (Übersetzung von: The Economics of Resources or the Resources of Economies, in: American Economic Review, 64 (2), S. 1-14)
Stanger, M. (1988): Krisentendenzen der Kapitalakkumulation – Theoretische Kontroversen und empirische Befunde, Berlin
State of the World (fortlaufend): Brown, Lester R. (Ed): State of the World. A Worldwatch Institute Report on Progress Toward a Sustainable Society, New York/London
Statistisches Handbuch von Deutschland 1928 – 1944 (1949): hrsg. vom Länderrat des Amerikanischen Besatzungsgebiets, München 1949
Statistisches Reichsamt (1930): Deutsche Wirtschaftskunde, Berlin
Strange, Susan (1986): Casino Capitalism, Oxford
— (1988): States and Markets – An Introduction to International Political Economy, London
Suter, Christian (1989): Long Waves in the International Financial System: Debt-Default Cycles of Sovereign Borrowers, in: Review, XII, 1, Winter 1989, S. 1-49
Suzuki, Yoshio (1988): The World Economy under Floating Exchange Rates, in: Dräger, Christian/ Späth, Lothar (Hrsg): Internationales Währungssystem und

weltwirtschaftliche Entwicklung, Baden-Baden, S. 109-120
Sweezy, Paul M./ Magdoff, Harry (1988): The Stock Market Crash and its Aftermath, in: Monthly Review, March 1988
Tinbergen, Jan (1963): Kommt es zu einer Annäherung zwischen den kommunistischen und freiheitlichen Wirtschaftsordnungen?, in: Hamburger Jahrbuch für Wirtschafts- und Gesellschaftspolitik, 8. Jg.
Thompson (1963): The Making of the British Working Class, Harmondsworth
Thompson, W.R. (1983): The World Economy, the Long Cycle, and the Question of World System Time, in: Kegley, Ch. W. / McGowan, P. (eds): Foreign Policy and the Modern World System, Beverly Hills
Thorp, Rosemary (ed) (1984): Latin America in the 1930s, Oxford
Thurow, Lester C. (1980): The Zero Sum Society, New York
— (1985): Zero Sum Solution. An Economic and Political Agenda for the 80's, New York
Townsend, Janet (1985): Seasonality and Capitalist Penetration in the Amazon Basin, in: Hemming, John (ed): Change in the Amazon Basin, Vol II, The Frontier after a Decade of Colonisation, Manchester, S. 140- 157
Uhl, Christopher/ Vieira, Guimarães Ima Célia (1989): Seleção Predatória, in: Ciência Hoje, Vol 10, No 55, Julho de 1989, S. 34-41
UNCTAD (1986): Trade and Development Report, 1986, New York
— (1987): Trade and Development Report 1987, New York
UNIDO (1985): Industry and Development - Global Report 1985, New York
US Department of Commerce (1973): Long Term Economic Growth 1866 - 1970, Washington D.C.
Valverde, Orlando (1988): Conflitos e equilíbrio ecológico no povoamento em expansão da faixa próxima à Estrada de Ferro Carajás, in: Pará Desenvolvimento, hrsg. IDESP, Jan/Jun 1988, Belém, S. 18-23
Varga, Eugen (1962): Der Kapitalismus des 20. Jahrhunderts, Berlin
— (1982): Internationale Pressekorrespondenz, 8. Jg., Nr. 48 vom 22.5.1928 (repr. Berlin 1982)
— (1969): Die Krise des Kapitalismus und ihre politischen Folgen, Frankfurt und Wien
Verzariu, Pompiliu (1984): International Countertrade. A Guide for Managers and Executies, U.S. Department of Commerce, Washington D.C.
Viveiros de Castro, Eduardo/ Andrade, Lúcia M.M. de (1988): Hidreléctricas do Xingu: o Estado Contra as Sociedades Indígenas, in: Commissão Pró-Indio de São Paulo, São Paulo, S. 7-23
von Weizsäcker, Carl Friedrich (1974): Evolution und Entropiewachstum, in: von Weizsäcker, Ernst (Hrsg.): Offene Systeme I - Beiträge zur Zeitstruktur von Information, Entropie und Evolution, Stuttgart, S. 200-221
von Weizsäcker, Ernst U. (1989): Erdpolitik. Ökologische Realpolitik an der Schwelle zum Jahrhundert der Umwelt, Darmstadt

Wagemann, Ernst (1931): Struktur und Rhythmus der Weltwirtschaft - Grundlagen einer weltwirtschaftlichen Konjunkturlehre, Berlin
Wallerstein, Immanuel (1984): Der historische Kapitalismus, Berlin
— (1990): Marx, der Marxismus-Leninismus und sozialistische Erfahrungen im modernen Weltsystem, in: PROKLA 78, 20. Jg., 1990, S. 126-137
Weber, Max (1976): Wirtschaft und Gesellschaft. Grundriß der verstehenden Soziologie, Tübingen
Weischet, Wilhelm (1980): Die ökologische Benachteiligung der Tropen, Stuttgart 1980
— (1990): Das Klima Amazoniens und seine geoökologischen Konsequenzen, in: Hoppe, Andreas (Hrsg): Amazonien: Versuch einer interdisziplinären Annäherung, Berichte der Naturforschenden Gesellschaft zu Freiburg i. Br., Band 80, 1990, S. 59-91
Weltbank (1985): Weltentwicklungsbericht 1985, Washington D.C.
— (1987): Weltentwicklungsbericht 1987, Washington D.C.
— (1988): Weltentwicklungsbericht 1988, Washington D.C.
— (1989): Weltentwicklungsbericht 1989, Washington D.C.
— (1990): Weltentwicklungsbericht 1990. Washington D.C.
Welzk, Stefan (1986): Boom ohne Arbeitsplätze, Köln
Williams, Eric (1984): From Columbus to Castro: The History of the Carribean, 1492 - 1969, New York
Williamson, John (1988): The Case for International Monetary Reform, in: Dräger, Christian/ Späth, Lothar (Hrsg): Internationales Währungssystem und weltwirtschaftliche Entwicklung - Eine Herausforderung an die internationale Wirtschaftskooperation, Baden-Baden, S. 213-222
Wolf, Ursula (1987): Brauchen wir eine ökologische Ethik?, in: PROKLA 69, 17. Jg. 1987, S. 146-173
World Debt Tables (1987, fortlaufend): External Debt of Developing Countries, The World Bank, Washington D.C.
Xenos, Nicholas (1989): Scarcity and Modernity, London/ New York
Ziebura, G. (1984): Weltwirtschaft und Weltpolitik 1922/24-1931, Frankfurt/M.
Zinn, Karl Georg (1978): Der Niedergang des Profits, Köln

PERIPHERIE

ZEITSCHRIFT FÜR POLITIK UND ÖKONOMIE IN DER DRITTEN WELT
Forum theoretisch orientierter Analyse und Diskussion zu Fragen der Dritten Welt

PERIPHERIE
- diskutiert gesellschaftliche und wirtschaftliche Prozesse
- nimmt Alltagskämpfe und soziale Emanzipationsbewegungen in der Dritten Welt und in den Metropolen auf (Ökologie-, Frauenbewegung, Rassismusproblematik u.a.)
- vernetzt regionalspezifische Debatten
- setzt sich auseinander mit Befreiungsbewegungen an der Macht, mit Inhalten und Bedingungen von Solidarität
- nimmt an der Sozialismus-Debatte teil
- untersucht Differenzierungsprozesse in der kapitalistischen Peripherie (»Schwellenländer«, »Ölländer«, Vierte »Welt«)
- bringt Beiträge kritischer Wissenschaftler aus der Dritten Welt
- analysiert unter interdisziplinären Gesichtspunkten

Die letzten Hefte Nr.37 Menschenbilder
Nr.38 Technologie

Ab Jan.91 im Buchhandel **Nr.39/40: 10 Jahre PERIPHERIE: Dritte Welt 1980/1990**

"Wenn wir der Entwicklung, auch der welthistorischen, etwas Positives abgewinnen wollen, dann stehen Demokratie und Menschenrechte und die Möglichkeit politischer Mitbestimmung welthistorisch in allen Kontinenten sehr viel mehr im Vordergrund als vor zehn Jahren."

"Die Leute, die meinen, man könnte aus dem Strom der Geschichte, der kapitalistischen Geschichte, heraus, indem man politisch in eine ganz andere Richtung, gegen den Strom steuert, geben sich wohl Illusionen hin. Nur indem man mit diesem historischen kapitalistischen Entwicklungsstrom mitschwimmt, ist es vielleicht in einem ganz kleinen Maßstab möglich, temporär für die eigene Gruppe oder in Extremfällen für das eigene Land gewisse Vorteile im Sinne eines normativen Begriffs von Entwicklung zu gewinnen."

Heft 39/40 der PERIPHERIE versucht, eine Überblick zu geben, wie sich unser Verhältnis zur "Dritten Welt", zur weltweiten Peripherie während des zehnjährigen Bestehens der Zeitschrift geändert hat. Gibt es noch die Dritte Welt als klar abgrenzbarer Gegenpol zu den kapitalistischen Industrieländern? Hat - nach seinem Scheitern in der "Zweiten Welt" und nach vielen Fehlprognosen bei uns - der Marxismus noch eine Zukunft als Instrument von Analyse und Basis politischer Arbeit?

Bezug:
LN-Vertrieb
Gneisenaustraße 2
D-1000 Berlin 61

Vierteljahreszeitschrift (112 S.)
Einzelheft DM 10,- / Doppelheft DM 18,-
Abo Einzelperson DM 35,-
Abo Institutionen DM 70,-
Überseeabo (Luftpost) DM 55,- (90,-)

Blätter für deutsche und internationale Politik

Die "Blätter" sind die auflagenstärkste und meistabonnierte politisch-wissenschaftliche Monatszeitschrift in deutscher Sprache. Ihre monatliche Chronik und die ausführliche Dokumentation haben die "Blätter" zu einem viel genutzten Nachschlagewerk gemacht.

Zuletzt u.a.: **Noam Chomsky** Barmherzigkeit ist nicht zu erwarten. Der Süden in der neuen Weltordnung **Leopoldo Marmora/Dirk Messner** Drei, zwei, eine Welt. Plädoyer für einen neuen Internationalismus **Thomas Fues/Barbara Unmüßig/Ludger Volmer** Entwicklung ist mehr als Überleben **Saul Landau** Dinner mit Noriega **Ralf Eickelpasch** Die Rückkehr des Edlen Wilden. Jean Zieglers Verabschiedung des Aufklärungsprojekts **Rainer Falk** Schlechte Zeiten oder neue Chancen? Der Umbruch in Europa und die Dritte Welt **Gero Erdmann** Demokratisierung in Afrika **Stefan Flaig und Michael Rediske** Nicaragua: Aus der Traum? **Jörg Goldberg** Mit der Weltbank auf neuen Wegen?

Die Blätter werden herausgegeben von:
Günter Gaus, Rudolf Hickel, Jörg Huffschmid, Walter Jens, Gerhard Kade, Walter Kreck, Reinhard Kühnl, Claus Leggewie, Paul Neuhöffer, Ute Osterkamp, Jens G. Reich, Helmut Ridder, Rainer Rilling, Irene Runge, Friedrich Schorlemmer, Gerhard Stuby, Marie Veit, Rosemarie Will

Einzelheft 10,00 DM Im Abonnement 6,50 DM
Für Studierende, Arbeitslose, Wehr- und Zivildienstleistende 5,40 DM (jeweils zuzügl. Porto)
Kostenlose (ältere) Probehefte und ein Probeabonnement (die beiden nächsten Ausgaben für 10 DM - Scheck oder Briefmarken) beim Verlag.

Blätter Verlagsgesellschaft
Bertha-von-Suttner-Platz 6, 5300 Bonn 1
Telefon 0228 - 65 01 33 Telefax 0228 - 65 02 51

Reihe: Theorie und Geschichte der bürgerlichen Gesellschaft

Heide Gerstenberger

Die subjektlose Gewalt

Theorie der Entstehung bürgerlicher Staatsgewalt (Band 1)

658 S. - DM 78,00 - ISBN 3-924550-40-9

Den modernisierungstheoretischen und materialistischen Varianten struktur-funktionaler Staatstheorie wird eine historisch-theoretische Erklärung, die von der langfristig strukturierenden Wirkung konkreter sozialer Praxis ausgeht, entgegengestellt. Verdeutlicht wird dies an der Entwicklung bürgerlicher Staatsgewalt in England und Frankreich.

Reinhart Kößler

Arbeitskultur im Industrialisierungsprozeß

Studien an englischen und sowjetrussischen Paradigmata (Band 2)

514 S. - DM 65,00 - ISBN 3-924550-41-7

Ausgehend von aktuellen Problemen nachholender Industrialisierung werden im Rückgriff auf die industrielle Revolution in England und die Anfänge der sowjetischen Arbeitspolitik Formen der Selbstorganisation und des Widerstands sowie Versuche der Disziplinierung von außen dargestellt.

Geoff Eley

Wilhelminismus, Nationalismus, Faschismus.

Zur historischen Kontinuität in Deutschland. Vorwort von Alf Lüdtke und Adelheid von Saldern (Band 3)

320 S. - DM 62,00 - ISBN 3-924550-47-6

In den Mittelpunkt seiner erstmals in deutscher Sprache veröffentlichten Essays stellt Eley den Charakter des imperialistischen Staates und seine Beziehung zur kapitalistischen Industrialisierung, die Politik der deutschen Rechten und die Bedeutung des radikalen Nationalismus; abschließend zwei Abhandlungen zum Historikerstreit und zur Alltagsgeschichte.

Logie Barrow, Dorothea Schmidt, Jutta Schwarzkopf (Hrsg.)

Nichts als Unterdrückung?

Geschlecht und Klasse in der englischen Sozialgeschichte (Band 4)

ca. 250 S. - ca. DM 45,00 - ISBN 3-924550-51-4

Der Sammelband dokumentiert eine Reihe von Studien, vorwiegend aus dem "History Workshop", die in höchst lebendiger Weise historische Fallstudien mit theoretischen Überlegungen verknüpfen. In zwei Originalbeiträgen (Ute Frevert, Eve Rosenhaft) wird der Bezug zur bundesdeutschen und feministischen Diskussion hergestellt.

Gesamtverzeichnisse beim Verlag Westfälisches Dampfboot
4400 Münster - Dorotheenstr. 26a - 0251/6086080

Bücher zum Thema

Hansgeorg Conert

Die Ökonomie des unmöglichen Sozialismus

Krise und Reform der sowjetischen Wirtschaft unter Gorbatschow

288 S. - DM 36,00 - ISBN 3-924550-43-3

In der Untersuchung wird der Zusammenhang der Krisentendenzen der sowjetischen Wirtschaft mit den gesellschaftlichen Grundbedingungen und der Organisationsform der staatssozialistischen Produktionsweise aufgewiesen. Im zweiten Teil werden Konzeption und Probleme der Verwirklichung der Wirtschaftsreform detailliert dargestellt.

Ein PROKLA-Buch hg. von Birgit Mahnkopf

Der gewendete Kapitalismus

Kritische Beiträge zur Theorie der Regulation

239 S. - DM 24,00 - ISBN 3-924550-31-X

Wer und was kann die Krise regulieren, wenn überall und nahezu alles dereguliert wird? Der in den vergangenen zehn Jahren in Frankreich entwickelte Ansatz einer 'Theorie der Regulation' versucht, auf diese Frage eine Antwort zu geben. Autoren: E.Altvater, H.Ganßmann, K. Hübner, T.Hurtienne, B.Mahnkopf

Hans-Erich Bremes/ Maria Schumacher (Hg.)

Mit der Vergangenheit in die Zukunft

Felder gewerkschaftlicher Politik seit '45

235 S. - DM 29,80 - ISBN 3-924550-38-7

Der Sammelband befaßt sich in historischer wie in aktueller Perspektive mit verschiedenen Feldern gewerkschaftlicher Politik. Daneben dokumentiert er in vielen Photos, Plakaten und Dokumenten wichtige Aspekte der jüngeren Gewerkschaftsgeschichte.

Gesamtverzeichnisse beim Verlag Westfälisches Dampfboot
4400 Münster - Dorotheenstr. 26a - 0251/6086080